J Engelmann

Geschichte des Handels und Weltverkehrs

J Engelmann

Geschichte des Handels und Weltverkehrs

ISBN/EAN: 9783743334816

Hergestellt in Europa, USA, Kanada, Australien, Japan

Cover: Foto ©ninafisch / pixelio.de

Manufactured and distributed by brebook publishing software
(www.brebook.com)

J Engelmann

Geschichte des Handels und Weltverkehrs

J. Engelmann's

Geschichte des Handels und Weltverkehrs.

Dritte Auflage.

Inhalt.

Erster Theil.

Von den ältesten Zeiten bis zum Untergange des Weströmischen Reichs.
(476 n. Chr.)

	Seite.		Seite.
Einleitung	1	Phönizien	18
Aegypten	10	Karthago	24
Babylonien und Assyrien	13	Die Griechen	28
Arabien	15	Rom	36
Indien	16		

Rückblick auf die Handels- und Industrie-Bewegung der ersten Periode . . 40

Zweiter Theil.

Von dem Untergange des Römischen Weltreichs bis zur Auffindung des Seewegs nach Ostindien. (476 bis 1498 n. Chr.)

Einleitung 54
Das griechische Kaiserthum . . . 61
Die Araber 64
Die Italienischen Handelsrepubliken 70
Amalfi (71), Pisa (72), Venedig (73), Venedigs Verkehr mit den Städten u. Ländern am Schwarzen Meere (76), mit Vorderasien und Aegypten (79), mit Deutschland und Westeuropa (82), Handelspolitik (85), Genua (86).
Frankreich 88
Barcelona 91
Die deutschen Handelsstädte . . 93
Die Niederlande 109
Die Industrie im Mittelalter . . 115

Dritter Theil.

Von der Auffindung des Seewegs nach Ostindien bis zur Unabhängigkeits-Erklärung der nordamerikanischen Kolonien. (1498 bis 1776.)

Einleitung	125	Frankreich	168
Portugal	135	Rußland	175
Spanien	140	Dänemark, Schweden und Norwegen	177
Holland	148	Deutschland	180
England	158	Die Venetianer	189

Rückblick auf die Industrie und Handelsbewegung der dritten Periode . . 191

Vierter Theil.

Von der Unabhängigkeits-Erklärung der nordamerikanischen Kolonien bis zur Gegenwart.

	Seite
Einleitung	197
England	202
Die englischen Besitzungen	
1. Kolonien in Asien	220
2. „ in Australien	222
3. „ in Nordamerika	223
4. „ in Westindien und Südamerika	224
5. „ in Afrika	224
Frankreich	225
Die französischen Besitzungen	231
Deutschland	232
Oesterreich	243
Die Niederlande	248
Niederländische Besitzungen	251
Belgien	253
Die Schweiz	254
Italien	256
Spanien	259
Die spanischen Besitzungen in Amerika und Asien	261
Portugal	262
Die portugiesischen Besitzungen	263
Rußland	264
Schweden und Norwegen	268
Dänemark	270
Dänische Besitzungen in Europa und Amerika	271
Griechenland u. die Jonischen Inseln	272
Das türkische Reich	273
1. Die europäische Türkei oder Rumelien	274
2. Die Donaufürstenthümer	275
3. Die türkischen Besitzungen in Asien	276
Persien	279
China und Japan	280
Aegypten	282
Zanzibar und dessen Handelsgebiet an der afrikanischen Ostküste	284
Marokko und das Innere Afrika's oder Sudan	285
Die Vereinigten Staaten Nordamerika's	286
Mexiko und die Staaten Central-Amerika's nebst Domingo	293
Brasilien	295
Die südamerikanischen Freistaaten	297

Rückblick auf die Industrie und Handelsbewegung der vierten Periode.

Die Baumwollenindustrie und der Baumwollenhandel	300
Die Wollenindustrie und der Wollhandel	304
Die Leinenindustrie und der Flachshandel	308
Die Seidenindustrie und der Seidenhandel	310
Kohle und Eisen	314
Viehstand, Fleisch- und Getreidehandel	317
Kaffee und Zucker	324
Gold und Silber	328
Der Welthandel und seine Mittel	331

Geschichte

des

Handels und Weltverkehrs.

Erster Theil.

Von den ältesten Zeiten bis zum Untergange des Weströmischen Reichs.

[3. Jahrtausend v. Chr. bis 476 nach Chr.]

Einleitung.

„Austausch der Waaren erzeugt Austausch der Ideen", sagt Heeren in seinem klassischen Werke über den Handel des Alterthums; daher ist die Handelsgeschichte ein wesentlicher Theil der Kulturgeschichte und reicht so weit in die Urzeiten der Menschheit zurück, als überhaupt dunkle geschichtliche Erinnerungen, Sagen und aufgefundene Alterthümer zurückweisen. Schon in dem sogenannten Steinalter, in welchem der Gebrauch der Metalle unbekannt war, findet man in Gräbern und Höhlen in Deutschland, Süd- und Nordeuropa Steine, welche aus Asien stammen, also von dort her durch Waarentausch nach Europa müssen gebracht sein. An manchen Orten kommen Steinwaffen und Abfälle derselben in solcher Menge vor, daß man vermuthet, es müssen dort Fabriken oder Werkstätten für solche Tauschgegenstände bestanden haben. In den Wohnungen der Pfahlbaubewohner entdeckt man nicht nur Getreide, Brot und Hausthiere, sondern auch Flachsgewebe, aber auch Schmucksachen aus Bronze, welche aus Phönizien und Vorderasien zu stammen scheinen, also gleichfalls auf Handelsverkehr schließen lassen. Viele Mythen der Phönizier und Griechen lassen sich dahin deuten, daß sie Handelskolonien und Handelswege bezeichnen, wie z. B. der Bernstein von Phöniziern an der Pomündung abgeholt wurde, wohin man ihn von der Ostsee aus auf Wegen brachte, welchen jetzt die Eisenbahnen folgen. In jenen rohen Urzeiten stellte sich der Handel unter den Schutz der Gottheiten, daher gründete man in der Mitte der Faktoreien Tempel, wurden die Handelsreisen zugleich Wallfahrten, wie es in Asien noch der Fall ist und der Name unserer „Messen" an den gleichen Ursprung erinnert. Der Handel verbreitete also religiöse Kultur, aber auch das Rechnen und die Buchstaben-Zeichenschrift, er führte auf die Beobachtung der Gestirne als Pfadführer auf weiten Wegen, machte Gesetz- und Rechtsbestimmungen nothwendig, erweiterte die Völker-, Länder- und Sprachenkenntniß, lehrte neue Dinge und Arten ihrer Verwendung kennen, und daher wurden die ersten Sammelplätze des Handelsverkehrs zugleich die Ausgangsstätten der Kultur und Civilisation. Denn mit der Verarbeitung der Rohwaaren wurde dem menschlichen Geiste der Antrieb zur Erfindung und zur Entwicklung der geistigen Kraft gegeben. Bis heute noch machen wir die

Beobachtung, daß die Völker, welche sich vom Verkehr mit anderen Völker abschließen, roh, unwissend, arm und auf niederer Kulturstufe stehen bleiben.

Die Handelsgeschichte beschäftigt sich daher nur mit den Kulturvölkern und verfolgt die Entwicklung von deren politischen, technischen, religiösen und wissenschaftlichen Bildungszuständen, soweit dieselben den Handel und sein geistig belebende Kraft bedingen.

Der erste Zeitraum, die Geschichte des sogenannten „alten Orients", führt uns in jene entlegenen Zeiten zurück, deren Erinnerung nur noch in Sage und Mythen aufbewahrt ist, z. B. in den Fahrten nach dem goldenen Vließ, nach den Gärten der Hesperiden, zu den Säulen des Hercules, zu den Kyklopen u. s. w., ja bis zu den ersten Völkerwanderungen und Staatenbildungen und der daraus folgenden Sprach-, Sitten- und Mythenverwandtschaft der entfernt von einander angesiedelten Völker. Denn vier Länderstriche sind es, welche der Geschichtsforscher als den Ausgangspunkt einer eigen gearteten Kultur, einer besonderen Menschenrasse, deren Geschichte die der Menschheit überhaupt wurde, zu bezeichnen berechtigt ist. Diese vier Landstriche sind: das Nilthal oder Aegypten, das Zweistromland des Euphrat und Tigris oder Mesopotamien, das Zweistromland des Oxus und Jaxartes oder Baktrien und das Land zwischen Indus und Ganges mit der Halbinsel Vorderindien, und endlich das Zweistromland des Hoangho und Jantsekiang oder China. Man verlegt die Ursitze der indogermanischen, semitischen und altaischen Völker auf die Hochebene des Hindukusch und des angrenzenden Berglandes, von wo kriegerische, geistig begabte Völker nach allen Seiten niederstiegen in die Flußebenen, um dort die ältesten Kulturstaaten zu gründen. Unter günstigen klimatischen Verhältnissen, im Besitz eines fruchtbaren, der Feuchtigkeit und der Wärme in gleichem Maße theilhaften Bodens, frei von der drückenden Sorge um Nahrung, Kleidung und Wohnung, die auf dem Nordländer lastet, nicht geschwächt und gedrückt durch die Sonnenglut und die riesige Vegetation der Tropen, welcher der dunkle Urbewohner Vorder- und Hinterindiens, sowie Centralafrika's erliegt, erwachte der Mensch auf den Hochebenen zu geistigen Bestrebungen, lernte er seine Fähigkeiten zum ersten Male benutzen und ausbilden, wurde er sich zum ersten Male seiner höheren Natur bewußt, entwickelte Sprache, Religion und Gesellschaftsordnung.

Von diesen vier Niederlassungen der Urheimat aus verbreitete sich die Kultur, bald in engeren bald in weiteren Kreisen, je nach der physischen Beschaffenheit der benachbarten Gegenden und der Kraft ihrer Träger. Die ägyptische (semitisch-koptische) drang bis zu den oberen Nilländern, nach den Oasen der Libyschen Wüste vor und berührte die syrische wie die arabische Küste. Die babylonische oder semitische verbreitete sich über Vorderasien, Syrien und Kleinasien nebst Arabien. Die baktrische oder arische, heute auch indogermanische genannt, zersplitterte in zwei Zweige, deren östlicher über das Iranische Hochland an den Indus gelangte, diesen abwärts zog und das Gangesgebiet eroberte, wo er unter dem fremden Tropenhimmel sich ganz eigenthümlich entwickelte zu sinniger Beschaulichkeit und Naturauffassung und mit seinen Landes- und Industrieerzeugnissen auf Jahrtausende die gesuchtesten Waaren des Welthandels lieferte. Ein westlicher Zweig zog, dem Laufe des Oxus folgend, nach dem Kaspischen und Schwarzen Meere und verbreitete sich von den Küstenländern des letzteren nach Europa, vor Allem aber nach den beiden in das Mittelmeer hinein reichenden Halbinseln, der griechischen und italienischen. Die chinesische (altaisch-mongolische) endlich erfüllte ganz Ostasien jenseit des Hindukusch und des Himalaja mit eigenthümlicher Kultur.

Im Laufe der Zeit berührten sich diese verschiedenen Kultursphären vielfach, vermischten sich, beeinflußten einander und bildeten sich mit der Zeit je nach den lokalen geographischen Einflüssen der neuen Heimat zu besonderen Kulturstaaten aus, indem der Reihe nach ein Volk nach dem anderen das tonangebende wurde. Die Erzählung dieser Konflikte und der Auskämpfung derselben gehört in die politische Geschichte, doch darf auch die Handelsgeschichte sie nicht ganz unberücksichtigt lassen; denn unter der Maske der politischen Begebenheiten, der Thaten der Eroberer, der äußeren Schicksale der Länder und Völker verbirgt sich die Entwicklung der Kulturverhältnisse der Menschheit, deren unbewußte Werkzeuge jene Krieger und Eroberer und deren äußerer Ausdruck jene Begebenheiten sind.

Welcher von jenen vier Urstätten der Kultur der Vorrang der frühesten Entwicklung gebührt, das wird sich schwerlich jemals entscheiden lassen. Soweit die noch vorhandenen spärlichen Denkmale und Urkunden einen Schluß gestatten, fällt die Staatenbildung am Nil, Ganges und Hoangho mindestens schon vor das dritte Jahrtausend vor Christo. Die Anfänge der babylonischen 4500 v. Chr.
und baktrischen Staaten scheinen etwas jünger zu sein. Sehen wir von dem chinesischen Kulturgebiet ab, da dasselbe von der frühesten Zeit bis zur Gegenwart eine strenge Abgeschlossenheit von den übrigen zu bewahren bemüht war, so zeigt die alte Geschichte in großen Zügen folgenden Gestaltungsprozeß.

Im unteren Nilthale entsteht etwa drei Jahrtausende vor unserer Zeit- 3000 v. Chr.
rechnung ein Priesterstaat mit despotischem Königthum, starrer Stände- und Kastenabsonderung, und einer rechtlosen, in Sklaverei gehaltenen untersten Bevölkerungsklasse. Die Hauptstadt dieses Reichs war Memphis in der Nähe des heutigen Kairo. Etwa 2 Meilen davon, in südwestlicher Entfernung, ragen noch die quaderumhüllten Gräber der Könige von Memphis, die Pyramiden von Gizeh, als Zeugen jener Tage, in die Luft. Nach jahrhundertlanger Ueberflutung durch arabische Hirtenstämme erhebt sich Aegypten in der Mitte des 2. Jahrtausends v. Chr. zu neuem Glanze, und während der folgenden 3 Jahr- 2500 v. Chr.
hunderte spielt es die erste Rolle in der Weltgeschichte. Seine Herrscher unterwerfen Nubien und Libyen, durchziehen siegreich und erobernd Arabien, Syrien, Mesopotamien und Kleinasien, und hinterlassen in den Palästen und Tempeln ihrer Hauptstadt, des hundertthorigen Theben, den Felsengräbern in der libyschen Bergkette, den Bauten in Oberägypten und Nubien Denkmale, welche den Besucher von Luxor, Karnak, Medinet-Habu u. s. w. noch durch ihre Trümmer mit Staunen erfüllen, weisen in der großartigen Kanalverbindung des Nil mit dem Rothen Meere, an welcher die Hebräer unter dem großen Ramses arbeiten mußten, dem Weltverkehr Ziele nach den reichgesegneten Ländern des Ostens, denen noch die Gegenwart nachstrebte und sie durch den Sueskanal erreichte.

Am Euphrat und Tigris war unterdessen ein neuer gewaltiger Staat herangewachsen. Die fruchtbare, zu einem verhältnißmäßig hohen Grade von Wohlstand und Bildung gelangte Landschaft Babylonien reizte die nördlichen Bergbewohner und wurde im 2. Jahrtausend v. Chr. die Beute des am oberen Tigris sitzenden Stammes Assur. Im Verlaufe weniger Jahrhunderte breiten die Beherrscher Assyriens ihr Reich und die babylonisch-assyrische Kultur über

alle Länder und Völker östlich bis zum Indus, nördlich bis zum Kaspischen und
Schwarzen Meere, südlich bis zum Indischen Ozean aus. Zuletzt wandten sie
sich nach Westen, um auch die kleinen syrischen, halb unter babylonischen, halb
unter ägyptischen Kultureinflüssen entstandenen und zu hoher Blüte gelangten
Staaten: Phönizien, Damaskus, Juda und Israel, zu unterwerfen. Vergeblich bemühten sich die Herrscher Aegyptens, welche ihre Residenz nach Tanis im
Delta des Nils verlegt hatten, das Vordringen der Assyrer und die Unterjochung
ihrer Vormauer Syrien zu hindern. Im Laufe des 8. Jahrhunderts wird ganz
Vorderasien dem assyrischen Reiche einverleibt. Babylon und Ninive sind Welt-
städte geworden, Mittelpunkte des Völkerlebens während eines halben Jahrtausends. Doch hängen die Glieder des Riesenleibes nur lose an einander. Das
7. Jahrhundert sieht den Auflösungsprozeß desselben. Zuerst reißt Medien sich
los, Babylon kämpft lange um seine Selbständigkeit, in Kleinasien wächst
Lydien zu bedeutender Macht heran, und ihren vereinten Angriffen vermag das
geschwächte Assyrien nicht zu widerstehen. Der Fall Ninive's im J. 606 v. Chr.
krönt die Pläne der ersten Tripelallianz, welche die Welt gesehen hat, und für
einige Jahrzehnte theilen sich Medien, Babylonien und Lydien in die Beute.
Noch einmal macht Aegypten den Versuch, Syrien den Semiten zu entreißen,
aber der Babylonier Nebukadnezar war ein nicht minder furchtbarer Gegner
als die Assyrer Phul und Salmanassar. Der Niederlage der Aegypter unter
600 v. Chr. Necho folgt bald die Zerstörung Jerusalems (586 v. Chr.) und die Unterwerfung
von Tyrus (572 v. Chr.). Der in den nächsten Jahren von dem Aegypter
Apries nach Syrien unternommene Zug, welcher die Seemacht von Tyrus
vernichtete, änderte das Machtverhältniß nicht. Doch erfreuten sich die Sieger
ihrer Triumphe nur kurze Zeit. Die Perser, ein kriegerisches Reitervolk der
Hochebene und zur arisch-baktrischen Kulturgruppe gehörig, bemächtigten sich
in der Mitte des 6. Jahrhunderts v. Chr. des medischen Reichs, und in raschem
Siegeslaufe vereinigt Kyros die Theile der ehemaligen Assyrer-Herrschaft zu
einem neuen Ganzen, dem Kambyses (525 v. Chr.) den alten Gegner der
Semitenreiche, Aegypten, hinzufügte. Zum ersten Male umfaßt eine Herrschaft
alle alten Kulturländer diesseit des Indus, und unter Darios, dem Vollender
des von Ramses begonnenen Kanalbaues zwischen Nil und dem Rothen Meer,
erhielt dieselbe das feste politische Gefüge, die staatliche Organisation, welche
Assyrien gefehlt hatte. Persien wurde ein Militärstaat, der Handel und Schifffahrt wenig achtete und daher den seekundigen Griechen erlag, welche auch die
Kriegskunst nach wissenschaftlichen Grundsätzen ausbildeten und ihre Phalanx
zu einer unwiderstehlichen Schlachtformation entwickelten, vor welcher die lose
geordneten Kriegshaufen der Perserheere zerstäubten.

Dieser Organisation verdankt das Reich seinen 200jährigen Bestand,
während welcher Zeit sich die Verschmelzung der iranischen Kulturelemente mit
den semitischen, oder richtiger, die Aufsaugung und Umgestaltung der ersteren
durch letztere vollzog. Statt Vorderasien einer höheren Entwicklungsstufe zuzuführen, fiel das persische Reich in die kaum überwundene semitische Staatsform
des Sultanismus mit seinen Palast- und Haremsintriguen zurück, und die
damit verbundene innere Schwächung trat klar hervor, als der Nachfolger des
500 v. Chr. Kambyses, Darios (493 v. Chr.), den Kampf mit dem kleinen Griechenland
begann, einem Zweige der arischen Völkerfamilie, welcher die Kulturelemente
derselben: ernsten männlichen Charakter, strengwissenschaftliches Forschen, idealen

Schönheitssinn im Staats-, Volks- und Kunstleben zu verwirklichen vermochte, weil die üppige Tropennatur den Geist nicht sinnlich überwältigte, wie den indischen Zweig, wol aber der Einfluß herrlicher Naturscenen zum Ideal der Kunstschönheit führte. Die Tage von Marathon (490 v. Chr.), von Thermopylä und Salamis (480 v. Chr.) und von Platäa (479 v. Chr.), an welchen die Menschheit ihren großen Befreiungskampf schlug, setzten der Ausbreitung des persischen Reichs Grenzen, und nach kaum 150 Jahren eroberte das griechische Volk, welches unter Makedoniens Scepter die so lange vergeblich gesuchte staatliche Einheit gefunden hatte, durch Waffengewalt und höhere politische Intelligenz den Orient, um über denselben die griechisch-makedonische Kultur zu verbreiten, griechische Sprache und Kultur zum Gemeingut der Gebildeten zu erheben. Unter Alexander's gewaltigen Schlägen am Granikos (334 v. Chr.), bei Issos (333 v. Chr.) und Arbela (331 v. Chr.) stürzt das Reich des Darios in Trümmer, und Alexander versucht durch Verschmelzung griechischen und persischen Wesens die feindlichen Kulturprinzipien zu versöhnen, um auf dieser Grundlage ein neues, größeres Weltreich zu stiften. Noch ehe das Gebäude auch nur die äußere Festigkeit erlangt hatte, stirbt jedoch der Baumeister und nach kurzem Ringen, den Makedoniern das Erbe ungetheilt zu erhalten, zerfällt das Reich wieder in die Materialien, die sich bisher nur widerstrebend zu einem Ganzen gefügt hatten.

Aegypten erlangte unter den Ptolemäern oder Lagiden seine Selbständigkeit auf einige Jahrhunderte wieder. Die vorderasiatischen Länder nebst Persien werden von den Seleukiden zu einem neuen Reiche fast im Umfang des alten assyrischen vereinigt. Makedonien und Griechenland traten in ihre frühere Stellung zurück, aber geschwächt und innerlich vergiftet durch das Eindringen orientalischer Verweichlichung, Sitten- und Charakterlosigkeit.

So hatte sich der Kreislauf der staatlichen Entwicklung der Alten Welt vollendet, und das Resultat war der Sieg des vom Euphrat und Tigris ausgehenden, nur die sinnliche Seite erfassenden, dieser Alles opfernden Grundzuges der Menschennatur, welcher seine feinste Ausbildung bei den semitischen Völkerschaften Vorderasiens erhalten hat. Wo ihm auch das entgegengesetzte männlichere, geistigere Prinzip, dessen Träger die arische Völkerfamilie geworden ist, entgegentrat, unterlag letzteres nach kurzem Kampfe, sobald es den Boden des Gegners betrat. Gleich dem Riesen Antäos schien jenes unüberwindlich, so lange es auf heimischem Boden kämpfen konnte.

Da trat ein neuer Kämpe auf den Schauplatz: Roms Bürgerschaft, in der einen Hand den Pflug und das unbeugsame Gesetz, in der anderen das Schwert führend, Einfachheit der Sitten und Arbeitsamkeit mit patriotischem Sinne und Aufopferungsfähigkeit verbindend. Das waren zum Theil neue Eigenschaften, deren sich selbst die von Sklavenarbeit lebenden Sieger von Marathon nicht rühmen konnten. Roms Legionen erweitern, in harten fünfhundertjährigen Kämpfen mit den Latinern, Etruriern, den Samnitern und den Griechenstädten in Unteritalien, die Grenzen des Stadtgebietes bis zu den Küsten der Halbinsel und den Alpen im Norden und Westen. Von der Mitte des 3. Jahrhunderts an ringen sie mit Karthago's Heeren um den Besitz Siziliens, Spaniens und Nordafrika's, und nach dem Fall Karthago's 146 v. Chr. ist Rom der unbestrittene Herr aller Mittelmeerländer westlich von Sizilien und der großen Syrte. Fast von selbst fallen ihm im nächsten Jahrhundert Makedonien,

Griechenland, Kleinasien, Syrien und Palästina zu, und die Besitznahme Aegyptens 30 v. Chr. schließt die Kette, welche alle Länder des Mittelmeers, die reichsten Kulturgebiete der Alten Welt, an einen Gebieter fesselt.

Das Ziel Alexander's des Großen war erreicht. Was der griechisch-makedonischen Welt nur als Traum vorgeschwebt haben mochte, schien die griechisch-römische Welt verwirklicht zu haben, nicht durch Versöhnung widerstreitender Kulturprinzipien, sondern durch Bewältigung des Niederen durch das Höhere, durch strenge Staatsverwaltung, durch stete angemessene Entwicklung der Gesetzgebung und methodische Ausbildung des Kriegswesens, durch Militärkolonien, gute Heerstraßen, Grenzfestungen und stehende Heere.

Aber Rom herrschte nur und machte die Völker zu Unterthanen, ohne jedoch eine neue Kultur zu entwickeln. Wie Assyrien Babylon nur erobert hatte, um von der babylonischen Kultur besiegt zu werden; wie die iranischen Perser Vorderasien überwältigt hatten, um sofort selbst dem Erlegenen zu unterliegen; wie Makedonien und Griechenland über den Orient triumphirten, um ihrerseits selbst orientalisirt zu werden: so hatte auch Rom die Kulturländer der Alten Welt nur in Besitz genommen, um von dem Kulturprinzip der Alten Welt selbst durchdrungen und beherrscht zu werden. Noch vor dem letzten Siege war es schon selbst überwunden. Wie die griechischen Feldherren und Soldaten mit den Geschenken der persischen Statthalter, mit der Beute aus den asiatischen Kriegen auch die Gewohnheiten des persischen Lebens, die Genußsucht, die Verweichlichung, den Dämon semitischer Sinnlichkeit, nach Griechenland verpflanzt hatten, so hatten Roms Feldherren und Legionäre aus Karthago, Griechenland, Kleinasien, Syrien und Aegypten längst die Sitten, die Lebens- und Denkweise des Orients nach Rom und Italien getragen, noch bevor die Weltherrschaft vollendet war. Mit jedem Pfunde Gold, das als Beute nach Rom gelangte, mit jedem Sklaven, der an die Stelle eines freien Arbeiters trat, mit jedem Söldner, der in Roms Heer aufgenommen ward, ging eine Tugend des alten Rom verloren, und mit dem letzten Triumph, den die Republik über ihre äußeren Feinde feierte, feierte sie auch den Triumph des feindlichen Kulturprinzips über ihren eigenen Entstehungsgrund. Das Rom der Kaiserzeit ist nichts als die letzte Phase dieses Rückfalles in orientalisch-semitisches Wesen und Leben. Der Sturz des weströmischen Kaiserthums im 5. Jahrhundert n. Chr. bedeutet daher den abermaligen Bankrott dieses Kulturprinzips, welches die Menschheit wol bis zu einer gewissen Stufe zu heben vermochte, dann aber jedesmal ohnmächtig zusammenbrach.

Mit Recht datiren wir aber von dem 5. Jahrhundert n. Chr. an einen neuen Zeitraum in der Entwicklungsgeschichte der Menschheit. Denn in Mittel- und Westeuropa begründen die germanischen Stämme eine höhere Kultur, nämlich die der persönlichen Freiheit, der Selbstverwaltung, der Treue und Ehre und des tiefreligiösen Gemüths, fegten die Welt rein von orientalischer Sinnlichkeit und Knechtschaft und gründeten eine Staatsordnung, welche in der konstitutionellen Monarchie ihre neueste Entwicklungsform erlangt hat, und schufen ein neues Geschichts-, Kunst- und Glaubensleben, dem die Geschichte der folgenden Jahrhunderte bis zur Gegenwart angehört. Auch im wirthschaftlichen Leben der Völker bewirkten sie dankenswerthe Fortschritte, die Befreiung der Arbeit und des Arbeiters von allen gesellschaftlichen und staatlichen Fesseln, wodurch sie das Gewaltige unserer Industrie und des Welthandels veranlaßten.

Der Schauplatz der alten Geschichte ist ein scharf begrenzter, er umfaßt den Gürtel zwischen dem Wendekreise des Krebses und dem 45° n. Br., also die glückliche Zone der Winterregen und warmen trocknen Sommer, die Heimat unserer Getreide- und Obstarten, des Weinstocks, der Olive und der Südfrüchte, die Stammländer unserer Hausthiere.

Physikalisch betrachtet, zerfällt dieser Raum in 2 große Hälften, in eine kontinentale, welche sich quer durch Asien zieht, im Westen vom Achäischen und Syrischen Meere, im Osten vom Chinesischen Meere umspült wird, und in eine maritime, welche das Mittelmeer und seine Gestade umfaßt.

Der kontinentale Theil dieses Gürtels bildet eine fast gleichförmige Hochlandsmasse mit südlich gerichteten breiten Flußniederungen, begrenzt im Norden durch den großen Gebirgszug, welcher sich von Kleinasien unter verschiedenen Namen — Taurus, Anti-Taurus, Elbrus, Hindukusch, Altai u. s. w. — bis an das Chinesische Meer erstreckt. Ungeheure Sandwüsten, die Fortsetzung der großen Afrikanischen Wüste, ziehen sich mitten hindurch und verwandeln einen großen Theil Arabiens, Syriens, Persiens, der Bucharei, des nördlichen Indiens und China's in unfruchtbare, von räuberischen Nomadenhorden durchzogene Einöden, in welchen nur selten eine Quelle aus dem heißen Sande aufsprudelt, um den quälenden Durst des Reisenden und seiner schmachtenden Lastthiere zu löschen. Die mächtigen Gebirgsmassen, welche sich hier und da aufgethürmt haben, schützen gegen die kalten Nordwinde und entsenden wasserreiche Ströme, wie den Euphrat, den Tigris, den Oxus, den Indus, den Ganges u. s. w. Andere Gebirgsreihen: die persischen und afghanischen Ketten, durchsetzen selbst die Wüsten, schaffen kühlere, fruchtbare Stufenländer, und die beiden langgestreckten Meerbusen, der Persische und Arabische, bringen von Süden her feuchte Luft und Regen bis in die Niederungen, um sie zu bewässern und unter Nachhülfe thätiger Menschen in üppige Getreideflächen umzuwandeln oder wenigstens nur zu Steppen und Weiden werden zu lassen.

Durch die eben gezeichnete physische Gestaltung der von den ältesten Kulturvölkern bewohnten Länderstrecke war Gang und Wesen ihres Handels und Verkehrs unabänderlich vorgeschrieben. Es mußte wesentlich Landhandel sein, geführt in derselben Weise und auf denselben Wegen, auf denen er sich noch heute, nach Jahrtausenden, bewegt.

Die Steppen und Wüsten, welche Mittelasien seiner ganzen Breite nach durchziehen, legen dem Verkehr größere Schwierigkeiten in den Weg als das stürmische Meer und unwirthliche Gebirgsketten; Sandstürme verwehen die Spuren des Weges und verschütten nicht selten Thiere und Reiter. Die Quelle, bis zu welcher sein Wasservorrath reicht, versiecht oder wird vom Sande bedeckt, und so bedroht ihn jederzeit der schrecklichste Tod, der des Verschmachtens. Nur in zahlreicher Gesellschaft, stark genug, um einem Angriff der Wüstenbewohner Trotz bieten und einander bei Unfällen beistehen zu können, läßt sich die Wüste mit einiger Sicherheit durchwandern, und diese Gesellschaften — Karawanen genannt —, welche zu bestimmten Zeiten von bestimmten Versammlungsorten ausgehen, und auf den von der Natur für immer vorgezeichneten Pfaden — von einer der so spärlich vorhandenen Quellen zur anderen — nach bestimmten Verkaufs- und Absatzplätzen ziehen, sind das Charakteristische des inneren asiatischen, wie des an ähnliche Bedingungen gebundenen afrikanischen Handels.

Diese Verkaufsplätze liegen meist an den Rändern der Wüste, denn der Kaufmann hat seine Aufgabe, die Produkte des einen Landes dem anderen zuzuführen, in der Regel gelöst, sobald er die Wüste durchwandert hat. Auch stehen diese Zwischenplätze in Asien sowol wie in Afrika fast immer unter dem Schutze einer Gottheit; religiöse Scheu mußte diese Plätze vor räuberischen Anfällen schützen. —

Die Westhälfte des Schauplatzes der alten Geschichte würde genau die Physiognomie der Osthälfte tragen, wenn der Seeboden des Mittelmeers zum Niveau der asiatischen Steppen gehoben werden wäre, denn die meteorologischen Bedingungen der Steppenbildung: regenlose Sommer, sind dieselben hier und dort. Wie die persischen und afghanischen Gebirgsketten heute die syrischen und iranischen Wüsten von Nord nach Süd durchsetzen, so würden dann auch die Apenninen und das Pindusgebirge, statt Halbinseln zu bilden, die europäisch-afrikanischen Steppen unterbrechen, Rhone und Po wären im Sande verlaufende Seitenstücke des Oxus und Jaxartes.

Glücklicher Weise sind wir von dieser Einförmigkeit der Bodenbildung verschont geblieben. Die Wellen des Mittelmeers haben die Europäer vor dem Schicksale der Asiaten und Afrikaner bewahrt. Statt der langsamen, schwerfälligen, an unabänderliche Wege und Lebensweise gebundenen Karawanen durchfliegt das Schiff wie ein leicht beschwingter Vogel die blauen Wogen des Meers, und im steten Kampfe mit Sturm und Unwetter, in beständiger Berührung mit den Bewohnern der anderen Küsten wächst ein rüstiges, muthiges, intelligentes Geschlecht heran. Auch die Verkehrs- und Handelsverhältnisse mußten sich somit hier anders gestalten als in der kontinentalen Osthälfte. Ist dort Land- und Karawanenhandel das Charakteristische, so sind es hier Seehandel und Schifffahrt. Freilich befand sich die Schiffbaukunst in dem ersten Zeitraume noch auf den untersten Stufen der Technik. Offene Ruderschiffe, mit einem plumpen dreieckigen Segel, welches also Seitenwinde nicht auffängt, und erst spät mit einem Deck versehen: das waren die Fahrzeuge, mit denen die Phönizier, ohne Kompaß, ohne astronomische Ortsbestimmung, das Mittelländische und das Schwarze Meer, ja selbst den Atlantischen Ozean befuhren. Erst in den letzten Jahrhunderten des Alterthums führt das Bedürfniß bei Griechen und Römern zum Bau größerer Schiffe, die indeß keinen wesentlichen Fortschritt in der Schiffskonstruktion selbst, sondern nur einen Fortschritt in Bezug auf Größenverhältnisse bildeten. Man war daher gezwungen, sich in der Nähe der Küste zu halten, wobei Halbinseln und Berge als Merkzeichen und Wegweiser dienten. Des Nachts ging man gewöhnlich ans Land, um dort das Mahl zu bereiten und zu schlafen. Doch scheint man schon einige Meeresströmungen gekannt zu haben. Statt der Anker bediente man sich Anfangs großer Steine oder offener Kupferkessel, die sich mit Wasser füllten, untersanken und das Schiff festhielten. Die Ruderer saßen auf einer Bank neben einander, bei großen Schiffen, namentlich Kriegsschiffen, in 2—3 Reihen über einander, nach deren Zahl die Kriegsschiffe ihren Namen erhielten. Diese hatten ein hohes, burgartiges Hinterkastell, einen Thurm für Bogenschützen und vorn unter Wasser einen Balken mit einer Eisenspitze, um feindliche Schiffe in Grund zu bohren.

Noch einfacher und kunstloser waren die Fahrzeuge der Inder und Araber, welche den frühesten Verkehr zwischen der Westküste Vorderindiens

— wohin die mittelasiatischen Arier schon im 13. Jahrhundert v. Chr. vorgedrungen waren — der arabischen Südküste und der afrikanischen Ostküste, sowie der dem Kap Gardafui vorliegenden Insel Socotora, dem Mittelpunkte des Verkehrs dieses an kostbaren tropischen Produkten reichen Gestades, unterhielten. Die arabischen Sabier fuhren nach Herodot's Zeugniß noch im 5. Jahrhundert v. Chr. in ledernen Booten über das Rothe Meer, und welcher Art die Schiffe der Inder gewesen sein mögen, die mit dem Monate hindurch regelmäßig wehenden Nordost-Monsun nach Socotora fuhren und mit dem eben so regelmäßig eintretenden Südwest-Monsun zurückkehrten, läßt sich aus dem Bau der gebrechlichen Boote schließen, welche noch heute von den Indusgestaden und der arabischen Südküste im Winter nach der Insel Zanzibar kommen und im Sommer heimkehren. Ein ägyptischer Grieche, Arrian, soll etwa 200 J. v. Chr. der erste Seemann gewesen sein, welcher, den Monsuns folgend, quer über das Persische Meer von Afrika nach Vorderindien segelte und den Umweg über Südarabien überflüssig machte, weshalb von da ab auch die arabische Schiffahrt sank.

Für den Umfang des Verkehrs in den ältesten Zeiten genügten indeß solche Hülfsmittel, kostbare Natur- und Kunstprodukte bildeten den Hauptgegenstand des Handels. Mit Ausnahme weniger in freieren Verhältnissen lebender Völker, wie Phönizier, Karthager und Griechen, bestand die Kundschaft des Kaufmanns nur aus den herrschenden Klassen: den Fürsten und den vornehmsten ihrer Diener und Günstlinge. Die große Mehrzahl des Volkes befand sich im Alterthum entweder im Zustande völliger Sklaverei oder wurde wenigstens wie eine rechtlose Herde behandelt, welcher man nur das Nöthigste übrig ließ. Für den Welthandel blieb die Masse deshalb Jahrtausende lang ohne Bedeutung, weil sie sich ihre Bedürfnisse selbst schaffte.

Damals mußte der Kaufmann seine Waaren selbst fortführen und dafür andere Produkte eintauschen. Daher galten noch zu Homer's Zeiten Kaufleute und Seeräuber für gleichbedeutend. War ein Schiff gelandet, so wurde dies in der Umgegend bekannt gemacht und die Käufer zuweilen aufs Schiff gelockt, um die Waaren zu besichtigen, worauf man davon fuhr und die Gefangenen als Sklaven verkaufte. Zu Homer's Zeiten mußten selbst Königinnen die Kleider selbst spinnen, weben und färben, die Männer Waffen und Hausgeräth selbst verfertigen, der Handel bot also nur Schmucksachen: Gold, Elfenbein, Perlen, Teppiche, seidene und baumwollene Gewänder und Sklaven. Kolonialwaaren gab es nicht, und selbst der Getreide- und Fleischhandel beschränkte sich auf wenige volkreiche Städte in getreidearmen Gegenden. Posten, Wirthshäuser, Wechsel, Contore u. s. w. fehlten natürlich. In fremden Ländern mußte man sich durch einen Gastfreund vor Gericht vertreten lassen, weshalb die Gastfreundschaft für heilig galt und sich auf späte Geschlechter vererbte. Einen allgemein gangbaren Artikel bildete der Weihrauch, den man zu den Opfern gebrauchte, und einige Gewürze, weil diese in den Mittelmeerländern fehlten. Selbst noch im Mittelalter wog man Pfeffer mit Gold auf, zahlte man Zoll in Pfeffer, und Attila ließ sich von dem belagerten Rom als Kostbarkeit 3000 Pfd. Pfeffer für seinen Abzug geben. Dagegen entwickelte sich in Aegypten, Babylon und Phönizien eine vielartige Industrie, namentlich in Bronzewaaren, Thon- und Glasgefäßen, denn durchsichtiges weißes Glas konnte man nicht herstellen; doch bezahlte Nero für eine große Glasvase

½ Mill. Thaler. In Babylonien war das Weben und Sticken von Teppichen und Gewändern, Juwelier- und Schnitzarbeit heimisch, da man Rohmaterial aus China und Indien bezog, und die Phönizier verstanden sich aufs Färben. Bis tief ins Mittelalter hinein bezogen europäische Könige, Herzöge, Bischöfe &c. solche Luxuskleider aus dem Orient, gold- und silberbrokatene aus Vorderasien und Byzanz. Mitunter brachte man auch seltene Thiere, namentlich Papageien, auf den Markt. Da es endlich wenig geprägte Münze gab und diese verschiedene Währung hatte, so tauschte man gern Waare gegen Waare oder wog sich das Edelmetall nach dem Gewicht zu, woher denn noch unsere Namen: Pfund, Mark &c. stammen. Ursprünglich waren Hausthiere oder deren Felle die Werthanzeiger. Homer's Helden berechnen die Preise ihrer Waffen nach Ochsenfellen, die alten Römer rechnen nach Stück Schafen, daher
600 v. Chr. der Ausdruck pecunia. Erst gegen 600 v. Chr. gedenkt man der ersten Münzen, die aber mehr als Waare denn als Geld dienten.

Der Handel war also im Alterthume den Waaren und der Ausdehnung
1500 v. Chr. nach ein beschränkter, das Mittelmeer war das Weltmeer bis gegen das Jahr 1500 hin, und der Landhandel, der sich der Lastthiere bediente, konnte nur leichte und theure Waaren hin und her schaffen, welche die Kosten des Transports und der weiten Reisen trugen.

Aehnlich wirkte das Sklavenwesen auf den Gewerbebetrieb und die Industrie. Die herrschenden Klassen der größeren Reiche verachteten die Arbeit und schämten sich jeder Beschäftigung. Ihnen dünkte nur die Betheiligung an den Staatsverhältnissen, an den religiösen Ceremonien, sowie das Waffenhandwerk edel. Selbst Kunst und Wissenschaft, soweit sie nicht Eigenthum der Priesterkaste waren, erlangten ihre Ausbildung meist in Sklavenhänden.

Billig dürfen wir erstaunen, daß das Alterthum trotzdem so Großes leistete und daß an einzelnen, von den Verhältnissen besonders begünstigten Punkten Industrie und Handel, Kunst und Wissenschaft einen solchen Grad der Ausbildung erreichten, wie ihn die folgende Darstellung erkennen lassen wird.

Aegypten.

Dieses, eines der ältesten Kulturländer der Erde, in welchem Ackerbau und Gewerbe hohe Ausbildung erhielten, wurde damit nothwendiger Weise schon in den frühesten Zeiten Mittelpunkt eines regen Verkehrs zwischen Libyen, Arabien, Syrien und dem Nilthale, über welchen freilich nur spärliche Andeutungen auf uns gekommen sind. Den Uranfang dieses Staates sucht man in der Priesterkolonie zu Meroe, von wo aus Theben, dann Memphis gegründet wurden, bis endlich Alexandrien Hauptstadt wurde.

Hohes Interesse besitzen die bildlichen Darstellungen in den Felsengräbern bei Theben, welche eine Fülle von Scenen aus dem wirthschaftlichen, gewerb- und häuslichen Leben der Aegypter enthalten. Doch befuhren Aegypter nur den Nil, da die Priester ihnen Reisen ins Ausland untersagten und Fremde (Phönizier und Griechen) die Waaren abholten, die aus Indien, Arabien und Innerafrika nach Aegypten gebracht wurden.

Wir sehen den Boden mit einfachen, von Ochsen gezogenen Pflügen oder mit der Hacke lockern, die Saat ausstreuen, Weizen und Gerste mit der Sichel schneiden, das Land durch Kanäle und Schöpfräder künstlich bewässern, den Fluß eindämmen, dessen Steigen und Fallen astronomisch beobachten, und die

Ueberfülle des Wassers zur Zeit der jährlichen Ueberschwemmung in großen künstlichen Seebecken ansammeln, um es in der trocknen Jahreszeit durch Schleußen in den Fluß und auf die Felder zu leiten, die Aehren durch Ochsen austreten, die Körner in Schwingen schütteln, reinigen und in Säcken in die Speicher tragen, Trauben pflücken und keltern, Sesam pressen, den Wein und das Oel in große Gefäße bringen und einkellern. Auf einer anderen Tafel erblicken wir große Herden von Hühnern, Gänsen, Ziegen, Schafen, Eseln und Rindvieh in den Ställen wie auf der Weide, selbst die ärztliche Behandlung kranker Thiere fehlt nicht. Daneben befinden sich Abbildungen von Jagden auf Hasen, Füchse, Gazellen, Büffel, Hyänen, Nilpferde und Löwen mit Benutzung von Netzen, Fallen, dem Lasso und von Hunden. Dagegen sind Pferde und Kameele erst später eingeführt, weil sie auf den Abbildungen der ältesten Perioden nicht vorkommen, wie Brugsch bemerkt hat.

An einem anderen Orte können wir uns über den Betrieb und die Geräthe der Handwerker unterrichten. Flachs und Wolle werden gesponnen und verarbeitet. Der einfache ägyptische Webestuhl ist abgebildet, Seiler, Schuhmacher und Töpfer sind thätig, der Zimmermann handhabt Säge und Axt, Glaser blasen Becher und Flaschen, denn das Glas erfanden nicht die Phönizier, sondern bezogen es aus Aegypten. Ja Sprachforscher behaupten, das Wort stamme aus Indien und sei mit der Waare nach Aegypten gekommen. Der Schmied und der Goldschmied brauchen den Blasebalg.

Dann folgen Darstellungen aus dem häuslichen Leben. Eine Gesellschaft sitzt beim Mahle, der Tisch zeigt Brot, Feigen und Trauben in Körbchen, Wein in Flaschen, Gemüse und Geflügel in Schalen, für die flüssigen Speisen sind Löffel vorhanden. Männer und Frauen sind mit Ringen, Halsketten, Armbändern und Ohrgehängen geschmückt und werden von zierlich gekleideten Sklaven, hellfarbigen wie schwarzen, bedient. Hier sind Musikbanden mit Harfen, Guitarren und Flöten aufgestellt, dort zeigen Tänzer ihre Künste. Ein andermal singt, spielt und tanzt die Gesellschaft selbst. Zur Unterhaltung dient Einigen das Bretspiel und Fingerspiel (das italienische Morra), Andere schlagen Ball. Tragsessel und Wagen sind vielfach in Gebrauch, doch gab es im Kriege keine Reiterei, sondern Streitwagen, auf denen auch assyrische, persische und jüdische Könige zu Felde zogen, und von denen herab die Helden des Trojanischen Krieges kämpften. Wegen Mangels an Holz konnte sich in Aegypten wie in Babylonien die Seeschiffahrt nicht entwickeln, weshalb ägyptische Eroberer sich phönizischer und griechischer Kriegsflotten bedienten.

Denken wir uns dieser Civilisation, diesem Wohlstand des Nilthals gegenüber die Zustände der Nomadenhorden in der Libyschen und Arabischen Wüste; berücksichtigen wir gleichzeitig den Mangel an Holz und Metallen, der das Nilthal von jeher vom Auslande abhängig gemacht hat, so sind alle Elemente zu einem Austausch zwischen den Produkten und Erzeugungen Aegyptens und der benachbarten Länder gegeben. Da das Volk je nach der Beschäftigung in Kasten getheilt war, der Sohn des Vaters Beschäftigung also fortsetzen mußte, so entwickelte sich eine vielartige, weit ausgebildete Technik in der Industrie, trat aber auch bald ein Verharren beim Alten ein, weil man sich vom Auslande abschloß.

Die Wanderstämme Libyens und Arabiens bedürfen Getreide, Oel, Wein,

Werkzeuge, Geräthe und Waffen, wogegen sie Pferde, Wolle, Elfenbein, Goldstaub, Sklaven u. dergl. bringen. Die Küstenländer Syriens, reich an Holz, im Besitz von Kupfer und Erz vom Libanon, wie Cypern von Wein und Oel, tauschten diese gern gegen ägyptische Leinen- und Baumwollengewebe, irdene und gläserne Gefäße rc. aus; die Küstenbewohner Arabiens endlich liefern dem Luxus der ägyptischen Vornehmen kostbare Spezereien, Weihrauch, Balsam, Salben und von der gegenüber liegenden afrikanischen Ostküste gleichfalls Gold, Elfenbein und schwarze Sklaven.

So ungefähr wird sich dieser Austausch entwickelt haben, und für die letzten Jahrhunderte des 2. Jahrtausends sind dafür glaubhafte Zeugnisse vorhanden. Arabische Karawanen brachten schon Gewürze, Balsam und Sklaven nach Aegypten, als die Hebräer noch im Lande Gosen, neben der Landenge von Suez, saßen, also vor dem 13. Jahrhundert v. Chr. Zu Salomon's Zeit,
1000 v. Chr. um das Jahr 1000 v. Chr., sind ägyptische Streitwagen und Streitrosse eine gesuchte Handelswaare in Syrien, und die Odyssee zeigt uns, daß im 9. Jahrhundert v. Chr. phönizische Händler nach Aegypten fuhren und daselbst die an der Küste Griechenlands und Kleinasiens Geraubten als Sklaven verkauften. In Memphis und an der kanopischen d. h. westlichen Mündung des Nil hatten die Phönizier seit den ältesten Zeiten Handelsniederlassungen, ja während der letzten Hälfte des 2. Jahrtausends, als die Pharaonen von Theben Aegypten auf den Gipfel seiner Macht hoben, war Phönizien selbst nebst Palästina und Cypern Aegypten unterworfen, und die Flotte der Pharaonen war in Wirklichkeit eine phönizische, wie sie später den Hauptbestandtheil der persischen bildete.

Nachdem die Assyrer und Babylonier Syrien und Phönizien unterjocht hatten und damit in den Besitz der das Meer beherrschenden phönizischen Flotte gekommen waren, verschloß Aegypten seine Küsten gegen das ihm feindliche Ausland und die griechischen Piraten. Nur auf der kleinen, in der Nilmündung gelegenen Insel Pharos durften die fremden Kaufleute landen. Ein späterer ägyptischer König ließ durch Phönizier ganz Afrika umschiffen, wozu diese 3 Jahre brauchten, weil sie unterwegs säeten und ernteten, um sich mit Lebensmitteln zu versehen.

Diese Isolirung dauerte bis zum Jahr 670 v. Chr. Der Pharao Psammetich nahm in den Kämpfen gegen die Einzelfürsten, welche nach der Vertreibung einer 50 Jahre über Aegypten herrschenden äthiopischen Dynastie das Reich unter sich getheilt hatten, griechische und phönizische Söldner zu Hülfe. Hierdurch gewann er den Sieg und stützte sich fortan auf die ausländischen Kriegerscharen, weshalb er und seine Nachfolger mit der einheimischen Kriegerkaste zerfielen, was dem Kambyses die Eroberung Aegyptens erleichterte. Derselbe öffnete Agypten daher den griechischen und phönizischen Kaufleuten. Die Milesier sandten sofort 30 Schiffe in die kanopische Mündung des Nil und gründeten die befestigte Faktorei Naukratis, welche von da an die eigentliche Handelsstadt Aegyptens, die Vorläuferin Alexandriens wurde. Sein Sohn Necho nahm den Plan des Ramses wieder auf, den Nil und das Rothe Meer durch einen Kanal zu verbinden. Doch vermochte er das Werk nur zur Hälfte, vom Nil bis zu den Bitteren Seen, auszuführen. Die Vollendung der übrigen Hälfte, von da bis zum Rothen Meer, blieb Darius von Persien vorbehalten. Unter den folgenden Regierungen nahm der Einfluß der Griechen

immer mehr zu. In Naukratis durften sie seit Amasis (550 v. Chr.) unter 550 v. Chr.
eigener Gerichtsbarkeit leben, die zahlreichen griechischen Ansiedler errichteten
ihren Göttern Tempel und der Handel Aegyptens fiel allmählig ganz in ihre
Hände. Die Gründung Alexandriens im Jahre 332 v. Chr. vollendete den 300 v. Chr.
Uebergang, und diese Stadt, die Handelsmetropole des darauf folgenden Jahrtausends, muß deshalb als eine griechische, der alexandrinische Handel als eine Fortsetzung des jonischen und karischen angesehen werden, welcher seine Heimat verließ und sich dort eine neue, zu großartiger Entfaltung berufene Stätte suchte. In Alexandrien errichtete man den berühmten Leuchtthurm Pharus, schied durch einen Damm den Hafen in einen Kriegs- und Kauffahrteihafen und wandelte auch den künstlichen See Mareotis in einen Hafen um.

Babylonien und Assyrien.

Von allen vorderasiatischen Ländern gelangte der Landstrich am untern Euphrat und Tigris schon in den frühesten Zeiten zu einer höhern Kultur; Doch ist die Urgeschichte sagenhaft. Bald war Babylon Herr, bald Nebenstaat von Assyrien und der Riesenstadt Ninive, bis dieses von Medern und Babyloniern zerstört und bald darauf auch Babylonien persische Provinz wurde. Die Fruchtbarkeit dieser Gegend wird von allen Schriftstellern des Alterthums gepriesen, da sie durch Anlage von künstlichen Kanälen und großen Wasserbecken erhöht wurde. Seit diese verfallen sind, wurde das fruchtbare Land zur Steppe, in welcher heute Nomaden ihre Herden weiden lassen. Weizen, Gerste und Sesam wuchsen fast wild und trugen mehr als 100fältige Früchte. Palmenwälder beschatteten damals beide Ströme, lieferten Datteln von seltener Größe und Süße (jetzt findet man nur bei Bassora einen großen Wald von Dattelpalmen), und Obst aller Art war in Fülle vorhanden. Wie die Tempel- und Palastruinen Thebens, so legen auch die Trümmer von Babylon und anderen durch Griechen angelegten und später untergegangenen Städten Mesopotamiens Zeugniß ab von dem Gewerbefleiß und der Kunstfertigkeit ihrer Bewohner. Bagdad war ja die Wunderstadt der Märchen, wo alles Erdenkbare möglich sein konnte. In der alten palastreichen Stadt Babylon, die 12 □Meilen Umfang hatte, und welche Alexander zu seiner Hauptstadt erwählte, verfertigte man irdene Gefäße, Glasstücke, künstlich geschnittene Steine, Schmucksachen von Bronze, Gold und Elfenbein, Statuen von gebrannter Erde, Salbenbüchsen, schöngeschnitzte Spazierstöcke und andere Nipptisch- und Galanteriewaaren, wie wir sagen würden, u. s. w. in unerschöpflicher Menge. Wollengewebe, gestickte Teppiche u. dgl., später auch baumwollene Stoffe von unübertrefflicher Feinheit, erlangten früh großen Ruf. Als die Hebräer um das Jahr 1300 v. Chr. nach Palästina kamen, waren daselbst schon babylonische Mäntel im Gebrauch. Siegelringe und Stöcke mit geschnitzten Griffen trug nach Herodot Jedermann. Abbildungen, welche einen Blick in ihre häuslichen Verhältnisse gestatten, wie die Darstellungen in den ägyptischen Felsengräbern, fehlen, da die Babylonier kein so dauerhaftes Material besaßen und auf die Benutzung gebrannter Ziegel zu ihren Bauten beschränkt waren. Bald nach Alexander's Tode verfiel Babylon; die Trümmer seiner Paläste und Wunderbauten dienten bei der Gründung der benachbarten griechischen Städte Ktesiphon und Seleucia als Baumaterial. Dafür bieten aber die Trümmerfunde des alten Ninive Ersatz. Eine Reihe von Skulpturen auf Kalkstein-

und Alabasterplatten geben Aufschluß über die Lebensweise der Assyrer, die sicher der der Babylonier ähnlich gewesen ist. Die Assyrer sitzen bei ihren Gastmählern auf hohen Stühlen. Speisen und Früchte werden in Schalen herbeigetragen. Den Wein trinken sie aus Bechern. Alle Geräthe, Tische, Stühle, gepolsterte Sessel, Trinkgefäße, Vasen, selbst das Pferdegeschirr und die Zäumung, sind zierlich und geschmackvoll gearbeitet. Die Gewänder der Könige zeigen eingewebte Ornamente, sogar Scenen der Jagd und des Kriegs.

Maß, Münze und Gewicht des Alterthums stammen von Babylon. Das babylonische Talent, Gewicht und Maß zugleich, und die Unterabtheilung desselben in 60 Minen ist auf die Phönizier und Juden, von den Phöniziern zu den kleinasiatischen Griechen, von diesen nach Griechenland, mit den griechischen Kolonisten nach Unteritalien und Rom übergegangen, nur daß die Unterabtheilungen nach und nach kleiner wurden und andere Namen: Sekel, Drachme u. s. w., erhielten.

Die babylonischen Priester sind die Begründer der astronomischen Wissenschaft. Sie berechneten die Mondfinsternisse und die Zusammenkünfte von Fixsternen und Planeten. Die Mondfinsterniß von 721 v. Chr., deren Berechnung Ptolemäos in Alexandrien in Händen hatte, ist von ihnen mit solcher Genauigkeit bestimmt worden, daß der Anfang nur um 1 Minute zu spät angesetzt ist.

Auch die Buchstabenschrift ist ihre Erfindung, und ihre einfachen Keile — die Bezeichnung der verschiedenen Laute — bilden den ausgeprägtesten Gegensatz zu den schwerfälligen, verwickelten Bilderzeichen der Aegypter und Chinesen. Die Chinesen sind überhaupt vielleicht das älteste Kulturvolk, denn sie besaßen eine vielseitige Industrie, Kanäle, Straßen, Brücken, sogar eiserne Hängebrücken, eine streng geordnete Staatsregierung, Feuerrettungsgesellschaften, Pockenimpfung, Handelsgerichte, Papiergeld, Wechsel, Wirthshäuser, Papier, Druckerei, Tinte, Pulver, Kanonen, eine reiche Literatur u. s. w. Wahrscheinlich stammt die phönizische Schrift ebenfalls aus Babylon. Jedenfalls ist sie nur eine Formenverbesserung, keine neue Erfindung. Da nun die phönizischen Buchstaben die Grundlage der hebräischen, griechischen und lateinischen Schrift geworden sind, so hat die Nachwelt den Babyloniern nicht blos ihre Maß-, Münz- und Gewichtsbestimmung und die Anfangsgründe der physikalischen und astronomischen Wissenschaften, sondern auch die Schrift und vielleicht noch manches Andere zu danken!

Auf solchen Grundlagen mußte der Handel Babyloniens schon in ältester Zeit von großer Bedeutung sein. Es stand mit allen Ländern Asiens in Verbindung, entweder um die Erzeugnisse seiner Industrie mit den ihrigen zu vertauschen oder die Rohstoffe für seine Gewebe von ihnen zu beziehen. Die Steine zu den Siegelringen kamen theils aus Baktrien, theils aus Indien; der Rohstoff zu seinen baumwollenen Geweben, welche ihrer unerreichten Feinheit halber den aus China bezogenen seidenen gleichgeschätzt wurden, theils aus Indien, theils von mehreren Inseln im Persischen Meere; die Wolle zu seinen Teppichen und wollenen Zeugen, gleich den baumwollenen in den glänzendsten Farben und mit den künstlichsten eingewebten Mustern verfertigt, und zwar vollkommen fabrikmäßig in den rund um Babylon gelegenen Dörfern, aus der Arabischen Wüste, aus Kleinasien und Syrien. Aus indischem Elfenbein und harten Hölzern wurden die künstlichsten Schnitzereien, aus indischem Stahl die feinsten Klingen verfertigt. Eben so berühmt waren die wohlriechenden Wasser Babylons. Alle Produkte Indiens, Arabiens und Aethiopiens flossen hier zusammen, wo sie, namentlich Rauchwerk und Spezereien, in ungeheuren Quantitäten verbraucht wurden. Von Nordindien (Kaschmir) kamen Schals; Getreide lieferte Mesopotamien; Wein, Pferde und Metalle Armenien, dessen Waaren auf dem Euphrat in Fahrzeugen heruntergeschafft wurden, welche man nach ihrer Ankunft zerlegte und verkaufte. Ein reger Verkehr bestand mit Syrien und Phönizien, wie die Ruinen von Baalbek und Tadmor (Palmyra) in der Mitte und am Ende der Karawanenstraße, welche durch die Syrische Wüste führt, beweisen, denn der Handel ist der wahre Städteerbauer; wo er mit roher Faust verscheucht und vernichtet wird, sinkt Alles in die Nacht zurück! Babylon war also, wie Tyrus, Handels- und Fabrikstaat, Sitz der Wissenschaft und die Stadt eine Riesenfestung für eine gewaltige Militärmacht. Meilenweite Trümmerhaufen und der untere Stumpf des berühmten Thurms von Babel, den Nebukadnezar in 8 Stockwerken 200 Meter hoch erbauen ließ, bezeichnen die Stätte der vielberühmten Wunderstadt der schwebenden Gärten und stadtähnlichen Paläste, das London des alten Orients.

Arabien.

Der fruchtbarste Theil der Halbinsel ist die Südwestküste Yemen, im Alterthum auch das „Glückliche Arabien" genannt, dessen Erzeugnisse: Weihrauch, Myrrhen, Cassia, Balsam, Gummi u. s. w., schon früh hochgeschätzte Handelsartikel waren.

Der eigentliche Mittelpunkt des Handels im Indischen Meere scheint die Insel Socotora gewesen zu sein. Dorthin brachten die Inder die Produkte der Indusländer und der Malabarküste und vertauschten sie gegen die arabischen Spezereien, Räucherwerk und gegen afrikanisches Gold. Arabien war das einzige Land, welches nach Indien aktiven Handel trieb und dessen Produkte nach Babylonien und Aegypten verführte. Von der Natur war es bestimmt zur Hauptstation der Durchfuhr nach drei Welttheilen. Als Portugiesen den Seeweg nach Indien entdeckten, mußten sie lange und heftig mit arabischen Kriegsflotten kämpfen. Doch hat heute noch der Sultan von Maskat an Persiens und Ostafrika's Küsten große Besitzungen.

In Südarabien selbst bildete Yemen den Ausgangspunkt des Verkehrs mit Socotora, Ostafrika, Aegypten, Phönizien, Syrien und Babylon. Neben den eigenen Produkten Arabiens waren Gold, Elfenbein, Ebenholz und schwarze Sklaven von der Ostküste Afrika's, sowie die in Socotora eingehandelten indischen Gewürze, Perlen und Edelsteine, Baumwolle und baumwollene Zeuge, Seide und seidenen Stoffe Stapelartikel des arabischen Handels. Von Yemen, dem Sammelplatz der indischen und äthiopischen, der Heimat der arabischen Produkte, zogen die Karawanen aus, um die Schätze der südlichen Zonen anderen zuzuführen. Zur Zeit seiner Blüte wurde der Binnenhandel Arabiens nach drei Hauptrichtungen geführt, deren Ausgangs- und Zielpunkte ein Dreieck bildeten. Saba war der eine, Gerrha, auf der Küste des Persischen Meerbusens gelegen, da wo wir jetzt El Katif finden, der zweite, und Petra im nordwestlichen Arabien (eine in Stein gehauene Stadt, nach welcher man die Umgegend das Peträische Arabien nannte, was man irrthümlich mit „Steinigtes" Arabien übersetzt hat), zwischen der nördlichsten Spitze des

Arabischen Meerbusens und dem Todten Meere, ungefähr in der Nähe des heutigen Kerak, der dritte. Von Saba nach Petra zogen Karawanen längs der Küste über die Stationspunkte Sana, Haran, Chavila, Leucecomo in 70 Tagen (nach einer Nachricht Strabon's). Indische, arabische und äthiopische Produkte gelangten auf diesem Wege nach Phönizien, Syrien und Aegypten. Dagegen wurden auf demselben die phönizischen Fabrikate und Handelsartikel, welche wir später kennen lernen, zurückgebracht. Von Saba nach Gerrha dauerte die Reise 40 Tage (eine Karawane legt täglich durchschnittlich 4 Meilen zurück). Dies war die Straße für den Handelsverkehr zwischen Arabien, Aethiopien und Babylon. Endlich führte eine dritte Straße von Gerrha quer durch die Wüste nach Petra, und diese vermittelte auch den Verkehr zwischen Phönizien und Indien. Ein Kranz reicher und blühender Städte zog sich damals um die ganze Halbinsel: Saba, Canna, Aden, Muza (Mekka) und andere, unter denen Saba und Aden an der Südwestküste, sowie Gerrha am Persischen Meerbusen, als die glänzendsten hervorleuchteten. Der Reichthum dieser Völkerschaften wie der ihrer Fürsten und Führer ist sprüchwörtlich im Munde der jüdischen Propheten. Wohlstand und Glück herrschten überall an den Küsten wie im Innern, selbst die Wüste nicht ausgenommen. Wo vordem, wie heute wieder, unbändige Nomadenhorden umherzogen, geleiteten, besänftigt und gezähmt durch reichen, friedlich errungenen Gewinn, wohlhabende ruhige Stämme die mit den Schätzen Afrika's und Indiens beladenen Karawanen, welche die Wüste nach allen Richtungen durchzogen. Sie befaßten sich hauptsächlich mit der Zucht des Kameels, des unentbehrlichsten Lastthieres, und stellten ihre Herden den Kaufleuten zur Verfügung. Doch handelten sie auch auf eigene Rechnung, und mit welchem Vortheil, dies zeigt die Menge goldener Schmucksachen, welche die Juden bei den von ihnen unterworfenen Idumäern und Midianitern, zwei arabischen Völkerstämmen, erbeuteten. Selbst deren Kameele trugen goldene Halsbänder. Die politischen Umwälzungen Vorderasiens im 8., 7. und 6. Jahrhundert, durch welche Phönizien geschwächt und seiner Selbständigkeit beraubt wurde, der Uebergang seiner Handelssuprematie auf Karthago und Alexandrien und die Eröffnung der direkten Fahrten nach Indien durch die Griechen in Aegypten versetzten dem Zwischenhandel der Araber im letzten Jahrhunderte des Alterthums den Todesstoß. Doch legten Phönizier und Juden am Persischen Meerbusen Häfen an und segelten selbst bis zum Goldland Ophir.

Indien.

Die indische Kultur ist, den Ergebnissen der neuesten Geschichtsforschung zufolge, jüngern Datums, als man früher annahm. Sie entstand nicht im Lande selbst, sondern beruht auf eingeführten fremden Kulturelementen, die freilich durch die Natur des Landes, vor Allem durch die klimatischen Einflüsse der Tropenzone und durch das Gemisch zweier Rassen, ihren ursprünglichen Charakter verloren und zu den seltsamen Verzerrungen ausarteten, welche so lange als das natürliche Wesen des indischen Volkes betrachtet wurden. Die Urbewohner waren malayisch-negerartiger Rasse; da drangen Arier vom Hindukusch ins Land, eroberten es nach und nach und führten das Kastenwesen und einen phantasiereichen Gottesdienst ein, um sich in der Oberherrschaft für immer zu befestigen. Der Reichthum des Landes an Produkten aller Art und die kastenartig betriebenen Gewerbe entwickelten die Technik bis zu bewunderungswerther Vollkommenheit, namentlich in Weberei, Stickerei, Juwelierarbeiten, Stahlwaaren u. s. w. Die schon von Herodot hervorgehobene Verwandtschaft der über Kaschmir wohnenden und an Afghanistan grenzenden Inder mit den jenseit des Gebirges am Oxus sitzenden Baktriern wird durch eine Reihe anderer Zeugnisse zur Gewißheit erhoben. Alte assyrische Denkmale weisen auf Eroberungszüge an den Indus hin (etwa im 13. Jahrhundert v. Chr.), wo die 1300 v. Chr. Assyrer bereits mächtige Staaten mit Sanskritnamen fanden, und indische Quellen zählen seit dem 13. Jahrhundert v. Chr. sanskritische Königs- und Staatennamen am Ganges auf. Die Einwanderer, nachdem sie das Meer erreicht hatten, wurden Seefahrer und Kaufleute, dies beweisen eine Reihe von Vorschriften über Handel, Schiffahrt und Zölle rc. in ihrem alten Gesetzbuch. Bald aber ward die Seeschiffahrt verboten und Fremden überlassen. Dagegen besaß das städtereiche Land treffliche Landstraßen mit Brunnen, schattigen Ruhebänken und Einkehrhäusern. Denn es galt für religiöse Pflicht, das Reisen zu unterstützen und Reisende zu pflegen, weshalb fromme Braminen sich ein Geschäft daraus machten, Reisethiere zu tränken, da man Waaren auf Ochsenwagen transportirte. Für die frühe Ausdehnung ihres Handels spricht der Sanskritname der Insel Socotora. Dorthin wie nach Babylon führten sie, durch die Monsunwinde begünstigt, die Produkte Vorderindiens und der Malabarküste: Seide von Benares, kostbare Edelsteine, Diamanten und Rubinen, Perlen, den Gaumen reizende Gewürze, Zimmt, Pfeffer und andere, Perlmutter, Elfenbein und daraus verfertigte Zierrathen und Schmucksachen, den verdickten Saft des Zuckerrohrs nebst den daraus und aus Reis gebrannten berauschenden Getränken, Rum und Arak, beide schon in den Vedas der indischen Priesterschaft, den Braminen, untersagt, Sandelholz, Baumwolle und die davon verfertigten Gewänder, Farbstoffe, wie Indigo und Lac dye, letzterer ein der Cochenille ähnlicher thierischer Farbstoff und deshalb von älteren Schriftstellern mit derselben verwechselt, feinen Stahl, Zinn u. s. w. Mit dem Aufblühen der Reiche in Vorderasien und an der Nordküste Afrika's nahm dieser Handel immer größere Verhältnisse an, und nachdem die griechischen Kaufleute in Aegypten regelmäßige Fahrten nach Indien unternommen und die fremden Kaufleute selbst auf den indischen Märkten erschienen, um die hochgeschätzten Produkte dieses Landes zu holen, wuchsen an der Westküste Indien's, von der Mündung des Indus bis hinunter nach Ceylon, eine Reihe wichtiger Handelsplätze empor, Stapelplätze der Natur- und Kunsterzeugnisse des Landes, welche aus weiter im Inneren gelegenen großen Städten nach den Ausfuhrhäfen gebracht wurden. Als die bedeutendsten werden von griechischen und römischen Schriftstellern in den letzten Jahrhunderten des Alterthums genannt: Patala (Hyderabad) am Indus-Delta, Barygaza (Beroach) nördlich von Bombay, Calliene, in der Nähe des heutigen Bombay, Muziris (Mangalore) und Nelcynda (Nelliseram) auf Malabar, endlich Taprobane (Ceylon). Im Binnenlande lagen Ozene (Udschen) östlich von Barygaza, Tagara und Pluthane in Dekan, von wo Handelsstraßen nach den Häfen Murizis und Nelcynda führten. Auf der Ostküste wird Mavalipuram erwähnt, von wo ein Schiffahrtsverkehr mit Hinderindien, dem „goldreichen Chryse" des Alterthums, unterhalten worden zu sein scheint. Doch war dies nur *eine* Seite des indischen Handels. Von kaum minderer Wichtigkeit war der Verkehr zwischen

Indien und Mittelasien, welcher in weiter Ausdehnung auch den Handel mit China, mit Iran oder Persien, mit Baktrien und die Oxusländer in sich begriff.

Die dahin führende Handelsstraße lief theils direkt nach Norden über die Gebirgskette, welche Kaschmir von Badagschan trennt, theils wandte sie sich von der Grenze Nordindiens, also der heutigen Provinz Peschawer, durch die berüchtigten Keyber-Pässe, den nördlichen Uebergang über die afghanische Gebirgskette, nach Afghanistan, berührte die Stadt Kabul und theilte sich hier. Die westliche Straße senkte sich nach Uebergang des Bamian-Passes nach Persien hinab, die nördliche überstieg den schneebedeckten Hindukusch und gelangte ebenfalls nach Baktrien, einem der ältesten Kulturgebiete der Menschheit, außerordentlich fruchtbar, mit einem köstlichen Klima gesegnet und reich an seltenen Edelsteinen. Der Lapis lazuli, welcher das echte Ultramarin liefert, wird hier in bedeutender Menge gefunden.

Hier war im Alterthum der Mittelpunkt sämmtlicher asiatischer Handelsstraßen und ist es noch heute. Die Karawanen, welche nach China zogen, wandten sich von hier nordöstlich, überstiegen, wie gegenwärtig noch die von Buchara und Chokand kommenden, das Belur-Gebirge, jenseit dessen und des Belur-Passus der „steinerne Thurm" oder „Salomons Thron" sich als willkommener Ruheplatz darbot. Schon der alte Geograph Ptolemäus (150 n. Chr. G.) kennt Namen und Lage dieses Punktes aufs Genaueste. Dahinter dehnt sich die Wüste Gobi aus, und durch sie lief die Straße der nach China ziehenden Karawanen. Diese brachten Seide und Pelzwerk — letzteres wahrscheinlich auf einem Zwischenplatz von den Bewohnern der nördlicheren Gegenden des heutigen Sibiriens eingetauscht — mit, sowie bedeutende Quantitäten Geld, weshalb die Wüste Gobi im Alterthum die „goldreiche" genannt wurde. Wahrscheinlich kam dasselbe aus den sibirischen Goldgruben (im Altai), die bei ihrer Wiedereröffnung in neuerer Zeit durch die Russen die unverkennbarsten Zeichen alter Ausbeutung trugen, und wurde, gleich dem Pelzwerk, auf einem der zwischen Balkh und China gelegenen Zwischenplätze eingehandelt. Auch die westlichen Abhänge des Himalaja waren reich an goldhaltigem Sande.

Nach Nordwesten und Westen gelangten die indischen Waaren gleichzeitig mit den chinesischen und mittelasiatischen auf zwei verschiedenen Wegen, von welchen der erstere indeß große Veränderungen erlitten hat. Dieser war in jener Zeit fast seiner ganzen Länge nach Wasserstraße. Die zwei großen Ströme Mittelasiens, der Oxus und Jaxartes (Amu-Darja und Sir), welche heute in den Aral-See münden, ergossen sich ehemals in das Kaspische Meer. Von dem südlichen Ufer desselben hat zu allen Zeiten eine Handelsstraße durch Armenien oder Georgien an das Schwarze Meer geführt und von dem südöstlichen Winkel des Pontus, dem alten Kolchis, wurden die Waaren weiter verführt, theils nach den phönizischen und griechischen Pflanzstädten am Schwarzen Meere, theils nach Byzanz (Konstantinopel) und den griechischen (ionischen) Handelsplätzen an der kleinasiatischen Küste. Letztere erhielten indische Waaren auch auf dem Landwege, der durch Persien und Kleinasien lief.

Phönizien.

An der nördlichen Hälfte der syrischen Küste streicht ein hoher Gebirgswall in geringer Entfernung vom Meere hin. Es ist der Libanon, dessen höchste Gipfel eine Erhebung von 700 bis 3000 Meter erreichen und mit ewigem Schnee bedeckt sind. Terrassenförmige Vorberge, mit Nußbäumen, Cypressen, Platanen und mächtigen Cedern bewachsen, lassen nur einen schmalen Landstreifen frei zwischen dem Meere und den Höhen, dessen Klima und Vegetation schon an die Nähe der Tropen erinnert.

Dieser schmale Küstensaum wurde von den alten Griechen, denen der Anblick der Dattelpalmen, die hier vorzüglich gedeihen, frembartig genug sein mochte, Phoinike, das Palmenland, genannt. Und dieser Name ging auch auf die Bewohner der Küste, kleine syrische und semitische Völkerschaften, über. Man nannte sie Phönizier, während sie selbst sich als Sidonier, Tyrer &c., je nach der herrschenden Stadt, bezeichneten, semitischen Stammes waren und eine Reihe kleiner Handelsrepubliken gründeten.

Die Nähe des Meers wies sie von selbst auf dessen Ausbeutung hin, auf den Fischfang, die Grundlage so mancher Seemacht der späteren Zeit. Hand in Hand damit gingen die Anfänge der Schiffbaukunst, wobei ihnen der Reichthum des Libanons an trefflichem Schiffbauholz zu Statten kam. An den Küsten Syriens, wie an den meisten Mittelmeergestaden, finden sich in großer Anzahl Purpur- und Trompetenschnecken, die in einem Gefäße am Schlund einen Saft besitzen, bei der einen Art schwarz, bei der anderen dunkelroth aussieht und eine treffliche Farbe giebt. Die Phönizier verstanden es, durch Mischung und andere Behandlungsweisen daraus 53 verschiedene Farben vom zartesten Hellroth bis zum tiefsten Schwarz zu gewinnen und mittels derselben wollenen, leinenen und baumwollenen Geweben die glänzendste Färbung zu geben. Diese Gewebe wurden im Alterthum hochgeschätzt. Ein Purpurmantel war das äußere Zeichen der Herrscherwürde, in Palästen und Tempeln dienten Purpurdecken als Vorhänge; schmale Purpurstreifen galten den Griechen und Römern als der kostbarste Besatz der Kleidung und sie verwandten dieselben, wie etwa heute die Pelzstreifen verwandt werden, als Abzeichen vornehmen Standes und hoher Würden.

Andere Industriezweige der Phönizier waren Glasbläserei, Anfangs wol nach ägyptischem Muster, Bergbau (auf Kupfer) und Erzguß. Im Verlaufe der Jahrhunderte vervollkommnete sich ihre Technik darin außerordentlich, namentlich im Schliff und in der Mischung verschiedener Glasflüsse, was man heute nicht nachzuahmen versteht. Ihre Metallgefäße mit getriebener Arbeit, Schmucksachen und Zierrath aus edlen Metallen und Edelsteinen, geschnittenen und gefaßten, besaßen im Alterthum hohen Ruf. Wenn auch ihre Gewerbthätigkeit keine ursprüngliche, sondern von Aegypten und Babylon überkommen sein mochte, so haben sie doch in vielen Zweigen außerordentliche Fortschritte gemacht und ihre Lehrmeister weit übertroffen.

Der nächstliegende Verkehr bestand in dem Austausch ihrer Erzeugnisse gegen die Ackerbau- und Viehzucht-Produkte ihrer Hinterländer; Syrien und Palästina lieferten ihnen Wein, Oel, Weizen u. dgl., Wolle, Pferde &c. Zu größerer Bedeutung erhob sich ihr Zwischenhandel, nachdem sie einmal die benachbarten Inseln Cypern, Kreta, Rhodos und die kleinasiatischen und griechischen Küsten aufgefunden und dort festen Fuß gefaßt hatten, ebenso mit Aegypten in Verkehr getreten waren.

Das Mittelmeer ist ihr eigenstes, von ihnen gewissermaßen geschaffenes Handelsgebiet. Schon im 2. Jahrtausend v. Chr. hatten sie dasselbe nach allen Richtungen befahren und durchforscht, die Küsten mit Niederlassungen

2000 v. Chr. und Kolonien besetzt und überall Handelsverbindungen angeknüpft. Alle Inseln des Aegäischen Meeres, die Karische und Jonische Küste Kleinasiens, die Gestade des Hellespont und des Schwarzen Meers, das goldreiche Thasos, Thrazien und Böotien (Theben) tragen Spuren phönizischer Niederlassungen; Theile derselben sind noch in historischer Zeit nachweisbar. Zahlreiche Ansiedelungen fanden sich auf Sizilien und dessen Umgebung, meist auf den kleinen Inseln an der Küste oder an Vorgebirgen erbaut. Die meisten Städte der Ostküste und Südküste verdanken ihre erste Anlage den Phöniziern, so Syrakus, Catana, Heraklea, Messana, Selinus, selbst Panormus, im Norden das heutige Palermo. Das benachbarte Malta mit seinem trefflichen Hafen war eine wichtige Schiffsstation auf der Fahrt nach Westen. Die gegenüberliegende Nordküste Afrika's war mit ihren Niederlassungen übersäet. Die wichtigsten derselben wuchsen im Alterthum zu volkreichen Städten heran, wie Leptis, Klein-Leptis, Hadrumet, Hippo u. s. w., sämmtlich von den Sidoniern vor
1100 v. Chr. dem 12. Jahrhundert gegründet. Am Ende des 12. Jahrhunderts, nachdem Tyrus die mächtigste Handelsstadt Phöniziens geworden war, durchsegelten ihre gebrechlichen Fahrzeuge bereits kühn die Straße von Gibraltar und fanden die Mündung des Guadalquivir. Die Küste Tarsis, das Californien jener Tage, war reich an Silber, Zinn, Blei und Edelsteinen. Ihre dortige Anlage Gadeir, Gades, das heutige Cadix, ist wol die älteste Stadt Europa's, welche ihren ersten Namen beibehalten hat.

Von da an blieb Tarsis, das Silberland, dessen Metallreichthum, dessen Fischfang (tartessische Muränen), dessen Purpurschnecken, dessen Wolle, Früchte u. s. w. unerschöpflich schienen, das wichtigste Handelsgebiet der Phönizier. Gleichzeitig wurde es aber Ausgangspunkt für weitere Fahrten im Atlantischen Ozean. Nördlich und südlich drangen die kühnen Schiffer in dem unbekannten Meere vor, gelangten dort bis zu den zinnreichen Scilly-Inseln an der Südküste Englands und an die Küsten Galliens, hier bis zu den westlichen Ausläufern der Sahara. Von ihren Fahrten nach Norden, deren Richtung sie streng geheim hielten, brachten sie außer Zinn auch den im Alterthum hochgeschätzten Bernstein mit, welcher von ihnen mit Gold und Silber zu kostbaren Halsketten verarbeitet wurde. Ein künstliches goldenes Halsband, das, mit Elektron (Bernstein) besetzt, „wie Sonnengefunkel erblinkt" — besang schon Homer's Gedicht im 9. Jahrhundert v. Chr.

Die Produkte aller Mittelmeerländer und Inseln: Getreide, Früchte, Fische, Purpurschnecken, Häute und Felle, Wolle, Edelsteine, Gold, Silber, Kupfer, Zinn, Blei, Bernstein u. s. w., sammelten sich in ihren Magazinen und umgekehrt wurden diese von ihnen mit Allem versehen, was Gewerbfleiß und Kunst hervorbringen, von den Glasperlen und Spielereien, die den Wilden erfreuten, bis zu den Kostbarkeiten, die die Schatzkammern der Fürsten und Edeln füllten. Halsketten von Gold und Bernstein, Milchkrüge von Erz und Silber, „reich an Erfindung", buntgewirkte Gewänder, „welche wie helle Sterne strahlen", und Purpurkleider, Alles was nur von den Helden der Odyssee und der Iliade gerühmt und begehrt wird, waren „Erzeugniß des erzreichen Sidon, oder Werke der kunstreichen sidonischen Männer und Frauen." —

Aber auch was von Kultur an den Gestaden des Mittelmeers gefunden werden konnte, war phönizischen Ursprungs. Wohin sie kamen, legten sie die Keime einer höheren Bildung, und selbst die Griechen verdankten ihre ersten

Fortschritte über das Barbarenthum hinaus den Phöniziern, welche, wie ein Geschichtschreiber der Gegenwart treffend bemerkt, den Bewohnern von Griechenland, Italien, Spanien und Nordafrika im 14., 13. und 12. Jahrhundert v. Chr. ebenso gegenüberstehen mochten, wie die Spanier und Portugiesen im 15. und 16. Jahrh. den Bewohnern von Ost- und Westindien, oder wie heute ein gebildeter europäischer Kaufmann den Südsee-Insulanern. —

Die natürliche Ergänzung dieser Seite ihrer Handelsthätigkeit bildete der Verkehr mit den alten Kulturländern Asiens und Afrika's: mit Aegypten und Babylon, sowie mit der Heimat der kostbaren tropischen Produkte, mit Arabien, Ostafrika, Indien ꝛc. Regelmäßige Karawanenzüge gingen von Sidon und Tyrus nach Innerasien, nach Babylon am Euphrat und Ninive am Tigris. Die erstere Straße war dieselbe, welche heute noch von Beirut (dem alten phönizischen Berytus) nach Bagdad führt. Dort holten sie die Fabrikate der gewerbfleißigen Städte Mesopotamiens, vor allen Babylons, seine Teppiche und Mäntel von Wolle, seine geschnittenen Steine, wohlriechende Oele u. s. w., nebst den indischen und baktrischen, später auch chinesischen Waaren: Baumwollstoffe, Gewürze, Elfenbeinschnitzereien, Edelsteine, Seidenzeuge u. dgl., für welche Babylon ein Stapelplatz war, eingetauscht gegen syrische Wolle, Purpurgewebe, Wein, Oel, Gold- und Bernsteinschmuck, kupferne und Bronzekessel, Metallarbeiten aller Art, nebst Silber, Zinn ꝛc. Die arabischen Karawanen brachten Weihrauch, Spezereien, afrikanisches Gold, Ebenholz, Sklaven, ebenfalls indische Gewürze ꝛc. Aegypten erhielt zu Wasser Bauholz, Metalle und Metallwaaren, Wein und Oel von Syrien, Wollenwaaren, Purpur, Gold, Bernsteinschmuck ꝛc. gegen Leinen- und Baumwollenstoffe, Getreide und sonstige Erzeugnisse des Bodens und der Industrie.

Somit befand sich der gesammte Handel der Alten Welt von den äußersten Grenzen Europa's bis zum Persischen Meerbusen und dem Indischen Ozean in den Händen des kleinen Völkchens am Libanon, dessen Häfen das erste Band zwischen Morgenland und Abendland knüpften, welches sich mit den Waffen des Friedens, den Werkzeugen des Gewerbfleißes und der Kunst alle Küsten des Mittelmeers unterworfen und ohne Gewalt und Blutvergießen größere Eroberungen gemacht hat, als die stolzesten Völkerbezwinger Innerasiens.

Auf dem Gipfel seines Glanzes und seiner Bedeutung stand Phönizien um das Jahr 1000 v. Chr., als das Jüdische Reich in Palästina seine Eroberungen unter Salomo bis zum Rothen Meere ausdehnte und der Besitz der Häfen an der Nordspitze desselben: Elath und Ezion Geber, dem mit Salomo befreundeten König Hiram von Tyrus die Eröffnung einer direkten Fahrt nach Ophir möglich machte. Die Frage, ob darunter Indien resp. die Küste Malabar oder der südliche Theil der Ostküste Afrika's zu verstehen ist, bildet schon seit langer Zeit den Gegenstand wissenschaftlicher Diskussionen. In jüngster Zeit haben die Entdeckungen des deutschen Reisenden Mauch an der Ostküste Afrika's die Vermuthung hervorgerufen, das Ophir der Bibel möge in der Nähe des heutigen Sofala südlich von der Mündung des Zambesi zu suchen sein. Aus sprachlichen Gründen wird indessen diese Hypothese von Anderen bekämpft. 1000 v. Chr.
Die erste Expedition kehrte nach 3 Jahren zurück und das Resultat der Unternehmung, welche von beiden Fürsten gemeinsam ins Werk gesetzt wurde, war so günstig, daß der Gewinnantheil Salomo's 420 Talente Goldes betrug. Tyrus war zu dieser Zeit die erste Handelsstadt der Welt und die lehrreichen,

schwungvollen Schilderungen der jüdischen Propheten lassen uns nicht blos das Ansehen ermessen, in welchem sie stand, sondern geben auch wichtige Fingerzeige über die Handelsverbindungen der Tyrer. Ezechiel besingt Tyrus als „die Stadt, welche Kronen spendet, deren Kaufleute Fürsten waren und deren Händler die Geehrten der Erde.“ „Deine Nachbarn“ — ruft er an einer anderen Stelle aus — „machten dich voll von Zierden. Dein Handel kommt von allen Meeren und du sättigst viele Völker und durch die Menge deiner Waaren hast du die Könige der Erde bereichert. Alle Schiffe des Meers und ihre Seeleute sind in dir, um deine Waaren einzukaufen. Tarsis verkehrt mit dir, mit Silber, Eisen, Zinn und Blei erfüllt es deine Märkte. Javan und die Inseln Elisar (Jonien und die Inseln von Elis, d. h. dem Peloponnes), Mesech und Tubal (Stämme am Schwarzen Meer) sind deine Händler, Sklaven und ehernes Geräth bringen sie dir. Die aus Thogarma (Armenien) bringen Rosse und Maulesel, die von Haran, Assur, von Kannah (am Tigris) handeln mit dir in köstlichen Gewändern, in purpurblauen und buntgewirkten Mänteln, Kisten von Cedernholz voll kostbarer Gewebe mit Stricken bringen sie auf deine Märkte. Die Söhne Dedans (arabische Wüstenstämme) sind deine Händler, und Decken zum Reiten, Kassia und Kalmus brachten sie dir zum Tausch. Die Händler aus Sabäa (Yemen) verkehren mit dir, mit allerlei köstlichen Spezereien, mit Edelsteinen und Gold. Mit vielen Inseln treibst du Geschäfte, Elfenbein und Ebenholz geben sie für deine Waaren. Syrier bringen Edelsteine, Purpur und Korallen, Byssus und andere Gewebe. Juda und Israel bringen dir Weizen und Backwerk, Honig, Balsam und Oel, Damaskus sendet Wein und Wolle aus der Wüste, Arabien und alle seine Fürsten kommen zu dir mit Lämmern, Widdern und Böcken. So wurdest du angefüllt und die Schiffe waren deine Karawanen auf dem Meere.“ Jesaias sagt, wo er prophetisch die Karawanen statt nach Tyrus nach dem wiedererstandenen Jerusalem ziehen läßt: „Die Menge der Kameele wird dich bedecken; die Dromedare von Midian und Esa. Aus Saba werden sie kommen und Weihrauch und Gold mitbringen. Wer sind diese, die da fliegen wie eine Wolke und wie die Tauben zu ihren Fenstern? Die Schiffe von Tarsis sind es, sie bringen deine Söhne aus der Ferne mit ihrem Silber und Gold.“

Im Laufe des 9. Jahrhunderts wurde der tyrische Staat durch innere Parteiungen in seinen Grundfesten erschüttert, die bis dahin herrschende Aristokratie gestürzt und ein Theil der aristokratischen Geschlechter wanderte aus, um an der Nordküste Afrika's eine neue Heimat zu suchen. Die Gründung Kar-
800 v. Chr. thago's am Ende des 9. Jahrhunderts hängt damit zusammen und der rasche Aufschwung der Kolonie, das Uebergewicht, welches sie bald über die älteren und volkreicheren phönizischen Niederlassungen im Westen des Mittelmeers gewinnt, erklärt sich ohne Zwang daraus, daß die früheren Auswanderungen oder Ansiedelungen, einerlei ob freiwillige oder vom Staat ausgehende, nicht durch Glieder der herrschenden Klasse, sondern der Masse nach durch die unteren besitzlosen Schichten der Bevölkerung, allerdings unter Leitung und Anführung einiger Staatsbürger, ins Werk gesetzt worden waren. Andererseits ist die von da an hervortretende Schwächung von Tyrus nicht minder begreiflich. Es waren die edelsten Geschlechter, die in Masse auszogen; die aristokratisch-priesterliche Partei mit der Königstochter und den Häuptern der Geschlechter an der Spitze. So wurden dem Staat seine reichsten und edelsten Bürger,

die Träger der Bildung und Intelligenz, entzogen. Dazu kam, daß sich die Zustände der benachbarten Länder, welche ehedem von Phönizien abhängig gewesen waren, im Laufe des 10., 9. und 8. Jahrhunderts durchgehend änderten. Die Griechen besetzten während dieser Zeit die Inseln im Aegäischen Meere, ihre Pflanzstädte in Kleinasien und am Schwarzen Meere drängten die phönizischen Kaufleute überall zurück und ihre Kolonisationen nahten sich allmählig im Osten wie im Westen den phönizischen Kolonialgebieten und Phönizien selbst. Seit dem 8. Jahrhundert ließen sich in Cilicien und auf Cypern zahl- 700 v. Chr.
reiche griechische Ansiedler nieder und dieselben nahmen sogar einige Punkte der Nordküste Syriens in Besitz. Dieselbe Erscheinung wiederholte sich in den westlichen Meeren, namentlich auf Sizilien und den benachbarten Inseln. Als die Griechen — meldet der Geschichtschreiber Thukydides — in großer Zahl nach Sizilien schifften (am Ausgang des 8. Jahrhunderts), verließen die Phönizier die meisten Plätze, zogen sich zusammen und wohnten in der Nähe der Elymäer (im nordwestlichen Theile der Insel) in Motya (einer kleinen Insel unweit der Nordwestküste in der Nähe des heutigen Marsala), Panormus (Palermo) und Solonis (1 Meile östlich von Palermo), vertrauend auf die Bundesgenossenschaft der Elymäer, und weil Karthago dieser Seite Siziliens zur See nahe war (kaum 30 deutsche Meilen entfernt).

Endlich brachen in der Mitte des 8. Jahrhunderts eine Reihe verheerender Stürme über Vorderasien, über Syrien und Phönizien herein, wiederholte Eroberungen der Assyrer und Babylonier, deren Kämpfe mit Aegypten um den Besitz der syrischen Küste, dem Endpunkte des asiatischen Landhandels, dem Sitz des Seehandels und der Seemacht, Kämpfe, welche in Syrien selbst ausgefochten wurden und die daselbst entstandenen kleinen Staaten, Phönizien inbegriffen, dem Untergange weihten. Die letzte 13jährige Belagerung von Tyrus durch Nebukadnezar (585—572 v. Chr.), welche mit der Unterwerfung der Königin des Meeres endete, die kurz darauf folgende Verheerung Phöniziens durch die Aegypter und die Niederlage ihrer Flotte besiegelten den Fall von Tyrus. Von da an wurde wieder Sidon das Haupt der phönizischen Städte 570.
und blieb es während der ganzen persischen Zeit. Die ehemalige Bedeutung Phöniziens war aber dahin. Die phönizischen Städte Sidon, Aradus und Tyrus erscheinen von da an wol noch als wichtige Industrie- und Handelsplätze, vor Allem sicherte ihnen die Purpurfarben- und Glasfabrikation noch bis zu der Römerzeit eine gewisse Bedeutung, der Welthandel aber, die Beherrschung des Mittelmeerverkehrs, war ihren Händen entrissen und im Osten den Griechen, im Westen den Karthagern, den natürlichen Erben der Tyrer, zugefallen. Die Blüte des letzteren Staates beginnt genau mit dem Verfall von 333.
Tyrus, welches Alexander d. Gr. nach siebenmonatlicher Belagerung eroberte und zerstörte, nachdem er einen Damm bis zur Insel angelegt und diese dadurch zur Halbinsel gemacht hatte. Die Folge davon waren wol neue ausgedehnte Auswanderungen, die sich in dieser Zeit der Drangsale bei allen syrischen Völkerschaften nachweisen lassen, und die Bevölkerung, die Macht und die Reichthümer von Tyrus für immer dem Tochterstaate zuwandten.

Was zurückblieb, war nur der Name der alten mächtigen Handelsmetropole. Einige Zeit noch umstrahlte der Glanz der früheren Tage ihr Haupt, bis die Gründung von Alexandrien im Jahre 332 v. Chr. der abermals Gefallenen auch diesen Nimbus entriß und der glücklichern Nachfolgerin am Nil zutheilte.

Was die veränderte Gestaltung der Handels- und Industrieverhältnisse, die Wuth der Eroberer und Zerstörer noch übrig gelassen hatte, vernichteten im Laufe der Zeit häufig wiederkehrende Erderschütterungen, so daß heute der Wanderer die Stelle nicht wieder erkennt, wo ehedem die stolze, $3^3/_4$ Meilen im Umfang haltende Doppelstadt mit ihren 7—11 Stockwerke hohen Häusern (halb an der Küste, halb auf einer kleinen Insel) gestanden hat.

Karthago.

An die Geschichte des phönizischen Handels schließt sich die Karthago's, der wichtigsten Pflanzstadt Phöniziens, der Erbin seiner Handelsgröße, am natürlichsten an. Obgleich die Blütezeit Karthago's über ein halbes Jahrtausend später fällt als die Phöniziens, sind wir doch nicht im Stande, einen so deutlichen Einblick in seine Handelsverhältnisse zu gewinnen, wie es uns bei jenem möglich war. Das Wenige, was wir darüber wissen, erfahren wir aus dem Munde römischer und griechischer Schriftsteller, welche, schon infolge der feindlichen Stellung beider Nationen zu Karthago, nicht in der Lage waren, Genaueres darüber mittheilen zu können; von karthagischen Schriften aber ist nichts auf die Nachwelt gekommen. Phönizien, 5 Meilen breit und 25 Meilen lang, bildete einen Bund von Handelsrepubliken, eine Hansa der Alten Welt. Es führte keine Eroberungskriege, sondern machte durch seine Waaren ferne Völker von sich abhängig und dienstbar. Ueberall legte es Kolonien an, aber diese galten nicht für Unterthanen, sondern für freie Bundesglieder. Bis Madeira und die Inseln des Grünen Vorgebirges reichten die Pflanzstädte, und die Wanderungen des Hercules, eines syrischen Gottes, versinnlichen die Ausbreitung phönizischer Kolonien. Anders verfuhr Karthago, welches durch Eroberungen sein Gebiet erweiterte, daher Kriegsflotten und Kriegsheere aus Söldlingen bedurfte und in viele Kriege verwickelt wurde. Die Republik kannte keinen Erbadel, sondern nur Verdienstadel, trennte Civil- und Militärgewalt und führte gestempelte Lederstückchen als Münze ein. Indessen erwachten Parteiungen, da thatenlustige Generale Krieg führen wollten, die vornehme Bürgerschaft aber deren Opfer und die Popularität siegreicher Generale fürchtete und sie in der Noth im Stiche ließ. Endlich mußten die unterjochten Völker durch stehende Garnisonen in Gehorsam erhalten werden, und so ward Karthago wider Willen Militärstaat, welcher endlich dem besser organisirten römischen unterlag, da dessen Heere aus Bürgern bestanden, die karthagischen aber aus Söldlingen der unterjochten Völker. Darin liegt Karthago's Schicksal.

Die Gründung Karthago's fällt, wie schon erwähnt, in das Ende des
900 v. Chr. 9. Jahrhunderts v. Chr., also viel später, als die Stiftung der übrigen sidonischen und tyrischen Ansiedelungen in Nordafrika. Daß diese sich dennoch um Karthago, als ihren Mittelpunkt, sammelten, erklärt sich aus der Uebersiedelung der ältesten, reichsten und angesehensten Geschlechter von Tyrus nach der Neustadt (Karthada), sowie auf der anderen Seite aus einer Reihe von Unfällen, welche diese ältern Kolonien durch Raubzüge der Libyer getroffen und geschwächt hatten. Nach einem Jahrhundert erscheint Karthago bereits als Schutzmacht der phönizischen Kolonisation in Sizilien. Wenige Jahrzehnte darauf (654 v. Chr.) eroberte Karthago die Balearen und sicherte damit den Handelsweg nach
600 v. Chr. Spanien. So war die „Neustadt" schon zu einer bedeutenden Stellung gelangt, als die nachmalige Einwanderung der herrschenden und reichen Geschlechter von

Tyrus um das Jahr 580 v. Chr. die gesammte Machtfülle der Hauptstadt von Phönizien der Tochterstadt zuführte. Diesem Zuwachs entsprach der Aufschwung, den Karthago von da an nimmt, so daß der jetzt an die Spitze der Staatsgeschäfte tretende Hanno griechischen Schriftstellern als der eigentliche Stifter des karthagischen Staates erscheint, indem er Karthago an der Stelle von Tyrus zur Metropole der Phönizier in Afrika und zu einer „großen, viele Länder und Städte beherrschenden See- und Handelsmacht" erhob.

Jetzt war Karthago Herrin von ganz Libyen, stellte in Sizilien (seit
550 v. Chr.) durch lange und glückliche Kriege die phönizische Handelsüberlegen- 570 v. Chr.
heit und Macht wieder her, eroberte Sardinien, verpflanzte vom Ende des 6. Jahrhunderts an Scharen von Libyern und Liby-Phöniziern nach Sardinien, den Balearen, in die tartessischen und westafrikanischen Kolonialländer, und vereinigte alle alten Kolonialgebiete von Tyrus an der Nordküste Afrika's, auf den Mittelmeerinseln und in Iberien oder Hispanien zu einer Bundesgenossenschaft, deren Haupt und bald allmächtiger Gebieter Karthago's Bürgerschaft bis zu ihrem Untergange blieb.

Der Hauptschauplatz der karthagischen Handelsthätigkeit war die westliche Hälfte des Mittelmeers, von Sizilien und der Syrte (dem Meerbusen, welcher die nordafrikanische Küste in eine östliche und westliche Hälfte theilt) bis zu den Säulen des Hercules. Hier hatten sie Jahrhunderte hindurch keine anderen Nebenbuhler, als die griechischen Pflanzstädte auf Sizilien, in Unteritalien und Gallien (Massalia), welche aber stets auf ihre eigenen Hinterländer beschränkt blieben. Alle Inseln in diesem Theile des Mittelmeers standen unter ihrer Herrschaft: Sardinien, eben so reich an Getreide wie an Metallen, — Elba, unerschöpflich an Eisenerzlagern, die Grundlage einer uralten Eisenindustrie, — die Balearen mit berühmter Maulbeerzucht, außerdem Wolle, Oel und Früchte liefernd, — die Liparen mit ihrem vulkanischen Produkt, dem Erdharz, — Malta, welches durch den Baumwollenbau der Hauptsitz der karthagischen Industrie wurde und berühmte Gewebe lieferte; endlich der größte Theil des an Getreide, Wein, Oel, Südfrüchten 2c. unerschöpflich reichen Sizilien.

An Wichtigkeit überwog aber diese Besitzungen und Niederlassungen Spanien, welche Hamilkar und Hannibal als Ersatz für das verlorene Sizilien und Sardinien durch Eroberungen erweiterten, dessen Silberreichthum schon eine der Grundlagen der phönizischen Handelsgröße gebildet hatte, und nun auch den Karthagern nicht blos den werthvollsten ihrer Handelsartikel, sondern auch die Schätze lieferte, um die zahlreichen Miethtruppen, welche sie später zur Behauptung ihrer Herrschaft wie zur Führung ihrer Kriege in Sizilien, in Afrika, Spanien und Italien bedurften, zu unterhalten. Zur Erleichterung des Verkehrs mit der Halbinsel wurden mehrere neue Städte angelegt, von denen die wichtigste, Neu-Karthago, sich bis heute erhalten hat (Karthagena). Neben der Metallausfuhr Spaniens werden schon zu jener Zeit seine Bodenerzeugnisse, namentlich eingemachte Früchte, ferner Fische, zur Jagd abgerichtete Frettchen („tartessische Katzen") u. s. w. als Hauptausfuhrartikel erwähnt.

Jenseit der Meerenge von Gibraltar setzten die Karthager die Fahrten der Phönizier fort und nahmen deren Verbindungen auf. An der Westküste Europa's besuchten sie regelmäßig die britischen Inseln und die gallischen Küsten, um Zinn und Bernstein zu holen. Auch sollen sie weit in die Nordsee vorgedrungen und bis ins Polarmeer gelangt sein. Indessen fehlen darüber sichere Nachrichten.

Im Süden drangen sie bis zu den Ländern am Senegal und Gambia vor. Aus der noch vorhandenen „Schiffsreise des Hanno", dem einzigen Dokumente, welches der Vernichtung entgangen ist, wissen wir, daß Hanno im Laufe des 5. Jahrhunderts mit einer Flotte von 60 Schiffen und 30,000 Menschen nach der Westküste Afrika's fuhr, um dort Kolonien anzulegen und alte neu zu besetzen, und daß er auf dieser Fahrt bis in die Gegend von Sierra Leone kam. Die neuesten Untersuchungen von Vincent de Saint-Martin haben jeden Zweifel daran beseitigt.

Dies waren die Hauptzielpunkte und Bezugsquellen des karthagischen Seehandels. Bei einer Betrachtung ihres Landhandels treten wir auf ein neues, leider aber auch auf ein sehr dunkles, erst durch die Entdeckungsreisen der neuesten Zeit etwas gelichtetes Gebiet. Die physische Gestaltung der nördlichen Hälfte Afrika's ist bekannt. Quer durch den ganzen Erdtheil zieht sich in einer durchschnittlichen Breite von 150 Meilen — ungefähr zwischen dem 18. und 28. Grad nördlicher Breite — die große Wüste Sahara. Nur selten finden sich Strecken, welche mit ärmlichem Steppengras bewachsen sind und den herumziehenden Nomaden als Weideplätze dienen. Noch seltener aber sind Oasen, wo eine Quelle aufsprudelt und frisches Gras, Gesträuch, wol auch Baumwuchs hervorruft. Der einzige Reichthum, welchen die Wüste einschließt, sind ungeheuere Salzlager, Ueberreste des Meers, welches einst hier nach der Erhebung des Seebodens stehen blieb und langsam verdunstete.

Im Norden der Sahara ist eigentlich nur der schmale Küstenstrich vom Kap Nun bis zum Meerbusen von Sirt (der Syrte des Alterthums), Maghereb oder die Berberei genannt, welches die Gebiete von Fez und Marokko, die französische Provinz Algier und das Paschalik Tunis, also auch das ehemalige Gebiet Karthago's, einschließt, anbaufähiges Land. Dem Atlasgebirge mit seinen Ausläufern entspringen Bäche und Flüsse und der Boden besitzt hier, begünstigt durch ein mildes Klima, eine Fruchtbarkeit, die das Land zu allen Zeiten, wo der Mensch nicht muthwillig verwüstete und zu Grunde richtete, zu der Kornkammer Europa's gemacht hat. Der übrige Theil der Nordküste, von dem Meerbusen von Sirt bis zur Mündung des Nil, ist zwar auch von Höhen durchzogen, diese bestehen aber meist aus kahlen, wasserlosen Sandsteinfelsen. Nur einzelne Punkte, wo sich Wasser findet, in Fezzan (zum Paschalik Tripolis gehörend), Ghadames, Sokna, Murzuk, Ghat u. s. w., ferner die Oasen Augila und Siwah und andere hat hier die lebendige Natur der Wüste abgerungen, die einzigen ständigen Wohnsitze menschlicher Wesen, außer den hart am Meere liegenden Küstenplätzen. An der Ostküste Afrika's durchbricht das zu beiden Seiten von Gebirgsreihen eingeschlossene Nilthal, daneben eine Anzahl von Oasen, die Wüstenregion. Soweit reichte im Alterthum die Kenntniß über Afrika. Von den im Inneren gelegenen Ländern wußte man nur, daß jenseit der Wüste wieder fruchtbares, von großen Flüssen bewässertes, und von einer anderen Menschenrasse, den Schwarzen, bewohntes Land beginne, reich an Gold, Elfenbein und ähnlichen Produkten, welche auf die nördlichen Märkte gelangten. Der Name desselben war Aethiopien, später nannte man es Nigritien, endlich Sudan. Im Grunde wußte man auch bis zu Anfang dieses Jahrhunderts Nichts weiter darüber, da die beiden einzigen Völker, welche in früherer Zeit bis dahin vorgedrungen waren, die Karthager, im Mittelalter die Araber, wenig oder Nichts darüber hinterlassen haben. Erst in diesem Jahrhundert haben europäische

Reisende, von Mungo Park, Denham, Clapperton und Lander bis Overweg, Barth und Vogel, den Schleier gehoben, der bis dahin auf diesen weiten Länderstrecken gelegen hatte.

Der Verkehr mit diesen Binnenländern unterlag denselben Bedingungen, wie der Verkehr in Arabien und Mittelasien, mußte also ebenso wie dort Karawanenhandel sein. Die älteste und regelmäßigste Verbindung, welche Karthago durch Karawanen mit den Ländern jenseit der Wüste unterhielt, zugleich die, über welche schon aus jenen Zeiten geschichtliche Nachweise vorliegen, war die mit Aegypten. Herodot, der älteste griechische Geschichtschreiber, welcher Aegypten bereist hatte, beschreibt die Straße, auf welcher die Karawanen von Aegypten nach Karthago zogen, und die von ihm angegebenen Stationen und deren Entfernungen stimmen genau mit denen der heutigen Karawanenstraße überein. Von Karthago aus lief diese Straße nach der Hauptstraße der Garamanten, Germa, dem heutigen Dscherma in Fezzan, von da über Zuila (Zela) nach der Oase Augela (Augila), von da nach der Oase des Jupiter Ammon (Siwah) und von dieser nach dem Nil. Doch gab es noch einen anderen Weg, auf welchem die Karthager die Erzeugnisse der Negerländer erhielten, und dieser, von welchem Herodot ebenfalls Kenntnisse hatte, führt mitten durch die Wüste nach Burnu, wo der große Tsad-See liegt. Heutiger Ausgangspunkt der Karawanen ist Murzuk in Fezzan, die Hauptstation in der Wüste Bilma, Hauptstadt der im östlichen Theile der Sahara umherziehenden Tibbos. Die tripolitanischen Kaufleute schlagen von Murzuk aus noch eine andere Straße ein, die über Ghat oder Rhat nach dem westlich von Burnu gelegenen Königreich Haussa am Niger führt. Eine dritte läuft von Marokko aus nach der wichtigen Handelsstadt Timbuktu am Niger. Wahrscheinlich sind auch dies uralte Karawanenstraßen.

Der Tauschverkehr, welchen die Karthager auf diesen Wegen mit dem Inneren Afrika's unterhielten und welcher, nach der Menge der von Karthago nach dem Norden geführten Sklaven und anderen Waaren zu schließen, ein sehr lebhafter gewesen sein muß, war jedenfalls höchst gewinnreich für sie. Gegen Glas, glänzende Spielereien, Gewebe und andere Erzeugnisse ihrer Industrie tauschten sie werthvolle, von den Bewohnern der nördlichen Länder hochgeschätzte Artikel: Gold, Elfenbein, Ebenholz, Sklaven ein, während sie von den Wüstenbewohnern gegen Datteln, Getreide, Mehl u. dgl. Straußenfedern und andere Dinge einhandelten. —

Das große Ziel der Karthager, die Beherrschung der westlichen Hälfte des Mittelmeers, schien im 5. Jahrhundert v. Chr. erreicht. Nur der Alleinbesitz 450 v. Chr. von Sizilien fehlte noch, und um zu diesem zu gelangen, die griechischen Ansiedelungen und Pflanzstätte im Osten der Insel in ihre Gewalt zu bringen oder zu vernichten, boten sie alle Kräfte auf. Lange schwankte der Kampf. Ihre mächtigsten Gegner waren die Beherrscher von Syrakus, und mehr als einmal unterlagen sie denselben. Doch würde ihnen zuletzt ohne Zweifel der Sieg geblieben sein, denn der Macht, dem Reichthum Karthago's und seinen großen Hülfsquellen waren die Kräfte der Griechen auf die Dauer nicht gewachsen. Mit der Einmischung der Römer aber traten noch ganz andere Gegner auf 264 v. Chr. den Schauplatz, und nun begann jener große, welterschütternde, über ein Jahrhundert dauernde Kampf zwischen Rom und Karthago, der mit wechselndem Glück bald in Sizilien, bald in Spanien, bald in Italien und Afrika geführt wurde und mehrmals die beiden Gegner dem Untergange nahe brachte, bis end-

146 v. Chr. lich Karthago nach langem, heldenmüthigem Widerstande erobert und die große, stolze, reiche Stadt der Vernichtung preisgegeben wurde.

Alle Besitzungen der Karthager am Mittelmeere fielen den Römern anheim; was außerhalb desselben lag — so namentlich die Westküste von Afrika und die dortigen Inselgruppen — kehrte in das Dunkel zurück, aus welchem die Phönizier und Karthager es gezogen hatten. Seine Erbin im Mittelmeerhandel wurde die bisherige Nebenbuhlerin Massilia, daneben Gades. In den Zeiten der römischen Kaiser ward Karthago die reichste Provinz, Sitz wissenschaftlicher Studien, bis Vandalen es eroberten und von hier aus auf einem ihrer Seeraubzüge Rom plünderten.

Die Griechen.

Das Aegäische Meer mit seinen Inseln und seinen Küsten, abgeschlossen im Norden durch den schmalen Hellespont, im Süden durch die Inseln Cerigo, Kreta, Rhodus und die vorspringenden Spitzen des Peleponneses (Morea) und Kleinasiens, ist der eigentliche Sitz des griechischen Lebens, die Geburtsstätte griechischer Bildung, der Schauplatz der frühesten Handelsthätigkeit der Hellenen. Griechenland erhielt von Asien und Aegypten her Einwanderer; die ersten Züge nennt man Pelasger, welche auch bis Mittelitalien sich ausbreiten und dort in Etrurien (Toscana) den ersten Kulturstaat gründeten. Die späteren Einwanderer trugen verschiedene Stammnamen, die man unter dem Wort „Hellenen" zusammenfaßte. Jeder Nichthellene hieß Barbar, mit welchem Wort die indischen Arier die Ureinwohner benannten, denn es bedeutet so viel als Krausharriger.

1400 bis 1200 v. Chr. Als die Phönizier im 13., 12. und 11. Jahrhundert v. Chr. ihre ersten Handelsniederlassungen hier errichteten, saßen im Peloponnes, in Hellas und Thessalien bis zum Olymp eine Reihe von Stämmen, welche nach Sprache, Sitten und religiösen Vorstellungen unverkennbar der arischen Völkerfamilie angehörten, während die westliche Küste Kleinasiens sammt den nahe gelegenen Inseln von Mysiern, Lydiern und Kariern bewohnt wurde, Völkerschaften, die wol unter dem Einfluß der bis Kleinasien reichenden assyrischen-Herrschaft die Elemente semitischer Kultur aufgenommen hatten, somit den Phöniziern in Anschauung und Sitte verwandt waren.

Um das Jahr 1000 v. Chr. bewirkte eine von den Dorern an den südlichen Abhängen des Olymp ausgehende Bewegung, die sich von den nördlichen Grenzen des griechischen Gebiets bis an die Südküsten des Peloponnes verpflanzte, eine durchgreifende Umänderung in den Besitz- und Wohnverhältnissen der meisten griechischen Stämme. Dieselbe brachte Thessalien und die Landschaft Böotien, vor Allem aber den gesammten Peloponnes, mit alleiniger Ausnahme des mittleren gebirgigen und rauhen Theiles, Arkadien, in die Gewalt neuer Herren, und die theils flüchtenden, theils vertriebenen früheren Bewohner dieser Gegenden, welche zum Theil Anfangs in dem unerschüttert gebliebenen attischen Gebiete eine Zuflucht fanden, suchten sich eine neue Heimat auf den nahe gelegenen Inseln, von wo sie bald nach den bestgelegenen Punkten der benachbarten Küste Kleinasiens übersetzten und hier eine Reihe blühender Niederlassungen errichteten.

1000 bis 950 v. Chr. So entstanden im Laufe des 10. Jahrhunderts und der 1. Hälfte des 9. Jahrhunderts die Kolonien der Pelasger (der alten Bewohner Thessaliens und Böotiens) auf Lemnos, Imbros, Samothrake und den weit vorspringenden chalkidischen Landzungen Thraziens. Nach ihnen gründeten ausgewanderte Achäer oder Aeoler (Theile der alten Bevölkerung von Argos und Lakonien) Kolonien auf Lesbos, Tenedos und der nahen mysischen Küste mit den Städten Mitylene, Kyme, Temnos, Smyrna, Magnesia, Phokäa u. s. w., ferner die Jonier (die Bewohner der Nordküste des Peloponnes und des Isthmus sowie Attika's) Ansiedelungen auf den Inseln Delos, Naxos, Chios, Samos und der lydischen Küste und die Städte Milet, Ephesus, Kolophon, Lebedos, Teos, Erythrä u. s. w. Endlich folgten die Dorer selbst diesem Beispiele; Anfangs besetzten sie die nahe gelegenen Inseln Aegina, Kythera, Thera 2c., dann bemächtigten sie sich der Eilande Kos und Knidos an der Karischen Küste, legten auf den felsigen Vorsprüngen dieser Küste die Städte Halikarnassus, Kos u. s. w. an und kolonisirten von da aus Rhodus und Kreta.

Hiermit war die Beherrschung des Aegäischen Meers vollendet. Die Phönizier zogen sich aus ihren ehemaligen Niederlassungen daselbst zurück. An einzelnen Punkten, namentlich auf den Inseln, blieben sie wol auch wohnen und verschmolzen im Laufe der Zeit mit den griechischen Ansiedlern zu einer Mischbevölkerung, so namentlich auf Rhodus und Kreta, wo neben den Städten der Dorer noch lange phönizische Städte fortbestanden.

Für die Entwicklung des griechischen Lebens war diese innige Berührung mit phönizischem und semitischem Wesen von weitreichenden Folgen. Phönizische Kenntnisse und Fertigkeiten, Schrift, Maß, Münze und Gewicht, Erzguß, Weberei, Färberei entlehnten die Griechen den in diesen Dingen hochgebildeten Asiaten. Auch ihre Religion wurde offenbar durch neue Elemente bereichert. Aber gleichzeitig damit schlichen sich auch die Anfänge syrischer und kleinasiatischer Sittenlosigkeit ein, wodurch allmählig das Anfangs reine, edle Familienleben sowie die gesellschaftlichen Verhältnisse der Griechen untergraben und verderbt wurden.

Infolge der Vertheilung der Hellenen rund um das Becken des Aegäischen Meers und der Besitznahme der Inseln desselben wurden sie allmählig ein Volk von Seefahrern. Die Pelasgioten auf Lemnos, Imbros und Samothrake ergaben sich früh dem Seeraub und dem Sklavenhandel. Die Jonier diesseits und jenseits des Meers fanden in der Insel Delos einen natürlichen Mittel- und Vereinigungspunkt, wo sie jedes Frühjahr zusammenkamen, um dem Lichtgott Apollo die Erstlinge der Früchte darzubringen. Auch die Bewohner der Kykladen, die Stammgenossen zu Athen, Eretria und Chalkis (auf Euböa), auf Chios und Samos, in Milet und Ephesus, Festgesandte von allen jonischen Kolonien fanden sich zu diesen Frühlingsfesten ein, und bald gesellte sich dazu der gegenseitige Austausch der Produkte und Erzeugnisse Griechenlands, der Inseln und der lydischen Landschaft, so daß das Heiligthum der Jonier, Delos, auch ihr Marktplatz und der Mittelpunkt des griechischen und kleinasiatischen Verkehrs überhaupt wurde.

Von allen Pflanzstädten der Jonier errang Milet die größten Erfolge in Seefahrt und Handel, begünstigt durch die Fruchtbarkeit der lydischen Landschaft und die industrielle Fertigkeit der Bewohner, welche den milesischen Kaufleuten werthvolle, in Griechenland und anderwärts hochgeschätzte Ausfuhrartikel lieferte: Wollengewebe, mit Purpur gefärbt, kurzgeschorne Teppiche (von Sardes), goldgestickte Gewänder und durchsichtige Hemden, Stirnbänder und Ohrgehänge, Schuhe von weichem, buntfarbigem Leder, Wohlgerüche und Salben aus Safran und Narden u. s. w.

Schon um das Jahr 800 v. Chr. drangen milesische Schiffe durch den
700 bis 600 v. Chr. Bosporus in das Schwarze Meer und knüpften mit den skythischen Völkerschaften Handelsverbindungen an. Im Laufe des 8. und 7. Jahrhunderts gründeten die Milesier daselbst zahlreiche Ansiedelungen. Sinope, Trapezunt, Kyzikos in Kleinasien, Pantikapäon (Kertsch), Olbia (in der Nähe der Mündung des Dnjepr), Dioskurias (Suchum, Kale) an der Nord- und Ostküste des Pontus Euxinus sind die hervorragendsten ihrer dortigen Pflanzstädte, deren das Alterthum fünfundsiebzig bis achtzig zählte. Von Milet aus ging eine schöne Handelsstraße über Sardes bis Susa und von da nach Baktrien und Indien; dagegen reichten vom Dnjepr aus Handelsverbindungen bis in das Innere Rußlands, vielleicht bis zur Ostsee, vom Asow'schen Meere aus die Wolga hinauf oder in das Innere Sibiriens bis zum goldreichen Altai, oder durch Baktrien bis China.

Die zu allen Zeiten geschätzten Rohprodukte der Gestade des Schwarzen Meers: Häute und Pelzwerk, Honig und Wachs, Fische, Salz, Getreide 2c., welche von den Milesiern gegen Wollengewebe, lydische wie eigene, gegen Geräthe und Spielereien eingetauscht wurden, nebst den Waaren des Ostens (Baktriens, Mittelasiens und Indiens), welche auf dem uns schon bekannten Wege den Oxus herab an das Kaspische Meer und von da durch Armenien an das Schwarze Meer gelangten, bildeten von hier ab die Grundlage des milesischen Handels. Ein neues wichtiges Feld öffnete sich demselben, als Psammetich i. J. 670 v. Chr. den Griechen das ihnen bisher verschlossene Aegypten öffnete, und Milet säumte nicht, sich mit ganzer Kraft darauf zu werfen. Nicht weniger als 30 Schiffe sandte es auf einmal dahin, um eine Niederlassung Naukratis zu gründen. Doch erwuchsen ihr hier in Samos und Phokäa mächtige Nebenbuhler. Namentlich besaß Samos in seinem Oel und Wein die wichtigsten Stapelartikel für den ägyptischen Handel. Nicht minder gesucht waren die vorzüglichsten Thongefäße, welche die Samier verfertigten; auch die euböischen Handelsstädte Chalkis und Eretria, welche den Joniern phönizisches Maß, Gewicht und Münze brachten, verdienen genannt zu werden. Phokäa handelte nach Westen und gründete an Frankreichs und Italiens Küsten Kolonien. Wohin aber Griechen kamen, dahin verpflanzten sich der Weinstock und Oelbaum, welche ihnen also auch Frankreich verdankt, wogegen die Römer Getreide, Obstbäume und Gemüse in ihre Provinzen verpflanzten, wie Araber Zuckerrohr, Baumwolle und Seidenbau in die eroberten Länder brachten.

Die Dorer besaßen ebenfalls wichtige See- und Handelsplätze. An der Ostküste des Peloponnes vermittelte Argos den Verkehr mit den dorischen Kolonien auf Kreta, Rhodos und in Kleinasien, und hier war es, wo phönizische Gewichte, Münzen und Maße zuerst in Griechenland eingeführt wurden. In Rhodos verfaßte man das erste Seerecht über Assekuranz, Bodmerei u. s. w., welches nach und nach von allen Seestaaten angenommen wurde, und auf Rhodos stand der berühmte Koloß, eines der 7 Weltwunder. Dies geschah in der
750 v. Chr. Mitte des 8. Jahrhunderts durch den argivischen Herrscher Pheidon. Später ging die Bedeutung von Argos auf die Insel Aegina über, welche schon 570 einen so bedeutenden Handel mit Aegypten besaß, daß sie für ihre Kaufleute und Matrosen daselbst einen eigenen Tempel bauen konnte. Nach der Vernich-

tung von Samos durch die Perser zu Ende des 6. Jahrhunderts und der kurz 500 v. Chr.
darauf folgenden Zerstörung von Milet, welches vergeblich versucht hatte, die persische Herrschaft abzuschütteln, war Aegina die wichtigste Handels- und Seemacht im Aegäischen Meere. Ihr Verkehr reichte auf der einen Seite bis in die Häfen des Schwarzen Meers, von wo die Aegineten Korn, gesalzene Fische, Sklaven u. s. w. für die Städte in Hellas, namentlich das volkreiche Athen, holten, auf der anderen nach Aegypten, dem Adriatischen Meere und dem Westen des Mittelmeers. Athen sandte Hunderte von Kauffahrern, begleitet von Kriegsschiffen, nach dem Schwarzen Meere, um dort Getreide und Heringe auf Staatskosten einzukaufen, die man dann in Athen billig oder umsonst an arme Bürger abgab. Neben dem Handel blühten Gewerbe und Kunst. Ihre Bilderschnitzer waren lange die berühmtesten Griechenlands, ihre Schiffe galten für die besten Ruderer und Segler.

Noch größere Bedeutung erlangte Korinth, an dem schmalen, an einer Stelle nur 1 Stunde breiten Isthmus gelegen. Das kleine, wenig fruchtbare Gebiet der Stadt wies die Bewohner auf den Fischfang und auf Schiffahrt hin. Deutliche Spuren einer phönizischen Ansiedelung erklären die frühe Ausbildung aller Zweige des Gewerbewesens. Schiffbaukunst, Weberei, Färberei, Erzguß und Metallarbeiten aller Art standen in Korinth auf der höchsten Stufe und sicherten ihm zu allen Zeiten einen gewinnreichen Handel. Die günstige Lage, gewissermaßen an zwei Meeren, dem Aegäischen und dem Adriatischen oder Jonischen, mußte hier mit Nothwendigkeit eine wichtige Verkehrsstation zwischen Ost und West entstehen lassen. Periander, welcher Korinth am Ende des
7. Jahrhunderts beherrschte und der Stadt die Seeherrschaft im Adriatischen 700 v. Chr.
Meere errang, soll die Absicht gehabt haben, den Isthmus zu durchstechen. Leichtere Schiffe wurden schon früher auf einer künstlichen Holzbahn über die Landenge gezogen, schwere ausgeladen und die Waaren von dem einen Hafen, Lechäon, nach dem anderen, Kenchreä, geschafft.

Ungefähr zu derselben Zeit, als milesische Schiffe über die Nordgrenzen des ägäischen Wasserbeckens hinaus drangen und das Schwarze Meer dem
griechischen Handel öffneten, um das Jahr 800 v. Chr., hatten äolische See- 800 v. Chr.
fahrer aus Kyme auch die Südgrenzen überschritten und sich kühn in das ihnen unbekannte Meer gewagt. Nach Umschiffung Siziliens gelangten sie zur Insel Ischia (im Golf von Neapel) und legten Anfangs auf dieser, bald aber auch auf der gegenüberliegenden Küste eine Handelsniederlassung an: Kyme, später Kumä genannt, die älteste griechische Kolonie im Westen. Jahrzehnte später wurde ein Schiff von Chalkis an die Ostküste Siziliens verschlagen und die einladende Fruchtbarkeit des Landes bestimmte den Führer Theokles, hier eine Ansiedelung zu gründen: Naxos, das nachherige Tauromenium. Diesen ersten Anfängen folgten bald zahlreiche andere Gründungen, vorzugsweise auf der reizenden, frucht-, öl- und obstreichen Insel Sizilien. Korinther besetzten
die kleine Insel Ortygia, welche gleich den übrigen Küstenländern wahrschein- 735 v. Chr.
lich schon von phönizischen Kaufleuten bewohnt war, und faßten bald auch an der Küste selbst Fuß. Der Ort wuchs überraschend schnell zu der volkreichen, mächtigen Stadt Syrakus heran. Der rege Verkehr zwischen dieser Kolonie, welche ihre Herrschaft bald weit über die Stämme der Sikuler ausdehnte, und der Mutterstadt führte zur Anlage einer korinthischen Kolonie auf der Insel Korkyra (Korfu), welche den korinthischen Schiffen als Station bei der Ueber-

fahrt diente. In rascher Folge entstanden so in den darauf folgenden Jahrzehnten: Megara an der Ostküste und Selinus an der Südküste, Ansiedelungen der Megarer, Catana, Zankle (Messina) und Rhegion (Reggio), Gründungen der Chalkidier auf Naxos. Auch in Unteritalien, im Golf von Tarent, ließen sich achäische und dorische Kolonisten nieder und gründeten Sybaris, Kroton, Lokris und Tarent, weshalb man Süditalien auch Großgriechenland nannte, wo sich, wie in Kleinasien, griechische Kunst und Wissenschaft herrlich entwickelten.

Diese Kolonien waren es, vor welchen sich am Ende des 8. Jahrhunderts die Phönizier nach dem südwestlichen Theile Siziliens zurückzogen, um hier ihren afrikanischen Brüdern, namentlich Karthago, näher zu sein. Doch war der Kreis griechischer Kolonisation noch nicht geschlossen. Auswanderer von der kleinen Insel Thera ließen sich 630 v. Chr. an der Nordküste Afrika's und zwar östlich von der Syrte nieder und gründeten hier die Stadt Kyrene, die sich bald zu einer gefürchteten Konkurrentin Karthago's im afrikanischen Handel aufschwang und besonders große Geschäfte in Silphium, Oel, Wein und afrikanischen Produkten machte. Um dieselbe Zeit gelangte ein durch Stürme verschlagenes Fahrzeug von Samos nach Tarsis und konnte hier seine für Aegypten bestimmte Ladung mit solchem Vortheil verkaufen, daß die Berichte des Führers nach seiner Rückkehr unternehmende Kaufleute zur Verfolgung dieses neuen Weges reizten. Namentlich waren es Phokäer, welche sich seitdem auf die Fahrt nach Tarsis und den westlichen Gestaden des Mittelmeers warfen. An der Küste von Ligurien, ostwärts von der Rhonemündung, legten sie gegen
600 v. Chr. 600 v. Chr. eine Handelsniederlassung an: Massilia, das heutige Marseille, und behaupteten dieselbe trotz der Angriffe der Karthager und Etrusker, welche die Griechen in diesem Theile des Mittelmeers, den sie bisher allein beherrscht hatten, natürlich nicht gern sahen. Später ließen sie sich auch auf Corsika nieder, doch wurden sie hier von ihren Gegnern bald wieder vertrieben. Massilia dagegen blühte auf und als die Phokäer in der Mitte des 6. Jahrhunderts ihre Vaterstadt verließen, um der Perserherrschaft nicht unterthänig zu werden, wandte sich der größte Theil derselben nach der ligurischen Kolonie und stärkte diese dadurch so, daß sie trotz der großartigen Machtentwicklung
c. 500 v. Chr. Karthago's im Mittelmeere, welche gleichzeitig beginnt, einen wichtigen Theil des Mittelmeerhandels zu behaupten vermochte. Nach dem Falle von Karthago trat Massilia an dessen Stelle. Phokäer drangen in den Nordatlantischen Ozean vor bis zur Insel Thule, von der man freilich nicht weiß, ob Irland, Norwegen oder eine andere Insel gemeint sind, weil der noch erhaltene Reisebericht unklar ist.

Im Aegäischen Meere selbst waren unterdeß wichtige Veränderungen eingetreten. Der sich mehrenden Macht des lydischen Königs hatten sich die Griechen in Kleinasien nicht erwehren können und noch weniger der des Persischen Reiches. Einige, wie die Phokäer und die Bürger von Teos, zogen vor, in der Ferne eine neue Heimat zu suchen. Die Anderen unterwarfen sich, um bei erster Gelegenheit das verhaßte Joch wieder abzuschütteln. Infolge eines solchen Aufstandes wurde Milet einige Jahre vor dem Ausbruch der Perserkriege vernichtet. Samos war schon vorher in persische Gewalt gerathen,
c. 500 bis 450 v. Chr. und von da an liegt der Schwerpunkt des griechischen Handels in Aegina, bis der Aufschwung Athens nach den siegreichen Kämpfen gegen die Perser diesen

kleinen Staat für ein Jahrhundert an die Spitze stellte und die reiche prachtliebende Stadt zum Mittelpunkt des Verkehrs im Aegäischen Meere machte. Gewerbe und Industrie entwickelten sich rasch. Jeder Zweig ernährte nach Plutarch einen Schwarm von Menschen. Ein Theil der Bevölkerung befaßte sich mit der Einfuhr und dem Verkauf von Holz, Steinen und Erz, von Elfenbein, Gold, Ebenholz und Cypressenholz für den Bedarf der Zimmerleute, Bildhauer, Drechsler, Maler, Färber, Goldarbeiter, Seiler, Weber und Lederarbeiter. Kaufleute, Rheder und Schiffer sorgten für die Zufuhr von Getreide, Fischen und Leckerbissen, von Wein, Oel und Salben, von kostbaren Stoffen 2c., sowie für die Ausfuhr der heimischen Kunsterzeugnisse. Vom Schwarzen Meere kamen, hauptsächlich durch Vermittelung von Byzanz (im Jahre 655 von Megara aus gegründet), welches hier gewissermaßen an Milets Stelle getreten war, Sklaven, Schiffbauholz, gesalzene Fische, Salz, Honig, Wachs, Leder, Wolle, Rauchwerk, Ziegenfelle 2c. Kleinasien lieferte feine Wolle, Teppiche, buntfarbige Leder, Schuhe, wohlriechende Oele und Salben; von den Inseln im Aegäischen Meere bezog man feine Weine, die gleichzeitig einen wichtigen Handelsartikel nach den Pontusländern bildeten. Getreide, Früchte, Fische und Leckereien sandten Cypern, Sizilien und Unteritalien; ägyptische, ostafrikanische, arabische und indische Waaren kamen über Syrien und Aegypten, dagegen Wolle, Pferde, Edelsteine, Silphium 2c. aus Cyrene. Vor Allem wichtig war der Getreidehandel, da Athen eine regelmäßige Zufuhr von 1 Mill. Medimnen oder ca. 500,000 Hektoliter bedurfte, die vom Schwarzen Meere, Aegypten, Syrien und Sizilien zugeführt wurden.

Zu wichtigen Mittelgliedern dieses Verkehrs erwuchsen außer Byzanz am Bosporus die Inseln Chios, berühmt durch seine Weine, Kos, Sitz einer ausgezeichneten Gewebe-Industrie, und vor Allem Rhodos, welches den ägyptisch-griechischen Handel allmählig in seinen Hafen leitete.

Während der verheerenden Kämpfe in Kleinasien, Syrien, Makedonien und Griechenland und zwischen den Heerführern Alexander's des Großen um 330—300 v. Chr.
die Stücke des Makedonischen Reichs schwang sich Rhodos durch seine gesicherte und günstige Lage zu einem der mächtigsten Handelsplätze der Alten Welt auf. „Stattliche Hafenbauten, eine große Handels- und Kriegsflotte, gefüllte Waarenlager, stolze Wohnhäuser, Tempel und öffentliche Gebäude, herrliche Kunstwerke 2c. gaben Zeugniß von dem Wohlstande, der Macht und Handelsgröße der Stadt, wo viele fremde Kaufleute sich angesiedelt hatten."

Gegen Ende des vierten Jahrhunderts hielt die Stadt eine Monate lange Belagerung des Antigonos, Königs von Vorderasien, und seines Sohnes Demetrios Poliorketes, des Städteüberwinders, aus und trotz der gewaltigsten Anstrengungen des 40,000 Mann starken Belagerungsheeres und einer Flotte von 200 Kriegsschiffen, trotz der riesenhaften Belagerungsthürme (einer von ihnen war 65 Meter hoch), Mauerbrecher, Katapulten und Wurfmaschinen, die der erfinderische Demetrios ersann, vermochten sie die Stadt nicht zum Falle zu bringen. Aus dem Erz der von Demetrios zurückgelassenen Belagerungsthürme wurde später der berühmte Koloß von Rhodos gegossen, eines der 7 Weltwunder des Alterthums, welches aber schon im Jahre 227 v. Chr. durch ein furchtbares Erdbeben zertrümmert ward.

Zwei große Epochen hatte der Welthandel am Anfang des 3. Jahrhunderts v. Chr. hinter sich. Die älteste, für die Menschheit in vielen Beziehungen bahnbrechende Kulturperiode, die der Semiten in Vorderasien, und zugleich die Grundlage der phönizischen Handelsgröße; aber mit dem Uebergange der Führerschaft in den bedeutsamsten Gebieten menschlicher und besonders industrieller Entwicklung auf die Griechen hatte der Welthandel seine Sitze an der syrischen Küste verlassen und sie nach dem Aegäischen Meere verlegt, wo Milet, Samos, Aegina, Athen, Korinth, zuletzt Byzanz und Rhodos, würdige Nachfolger von Sidon, Tyrus, Aradus und Tripolis wurden.

Groß ward Griechenland dadurch, daß seine Industrieartikel sich durch feinen Kunstsinn, edlen Geschmack und schöne Formen auszeichneten, welche man auch dem Unscheinbarsten zu geben wußte, namentlich aber dem Töpfer- und Metallwaaren. Doch nach den peloponesischen und heiligen Kriegen bereitete sich eine nachtheilige Wandelung vor. Der politische und sittliche Verfall
c. 350 v. Chr. Griechenlands und Asiens war durch die hereinbrechende Goldgier, die Söldlinge, Käuflichkeit der Gesinnung, Genußsucht, Verschwendung und Unglauben vollendet. Man plünderte die heiligen Tempel, um mit den geraubten Schätzen Söldlinge zu werben, heftige Parteistreitigkeiten und Herrschergelüste Einzelner, die sich auf Pöbelgunst stützten, schwächten die Republiken, welche Philipp und Alexander eine nach der anderen leicht unterwarfen, da diese sich die Noth gönnten.
c. 336 v. Chr. Unter dem Namen „Oberfeldherr der Griechen gegen die Perser" wurden jene makedonischen Militärkönige die Souveräne Griechenlands. Thronstreitigkeiten und Bürgerkriege zerrütteten auch Makedonien; es erlag wie der Aechäische Bund den römischen Waffen, denn man verrieth einander, und an ihre Stelle trat die römische Militärrepublik als Beherrscherin aller Mittelmeerländer. Nur noch die Rolle einer Vermittlerin und Beherrscherin des Welthandels ging über auf die dauerndste Schöpfung Alexander's d. Gr., auf Alexandrien am Nil, als den natürlichen Verkehrsmittelpunkt zwischen der römischen Welt und dem Orient. Alexandrien war von dem ersten Ptolemäer 306 v. Chr. zur Hauptstadt des neuen Reichs Aegypten erwählt worden. Er und seine nächsten Nachfolger erhoben dasselbe zu einem hohen Grade von Macht und materiellem
c. 300 v. Chr. Wohlsein. Die Träger des neuen Kultur- und Industrielebens aber waren Griechen, die über das ganze Land zerstreut in den Städten sich angesiedelt hatten. Durch sie wurden die Eingeborenen zur Thätigkeit angeregt, und weil das griechisch-makedonische Herrschergeschlecht das Griechenthum begünstigte, so wurde das religiöse, soziale und industrielle Leben Aegyptens hellenisirt, d. h. griechische Sprache die Hof-, Gerichts- und Amtssprache, Alexandrien Sitz der Wissenschaft (besonders der realistischen Fächer: Mechanik, Medizin, Geographie, Mathematik, Physik und Chemie) und der Literatur, wie der Industrie und des Handels. Eine Gesandtschaft, welche im Jahre 273 v. Chr. nach Rom ging und mit dem römischen Volk und Senat ein Freundschaftsbündniß schloß, öffnete Italien den Waaren des Morgenlandes, und von da an ist Alexandrien bis zum Schluß des Alterthums, ja noch Jahrhunderte darüber hinaus, die Handelsmetropole der Welt geblieben.

c. 300 v. Chr. Bis zur Zeit der Ptolemäer beherrschten die Araber den Handel im Rothen Meere und an der Ostküste Afrika's. Sie tauschten, wie wir wissen, auf Sokotora und in ihren afrikanischen Besitzungen und Niederlassungen die indischen und afrikanischen Waaren ein und führten diese nach Aegypten, von wo sie dann in den Mittelmeerverkehr gelangten.

Hierin tritt mit der Uebersiedelung der griechischen (theils wol auch phönizischen) Handelselemente nach Aegypten eine durchgreifende Veränderung ein. Die ersten Ptolemäer nahmen das große Werk der Ramses, Necho und Darius wieder auf. Eine direkte Wasserverbindung des Nil mit dem Rothen Meere wurde hergestellt und an der Mündung des Kanals eine Stadt Arsinoë (unfern des heutigen Sues) erbaut, welche Jahrhunderte lang der Ausgangspunkt der Schiffahrt nach den südlichen Meeren gewesen ist. Längs der ägyptischen und äthiopischen Küste entstanden zahlreiche Handelsniederlassungen und Faktoreien griechischer Kaufleute, und um das Jahr 200 v. Chr. war der arabische Zwischenhandel aus dem ganzen Gebiet bis zum Kap Gardafui verdrängt c. 200 v. Chr. worden. Etwa 100 Jahre später finden wir eine griechische Niederlassung auch südlich von diesem. Somit war damals also die gesammte Somaliküste und der Verkehr mit den Gallaländern im Besitz des ägyptischen Griechen. Ein höchst werthvolles Dokument, die Schiffsreise des Arrian, eines griechischen Kaufmanns in Aegypten, etwa 80 v. Chr. geschrieben, läßt uns Gang und Inhalt des Handels jener Zeit deutlich erkennen. Die Griechen brachten an die äthiopische (oder abessinische) Küste nach Adulis (in der Gegend von Massaua) ägyptische Kleider und Stoffe, Glas- und Thongefäße, Bronze, Kupferplatten, Schaufeln, Schwerter, Kupferkessel, Wein, Oel und kleine Münzen, daneben indische Baumwolle und Seidenstoffe, Mehl rc. Die dafür eingetauschten Waaren sind dieselben, die noch heute daselbst geholt werden: Elfenbein, Rhinozeroshörner und Schildkrötenschalen, sowie Sklaven. Die Somaliküste, an der 5—6 bedeutende Hafenplätze aufgezählt werden, lieferte vorzüglich Gummi und Weihrauch.

In so naher Berührung mit dem Indischen Ozean, der Insel Sokotora und gewiß auch mit indischen Kaufleuten und Schiffern, konnte den Griechen die verhältnißmäßig leichte und sichere Ueberfahrt nach den indischen Häfen nicht verborgen bleiben und mußte zum Versuche einladen, die indischen Waaren aus dem Erzeugungslande selbst zu holen. Der Beginn der direkten Fahrten nach Indien fällt in die Mitte des 1. Jahrhunderts unserer Zeitrechnung und damit war die Konzentration des Welthandels in den Händen der Griechen in Alexandrien vollendet. Auf der einen Seite bedeckten ihre Faktoreien die ganze Ostküste Afrika's bis in die Gegend von Zanzebar; ihre Flotten, 120 c. 50 v. Chr. und mehr Segel stark, fuhren von den Häfen Myoshormos und Berenike am Rothen Meer — mit dem Nil durch Straßen verbunden — regelmäßig zur Zeit der Südwest-Monsune nach der Küste Verderindiens, nach Barygaza, Muziris, Nelkynda u. s. w. Auf der anderen trugen ihre Lastschiffe die landwirthschaftlichen und gewerblichen Erzeugnisse Aegyptens, seinen Weizen und Gerste, seine Leinwand und Baumwollengewebe, sein Natron, sein Papier und Glas, nebst den afrikanischen und indischen Waaren nach den Häfen des Mittelmeers, vor Allem nach Dikäarchia, später Puteoli (heute Puzzuoli) genannt, und nach Ostia, den beiden Einfuhrplätzen Italiens und des Römischen Reichs. An Größe, Bevölkerung, Reichthum, Pracht der Gebäude und Lebendigkeit des Verkehrs vermochte sich keine Stadt, außer Rom, mit Alexandrien zu messen, und nachdem Rom gefallen war, galt Alexandrien noch Jahrhunderte lang für die Hauptstadt des Abendlandes. Eine gleiche Politik verfolgten die c. 270 Seleuciden in Syrien und die griechischen Dynastien Kleinasiens, welche Han- bis 70 v. Chr. delsstädte gründeten, die Wissenschaften unterstützten, griechische Sprache, Sitten und Kultur verbreiteten, bis sie, einer nach der anderen, von Rom besiegt, diesem zinsbar und sie selbst endlich entthront wurden.

Rom.

c. 700 v. Chr. Rom nimmt in der Handelsgeschichte die Stelle des Verderbers ein, weil es die Künste des Friedens verachtete, Gesetze dem Adel den Betrieb der Gewerbe und des Handels als entehrende Beschäftigung geradezu verboten. Die Phönizier legten Handelskolonien mit freier Selbstverwaltung an, den Griechen dienten Kolonien als Ableiter politischer Parteistreitigkeiten, indem unzufriedene Politiker auswanderten, die Römer aber errichteten nur Militärkolonien. Phönizier und Karthager waren Länderentdecker, die Griechen wurden Geographen, die Römer zerstörten, was sie vorfanden: Syrakus, Karthago, Korinth, Palmyra u. s. w. Die Welt versank ringsum in Dunkelheit, man vergaß die Entdeckungen in Mittel- und Ostasien, in Afrika und Osteuropa, bis man sie nach 1000 Jahren erst wieder fand. Nur so weit die Römer erobernd vordrangen, lernten sie fremde Länder kennen, die sich bald mit Ruinen zerstörter Städte bedeckten. Aus Kasernen am Rhein und an der Donau wurden später deutsche Handels- und Industriestädte.

Alle die Länder und Völker, mit welchen wir uns bis jetzt beschäftigt haben, mit Ausnahme von Indien, Arabien und Mittelasien, fielen, eines nach dem anderen, dem großen Weltreiche zu, dessen Geschichte den Schluß des Alterthums bildet. Die hohe, vielgestaltige Kultur jener, welche dem Boden hundertfältige Früchte entlockt und den Gewerben und der Industrie Millionen fleißiger Hände gewonnen, zugleich eine innige Verbindung zwischen allen diesen Völkern bewirkt, dem Handel und Verkehr durch Wüsten und über Meere tausend Brücken geschlagen, dadurch überall Reichthümer geschaffen, und Keime zur Veredelung gelegt hatte, sie wurde Eigenthum, niedrige Dienerin der Weltherrscherin. Was hat diese daraus gestaltet, wie hat sie mit dem ihr anvertrauten Pfande gewuchert? Die Antwort auf diese Frage lautet traurig genug. Gleich einer Riesenspinne zog Rom sein Netz über die Alte Welt und saugte ihr das Blut aus. Verödung, Entsittlichung, Verarmung und Rohheit folgten ihrer Herrschaft nach, und als Alles ausgesogen war, was die Mächtige erreichen konnte, stürzte die Weltgebieterin hin, eine Leiche mehr zu den übrigen, der Nachwelt nicht viel mehr hinterlassend als eine Welt voll Trümmer, sittlich und geistig entartet und vergiftet.

c. 450 v. Chr. Zuerst erlag den Römern das alte Kultur- und Industrievolk Etruriens. Hier gab es wohlgebaute Städte, lebhaften Seehandel, rege Industrie, Kunst und Wissenschaft, von denen die Römer Vieles entlehnten, namentlich das Staatsceremoniell, Amtskleider, den Bau von Kloaken und Mauern aus Quadersteinen, Kalenderwesen, dann aber alle Bildung unterdrückten und die Etrusker zu Soldaten und Matrosen preßten. Etrurien verschwindet aus der
c. 300 v. Chr. Handels- und Kulturgeschichte. Ebenso hatten die Gallier oder Kelten, welche Oberitalien, Frankreich und die Alpenländer bis in das heutige Serbien hinein bewohnten, eine eigenthümliche hohe Kultur, besaßen zahlreiche Städte, Gewerbe und Seehandel, tapfere Heere mit Bronzewaffen, vor denen Rom zitterte, und wie die Etrusker einen Priesteradel. Auch sie wurden von den Römern endlich überwältigt, entnationalisirt, in ihre Städte Militärkolonien gelegt,
c. 250 v. Chr. Handel und Gewerbe unterdrückt. Hannibal konnte sie nicht befreien und sie verschwanden spurlos unter der Masse römischer Unterthanen.

Die Handelsgeschichte muß aus diesem Vernichtungsprozeß die große Lehre ziehen: daß Handel und Verkehr nur da blühen und erstarken, wo sie sich frei und ungehindert bewegen können, daß Arbeit sittlich stark macht, Genuß und Wohlleben dagegen die Macht des Staates schwächen, das Volk feig, träge und feil machen für jeden, der es bezahlt. Feldherrn wurden durch bevorzugte Prätorianer Kaiser, diese aber von der unzufriedenen Leibgarde entthront und ermordet. Nur sehr wenige Kaiser starben eines natürlichen Todes; die Gewalt, welche man den Völkern angethan, wandte sich vernichtend gegen ihre Urheber.

Das römische Staatswesen war von Anfang an auf andere Zwecke als auf die Pflege der Künste des Friedens gerichtet. Der Römer theilte seine Zeit in der schönsten Periode der Republik in Krieg und Ackerbau. Was er sonst bedurfte, beschafften die Frauen, später die Sklaven. Mit der Ausbreitung der römischen Herrschaft veränderten sich wol die Bedürfnisse, nicht aber die Gewohnheiten des Römers. Nach wie vor dünkte ihm nur die Beschäftigung mit den Staatsangelegenheiten und der Krieg des Bürgers würdig. Zwischen Sonst und Jetzt bestand nur der Unterschied, daß die Herren der Welt ehemals von den Frauen und Sklaven, später von den unterworfenen Völkern unterhalten werden mußten. Die Arbeit war verachtet, und mit Ausnahme der ersten Jahrhunderte, wo der Ackerbau noch in Ehren gehalten wurde, galt das Betreiben eines Geschäfts für eine Entwürdigung, der Kaufmann für einen Dieb. Dennoch trieben die vornehmsten Geschlechter später als Steuerpächter, Bankiers und hohe Staatsbeamte Wuchergeschäfte, schossen besiegten Provinzen und Städten gegen hohe Zinsen die auferlegten Kriegssteuern vor, erkauften sich in Rom von den besitzlosen stimmberechtigten „freien" Bürgern die Wahl zu einträglichen Ehrenämtern, mußten aber auch Hunderttausende von erwerblosen „Bürgern" ernähren und durch kostspielige Thierhetzen und Schauspiele unterhalten. Dabei stieg aber unter den Kaisern der Zinsfuß von 4% auf 16%.

Den Wendepunkt in der Geschichte Roms bildet der Fall Karthago's. c. v.
Mit ihm tritt zugleich ein Wechsel in den Sitten und der Politik des römischen Volkes ein. Mit dem Sturze des einzigen ebenbürtigen Gegners, den Rom gehabt hatte, warf es auch den letzten Schein von Einfachheit, Sittenstrenge und Mäßigung, den es bis dahin noch gewahrt hatte, ab, und überließ sich fortan zügellosen Begierden, schamloser Erpressung und sinnloser Schwelgerei.

Schon in demselben Jahre (146 v. Chr.) zeigte die Zerstörung Korinths und der schamlose Raub aller Kunstdenkmale, aller Reichthümer und Schätze, welche die Stadt besessen, worin künftig die Staatskunst des Römischen Reichs bestehen sollte. Sie gab das Signal zu dem systematischen Ausplündern der eroberten Provinzen, welches von da an die einzige Aufgabe der regierenden Statthalter, der Prokonsuln, zu sein schien. In welchem Grade sie dieselbe erfüllten, dafür sprechen die kolossalen Reichthümer, welche die meisten derselben nach kurzer Amtsdauer zurückbrachten. Und doch hatten sie gleichzeitig die den einzelnen Provinzen auferlegten Steuern und Tribute nach Rom zu liefern und den jeweiligen Machthabern für die Ueberlassung der Provinz große Summen zu zahlen. Die große Masse des Volkes aber darbte und lebte von der Bestechung der Millionäre, d. h. vom Verkauf seiner Stimme bei der Wahl zu hohen Aemtern. Große Ländereien wurden in Parks, Jagdgebiete, Fischteiche u. s. w. umgewandelt, die Villen erreichten den Umfang von kleinen

Städten; 10—20000 Sklaven standen im Dienst eines Herrn. Ackerbau hörte auf, der Bauer lebte als Proletarier in der Weltstadt, Handwerker und Arbeiter hatten nichts zu thun, weil die Sklaven, oft hochgebildete Kriegsgefangene oder als Pfand Fortgeschleppte, als Baumeister, Künstler, Handwerker, Sekretäre und Diener Alles verrichteten. Man mußte Getreide aus Sizilien, Karthago und Aegypten kommen lassen, und wenn Seeräuber Schiffe und Menschen kaperten, gab es in dem wehrlosen Rom Hungersnoth.

c. 50 v. Chr. Daß unter solchen Verhältnissen von einem regen Handel und Verkehr keine Rede sein konnte, begreift sich leicht. Wo die Erzeugnisse aller Länder und Zonen als schuldiger Tribut nach einem Centrum flossen, da bedurfte es der Vermittelung des Handels nicht, der Verkehr der einzelnen Provinzen aber blieb auf ein Minimum beschränkt, da ihr Wohlstand von Jahr zu Jahr abnahm. Am wichtigsten für Rom und die ganze Halbinsel blieb die Herbeischaffung des nöthigen Getreides und der sonstigen Lebensmittel, denn Italien vermochte schon längst nicht mehr den eigenen Bedarf zu decken. Rom verschwendete ungeheuere Summen, aber nur für ausgesuchte Leckereien, die man aus den fernsten Ländern kommen ließ, für kostbaren Schmuck und für Tausende von wilden Thieren, von Löwen, Tigern, Elephanten, Straußen, Krokodilen u. s. w., die im Cirkus auf einander gehetzt wurden, um sich zu zerfleischen, oder mit denen Kriegsgefangene, Gladiatoren, Christen und Verbrecher kämpfen mußten, um durch diese Metzelei das Volk zu belustigen und gegen alle menschlichen Gefühle abzustumpfen.

Diese Abhängigkeit Roms von den Erzeugnissen seiner Provinzen vernichtete auch den Rest von Kultur und Wohlstand, welchen einige derselben noch bewahrten. Auch die Herbeischaffung der übrigen Bedürfnisse der Hauptstadt, welche die Produkte und Kostbarkeiten aller Länder in ungeheuerer Menge verbrauchte, mußte in einigen Städten, wie Alexandrien, Byzanz, Massilia, Neu-Karthago, Gades ꝛc., einen bedeutenden Zwischenhandel hervorrufen, besonders da, wo es sich um den Bezug von Produkten fremder Länder handelte. Doch war der Gewinn, welchen die Kaufleute dieser ausnahmsweise begünstigten Plätze davontrugen, ein trauriger: es war das Mark des eigenen Landes, woran sie zehrten. Denn womit anders bezahlte Rom die indischen Gewürze, Edelsteine und Perlen, Arabiens Rauchwerk, die Sklaven und reißenden Thiere Aethiopiens und des inneren Afrika's, Aegyptens Leinwand, Glas und Papier, Syriens Purpur, die Oele, Früchte, Teppiche, Leckereien und wohlriechenden Wasser Kleinasiens, das Pelzwerk der Scythen, die Bildhauer- und Metallarbeiten, die Kunstwerke der Steinschnitzerei, die Seide Griechenlands, die Metalle, Früchte, Fische, Wolle und Wollenwaaren Spaniens, den Wein, das Oel und das Schlachtvieh Galliens, das Zinn der Kassiteriden, die Wolle, Korallen, Edelsteine, Pferde und das Silphium von Cyrene ꝛc.? Nur mit dem jährlichen Tribut dieser Provinzen, mit deren Gold und Silber, von welchem nur ein kleiner Theil zurückfloß als Preis für die kostbaren Seltenheiten, für den Prunk und die Schwelgereien der Hauptstadt! Die Kaufläden und Magazine Roms prangten wol mit den köstlichsten Erzeugnissen der fernsten Länder, in seinem wichtigsten Einfuhrhafen Puteoli (der Hafen des alten Kumä) drängte sich wie in Alexandrien Mast an Mast, alle Handelsplätze des Mittelmeers hatten hier ihre Faktoreien, alle Völker des weiten Reichs, alle Trachten, alle Physiognomien waren hier vertreten, so daß eine oberflächliche Betrachtung zu der Meinung verführen konnte, auch hier sei ein Mittelpunkt des Welthandels. Aber ein Blick in das Innere der Fahrzeuge bei ihrer Ankunft und ihrer Abfahrt würde die Täuschung bald zerstört haben. Mit den Rohstoffen, den Gewerbe- und Industrie-Erzeugnissen der Provinzen, mit den Schätzen Afrika's, Indiens und China's beladen liefen sie ein und leer kehrten sie heim, nichts zurückführend als kaiserliche Beamte und Steuerpächter.

Die Halbinsel erzeugte fast nichts mehr, was als Tauschgegenstand Werth gehabt hätte, und von dem Wenigen, was noch gewonnen wurde, wie Wein und Oel, war die Ausfuhr verboten! Rom war nur konsequent in seinem Mißverständniß der Handelspolitik, als es später unter den letzten Kaisern auch die Geldausfuhr verbot, weil es den infolge der allgemeinen Verarmung und des Geldmangels sehr hoch gestiegenen Zins auf einen niedrigern Stand bringen wollte.

Mit schnellen Schritten ging das Reich dem Verfall entgegen, und noch ehe ihm ein äußerer Feind widerstand, war es morsch und zerfressen im Inneren. c. 100 n. Chr. Ein Staatswesen, welches innerlich so verfault war, daß die Flucht der Dekurionen, d. h. der Magistrate der Provinzialstädte, welche für die Steuern ihrer Stadt haften und sie aus eigener Tasche zahlen mußten, wenn sie nicht regelmäßig oder vollständig einging, von ihren Wohnorten selbst durch die strengsten Gesetze nicht verhindert werden konnte. Ein Steuerzahlender nach dem anderen verließ sein Besitzthum, weil er bei der Steuerlast verarmte; ganze Straßen verödeten, die Häuser sanken in Ruinen, nur wo Kasernen standen, gab es einigen Handel und Verkehr, namentlich in den Grenzfestungen. Aber die schönen Kaufläden, Theater und Luxusbauten der Beamten lockten die raubgierigen Barbaren ins Land, und diese drangen bald, den bequemen Heerstraßen folgend, bis Rom verheerend vor. Da bedurfte es keiner Völker- c. 300 n. Chr. wanderung, um es zu zerstören. Das Hereinbrechen der gothischen und germanischen Völkerschaften beschleunigte nur den Sturz und vollendete den Ruin des Römischen Reichs; verschuldet haben jene den Untergang der Weltbeherrscherin nicht.

Schon vorher hatte die Theilung Roms den Osten, also Griechenland, Kleinasien, Syrien und Aegypten, von dem Geschick des Westens abgelöst und dort, wohin sich nach dem Falle Roms Alles, was noch von Bildung und Wohlstand vorhanden war, flüchtete, überdauerte das griechische, christlich gewordene Kaiserthum die Stürme, denen die westliche Hälfte erlag, in gewissem Sinne die Kultur des Alterthums sorgsam pflegend, wenigstens Reste derselben bewahrend für das Mittelalter. Byzanz ward Welthandelsstadt, wo die Völker Europa's, Asiens und Afrika's ihre Waaren austauschten, da die trägen Griechen es verschmähten, die Vermittelung dieses Welthandels in ihre Hände zu nehmen.

Auch die Handelsgeschichte findet dort zuerst wieder einigen Stoff zur Darstellung.

Rückblick
auf die
Handels- und Industriebewegung der ersten Periode.

Um den Zusammenhang der Darstellung nicht zu oft zu unterbrechen, ist in den vorhergegangenen Abschnitten die Geschichte der wichtigsten Industriezweige, der Verbreitung des Anbaues und der Erzeugung hervorragender Rohstoffe, sowie des Geldwesens u. dgl. nur gelegentlich angedeutet worden. So weit der Zweck unseres Handbuches es erfordert, folgen nachträglich nähere Mittheilungen darüber.

Wollenproduktion und Wollenindustrie im Alterthum. Die Verarbeitung der Wolle zu Kleidungsstücken, namentlich zu Hemden, Mänteln, Decken u. s. w., ist wol in allen Ländern der gemäßigten Zone der Verbreitung des Schafes auf dem Fuße gefolgt, überall, in Vorder- und Mittelasien, in Aegypten, in Mittel- und Südeuropa finden wir Wollenweberei als uraltes Hausgewerbe.

Die frühesten Nachrichten über die Ausfuhr von Wollenwaaren weisen
c. 1500 v. Chr. uns auf Babylon hin, dessen wollene Mäntel schon im 2. Jahrtausend v. Chr. in Syrien getragen wurden. Von da hat sich die Wollenweberei als ausgebildeter Industriezweig wahrscheinlich nach Phönizien und Kleinasien
c. 1000 v. Chr. verbreitet. Schon im 9. Jahrhundert v. Chr. rühmen Homer's Gesänge die Webereien Sidons und die Kunstfertigkeit der lydischen Frauen. In den Zeiten des griechischen und römischen Luxus — von der Eroberung des Perserreichs
c. 330 v. Chr. durch Alexander an — finden wir eine Reihe von berühmten Fabrikationsorten für Wollenstoffe, Decken, Vorhänge &c. Neben Babylon und später Seleucia erlangten besondern Ruf: Milet, Samos, Korinth, Karthago, Tarent, auch Carthagena, Tarragona &c. in Spanien. Zu den feinsten milesischen Geweben mag schon früh der wollhaarige Flaum der Angoraziege verwandt worden sein.

Mit der Konzentration der Wollenindustrie an einzelnen Punkten mußte nothwendig der Bezug von Rohwolle ein wichtiger Handelszweig werden und die Klassifizirung nach verschiedener Güte, Feinheit, Farbe &c. fand sehr bald statt. Den ersten Rang scheint Anfangs die milesische Wolle behauptet zu haben, daneben werden genannt die apulische und süditalienische, die koraxische (von der Nordostküste des Schwarzen Meeres), die ägyptische, syrische, narbonensische (Südfrankreich), die nordafrikanische mit Cyrene und Karthago als Ausfuhrplätzen. Alle diese Sorten wurden indessen in den letzten Jahrhunderten des Alterthums von der spanischen Wolle überflügelt. Die Schafzucht muß daselbst auf einer hohen Stufe gestanden haben,
c. 300 n. Chr. wenn ein ausgezeichneter Zuchtwidder, wie der römische Geograph Strabo berichtet, mit 1 Talent oder 1550 Thlrn. bezahlt wurde. Besonders gesucht war die naturschwarze Wolle Spaniens.

Die Leinenindustrie und Seilerei. Der Flachs ist in Aegypten und Vorderasien heimisch und daselbst früh zur Verfertigung von Geweben benutzt worden. In Babylonien, Syrien, Kleinasien und Griechenland scheinen Leinenstoffe anfänglich von den Frauen als Unterkleider benutzt worden zu sein, während die Männer Wolle trugen. Besondere Wichtigkeit hatte das Leinen für die Aegypter und die Leinenweberei bildete sich hier zu solcher Vollkommenheit aus, daß Aegypten das ganze Alterthum hindurch erste Bezugsquelle für Leinenstoffe war. Nachdem die Aegypter mit der indischen Baumwolle bekannt geworden waren, verfertigten sie auch gemischte Zeuge von Baumwolle und Leinen. Die älteste Nachricht darüber giebt Herodot, indem er erzählt, daß König Amasis von Aegypten (zu Anfang des 6. Jahrhunderts v. Chr.) an Freunde in Griechenland einen leinenen, mit Baumwollenfäden gestickten Brustharnisch geschenkt habe. In den ersten Jahrhunderten unserer Zeitrechnung c. 200 n. Chr. bildete Leinenweberei auch in Italien, Gallien und Spanien einen wichtigen Erwerbszweig. Namentlich die spanischen Städte Carthagena, Setabis und Tarragona besaßen berühmte Leinenmanufakturen. Doch behauptete Alexandrien stets den ersten Rang.

In Italien, Gallien und Deutschland wurde der Hanf ebenfalls zu Kleidungsstücken benutzt. Noch wichtiger war die Verwendung desselben zu Tauwerk in den Seestädten. Daneben verarbeitete man mehrere Gras- und Binsenarten zu Seilen und Geflechten. In Aegypten dienten dazu die gröberen Fasern des Papyros, während das an der Ostküste Spaniens in Menge wachsende Spartogras, Spartum (heute zur Papierfabrikation verwandt) einen wichtigen Ausfuhrartikel nach Italien bildete, wo es für Schiffsseile und dergl. benutzt wurde.

Die Baumwollenindustrie und der Baumwollenhandel. Baumwollengewebe gehören zu den ältesten Ausfuhrgegenständen Indiens. Araber c. 2000 v. Chr. und Phönizier führten dieselben nach Vorderasien und Aegypten. Doch bemächtigten sich die Gewerbtreibenden in Babylon und Aegypten bald der Verarbeitung des Rohstoffes und lange, bevor der Anbau der Baumwollenpflanze selbst nach Westen drang, hatte die Baumwollenweberei hier Eingang gefunden. Namentlich Aegypten zeichnete sich darin aus. Die von hier in den Mittelmeerhandel kommenden Zeuge, Byssos genannt, haben zu vielen Streitigkeiten Veranlassung gegeben. Es kann indessen kaum noch ein Zweifel darüber obwalten, daß darunter Baumwollgewebe zu verstehen sind, wenn sie sich auch durch eine besondere Behandlungsweise von den indischen Fabrikaten unterschieden haben mögen. Verschiedene Umstände lassen den von den Alten gemachten Unterschied zwischen indischen Baumwollenstoffen (Sindon) und Byssos begreifen. Die ersteren waren in der Regel sehr fein, musselinartig, die letzteren wahrscheinlich, wie leinene Gewebe, dicht, mehr kattunähnlich. Ohne Kenntniß des Rohstoffes, ohne die Mittel, die Faser zu prüfen, mußte eine solche Verschiedenartigkeit des Gewebes das Urtheil irre leiten. Dabei steht die Möglichkeit einer Mischung von Leinen mit Baumwolle offen. Endlich dürfen wir nicht vergessen, daß es verschiedene Arten von Baumwolle giebt, weiße, röthliche, gelbliche, gelbe, und wenn wir bedenken, daß in Centralafrika die Baumwolle ebenfalls heimisch ist, daß Aegypten also auch am oberen Nil, bis wohin sich die Herrschaft der Pharaonen und Ptolemäer ja erstreckte, Baumwolle erhalten haben kann, die einer anderen Spezies angehörte als die indische, so fällt jede Schwierigkeit weg. Aegypten hat vielleicht auch den Baumwollensamen für seine ersten Anpflanzungen nicht von Indien, sondern von den oberen Nilländern erhalten, was um so weniger wunderbar wäre, als die Entstehung des Priesterstaates Meroe am oberen Nil (unter Psammetich im 7. Jahrhundert v. Chr. infolge der Auswanderung der Krieger- und c. 600 v. Chr.

Priesterkaste) die Verbindungen mit Centralafrika sicher erleichtert und vervielfältigt hat.
c. 300 v. Chr. Zur Zeit Alexander's des Großen gab es nach Theophrast Baumwollenpflanzungen auf den Bahreininseln (Tylos) im Persischen Meerbusen, einer phönizischen Ansiedelung, und auf der Südküste Arabiens; auf der Insel Malta, ebenfalls von Phönizien aus kolonisirt, war der Baumwollenbau und die Baumwollenindustrie viel älter. Später finden wir auch im Peloponnes, in der Landschaft Elis, Baumwolle. Daß diese von Pausanias und Plinius erwähnte „gelbe Byssos" bei Elis, welche in Paträ (Patras) zu kostbaren „Haarnetzen und sonstigen Kleidungsstücken" verarbeitet wurde, eine Baumwollenart gewesen sei, ist ebenfalls bestritten worden, doch, wie uns scheint, ohne Grund. Pausanias unterscheidet an der betreffenden Stelle scharf zwischen Hanf, Flachs, Byssos und Seide und der von Plinius hervorgehobene hohe Preis dieser gelben Byssos ist nicht auffällig, da ja die reine gelbe Baumwolle (gossypium religiosum) wie im Alterthum so noch heute am höchsten geschätzt wird und ziemlich selten ist. Neben den feinen musselinartigen in-
300 n. Chr. dischen Baumwollgeweben kamen in den letzten Jahrhunderten des Alterthums hauptsächlich alexandrinische, maltesische (von Malta) und seleucische Baumwollenfabrikate in den Handel. Mit dem Namen der letzteren wurden auch die Gewebe anderer gewerbfleißiger Städte am Euphrat und Tigris, wie Nisibus, Borsippa 2c., belegt.

Die Seidenindustrie und der Seidenhandel. Das eigentliche Vaterland des Seidenwurms und der Seidenzucht ist lange zweifelhaft geblieben. Die Einen suchten es in China, die Anderen in Indien. Nachdem sich indeß durch neuere Untersuchungen herausgestellt hat, daß es mehrere Arten von Seidenspinnern giebt, und daß sowol in Indien wie in China, neben der hauptsächlich zur Zucht verwandten zahmen Art, noch eine Anzahl wilder Seidenspinner in den Wäldern leben, muß in beiden Ländern der Seidenbau als ursprünglich betrachtet werden.

Die Seidengewebe sind im Alterthum auf zwei Wegen nach dem Abendlande gekommen, die indischen theils über Babylon, theils über Sokotora und Aegypten, die chinesischen auf der mittelasiatischen Handelsstraße nach den Residenzstädten am Euphrat und Tigris und von da weiter nach Vorderasien.

Die letzteren Stoffe trugen den Namen „serische" (sericum); die Kaufleute, welche dieselben nach Mittelasien brachten, hießen „Seres", und deshalb bezeichnete man im Alterthum auch das Ursprungsland mit dem Wort sericum. Die Wurzel aller dieser Namen ist das chinesische ser (der Seidenwurm), unter welcher Bezeichnung die chinesischen Kaufleute ihre Waare in den Handel brachten.

Der Seidenwurm selbst blieb den Alten unbekannt, dagegen fand die
c. 300 v. Chr. Seidenweberei (ähnlich wie bei der Baumwolle) schon mehrere Jahrhunderte v. Chr. Eingang in Vorderasien und wahrscheinlich selbst auf einigen Inseln des Aegäischen Meeres.

Die frühesten Nachrichten von dem Gebrauch seidener Gewänder in Vorderasien finden wir in Herodot (450 v. Chr.), Xenophon und Ktesias (400 v. Chr.). Nach ihnen war das kostbare medische Gewand die Tracht der Fürsten und der Vornehmsten, auch Alexander der Große legte 330 nach dem Tode des Darius das medische Kleid an. Von da an hat sich die Bezeichnung „medisches Kleid", „medica vestis", für Seidengewebe das ganze Alterthum hindurch neben der als „serische" Kleider, sericae vestes, erhalten.

Vieles spricht dafür, daß diese älteren „medischen" Seidengewänder aus China kamen. Offenbar bildete Seide am medischen Hofe, wie früher am chinesischen, die auszeichnende Tracht der höchsten Stände und ging als solche auf den persischen Hof über. Das eigentliche Medien grenzte aber an das Kaspische Meer, und die medische Herrschaft erstreckte sich weiter östlich bis nach Baktrien, dem uralten Mittelpunkte der Handelsverbindungen mit den Ländern jenseit der Belurkette: Ostturkestan und China. Medische Kaufleute werden auch noch nach der Einverleibung Mediens in Persien auf den ihnen bekannten Handelswegen diese Seidenzeuge bezogen haben und wie die Griechen noch lange den Zimmt u. A. für arabische Erzeugnisse hielten, weil er durch arabische Kaufleute in den Handel kam, so hielt man auch anfänglich an dem hergebrachten Namen „medisches Gewand" fest. Jedenfalls würden diese Seidengewebe, wenn sie indischen Ursprungs gewesen wären, eher in Babylon Eingang gefunden und eher von da ihren Namen erhalten haben, als von Medien.

Der Name der „Serer" kommt zwar erst später in allgemeinen Gebrauch. Doch kennt ihn schon Ktesias. Auch beweist der von Remusat übersetzte Bericht des chinesischen Generals Tschangkian, welcher in der 2. Hälfte des 2. Jahrhunderts v. Chr. in die Oxusländer gesandt wurde und nach seiner Rückkehr die Handelsstraße mittheilte, welche früher von der Westgrenze der Großen Mauer nach dem Zweistromland des Jaxartes und Oxus geführt hatte, daß schon vorher Handelsverbindungen zwischen Ostturkestan und Baktrien bestanden hatten.

Die Völkerbewegungen im 2. Jahrhundert v. Chr., welche ganz Mittel- 200 v. Chr.
asien erschütterten und die staatlichen Verhältnisse von Ostturkestan, den Oxusländern, Baktrien und Iran gänzlich umgestalteten, mußten die Handelsverbindungen China's mit Vorderasien auf lange Zeit unterbrechen. Der oben erwähnte Bericht liefert selbst Belege dafür, denn der Verfasser fiel in eine mehrjährige Gefangenschaft der Hiong-nu.

Wenn trotzdem Vorderasien nicht blos fortwährend Seidenzeuge erhielt, sondern der Luxus damit an den Höfen und bei den höheren Ständen so große Verhältnisse annehmen konnte, wie unverwerfliche Zeugnisse beweisen, ja wenn wir bald eine blühende Seidenindustrie in Vorderasien finden, namentlich in den Euphrat- und Tigrisländern, welche rohe Seide verarbeitet, während sich die Seidenzucht von China aus nach Turkestan und Mittelasien erst am Anfang des Mittelalters zu verbreiten anfängt, so muß sich mittler Weile eine neue Bezugsquelle geöffnet haben, und wir irren wol nicht, wenn wir annehmen, daß dies Indien gewesen sei.

Seit Darius die persische Herrschaft bis an den Himalaja und den unteren c. 400 v. Chr
Indus ausgedehnt hatte, mußten die Berührungen zwischen dem Perserreiche und Indien zu Lande wie zu Wasser so zahlreich werden, daß eine Bekanntschaft mit den Seidenzeugen von Benares und Bengalen und der Bezug dieser am persischen Hofe so geschätzten Stoffe auch von Indien als selbstverständlich erscheint. Eben so wenig kann es überraschen, daß man in den Fabrikstädten Mesopotamiens allmählig Kenntniß des indischen Rohmaterials erhielt, daß die Kunst, die Kokons zu verspinnen, von Indien dahin kam und in Babylon Seidenwebereien entstanden, deren Erzeugniß den üblichen Namen „medische Gewänder" beibehielt.

Nichts hindert anzunehmen, daß die Seidenweberei in Babylon schon vor

c. 350 v. Chr. dem Sturze des persischen Reichs (331 v. Chr.) Eingang fand. Im Gegentheil wird die weitere Verbreitung derselben nach Westen in der Makedonischen Zeit und die Mittheilung des Aristoteles, daß man auf der Insel Kos Cocons abzuhaspeln verstand, nur so erklärlich. Die noch neuerdings vertretene Meinung, als habe Aristoteles damit sagen wollen, man habe auf Kos fertige Gewebe wieder aufgelöst, oder wol gar halbseidene entwirrt, um die seidenen Fäden zu neuen Geweben zu verwenden, ist entschieden unhaltbar, (von halbseidenen Geweben kommt im 4. Jahrhundert keine Spur vor) und tauchte nur auf, weil man sich nicht erklären konnte, woher die Cocons gekommen seien. Diese babylonischen Seidenwebereien wären somit als die Grundlage der später so berühmten *seleucischen* Seidenindustrie zu betrachten, welche gleich der *koischen* auf die Verarbeitung indischer Cocons angewiesen war.

Von diesem Gesichtspunkte aus erscheinen die Unterscheidungen der Alten zwischen „medischen" und „serischen", oder „koischen" und „serischen", später „indischen" und „serischen" Gewändern, welche den Erklärern so viele Schwierigkeiten bereitet haben, in einem neuen Lichte, besonders sobald man die heute als feststehend zu betrachtende Thatsache damit verbindet, daß die eigentliche chinesische Zuchtseidenraupe, die Bombyx mori, welche von Blättern des Maulbeerbaumes lebt und im mittleren und nördlichen China einheimisch ist, daß diese erst spät in dem südlichen China, in Cochin-China und in Bengalen eingeführt wurde, daß die in den letzten Jahrhunderten des Alterthums aus Indien und
300 v. Chr. (seit dem 3. Jahrhundert n. Chr.) wahrscheinlich auch aus Südchina und Cochin-China bezogenen Cocons von wilden, in den Wäldern Indiens und des südlichen China's lebenden Seidenraupen stammten, und daß auch die seit Eröffnung der direkten Schiffahrt der Griechen nach Vorderindien (im 1. Jahr-
c. 200 v. Chr. hundert n. Chr.) von da geholten Seidengewebe dem Stoffe nach von den chinesischen verschieden waren. Diese Verschiedenheit mußte seit dem 1. Jahrhundert v. Chr. offenkundig werden, nachdem sich die Völkerwogen in Mittelasien beruhigt hatten und mit der allmähligen Bildung des Partherreichs auch die Handelsverbindungen zwischen China, Ostturkestan, den Oxusländern und Vorderasien wieder angeknüpft worden waren und nun die echten chinesischen oder „serischen" Seidenstoffe in größerer Menge nach dem Westen gelangten.

Der Abstand zwischen diesen *chinesischen* Geweben, den aus *indischen* und *hinterindischen* Cocons in *Seleucia*, auf Kos und anderwärts verfertigten, mehr floretartigen Stoffen, sowie den ebenfalls mehr musselinartigen, vielleicht mit feinem Gold- und Silberdraht durchwirkten *indischen* Fabrikaten mußte groß genug sein, um sericae vestes, medicae vestes und Coae vestes, sowie Seras und Indos trennen zu können.

Nun erst, nachdem man sich an die durchsichtigen, floretartigen Seidengewebe eigener Fabrikation in den luxuriösen Kreisen Roms, Griechenlands und Alexandriens gewöhnt hatte, konnte der Wunsch auftauchen, auch das kostbare, echt chinesische Rohmaterial in dieser Weise zu verarbeiten, und man fing an, auch auf der mittelasiatischen Handelsstraße Cocons zu beziehen. Dies gab Veranlassung zu neuen Unterscheidungen; außerdem begann man namentlich in Seleucia Seide und Baumwolle, vielleicht gar chinesische Seide und indische Seide zu mischen, sie in verschiedenem Verhältniß, in verschiedener Dichte, bald rein, bald mit Gold und Silber durchwirkt zu weben, und so entstanden eine Menge Unterabtheilungen, wie holosericus, subsericus u. s. w., deren genaue Bedeutung wir heute nicht mehr zu enträthseln vermögen, deren allgemeiner Charakter aber bei Berücksichtigung obiger Verhältnisse klar genug ist.

Der Seidenhandel zwischen Vorderasien und China in den ersten Jahren unserer Zeitrechnung, dessen häufige gewaltsame Störungen durch die mit dem Römerreiche meist verfeindeten Parther Veranlassung zu direkten Gesandtschaften römischer Kaiser nach China wurde, drehte sich nun hauptsächlich um Rohseide. Eine Stelle in den chinesischen Annalen aus der Mitte des 3. Jahrhunderts n. Chr. sagt, daß die Römer es vortheilhaft fanden, Seide aus dem Königreich der Mitte zu beziehen, um daraus die Zeuge nach ihrer Art zu weben, daß sie schon lange den Wunsch hegten, Ambassaden nach China zu senden, daß sich aber die Parther dem entgegenstellten aus Furcht, den Zwischenhandel zu verlieren.

Unter der Regierung des Marcus Antonius, 166 n. Chr., wurde wirklich eine Gesandtschaft zu Wasser über Tonking (Cochin-China) nach Kanton gesandt. Und als im 3. Jahrhundert das neue Perserreich der Sassaniden, welches c. 240 n. Chr. an die Stelle des Partherreichs getreten war, ähnliche Verkehrsstörungen verursachte, erschienen im Jahre 284 (unter Diocletian) abermals zwei römische Gesandte in China, um einen Verkehr zu Wasser einzuleiten. Vielleicht haben diese Gesandtschaften den Chinesen die erste Anregung zum Besuch von Vorderindien gegeben, wo sie von da an das ganze Mittelalter hindurch erscheinen.

Die Verpflanzung der chinesischen Zuchtraupe selbst nach Mittelasien fällt, wie schon gesagt, in den nächsten Zeitraum.

Die Färberei im Alterthum. Man benutzte im Alterthum, wie noch heute, Stoffe aus allen drei Naturreichen zum Färben.

Die Indier bedienten sich dazu seit der ältesten Zeit des Indigos und des Drachenblutes, daneben des Sandelholzes und der indischen Schildlaus, heute Lack-Dye genannt. In den Mittelmeerländern kannte und brauchte man, nach dem Zeugniß römischer Schriftsteller, Krapp, (italienischen) Waid, Wau, Safran (von Rhodos und Sizilien), die Blüte des Granatbaumes (gelb), Sumach rc., letzteren auch zum Gerben. Als Mineralfarben dienten: Zinnober (die Gruben zu Sisapo in Spanien, heute Almaden, lieferten jährlich 10,000 Pfd., die in versiegelten Beuteln nach Rom gingen), die verschiedenen Mennige und Ockerarten, Bolus (lemnische und sinopische Erde), Syrischroth, Smalte (aus Aegypten, Cypern, Spanien und Süditalien), Kupfergrün, Armenisch- oder Lasurblau, Melischweiß), feine Kreide (von der Insel Melos), Bleiweiß (das beste von Rhodus). Zum Schwarzfärben benutzte man Elfenbeinschwarz, Schwarz aus Weinhefe, Weintrestern und Spießglanz rc. Zum Schminken bedienten sich die Weiber des Bleiweißes, der Mennige und rother Flechten, die Augenbrauen wurden mit Spießglanz gefärbt und indisches Collyrium (Spießglanz) bildete einen nicht unwichtigen Ausfuhrartikel.

Für industrielle Zwecke überwogen indeß die thierischen Farbstoffe die genannten weit. Vor Allem sind die Purpurfarben zu nennen, welche bis zum Ende dieses Zeitraums den ersten Rang unter den Farbstoffen einnehmen.

Als die Erfinder der Pupurfärberei galten die Phönizier und sie haben diesen Industriezweig während länger als einem Jahrtausend beherrscht. Unter Purpur verstand man den in einem besonderen Sacke am Schlunde mehrerer Muschelarten enthaltenen Saft. Diese Muscheln oder Schnecken fanden sich zahlreich an den meisten Gestaden des Mittelmeers, und weil der Phönizier auswandernde Kolonisten stets zum Theil aus Webern und Färbern bestanden, welche überall, wo sie sich niederließen, diese Gewerbe einbürgerten, so durchforschten diese emsig alle Theile des Mittelmeeres, um den massenhaft verbrauchten Farbstoff aufzufinden. Nach Plinius waren durchschnittlich 300 Pfd. Schnecken erforderlich, um 50 Pfd. Wolle zu färben.

Die geschätztetsten Arten des Purpurs waren der tyrische (von Tyrus), der lakonische (von der südöstlichen Küste des Peloponnes), der gätulische (von der Nordwestküste Afrika's) und der puteolische (von Unteritalien). Doch beruhten diese und ähnliche Unterscheidungen nicht blos auf der verschiedenen Güte der Farbstoffe, sondern auch auf der verschiedenen Art der Farbmethode. Der Purpursaft wurde mannichfach gemischt, mit Krapp, Kermes u. dgl. versetzt, und man erhielt auf diese Weise unendlich viele Abstufungen. Neben einer Menge von Nüancen gab es 13 Hauptfarben, vom schillernden Tintenschwarz bis zum Violett und Roth, und zwischen diesen bis zum weißlich schillernden Hellrosa. Je nach der Qualität waren auch die Preise höchst verschieden. Unter Augustus kostete 1 Pfd. gewöhnliche Purpurwolle ca. 10 Thlr., 1 Pfd. tyrische dagegen über 100 Thlr.

Für gewöhnliche Gewebe benutzte man in Griechenland, Kleinasien und Italien die europäische Schildlaus Kermes, welche auch im Mittelalter zur Färbung diente, bis sie von der amerikanischen Kermes oder Cochenille verdrängt wurde. Die geschätztesten Sorten bezog man aus Galatien in Kleinasien und aus Lusitanien (Portugal).

Zur Befestigung der Farben diente den Alten hauptsächlich der Alaun, und dieser bildete deshalb einen wichtigen Handelsartikel. Bezugsländer waren Aegypten, die Insel Melos, die Liparischen Inseln, Spanien, Makedonien, Armenien, Nordafrika ꝛc. Der ägyptische und melische galten für die besten Sorten. Des Schwefels bedienten sich die Wollenweber zum Bleichen der Wolle. Den geschätztesten lieferte die Insel Melos, außerdem bezog man ihn auch von den Strombolischen Inseln und aus Unteritalien. Daß man in Aegypten nicht blos das Beizen verstand, sondern auch diejenige Art des Kattundrucks oder Zeugdrucks kannte, welche mittels Eintauchens des Zeuges in die Farbenbrühe und durch Anwendung von „Verdickungsmitteln" oder „Deckmitteln" (Reservagen) bewerkstelligt wird, beweist die Beschreibung des Plinius im 35. Buche seiner Naturgeschichte.

Die Papierindustrie. Bevor die Verfertigung des Papiers aus den feinen Bastlagen der Papyrusstaude in Aegypten zu ihrer späteren Vollkommenheit gelangte und das „Nilpapier" in allgemeinen Gebrauch kam, bediente man sich zum Schreiben vorzugsweise der Wachstafeln, oder mit Wachs überzogener Holz- und Elfenbeinplättchen, auf welche mit einem Griffel geritzt wurde. Auch Steinplatten und Metallplatten vertraten zuweilen die Stelle des Papiers. Mit der allgemeinen Benutzung des „Nilpapiers" in Griechenland, später in Rom und Alexandrien, den Sitzen der Wissenschaft, der Literatur und des Buchhandels, mußte der Verbrauch desselben im großen Maße zunehmen und die Papierindustrie, welche zuletzt in Alexandrien ihren Hauptsitz hatte, eine außerordentliche Bedeutung gewinnen. Die gesammte Alte Welt bezog ihren Bedarf an Papier Jahrhunderte lang von Alexandrien.

Ein Ausfuhrverbot der Ptolomäer führte in der kleinasiatischen Stadt Pergamum zu gelungenen Versuchen, aus Thierhäuten einen zum Schreiben geeigneten Stoff zu bereiten, und dieser Stoff hat seitdem den Namen Pergament behalten.

In Indien bedient man sich zum Schreiben von der ältesten Zeit bis zum heutigen Tage der Blätter zweier Palmarten, der Schirmpalme und der Fächerpalme.

Die Glasindustrie. Die Abbildungen in den Felsengräbern bei Theben und die Auffindung von gläsernen Bechern und Gefäßen in altägyptischen Denkmalen beweisen, daß die Aegypter schon im frühesten Alterthum die Bereitung des Glases und die Verfertigung von gläsernem Geschirr verstanden. Die Phönizier, welche lange als die Erfinder des Glases galten, haben diese Kunst wahrscheinlich von den Aegyptern gelernt. Doch scheinen sie, begünstigt durch das Vorkommen von reinem Quarzsand an ihrer Küste, ihre Lehrmeister bald überflügelt zu haben. In den letzten Jahrhunderten des Alterthums steht wieder Aegypten an der Spitze. Namentlich war Alexandrien der Sitz einer aufs Höchste vervollkommneten großartigen Glasindustrie, deren Erzeugnisse zu den theuersten Luxusartikeln gehörten und noch heute in den europäischen Museen die Bewunderung der Kenner erregen. Namentlich übertrifft der kunstvolle Schliff — die Verbindung verschiedenfarbiger Glasflüsse, so daß z. B. der obere ausgeschliffene ein fast freies, feines Netz über das untere bildet (die sogenannten vasa diatreta) — Alles, was die Gegenwart in diesem Zweige leistet.

Obgleich, wie gesagt, schon die alten Aegypter gläserne Flaschen und Becher benutzten, scheint das Glas in den übrigen Ländern nur als Schmuck gedient zu haben, wol eine Folge seiner Kostspieligkeit. In Griechenland wurde das Glas noch zu Herodot's Zeit, in der Mitte des 5. Jahrhunderts v. Chr., [500 v. Chr.] mit Gold aufgewogen. Erst seit der makedonischen Zeit mit zunehmendem Luxus findet der Gebrauch von gläsernen Flaschen, Bechern und Schüsseln auch in Griechenland mehr Eingang, ohne daß diese indeß ihren Charakter als Luxusgegenstände verloren. Die gewöhnlichen Trinkgefäße in Griechenland, Rom ꝛc. waren von Thon. Wohlhabendere bedienten sich metallener Becher und Pokale. Auch die Spiegel wurden von Metall (Zinn, Silber ꝛc.) verfertigt. Glasfenster kannte das Alterthum nicht.

Kunstgeräthe von Thon, Metall und edlen Steinen. Die Verfertigung von thönernen und metallenen Hausgeräthen, Geschirren, Gefäßen ꝛc. ist schon in den alten Kulturstaaten des Orients zu einer gewissen Vollkommenheit gediehen und die griechische, später darin so ausgezeichnete Industrie bildete nur die Fort- und Weiterentwickelung der Kunstthätigkeit des Orients. Korinth, dessen Gewerbe sämmtlich auf altphönizischer Grundlage beruhten, ist für Griechenland die Begründerin der Töpferkunst, der verzierenden Arbeit und der figürlichen Plastik geworden. In erster Linie neben Korinth folgten der Zeit nach Delos, Samos, Chios, Aegina und Athen. Der Bedeutung nach rivalisirte namentlich Athen in einzelnen Zweigen mit Korinth.

Durch farbige Zeichnung und Verzierung mit Reliefs wurden die Thongefäße allmählig zu geschätzten Kunstprodukten, und als mit steigendem Luxus statt des Thones edlere und kostbarere Stoffe, Zinn, Silber, Elektron (eine Mischung von Silber und Gold), korinthisches Erz (eine Mischung von Kupfer, Silber und Gold), zuletzt Gold und Edelsteine benutzt wurden, übertrug sich die künstlerische Ausstattung auch auf diese. Die Geräthe-Industrie der Römer lehnte sich durchweg an die griechische und was nicht direkt von Korinth und Athen bezogen wurde, verfertigten griechische Arbeiter und Künstler, die sich während der Kaiserzeit in großer Anzahl in Italien niederließen.

Besonders kunstvolle und kostbare Arbeiten lieferte die Steinschneidekunst und die Schnitzerei in edlen Steinen, Elfenbein, Bernstein u. s. w. (Nebenbei sei bemerkt, daß die Alten für unseren Bernstein und für eine besondere Mischung von Gold und Silber, mit welcher man die Farbe des Bernsteins nachahmen mochte, ein und dasselbe Wort Elektron oder Electrum brauchten, was zu vielen Irrthümern Veranlassung gegeben hat. Wo von größeren Gegenständen, Bechern, Pokalen oder gar Statuen aus Elektron die Rede ist, kann nur Metall gemeint sein, der eigentliche Bernstein war kostbarer und wurde nur zu kleinern Verzierungen und Schmucksachen verarbeitet).

Die zahlreichen großen Kameen (erhaben in Stein geschnittene Porträts ꝛc.) und Intaglin (vertieft geschnitten), welche unsere Museen enthalten, liefern den Beweis, daß die griechischen Steinschneider mit allen Hülfsmitteln dieser Kunst, der Anwendung von Diamantstaub zum Schleifen ꝛc. vertraut waren. Unglaublichen Luxus trieben die Römer in der Kaiserzeit mit Gefäßen, Ringen ꝛc. aus Edelsteinen, Onyx, Opal ꝛc. Die dafür gezahlten Preise sind geradezu unsinnig. Indische Murrhingefäße — wahrscheinlich aus indischem Flußspath, schillerndem Kalk und Adularspath —, welche Pompejus nach der Besiegung des Mithridates zuerst nach Rom brachte, gehörten von da an zu den höchsten Luxusgegenständen und wurden mit Hunterttausenden von Thalern bezahlt.

Zu feinen Holzarbeitern wurde Cedern- und Cypressenholz benutzt; am höchsten schätzte man das durch schöne Maserung ausgezeichnete sog. afrikanische Cypressenholz (Thuya). Auch hierfür bezahlte man unerhörte Preise, für Tische aus diesem Holze z. B. über 70,000 Thlr.! Das Fourniren mit diesen Holzarten, das Einlegen mit Elfenbein, Schildpatt u. s. w., wurde in ausgedehntem Maße angewandt.

Der Getreidehandel. Weizen und Gerste finden wir in allen Kulturländern der Alten Welt, von der ersten Kunde an, die zu uns gedrungen ist, als Brotstoffe benutzt. Gerste diente schon damals an einzelnen Punkten zur Erzeugung eines bierähnlichen Getränkes, in größerem Umfange namentlich in Alexandrien und in Gallien; Roggen und Hafer dagegen scheinen europäischen Ursprungs zu sein. Ein eigentliches Getreidegeschäft konnte sich erst ausbilden, nachdem Orte mit beträchtlicher Bevölkerung in Landstrichen entstanden waren, deren Produktion nicht an die Höhe des regelmäßigen Bedarfs reichte.

Dies war namentlich der Fall in Athen, dessen Bevölkerung zur Zeit seiner Blüte jährlich ungefähr 1 Million Medimnen oder ca. 500,000 Hektoliter ausländisches Getreide bedurfte. Hauptbezugsländer waren die Küsten des Schwarzen Meers, Aegypten, Sizilien, Syrien ꝛc.

Schon die athenienfischen Getreidehändler wurden als Kornwucherer und Blutsauger vom Volke gehaßt. Selbst gebildete griechische Schriftsteller machten sich zum Echo dieser Klagen und tadelten es, daß die Kaufleute das Getreide von überall herholten, aber nicht am ersten besten Orte absetzten, sondern dort, wo es am theuersten wäre. Während der makedonischen Zeit war ihnen besonders ein Statthalter in Aegypten, Namens Kleomenes, ein Dorn im Auge. Diesem warfen sie vor, er häufe große Getreidevorräthe auf, bestimme die (Einkaufs-)Preise willkürlich, und besolde eine große Anzahl Diener, welche die Verhältnisse an den auswärtigen Plätzen auskundschaften müßten. Wenn seine Kornschiffe in die Nähe eines Hafens kämen, so lasse er sie nicht eher einlaufen, als bis seine dortigen Gehülfen Nachricht gegeben hätten, wie die Preise daselbst stünden. Seien diese hoch, so werde die Ladung gelöscht, wenn nicht, so führe man sie dorthin, wo höhere Preise zu erzielen seien.

Diese Einzelheiten sind von großem Interesse; sie zeigen uns, daß das Getreidegeschäft namentlich in Aegypten vollkommen ausgebildet war. Kleomenes erscheint als ein großer Getreidehändler und Rheder im modernen Sinne, der an den wichtigsten Plätzen Agenten hielt und die Ladung durch einen Superkargo verkaufen ließ.

Daß auch die griechischen Getreidehändler ihren Vortheil verstanden, ersehen wir aus einer Rede des Lysias, in der er ihnen vorwirft, sie gewönnen beim öffentlichen Unglück und sähen dasselbe so gern, daß sie stets die erste Nachricht davon hätten, ja oft dergleichen erdichteten, z. B. es seien die Getreideschiffe im Schwarzen Meere untergegangen oder vom Feinde weggenommen, gewisse Ausfuhrplätze seien geschlossen, Verträge gekündigt worden u. s. w.

Noch größere Verhältnisse nahm der Getreidehandel in Rom und Italien an, nachdem ersteres die Herrin der Welt geworden und die Aecker Italiens in Parks, Gärten und Weiden umgewandelt waren. Die regelmäßige Getreidezufuhr aus Sizilien, Nordafrika und Aegypten erforderte ganze Flotten von Transportschiffen. Denn der erwerblose „freie Bürger" mußte auf Staatskosten ernährt werden, wie Kaiser Severus z. B. 600,000 Bürgern täglich 36 Unzen Brot verabreichen ließ, um „die Herren der Welt" ruhig zu erhalten. Doch hatte genau genommen der eigentliche Getreidehandel daran wenig Antheil, da diese Getreidelieferungen den Provinzen als Tribut auferlegt worden waren, oder wenigstens der Regierung gegen eine geringe Vergütung geliefert werden mußten.

Der Handel mit tropischen Rohprodukten, Gewürzen rc. Alles, was zu den sogenannten Südfrüchten gehört, die verschiedenen feinen Obstsorten, Oliven, Weine u. dgl., waren in den Kulturländern des Orients heimisch und dieselben sind mit der Ausbreitung der phönizischen und griechischen Niederlassungen nach den westlichen Küsten des Mittelmeeres verpflanzt worden.

Die eigentlichen Tropengewächse und -Produkte mußten durch den Handel bezogen werden und infolge verschiedener Umstände erlangten im Alterthum manche dieser Artikel eine außerordentliche Bedeutung für den Verkehr. Dies gilt namentlich von den sog. Spezereien und Rauchwerken Arabiens und der Ostküste Afrika's. Die diesen Strichen eigenthümlichen verdickten ätherischen Pflanzenöle oder Harze und Schleimharze, wie Weihrauch, Myrrhen, Balsame, Kopal u. dgl., welche heute nur noch für technische Zwecke verwandt werden, dienten massenhaft zu Räucherungen bei religiösen Feierlichkeiten, Opfern, Einbalsamirungen rc. Bei außerordentlichen Gelegenheiten verbrauchte man diese Rauchwerke centnerweise, ja Herodot erzählt, daß die Anführer der persischen Flotte bei Beginn des zweiten Feldzuges gegen die Griechen zu Ehren des Apollo auf Delos 300 Centner Weihrauch verbrannt hätten. Außerdem wurden diese und andere aromatische Harze und Oele, wie Sandelholzpulver, Sandelöl und Narden (auch Mastir, Storax, Safran, Quitte, Weinblüte, Majoran rc.), zu Salben und Parfüms benutzt, die ebenfalls in viel größerer Ausdehnung zur Anwendung kamen als heute, weil weder Griechen noch Römer die Seife kannten, und deshalb üble Gerüche und Ausdünstungen der Haut durch wohlriechende Dämpfe und Gerüche gewissermaßen einzuhüllen suchten, damit sie den Geruchsorganen unbemerkt blieben. Berühmte Salben- und Parfümsfabriken bestanden in den letzten Jahrhunderten des Alterthums in Korinth, Kyzikos (Kleinasien), Capua, Neapel, Präneste u. s. w., und die Namen der verschiedenen Salben und Oele, welche die gleichzeitigen römischen Schriftsteller mittheilen, sind fast unzählbar.

Von eigentlichen Gewürzen lieferte Indien Zimmt, Pfeffer, Ingwer und Cardamomen. Zucker kam nur in kleinen Quantitäten nach Europa und wurde blos in der Medizin angewandt. Zum Versüßen der Speisen und Getränke bediente man sich des Honigs. Ein von den Römern hochgeschätztes und theuer bezahltes Gewürz war das Silphium, der eingetrocknete Saft der Wurzel und der Stengel einer Pflanze, welche bei Cyrene wild wuchs, aber infolge des starken Verbrauchs schon zu Anfang unserer Zeitrechnung ausgerottet war. Als Cyrene eine römische Provinz wurde (98 v. Chr.), zahlte es den Jahrestribut Anfangs in Silphium, und Cäsar fand im öffentlichen Schatze neben Gold und Silber 750 Kg. davon. Es ist lange Gegenstand der Forschung gewesen, welchem Pflanzengeschlechte die Pflanze angehört habe, von der das Silphium kam, ohne daß man zu einem definitiven Resultat gelangt wäre. Das Richtige haben wol Diejenigen getroffen, welche, wie schon der Spanier Tereira (gegen 1600 spanischer Gesandter in Persien), das Silphium als identisch mit der Asa foetida ansahen, dem getrockneten Safte einer in Persien in öden Gegenden wildwachsenden Doldenpflanze (ferula). Für die Perser und Nordindier ist die Asa foetida (ähnlich wie der Knoblauch bei den Südeuropäern) ein unentbehrliches Gewürz und besonders wegen seiner die Verdauung befördernden Eigenschaften geschätzt. Noch heute gehört Asa foetida zu den wichtigsten Exportartikeln Herats nach Indien.

Da nach dem Zeugnisse der römischen Schriftsteller das Vorkommen der Pflanzen, die Gewinnung des Saftes, die Eigenschaften und Vorzüge des Silphiums durchaus mit den Schilderungen zuverlässiger Reisenden über die Gewinnung und den Gebrauch der Asa foetida in Persien übereinstimmen, da schon Strabo weiß, daß Persien und Indien verschiedene Arten des Silphiumsaftes besitzen, da nach Plinius die Römer in Ermangelung des Silphiums von Cyrene medisches und persisches bezogen, welches aber häufig verfälscht und deshalb weniger auch geschätzt wurde, — so darf es wol als feststehend betrachtet werden, daß das berühmte Silphium von Cyrene nichts war als eine Art Asa foetida, und die von den Römern Laserpitium genannte Pflanze eine ferula.

Der Buchhandel. Die ersten Spuren von einem Handel mit Büchern, d. h. geschriebenen, durch Abschreiben vervielfältigten Werken, sowie Andeutungen von Privatbibliotheken, finden sich bei den griechischen Schriftstellern aus der letzten Hälfte des 5. Jahrhunderts v. Chr., also aus der Zeit, in welcher die griechische Literatur ihren Aufschwung nahm. Sitz des Handels mit Kopien war natürlich Athen.

Größere Bedeutung erlangte der Buchhandel in Rom. Seit den letzten Zeiten der Republik erschien daselbst eine tägliche Staatszeitung, die sog. Acta populi Romani diurna, welche bald große Verbreitung erlangte und von den römischen Herren in den Provinzen eifrig gelesen wurde.

Auch die Vervielfältigung einzelner Werke datirt seit jener Zeit, und schon Augustus ließ in Rom von einem Werke, den sogenannten Pseudosybillen, 2000 Exemplare konfisziren. Die Schriften des Horaz, Ovid, Properz, Martial rc. wurden nach den Behauptungen dieser Schriftsteller in allen Provinzen und Städten gelesen, von fremden Reisenden aus Rom mit nach ihrer Heimat geführt, „nach Vienna (bei Lyon), nach Bibilis und anderen spanischen Städten, nach Tolosa (Toulouse), Britannien" u. s. w. versandt. Bücherabschreiber, d. h. Sklaven, welche im Kopiren von Manuskripten geübt waren, fehlten in keiner angesehenen Haushaltung. Zu einem abgeschlossenen Industriezweig bildete namentlich der Freund Cicero's, Pomponius Atticus, das Verlagsgeschäft aus, indem er die meisten Schriften Cicero's herausgab. Derselbe beschäftigte seine sämmtlichen Sklaven mit Abschreiben, Aufrollen und Einbinden. Andere berühmte Verlagsfirmen waren die Gebr. Sosius, Verleger des Horaz, Tryphon, Verleger des Martial, Dorus, Verleger des Titus Livius rc.

Von da an bildete der Buchhandel ein eigenes Gewerbe. In allen Stadtvierteln Roms gab es Sortimentshändler. Ihre Läden nahmen die Fronten ganzer Straßen ein. Die Thürpfosten der Läden und die Säulen der Straßen-Kolonnaden waren mit Ankündigungen und Verzeichnissen der käuflichen Bücher beklebt. Auch die Provinzialstädte Lyon, Vienna, Rheims, Brundusium rc. hatten ihre Buchhändler oder bibliopolae, der ihnen später beigelegte Name librarii bezeichnete ursprünglich blos den Abschreiber. Nur die Kleinkrämer hießen librarioli. Diese Buchläden und Magazine dienten zugleich als Lesezimmer und als Unterhaltungs- und Versammlungsplätze der Literaturfreunde, die man hier zuerst aufsuchte, wenn man sie daheim nicht antraf.

Das Geldwesen. In Aegypten und in Vorderasien bediente man sich vor Einführung des „gemünzten" Geldes metallener Barren, Stangen rc. von bestimmtem Gewicht. Die Zahlungen wurden zugewogen. Das babylonische Talent, die Grundlage des Münzsystems Vorderasiens und Europa's, wog ungefähr 92 Pfd., dasselbe wurde in 60 Theile, „Minen", zerlegt. Die Phönizier und Juden theilten später diese „Mine" wieder in 50 Sekel oder Schekel. Von den Phöniziern wurde dies System nach Griechenland verpflanzt, wo um das Jahr 750 v. Chr. in Argos und Aegina halbe Sekel, „Drachmen" genannt, ausgeprägt wurden. Auch die beiden Handelsstädte von Euböa, Eretria und Chalkis, nahmen das Talent an, sie setzten es aber um ein Sechstel herab. In Athen und später in Rom wurden weitere Aenderungen vorgenommen. In der Kaiserzeit galt 1 attisches Talent in Griechenland und Italien ungefähr 1550 Thlr. — Die griechischen Münzen, Drachmen und Obolen (1 Dr. = 60), bestanden aus Silber und Kupfer. Goldmünzen scheinen zuerst in Lydien geprägt worden zu sein. Später ließ der Perserkönig Darius Goldstücke mit seinem Bildnisse prägen: die sog. Dariken; daneben gab es ganze und halbe Gold-Stater von Athen, von Kyzikos, Phokäa, Lampsakus rc. Diese Goldstücke, meist im Gewicht von 2 Silberdrachmen, also nach dem damaligen Werthverhältniß zwischen Silber und Gold (1:10) etwa 20 Franken geltend, sind indeß bloße Handelsmünzen geblieben, die gekauft und verkauft wurden. Dagegen hatte sich das Geldwesen in Griechenland sehr entwickelt, denn es gab nicht nur in großen Städten viele Bankiers, sondern man benutzte bereits Wechsel ohne Giro, also Geldanweisungen, und den Tempel zu Delphi betrachtete man als Depositenbank. Der Zinsfuß schwankte zwischen 10—36 %. In Rom

wurde zuerst das As = 1 Pfund Kupfer gewerthet, doch schon im 1. Punischen Kriege auf 1/6 dieses Gewichts und später noch weiter herabgesetzt. Im Jahre 269 v. Chr. prägte die Republik die ersten Silbermünzen: Denar (= 10 As), Quinar (= 5 As) und Sesterzius
50 v. Chr. (= 2½ As). Etwa 50 Jahre später kamen die ersten geprägten römischen Goldmünzen (zu 60, 40 und 20 Sesterzien) in Umlauf. Unter Cäsar prägte man diese zu 100 und 50 Sesterzien aus und nannte sie Aureus und halbe Aureus. Dieser Aureus erhielt dann später nach manchen Reduktionen den Namen Solidus. 1 Denar war etwa gleich 6 Sgr., 1 Sesterzius gleich 1½ Sgr.

Mit dem zunehmenden Gebrauch von Münzen als Tauschmittel und der Verschiedenheit ihres Gepräges wie ihres Metallwerthes entwickelte sich in Griechenland neben dem Waarengeschäft auch der Geldhandel oder das Bankiergeschäft. Anfangs mögen die Geldhändler nichts als Geldwechsler gewesen sein, bald aber gesellte sich dazu die Annahme von Darlehen und das Ausleihen von Geldern gegen Zinsen, das Depositengeschäft oder die Aufbewahrung von Geldsummen, Papieren und anderen werthvollen Sachen, die Liquidation der Geschäfte und des Vermögens von Solchen, welche ihr Vaterland freiwillig verließen oder wegen politischer Verhältnisse verlassen mußten &c.

Die griechischen „Trapeziten" standen mithin unsern heutigen Bankiers an Bedeutung nicht nach, ja in einzelnen Beziehungen hat das Geldgeschäft bei den Griechen eine Feinheit der Ausbildung erlangt, welche bis auf die Gegenwart unerreicht geblieben ist. Das Cheque-System, welches sich seit einigen Jahren in England eingebürgert hat und in Deutschland und Frankreich ebenfalls Fuß zu fassen beginnt, war in Athen vollständig ausgebildet. Die Griechen hielten nur eine kleine Hauskasse für die täglichen Bedürfnisse. Alle größeren Summen wurden bei den Trapeziten niedergelegt und alle größeren Zahlungen erfolgten, wie heute in London, mittels Anweisungen an die Wechsler, die ihr Geschäft auf offenem Markte betrieben, wo ihr Tisch oder ihr Platz Jedermann bekannt war. Diese auch von auswärts anlangenden Anweisungen waren also nicht eine Art Wechsel, wie zuweilen behauptet worden ist, sondern sie trugen durchaus den Charakter der Cheques.

Auch dieser Geschäftszweig hatte, wie der der Getreidehändler, schon in früher Zeit den Haß der Menge auf sich geladen, die, allerdings wol durch einzelne Vorkommnisse dazu verführt, in den Gedwechslern nichts als Zinswucherer sahen. Der Zinsfuß war infolge des Kapitalmangels und der Unsicherheit der öffentlichen Verhältnisse ziemlich hoch. Das Minimum scheint 12 bis 18% gewesen zu sein. Doch galt dies nur von ganz sicheren Geschäften. Bei Darlehen auf Handelsunternehmungen, z. B. die sog. Bodmerei, wo Schiff und Ladung für das Kapital hafteten und zwar mit hypothekarischer Sicherheit, war 20 bis 30% das Gewöhnliche. In anderen Fällen stieg der Zins bis 36%.

Einzelne Bankierhäuser oder Trapeziten erwarben denn auch bedeutende Reichthümer, und schon im 4. Jahrhundert v. Chr. sind Firmen bekannt, deren Kredit durch ganz Griechenland begründet war, so daß ihre Unterschrift überall zu jedem beliebigen Betrage honorirt wurde.

Das römische Geldgeschäft übertraf an Ausbildung und Bedeutung das griechische natürlich weit. In Rom war der Ackerbau ehrenvoll, Weinbau bis

600 v. Chr. unbekannt, und erst im 8. Jahrhundert v. Chr. kam die Kunst des Brotbackens von Griechenland nach Italien. Dagegen Wuchergeschäfte behielt sich der reiche Adel vor, Pompejus nahm 70%, Brutus 48%. In den letzten Zeiten der Republik und während der Kaiserzeit wurde das ganze Volk von einem kaufmännischen Geiste beherrscht. Die Kapitalmacht durchdrang das ganze öffentliche Leben; Alles wurde geschäftliche Unternehmung, vom Ackerbau und der Sklavenzucht bis zur Verwaltung der Provinzen, ja des ganzen Staates. Eine neue, den Griechen und den übrigen Völkern des Alterthums unbekannte Seite des kaufmännischen Geschäftsbetriebs der Römer war die Assoziation. Die Regierung befolgte das System, alle Bauten, die Zehnt- und Zolleinnahmen u. s. w. in Pacht oder Akkord zu geben, und bei der Großartigkeit der meisten dieser Geschäfte wurden natürlich Kapitalisten-Gesellschaften Einzelbewerbern vorgezogen. Der große Verkehr organisirte sich nach und nach von selbst in dieser Form, und das Assoziationswesen erlangte bald eine solche Ausdehnung, daß es, wie Mommsen richtig bemerkt, bei überseeischen oder sonst mit bedeutendem Risiko verbundenen Geschäften praktisch die Stelle der im Alterthum unbekannten Assekuranz vertrat. Nach Polybius gab es in Rom kaum einen vermögenden Mann, der nicht als offener oder stiller Gesellschafter bei den Staatspachtungen betheiligt gewesen wäre.

Der römische Geldhändler oder Bankier — argentarius — stand schon in der republikanischen Zeit dem griechischen Trapeziten ebenbürtig zur Seite. Wie dieser, so vermittelte auch der Argentarius sämmtliche Geldgeschäfte der wohlhabenden und reichen Privaten: er nahm Gelder an, lieh solche aus und honorirte Anweisungen oder Cheques seiner Kunden. Mit der Ausdehnung der römischen Herrschaft dehnte sich auch der Wirkungskreis der Geldhändler aus. Wie der Kaufmann, so folgten auch die Argentarii den siegreichen Legionen auf dem Fuße und monopolisirten das Geldgeschäft aller Provinzen des Reichs in ihren Händen.

Der Zinsfuß schwankte natürlich, je nach der Sicherheit, welche geboten werden konnte. Durchschnittlich bezahlte man 12%, doch stieg in einzelnen Fällen, trotz der gesetzlichen Bestimmungen, welche bis auf Konstantin weniger als 12% vorschrieben (4—10%), der Zins auf die wucherische Höhe von 50—60%.

Das Werthverhältniß zwischen Silber und Gold war in Griechenland wie in Rom etwa 1:10; in den späteren Zeiten stellte sich dasselbe allmählig auf 1:12, 1:13; zuletzt 1:14—15, so daß in den letzten Jahrhunderten des Weströmischen Reichs das Werthverhältniß der beiden Edelmetalle dem heutigen nahe kam.

Zollwesen. Die griechischen Staaten erhoben in der Regel bei der Einfuhr wie bei der Ausfuhr 2% des Werthes als Zoll. Im Römischen Reiche bestanden dagegen verschiedene Zollsätze. Der gewöhnliche Einfuhrzoll betrug 2½%; von werthvolleren Artikeln und Luxusgegenständen wurden 12 und 16% erhoben. Ausfuhrartikel zahlten 2½%.

Zweiter Theil.

Von dem Untergange des Römischen Weltreichs bis zur Auffindung des Seewegs nach Ostindien.

[476 bis 1498 n. Chr.]

Einleitung.

Die alte Kultur wurde gleichzeitig mit der alten Gesellschaft von den über ganz Europa und Nordafrika hinflutenden Wogen der Völkerwanderung verschlungen. Auf die Eintönigkeit des römischen Staatswesens, welches jede Spur eines selbständigen Lebens in den Gliedern des Riesenkörpers ertödtet hatte, folgte die Barbarei eines rohen, ungebändigten Naturlebens. Bis sich aus diesem Chaos wild gährender Kräfte wieder eine Reihe abgeschlossener, individuell verschiedener und selbständig ihre Wege verfolgender Nationen gebildet hatte, verging ein Jahrtausend, und dieses Jahrtausend nennt die Geschichte das Mittelalter. Die Handelsgeschichte hat um so mehr Grund, sich dieser Eintheilung anzuschließen, als die zwei Ereignisse, welche gewöhnlich als die Schlußpfeiler des Mittelalters und die Eingangspforten zur Neueren Zeit betrachtet werden, das Auffinden eines Seewegs nach Ostindien und die Entdeckung Amerika's, gerade für sie epochemachend sind.

Die Kulturbewegung des Mittelalters unterscheidet sich von der des Alterthums schon äußerlich nach zwei Seiten hin. Asien hat seine Stelle an Europa abgetreten, die Germanen haben die Rolle der semitischen Völkerschaften übernommen. Man kehrte in den entvölkerten und verarmten Ländern zum Ackerbau und zur Viehzucht zurück; an die Stelle der Sklaven traten die Leibeigenen, an die der Patrizier der Kriegsadel, der den Feudalstaat organisirte, die Pflege der Wissenschaften übernahmen die Geistlichen, deren Glaubensboten Landentdecker wurden und denen die Kreuzheere als Eroberer folgten (Norddeutschland, Preußen, Livland). Die täglichen Bedürfnisse verfertigten leibeigene Handwerker, Klöster und Sitze des Adels wurden Niederlagen für Rohwaaren und Handfabrikate, und der geringe Handel beschränkte sich auf einige Luxusgegenstände. Selbst Karl's d. Gr. Gemahlin mußte ihm Kleider verfertigen. Dagegen erhielt sich in Byzanz noch ein glänzendes Kulturleben; es besaß noch Vorderasien und Nordafrika, stehende Heere aus barbarischen Söldnern, eine schlaue Politik und bändigte eindringende Barbaren durch Bekehrung zum Christenthum. Aber Mangel an geordneter Erbfolge, Rebellionen, Palastintriguen und fanatische Glaubensstreitigkeiten schwächten und erschöpften auch diesen Staat, obschon sich in ihm lange Zeit die höchste Verfeinerung und

Abgeschliffenheit der Sitten und Gebräuche, industrielle Fertigkeit, Kunstfleiß und wissenschaftliche Bildung erhielten.

Dagegen besaßen die rohen Germanen Etwas, was das Alterthum und das Griechische Kaiserthum schon lange verloren hatten, und was alle Reichthümer und Schätze, alle Verfeinerung und alle Wissenschaft aufwog: unverdorbene Naturkraft, frisches Blut, gesunde Leiber und Seelen, Liebe zum Ackerbau und persönliche Freiheit, keine Priesterkaste, kein Erbkönigthum, keinen Erbadel. Jede Gemeinde ordnete ihre Angelegenheiten selbst, vertheilte die Ländereien, entschied Streitigkeiten in Gegenwart der Gemeinde durch Geschworene, die man aus der Gemeinde wählte. Selbst der Anführer bei Kriegszügen wurde nur für die Dauer des Kriegs gewählt.

Mit den Germanen tritt der Norden Europa's in die Weltgeschichte ein, dessen Völker sie bekehren und unterjochen, wogegen die verwegenen Normannen Küsten und Binnenstädte plündern, kühne Entdeckungsfahrten bis Island, Grönland und Nordamerika unternehmen, England und Rußland erobern, in Frankreich die Normandie besetzen, in Sizilien und Süditalien Dynastien gründen, Byzanz zittern machen und endlich ihre Rolle der mächtigen Hansa überlassen, welche Jahrhunderte lang die Länder der Ost- und Nordsee durch Handelsprivilegien und Kriegsflotten beherrschte. Lübeck ward das Karthago und das Venedig des Nordens.

Solche Eigenschaften gaben den Germanen den Beruf, die Wiederaufrichter der gefallenen Welt zu werden.

Dazu gesellte sich ein drittes Moment, welches die neue Kultur von der alten scheidet und seiner in alle Kreise des gesellschaftlichen und staatlichen Lebens tiefeingreifenden Wirkungen halber auch in der Handelsgeschichte einen Ehrenplatz erhalten muß: das Christenthum. Es mag genügen, hier nur auf zwei Seiten desselben hinzuweisen, welche allein im Stande gewesen wären, die Welt umzugestalten: die Lehre von der Gleichberechtigung der Menschen und folgerecht die Bekämpfung der Sklaverei und des Sklavenhandels, der noch bis tief in das Mittelalter hinein auch Europa schändete, sodann die Veredlung des Familienlebens, dieses Grundpfeilers der Wohlfahrt aller Kulturstaaten, durch die Heiligkeit der Ehe und die ehrenvolle Stellung des Familienoberhauptes.

Die Handelsgeschichte findet wenig Stoff während der Zeit der langsamen Neubildung der jetzt von den Germanen bewohnten Länder. Die einfache Lebensweise der neuen Bewohner erforderte wenig mehr, als was der eigene Boden erzeugte. Fortdauernde Kämpfe hemmten friedliche Bestrebungen. Zwischen einzelnen Küstenplätzen ist der Verkehr wol nie ganz unterbrochen worden, doch konnte derselbe nur höchst unbedeutend sein, da für fremde und kostbare Waaren die Abnehmer fehlten. Die ersten Spuren einer regern Thätigkeit treffen wir dort, wo die alte Kultur am festesten gewurzelt hatte, und wo also auch die meisten Ueberreste derselben erhalten wurden: in Italien, Spanien und dem südlichen Gallien. Hier scheint überhaupt das Zerstörungswerk nicht so vollständig gewesen zu sein, als eine spätere Zeit annahm. Denn die daselbst schon frühzeitig wieder auftauchenden Städte mit Verfassungen, deren Grundzüge unverkennbar auf die römische Munizipalverfassung hindeuten, und Einrichtungen, die nur aus der Römerzeit stammen konnten, beweisen in Verbindung mit anderen Merkmalen, daß die Ostgothen und Longobarden in

500 bis 700 n. Chr.

c. 600 bis 700 n. Chr. Italien, die Westgothen in Spanien, die Burgunder und Franken in Gallien und selbst die Vandalen in Nordafrika nach den ersten verheerenden Stürmen nicht nur das noch Vorhandene schonten, sondern selbst Gefallen daran fanden und gelehrige Schüler der alten Bewohner wurden. Aus dieser Vermischung beider Elemente, des römischen und des germanischen, und der verschiedenen Stärke derselben in den einzelnen Ländern erklären sich denn auch die Verschiedenheiten der mit der Zeit dort entstandenen Nationalitäten: von den Italienern, bei welchen, mit Ausnahme der Lombarden jede Spur der einstigen Germanisirung verwischt worden ist, bis zu den Deutschen am Rhein, welche umgekehrt die wenigen Tropfen römischen Blutes, die in ihren Adern rollten, längst ausgestoßen haben.

Mitten in diesen Gestaltungsprozeß der germanischen Welt auf den Ruinen der alten heidnischen Kultur fällt ein Ereigniß, kaum minder großartig in seinen Wirkungen, als die Völkerwanderung. Aus den Wüsten Arabiens brach (630 v. Chr.) die fanatische Bekennerschar des Propheten Muhamed hervor und ergoß sich wie ein Strom über alle Länder der alten Kultur in Asien und Afrika. In einer Hand das Schwert, in der anderen den Koran, ließen sie den niedergeworfenen Völkern keine andere Wahl, als Tod oder Bekehrung. In weniger als einem Jahrhundert war ganz Vorderasien mit Syrien und Kleinasien, war Persien und ein großer Theil Mittelasiens, war Aegypten und die ganze nordafrikanische Küste in ihrer Gewalt. Alle afrikanischen und asiatischen Besitzungen des oströmischen oder griechischen Kaiserthums gingen verloren. Auch Europa sollte sich beugen. Nach dem Niederwerfen des schwachen Westgothischen Reichs in Spanien überstiegen sie die Pyrenäen, verheerten Gallien, und von hier sollte der Siegeszug wieder den nördlichen Küsten des Mittelmeers entlang gehen, als sich Karl Martell mit den Franken und Deutschen in den Weg stellte.

Hier bewährte sich zum ersten Male die Lebenskraft der germanischen Welt. Auf den Feldern von Poitiers und Tours unterlagen die nie besiegten Streiter Muhamed's der germanischen Tapferkeit und scheu wichen sie zurück, die höhere Macht anerkennend, welche über sie gekommen war. Von da an legten sie das Schwert bei Seite und begründeten in den von ihnen eroberten Reichen eine neue Kultur, indem sie Industrie, Ackerbau und Handel pflegten, neue Welthandelsstädte gründeten, aber auch die Werke der Griechen studirten, die mathematischen und naturgeschichtlichen Wissenschaften entwickelten, besonders Geographie, Astronomie und Medizin, und einen neuen Baustil erfanden. Wir werden derselben auch in der Handelsgeschichte einen eigenen Abschnitt zu widmen haben. —

700 bis 800 n. Chr. Drei Jahrhunderte waren seit dem Falle Roms vergangen. Die Wogen der Völkerwanderung hatten sich beruhigt. Die einzelnen Völkerstämme befestigten sich in ihren Wohnsitzen. Die erste Periode des Mittelalters war vorüber. Auf der Schwelle der zweiten tritt uns ein Mann entgegen, mit Recht der Große genannt. Er verstand seine Zeit, wie sein Volk, und wurde der Reformator der germanischen Welt. Das Zeitalter Karl's des Großen ist nach langer Oede der erste erfreuliche Anblick, der dem Forscher gegönnt ist. Ueberall keimt die junge Kultur empor, überall werden neue Samenkörner gelegt. Aus Italien und aus England, wo in den Klöstern ein reges wissenschaftliches Leben herrschte, berief er Lehrer und hielt mit Strenge darauf, daß die Schulen

von den Söhnen der Vornehmen fleißig besucht wurden; für Landwirthschaft und Gewerbe sorgte er väterlich, und wie sein großer Geist auch das Kleinste nicht verachtete, dafür zeugt sein noch vorhandenes Capitulare de villis, eine Verordnung über die Bewirthschaftung der kaiserlichen Güter und Höfe. Dem Handel und dem Verkehr baute er Brücken und Straßen, und sein weitreichender Blick erkannte die Wichtigkeit einer Kanalverbindung zwischen Rhein und Donau, welche letztere schon damals die Handelsstraße nach Konstantinopel war, wenn es ihm auch nicht vergönnt war, das Unternehmen auszuführen.

800 bis 900 n. Chr.

Seine Nachfolger waren nicht seines Geistes. Sein Sohn theilte sein Reich unter vier Geschwister, wol in richtiger Würdigung der Schranken, welche schon jetzt die verschieden geartete Nationalität zwischen Italienern, Franken und Deutschen zog. Sie aber führten langwierige blutige Kriege um die Oberherrschaft, welche schließlich doch nur zur definitiven Trennung der gedachten Länder führten. Um so widerstandsloser war das Reich den Einfällen der Normannen preisgegeben, welche als Nachtrab der Völkerwanderung aus ihren Wohnsitzen im hohen Norden auf die Küsten Englands und des westlichen Europa's herabstürzten, plündernd, sengend und brennend umherzogen und, mit ihren flachen Fahrzeugen aus Weidengeflecht die Flüsse hinauf fahrend, weit in das Land hinein die Verwüstung trugen. Bis an das Mittelmeer und an die Küsten Unteritaliens dehnten sie ihre abenteuerlichen Streifzüge aus, denen übrigens die Erdkunde Manches zu danken hat, namentlich die Entdeckung von Island und Grönland. Von der anderen Seite drangen Magyaren und sarazenische Seeräuber verwüstend und plündernd in die Länder der Donau und des nördlichen Mittelmeerufers ein und hinderten deren staatliche Entwicklung.

1000 bis 1200 n. Chr.

Die folgenden zwei Jahrhunderte sind noch eben so undankbar für die Handelsgeschichte, wie die früheren. Aber ein Vorgang zieht in dieser Zeit unsere Aufmerksamkeit auf sich, denn das spätere Erwachen einer regern Handelsthätigkeit muß großen Theils daher geleitet werden. Es ist dies die Entstehung der Städte und der Stadtgemeinden, der künftigen Sitze des Handels und der Industrie. Wir dürfen dabei nicht an einen plötzlichen Neubau denken. In Italien, in Spanien, Gallien, der Schweiz und Deutschland, hier namentlich am Rhein und an der Donau, hatten sich noch aus der Römerzeit eine große Anzahl von Städten, freilich alle mehr oder weniger zerstört und verfallen, erhalten. Diese meist sehr günstig gelegenen Orte bildeten später den natürlichen Mittelpunkt des umliegenden Bezirkes und wurden Wohnsitze der Vögte, Beamten und Bischöfe. Auch Reste der ehemaligen Bevölkerung waren darin wohnhaft geblieben. Zu diesen kamen die Dienerschaft und die Hörigen Jener. In den unruhigen Zeiten nach dem Tode Karl's des Großen nun, als Normannen, später Ungarn, Deutschland, Frankreich und Lombardei verwüstend durchzogen und die Sicherheit der Bewohner aufs Höchste gefährdet war, wurden die meisten dieser Städte mit Mauern und Gräben umgeben, auch wol neue Waffenplätze gegründet und diese in gleicher Weise befestigt. Viele Bewohner des offenen Landes suchten dort Schutz. Aber auch um den Bedrückungen der Grafen, Vögte und anderer Beamten zu entgehen, welche die Auflösung der alten karolingischen Ordnung benutzten, um die Bewohner ihres Amtsbezirks zu Leibeigenen und Hörigen zu machen, flüchteten Viele in die

1000 bis 1200 n. Chr. Städte und begaben sich in den Schutz der Bischöfe, deren mildes Regiment sie vorzogen.

Das innige Zusammenleben einer so großen Menschenzahl führte von selbst zu einem engern Verbande. Die Handwerker, wenngleich noch unfrei, bildeten Innungen, die altfreien Bewohner, sowie die Lehnsleute der Bischöfe und sonstiger Großen, schlossen sich einander an und bemächtigten sich, namentlich in Italien, wo ihnen die Verhältnisse günstiger waren, schon im 11. Jahrhundert des Stadtregiments. Man nannte sie Patrizier oder Stadtjunker. Sie betrieben Großhandel und Fabrikindustrie und galten als Vollbürger für die Herren der Stadtgemeinde, und erst später verlangten die Innungen volle Bürgerrechte. Leise und unvermerkt knüpfte sich nun im Inneren zwischen Stadt und Land, zwischen Stadt und Stadt, ein Tausch- und Handelsverkehr an, während die an den Meeresküsten gelegenen italienischen Städte, deren Schiffahrt unter Kämpfen mit den Arabern erstarkte, die lange unterbrochene Verbindung mit dem Osten wieder aufnahmen und damit den ersten Schritt zur Leitung des Welthandels in neue Bahnen thaten. Da die deutschen Könige auch römische Kaiser waren, viel Heerzüge nach Italien unternahmen, so entstand auch ein Handels- und Gedankenverkehr zwischen Deutschland und Italien. Venedig und Genua sandten orientalische Waaren nach Norden und an den Ausgangspunkten der Alpenstraßen, am Rhein, an der Donau, Elbe, Oder und Weichsel entlang erwuchsen nun Handels- und Industriestädte (Augsburg, Ulm, Nürnberg, Wien, Breslau, Krakau, Graz, Basel, Straßburg, Speier, Köln u. s. w.) bis zur Ostsee, Skandinavien und Rußland (Kiew, Nowgorod, Hamburg, Lübeck, Danzig, Bremen u. s. w.).

Noch wollte indeß dieser Handel nicht viel bedeuten. Nur im Süden, wo die Nachbarschaft der Griechen und Araber den Geschmack an den Reizmitteln, Genüssen und Kostbarkeiten des Orients frühzeitig hervorrief, kannte man diese und schätzte sie. Diesseit der Alpen und Pyrenäen fanden diese Luxusartikel schwerer Eingang. Selbst die Vornehmsten und Reichsten lebten mit einer Einfachheit, deren sich heute mancher Bauer schämen würde. Brot, Fleisch, Milch, Eier, Obst, Gemüse und Salz, darin bestand die Nahrung, welche die eigene Wirthschaft erzeugte oder von den Hörigen geliefert werden mußte. Bier und Meth bereiteten die Diener, Leinwand und Tuch webten die Frauen und das Gesinde, Waffen und sonstiges Geräth verfertigten die Leibeigenen. Sonst bedurfte man Nichts. Fürstinnen und Königinnen bereiteten ihre Aussteuer mit eigener Hand. In der Größe des Gefolges und der Menge der bei Festlichkeiten und Gelagen aufgezehrten Lebensmittel und Getränke — darin zeigte sich der Prunk und die Verschwendung jener Zeit. Fremde Luxusartikel kannte man nicht, und wenn man sie gekannt hätte, womit bezahlen? Das Steuerwesen ruhte noch in der Kindheit, kannte man ja doch kaum den Gebrauch des Geldes! Die Leistungen der Verpflichteten im Feudalverband bestanden in Naturallieferungen und in persönlichen Diensten. Der Gutsherr forderte vom Hörigen das Besthaupt (das schönste Vieh) und ein bestimmtes Quantum Getreide. Mit dem Ueberfluß ernährte er seine Reisigen, und diese dienten ihm dafür mit ihrem Blut, wie er seinem Lehnsherrn dienen mußte, wenn dieser rief. Alle aber waren des Gebotes des Königs, ihres obersten Lehnsherrn, gewärtig, um mit ihm ins Feld zu ziehen. Der König selbst war wie seine Lehnsleute mit seinem Unterhalt auf den Ertrag seiner Güter angewiesen, eben so die Kirche, die außerdem den Zehnten erhielt. Wir sehen, in solchen gesellschaftlichen Zuständen, wo weder Bedürfniß nach fremden Waaren, noch die Möglichkeit, sie zu bezahlen, vorhanden sind — denn wer nimmt Lebensmittel an Zahlungsstatt, wo Jeder damit unterhalten und belohnt wird? — ist der Kaufmann entbehrlich, und die ganze Handelsthätigkeit beschränkt sich auf die des Krämers, welcher die Jahrmärkte und Messen besucht — so genannt, weil an Orten, wohin sich zu bestimmten Zeiten viele Menschen zum Kirchenbesuch und zur Messe begaben, von selbst ein Kleinhandel entstand — und dort den Hörigen und Dienstleuten Spielwaaren und Tand verkauft.

Ein bedeutender Handelsverkehr konnte erst dann entstehen, wenn sich in weiteren Kreisen der Geschmack an fremden Erzeugnissen einstellte und dem Auslande Tauschwerthe als Aequivalent für dieselben geboten werden konnten, zwei Bedingungen, welche eine vollständige Umgestaltung nicht blos der Sitten und Gebräuche, sondern auch der gesellschaftlichen Einrichtungen der ganzen germanischen Welt voraussetzten.

Und diese Umgestaltung kam. Die Kreuzzüge, das Werk religiöser 1096
Begeisterung und römischer Staatsklugheit, bewirkte sie. Aus diesem Grunde bis 1291
gelten sie uns für das folgewichtigste Ereigniß des Mittelalters, obgleich sie n. Chr.
nach zweihundertjährigen Kämpfen, welche dem Abendland ungeheuere Opfer kosteten, ohne das erstrebte Resultat blieben.

Das Wiederaufleben des Handels in Europa datirt von den Kreuzzügen an. Die seit Jahrhunderten fast gänzlich unterbrochene Verbindung zwischen Abendland und Morgenland wurde durch sie wieder hergestellt. Dort hatte das griechische Kaiserthum wenigstens theilweise die Beziehungen zu Asien und Afrika unterhalten und bezog die Produkte beider Erdtheile auf den uns bekannten Wegen über Alexandrien, Kleinasien und die Küstenländer des Schwarzen Meers. In Konstantinopel, in Kleinasien und Syrien trat den Kreuzfahrern deshalb eine Neue Welt entgegen. Der Glanz, die Pracht und die Ueppigkeit des Lebens, der Reichthum und die Mannichfaltigkeit der nie gesehenen Gegenstände setzten sie in Erstaunen. Bald gewöhnten sie sich nicht blos an den Anblick, sondern auch an deren Gebrauch und Genuß. Jeder, der nach Ablauf seines Gelübdes in das Vaterland zurückkehrte, trug neue Bedürfnisse und neue Wünsche mit zurück, zu deren Befriedigung sich dem Kaufmann bald die Thore der Burgen und Schlösser öffneten, welche für ihn bisher verschlossen waren. Dieselben Schiffe, welche neue Kreuzfahrer nach dem Gelobten Lande beförderten, brachten nun auf der Rückreise die Erzeugnisse des Orients mit, nach welchen sich die von da schon Zurückgekehrten sehnten. Man lernte im Orient neue Dinge und Bedürfnisse kennen, z. B. Zucker und Baumwolle und Seide, brachte fremde Pflanzen, Bäume und Blumen mit, fand Gefallen an Perlen und Goldschmuck, aber auch an Erdkunde, Kunst und Wissenschaft.

Noch andere Wirkungen zeigten sich in den Ausgangsländern dieser Züge. Die ununterbrochene Fahrt von Hoch und Gering nach dem heiligen Grabe verschaffte den Gutsherren Absatz für ihren Ueberfluß an Getreide, Vieh u. dgl., und dies mußte namentlich in der Nähe der Einschiffungsorte, wo große Menschenmassen auf längere Zeit verproviantirt wurden, bedeutende Geldsummen in Umlauf bringen. Nicht minder hat darauf die kostspielige Ausrüstung der Ritter und ihres Gefolges gewirkt, wodurch Mancher gezwungen wurde, Theile seiner Besitzungen zu verkaufen oder zu verpfänden. Auch löste sich manche

1090 bis 1290 n. Chr. Fessel, welche die vorhergegangenen Jahrhunderte den kleinen Grundeigenthümern angelegt hatten. Viele Kreuzfahrer verordneten für den Fall ihres Todes die Freilassung ihrer Hörigen und Leibeigenen, ein Glück, welches Letztere freilich nur in seltenen Fällen behaupten konnten, so lange sie schutzlos jeder Willkür irgend eines Großen preisgegeben waren.

Noch größer ist der Umschwung, welchen die Kreuzzüge unmittelbar und mittelbar in den städtischen Verhältnissen hervorriefen. Zwar hatten sich die Städte, wie wir gesehen, meist schon vor dieser Zeit von der Obergewalt der Bischöfe und Fürsten losgerissen und thatsächlich ihre Unabhängigkeit errungen, da sie nur die Oberhoheit der kaiserlichen Gewalt anerkannten. Aber diese Freiheit kam nur den ehemaligen Lehnsleuten und Altfreien, welche ritterlichen Rang besaßen, zu Gute. Diese bildeten das Patriziat, diese führten das Regiment, und neben ihnen stand rechtlos die ganze übrige Bevölkerung, aus Hörigen, Kaufleuten, Handwerkern und Dienern zusammengesetzt. Jene waren die Herren, diese die Knechte, ganz wie auf dem offenen Lande.

In diese rechtlose Masse, die arbeitende und thätige Bevölkerung, kam jetzt auf einmal Bewegung und Leben. Die Kaufleute und Geldwechsler stiegen in demselben Maße an Ansehen, als sie sich durch den Handel bereicherten und man ihrer bedurfte.

In ähnlicher Weise veränderte sich die Stellung der meisten Gewerke, namentlich derjenigen, welche Ausrüstungsgegenstände verfertigten. Der ungeheuere Bedarf an Waffen, Harnischen u. s. w. erhob die Waffenschmiede schnell zu großer Bedeutung, und daß sie auch in technischer Beziehung Fortschritte machten, beweist der Ruf, welchen die italienischen und deutschen Waffen von da an genossen. Sie gehörten bald zu den wichtigsten Ausfuhrartikeln unseres Vaterlandes. Der wachsende Wohlstand dieser Klassen, welcher sich nothwendiger Weise auch auf die übrigen Gewerke ausdehnte, wie ihre zunehmende Zahl und Kraft, verlieh ihnen ein Selbstgefühl, welches bald mit den bisherigen Herren der Stadt zu Streitigkeiten führen mußte, und in der That sehen wir noch während der Kreuzzüge, sowol in Italien wie in Frankreich, den Niederlanden und Deutschland die in „Zünfte" getheilten Gewerke nicht blos Antheil am Stadtregimente erringen, sondern in vielen Fällen, wenn auch erst nach blutigen Kämpfen, selbst zur eigentlichen Stadtgemeinde werden, zu welcher die bisherigen Patrizier nur dann gehörten, wenn sie sich in eine der Zünfte aufnehmen ließen.

Die Zünfte organisirten sich militärisch und schufen eine großartige Industrie, namentlich in Wollstoffen, Waffen, Leder, Färberei u. s. w. Die Kaufleute schlossen sich zu Gilden zusammen und suchten sich in anderen Städten Privilegien zu verschaffen. Um Gleiches im Auslande zu erlangen, vereinigten sich Gilden verschiedener Städte zu einer Hansa, der es gelang, den Handel mit England, Skandinavien und Nordrußland an sich zu bringen. Damals mußte der Kaufmann seine Waaren selbst von Markt zu Markt begleiten, sie in gewissen Städten feil bieten und vielfachen Zoll zahlen. Man reiste daher in Karawanen und suchte sich durch Privilegien gegen Benachtheiligung zu sichern. Außerdem entstanden hier und da große Meßplätze z. B. Beaucaire, Troyes in Frankreich, Sinigaglia in Italien u. s. w.

Hiermit war das Feudalwesen durchbrochen, das **Bürgerthum**, d. h. die politische Freiheit und Selbständigkeit der Handel und Gewerbe treibenden

Klassen, die größte Errungenschaft des Mittelalters, hatte sich, wenn auch nur erst innerhalb der Mauern der Städte, aus den Banden der Unfreiheit herausgearbeitet, und die Früchte dieses Sieges erblicken wir in dem überraschend schnellen Aufschwung, welchen die Städte von da an, gestützt auf die Wechselwirkung zwischen Industrie und Handel, frei von jeder lästigen und hemmenden Fessel, nahmen. Die späteren Städtebündnisse sind der beredteste Ausdruck dieses Umschwunges der Dinge, und die Schilderung ihrer Machtentfaltung, vor der sich Könige beugten, ist vielleicht das stolzeste Denkmal, welches je dem Handelsgeiste gesetzt worden ist.

Da sich in Italien das Bürgerthum zuerst frei kämpfte, so entstehen dort sehr bald große Handels- und Fabrikstädte, welche das östliche Mittelmeer beherrschen und den Handel organisiren. Denn in jener Zeit entwickelte sich dort der Geldhandel und das Bankiergeschäft (Lombarden), Leihbanken, Assekuranzen, in Barcelona das erste See- und Handelsrecht, Festsetzung der Valuta, Wechsel, Einrichtung des Contors mit seinen Arbeiten u. s. w., weshalb viele italienische Ausdrücke bis heute technische geblieben sind. Marseille war Anfangs Hauptseehafen für Kreuzfahrer, verlor aber seine Bedeutung, als Genua mächtig wurde. Da in Flandern sich die bürgerliche Freiheit kräftig entwickelte, so entstanden viel volkreiche Industriestädte. In Spanien förderten die erobernden Araber Ackerbau und Industrie, weniger die Schiffahrt, doch als sich die christlichen Bewohner nach und nach frei kämpften, schufen sie auch Handels- und Kriegsflotten, ward Barcelona auf Jahrhunderte Herrin des westlichen Mittelmeers und segelten Biscayer in die Nordsee auf den Herings- und Walfischfang. Portugal endlich, früh schon befreit von den Mauren und im Verkehr stehend mit Mauretanien, machte Lissabon zu einer wichtigen Seestadt und wagte es zuerst, die Küstenschiffahrt zu verlassen und auf den Ozean hinauszusteuern. Seit Byzanz türkisch wurde und griechische Gelehrte nach Italien flohen, lernte man die Wissenschaft der Alten kennen und deren Beweise für die Kugelgestalt der Erde und verbesserte die nautischen Instrumente. Endlich wirkten die über die ganze Welt zerstreuten Juden, die unter sich in Verbindung standen, dahin, mit dem Orient die Handelsverbindungen zu unterhalten. Die spanischen Könige schlugen ihrem Lande daher eine tödtliche Wunde, als sie aus Ketzerhaß die Juden umbringen oder vertreiben ließen.

Das griechische Kaiserthum.

Schon in der Einleitung erwähnten wir, daß das Oströmische Reich, 400 bis 1400 n. Chr.
welches die Stürme der Völkerwanderung überdauerte, die alten Handelsverbindungen mit dem Orient übernahm und fortsetzte; Kleinasien, Syrien und Aegypten, die drei Vermittelungsländer des östlichen Handels, gehörten ja dazu, und wenn auch seit der Gründung des Neupersischen Reichs (im 3. Jahrhundert n. Chr.) Störungen in den Beziehungen zu dem inneren Asien eintraten, — Störungen, welche übrigens die Einführung der Seidenzucht in Griechenland und Kleinasien zur Folge hatten — so war diese Unterbrechung doch nur vorübergehend. Selbst die Errichtung des großen arabischen Reichs 630, welches dem griechischen Kaiserthum zwei seiner schönsten und reichsten Provinzen, Aegypten und Syrien, entriß und Kleinasien in fast ununterbrochene

Kämpfe verwickelte, unterbrach diese Verbindungen nur kurze Zeit, da die Araber die Vortheile des Handels zu würdigen wußten und nach Befestigung ihrer Herrschaft zuerst die Hand zur Anknüpfung der alten Beziehungen boten.

In der Stellung des Handels zu dem Staate änderte sich wenig, und das Oströmische Reich ist auch in dieser Beziehung das Spiegelbild des weströmischen. Jede Thätigkeit war monopolisirt. Die Erzeugnisse der Provinzen, die Produkte Indiens, Arabiens und Afrika's flossen nach der Hauptstadt, um dort von schwelgerischen, prachtliebenden Hofkreisen konsumirt zu werden. Die Getreidehändler lieferten das Brot, mit welchem der Herrscher den unruhigen Pöbel der Residenz ernährte. Nach wie vor handelte es sich nur um Herbeischaffung der Erzeugnisse aller Länder, um den ungeheueren Schlund zu füllen, der Regierung, Hof, Beamte und Heer genannt wurde. Konstantinopel zehrte, wie vordem Rom, am Marke des Landes.

Es läge deshalb keine Veranlassung vor, dem griechischen Kaiserthum in der Handelsgeschichte eine besondere Stelle einzuräumen, wenn es nicht, trotz der ängstlichen Abschließung von jeder Berührung mit den im Westen und Norden wohnenden Barbaren, in dem Maße, in welchem sich dieselben in staatliche Ordnungen fügten, der Punkt geworden wäre, wo sich zuerst wieder ein, wenn auch noch so schwacher Verkehr zwischen dem Morgenlande und dem Abendlande bildete.

500 n. Chr. Schon der große Beherrscher des Ostgothenreichs, Theodorich, hatte sich bemüht, mit dem Auslande wieder in Handelsverbindungen zu treten. Er ermäßigte die Einfuhrzölle, begünstigte den Schiffbau, und seine Hauptstadt Ravenna verkehrte mit Byzanz, mit Spanien und Unteritalien. Nach der Wiedereroberung Italiens unter Justinian durch Belisar und Narses (536—555) war Ravenna Sitz der griechischen Statthalter und blieb es auch, als 13 Jahre später die Longobarden Oberitalien und Theile von Mittel- und Unteritalien besetzten.

600 bis 1000 n. Chr. Die Bedürfnisse der an den Luxus Konstantinopels gewöhnten Beamten mußten einen Waarenverkehr zwischen Griechenland und Ravenna hervorrufen, und höchst wahrscheinlich verdanken auch die Venetianer, deren schon um diese Zeit bedeutende Seemacht dem Exarchen manche Unterstützung leistete, diesem Verkehr ihre Verbindung mit Konstantinopel. Wenig später finden wir an der Donau drei seßhafte Völker, die Avaren, Ungarn und Bulgaren, welche in den weiten Ebenen Pannoniens und Daciens, dem heutigen Ungarn und den türkischen Donauprovinzen, Reiche gegründet hatten und früh nach Konstantinopel handelten. Die höher gelegenen deutschen Städte Wien, Passau und Regensburg mögen sich Anfangs ihrer Vermittelung bedient haben, aber schon im 8. Jahrhundert standen sie in direkter Verbindung mit dem griechischen Reiche, welches auf diesem Wege namentlich Bernstein bezog.

1000 n. Chr. So lange indeß das Abendland dem Handel ein so beschränktes Feld bot, wie bis zu den Kreuzzügen, mußte nothwendig der Verkehr mit Konstantinopel ohne Bedeutung bleiben.

Erst mit diesem die ganze germanische Welt aufrüttelnden Ereignisse wurde diese Stadt, welche bisher nur die große Niederlage aller orientalischen Waaren und Erzeugnisse für den eigenen Bedarf gewesen war, der Mittelpunkt eines großen ausgedehnten Zwischenhandels, nach welchem die Kaufleute aller Länder mit ihren Waaren kamen, um solche zu vertauschen. Die Ausländer verkehrten direkt mit einander, errichteten Niederlagen und Faktoreien, und die Griechen scheinen nur insoweit Theilnehmer dabei gewesen zu sein, als sie ihre eigenen Fabrikate, von denen besonders Seidenzeuge und Brokatzeuge, Gold- und Silberstickereien, Sammt und andere Luxusartikel berühmt waren, gegen fremde Artikel vertauschten, resp. verkauften. Die griechischen Kaiser trugen durch Ertheilung von allerlei Vorrechten, Zollbefreiungen u. s. w. dazu bei, die Ausländer, namentlich die Italiener, deren Beistand und Hülfe ihnen in den steten Kämpfen mit den Arabern unentbehrlich war, vor ihren eigenen Unterthanen zu begünstigen, und Jene bemächtigten sich nach und nach des ganzen Zwischenhandels. Sogar das Fabrikwesen der Griechen konnte sich dem Einfluß und der Herrschaft der Fremden nicht entziehen und gerieth nach und nach in ihre Hände. Die Seidenmanufaktur z. B. wurde größtentheils für Rechnung italienischer Häuser betrieben.

Die geschilderten Verhältnisse erreichten ihren Gipfelpunkt, als das vierte 1200 bis 1260 n. Chr.
Kreuzheer unter Balduin 1204 Konstantinopel einnahm und ein lateinisches Kaiserthum gründete. Venedig, die Haupturheberin dieses Unternehmens, rächte sich auf diese Weise für eine von dem griechischen Kaiser Manuel verordnete Beschlagnahme sämmtlicher venetianischer Schiffe und Waaren. Es erntete auch die Früchte des Siegs. Der Handel mit den Waaren des Orients fiel ihm jetzt ausschließlich zu, da der Verkehr mit Alexandrien und Syrien infolge eines päpstlichen Verbotes, den Ungläubigen Metalle, Eisenwaaren, Waffen u. s. w. zuzuführen, lange Zeit eine Unterbrechung erlitt. Jetzt wurde das Schwarze Meer der Hauptstapelplatz des Handels mit Indien und Tana am Asow'schen Meere Hauptstapelplatz. Der Waarenzug schlug wieder die alte Straße durch die Bucharei und das Kaspische Meer ein, nur mit dem Unterschiede, daß man die Ladungen aus dem letztern die Wolga hinauf bis zu dem Punkte brachte (heute Sarepta), wo nur ein schmales Plateau Don und Wolga trennt, und sie hier zu Wagen nach dem Don, von da zu Wasser nach Tana am Schwarzen Meer, führte. Auch die Straße durch Persien über Trapezunt, Erzerum nach Tebris wurde benutzt.

Die Wiedereroberung Konstantinopels durch die Griechen 1261 machte 1260 bis 1400 n. Chr.
zwar dem lateinischen Kaiserthum ein Ende und vertrieb die Venetianer, brachte aber keine Aenderung in den Handelsverhältnissen hervor. An die Stelle der Venetianer traten die Genuesen, ohne deren Hülfe die griechischen Kaiser schwerlich wieder in den Besitz des Reichs gekommen sein würden. Als Dank nahmen diese nun dieselben Vortheile und Vorrechte in Anspruch, welcher sich ihre Nebenbuhler bis jetzt erfreut hatten. Der Kaiser Michael Paläologus übergab ihnen außerdem Smyrna, Pera und Galata am Goldenen Horn, und sie errichteten am Ufer der Krim die rasch aufblühende Stadt Kaffa, von wo aus sie bis in den Kaukasus und Baktrien hinein und mit den Städten der Nordküste Kleinasiens Handelsverbindungen anknüpften. Die Venetianer behielten, die ihnen früher abgetretenen Ländergebiete, Morea, die Inseln Kandia, Rhodus im Besitz 2c. Wurde dadurch die politische Macht des Reichs geschwächt, so sank von diesem Zeitpunkte an auch seine Bedeutung als Mittelpunkt des Welthandels. Die Venetianer knüpften durch Vermittelung eines mongolischen Khans zu Tebris durch Syrien und Kleinasien neue Verbindungen mit den Stapelplätzen der Produkte des Morgenlandes, Aleppo, Bagdad und Basra an und beeinträchtigten schon dadurch den Zwischenhandel Konstantinopels.

1200 bis 1450 n. Chr. Auch dem anderen Vermittelungspunkte zwischen Indien und Europa, Alexandrien, wandten sie sich wieder zu, und hier wuchs nun rasch ein so bedeutender Verkehr empor, Anfangs mit Umgehung des päpstlichen Verbots, später mit päpstlichem gegen Antheil am Gewinn erkauften Dispens, daß Konstantinopel vollständig überflügelt wurde, und selbst die Genuesen sich gezwungen sahen, nach Alexandrien zu kommen, um nicht von dem indisch-arabischen Handel ausgeschlossen zu werden.

Immer lockerer wurden von da an die Verbindungen der griechischen Hauptstadt mit dem Welthandel. Politische Umwälzungen in Mittelasien durch die Mongolen sperrten die Straßen dahin. Beschränkungen, denen man die russischen Kaufleute unterwerfen wollte, bewogen auch diese, jenem Markte fern zu bleiben. Dies gab der kommerziellen Blüte Konstantinopels den Todesstoß, denn nun blieben auch die Deutschen aus, welche vorzogen, mit den Russen direkt zu verkehren, während sie die arabischen und indischen Produkte leichter über Italien bezogen.

Es war nämlich die Donau eine Handelsstraße geworden. Alexander der Große war der erste Grieche, der die Donau überschritt, Cäsar hörte von ihr, als er den Rhein erreichte, Tiberius sah sie, Julian schiffte auf ihr mit einem Heere hinab, Trojan eroberte Serbien, Siebenbürgen, das Banat und die Walachei; dann ergoßen sich die Völkerwanderungen stromaufwärts, und zur Zeit der Avaren ward sie Handelsstraße, Passau der Ausgangspunkt. Während der Kreuzzüge benutzten sie die Deutschen als Handelsstraße und Transportweg, wobei Regensburg Einschiffungsort und wichtigster Handelsplatz, Stein Hauptzollamt ward. Nun gingen auch zahlreiche Hauptschiffe die Donau entlang nach Konstantinopel, wo Deutsche 1140 eine besondere Kirche besaßen.
1140 n. Chr. Breslau und Krakau sandten dorthin ihre Waaren, und unternehmende Regensburger dehnten ihre direkten Verbindungen bis Baktrien aus. Mit Russen trieb man in Konstantinopel einträglichen Tauschhandel, und als jene von den neidischen Griechen aus der Stadt gewiesen wurden, fuhren Italiener und Deutsche ins Schwarze Meer, um mit Kiew zu verkehren, oder der italienisch-deutsche Handel ging über Wien das Waagthal entlang nach Kiew.

Die Eroberung Konstantinopels durch die Türken (1453) vollendete den Ruin des Reichs.

Die Araber.

Arabien ist eine von Randgebirgen mit schmalem Küstensaum umgebene Hochebene, deren Fläche zum Theil aus Wüsten, Oasen und Steppen besteht, wogegen die bewässerten südlichen Gebirgsthäler kostbare, aromatische Produkte erzeugen und oft Paradiesen gleichen. Es scheint Naturgesetz zu sein, daß sich Kultur- und Kriegsvölker nur auf Hochebenen bilden und zugleich eine besondere Religion gründen. Dasselbe geschah in dem semitischen Arabien um so mehr, als es seit uralten Zeiten lebhaft am Handel betheiligt und noch nie von fremden Eroberern überwältigt war, so daß sich das Volkswesen in seiner Ursprünglichkeit und frischen Naturkraft entwickeln konnte. In den Handelsstädten gab es vielseitige Bildung, unter den Nomaden Stärke, Abhärtung und gewaltige Thatkraft. Es galt also nur, diese beiden Elemente zu vereinigen, um ein Volk für weltgeschichtliche Thaten zu schaffen, und dies geschah durch eine dem Volkscharakter angemessene Religion. Die Stiftung derselben ist daher eines der wichtigsten Ereignisse des Mittelalters, weil sie die Gründung eines arabischen Weltreichs veranlaßte, welches Vorderasien bis zum Ganges, bis Kaschgar und die Steppen Westsibiriens, Nordafrika bis Sudan und dem Niger, Spanien und Sizilien umfaßte, und welchem die Türken das europäische byzantinische Kaiserthum als Türkei hinzufügten. Es war die Wiederbelebung der Alten Welt und der alten Kultur auf einer neuen, den Zeitumständen angemesseneren Grundlage. Wir dürfen uns der Betrachtung dieses Ereignisses und seiner Folgen um so weniger entziehen, als sich die Handelsgeschichte noch heute bei einer Darstellung asiatischer oder afrikanischer Verhältnisse bei jedem Schritte daran erinnert sieht und bei ihr Erklärung für manches sonst Räthselhafte suchen muß. 600 bis 800 n. Chr.

Die Nachfolger Muhamed's verbreiteten nämlich seine Lehre mit Feuer und Schwert in Asien und Afrika, und die Khalifen verlegten im Laufe des 7. Jahrhunderts ihren Sitz von Damaskus nach Bagdad, da ihr Reich die ganze bekannte Welt der Alten umfaßte. Allerdings gelang es ihnen nicht, die weltliche Oberhoheit über das ganze Reich zu behaupten, denn die einzelnen Statthalter machten sich zu unabhängigen Herrschern und nannten sich ebenfalls Khalifen, namentlich am Indus, in Afrika und Spanien; dennoch blieb die innere Einheit des Glaubens und der Sprache, beide gebunden an den Koran, bestehen und knüpfte unter einer Reihe von Völkern und Ländern, die sich von der Westküste Afrika's bis zur Wüste Gobi und den Himalaja erstreckten, ein so festes Band, daß selbst die häufigen politischen Zerwürfnisse es nicht zu sprengen vermochten. Trotz der politischen Zersplitterung bildeten die muhamedanischen Reiche einen Gesammt-Glaubensstaat. Die Pilgerfahrt nach Mekka vereinigte alle Gläubigen und machte diese heilige Stadt zum Mittelpunkte aller Handelsstraßen.

In diesem ungeheueren Ländergebiete nun, welches bis dahin größtentheils öde gelegen hatte, blühte mit überraschender Schnelle eine Kultur auf, welche Alles übertraf, was das Alterthum aufzuweisen hat. Durch die Vorschriften des Korans geschützt und der Pflege, der Sorgfalt jedes Regenten empfohlen, nahmen Ackerbau, Gewerbe, Handel, selbst Kunst und Wissenschaft einen Aufschwung, der in Anbetracht der Zeit und der Schnelligkeit wunderbar genannt werden muß. Schon nach zwei Jahrhunderten finden wir alle Länder, wo Araber herrschen, in dem Genusse des größten Wohlstandes; wir finden Gewerbe und Industrie auf der höchsten Stufe der Entwicklung und in den Hauptstädten und Handelsplätzen einen Reichthum, einen Glanz und dabei eine geistige Regsamkeit, die den schroffsten Gegensatz zu den damaligen Zuständen in der germanischen Welt bildeten. Neben die Moschee bauten die Araber stets einen Bazar, jede der zahlreichen Dynastien machte ihre Hauptstadt zur Handels-, Industrie- und Gelehrtenstadt; Mekka und die Stationsplätze am Wege dahin wurden für die Pilgerkarawanen Wallfahrts- und Meßorte zugleich. Der Prophet machte Handel und Gewerbe zu Gott wohlgefälligen Werken, weshalb die Khalifen Straßen, Brücken, Wasserleitungen, Kanäle und Karawanserais anlegen, Brunnen graben ließen und reisende Kaufleute unter ihren besonderen Schutz nahmen. Denn Gott belohnte solche Thaten und treue Gastfreundschaft mit den ewigen Freuden des Paradieses. Einen Theil der Reichseinnahmen verwandte man auf die Anlage und Erhaltung der

800 bis 1000 n. Chr. Straßen und errichtete auch eine Reichspost für den Khalifen, wie es persische Könige und römische Kaiser auch gethan hatten. An den Straßen stellte man Meilenzeiger auf und selbst Private sorgten für gute Straßen, Cisternen, Brunnen und Gasthöfe. Beamte beaufsichtigten die Bazars, prüften die Güte der Waaren, regulirten die Preise für Lebensmittel und schlichteten die Streitigkeiten der Kaufleute. Doch blieb der Handel nach alter Weise Land- und Karawanenhandel, und die Schiffahrt beschränkte sich auf Fluß- und Küstenfahrten. Die Araber waren ja, wie die alten Perser, ein Binnenvolk.

Freilich verwelkte die arabische Kultur, der Treibhauspflanze gleich, schon nach wenigen Jahrhunderten wieder.

Unter den Abbassiden aber, welche Bagdad zu einer Wunderstadt ausbauten, hatte das Khalifat seine Glanzperiode. Sie unterhielten Gesandte am chinesischen und fränkischen Kaiserhofe, unterstützten wissenschaftliche Forschungen, übten hochherzige Toleranz in Glaubenssachen, sandten Reisende und Kaufleute in ferne Länder, ließen Gradmessungen vornehmen, Sonnen- und Mondfinsternisse berechnen und Prachtgebäude aller Art errichten, veranlaßten aber auch übermäßigen Luxus und Verschwendung. In den entfernten Provinzen, welche nach und nach zu eigenen Khalifaten wurden, entstanden ähnliche prachtvolle Residenzen: Fostat (Kairo), Kairowan oder Kirwan, Ispahan, Damask, Kordowa, Basra, Balk u. s. w.

Araber durchforschten ferne Länder, waren aber so vorsichtig, daß sie mit ihren Eroberungen und Bekehrungen inne hielten, als sie auf mongolische und südarische Völker stießen, wie sie denn auch im Mittelmeer sich bald vor den Flotten der Italiener und Spanier zurückzogen. Ihnen verdanken wir die Verbreitung des Kompasses, Pulvers, den Gebrauch der Kanonen, die Algebra und Alchemie, die Ziffern, Seide-, Reis- und Baumwollenbau, veredelte Pferde- und Schafzucht und verfeinerte Industrie. Spaniens arabische Pferde stammen aus Andalusien; Süditalien und Südfrankreich erhielten durch Kriegsbeute den Stamm einer besseren Pferderasse, und die Merinos kamen von der Sierra Morena.

Der Mittelpunkt des arabischen Handels in Asien war Bagdad, die Residenz der Khalifen von der Mitte des 8. Jahrhunderts an. In der Nähe der Trümmer des alten Babylon erbaut, schien die Vergangenheit aus ihrem Grabe gestiegen zu sein, um der Welt ein Abbild ehemaliger Größe und Pracht zu zeigen. Mesopotamien wurde wieder ein Garten, künstlich bewässert durch Ableitungen des Euphrat und Tigris. Der Gewerbfleiß erwachte aufs Neue, und wie ehedem Babylon, so wurde jetzt Bagdad nebst den Manufakturstädten Mossul, Nisib u. s. w. seiner feinen Baumwollengewebe, Stickereien, Gold- und Silberschmucksachen, ferner seiner Leinen- und Seidengewebe, Lederarbeiten (Saffiane) halber berühmt. Alle Reichthümer und Genüsse Indiens, Arabiens, Aegyptens, Syriens, Persiens, Mittel- und Nordasiens, selbst Europa's, (Bernstein) lagen in den Bazaren aus, theils zu Lande auf den alten Karawanenstraßen, theils zu Wasser über Bassora, der neugegründeten Hafenstadt an der Mündung des Tigris und bald der Nebenbuhlerin der Hauptstadt an Reichthum und Pracht, bezogen. Alle die seit Jahrtausenden verschütteten Kanäle des Handels wurden wieder eröffnet und belebt, und mit ihnen erstand manche alte Handelsstadt wieder aus ihren Ruinen. Im Persischen Meerbusen finden wir an der Stelle des alten Gerrha El Katif als Ausgangs- und Endpunkt für die Karawanen, welche nach dem „glücklichen Arabien" zogen oder daher kamen. Am Eingange des Persischen Meerbusens war Maskat die Hauptstation für die Schiffahrt im Persischen Meerbusen und im Indischen Meere. Adens Stelle vertrat Sebid, im Inneren kreuzten sich die Handelsstraßen in Jamama. Im Südwesten Arabiens bildete Mekka, die heilige Stadt der Muhamedaner, den Mittelpunkt des Verkehrs. „Einmal in seinem Leben muß jeder Gläubige nach Mekka pilgern", so lautete das Gebot des Islam, und diese Pilgerfahrt, gleichzeitig eines der wichtigsten Bindemittel der muhamedanischen Welt, rief von selbst einen lebhaften Handel hervor. Syriens Hauptstadt war Damaskus, ein Jahrhundert lang Sitz der Khalifen und berühmt durch Waffen-, Sattler- und Geschirrarbeiten, Sammt- und Seidenstoffe, Parfümerien und Juwelierarbeiten. An der Karawanenstraße nach Mekka, in einem herrlichen Thale gelegen, dessen Schönheiten noch jetzt jeden Reisenden entzücken, fanden sich hier alle Elemente des Gedeihens zusammen. Zu dem Reichthum an Bodenerzeugnissen gesellte sich die Kunstfertigkeit der Bewohner, deren Waffen, Lederarbeiten, wohlriechende Oele und Wasser weithin versendet wurden, und den Seeverkehr besorgten am Mittelmeer Joppe, Beirut, Thur (Tyrus), Saida (Sidon). In Persien und im Inneren Asiens glänzten Ispahan, Schiras, Merv, Herat, Balkh, Chiwa, Samarkand und Buchara, von deren — heute entschwundener — Herrlichkeit alle arabischen und persischen Schriftsteller jener Zeit mit Bewunderung und Entzücken sprechen. Und alle diese Städte bildeten eben so viele Sitze der Künste und Wissenschaften. Hochschulen bestanden hier, deren Ruhm die ganze arabische Welt erfüllte und bis an die Höfe Europa's drang. Die Märchen der 1001 Nacht sind nur der Wiederschein dieses goldenen Zeitalters des Muhamedanismus. 800 bis 1000 n. Chr.

Die Hauptstraße des arabischen Landhandels in Asien war die schon im frühesten Alterthum betretene, welche aus dem alten Baktrien und der Bucharei durch Persien nach dem Euphrat und Tigris führte. Auf dieser gelangten nicht blos die Erzeugnisse des inneren Asiens, die Edelsteine und Metalle, die von Badagschan, die Leinen-, Wollen- und Seidengewebe der oben genannten Städte nach Bagdad, sondern sie vermittelte auch den Verkehr mit China, sowie mit den Gegenden nördlich vom Kaspischen Meere über Tiflis, Schirwans Hauptstadt, und Debil, Armeniens Handels- und Fabrikstadt. Hier hatten die Chasaren und Bulgaren mächtige Reiche gegründet, deren Hauptstädte Itil (in der Gegend des heutigen Astrachan) an der Wolga, und Bulgar, in der Nähe des heutigen Kasan, die Mittelpunkte des nordischen Handels geworden waren. Kostbares Pelzwerk, Felle, Talg, Honig, Wachs, Bernstein, Sklaven u. s. w., theils Erzeugnisse des Landes, theils von den Russen dorthin gebracht, bildeten die Stapelartikel desselben. Auf diesem Wege standen die Araber mittelbar mit den Ostseeländern in Verbindung, nach Osten zu mit Chowaresmien am Aralsee.

Von jener Hauptstraße zweigten sich nach den bedeutendsten Handelsplätzen und Städten im nördlichen Indien, in Khorassan, Aserbeidschan und Armenien Wege ab, von welchen der wichtigste über Teheran und Tebris nach Trapezunt am Schwarzen Meere führte. Zwischen Armenien und Bagdad vermittelte die natürliche Wasserstraße, der Euphrat, die Verbindung, und auf diesem gelangten die Erzeugnisse dieses Gebirgslandes, Metalle, Wolle, Wein, Teppiche rc., nach Bagdad. Nach Syrien und den Küstenstädten am Mittel-

800 bis 1000 n. Chr. meere führte die alte Karawanenstraße durch die Syrische Wüste. Ueber Ispahan gelangte man nach Merw, Herat, wo ein Sonnentempel, eine Moschee und christliche Kirche neben einander standen, nach Kabul und Indien, oder über Balk nach Samarkand, Bochara und Kaschgar. Balk hieß Hauptstadt des Islams, und in Südpersien erhob sich Schiras zur Wunderstadt und entstand der Hafen Buschir.

Wie der Binnenhandel Asiens, so blühte auch der Seehandel und die Schiffahrt im Indischen Ozean wieder auf. Mit Vorder- und Hinterindien knüpften die Araber einen direkten Verkehr an. Edelsteine und Perlen, Baumwolle und Musseline, Zimmt, Pfeffer, Ambra, Sandelholz, Indigo, Kampher, Elfenbein, Ebenholz und mehrere andere Waaren werden von arabischen Schriftstellern genannt. Selbst nach China segelten die Araber auf ihren gebrechlichen Fahrzeugen, legten in Kanton eine Faktorei an und holten dort Seide, Papier und Schnitzereien. Die Chinesen ihrerseits kamen nach Ceylon und der Malabarküste. Sie brachten dahin Seide, Rhabarber und hinterindische Produkte, handelten auf Ceylon den echten Zimmt ein, der erst durch sie in den Handel kam und dessen Sanskritnamen sie verbreiteten, und vertauschten denselben in Vorderindien.

In Afrika hatten sich die Statthalter schon früh der Oberherrschaft der Khalifen in Asien entzogen, und es waren dadurch drei unabhängige Reiche entstanden: Aegypten, Afrika und Mauretanien. Zu Afrika gehörte der Küstenstrich von Aegypten bis zur Grenze von Marokko, also das alte Cyrene und die späteren Barbareskenstaaten Tripolis, Tunis und Algier. Auch hier bewährte sich die schöpferische Kraft der Araber. Die Nordküste verwandelte sich unter ihrer Herrschaft in fruchtbares, wohlangebautes und sorgfältig bewässertes Land. Große und prächtige Städte entstanden, deren Bewohner nicht blos Industrie und Handel pflegten, sondern auch Kunst und Wissenschaft beschützten. Kairo in Aegypten, Kairowan, die Hauptstadt der Statthalterei Afrika, und Fez in Mauretanien — wo neben ausgezeichneten Metall- und Lederarbeiten die orientalische Kopfbedeckung, der Feß, zuerst verfertigt wurde — wetteiferten, nach dem Zeugniß arabischer Schriftsteller, mit den berühmtesten Städten Asiens an Glanz und Reichthum.

Der Religionseifer durchdrang die Schranken, welche die Natur dem Menschen im Süden gezogen zu haben scheint. Mitten durch die Wüste zogen Prediger und Lehrer und widmeten sich dem Bekehrungswerk der schwarzen Bewohner Centralafrika's. Mit welchem Erfolge, davon legen die Entdeckungen der neueren Reisenden Zeugniß ab. Von Nubien und Darfur bis zum Senegal und Gambia rufen die Neger den Propheten an, und ihre Könige nennen sich Sultane. Der Bekehrung folgte die Anknüpfung von Handelsverbindungen. Der Kaufmann trat in die Fußtapfen des Predigers und die alten Karawanenstraßen der Karthager sahen aufs Neue schwerbeladene Kameele und zahlreiche Gesellschaften die Wüste nach allen Richtungen durchkreuzen bis Timbuktu, Kano, Burnu u. s. w. über die Oasen Sedschelmessa (Tafilalet), Zuila (Murzuk), Agades, Augila, Siwah. Von Assuan zogen Karawanen nilaufwärts nach Darfur (Meroe und Suba) und den Häfen Zeila und Suakim. Wie die Handelsstraßen, so waren auch die Handelsgegenstände zwischen Nord und Süd die alten geblieben. Gold, Gummi, Elfenbein, Ebenholz und Sklaven wurden in Timbuktu am Niger, der Oase Agades und Kuka am Tsadsee, gegen Waffen, Metallwaaren, Glas, Seiden- und Wollenzeuge und Salz (aus der Wüste) eingetauscht. Straußenfedern, Alaun und Salz handelten die Araber von den Wüstenbewohnern ein und gaben ihnen dafür Getreide, Mehl und Datteln. So war es tausend Jahre früher, zur Zeit der Karthager, so ist es noch heute, tausend Jahre später. 600 bis 1000 n. Chr.

Das alte Kulturland Aegypten, welches — Dank seiner unvergleichlichen, drei Welttheile verknüpfenden Lage — selbst zu den Zeiten der Römer- und Griechenherrschaft dem allgemeinen Verfall entgangen war, befand sich unter der Herrschaft der Araber auf der höchsten Stufe materieller Entwicklung. Sorgfältige Bodenkultur und eine blühende Industrie, der Zwischenhandel mit Arabien, Indien, den Negerländern und den Mittelmeerküsten, der nie aufhörende Pilgerzug aus Afrika nach Mekka, die Versorgung Arabiens mit Getreide, sicherten ihm Ueberfluß und Gedeihen. Damiette und Alexandrien, seine Mittelmeerhäfen, sind Handelsstädte ersten Ranges geblieben, bis der indische Waarenzug am Schluß des Mittelalters eine andere Richtung erhielt, also die Häfen am Rothen Meere ihre Bedeutung verloren und herab kamen.

In allen diesen Reichen knüpften die Araber an Reste alter Bildung, ehemaliger Größe an; in Spanien dagegen schufen sie im Laufe weniger Jahrzehnte aus einem Chaos ein blühendes Land. Von Phöniziern und Karthagern ihres Silberreichthums halber ausgebeutet, später römische Provinz und das Schicksal aller Provinzen des Römischen Reichs theilend, hierauf Jahrhunderte lang von rohen germanischen Völkerschaften durchzogen und geplündert, abwechselnd die Beute der Alanen, der Sueven, der Vandalen und Westgothen, blieben die hispanischen Länder zuletzt Eigenthum der Letzteren, welche hier ein Reich gründeten. Die Bildungsstufe der übrigen neubegründeten germanischen Reiche, welche zu dieser Zeit kaum den ersten Schritt aus dem Nomadenleben heraus gethan hatten, läßt uns darauf schließen, in welchen Zuständen die Araber im Jahre 711 Spanien fanden: ein Jahrhundert später ist das Land angebaut und kunstvoll bewässert. Neben den einheimischen Getreidearten, neben dem Wein, der Orange, ziehen die Mauren Zuckerrohr, Baumwolle und Seide. Eine Reihe von Städten wächst heran zu Pflegstätten des Gewerbfleißes, der Kunst und der Wissenschaften. In den Hafenstädten herrscht ein reges Leben von fremden und maurischen Schiffen, welche die Produkte des Bodens, die Erzeugnisse der Industrie fremden Ländern zuführen. Die Klingen von Toledo, die Seiden- und Baumwollengewebe von Granada und Murcia, das farbige Schafleder von Cordova (Korduan) und Sevilla, Baumwollenpapier von Xativa, spanische Wolle 2c. waren in den Häfen von Marseille, Genua, Pisa und Konstantinopel wohlbekannt. Die Hauptstädte Cordova, Residenz der Omajjaden, welche hier ein neues Khalifat errichteten, Sevilla und Granada zählten Hunderttausende von Bewohnern. Der Reichthum der Architektur, die Großartigkeit der Palastbauten und Moscheen übertraf alles Dagewesene und noch heute bewundert der Reisende die selbst in Ruinen noch herrlichen Formen der Alhambra, der Xeneralife bei Granada, und andere Ueberreste maurischer Größe.

Es war die goldene Zeit der spanischen Halbinsel. Was heute noch von Bodenkultur in den südlichen Provinzen, was nach von Industrie in den Städten vorhanden ist — Barcelona ausgenommen — stammt daher.

Die italienischen Handelsrepubliken.

400 bis 1300 n. Chr. Im Laufe des 5. Jahrhunderts n. Chr. wurde nicht blos die politische Organisation, die Kultur und der materielle Wohlstand des Weströmischen Reichs zerstört, sondern auch der friedliche Handelsverkehr der Mittelmeergestade auf lange Zeit unterbrochen. Während die Scharen der Westgothen, Burgunder, Franken, Alanen und Sueven, der Hunnen und schließlich der Ostgothen Italien, Gallien und Hispanien verheerten, ward das Mittelmeer nebst seiner Küste eine Beute der Vandalen in Nordafrika, deren flüchtige Geschwader, vom Zufall oder von den Winden gelenkt, durch unerwartete Landungen und Raubzüge Schrecken und Verheerung von den Säulen des Hercules bis an die Mündungen des Nil verbreiteten, und zweimal die kaiserlichen Flotten, an deren Ausrüstung die letzte Kraft des Reichs gesetzt worden war, vernichteten.

Der Ostgothe Theodorich, mit dem Vandalenfürsten verschwägert, mit Byzanz befreundet, gab Italien und dem Westen im 1. Viertel des 6. Jahrhunderts den Frieden zurück. Seine Hauptstadt Ravenna, schon die Residenz der letzten römischen Kaiser (seit 404), welche sich hinter den Sümpfen, Flußarmen und Lagunen Ravenna's sicherer fühlten als hinter den Mauern Roms, stand in Handelsbeziehungen mit Griechenland und Spanien. Nachdem Justinian das Vandalenreich (533) und nach 20jährigem blutigen Kampfe auch das Ostgothische Reich (555) gestürzt hatte, also Italien und Nordafrika nebst Sizilien und Sardinien dem oströmischen Kaiser wieder gehorchten, mußten diese Beziehungen zahlreicher werden. Von einem lebendigen Verkehr konnte indeß keine Rede sein. Der Wohlstand der Mittelmeerländer war unter den fast anderthalbhundertjährigen Raub- und Plünderungszügen, Kämpfen und Schlachten — zu denen 568 noch der Einfall und die Niederlassung der Longobarden in Oberitalien und einigen Theilen Unteritaliens kamen — gänzlich vernichtet worden, die Bevölkerung zusammengeschmolzen, die Städte größtentheils zerstört und verbrannt, der Boden wüst und öde. Die Beziehungen zwischen dem griechischen Reiche nebst Alexandrien und Italien mußten sich auf die Versorgung der griechischen Beamten in Ravenna, Neapel, Bari, Syrakus ꝛc. mit den Luxusartikeln der Hauptstadt beschränken. Immerhin ist dies der schwache Faden gewesen, mittels dessen die Verbindungen der italienischen Städte mit Konstantinopel wieder angeknüpft wurden.

Einen zweiten Anknüpfungspunkt boten die Wallfahrten nach dem heiligen Lande, welche in Gang kamen, seit die Mutter Constantins, Helene, die prächtige Grabkirche, die Kirche auf dem Oelberge und andere heilige Betstätten in Jerusalem hatte errichten lassen (326). Infolge der Eroberung Syriens und Palästina's durch die Araber sind diese Wallfahrten, welche auch Alexandrien berührten, wol gestört worden. Zu Karl's d. Gr. Zeiten aber finden wir sie wieder in Uebung und im Laufe des 9., 10. und 11. Jahrhunderts gewannen sie eine solche Bedeutung, daß die Mißhandlungen der Pilgrime durch die Seldschucken die Kreuzzüge hervorriefen.

In Italien erhielten sich noch viele Reste der alten Städteverfassung, zunächst als Titel und Würden, und weil die erobernden Gothen und Longobarden die Landesbewohner bei ihren herkömmlichen Rechtsgewohnheiten ließen, so entwickelte sich zeitig ein Bürgerstand mit Privilegien aller Art. Der Haß gegen die Herrschaft der deutsch-römischen Kaiser brachte die Städte dahin, zu Bündnissen für oder gegen den Kaiser zusammenzutreten, den Papst in seinem Kampfe gegen die Kaiser zu unterstützen, und in der That brachen diese Städtebündnisse die Macht der Hohenstaufen, welche ihnen republikanische Selbstverwaltung zugestehen mußten. Seit man das römische Recht kennen lernte, traten die Erinnerungen an die alte römische Republik lebhafter hervor, bis nach und nach alle großen und selbst kleinere Städte zu demokratischen Republiken wurden, in denen der Adel sich burgartige Häuser erbaute. Aber dabei lagen die kaiserliche und päpstliche Partei, Gilden und Handwerker stets im Streite, Faustrecht und Bürgerkrieg wurden dauernd, und man suchte sich durch angeworbene Söldnerscharen nach innen und außen Sicherheit zu verschaffen, bis sich die Söldnerführer oder Bankiers (Medici) zu Herrschern machten und Italien in eine Menge von Herzogthümern zerfiel. Nur einige große Seestädte bewahrten die republikanische Staatsform, am längsten Venedig und Genua, bis die Französische Republik auch diese beseitigte.

Amalfi.

450 bis 1050 n. Chr.

Unteritalien erholte sich — Dank der unverwüstlichen Fruchtbarkeit seines Bodens, namentlich der Campanischen und Apulischen Ebenen, wo Wein, Oel und andere Früchte in größter Vollkommenheit gedeihen — zuerst wieder von den Leiden der Völkerüberflutung, deren Wogen überhaupt seltener bis dahin geschlagen hatten. Neapel, Gaëta und Amalfi erscheinen schon im 9. Jahrhundert als Handelsplätze von Bedeutung. Ihre Galeeren kamen Papst Leo zu Hülfe, als Rom von einer starken arabischen Raubschar bedroht wurde, und zerstörten in der Seeschlacht bei Ostia 849 die feindliche Flotte gänzlich.

Das Uebergewicht unter diesen Städten erlangte Amalfi, nicht weit von Neapel am Busen von Salerno gelegen, dessen Herzöge sich auch der kleinen Inseln im Busen von Neapel bemächtigten. Die Stadt ward aber bald Republik, gründete in Süditalien und Palermo Faktoreien, handelte nach Nordafrika, über Durazzo nach Konstantinopel und schloß Handelsverträge mit den Sarazenen, welche im 9. Jahrhundert Sizilien erobert und sich auch in Unteritalien festgesetzt hatten. Ihre Schiffe besuchten die Häfen Aegyptens, Syriens und Griechenlands, und in Alexandrien und Antiochia wie zu Kostantinopel finden wir Handelsniederlassungen der Amalfitaner.*) Die Blütezeit der Stadt fällt in die Zeit der Normannenherrschaft in Unteritalien und Sizilien. Unter Roger II., dem Begründer des normannischen Königreichs „beider Sizilien", in der 1. Hälfte des 12. Jahrhunderts, wetteiferten Amalfi und Palermo mit Venedig und Pisa. Die Lehranstalt für Rechtskunde in Amalfi, der „Stadt voll Gold, Silber und anderer Gegenstände theuerer Ueppigkeit, hinter deren Wällen 50,000 Bürger wohnten", stand in eben so hohem Ansehen, wie die Hochschule der Medizin in Salerno, und Amalfi's Seegesetze (die tabula Amalfitana) hatten bei den Handelsvölkern des Mittelmeers allgemeine Giltigkeit. Hier verbesserte Flavio Gioja den Kompaß.

Eine schwere Niederlage, welche die Flotte Amalfi's von der pisanischen

---

*) Im Jahre 1020 erlangten sie von den ägyptischen Sultanen die Erlaubniß, in Jerusalem ein dem Johannes gewidmetes Hospital zur Pflege armer und kranker Pilger erbauen zu dürfen. Das Hospital wurde von ihnen dotirt und 1 Jahrhundert lang erhalten. Es war der Keim des Johanniter-, später Malteserordens.

erlitt, als Roger II. kurze Zeit vom italienischen Festlande verdrängt wurde, und eine zweimalige Eroberung der Stadt durch die Pisaner 1135 und 1137 zerrütteten das Gemeinwesen. Der bald nachher eintretende Verfall des Normannischen Reichs in der 2. Hälfte des 12. Jahrhunderts, in Verbindung mit dem großartigen Aufschwunge von Venedig, Genua und Pisa, deren Handel sich theils auf eine hochentwickelte eigene Industrie, theils auf reiche, gewerbfleißige Hinterländer stützte, während sich das am schmalen Felsengestade erbaute Amalfi auf den Zwischenhandel beschränkt sah, zog auch den Verfall von Amalfi nach sich. Seine Bewohner wanderten aus, der Hafen versandete, und heute findet man nur noch Ruinen von der ersten italienischen Seestadt.

Pisa.

800 bis 1200 n. Chr. Die Ueberwinderin Almafi's, welche sich schon vorher mit ihm in den Handel nach der Nordküste Afrika's und den Reichen der Mauren getheilt hatte, trat in gewissem Sinne die Erbschaft desselben an.

Der Name Pisa kommt schon zu Anfang unserer Zeitrechnung vor. Doch erlangte der Ort erst im 9. Jahrhunderte einige Bedeutung, als flüchtige Sarden ihre von den Sarazenen besetzte heimische Insel verließen und sich an der Mündung des Arno eine neue Heimat suchten. Die Nachkommen derselben ererbten gewissermaßen den Haß gegen die Muhamedaner, und in steten Kämpfen mit denselben um den Besitz von Sardinien, das endlich durch die vereinten Anstrengungen der Pisaner und Genueser den Sarazenen wieder entrissen wurde (1017), erstarkte ihre Marine so sehr, daß sie selbst Kriegszüge gegen die Araberstädte in Nordafrika und die arabischen Fürsten auf den Balearen unternehmen konnten. Auch in den Kämpfen der Normannen mit den Sarazenen auf Sizilien gaben sie den Ausschlag, und ihre Galeeren waren es, die 1072 die Kette sprengten, welche den Hafen von Palermo verschloß, die feindliche Flotte verbrannten und so den Mittelpunkt der sarazenischen Herrschaft auf Sizilien in die Gewalt der Christen brachten.

Neben dieser kriegerischen Thätigkeit versäumten sie auch die gewinnbringende friedliche nicht. Mit den Küstenstädten Nordafrika's sowie mit den maurischen Reichen in Spanien, damals die Sitze einer blühenden Industrie und die Zielpunkte des westlichen Mittelmeerhandels, standen sie in enger Verbindung, wie die Handelsverträge aus dem 12. und 13. Jahrhundert beweisen. Da sie den deutschen und byzantinischen Kaisern mit ihrer Flotte vielfache Dienste leisteten, so erhielten sie vielfache Privilegien, welche sie aber im liberalen Sinne benutzten, indem sie ihren Markt und Hafen allen Völkern öffneten.

Die Glanzperiode Pisa's beginnt mit den Kreuzzügen. Ihre rege Theilnahme an denselben und die Mitwirkung ihrer Flotte bei der Eroberung der syrischen Hafenplätze — zur Eroberung von Cäsarea stellten sie 120 Schiffe — verschafften ihnen werthvolle Privilegien in Acre, Jaffa, Tyrus, Beirut, Tripolis und Antiochien und vom Schluß des 11. bis zum Schluß des 12. Jahrhunderts stand ihr Handel an diesen Plätzen, den Endpunkten der mittelasiatischen Handelsstraßen, dem der Venetianer und Genuesen nicht nach.

1200 bis 1300 n. Chr. Im 13. Jahrhundert trafen aber eine Reihe von Umständen zusammen, um die Bedeutung Pisa's zu schwächen. Während Venetianer und Genueser in Konstantinopel allmächtigen Einfluß errangen, litt der Verkehr der Pisaner durch das Vordringen der Sarazenen. Die Konkurrenz der Genueser und des rasch aufblühenden Barcelona machte sich auch in dem eigentlichen Verkehrsgebiet der Pisaner, Sizilien, Nordafrika und Spanien, fühlbar. Unbesiegbar wurden dieselben aber, als die Könige von Aragonien Sizilien von den Eingeborenen erhielten und Barcelona's Kaufleute auf allen Punkten der Getreide, Früchte, Oel, Seide und Zucker produzirenden Insel den Vorrang erhielten und durch die Verbindungen der aragonischen Fürsten mit Aegypten, Tunis und Marokko, durch den Abschluß von Handelsverträgen und Bündnissen mit diesen auch auf der Nordküste Afrika's die begünstigte Nation wurden. Ueber den Besitz von Sardinien und Korsika brachen Streitigkeiten mit Genua aus, die zu blutigen Kämpfen führten. Anfangs stritten die Nebenbuhler mit wechselndem Erfolge. In der Seeschlacht von Meloria i. J. 1284 wurde aber die pisanische Flotte gänzlich vernichtet, und bis zum Jahre 1848 hing die Kette, welche den Hafen Pisa's geschlossen hatte, als Triumphzeichen in Genua.

Noch eine Zeitlang behauptete Pisa eine gewisse Bedeutung als Handelsplatz, wenn auch seine Seemacht gebrochen war. Es war der natürliche Ausfuhrplatz für Lucca, den Hauptsitz der italienischen Seidenindustrie, und für Florenz, dessen Gewerbthätigkeit unübertroffen dastand. Erst als diese Quellen versiegten, als Lucca i. J. 1314 in den Kämpfen der Ghibellinen und Guelfen den größten Theil seiner industriellen Bevölkerung verlor, als Florenz vier Jahrzehnte später seine Waarensendungen und Bezüge über den kleinen Hafen Talamone zu bewerkstelligen anfing, weil die Pisaner die florentinischen Waaren mit Zöllen belegten, schwand Handel und Wohlstand Pisa's. Den Todesstoß empfing es durch die Erwerbung des Hafens Livorno seitens der Florentiner, welche von da an unter eigener Flagge mit dem Auslande verkehrten und die früheren Verbindungen Pisa's an sich rissen. Die Mündung des Arno versandete. Um den Dom und den Campo Santo, Zeugen der ehemaligen Größe Pisa's, wächst seitdem Gras.

Venedig.

Im Jahre 452 n. Chr. brachen die Reiterscharen der Hunnen unter Attila in Oberitalien ein und zerstörten nach tapferer Gegenwehr die blühende, reiche Wasserstadt Aquileja. Die flüchtigen Einwohner retteten sich mit ihrer Habe auf die Felsen und Sandinseln der nahen Lagunen, so den Grund legend zur späteren Meerbeherrscherin Venedig, indem sie auf jeder Insel eine Gemeinde unter einem Tribunen gründeten, die sich später zu einer Gesammtrepublik unter der Leitung eines Dogen vereinigten. 450 bis 1790 n. Chr.

Das Meer war der Flüchtigen Schutz, es wurde auch ihr Ernährer. Durch Fischfang und Gewinnung des Seesalzes in den Lagunen fristeten sie Anfangs ihr Leben, bis gesalzene Fische und Salz das Mittel wurden, vom Festlande Getreide, Oel, Wein, Häute, Holz, Metalle und andere Bedürfnisse einzutauschen. Die Noth lehrte sie die Kunst des Schiffbaues und die Führung der Fahrzeuge durch die Wogen der Adria, und bald wurden sie Kaisern und Staaten unentbehrlich.

Das sind die Grundlagen, auf welchen die Größe Venedigs erwuchs. Sein Salzhandel wird schon zu Anfang des 6. Jahrhunderts als bedeutend geschildert. Zu der Erzeugung der eigenen Lagunen kam das Salz von Cervia, dessen alleiniger Vertrieb Venedig von den Bolognesern zugestanden werden 500 bis 1000 n. Chr.

war, ferner das Salz von Istrien sowie der dalmatinischen Küste, und die Venetianer monopolisirten den Salzhandel im Adriatischen Meere wie im Jonischen bald so vollständig, daß auch das Salz von Sizilien und Nordafrika durch sie in den Handel kam. Sie halfen den griechischen Kaisern nicht nur gegen die Araber, sondern nahmen auch Dalmatien und Istrien in deren Auftrage unter ihren Schutz, organisirten von hier aus einen Handelsverkehr zu den Donau- und Weichselländern, und erhielten später jene adriatischen Küsten geschenkt. Nur Ragusa behauptete sich als unabhängige Republik und stellte sich später unter türkischen Schutz. Wie sehr sie von der Wichtigkeit dieses Handelszweiges durchdrungen waren, zeigt das Gesetz, daß der Ankauf fremden Salzes durch einen Unterthanen der Republik wie ein todeswürdiges Verbrechen bestraft wurde. Das Haus des Ueberführten wurde zerstört, er selbst auf ewig verbannt.

Im Laufe des 8. und 9. Jahrhunderts wußte sich Venedig von den longobardischen wie den fränkischen Königen Abgabenfreiheit und Handelsrechte auszuwirken, indem es ihnen gegen rebellische italienische Städte beistand. Seine Marine war schon kräftig genug, um die dalmatinischen Seeräuber vom Meere zu verscheuchen und im 10. Jahrhundert einen Theil der dalmatinischen Küste zu erobern, werthvoll sowol wegen der Salzgewinnung als wegen des Reichthums an trefflichem Schiffbauholz.

Die Nachbarschaft Ravenna's und die Verbindung dieses Platzes — Residenz der letzten römischen Kaiser, sowie Residenz der Beherrscher der Ostgothen und bis zum 8. Jahrhundert Sitz der griechischen Statthalter (Exarchen) seit Justinian — mit Konstantinopel war für Venedig von Wichtigkeit. Cassiodor bezeugt in einem Briefe vom Jahre 528, daß die Könige der Ostgothen durch die Venetianer mit Allem versehen wurden. Ihr Vertrag mit dem Longobardenkönig Luitprand v. J. 712 legt ein weiteres Zeugniß für die frühe Ausdehnung ihrer Handelsthätigkeit ab. Die Chronik des Dandolo zeigt uns 814 venetianische Kaufleute und Schiffe in Syrien. Vierzehn Jahre später bringen Kaufleute von Alexandrien die Gebeine des heiligen Markus, des nachherigen Schutzpatrons, nach Venedig. In demselben Jahrhundert machen sie dem griechischen Kaiser 1 Dutzend große Glocken zum Geschenk. Im Jahre 987 finden wir ihre Schiffe in Salerno, um Waaren, die nach den asiatischen Küsten bestimmt sind, einzuladen, und die erste Urkunde aus der langen Reihe von Verträgen und Privilegien ꝛc., welche sich auf den Handel Venedigs mit dem Orient beziehen, datirt von 971. In Konstantinopel erlangten die Venetianer wichtige Vorrechte, ebenso in anderen Städten des Griechischen Reichs, da die byzantinischen Kaiser die Unterstützung der venetianischen Flotten gegen die Araber und die Normannen nicht entbehren konnten.

Doch waren alle diese Handelsverbindungen nur Anfänge. Ein bedeutender Verkehr zwischen dem Abendlande und Morgenlande konnte noch nicht stattfinden, da ersteres in seiner materiellen Entwicklung viel zu weit zurück war, um größere Mengen der Luxusgegenstände des Ostens zu verbrauchen. Erst mit den Kreuzzügen trat der Umschwung ein, welchem die italienischen Handelsstädte, Venedig voran, ihre spätere Größe zu danken hatten. Die massenhaften Transporte der Kreuzfahrer, welche den Seeweg der langwierigen Landreise vorzogen, die Verproviantirung derselben und die Versorgung der Heere und des neuen Königreichs Jerusalem mit Lebensmitteln, Waffen u. s. w. warfen großen Gewinn ab. Ueberall, wo die Christen festen Fuß gefaßt hatten, knüpfte der Kaufmann, der auch hier den Krieger begleitete, Handelsverbindungen an, und in demselben Maße, in welchem das Abendland die orientalischen Erzeugnisse schätzen lernte, wurden diese Verbindungen ausgedehnt. 1100 bis 1280 n. Chr.

Noch immer bot Konstantinopel das vollständigste und reichhaltigste Waarenlager der Pontusländer, wie der Erzeugnisse Klein- und Mittelasiens und der Gewürze und Kostbarkeiten Indiens. Alte Verbindungen sicherten hier die Ueberlegenheit Venedigs, während die Pisaner sich hauptsächlich in den Häfen der syrischen Küste, in Acre, Tripolis, Joppe rc. niederließen. Die Gewinnsucht der drei Rivalen ließ jedoch eine solche Theilung der Thätigkeit nach bestimmten Distrikten nicht zu. Pisaner und Genueser drängten sich eben so in Konstantinopel vor, wie Venetianer und Genueser Theil am syrischen Handel nahmen.

In Joppe (Jaffa), dem Hafenplatze Jerusalems, erlangten die Venetianer im Jahre 1099 eine Reihe von Begünstigungen und im Laufe des 12. Jahrhunderts Privilegien in den meisten syrischen Häfen. In Tripolis, Tyrus, Beirut und Antiochien besaßen sie Handelsfaktoreien mit eigener Gerichtsbarkeit und eigenen Kirchen.

Während der letzten Hälfte des 12. Jahrhunderts erlitt die innige Verbindung zwischen dem Griechischen Reiche und den Venetianern eine Unterbrechung. Unter den Normannenfürsten war Siziliens Ausfuhr, namentlich infolge der Uebersiedelung zahlreicher griechischer Seidenweber aus Korinth, Theben und Athen durch Roger II., ferner durch den Anbau des Zuckerrohrs, seit der Araberherrschaft zu solcher Bedeutung gelangt, daß die Venetianer sich veranlaßt sahen, mit dem so lange bekämpften Normannenreiche einen Handelsvertrag zu schließen. Als Kaiser Manuel bald darauf in einem Kriege gegen Wilhelm I. v. Sizilien die Unterstützung der venetianischen Flotte begehrte, wurde dieselbe verweigert, und aus Erbitterung darüber ließ der Kaiser 1171 sämmtliche im Griechischen Reiche befindliche Venetianer — gegen 20,000 — festnehmen, ihre Waaren und ihr Eigenthum aber konfisziren. Dieser Gewaltstreich und nach erfolgter Aussöhnung spätere Bedrückungen durch Alexius III. trugen den griechischen Kaisern bittere Früchte. Venedig wußte den 4. Kreuzzug unter Balduin nach Konstantinopel zu lenken, und die Eroberung der Stadt 1204, der die Gründung des lateinischen Kaiserthums folgte, lieferte den östlichen Mittelmeerhandel völlig in die Hände Venedigs. Ihre früheren Vorrechte in Konstantinopel wurden bestätigt, neue zugestanden und reiche Provinzen des Griechischen Reichs, die Sitze des Seidenbaues und der Seidenindustrie, ihnen abgetreten: so ganz Morea, Epirus und Akarnanien, die Jonischen Inseln Kandia, Cypern, die meisten der Kykladen und die wichtigsten Punkte im Aegäischen Meere. Von da an erschien Venedig als der eigentliche Besitzer der kommerziellen und industriellen Hülfsquellen des Griechischen Reichs. Die Seidenmanufaktur und der Seidenhandel werden von den Venetianern beherrscht, selbst die meisten Fabriken in Konstantinopel für ihre Rechnung betrieben. Gleichzeitig erfolgte die Uebersiedelung von Seidenwebern aus ihren Besitzungen im Peloponnes nach Venedig. Um die vielseitigen Handelsverbindungen Venedigs übersichtlich darzustellen, behandeln wir die wichtigsten in besonderen Kapiteln.

Venedigs Handelsverkehr mit den Städten und Ländern am Schwarzen Meere.

600 bis 1200 n. Chr. Kaum minder wichtig als diese Beherrschung des griechischen Handels und der griechischen Industrie wurde für die Venetianer der Verkehr mit den Küsten des Schwarzen Meers. Die blühenden Handelskolonien der alten Griechen, welche den Pontus Euxinus wie einen Kranz umgeben hatten, waren während der Stürme der Völkerwanderung zu Grunde gegangen. Kaum daß noch der Name einiger Orte an der Nordküste Kleinasiens und auf der Taurischen Halbinsel, wie Sinope, Trapezunt, Cherson ꝛc., die Erinnerung an jene Zeit bewahrte. Die Fruchtbarkeit des Chersones (der Krim), welcher schon Athens Bürgerschaft mit Brot versah, hatte aber nicht vernichtet werden können, so wenig wie der Fischreichthum des Meers und die Salzlager der Steppen zwischen dem Schwarzen und dem Kaspischen Meere. Jede Völkerschaft, welche sich eine Zeitlang in ruhigem Besitze der Nordküste befand, wurde dadurch zur Fahrt nach dem Bosporus und zur Anknüpfung von Handelsverbindungen mit Konstantinopel verlockt, um kostbare Gewänder und Schmucksachen, die Süßigkeiten und Leckereien der raffinirten Hauptstadt gegen Getreide, Salz, Fische, Theer, Honig, Wachs, Häute, Hanf, Tauwerk, Wolle und Sklaven einzutauschen. — So verfuhren die Chazaren, ein Gemisch von finnischen und mongolischen Völkerschaften, deren Herrschaft im 8. und 9. Jahrhundert von der Wolgamündung, wo ihre Hauptstadt Itil stand, bis zum Dnjepr reichte — so ihre Ueberwinder, die Russen, welche am Ende des 9. und 10. Jahrhunderts bis zur Wolga und zum Schwarzen Meere geboten. Die Bedeutung des Schwarzen Meers für den Handel beruhte aber nicht blos auf dem Produktenreichthum, sondern auch in der geographischen Lage seiner Gestade. Denn mehrere wichtige Handelsstraßen Innerostasiens mündeten daselbst, und dieser Umstand hat den Pontus Euxinus in ruhigen Zeiten stets zu einem Knotenpunkte des Weltverkehrs erhoben.

Bis zu Anfange des 13. Jahrhunderts behauptete unter diesen Straßen den ersten Rang der Dnjepr, an dessen Mündung Oleschkie Stapelplatz und Hafenort der Russen war. Von ihrer Hauptstadt Kiew, lange Zeit Mittelpunkt des innerrussischen Handels, mit 12 Marktplätzen und 8 Jahrmärkten, wo Griechen und Armenier, Regensburger, Augsburger und Venetianer, Ungarn und Bulgaren zusammenkamen, sowie von den benachbarten Städten Tschernigow und Perejaslawl, fuhren die russischen Kaufleute, „die Griechenfahrer", in größeren Gesellschaften jährlich einmal auf dem Dnjepr, der „griechischen Straße", nach Oleschkie und von da nach Konstantinopel, wo sie laut Verträgen aus den Jahren 911 und 945 zu je 50 Mann unbewaffnet durch ein bestimmtes Thor einziehen und in einem ihnen bezeichneten Kloster Wohnung nehmen mußten. Sie brachten dahin Pelzwerk, namentlich Marder, Biber, blaue Eichhörnchen, Zobel und Hermelin, ferner Sklaven, Leder, Honig, Wachs, Fische, Kaviar, Flachs, Hanf ꝛc., wogegen sie seidene Stoffe, Scharlachtücher, Gewürze, Südfrüchte, Wein, Oel, Salben, Gold, Edelsteine ꝛc. eintauschten. Mit diesen Waaren beladen kehrte die Flotte nach dem Dnjepr zurück und fuhr unter dem Schutze bewaffneter Macht, die ihnen entgegengesandt wurde, bis Kiew.

Auf demselben Wege standen die Ostseeländer, namentlich Nowgorod und später Riga, mit dem Pontus in Verbindung.

Im Anfang des 13. Jahrhunderts verlor diese Straße ihre bisherige Bedeutung. Kiew wurde dreimal erstürmt und geplündert (1169 und 1204, zuletzt 1240 durch die Mongolen), der Sitz des Großfürstenthums von Kiew nach Wladimir zwischen Moskwa und der Wolga verlegt (1170) und dort entstand 1220 in Nishnij-Nowgorod ein neues Emporium, dessen Verkehr aber der Wolga zufloß. Die Gründung des lateinischen Kaiserthums (1204) veranlaßte die Russen zudem, aus religiösen Gründen jeden direkten Verkehr mit Konstantinopel zu vermeiden, und so finden wir gerade zu der Zeit, in welcher Venedig den Handel im Schwarzen Meere zu beherrschen anfängt, die alte „griechische Straße“, den Dnjepr, und den Hafen Oleschkie vernachlässigt. 1200 bis 1260 n. Chr.

Dafür vereinigte jetzt die zweite Wasserstraße, der Don, die Vorzüge frucht-, salz-, fisch- und wollereicher Uferländer mit dem Range einer Welthandelsstraße. Der Don selbst ist zwar nicht dazu befähigt, dort aber, wo seine östliche Krümmung sich der Wolga bis auf zwei kleine Tagereisen (ca. 11 Meilen) nähert, ist seit der frühesten Zeit eine Landverbindung hinüber zur Wolga entstanden, jenem mächtigen Strome, welcher eine fast ununterbrochene Wasserstraße aus dem Kaspischen Meere einerseits in die Ostsee, andererseits (mittels Petschora und Kama) in das Weiße Meer bildet. Ein hochwichtiger Zweig des pontischen Verkehrs, der Pelzhandel, wurde hauptsächlich durch die Wolga vermittelt. Zur Zeit, als die Chazaren die untere Wolga beherrschten, befand sich der ganze westliche Abhang des Ural sammt dem Flußgebiet der Wolga, Kama und Petschora im Besitz finnischer Stämme. Im Norden hatten sie das Biarmische Reich gegründet mit der Hauptstadt Perm (heute Tscherdyn), wo persische und indische Waaren gegen das feine Pelzwerk des Ural und Sibiriens, Zobel-, Hermelin- und andere Felle, ausgetauscht wurden. Weiter südlich saßen die „weißen“ Bulgaren, deren Hauptort Bolgar (südlich von Kasan an der Kama-Mündung) gewissermaßen die mittlere Station für den Handel zwischen der unteren Wolga und Perm bildete, außerdem aber auch mit Nowgorod und den Ostseeländern in direkter Verbindung stand. Saffian, Juchten und Seife waren gesuchte Industrieerzeugnisse dieser Bulgaren.

An der Wolgamündung endlich stand Itil (Astrachan), die Hauptstadt der Chazaren, auch nach dem Fall des Chazarenreichs der wichtigste Hafenplatz des Kaspischen Meers. So lange hier der Mittelpunkt mächtiger Reiche war, lenkten auch die mittelasiatischen Handelsstraßen dahin. Von Tebris, dem Knotenpunkt derselben, zog sich eine Route an der Westküste des Kaspischen Meers (über Baku) hinauf zur Wolgamündung, und auf diesem Wege standen die Araber in den Oxusländern und Iran, wie im Zwischenland des Euphrat und Tigris, standen Samarkand, Buchara, Balk, Herat und Meschhed einerseits, Mosul, Nisib, Bagdad und Bassora andererseits mit der Chazarenhauptstadt Itil in Verbindung. Nachdem die Mongolen im 13. Jahrhundert (1237) die Wolgaländer und Rußland, die Reiche der Bulgaren und das Biarmische, das russische Großfürstenthum zu Wladimir und die anderen russischen Theilfürstenthümer ihrer Oberhoheit unterworfen und ihre Chakane da, wo sich der Uebergang von der Wolga zum Don befindet, ihr Serai, ihre Residenz, errichtet hatten („Assara“, heute Zaritzin), erlangte dieser Verkehrsweg für 2 Jahrhunderte seine frühere Bedeutung wieder. 1200 bis 1260 n. Chr.

1200 bis 1260 n. Chr. Alle diese Verkehrskanäle, welche sich einerseits durch Rußland und die Wolgaländer bis zur Ostsee und dem Weißen Meere, andererseits durch Armenien und Persien bis Mittel- und Ostasien, Indien und Mesopotamien verzweigten, liefen schließlich an der Mündung des Don zusammen, in dem großen Emporium Tana (heute Asow), wo die Erzeugnisse aller Zonen und Länder gegen einander eingetauscht wurden. Die Wichtigkeit einer solchen Handelsstation für die Venetianer ist einleuchtend und der hohe Werth, welchen sie dem dortigen Verkehr beimaßen, begreiflich. Sie unterhielten hier ein ständiges Konsulat, ihre Flotten kreuzten im Pontus, um den Handel zu schützen; Verträge mit den Mongolenfürsten sicherten ihnen niedrige Zölle, eigene Gerichtsbarkeit, Grundeigenthum und Niederlagen.

Neben Tana besaß Soldadia (Sudak, an der Südküste der Krim) Bedeutung als Exportplatz für Getreide, Fische sowie die dahin geführten Erzeugnisse der westlichen Provinzen Rußlands. —

Ein Blick auf die geographische Lage von Tana und seine Verbindungen zeigt, daß die Pontusartikel, die Erzeugnisse und Produkte der Wolgaländer und des Nordens, daselbst ihren natürlichen Stapelplatz fanden. Weniger günstig war der Ort für die persischen, vorderasiatischen und indischen Waaren gelegen. Für diese gab es eine kürzere, freilich auch beschwerlichere Straße durch Armenien, nämlich von Tebris über Erzerum nach Trapezunt. Hier bestand das dritte pontische Konsulat der Republik, welche durch Verträge mit der Komnenendynastie ihre Interessen auch auf diesem Punkte zu sichern wußte. —

Länger als ein halbes Jahrhundert hindurch stand Venedig fast ohne Nebenbuhler als Inhaberin des Handels im Griechischen Reiche und in den Pontusländern da. Nicht als ob es Pisa und Genua hätten an Anstrengungen fehlen lassen, einen Antheil daran zu erringen. Die enge politische Verbindung Venedigs mit den lateinischen Kaisern in Konstantinopel sicherte aber auch ihr Uebergewicht auf dem merkantilen Felde. Dasselbe ging erst verloren, als jene untergraben wurde. Mit der Wiedererwerbung Konstantinopels durch Paläologen 1261 erblich Venedigs Stern in diesem Theile des Mittelmeers. Seine bisherigen Vorrechte gingen verloren und wurden den Genuesen und Pisanern übertragen, welche aus Neid gegen Venedig die Päläologen mit Schiffen und Soldaten unterstützt hatten. An der Stelle Venedigs schwang sich Genua zur bedeutendsten Handelsmacht im Schwarzen Meere auf und seine 1250 gegründete Niederlassung Kaffa rivalisirte bald mit Tana.

In Tana und Trapezunt behaupteten die Venetianer ihre Sellung noch längere Zeit, gestützt durch Verträge mit den dortigen Herrschern.

Noch während des ganzen 15. Jahrhunderts erschien jährlich eine Flottenabtheilung in Sinope und Trapezunt, eine andere in Kaffa und Tana, um die Produkte der Pontusländer, der Mongolenstaaten und Asiens zu holen, die auf dem Heimwege schon in Konstantinopel sowie in den Häfen und Inseln des Aegäischen Meers theilweise gegen andere Artikel eingetauscht wurden. Wahrscheinlich fällt in diese Zeit die großartige Unternehmung der armenischen Fürsten, eine direkte Verbindung des Kaspischen Meers mit dem Schwarzen zu bewerkstelligen, mittels Anlage einer Kunststraße über den Gebirgszug, welcher die Wasserscheide zwischen Phasis (Rion) und Kur bildet. Hundertundzwanzig Brücken sollen auf der 9 Meilen langen Straße errichtet worden sein, deren

Trümmer heute noch die Kühnheit der Erbauer bekunden. Gegenwärtig be- 1300 bis
schäftigt sich die russische Regierung mit demselben Projekt — einer Eisenbahn- 1400 n. Chr.
anlage zwischen Baku und Poti.

Mit dem Anfange des 15. Jahrhunderts zog sich Venedig aus dem Schwarzen Meere zurück. Den vielbegünstigten Genuesen gegenüber erschien die Konkurrenz immer schwieriger. Die zweimalige Plünderung und Verheerung Tana's durch die Mongolen 1397 und 1410, besonders die letzte, welche 600 venetianischen Kaufleuten das Leben kostete, außer dem Verlust ihres auf 200,000 Dukaten geschätzten Eigenthums, ruinirten diesen Platz vollständig und so wandten die Venetianer ihre Thätigkeit anderen Punkten zu.

Einen Theil der Don- und Wolga-Artikel bezogen sie schon seit dem 13. Jahrhundert von den Hanseaten in Brügge und Antwerpen. Den asiatischen Handel lenkten sie jetzt, begünstigt durch ihre Verbindung mit Armenien, nach den syrischen Küsten zurück, vor Allem nach Ajazzo (dem alten Issus) in dem innersten Winkel zwischen Cilicien und Syrien. In einigen Tagereisen ließ sich von da aus Aleppo erreichen, einer der wichtigsten Centralpunkte des asiatischen Handels. Zahlreiche Karawanenstraßen liefen von da nach allen Richtungen aus, von denen die nordöstliche (über Urfa und Bitlis nach Tebris), dann die südöstliche (über Rakka am Euphrat nach Bagdad, Bassora und Ormus, letzteres Stapelplatz der indischen und arabischen Waaren im Persischen Meerbusen), die wichtigsten waren.

Venedigs Handelsverkehr mit Vorderasien (Aleppo) und Aegypten (Alexandrien).

Schon seit dem 13. Jahrhundert hatten die Venetianer in Aleppo werth- 1200 bis
volle Begünstigungen, wie Erniedrigung der Aus- und Eingangszölle auf 6%, 1300
das Recht zur Errichtung eines Kaufhauses, einer Kirche und einer eigenen n. Chr.
Bäckerei, erlangt. Auch eigene Gerichtsbarkeit war ihnen zugestanden worden. Im Jahre 1264 ging ein Gesandter nach Aleppo, um diese Verträge zu erneuern. Noch ausgedehntere Rechte hatten ihnen die armenischen Fürsten in den Verträgen von 1201, 1245, 1304 ꝛc. bewilligt. Zahlreiche Venetianer siedelten sich in Armenien an. Sie prägten die armenischen Münzen, errichteten Manufakturen für eigene Rechnung, namentlich zur Verfertigung der aus Ziegenhaaren von Angora und Paphlagonien gefertigten Gewebe (Kamelotte), ja sie erlangten für sich Aufhebung des Verbots, diese Wolle zu exportiren. Außer diesen Waaren bezogen die Venetianer über Aleppo und Tebris hauptsächlich persische Teppiche, farbiges Leder und Felle, Tabak, Alaun, Ammoniak, Kupfer, Wachs, Türkise und Lapis Lazuli; ferner Baumwollengewebe von Mosul (Musseline), Pfeffer, Indigo, Zucker, Zimmt, Ingwer, Nelken, Rhabarber, Gummi ꝛc. Später überragte der Bezug persischer Rohseide alle anderen Artikel an Bedeutung und sichert dieser Route noch im 16. Jahrhundert einen lebendigen Verkehr. Zu Anfang des 16. Jahrhunderts waren 40 venetianische Häuser in Aleppo etablirt. Wenn auch Ajazzo (später Alexandrette) der eigentliche Hafen für Aleppo war und auch ein venetianisches Konsulat besaß, ebenso Tripoli, so behauptete doch Beirut, der Hafen für Damaskus, den Rang als Hauptan- und Abfahrtsstation der venetianischen Galeeren in Syrien. Nachdem diese in Ajazzo die Waaren der Aleppo-Route eingenommen hatten, segelten sie

nach Beirut, um daselbst die Erzeugnisse von Damaskus: Gewebe, Früchte 2c., sowie die arabischen Produkte, welche durch die von Mekka zurückkehrenden Pilgerkarawanen dahin gebracht wurden, einzuladen. Diese Flottenabtheilung landete auf der Rückfahrt in Cypern und Kandia (hier, um Zucker, welcher seit dem 14. Jahrhundert in Kandia angebaut wurde, einzunehmen), sodann an den wichtigsten Punkten Morea's. Aus den venetianischen Archiven ersehen wir, daß die Ladung einer von Beirut zu Beginn des 16. Jahrhunderts heimkehrenden Flottenabtheilung bestand aus Seide, Zimmt, Ingwer, Nelken, Pfeffer, Lack, Indigo, Macis, Weihrauch, Aloe, Myrrhen, Galanga, Ammoniak, Sandelholz, Kampher, Zuckerrohr, Getreide 2c.

Während der beiden letzten Jahrhunderte des Mittelalters fand der Mittelmeerhandel im Orient einen dritten Mittelpunkt, welcher an Bedeutung den bisher besprochenen nicht nachstand. Es ist die schmale Landenge zwischen dem Arabischen Meerbusen und dem Mittelmeere: Aegypten und die Nilmündung, welche wie mit magnetischer Kraft zu allen Zeiten den Weltverkehr an sich gezogen hat, wenn nicht politische Umwälzungen und Stürme den Handel verscheuchten.

Seit Alexandrien, die Weltstadt des Westens, wie sie der arabische Feldherr Amru in seinem Siegesberichte nannte, in die Hände der Muselmänner gefallen war (Dezember 641), hatten unaufhörliche Kämpfe und Feindseligkeiten zwischen den Khalifen und dem Griechischen Reiche, zwischen den rivalisirenden Abassiden und Omajjaden, zwischen den einander mit tödlicher Feindschaft verfolgenden Sekten der Schiiten und Sunniten, hatten Aufstände und Empörungen der Statthalter, Usurpatoren 2c. Aegypten und seine Städte den Künsten des Friedens entfremdet. Einzelne Schiffe mit Wallfahrern und Kaufleuten aus Amalfi, Venedig u. a. Orten liefen wol bei der Fahrt nach Joppe auch in den Hafen von Alexandrien ein und fanden hier in ruhigen Perioden Gelegenheit zu vortheilhaftem Austausch, da Metalle, Holz und Sklaven stets gesuchte Artikel waren. Allmählig erlangte dieser Verkehr für die Italiener, wie für Marseille und Barcelona, größere Bedeutung, doch konnte er sich um so weniger mit dem des Griechischen Reichs und seiner Hauptstadt messen, als schon im
9. bis 10. Jahrh. 9. und 10. Jahrhundert, sowol von Seiten der griechischen Kaiser als der Päpste, förmliche Verbote an die italienischen Kaufleute erlassen wurden, in welchen ihnen vor Allem die Zufuhr von Sklaven, Holz und Metallen nach Aegypten, also gerade der begehrtesten Artikel, untersagt war, so daß dieselben ihre Zuflucht zum Schleichhandel nehmen mußten, der denn auch von den griechischen und kleinasiatischen Inseln aus lebhaft betrieben wurde.

13. Jahrh. Erst im 13. Jahrhundert, als die Mameluckenꞏ-Dynastie Aegypten zur Vormacht der muhamedanischen Reiche erhob, als Ruhe und Sicherheit wiederkehrten, erhob sich das Nilthal von seinem Verfall. Gewerbe und Künste blühten in den Städten auf, Wohlstand und Wohlleben kehrten zurück und in Kairo, der Hauptstadt, drängte sich eine Menschenmenge, deren Zahl zu Anfang
14. Jahrh. des 14. Jahrhunderts der des alten Alexandriens nicht nachgestanden haben kann, wenn sich daselbst, wie der arabische Reisende Ibn Batuta versichert, 12,000 Wasserträger und 30,000 Vermiether von Lastthieren ernährten. Nun übte das alte Völkerthor seine anziehende Kraft wieder. Das Rothe Meer wurde die Haupthandelsstraße der muhamedanischen Welt, Aden am Eingange desselben der Stapelplatz für die indischen und singalesischen Gewürze, für

Ingwer, Zimmt und Pfeffer, Sandel- und Ebenholz, für Perlen, Rubine und Diamanten, für ostafrikanischen Gummi, für Weihrauch, Balsam, Elfenbein, Goldstaub und Sklaven, für chinesische Seide, Kampher, Rhabarber und Moschus, für Ambra, Zinn und Gewürze von Hinterindien. Die alte Ueberlandroute vom Rothen Meere nach Koptus (Koff) sah wieder reich beladene Karawanenzüge, deren Ladung von Koff in großen Barken nach Kairo geführt wurde. Die Menge der Schiffe, die vor dem meilenweit am Nilufer sich erstreckenden Kairo lagen, übertraf nach dem Florentiner Frescobaldi, welcher 1384 Aegypten besuchte, Alles, was er in Venedig und Genua gesehen hatte.

Dieser Aufschwung Aegyptens verfehlte nicht, die Bedeutung Alexandriens für den Mittelmeerhandel zu erhöhen. Aus einem Sklavenmarkt ward dasselbe von Neuem zu einem Stapelplatz für die arabischen und indischen Waaren, die man bisher nur zu Lande über Bassora, Bagdad, Tebris, Trapezunt, Tana, Kaffa oder über Bagdad und Aleppo, oder endlich über Mekka und Damaskus beziehen konnte, und die italienischen Handelsrepubliken Venedig, Genua und Pisa sowol wie Marseille und Barcelona suchten sich im Laufe des 13. Jahr- 13 Jahrh.
hunderts durch Verträge mit den ägyptischen Sultanen Zollbegünstigungen und Niederlassungsrechte in Alexandrien zu verschaffen. So lange Venedig fast unbeschränkte Gebieterin über die Handels- und Industrieverhältnisse des Griechischen Reichs war, schenkte es der ägyptisch-arabischen Route, deren Bedeutung zu jener Zeit erst im Entstehen war, geringe Aufmerksamkeit. Nachdem 13.
es aber in der letzten Hälfte des 13. und im Laufe des 14. Jahrhunderts durch bis
Genua aus dem Schwarzen Meere verdrängt wurde, sah es sich durch die Um- 14. Jahrh.
stände gezwungen, den Blick auf andere Kanäle des mittelasiatischen und indischen Verkehrs zu richten. Aleppo und Damaskus wurden jetzt Konsulate ersten Ranges. Auch die günstige Lage von Alexandrien und die Vorzüge dieser Bezugsquelle entgingen Venedig nicht. Doch waren die religiösen Skrupel der venetianischen Magistrate anfänglich nicht zu beseitigen und so tauchte der Gedanke auf, Aegypten zu erobern, um sich dadurch in den Besitz der kürzesten und sichersten Verbindung mit Indien zu setzen. Dieser kühne Vorschlag des Marino Sanudo fand indeß keinen Anklang, wenn man nicht eine Ueberrumpelung Alexandriens i. J. 1365 als Folge desselben ansehen will, und man griff zu 1365.
friedlicheren Mitteln. Von dem Papst wirkte sich Venedig Dispens für den Handel mit Aegypten aus (Waffen und Kriegsbedürfnisse ausgenommen), mit dem ägyptischen Sultan wurden die früheren Verträge erneuert und eine Reihe neuer Begünstigungen erlangt, so daß Venedig in Alexandrien bald eben so festen Fuß faßte, wie in Aleppo und früher in Tana, und jährlich eine besondere Galeerenescadre nach Alexandrien abgesandt werden konnte.

Dennoch behaupteten die mittel- und vorderasiatischen Landrouten über Aleppo und Damaskus neben Alexandrien ihren Rang als Stationen des indischen und arabischen Verkehrs, wie das früher erwähnte Ladungsverzeichniß der syrischen Galeeren am Anfang des 16. Jahrhunderts beweist. Der Grund davon lag theils in der Vertheuerung der indischen Artikel durch die arabischen und ägyptischen Zwischenhändler, in hohen Frachten und den außerordentlich hohen ägyptischen Zöllen (Ingwer kostete beispielsweise zu Anfang des 16. Jahrhunderts in Alexandrien das Dreifache des Einkaufspreises in 16. Jahrh.
Kalikut, Weihrauch fünfmal so viel wie in Mekka), theils in der Nothwendigkeit, die arabischen und indischen Waaren in Alexandrien größtentheils mit

Edelmetallen, oder wenigstens unverarbeiteten Rohstoffen, wie Eisen, Kupfer, Blei, Holz, Oel &c., zu bezahlen, da Indien wie China von jeher wenig Bedarf nach europäischen Fabrikaten zeigten.

Im Verkehr mit Syrien, Armenien und Persien dagegen zahlte Venedig vorzugsweise mit Fabrikaten, den Erzeugnissen seiner Seiden-, Wollen- und Glasindustrie und dies veranlaßte die scharf berechnenden Venetianer, dieses Verkehrsgebiet zu allen Zeiten sorgsamer zu pflegen, als irgend ein anderes. — Auch die Westhälfte der Nordküste Afrika's erwachte unter der Herrschaft der Araber aus ihrem Schlummer. Tripolis, Tunis, Algier, Oran, Mogador und Tanger wurden wichtige Handelsplätze, auf deren Märkten die Erzeugnisse des Südens und des Westens zusammenflossen. Wie zur Zeit der Karthager durchschnitten zahlreiche Karawanen die Sahara, um Elfenbein, Goldstaub und Sklaven zu holen. Die Oasen und der fruchtbare Küstensaum lieferten Getreide und Datteln, die Nomaden der Wüste brachten Wolle und Holz. Auch die Korallenfischerei beschäftigte zahlreiche Hände.

Venedig zog diese Gebiete ebenfalls in den Kreis seiner Handelsbewegung. Es verschaffte sich durch Verträge Niederlassungsrechte und Zollermäßigungen (wie es scheint, durchschnittlich 10%), seine Kaufleute besuchten seit dem 13. Jahrhundert die genannten Märkte in großer Zahl und im folgenden Jahr-
13. Jahrh. hundert lief alljährlich eine besondere Flottenabtheilung in diese Häfen ein, um reiche Ladungen einzunehmen. —

Venedigs Handelsverkehr mit Deutschland und Westeuropa.

Mittelpunkt und letztes Ziel dieser tausendfältigen Verbindungen und Beziehungen mit den Ländern des Mittelmeerbeckens war die Lagunenstadt selbst. Was nicht auf der Rückkehr der pontischen, syrischen und alexandrinischen Handelsflotten an den Zwischenstationen im griechischen Reiche, den venetianischen Besitzungen auf Morea und den ihm unterworfenen Inseln oder in Unteritalien vertauscht worden war, strömte in die Magazine und Lager der Metropole, um von da entweder in die Hände der venetianischen Industriellen behufs weiterer Verarbeitung zu gelangen, oder — nebst den Erzeugnissen der eigenen hochausgebildeten großartigen Gewerbethätigkeit, in erster Linie seiner Seiden-, Glas- und Waffenindustrie, ferner der Wollen-, Leinen- und Baumwollenweberei, der Papierfabrikation und in letzter Zeit auch der Buchdruckerei, der Juwelierkunst, Wachsbleiche, Seifen- und Kerzenfabrikation, der Gerberei, der Färberei und chemischen Industrie — nach den zahlreichen aufblühenden Städten Obertialiens versandt zu werden, oder endlich über die Alpen nach Deutschland und der Schweiz zu gehen.

Der Verkehr mit Deutschland wurde durch die deutschen Kaufleute, Regensburger, Augsburger, Nürnberger, Ulmer &c. vermittelt, für welche der Weg, auf dem Anfangs die Donaustädte die Levantiner und indischen Waaren bezogen hatten, in demselben Maße unbequemer und kostspieliger wurde, in welchem Konstantinopel seine Bedeutung als erster Stapelplatz der indischen und mittelasiatischen Waaren verlor. Sie fanden es nun vortheilhafter, statt die Donau hinunter zu schiffen, die Alpen zu überschreiten und die indischen Gewürze, die arabischen Spezereien, Seiden-, Sammt-, Goldstoffe u. s. w. auf den Märkten Venedigs und Genua's gegen Wollengewebe, Leinwand, Eisen, Silber und Gold (ungarisches) und Bernstein, gegen die von den Russen eingehandelten Gegenstände, Wachs, Pelzwerk, endlich auch gegen Sklaven (Slaven) einzutauschen. Der Sklavenhandel Venedigs nach Aegypten und Syrien ist leider durch diese Mitwirkung der Deutschen unterstützt worden. Auch vom Rhein aus zog sich eine Handelsstraße über Basel, Chur durch das Engadin und das Etschthal einerseits nach Venedig, andererseits über den Septimer nach Mailand und Genua.

Besonders begünstigt scheinen die Deutschen eben nicht gewesen zu sein, denn in Venedig waren sie einer Reihe der lästigsten Vorschriften unterworfen. Sie durften einmal eingeführte Waaren nicht wieder mit zurücknehmen und sie nur an venetianische Kaufleute verkaufen; es war ihnen untersagt, Artikel, welche zur See eingeführt wurden, auf dem Landwege nach Venedig zu bringen, und dergleichen. Erklärlich wurden diese Beschränkungen hauptsächlich durch das große Ziel der venetianischen Handelspolitik: den gesammten Zwischenhandel zu beherrschen, zu welchem Zwecke der Seehandel ausschließlich begünstigt wurde. Auf der Schiffahrt beruhte die Macht und die Größe Venedigs, und deshalb suchte man Alles zu vermeiden und zu beseitigen, was derselben Eintrag thun konnte.

Trotzdem war der Verkehr der Deutschen in Venedig, namentlich in den letzten Jahrhunderten des Mittelalters, von außerordentlicher Bedeutung und die süddeutschen Reichsstädte Augsburg, Nürnberg, Ulm rc. verdankten ihm ihre Größe und ihren Reichthum. Der fondaco dei Tedeschi am Rialto, das deutsche Kaufhaus, war der Sitz einer eigenen Behörde, der Vicedomini fontici Theotonicorum (seit 1268 bestehend), deren Gesetze und Erlasse für 1268.
alle Deutsche, welche hier verkehrten, gewissermaßen eine Handelsgesellschaft bildeten, bindende Kraft besaßen. Das Grund- und Gesetzbuch dieser Gesellschaft, das Capitolare del fondaco dei Tedeschi, ist noch vorhanden. Der jährliche Umsatz im deutschen Kaufhaus wurde in der 2. Hälfte des 15. Jahrh. auf eine Million Goldgulden veranschlagt. Zur Vermittelung des Verkehrs zwischen Venetianern und Deutschen waren 30 verpflichtete Sensale angestellt.

Im Laufe des 14. Jahrhunderts endlich schloß sich der Kette der Handels- 14. Jahrh.
verbindungen zwischen dem Orient und Occident das dritte große Glied an: der Norden Europa's. Damit trat der Weltverkehr zum ersten Male aus den Grenzen heraus, in welchen er sich seit Jahrtausenden bewegt hatte.

Lange Zeit bezogen die Italiener die englische Wolle über Frankreich, theils über Lyon und die Rhone, theils über Bordeaux, Montpellier und Aigues mortes. Auch von Flandern, wo sich ein englischer Wollstapel befand, d. h. eine große Niederlage englischer Wolle für Rechnung des Königs und großer Grundbesitzer, mag dieser Artikel im Wege des Zwischenhandels bezogen worden sein. Auf denselben Wegen versorgten die Italiener England und Flandern mit den Produkten des südlichen Europa und den orientalischen Artikeln. Direkte Fahrten nach England und Flandern sind keinesfalls vor dem 14. Jahrhundert unternommen worden. Im Jahre 1318 wurde eine venetia- 1318.
nische Gesandtschaft nach Brügge gesandt, welche sich über mehrere Zurücksetzungen der venetianischen Kaufleute dort beklagen und gleiche Freiheiten mit anderen Fremden fordern sollte. Zwei Jahre später wurden ihnen denn auch die betreffenden Schutzbriefe ausgestellt. In Antwerpen lief 1312 die erste ve- 1312.
netianische Galeere ein. Die Verbindung mit Flandern, wo die Venetianer eine blühende, in der Tuchfabrikation selbst die italienische übertreffende In-

dustrie, eine dichte, wohlhabende, konsumtionsfähige Bevölkerung fanden und von den Hanseaten die geschätzten nordischen Produkte eintauschen konnten, sowie die Verbindung mit England nahmen rasch einen mächtigen Aufschwung.
1325. Bereits 1325 langte eine venetianische Gesandtschaft an Eduard III. an und um dieselbe Zeit wird das Einlaufen von 5 venetianischen Galeeren in Southampton erwähnt. Zehn der größten Staatsgaleeren wurden dem Handel mit Flandern zugewiesen, welche auf der Hinfahrt, wie bei der Rückkehr, auch die Häfen der afrikanischen Nordküste, ferner Cadir, Sevilla und Lissabon anliefen, hier schon einen Theil der Ladung gegen andere Artikel vertauschten und so die Handelsgewinne verdoppelten und verdreifachten. Unstreitig fällt die Glanzperiode Venedigs mit dem direkten Verkehr nach den Niederlanden und England zusammen. Die Erzeugnisse aller Zonen nebst den Fabrikaten der industriellen Nationen flossen nun dem Welthandel in großen, in einander mündenden Kanälen zu und die Venetianer beherrschten die wichtigsten Mündungen.

Ein anschauliches und lehrreiches Gemälde der Handelsthätigkeit Venedigs im 15. Jahrhundert entwarf der Doge Moncenigo in einer Senatsrede
1421. im Jahre 1421. Um die große Bedeutung der Verbindung mit den oberitalienischen Städten darzulegen (es handelte sich um ein Bündniß mit Florenz gegen Mailand), führte er auf, was diese Städte jährlich bezogen: „Tortona und Novara 6000 Stück Tuch, Pavia 3000, Mailand 4000 feinster Qualität, Cremona 40,000 Stück Barchent, Como 12,000 Stück Tuch, Monza 6000, Brescia 5000, Bergamo 10,000, Parma 4000 Stück.“ „Wir liefern ihnen ferner jährlich 50,000 Ctnr. Baumwolle, 20,000 Ctnr. Garn, 40,000 Ctnr. catalonische Wolle und eben so viel französische; Gold- und Seidenstoffe für 250,000 Dukaten, 3000 Lasten Pfeffer, 400 Bund Zimmt, 2000 Ctnr. Ingwer, für 95,000 Dukaten Zucker, für 30,000 Dukaten Näh- und Stickwaaren, 40,000 Ctnr. Farbhölzer, andere Farbwaaren im Werthe von 50,000 Dukaten, für 100,000 Dukaten Hanf und Flachs, Seife für 250,000 Dukaten, Sklaven für 30,000 Dukaten. Die Ausfuhr von Salz ist hierbei nicht mit angeschlagen. Dafür zahlt uns das mailändische Gebiet jährlich 1,600,000 Dukaten baar, der Gesammtumsatz aber beträgt jährlich 28,800,000 Dukaten. Man bedenke, wie viele Fahrzeuge der Transport dieser Waaren in Bewegung setzt,*) theils um sie nach der Lombardei zu schaffen, theils um sie aus Syrien, Rumelien, Catalonien, Flandern, Cypern, Sizilien, überhaupt aus allen Theilen der Welt zu holen. Venedig gewinnt 2½ bis 3%
14. Jahrh. an der Fracht. Und wie viele Menschen leben nicht von diesem Verkehr: Makler, Handwerker, Seeleute, Tausende von Familien, endlich die Kaufleute, deren Gewinn nicht weniger als 600,000 Dukaten beträgt.“ „Und“, fährt Moncenigo fort, „wer weiß, ob nicht schließlich unser eigenes Gebiet verwüstet wird. Wer wird dann unsere Waaren kaufen? Wisset, daß Verona jährlich 200 Stück Gold-, Silber- und Seidenstoffe nimmt, Vicenza 120, Padua 200, Treviso 120, Friaul 50, Feltre und Belluno 12, daß sie außerdem 400 Lasten Pfeffer, 120 Bund Zimmt, 1000 Ctnr. Ingwer, 1000 Ctnr. Zucker und 200 Scheiben Wachs beziehen“ rc.

---

*) Zu Ende des 14. Jahrhunderts besaß Venedig 3000 Schiffe und 30,000 Seeleute, außerdem 45 Kriegsgaleeren mit 11,000 Mann Besatzung. Die Kauffahrer waren freilich sehr klein, meist unter 100 Tonnengehalt. Nur 300 Fahrzeuge hielten 700 Tonnen und darüber.

Venedigs Handelspolitik.

Was Gang und Leitung des Handels in Venedig betrifft, so haben wir schon aus einzelnen Zügen den Geist der Ausschließlichkeit, Beschränkung und Monopolisirung herausblicken sehen, welcher den Charakter der venetianischen Handelspolitik kennzeichnet: nach außen hin eifersüchtiges Ausschließen jeder Konkurrenz und Mitbewerbung Anderer, nach innen die strengste Regelung aller Verhältnisse durch die Regierung, Einschnüren der freien Bewegung der Einzelnen durch eine Unzahl von Vorschriften und Verboten. Bauart der Schiffe, Zeit der Abfahrt und der Rückkehr, Dauer des Aufenthalts in den verschiedenen Häfen, die Gegenstände des Einfuhr- wie des Ausfuhrhandels nach den verschiedenen Ländern — Alles war vorher bestimmt und vorhergesehen, und wehe Dem, der sich den Befehlen des Admirals während der Fahrt oder denen des Konsuls in den fremden Handelsplätzen widersetzt hätte!

Venedig war Landmacht geworden, bedurfte eines starken Heeres und einer Kriegsflotte. Durch Verträge sicherte es sich in fremden Ländern Zollfreiheit oder Zollermäßigung, das Niederlassungsrecht, eine eigene Kirche, eigenes Gerichtswesen, selbständige Verwaltung und einen Konsul, der den Handel leitete und überwachte. Die venetianischen Gesandten galten für die schlauesten und umsichtigsten; und eine rücksichtslose Aristokratie leitete despotisch die Politik wie den Handel, der zum Theil Staatsmonopol war. Vom Staate mußte man große Schiffe miethen, die Waaren prüfen, die Preise festsetzen lassen. Nur zu bestimmten Zeiten durften die Handelsflotten absegeln, mußten gewisse Wege einhalten, zur bestimmten Zeit heimkehren, standen auf der Fahrt unter dem Befehl des Flottenkapitäns, im Hafen unter dem des Konsuls. Die politische Gesinnung der Bürger ward streng überwacht, die Innungen vom Staate bevormundet, doch für billiges Rohmaterial gesorgt. Da viele italienische Städte, namentlich Florenz, in manchen Industrieartikeln voran waren, so kaufte man diese für den Orient auf und zwang die Italiener, die schlechteren italienischen Waaren zu kaufen, denn in Venedig sollten alle Waaren und Handelswege zusammenfließen. Diese Politik verfolgte die aristokratische Regierung auch bei Unterdrückung der persönlichen Freiheit der Bürger und Städte, und die Inquisition ward ein grausames Mittel, unbedingten Gehorsam zu erhalten. Trotzdem wurde so Großes erreicht, weil bei aller Mißachtung der Grundsätze, welche heute als die einzig wahren Stützen eines blühenden Handels betrachtet werden, doch verhältnißmäßig größere Einsicht in das Wesen des Handels und dabei immer noch mehr Verstand und Konsequenz bei den Lenkern dieses Handelsstaats zu finden waren als bei den übrigen handeltreibenden Völkern jener Zeit. Man zwang wol die meisten Ladungen, durch Venedig ein- und auszugehen, begnügte sich aber mit einem verhältnißmäßig geringen Einfuhrzoll, der, wo es die Handelsinteressen erforderlich machten, auch ganz wegfiel, während anderwärts gerade die eigenen Erzeugnisse mit hohen Ausfuhrzöllen belastet wurden. Das Vorurtheil, welches noch bis in die neueste Zeit in den Köpfen vieler Staatenlenker gespukt und bei ihnen den Glauben erhalten hat, Gold und Silber seien die werthvollsten und schätzenswerthesten Einfuhrgegenstände, und deshalb müsse man vor Allem auf eine aktive Bilanz hinarbeiten, d. h. dahin, daß mehr aus- als eingeführt werde, wodurch also das Ausland den Mehrbetrag mit Gold zu decken gezwungen sei, dieses Vorurtheil hatten schon die Venetianer überwunden. Sie machten es im Gegentheil den Schiffsführern zur Pflicht, womöglich stets wieder Waaren aus den fremden Ländern zurückzubringen.

Während in Florenz das erste Lehrbuch der Handelswissenschaften verfaßt wurde, bereiste der Venetianer Marco Polo China, Japan, Ostindien und die Sunda-Inseln, aber für die Entdeckungen der Portugiesen hatte Venedig kein Verständniß. Als es zu spät war, wollte man mit Hülfe der Mamluken und Türken die Portugiesen vergebens aus dem Persischen Meere verdrängen. Die Entdeckungen der Portugiesen und Spanier wiesen dem Welthandel andere Wege, die Gründung des Türkenreichs sperrte die Häfen Vorderasiens, Venedig verlor in unglücklichen Kriegen Inseln und Provinzen und damit seine Bedeutung. Uebrigens machte es sich verdient durch das Seerecht, welches in der Sofienkirche zu Konstantinopel zu Stande kam, durch seine Münzen (ducati genannt nach dem Worte dux, d. h. Doge), durch seine Banken und Wechsel, obschon das Bankgeschäft großartiger in Florenz betrieben ward, und Genua die erste Bank und Assekuranz in Italien gründete, wo Papst und Könige Anlehen machten.

Das große Ziel, Venedig zur Beherrscherin des Weltverkehrs zu erheben, war in den letzten Jahrhunderten des Mittelalters erreicht. Ohne Nebenbuhler stand es da und schien auf lange hinaus keinen neuen fürchten zu dürfen, als das Unvorhergesehene eintrat und mit der Entdeckung des Seewegs nach Ostindien das so schwer Errungene wieder entschwand. Im vergeblichen Bemühen, seinem Schicksal zu entgehen, werden wir die stolze Lagunenstadt im nächsten Zeitraume wiederfinden.

Genua.

Der Hafen von Genua erscheint schon unter den römischen Kaisern als Ausfuhrplatz für Schiffbauholz, irdene Gefäße, Honig und wollene Stoffe, die sog. ligurischen Röcke und Mäntel. In den ersten Jahrhunderten des Mittelalters wird sein Name seltener genannt. Als die Raubscharen der
9. Jahrh. Sarazenen im Laufe des 9. Jahrhunderts die Küsten des Mittelmeers verheerten, litt auch Genua, dessen günstige Lage als natürlicher Uebergangspunkt aus Oberitalien nach dem Mittelmeer ihm stets einen gewissen Verkehr erhielt, unter ihren Räubereien. Doch ermannten sich seine Bewohner zeitig zum Widerstande und in diesen Kämpfen mit den Sarazenen stählten sie gleich den Pisanern ihren Muth und Charakter. Bald vereinigten die beiden Städte ihre Streitkräfte zu gemeinsamen Unternehmungen, und es gelang ihnen, sowol die eigene Nachbarschaft, als die Insel Corsika und Sardinien von den Muselmännern zu säubern. Auch als Kaufleute finden wir die Genuesen überall dort, wohin sich die Pisaner wandten. Mit dem Beginn der Kreuzzüge hebt die Bedeutung Genua's als Handelsstadt an. Gleich Pisa sandte es eine Flotte nach Syrien — 28 Galeeren und 6 kleine Schiffe, — welche kräftig zur Eroberung der Küstenplätze mitwirkte, eine Unterstützung, die ihm mit Privilegien und Handelsbegünstigungen in den eroberten Theilen Syriens vergolten wurde.

Von da an trieben die Genuesen einen lebhaften Zwischenhandel mit den orientalischen Erzeugnissen nach den westlichen Mittelmeerländern, der Provence, Spanien und Oberitalien, der bald auf Sizilien und die Nordküste Afrika's ausgedehnt wurde. Mit Valencia und Sizilien schlossen sie in der
12. Jahrh. Mitte des 12. Jahrhunderts vortheilhafte Handelsverträge. Auch nach Frank-

reich, Flandern und Deutschland unterhielten sie lebhaften Handelsverkehr. Doch als sie auch im Griechischen Reiche und im Schwarzen Meere sich festzusetzen suchten, entstanden unaufhörliche Reibereien mit Venedig, welche schließlich zu langwierigen Kämpfen zwischen beiden Freistaaten und zur Schwächung Genua's führten.

Von den entscheidendsten Folgen für die Zukunft Genua's war die durch seine Mithülfe bewirkte Vertreibung der Lateiner aus Konstantinopel. Von dem dankbaren griechischen Kaiser mit ausgedehnten Vorrechten ausgestattet, kam Genua im Laufe des 14. Jahrhunderts fast in den ausschließlichen Besitz 14. Jahrh.
des großartigen, von uns schon ausführlich geschilderten Pontusverkehrs, der unter seiner Pflege noch an Bedeutung zunahm, da es sich mit ungetheilten Kräften der Pflege und Erweiterung desselben widmete. Seine schon 1250 ge- 1250.
gründete Kolonie Kaffa wurde die zweite Hauptstadt des Orients, welche nach Tana's Fall die Erbschaft desselben antrat. Zahlreiche Niederlassungen entstanden in allen Theilen der Krim wie an den wichtigsten Punkten des nördlichen und des südlichen Pontusgestades, meist mit starken Befestigungen versehen, deren Trümmer heute noch von der Macht und Größe Genua's zeugen.

Da die eigene Industrie Genua's nicht die Bedeutung der venetianischen erlangte, wenngleich seine Wollen- und Lederwaaren gesucht waren, so beschränkte sich die Thätigkeit seiner Kaufleute wesentlich auf den Zwischenhandel. Vor Allem waren es die Tuche der Provence und von Languedoc, sowie die Erzeugnisse der maurischen Reiche, welche von Genuesen nach dem Oriente geführt wurden; in späteren Zeiten wurde französisches Papier ein wichtiger Ausfuhrartikel, sowie deutsche Linnen-, Leder- und Stahlwaaren.

Der Krieg zwischen Genua und Venedig, welcher die politische Machtstellung des ersteren im Mittelmeere vernichtete, brach im Jahre 1378 aus 1378.
und dauerte mit wechselndem Erfolge 3 Jahre. Die Anfangs siegreiche genuesische Flotte, welche 47 Galeeren stark bis in die Lagunen gedrungen war, Chiozza genommen hatte und Venedig vom August 1379 an eng blockirt hielt, 1379.
wurde ihrerseits von der neugebildeten venetianischen eingeschlossen und mußte sich im Juni 1380 ergeben. Im nächsten Jahre erfolgte der Friedensschluß. 1380.
Das durch innere Parteien zerrüttete Genua fühlte sich bald unfähig, die Republik durch eigene Bürger zu regieren. Man beschloß, das Herzogthum oder Dukat einem fremden Fürsten zu übertragen, und vom Jahre 1396 an, wo die 1396.
Wahl auf den französischen König fiel, dominirte in Genua abwechselnd französischer, mailändischer und österreichischer Einfluß. Das nächste Jahrhundert fügte zu dieser Schwächung der politischen Bedeutung den Verlust des wichtigsten Handelsgebiets der Genuesen. Die Störungen, welche das Vordringen der Türken dem Handel im Osten brachten, suchte Genua durch halb heimliche, halb offene Verständigung mit den türkischen Herrschern für sich unschädlich zu machen und die zweideutige Rolle, welche der Genuese Giustiniani mit seiner Schar bei der Eroberung Konstantinopels i. J. 1453 spielte, läßt vermuthen, 1453.
daß er Befehl hatte, seine Hülfe zurückzuziehen, wenn der Fall des Griechischen Reichs unvermeidlich erschien, damit die Handelsinteressen der Genuesen auch unter der Türkenherrschaft gesichert werden könnten.

Die Türken kümmerten sich indeß wenig um Handel und Verkehr. Genua verlor eine seiner Besitzungen nach der anderen, und die Eroberung Kaffa's 1475 1475.
vollendete den Ruin des genuesischen Handels im Schwarzen Meere.

Frankreich.

Der Lage dieses Landes an zwei Meeren gemäß bewegte sich der französische Handel im Mittelalter, wie noch heute, in zwei verschiedenen Richtungen. Die Provinzen, welche am Mittelländischen Meere und an den in dasselbe einmündenden Flüssen lagen, waren auf den Verkehr mit den Küstenländern desselben und dem Orient angewiesen. Die Verbindungen der Städte an der Westküste Frankreichs dagegen gingen nach England und den Niederlanden. Die letzteren Handelsbeziehungen standen sowol der Zeit als der Ausdehnung nach weit hinter den ersteren zurück.

Marseille (Massilia) haben wir schon im Alterthum als eine der wichtigsten Handelsstädte kennen gelernt. In den Parteikampf zwischen Julius Cäsar und Pompejus verflochten, theilte die Stadt das Loos der Anhänger des Letzteren. Sie wurde erobert, und während der letzten Jahrhunderte des Alterthums überragten die begünstigten gallischen Städte Narbo und Arelate die Griechenstadt weit. Dennoch behielt Massilia eine gewisse Bedeutung, und nachdem die Stürme der Völkerwanderung vorübergegangen, erscheint Massilia gleichzeitig mit den italienischen Städten im Vordergrund, als die lange unterbrochenen Verbindungen des Abendlandes mit dem Orient wieder angeknüpft wurden. Vor den Kreuzzügen bildete die Beförderung von Pilgern, welche nach dem heiligen Grabe wallfahrteten, die Hauptquelle ihres Wohlstandes. Ihre Rhederei vergrößerte sich dadurch so sehr, daß ihr mit dem Beginn der Kreuzzüge der Transport der französischen Kreuzfahrer und Pilger von selbst zufiel und Marseille nun ein Ausfuhrhafen ersten Ranges wurde. Viele Tausende schifften sich jährlich daselbst ein, und eben so Viele kehrten auf Marseiller Schiffen nach Frankreich zurück. Aus der urkundlich verbürgten Thatsache, daß dem
1234. Templer- und dem Johanniter-Orden 1234 gestattet wurde, jährlich zwei Schiffe im Hafen von Marseille zu befrachten und in jedem 1500 Pilger an Bord zu nehmen, läßt sich ein Schluß auf die Menge der jährlich über Marseille ziehenden Wallfahrer und auf den Gewinn ziehen, welchen dieser Zweig der Geschäftsthätigkeit den Einwohnern von Marseille abwarf. Die Kaufleute dieser Stadt benutzten die Gelegenheit zur Anknüpfung von Handelsverbindungen im Orient, zur Niederlassung in den syrischen Hafenplätzen, und bald vermittelte Marseille ausschließlich die Einfuhr von Gewürzen und orientalischen Luxusgegenständen nach den südfranzösischen Provinzen wie nach dem mittleren Frankreich. Später betheiligten sich auch andere Plätze an diesem Handel, namentlich Montpellier und Aigues mortes; doch bedienten sich diese Städte meist der Marseiller Schiffe, um ihre Verbindungen mit dem Orient zu unterhalten. Die Grundlage ihrer Geschäftsthätigkeit war eine andere als bei Marseille, welches von Anfang an Rhederei betrieb. Sie führten hauptsächlich die Naturprodukte und Industrieerzeugnisse von Languedoc, der Provence und den nördlichen Provinzen aus. Unter diesen standen die Wollenwaaren voran. Languedoc erscheint ein Hauptsitz dieser Industrie im Süden, und die Tuche von Narbonne, Beziers, Carcassonne, Perpignan, Toulouse und anderen Orten wurden im ganzen Orient den italienischen gleichgestellt, vielfach sogar vorgezogen, so daß die Genuesen und Venetianer sie selbst nach Konstantinopel, Syrien und Alexandrien verführten. In Perpignan zählte man zu Anfang des 14. Jahrhunderts nicht weniger als 350 Tuchwebermeister, welche theilweise für florentinische Häuser arbeiteten.

Marseille, Arles, Grasse und andere Städte der Provence wetteiferten mit dem Languedoc. Die hier verarbeitete Wolle kam Anfangs aus Catalonien und den Barbareskenstaaten an der afrikanischen Küste, später auch aus England. Im Norden zeichneten sich die Tuchwebereien von Troyes, Chalons, Rheims, Sens, Vitry, St. Denis, Paris, Pontoise, Senlis, Rouen u. s. w. aus. In Burgund, der Franche-Comté und der Umgegend von Avignon war die Leinwandfabrikation heimisch, deren Erzeugnisse ebenfalls einen der wichtigeren Ausfuhrartikel nach dem Orient bildeten. Daneben sind Salz, Kermes, später Papier, Juwelierarbeiten und Glasfabrikate als französische Erzeugnisse zu nennen.

Im Inneren Frankreichs warfen sich einzelne Städte zu Verkehrsmittelpunkten auf, wohin die Produkte und Fabrikate der benachbarten Provinzen flossen, um von hier weiter nach den Stapelplätzen zu gelangen, welche die Weiterversendung ins Ausland übernahmen. Dieselben wurden von den Landesherren meist mit Markt- und Meßgerechtigkeiten beschenkt, wodurch ihre Bedeutung sehr gehoben wurde. Die wichtigsten dieser Binnenplätze waren im Süden Beaucaire, Frejus und Montpellier, von welchen Beaucaire bis heute ein Meßplatz von großer Bedeutung geblieben ist, im Norden Bar sur Aube, Lagni, Troyes und andere. Besonders die Messen von Troyes waren der Sammelplatz aller Kaufleute Frankreichs und der benachbarten Länder. Die Tuche und Wollenwaaren der Champagne, von Artois und dem Hennegau, von Flandern und Brabant, die Lederwaaren der südlichen Provinzen Frankreichs, deutsche und lombardische Pferde, Lütticher und Brüsseler Waffen und Metallarbeiten wurden bis zu Anfang des 14. Jahrhunderts von den Venetianern, Genuesen, Florentinern, Lombarden, Schweizern und Süddeutschen auf den beiden Jahrmärkten von Troyes eingekauft. Die Handelsgebräuche und das Gewicht von Troyes fanden überall Eingang und haben noch bis in die neueste Zeit in Frankreich, England und Spanien Geltung gehabt.

Mit der Eröffnung der direkten Fahrten der Venetianer und Genuesen nach Flandern wurde die Vermittelung der französischen Zwischenhändler entbehrlich, und damit sank auch die Bedeutung der Messen von Troyes. Verkehrte Maßregeln der Regenten, Beschränkungen der Verkehrsfreiheit u. dgl. halfen dazu, und die Erhebung von Lyon zu einem Meßplatz in der Mitte des 15. Jahrhunderts, wodurch der Handel zwischen der Schweiz, Süddeutschland und dem südlichen Frankreich dorthin gelenkt wurde, raubte ihm den letzten Rest von Ansehen, den es noch behauptet hatte. Nicht durch die Messen, sondern durch eine günstige Lage und die Anwesenheit der Päpste, welche im 14. Jahrhundert 6 Dezennien lang 1305—1363 ihren Sitz hier hatten, 1305 bis 63.
schwang sich Avignon vorübergehend zu einem wichtigen Handelsplatze auf. Die Lombarden, Venetianer und namentlich die Genuesen, welche nach der Wiedereroberung Palästina's durch die Sarazenen Marseille den größten Theil seines morgenländischen Handels entrissen, errichteten hier Contore; mehrere Florentiner Bankiers siedelten sich an oder verlegten wenigstens Filialgeschäfte dahin, und von den französischen Fabrikaten, Tuche und Leinwand, befanden sich hier große Niederlagen für den Weitertransport nach den Küstenplätzen. Die Rückkehr der Päpste nach Rom gab aber diesem neu erblühten Handelsverkehre den Todesstoß, und bald war Avignon wieder zu seiner früheren Unbedeutsamkeit herabgesunken, wie denn überhaupt die Zersplitterung 13. u. 14. Jahrh.
Frankreichs in eine Menge fast souveräner Fürstenthümer und die häufigen

Kriege der Vasallen gegen ihre Lehnsherren die Kraft des Landes schwächten und den Handel benachtheiligten. Große Theile Ostfrankreichs gehörten damals zum deutschen Reiche, und mehrere Provinzen Westfrankreichs besaßen die Könige Englands, welche nun auch das Ganze beanspruchten und deshalb einen 150jährigen Krieg führten, bis die Jungfrau von Orleans Frankreich rettete und dafür von englischgesinnten französischen Bischöfen als Hexe verbrannt wurde.

Die Hafenplätze am Atlantischen Meere blieben von dem regen Treiben am Mittelländischen Meere ausgeschlossen. Dort, wo keine Ueberbleibsel alter Kultur vorhanden waren, konnten Gewerbthätigkeit und Handel nur langsam erwachsen und über die lokalen Grenzen sich hinaus erstrecken. Einiger Vorschub wurde dieser Entwicklung durch den Umstand geleistet, daß mehrere französische Provinzen am Atlantischen Meere, wie die Normandie, Guienne, Aquitanien u. s. w., lange Zeit zu England gehörten, also ein lebhafterer Verkehr zu Wasser eine Nothwendigkeit wurde. Der Handel erspähte auch hier bald die günstige Gelegenheit, und der Austausch der beiderseitigen Rohprodukte, französischer Weine und englischer Wolle, ist von da Jahrhunderte lang die Grundlage der Handelsbeziehungen beider Länder gewesen. Bordeaux scheint sich am frühesten mit diesem Handel befaßt zu haben. Als natürlicher Ausfuhrhafen für die Hauptweinprovinz Frankreichs, war es zugleich am leichtesten im Stande, die gegen Wein eingetauschte Wolle zu verwerthen, da die Garonne eine natürliche Handelsstraße bis Toulouse bildet, und von hier bis zum Mittelländischen Meere die oben genannten Sitze der Tuchmanufaktur in Languedoc lagen. Auf demselben Wege gelangte die englische Wolle nach Italien; von Toulouse wurde sie zu Lande nach Montpellier gebracht und dort verladen. Von selbst mußte sich auf dieser Straße umgekehrt ein Waarenzug von Italien nach den westlichen Provinzen Frankreichs bilden, der hauptsächlich die Levantiner Artikel und die italienischen Fabrikate umfaßte. Wahrscheinlich ist auch England lange Zeit von Bordeaux mit diesen Waaren versorgt worden, bis mit Anfang des 14. Jahrhunderts diese Straße infolge der direkten Verbindung der Italiener mit England und den Niederlanden ihre ehemalige Bedeutung verlor. Außer Bordeaux sind noch Rochelle und Harfleur zu erwähnen, deren wichtigster Geschäftszweig ebenfalls die Ausfuhr von Wein nach England und den Niederlanden war. Eine von den Engländern 1388 angegriffene flämische Kauffahrerflotte soll mit nicht weniger als 9000 Stück Wein aus Rochelle beladen gewesen sein. Die ganze Weinausfuhr dieses Platzes schätzte man damals auf 40,000 Stück.

Von den tief eingreifenden Veränderungen in dem Gange des Welthandels, welche am Ende dieses Zeitraums eintraten, wurden diese an der Küste des Atlantischen Meers gelegenen französischen Plätze weniger berührt als die Handelsstädte am Mittelländischen Meere. Sie nahmen eher Theil an der dadurch bewirkten höheren Entwicklung der westeuropäischen Länder, da die französischen Bodenerzeugnisse in diesen einen immer größeren Markt fanden. Marseille, Aigues mortes, Montpellier und die übrigen Häfen am Mittelländischen Meere theilten dagegen das Schicksal der Italiener. Ihr Wohlstand schwand, und sie mußten sich mit der untergeordneten Stellung begnügen, welche die Mittelmeerhäfen von da an einnahmen.

Barcelona.

Die spanische Halbinsel wurde in den letzten Jahrhunderten des Mittelalters durch fortdauernde Kriege zwischen den neugegründeten christlichen Reichen im Norden und den Mauren im Süden beunruhigt. Handel und Industrie konnten deshalb nicht gedeihen, und nur wenige Städte zeichneten sich durch größere Rührigkeit und Handelsthätigkeit aus. Von diesen gebührt Barcelona, der Hauptstadt Cataloniens, besondere Aufmerksamkeit.

Von Karl dem Großen an, welcher Catalonien den Arabern entriß und unter dem Namen „die spanische Mark" dem Fränkischen Reiche einverleibte, stand die Stadt unter der Herrschaft der (von Karl dem Großen abstammenden) Grafen von Barcelona, welche, ähnlich den Grafen von Flandern, die Ausbildung und Entwicklung der Städte begünstigten und ihnen werthvolle Freiheiten verliehen. Die Lage Barcelona's wies die Bewohner auf das Meer, auf Schiffahrt und Handel hin. Nach beiden Seiten haben sie die günstigen Verhältnisse benutzt, und die Barcelonesen galten während des ganzen Mittelalters für eben so kühne und erfahrene Seemänner wie gewandte und unternehmende Kaufleute.

Die Vereinigung von Catalonien mit Aragonien im Jahre 1137 war 1137.
von großem Nutzen für Barcelona, da die Könige von Aragonien im Laufe
des 13. Jahrhunderts die Balearen, Sardinien und Sizilien ihrer Herrschaft 13. Jahrh.
unterwarfen und die Ausdehnung des Handels von Barcelona durch diese Erwerbungen natürlich sehr erleichtert wurde.

In industrieller Beziehung standen die Catalonier, wie die übrigen Spanier, weit hinter den Italienern und Mauren zurück. In Sevilla, Valencia und Zaragoza wurden zwar auch Tuche gefertigt und ausgeführt; von welch geringer Qualität diese aber waren, lehrt die Schätzung der damaligen Zollbehörde in Castilien, welche eine Elle Tuch aus Valencia auf 45 Maravedis, eine Elle Tuch von Chalons dagegen auf 70, von Brügge auf 140 und von Florenz auf 167 Maravedis tarirte. Rohe Wolle war der einzige bedeutende spanische Ausfuhrartikel, zu dem gegen Ende des Zeitraums noch Südfrüchte, Eisen und Quecksilber kamen. Um so vortheilhafter gestaltete sich der Zwischenhandel für sie. Die Nachbarschaft der maurischen Königreiche hatte früh zu Handelsverbindungen mit diesen geführt, und der größte Theil des maurischen Ausfuhrhandels gelangte in die Hände der Barcelonesen. Sie waren es, welche die Waffen und Tuche von Toledo und Sevilla, die Seidenstoffe von Granada und Malaga, die Baumwollenpapiere von Xativa und die unübertrefflich feinen Leder und Lederarbeiten, namentlich Corduan (von Cordova) und Maroquin (von Marokko), auf die Messen von Beaucaire und Troyes, nach Italien, Griechenland und Konstantinopel brachten. Eben so regelmäßig verkehrten sie mit den Barbareskenstaaten auf der nordafrikanischen Küste. Zwischen Tunis und Barcelona wurde eine Reihe von Handelsverträgen abgeschlossen. Die Seezölle und die Korallenfischerei von Tunis waren meist den Cataloniern verpachtet. Als Hauptausfuhrartikel der Barbareskenstaaten werden genannt: Getreide, Wolle, Baumwolle, Häute, Leder, Salz, Alaun und Wachs. Auf Sizilien besaßen sie eine Reihe bedeutender Handelsniederlassungen, mittels welcher sie die Ausfuhr der Bodenerzeugnisse dieser Insel, Getreide, Seide, Oel, Südfrüchte, Schwefel rc., beherrschten. Einfuhrgegenstände waren Tuche und Levantiner Waaren. Diese letzteren holten sie unmittelbar von den Haupthandelsplätzen im Orient, von Konstantinopel, den syrischen Häfen und Alexandrien, wo sie überall Niederlassungen und Verbindungen besaßen. Als die französischen Messen ihre Bedeutung für den Handelsverkehr zwischen den Mittelmeerländern und Flandern verloren hatten und die Italiener es vorzogen, direkt nach Brügge, Antwerpen und London zu fahren, rüsteten auch die Catalonier Galeeren für die Fahrten nach den Niederlanden aus und erschienen von da an regelmäßig in deren Häfen mit reichen Ladungen von Quecksilber, Farbhölzern, Safran, Zucker, Rauchwerk, Gewürzen und Spezereien, Baumwollengarn, Droguen und Arzneikräutern, Rohbaumwolle &c. Auch des Elfenbeins und selbst des Porzellans erwähnen die Zollrollen von Barcelona neben Indigo, Kermes, Rhabarber, Aloe, Korallen und Perlen.

Ihre Marine befand sich in so trefflichem Zustande und hatte einen so großen Ruf erlangt, daß ihre Schiffe häufig von Ausländern für die weiteren Fahrten, nach Griechenland, Aegypten, Flandern &c., gemiethet wurden. In dieser Beziehung waren sie die einzigen ebenbürtigen Nebenbuhler der Genuesen. Auch sonst stießen sie vielfach mit diesen zusammen, da Genua infolge des Uebergewichts von Venedig im Osten sich auf den Westen angewiesen sah und hier überall der Konkurrenz von Barcelona begegnete. Beständige Feindseligkeiten und Kämpfe zwischen den Schiffen beider Gemeinwesen waren die Folge davon und nicht immer blieben die Genuesen siegreich. Besonders furchtbar machten sich die catalonischen Korsaren, welche den Schiffen der Genuesen und Venetianer bei der Rückkehr aus dem Orient auflauerten und sie plünderten.

Eine große Anzahl fremder Kaufleute wohnte in Barcelona, um sich an dem lebhaften und gewinnreichen Handel dieses Platzes zu betheiligen. Fünf-
15. Jahrh. zehn deutsche Häuser bestanden daselbst zu Anfang des 15. Jahrhunderts. Diese bezogen von ihren Geschäftsfreunden oder ihren eigenen Häusern in der Heimat Pelzwerk, Stahl- und Eisenwaaren, Leinwand, Tuche &c., und sandten dagegen Südfrüchte, Safran, Kermes u. dgl. dorthin. Ebenso hatten sich italienische Wechsler, Lombarden, Florentiner, Sienesen, Lucchesen in Barcelona niedergelassen und Banken errichtet. Doch waren die Catalonier, welche gerade diesem Geschäftszweig besondere Thätigkeit widmeten, eifersüchtig auf diese Mitbewerber, und eine Verordnung von 1265 verbot den genannten fremden Wechslern den ferneren Aufenthalt in der Stadt. Ihrerseits unterhielten die catalonischen Bankiers in allen benachbarten Ländern Geschäftsverbindungen. Auf den wichtigsten auswärtigen Plätzen gründeten sie Filiale. Wir finden solche in Flandern, in Frankreich, in Italien und anderwärts. Daß sich große Reichthümer unter ihnen angesammelt hatten, beweisen mehrere Anleihen, welche Fürsten mit ihnen abschlossen. So verpfändete ihnen Papst Clemens IV. gegen 500,000 Goldstücke die päpstliche Tiara.

Verschiedene Einrichtungen, welche zur Erleichterung und Unterstützung des Geschäftsbetriebes in Barcelona bestanden, lassen die Großartigkeit des Verkehrs in dieser Stadt ahnen. Das Vorhandensein eines geräumigen und geschützten Hafens, von Werften und Magazinen, eines großen Arsenals, einer Börse, einer Bank, einer Seeassekuranzanstalt, wechselrechtlicher Bestimmungen u. dgl. läßt uns in Barcelona auch ohne weitere Nachweise eine Handelsstadt ersten Ranges erkennen.

Das Schicksal der übrigen großen Handelsemporien an den Gestaden des Mittelmeers, durch die Wendung der Dinge, welche das Ende dieser Epoche bezeichnet, unerwartet von ihrer Höhe gestürzt, um zum langsamen Hinsiechen verurtheilt zu werden, theilte auch Barcelona, wenngleich dieser Platz selbst zu einem der Reiche gehörte, von welchen dieser Umschwung ausging. Barcelona war groß geworden, weil es an der Straße lag, auf welcher die Handelsverbindung zwischen Abendland und Morgenland geführt wurde. Als das Mittelmeer diese Eigenschaft verlor, schwand auch die Bedeutung von Barcelona, wie die von Alexandrien, Venedig, Genua und Marseille geschwunden ist.

Die deutschen Handelsstädte.

Die Ausbildung des Handels und der Industrie in der germanischen Welt ging Hand in Hand mit der Entwicklung des Städtewesens. Die ersten Anfänge jener treffen wir in unserem Vaterlande deshalb da, wo sich noch aus der Römerzeit Städteanlagen mit verhältnißmäßig dichterer Bevölkerung erhalten hatten, an der Donau und am Rhein. Aber in den Ostseeländern, die nach und nach germanisirt und erobert wurden, hatte sich bereits vielseitiges Gewerbe, Fischfang, Land- und Seehandel entwickelt, dessen Mittelpunkt das berühmte Vineta an der Odermündung war, nach dessen Falle Wisby Haupthandelsplatz wurde und das erste Seerecht abfaßte. Erst später breitete sich die Hansa aus, als mit Hülfe niederdeutscher Bürger der Schwertbrüder- und Deutsche Orden die Ostseeküsten erobert und mit deutschen Städten besetzt hatten und diese fortan gemeinsame Sache gegen Dänemark, Schweden und die Seeräuber mit dem Hansabunde machten.

In der günstigsten Lage befanden sich unstreitig die Donaustädte. Sie 10. u. 11. Jahrh.
konnten auf der Wasserstraße mit Konstantinopel, dem Hauptstapelplatz der Levantiner und Indischen Waaren, wenigstens mittelbar leicht verkehren, und daß sie diesen Vortheil früh genug benutzten, zeigt die Wichtigkeit, welche Regensburg und Passau schon zu Karl's des Großen Zeit für den Handel hatten. Unter den fränkischen Königen galt es für Residenzstadt, und die Kreuzfahrerheere pflegten sich hier einzuschiffen, um bis Serbien zu fahren und dann den Landweg über das schlachtenberühmte Amselfeld nach Konstantinopel einzuschlagen. Durch sie wurde der Verkehr zwischen Deutschland und dem Orient vermittelt, und die ersten Handelsstraßen, von welchen uns im Inneren Deutschlands Kunde wird, laufen von Regensburg einerseits nach Norden über Nürnberg und Erfurt, andererseits über Nürnberg nach dem Main und Rhein. So lange Kiew Mittelpunkt des russischen Handels war, verkehrten Regensburger Kaufleute auch auf den dortigen Märkten. Die Straße zwischen Regensburg und Kiew lief über Trentschin an der Waag durch Galizien.

Aus dem 12. Jahrhundert besitzen wir noch zwei Zolltarife von der Zoll- 12. Jahrh.
stätte Stein an der Donau, welche über die Gegenstände des Donauhandels genauere Auskunft geben. Von griechischen Fabrikaten kommen darin vor: Seide, seidene und halbseidene Priestergewänder, Purpurmäntel, Goldstoffe und Degenkuppeln, ferner Oel, Safran, Haselnüsse, Lakrizel, Lorberblätter, endlich indische Gewürze: Pfeffer, Ingwer, Nelken, Muskatnüsse, Zimmt ꝛc. Ausfuhrgegenstände der Deutschen waren: Leinwand, Wollengewebe, Metallarbeiten, Sklaven ꝛc.

13. Jahrh. Im Laufe des 13. Jahrhunderts schwand jedoch die Bedeutung dieser Handelsstraße aus bereits erörterten Gründen, so daß die Kaufleute von Regensburg, Passau und Wien sich bequemen mußten, mit ihren Waaren die italienischen Märkte aufzusuchen, um sich von daher die Erzeugnisse des Morgenlandes zu holen.

Hier begegneten sie aber Mitbewerbern. Die oberdeutschen Städte hatten die Straße durch Tirol über den Brenner eingeschlagen und somit die kürzeste Verbindung zwischen Mittel- und Norddeutschland und Italien hergestellt. Eine ziemlich ausgebildete Industrie, in Nürnberg auf die Verfertigung von Schmuck- und Spielsachen (Nürnberger Tand), in den schwäbischen Städten Augsburg, Kempten, Memmingen, Kaufbeuren, Ulm ꝛc. hauptsächlich auf die Leinenweberei, später auch auf Baumwollstoffe gerichtet, stützte deren Handel mit Italien, und so eilten Nürnberg und Augsburg bald allen anderen süddeutschen Städten voran. Der eigentliche Speditionsplatz des italienisch-deutschen Verkehrs wurde Augsburg. Hier erwarben einzelne Häuser durch glückliche Handelsspekulationen ungeheuere Reichthümer und dehnten ihre Handelsverbindungen, mit welchen sie wichtige Bankiergeschäfte verbanden, über die ganze bekannte Welt aus. Die Namen der Baumgartner, Welser und Fugger erlangten europäische Berühmtheit. In allen Meeren hatten diese eigene Schiffe (in der Ostsee nahmen die Hanseaten auf einmal 20 dem Hause Fugger gehörige Fahrzeuge weg), und am Ende dieses Zeitraums konnte Kaiser Karl V. beim Anblick des königlichen Schatzes in Paris mit Recht sagen: „Alles das kann ein Augsburger Leinweber mit Gold bezahlen." Die Bedeutung von Augsburg als Wechselplatz schreibt sich aus jener Zeit her. Außer den genannten Städten gelangten auch kleinere, wie Lindau, Konstanz, Biberach, Eßlingen, Heilbronn, Reutlingen, Hall, Nördlingen, Rotenburg u. s. w., durch industrielle Thätigkeit und durch Handel zu großem Wohlstande und wehrten sich mannhaft gegen die Raubsucht des Adels und der Fürsten, traten zu Bündnissen zusammen und brachen gar manche Ritterburg.

Besondere Bedeutung für den Handel erhielten die rheinischen Städte; denn über Basel, Straßburg, Speyer, Worms, Mainz, Köln bildete sich ein Waarenzug zwischen Deutschland, Italien und den Niederlanden, den Rhein entlang und über Chur, den Julier und Septimer nach Venedig und Genua. Von den genannten Rheinstädten wußten sich besonders Speyer, Mainz und Köln durch das Stapelrecht, welches jeden vorüberfahrenden Kaufmann zwang, seine Waaren drei Tage lang im städtischen Kaufhaus auszulegen, ehe dieselben weiter geschafft werden durften, ihren Gewinnantheil an diesem Waarenzug zu sichern. Zölle, von Kaiser und Reich an den wichtigsten Stellen erhoben, nach und nach an die verschiedenen Landesherren, Kurfürsten ꝛc. vergeben, und vielerlei andere Auflagen belasteten zwar den Rheinhandel, dennoch verbreitete er Wohlstand in allen Rheinstädten, bis in den unruhigen Zeiten, nach dem Sturz des Hohenstaufischen Hauses, das Faustrecht des Raubritterthums den Rheinhandel zu einem unsicheren gefährlichen Gewerbe machte. Ueberall erhoben sich Burgen, deren Bewohner durch Raub und willkürliche Zölle an den Engen des Rheins zwischen Bingen und Koblenz jeden Schiffer und reisenden Kaufmann brandschatzten. Da ermannten sich die Rhein- und Mainstädte, Mainz, Worms, Speyer, Straßburg und Basel voran. Mehr als 90 Städte traten zusammen, rüsteten 600 Schiffe aus und zerstörten eine Anzahl der gefährlichsten Raubnester. Bald erregte der Handelsneid aber Uneinigkeit, die Burgen wurden wieder aufgebaut und der Straßenraub begann von Neuem. Dazu kam, daß sehr bald die Italiener direkt mit den Niederlanden verkehrten, die Rheinstädte also ihre Wichtigkeit verloren. Nur Köln behauptete sich, erlangte sogar in London Privilegien und ein eigenes Gildehaus.

Unterdessen erwuchs Norddeutschland nach und nach zur Handelsmacht, als die von Karl d. Gr. gegründeten Bischofssitze (Bremen, Hamburg u. a.) und die von den sächsischen und welfischen Herzögen germanisirten Slavenländer in Handelsverkehr mit den Rhein- und Donaustädten traten, die Stelle der handeltreibenden Wenden vertraten und zu dem Binnenhandel den Seehandel fügten. Schon im Alterthum standen an den Mündungen der Warnow, der Oder und Weichsel Hafen- und Handelsstädte, welche über die Ostsee und mit den Chazaren und Griechen am Schwarzen Meere handelten, den Arabern Bernstein lieferten, welchen diese mit Münze bezahlten, die man daher an der Ostsee in uralten Gräbern findet. Julin und Vineta an der Odermündung und Gidanie am Weichselausfluß galten damals für die ersten Handelsplätze, und Schleswig vermittelte zwischen Slaven und deutschen Binnenstädten (Soest, Arnsberg), bis es von Hamburg, Bremen und Bardewiek überholt wurde, namentlich aber von Lübeck, welches Heinrich der Löwe gründete, als er seine Herrschaft bis an die Ostsee ausbreitete und den Ort mit Stadtgerechtigkeit und großen Freiheiten beschenkte. Doch wurde es am Ende des 12. Jahr- 12. Jahrh.
hunderts von den Dänen zerstört und an seine Stelle als Mittelpunkt des Ostseehandels tritt von da an die Insel Gothland hervor, deren Freihafenstadt Wisby schon im 12. Jahrhundert regelmäßig von Russen und Deutschen besucht wurde, als bequemer Zwischenplatz zum Austausch ihrer Waaren. Denn die Kaufleute jener Zeit scheuten bei dem unvollkommenen Zustande der Schifffahrt weite Reisen. Die Befreiung des Handels auf Gothland von allen Lasten und Auflagen, sowie die Sicherheit des Verkehrs, waren zudem mächtige Anziehungsmittel für Fremde, welche sich sonst überall im Auslande der Unbill der Herrscher und der Bewohner ausgesetzt sahen. Die Deutschen gründeten hier, gleich den Russen, welche eine eigene Kirche besaßen, feste Niederlassungen; Viele ließen sich als Bürger in Wisby nieder, und diese bildeten nebst den Gothländern und den übrigen Deutschen einen „Verein der deutschen Kaufleute“, in welchem wir den ersten Keim des späteren Hansabundes erblicken. Anfangs traten wol nur bei besonderen Veranlassungen die Vorstände und Oldermänner der anwesenden Kaufleute verschiedener deutscher Städte zu gemeinsamen Berathungen und Beschlüssen im Interesse der Kaufmannschaft zusammen. Allmählig aber, als sich der Nutzen des gemeinsamen Handelns herausstellte, nahm der Verein eine festere Organisation an und legte sich sogar ein eigenes Siegel bei: einen Lilienbusch mit der Umschrift: „Siegel der deutschen Kaufleute auf Gothland.“ Die in Wisby eingebürgerten Deutschen führten eine kleine Lilie als Wappen.

Im Jahre 1229 schloß dieser Verein deutscher Kaufleute auf Gothland 1229.
mit Abgeordneten des Fürsten von Smolensk einen Vertrag über die Beilegung von Streitigkeiten zwischen den Russen und den Deutschen auf Gothland ab. Aus demselben Jahre liegen Verträge über die Rechte der Gothländer in Nowgorod vor, einer ebenfalls berühmten Handelsstadt in Rußland, an dem durch den Wolchow mit dem Ladogasee verbundenen Ilmensee, wo die

Gothländer eine später auf die Deutschen übergegangene Handelsniederlage er-
1287. richtet hatten, und 1287 gab jener Verein Gesetze über die Bergung und Wie-
dererstattung gestrandeter Güter u. dgl., wobei die deutschen Städte bei Strafe
der Ausschließung aus der Gemeinschaft zur Nachachtung aufgefordert werden.

Den Vertrag mit dem Fürsten von Smolensk unterzeichneten als Vorstände des Vereins deutscher Kaufleute auf Gothland: „3 Bürger aus Gothland, 1 aus Lübeck, 1 aus Soest, 2 aus Münster, 2 aus Dortmund, 2 aus Gröningen, 1 aus Bremen, 3 aus Riga und viele andere verständige Leute.“ Fast an der Spitze des Vereins erscheinen zu jener Zeit Kaufleute aus (heute) kleinen und unbedeutenden westfälischen Binnenorten, wie Soest, Münster und Dortmund, welche mit russischen Fürsten Verträge abschließen. Denn die damaligen Verhältnisse geboten das Reisen, und man konnte es zu jener Zeit noch nicht wagen, die Waaren Fremden anzuvertrauen, sondern mußte sich selbst nach den Absatzorten begeben. Lagen diese jenseit des Meers, so war man gezwungen, Schiffe zu miethen und den Transport auf diese Weise zu bewerk-
1228. stelligen. So wird es auch erklärlich, wie Waldemar von Dänemark 1228
bazu kam, den Braunschweigern Befreiung von Zöllen und vom Strandrecht in
seinem Reiche zu verleihen.

Diese selbständige direkte Handelsthätigkeit der sächsischen und westfäli-
13. schen Binnenstädte nach fremden Ländern, welche auf der frühzeitigen Entwicklung
bis in gewerblicher Beziehung beruhte, nahm erst ab, als im Laufe des 13. und
14. Jahrh. 14. Jahrhunderts auf der unterdeß von den deutschen Fürsten und mehreren
Ritterorden eroberten Ostseeküste eine Reihe von Städten: Wismar, Rostock, Greifswald, Anklam, Stralsund, Demmin, Kolberg, Danzig, Königsberg, Reval, Dorpat, Riga u. s. w., neu gegründet, meist aber nur von deutschen Ansiedlern bevölkert worden waren, welche sich sofort zu Vermittlern zwischen den Binnenstädten und dem Auslande aufwarfen. Doch finden wir noch viel später Beweise eines fortdauernden, unmittelbaren Verkehrs bedeutender Häuser im Inneren, namentlich mit England und den Niederlanden, wohin nach dem Heranwachsen der Ostseestädte der Handel der westfälischen hauptsächlich gerichtet war.

Der erwähnte Verein deutscher Kaufleute auf Gothland und die in derselben Weise entstandenen, nur weniger einheitlich ausgebildeten Vereine in London und Brügge sind die eine Grundlage gewesen, aus welcher der mächtige „Hansabund“ erwuchs. Er hatte aber noch eine zweite, von jener vollständig
13. verschiedene. Dies waren die Bündnisse, welche einzelne Städte schon zu An-
Jahrh. fang des 13. Jahrhunderts zum Schutz der Handelsstraßen, zur Vertheidigung
gegen die Angriffe benachbarter Adeliger, zur Abwehr der Seeräuber u. dgl. schlossen, und welche in vielen Fällen auch eine durch das Gefühl gemeinsamer Interessen eingegebene Bestimmung enthielten, wonach Streitigkeiten zwischen den Bürgern der verschiedenen Städte, wie zwischen den Städten selbst, durch Vermittelung „guter und bescheidener Männer“, auf den Rath befreundeter dritter
1210. 1241. Städte beigelegt werden sollten. Urkunden über derartige Bündnisse liegen vor
1248. aus den Jahren 1210 (Lübeck und Hamburg), 1241 (dieselben, außerdem
1253. 1258. Soest und Lübeck), 1248 (Braunschweig und Stade), 1253 (Münster, Dort-
1259. mund, Soest und Lippe), 1258 (Köln und Bremen), 1259 (Bremen und Ham-
1293. burg), 1293 (Lübeck, Rostock, Wismar, Stralsund, Greifswald) u. s. w. Die
letzterwähnte Verbindung zwischen den fünf, später hauptsächlich mit dem Namen

der wendischen Städte bezeichneten Gemeinwesen wurde öfters erneuert und
bildete gewissermaßen den festen Kern, um welchen sich nach und nach die übrigen
sammelten. Lübeck, die wichtigste und mächtigste der genannten Städte, ist auch
stets Leiterin und Vorort des „Hansabundes“ geblieben.

Mit der wachsenden Bedeutung dieser Ostseestädte, namentlich Lübecks,
welches schon am Anfang des 13. Jahrhunderts ganz allein siegreich gegen die 13. Jahrh.
Dänenkönige kämpfte, verlor der „Verein deutscher Kaufleute“ an Ansehen,
und statt seiner erschienen die verbündeten Städte als Beherrscher des Ostseehandels. Diese Umwandlung ging in der letzten Hälfte des 13. Jahrhunderts 1300.
vor sich, denn schon im Jahre 1300 erließ Lübeck an Osnabrück eine Einladung
zur Beschickung einer von den wendischen Städten anberaumten Tagfahrt, um
über die Bedrückungen der Kaufleute in Flandern, Dänemark und Norwegen
zu berathen. Wie hieraus ersichtlich ist, handelte es sich jetzt nicht mehr um
friedliche Ausbeutung der vom Auslande den deutschen Kaufleuten willig einge-
räumten Vortheile, sondern um Behauptung und Vertheidigung derselben.
Schon dadurch mußte die Leitung der Handelsangelegenheiten von den im Auslande weilenden Kaufleuten auf die Städte übergehen, welche allein im Stande
waren, die Handelsinteressen im Nothfall auch mit Waffengewalt zu schützen.

Die beständigen Fehden Lübecks und der übrigen Ostseestädte mit den 13.
nordischen Königen im Laufe des 13. und 14. Jahrhunderts zeigen, daß die bis 14.
Städtebürger und Kaufleute auch das Schwert zu führen verstanden. Wenn Jahrh.
auch zuweilen einer der kräftigeren Regenten Dänemarks, Norwegens oder
Schwedens versuchte, sie größeren Beschränkungen zu unterwerfen, ihnen höhere
Zölle aufzulegen, sie von dem für den Handel der deutschen Städte so wichtigen Fischfang an den Küsten, namentlich Schonens, auszuschließen, oder wol
gar seine Macht nach Deutschland hinüberzutragen, Strecken der Ostseeküste
sammt den darauf gelegenen Städten seiner Herrschaft einzuverleiben — Versuche, die hie und da von Erfolg begleitet waren — so vermochten sie doch nicht,
der vereinten Kraft der Städte, welche durch die Geldmittel, die ihnen zu Gebote standen, nicht wenig verstärkt wurde, zu widerstehen. Die Handelsstädte
ordneten dann neue Handelssperre an, führten namentlich kein Mehl zu, ver-
sagten den Kredit, und so brachten sie es dahin, daß in Stockholm und Kopenhagen die Magistrate aus Deutschen gewählt, Könige nach dem Willen der
Hansa ab- und eingesetzt wurden.

Diese Angriffe selbst trugen daher viel zu dem engen Aneinanderschließen
der bedrohten Städte bei. Als z. B. Waldemar III. von Dänemark mehrere
deutsche Fürsten von Kassuben, Pommern und Rügen zur Anerkennung der
dänischen Oberhoheit zwang, die Inseln Oeland und Gothland nach einem
hartnäckigen Kampfe eroberte, in welchem 1800 Deutsche und Gothländer vor 1361.
den Mauern der Stadt fielen, Wisby (1361) plünderte und theilweise schleifte, 1367
beschlossen 77 Städte des zu Köln (1367) gehaltenen Hansatages Fehde, rüsteten
eine Flotte von 21 großen Schiffen mit 2000 schwer Bewaffneten und erhoben zur
Bestreitung der Kosten während eines Jahres einen Pfundzoll, d. h. eine Ab-
gabh von allen aus den verbündeten Städten ausgeführten Waaren. Obgleich
ierdurch in seiner Zuversicht erschütterte Dänenkönig — welcher bei Empfang
des Absagebriefs verächtlich ausgerufen haben soll: „Seven und seventig Hänse
und seven und seventig Gänse; bieten mich nich die Gänse, so frag ick en S.....
no de Hänse“ (Dänische Chronik), — in Deutschland Mannschaften anwarb,

obwol er die Hülfe des Kaisers anrief, und dieser die „Empörer", d. h. die Städte, welche den Uebergriffen der Dänen in Deutschland allein entgegentraten, in die „Acht" erklärte, triumphirten die Städte dennoch. Sie nöthigten den Verbündeten Dänemarks, den König von Norwegen, durch Verheerung der norwegischen Küsten zum Frieden, verwüsteten die Küsten Seelands und Schonens, eroberten Kopenhagen, Helsingör, die Schlüssel des Sundes, ferner Norköping, Falsterbo und Ellerholm, und zwangen hierdurch den dänischen Reichshauptmann, welcher in Waldemar's Abwesenheit regierte, zu Unterhandlungen, die
1370. zu dem Friedensschluß von 1370 führten. In diesem Frieden erhielten die Hansastädte die festen Plätze, Schlösser u. s. w. auf Schonen, nebst zwei Drittheilen der königlichen Einkünfte daselbst auf 15 Jahre als Pfand. Waldemar mußte geloben, daß künftig ohne den Rath der Städte Keiner zur Krone Dänemarks gelangen und erst dann als rechtmäßiger König zu betrachten sein solle, wenn er der Hansa alle ihr bewilligten Rechte und Freiheiten bestätigt habe.

Dieser Friedensschluß, welcher für immer als eines der rühmlichsten Zeugnisse von der Kraft des altdeutschen Bürgerthums dastehen wird, besiegelte die Herrschaft der „Hansa" in der Ostsee; von da ab behauptete sie dieselbe das ganze Mittelalter hindurch.

In der Glanzperiode des „Hansabundes" waren die verbündeten Städte in mehrere Kreise (Anfangs 3, später 4) getheilt. Zu dem „wendischen" gehörten Lübeck, Rostock, Wismar, Stralsund, Greifswald, Stettin, Neu-Stargard, Kolberg, Anklam, Demmin und viele kleinere Orte, welche sich wieder einzelnen der hier genannten größeren anschlossen und durch diese bei Tagfahrten, Verhandlungen u. dgl. vertreten wurden. Erwähnt werden Pritzwalk, Kyritz, Berlin und Köln an der Spree, Havelberg, Werben, Seehausen, Stendal, Gardelegen, Soltwedel, Pasewalk, Frankfurt a. O., Tangermünde, Breslau. Zu den „sächsischen" Städten zählten Hamburg, Bremen (welche beide aber fast stets auf den Vorort der Hansa, Lübeck, eifersüchtig waren und sich deshalb so viel wie möglich isolirten), Stade, Buxtehude, Goslar, Hameln, Magdeburg, Braunschweig, Hannover, Göttingen, Halle, Hildesheim, Erfurt, Nordhausen, Halberstadt, Einbeck u. s. w. Der „westfälisch-preußischen" Abtheilung gehörten an: Köln am Rhein, mit überwiegendem Einfluß auf alle übrigen, dann Soest, Dortmund, Münster, Osnabrück, Lippe, Minden, Paderborn, Lemgo, Höxter, nebst den die deutsche Oberhoheit anerkennenden niederländischen Städten: Campen, Gröningen, Stavern, Harderwyk, Amsterdam, Briel, Dortrecht, Utrecht, Middelburg, Zwoll, Hasselt, Deventer, Zütphen &c., in Preußen: Kulm, Thorn, Danzig, Elbing, Königsberg, Braunsberg und viele kleinere. Die Gothländer bildeten einen eigenen Verein mit den livländischen Städten Riga, Reval, Dorpat, Pernau u. a. m.

Wir wenden uns jetzt zu den Handelsverbindungen der deutschen Hansastädte mit den verschiedenen Ländern und werden dabei gleichzeitig Gelegenheit finden, die Verhältnisse der letzteren, welche erst im folgenden Zeitraum eine höhere Bedeutung gewinnen, ins Auge zu fassen.

Die wichtigste Handelsverbindung der „Hansen" ist stets die mit **Rußland** gewesen. Natürlich dürfen wir dabei nicht an den heutigen Umfang dieses Reichs denken. Damals gehörten weder Polen noch die Ostseeprovinzen dazu. Außerdem war es in eine Anzahl unabhängiger Fürstenthümer getheilt. Nur das nordwestlichste derselben, Smolensk, stand mit den Ostseeländern in direkter

Beziehung; von ihm ist also hier allein die Rede. Durch ihre glückliche Lage war die Hauptstadt des Fürstenthums, Smolensk, welche mittels des Dnjeprs mit Kiew und dem Schwarzen Meere verkehren konnte, während nur eine kurze Entfernung sie von der in die Ostsee mündenden Düna trennte — zum Vermittler des Handels zwischen den Ostseeländern und den Anwohnern des Schwarzen Meers berufen. Daß ein solcher schon in den ersten Jahrhunderten des Mittelalters bestand, dafür liegen unzweideutige Beweise vor. Nach dem Falle von Julin wandten sich die Russen nach der ihnen näher gelegenen Insel Gothland, welche fortan als Zwischenplatz für den Verkehr zwischen Deutschen und Russen diente. Einzelne der letzteren sind sogar bis nach Lübeck gekommen. Welche Waaren damals die Tauschgegenstände bildeten, wissen wir nicht. Doch läßt sich aus späteren Urkunden mit ziemlicher Sicherheit darauf schließen, da sich die übrigen Verhältnisse der betreffenden Länder inzwischen nicht geändert hatten.

Die Russen standen gleich den Dänen, Schweden, Normannen und selbst den Engländern in industrieller Ausbildung weit hinter den Deutschen zurück. Sie beschäftigten sich ausschließlich mit der Gewinnung von Rohprodukten und vertauschten diese gegen die ausländischen Gewerbserzeugnisse und andere ihrem Klima versagte Produkte. Das ganze Mittelalter hindurch machten westfälische und niedersächsische Fabrikate, wie Wollenwaaren, Leinwand, Garn, Metallarbeiten, Nadeln, Bier, endlich Salz und Rheinweine, den wichtigsten Theil der deutschen Ausfuhr aus. Diese Waaren, zu welchen später noch feine flandrische Tücher, indische Gewürze u. a. m. kamen, werden deshalb auch von Anfang an die Tauschartikel der Deutschen in dem Handel mit den Russen gewesen sein, die dafür Wachs, Pelzwerk, Talg und andere Fettwaaren, Felle, Leder u. dgl. hingaben. Wir haben früher gesehen, welch wichtige Bestandtheile des italienischen Handels und der italienischen Industrie einige dieser Artikel, wie Wachs und Pelzwerk, bildeten, und können daraus einen Schluß auf die Bedeutung des russischen Markts für die Deutschen ziehen, durch deren Hände jene Waaren nach Italien gelangten.

Aus diesem Grunde bemühten sich Gothländer sowol als auch Deutsche schon früh, in Rußland selbst festen Fuß zu fassen und sich des Ausfuhrhandels der Russen zu bemächtigen. Erstere gründeten wahrscheinlich schon im 12. Jahr- 12. Jahrh.
hundert eine Handelsniederlassung in Nowgorod. Die Deutschen folgten ihnen bald nach, und beide vereint legten Zweigniederlagen in Smolensk, Witebsk, Pleskow, Alt-Ladoga und anderen russischen Städten an. Anfangs wurde die Verbindung nur zu Wasser mittels der Düna und der Newa unterhalten; später, als Livland den Ordensrittern gehörte, auch zu Lande.

Ueber die Art und Weise, wie der Handel hier betrieben wurde, lernen wir Manches aus den, von Sartorius in seiner vortrefflichen Geschichte des Hansabundes mitgetheilten Urkunden kennen. Die Kaufleute trieben ihre Geschäfte ganz selbständig, theils in Person, theils durch Diener. Handelsgesellschaften im heutigen Sinne des Worts waren diese Vereine trotz ihrer festen Organisation, trotz ihrer gemeinsamen Niederlagen nicht. Die Vereinigung erstreckte sich nur so weit, als es sich um Schutz von Person und Eigenthum, um Erlangung und Behauptung von Handelsvorrechten, Freiheiten u. dgl., um Vermeidung von Streitigkeiten mit den Fremden, in deren Lande man sich aufhielt, und um allgemeine Vorschriften über den Verkehr mit diesen handelte.

Im Uebrigen war jeder Einzelne vollkommen unabhängig von den Uebrigen. Er konnte kommen oder wegbleiben, wie es ihm beliebte, und von ihm hing es ab, welche Waaren er verkaufen, welche er dagegen einhandeln wollte. War er aber einmal da, so mußte er sich folgenden Vorschriften unterwerfen: Ueber eine Werthsumme von 1000 Mark hinaus durfte Keiner Geschäfte machen, damit die Aermeren nicht von den Reichen verdrängt würden. Wer seine Geschäfte besorgt hatte, mußte abreisen, um Neuankommenden in den geschlossenen Räumen — Hof genannt — welche zum Aufenthalte sämmtlicher deutscher Kaufleute dienten, Platz zu machen. Kleinhandel, den sich die Russen wahrscheinlich vorbehalten hatten, durfte nur von den „Jungen" betrieben werden und zwar bis zu einem Paar Handschuhe, einem Pfund blaues und gesponnenes Garn, Linnen und grobes Tuch zu einer halben Rope, Schwefel in kleinen russischen Pfunden, deutsche Nadeln nur 1000-, lübische nur 100 weise, Paternoster, rothes Leder und Pergament, ebenfalls nicht in größeren Quantitäten. Unbesehenes (ungeprüftes) Tuch sollte nicht zum Verkaufsorte gebracht werden. Dagegen sollte auch Niemand falsches Pelzwerk kaufen (die Russen wußten ausgegangene Haare an schlechten Pelzen durch angenähte zu ersetzen u. dgl.). Eben so mußte Jeder eingekauftes Wachs von dem dazu bestellten „Wachsfinder" prüfen lassen und durfte es erst nach der Prüfung in die Niederlage bringen ꝛc.

Die letzteren Vorschriften zeigen, daß sowol die Russen als die Deutschen sich auch unerlaubter Vortheile bedienten. Die Klagen der Letzteren über Verfälschung des Wachses und des Pelzwerks nahmen kein Ende. Dagegen beschwerten sich die Russen eben so häufig über die Unechtheit der eingeführten Tücher.
1327. Deshalb ward 1327 bestimmt, daß Tücher, welche an Orten gefertigt sind, wo keine Aufsicht und keine Vorschrift über die Zubereitung besteht, nicht nach Nowgorod gebracht werden sollten. Echte dirmuidische, ypernsche und langemarch'sche können von Jedem eingeführt werden, nicht aber solche, welche ihnen nachgemacht, auf ähnliche Weise geschoren und gefaltet sind ꝛc. Eine vollständige Liste aller von den Deutschen nach Rußland geführten Gegenstände fehlt, da das Hauptvorrecht des deutsch-russischen Handels Zollfreiheit war und deshalb keine Zollrollen existirten. In den vorhandenen Urkunden werden außer Tüchern, welche den wichtigsten Einfuhrartikel bildeten, noch genannt: Malz, Mehl, Getreide, geräuchertes Fleisch, Heringe, Leinwand, gefärbtes Garn, Metalle und Metallwaaren, Wein, Bier und kleinere Krämerwaaren, wie Nadeln, Handschuhe, Paternoster, Schwefel, Pergament ꝛc.

Der Verkehr mit Schweden war von geringerer Bedeutung. In früherer Zeit vermittelte Wisby denselben hauptsächlich. Später wandten sich die
13. Jahrh. deutschen Ostseestädte, von denen Lübeck schon im 13. Jahrhundert gewisse Vorrechte, wie Zollfreiheit, Befreiung vom Strandrecht, Auslieferung des Vermögens von gestorbenen Kaufleuten an die Erben u. dgl., besaß, selbst nach Schweden. Eine Gesammtniederlage oder einen Hof, wie in Nowgorod, haben die Deutschen hier nie gehabt. Sie bedurften derselben auch nicht, da ihnen,
1251. wie wir aus einer ins Jahr 1251 fallenden Urkunde ersehen, schon früh das Niederlassungsrecht in den schwedischen Städten bewilligt ward. Infolge dessen siedelten sich dort deutsche Kaufleute in solcher Anzahl an, daß sie das Recht erlangten, die Hälfte des Magistrats zu besetzen, und sie behaupteten dieses Recht während des ganzen Zeitraums. Hauptausfuhrartikel des Landes waren Metalle, namentlich Eisen und Kupfer. Die Werke wurden theilweise

mit Hülfe ausländischen Kapitals betrieben, wenigstens besaßen die Lübecker selbst Kupferminen. Daneben scheinen Holzwaaren, in guten Jahren auch Fleisch und Getreide ausgeführt worden zu sein. Doch beweisen mehrere Urkunden, daß die Könige die Ausfuhr von Nahrungsmitteln ungern sahen und mehrmals untersagten. Ueber die Einfuhr der Deutschen besitzen wir keinerlei Nachweise. Wir dürfen aber als sicher annehmen, daß sie alle Waaren umfaßte, die nach den übrigen nordischen Ländern geführt wurden. Die meisten sind schon oben, bei Besprechung des Handels mit Rußland, erwähnt worden.

Ungleich wichtiger waren die Beziehungen zu Dänemark, worunter freilich nicht das Reich innerhalb seiner jetzigen Grenzen verstanden werden darf. In dieser Beschränkung aufgefaßt, zeigt der Verkehr eine große Aehnlichkeit mit dem zwischen den Deutschen und den Schweden. Erstere erwarben theils einzeln, theils in Genossenschaften, eine Reihe von Freiheiten in Bezug auf Zölle, den Handel im Inneren des Landes, Strandrecht ꝛc. und wußten diese theils auf friedlichem Wege durch Unterhandlungen und Geschenke, theils mit Waffengewalt zu behaupten und zu erweitern. Ohne ähnliche Begünstigungen wie in den schwedischen Städten zu erlangen, ließen sie sich doch einzeln nieder, erwarben Bürgerrechte und wußten sich auf diese Weise ziemlich dieselben Vortheile zu verschaffen. Die Ausfuhr bestand in Fettwaaren (Butter und Unschlitt), gesalzenem Fleisch, Pferden und Rindvieh, Samen und Getreide, die Einfuhr aus Wolle, Metallwaaren, Leinwand, Seide, Wachs, Honig, Pelzwerk, Butter, Kleider und allerlei Krämerwaaren, Wein, Bier ꝛc. Zum Dänischen Reiche gehörte aber in früheren Jahrhunderten auch der gegenüberliegende südlichste Theil der Skandinavischen Halbinsel, Schonen, und hier war der eigentliche Mittelpunkt der Handelsverbindungen mit Dänemark. Veranlassung dazu gab der Fischfang. Die Wanderzüge der Heringe wechseln bekanntlich in gewissen Perioden ihre Richtung. In alten Zeiten wurde die pommersche Küste von ihnen besucht. Später wandten sie sich nach Schonen und Norwegen; gegenwärtig erscheinen sie nur noch an der Westküste Norwegens, wie an den schottischen Küsten. Während des ganzen Mittelalters war der Fang an der Küste Schonens am ergiebigsten und dadurch wurden aus der Nähe und Ferne die Fischer herbeigezogen. Deutsche Fischer und Kaufleute versammelten sich hier schon im 12. Jahrhundert in ganzen Gesellschaften, 12. Jahrh.
um dem Fange obzuliegen, und wir dürfen diese Beschäftigung wol als die eigentliche Grundlage der Schiffahrt und des Handels der deutschen Ostseeküste betrachten. Es ist dies ja dieselbe Grundlage, auf welcher das mächtige Venedig erwuchs, und welcher auch Holland die Ausbildung seines Seewesens zu danken hat. Denn wegen der zahlreichen Fasttage waren Fische in allen katholischen Ländern ein viel verbrauchter Artikel.

Eine Reihe von Urkunden zeigt, daß Lübeck, Bremen, Köln, Hamburg, Wismar, Greifswald, Rostock, Stettin und die übrigen Ostseestädte, ja selbst friesische und holländische Städte, wie Campen, Zütphen und Harderwyk, im Laufe des 13. und 14. Jahrhunderts von den dänischen Königen das Recht 13. u. 14. Jahrh.
erwarben, hier Fischfang zu treiben, Handelsverbindungen anzuknüpfen und sich niederzulassen. Die wichtigsten Freiheiten, welche sie sich nach und nach zu verschaffen wußten und die später Gemeingut der Hansa wurden, waren etwa folgende: Sie durften die schonen'schen Märkte, namentlich die auf Skanoer und Falsterbo, besuchen und dort ihre Vitten oder Fischläger auf ihnen zu eigen

übergebenem Grund und Boden errichten. Ihre Rechtsstreitigkeiten schlichtete ein von ihnen selbst eingesetzter Vogt. Niemand durfte ohne ihre Erlaubniß auf ihren Bitten bauen. Für ihren eigenen Gebrauch konnten sie Wein und Bier ausschenken. Wollene Tücher und alle anderen Güter (Linnen, Wachs, Pelzwerk u. s. w. werden erwähnt) durften sie nach Bezahlung des Zolles überall frei verkaufen. Ihr schiffbrüchiges Gut war vom Strandrecht befreit. Das Vermögen Gestorbener wurde gegen die gesetzliche Abgabe den Erben ausgeliefert. Sie durften ihre eigenen Handwerker und Arbeiter, „Knochenhauer, Krämer, Pelzer u. s. w.", mitbringen, und auch diese standen unter dem Schutze und dem Recht des Vogts, sogar wenn sie nicht auf den Bitten selbst wohnten u. s. w.

Die Deutschen bildeten also hier gewissermaßen einen Staat im Staate, ungefähr wie gegenwärtig europäische Kaufleute in uncivilisirten Ländern, dem Orient z. B., nur die Gerichtsbarkeit ihres Konsuls anerkennen und im Uebrigen vollkommen unabhängig sind.

Außer dem Hering führten die Deutschen, wie oben gezeigt, noch mehrere dänische Erzeugnisse aus. Doch überwog die Heringsausfuhr alles Andere an Wichtigkeit. Ganz Deutschland, Rußland, England und die Niederlande wurden damit versorgt, und viele Beschlüsse und Verordnungen über das Einsalzen der Fische, über die Größe der Tonnen u. s. w. lassen erkennen, wie sehr sich die Städte der Bedeutung dieses Handelszweigs bewußt waren.

Die Handelsverbindungen der Deutschen mit Norwegen lassen sich bis ins elfte Jahrhundert zurück verfolgen. Damals war die Stadt Tunsberg der Mittelpunkt des Verkehrs zwischen Engländern, Schotten, Dänen, Sachsen und den Normannen. Später schwang sich Stavanger, endlich Bergen
1076. (1076 gegründet) zum wichtigsten Handelsplatz auf. Hier hatten die Deutschen nicht blos die Eifersucht der Eingeborenen selbst in den genannten Städten, sondern auch die Nebenbuhlerschaft der Engländer und Schotten zu bestehen, welche wahrscheinlich vor ihnen hierher fuhren. Infolge dieser schwierigen Stellung ist es ihnen hier erst weit später als in den übrigen nordischen Ländern gelungen, überwiegenden Einfluß zu erlangen. Das so berühmte hanseatische Contor in Bergen, die Brücke und die Schuster- (d. h. Handwerker-) gasse genannt, die bedeutendste aller ihrer Niederlassungen, tritt erst gegen Ende dieses Zeitraums in den Vordergrund. Die deutschen Städte hatten sich zwar schon vorher viele Rechte und Freiheiten verschafft und selbst deutsche
13. Jahrh. Handwerker scheinen im 13. Jahrhundert in Bergen gewohnt zu haben. Doch mußten sie zur Behauptung dieser Rechte, wie in Dänemark, beständige Kämpfe mit den norwegischen Fürsten führen, welche ihnen heute wieder nahmen, was sie ihnen gestern gewährt hatten, sobald die Gelegenheit günstig schien oder irgend ein Vorfall sie erzürnt hatte. Erst von der großen Fehde mit Waldemar III. an, in welche Norwegen zu seinem Schaden verwickelt gewesen war, darf die Hansa auch als Beherrscherin des norwegischen Handels betrachtet werden, denn nun bat sie nicht mehr um Gewährung ihrer Wünsche, sondern sie forderte, auf ihre Macht gestützt, die Erfüllung derselben als ihr gutes Recht.
1370. Der Friedensschluß von 1370 besiegelte dieses Verhältniß durch die allen hanseatischen Schiffen verstattete Ehrenauszeichnung, mit fliegendem Wimpel am höchsten Maste in alle norwegischen Häfen einlaufen zu dürfen.

Der Handel mit Norwegen war höchst wichtig für die Deutschen. Der Reichthum des Landes an Waldungen und an Wild ist ja noch heute die Quelle seines Wohlstandes, und außerdem vermittelte Norwegen gleichzeitig den Handel mit den westlichen Inseln, den Faröern, Orkaden, wohin die Hansen selbst nicht fahren durften, um dem Contor in Bergen seine Bedeutung nicht zu schmälern. Die Ausfuhr bestand in Holz, namentlich für den Schiffbau, Pech, Thran und Harz, Fellen von Hausthieren und von Wild, von Schafen, Bären, Wölfen, Füchsen, Luchsen, Dachsen, Wieseln, Fischottern, Bibern und Seehunden, endlich in allerlei Fischen, Heringen, Stockfischen, in Thran, Talg und anderen Fettwaaren.

Dagegen brachte Norwegen nur kümmerlich selbst die gewöhnlichen Nahrungsmittel hervor, und die Bewohner waren deshalb auf ausländische Zufuhren von Mehl, Getreide, Hülsenfrüchten, Wein und Bier angewiesen. Dazu kamen deutsche und niederländische Fabrikate, Tuche, Metallwaaren, endlich Salz, Südfrüchte, Gewürze und die übrigen Erzeugnisse tropischer Gegenden.

In dieser gänzlichen Abhängigkeit der Normanen von den Deutschen, sowol bei der Verwerthung ihrer Rohprodukte als bei der Versorgung mit Allem, was zum Leben gehört, ist wol auch der Grund zu suchen, weshalb das hanseatische Contor in Bergen, nachdem die Hansen sich einmal des Ein- und Ausfuhrhandels bemächtigt hatten, alle übrigen Höfe und Contore derselben, mit deren innerer Einrichtung es sonst ganz übereinstimmte, nicht blos an Bedeutung hinter sich ließ, sondern sie auch überdauerte.

Nachdem wir im Vorhergehenden die Handelsverbindungen der Deutschen im Norden angedeutet und die wichtigsten Ausfuhrgegenstände der vier Nordischen Reiche kennen gelernt haben, wenden wir uns zu einem anderen Schauplatze deutscher Handelsthätigkeit, zu den Ländern nämlich, wo sie diese Produkte des Nordens, die eigentlichen Stapelartikel der Hansen, im Völkerverkehr wieder gegen andere Waaren vertauschten.

Am passendsten gedenken wir zuerst des Handels mit England, welcher in gewissen Beziehungen große Aehnlichkeit mit dem oben geschilderten zeigt. Gleich Rußland, Dänemark, Schweden und Norwegen, stand auch England in jener Zeit weit hinter Deutschland und den Niederlanden zurück, sowol was Ausbildung und Entwicklung des Städtewesens und des Bürgerthums im Allgemeinen, als auch was die Hauptzweige bürgerlicher Thätigkeit, Industrie und Handel im Besonderen betrifft. Mehrfacher Wechsel der Herrschaft, ja theilweise selbst der Bewohner hatten die ruhige Entwicklung des Landes gestört. Die Angelsachsen eroberten 449 England; später fielen Dänen und Normannen 449.
häufig ins Land und ließen sich nieder; 1066 endlich landete ein großes fran- 1066.
zösisches Heer unter Wilhelm von der Normandie auf der Insel, schlug König Harald und nahm das Reich in Besitz. — Das durch die Normannen eingeführte Feudalwesen, welches Land und Leute dem neuen Grundherrn zu eigen gab, trug das Seinige zum Stillstand der Nation in Gewerbe und Handel bei, und so finden wir England, den ersten Industriestaat der Gegenwart, während des ganzen Mittelalters fast ausschließlich Rohprodukte erzeugend und diese durch Fremde gegen ausländische Fabrikate vertauschend. Die großen Grundbesitzer, König, Klöster und Adelige, hielten ungeheuere Schafherden, deren Wolle in den Niederlanden, in Frankreich und Italien verarbeitet wurde. Die reichen, schon im Alterthum ausgebeuteten Zinnminen in Cornwall lieferten den zweiten Ausfuhrartikel, und dann wurden hauptsächlich Felle und Leder exportirt.

Auch hier finden wir die Deutschen früh bemüht, den Aus- und Einfuhrhandel möglichst zu monopolisiren und sowol andere Fremde als auch die Engländer selbst davon auszuschließen. Das Letztere gelang ihnen in der That Jahrhunderte lang. Es lag im Interesse der Könige und der Grundherren, die ausländischen Kaufleute zu begünstigen, da diese nicht blos höheren Zöllen unterworfen waren als die Inländer, sondern auch infolge ihrer ausgebreiteteren Handelsverbindungen bessere Preise zahlen konnten. Waren die Könige in Geldverlegenheit, was sehr oft der Fall gewesen zu sein scheint, denn sie verpfändeten mehr als einmal die Krone und andere Juwelen, so mußten sie ihre Zuflucht wieder zu den Fremden nehmen, welche sich dafür namentlich allerlei Vorrechte und Begünstigungen auszuwirken wußten. Zeitweise war die Ausfuhr der englischen Rohstoffe sogar nur den ausländischen Kaufleuten erlaubt!

Ueber das hohe Alter der Handelsverbindungen der Deutschen mit Eng-
978 bis 1016. land liegen viele Belege vor. Schon König Ethelred (978—1016) erwähnt in seinen Gesetzen der Kaufleute des römischen Kaisers, womit wahrscheinlich die Kölner Kaufleute gemeint sind. Von allen Deutschen gingen diese zuerst nach London, errichteten dort eine Niederlassung und legten damit den Grund zu dem späteren Contor der Hansa. In der letzten Hälfte des 12. Jahr-
1154 bis 89. hunderts wurde ihnen von Heinrich II. (1154—1189) verstattet, ihren Wein auf demselben Markt zu verkaufen, auf welchem die französischen Weine verkauft wurden. Eine Reihe von Urkunden zeigt, wie sich von da an die Kölner, nach ihnen die Lübecker, Hamburger, Gothländer, Gröninger und Westfalen in London immer fester gesetzt haben, bis endlich der Verein der deutschen Kaufleute die bisher vereinzelten Städtebürger umfaßt und als Erbe ihrer Rechte und Freiheiten erscheint. Die wichtigste dieser Urkunden datirt von dem Jahre
1303. 1303. Es ist dies ein Freibrief Eduard's I., welcher darin allen fremden Kaufleuten — aufgeführt werden solche aus Deutschland, Frankreich, Spanien, Portugal, Navarra, aus der Lombardei, Toskana, der Provence, Catalonien, Aquitanien, Toulouse, Cahors, Flandern und Brabant — den Groß- und Kleinhandel in seinem Reiche, das Niederlassungsrecht u. s. w. gegen Bezahlung der gleichzeitig festgesetzten Zölle (von 1 Faß Wein, 1 Sack Wolle, 1 Last oder 200 Stück Fellen, 1 Stück Scharlachtuch, 1 Centner Wachs, Seidenwaaren, feinen Tüchern, Getreide ꝛc.) gestattet. Diese Urkunde ist deshalb besonders wichtig, weil von allen den darin genannten Kaufleuten nur die Hansen noch Jahrhunderte nachher die darin verbrieften Rechte und Freiheiten neben den festgesetzten Zöllen festhielten und so vor den Uebrigen, welche sich längst höheren Zöllen hatten unterwerfen müssen, einen großen Vortheil voraus hatten, wenn sie dieselben auch nicht, wie in den nordischen Reichen, von aller Mitbewerbung ausschließen konnten.

England wurde von den Deutschen ausschließlich mit Wein und anderen deutschen Artikeln, mit den Produkten des Nordens, Hering, Stockfisch, Pelzwerk, ferner mit Wachs, Honig, Getreide, Leder u. dgl., versorgt. Auch der Tuchhandel befand sich fast ganz in ihren Händen, während sie auf der anderen Seite den größten Theil der englischen Roherzeugnisse, Wolle, Zinn und Felle, sowol nach den Niederlanden als nach den Ostseeländern verführten. Selbst die Bearbeitung der englischen Bergwerke geschah theilweise für deutsche Rech-
1347. nung. Wenigstens besitzen wir aus dem Jahre 1347 eine Urkunde, worin der Prinz von Wales einem Deutschen, Namens Tidemann Limbergh, gegen Be-

zahlung einer bestimmten Summe sowol die Benutzung sämmtlicher Zinnwerke in Cornwall, als das Recht, das in Cornwall und Devonshire anderweit gewonnene Zinn anzukaufen, auf 3¹/₄ Jahre überließ.

Wie überall in fremden Ländern, so besaßen die Deutschen auch in London einen eigenen Hof, d. h. ein großes, ringsum abgeschlossenes Gebäude, in welchem sich die Niederlagen und die Wohnungen befanden und welches gewissermaßen ein Stück deutscher Erde vorstellte, das gegen Zahlung bestimmter Abgaben an die Stadt und an den König von der englischen Gerichtsbarkeit befreit blieb. Ein von den Deutschen gewählter Oldermann stand diesem Hof — Anfangs die Gildehalle der Deutschen, später, wahrscheinlich von dem Namen des erworbenen Gebäudes, Stahlhof genannt — vor. Außerdem besaßen die Deutschen aber auch in verschiedenen anderen Städten des Landes Niederlassungen, und zwar wol hauptsächlich an solchen Orten, wo sich ein sogenannter Stapel befand, d. h. wo die Waaren der Ausländer eine bestimmte Zeit lang (40 Tage) liegen bleiben mußten, ehe sie weiter geführt werden durften, oder wo die zur Ausfuhr bestimmten englischen Erzeugnisse, Wolle, Zinn und Felle, der leichteren Zollerhebung halber aufgehäuft waren.

Die Bewohner der englischen Städte, welche nach und nach den Gewerben und dem Handel größere Aufmerksamkeit schenkten, sahen natürlich diese Begünstigung der Ausländer höchst ungern und sie bemühten sich, denselben den Aufenthalt im Lande so viel als möglich zu erschweren, theils durch direkte Feindseligkeiten, theils durch unaufhörliches Drängen der Regierung, die Privilegien der Fremden aufzuheben. Die Bestrebungen einiger einsichtsvollen Regenten, den einheimischen Gewerbfleiß zu heben, namentlich die Wollenweberei, welche sich lange auf die Verfertigung der gröbsten Zeuge für den gewöhnlichen Gebrauch beschränkte, kam ihnen darin entgegen. Eduard III. z. B. benutzte die häufigen Unruhen in Flandern und Brabant, um Niederländer zur Uebersiedlung nach England zu veranlassen, wodurch die Tuchfabrikation einen bedeutenden Aufschwung nahm. Einzelne inländische Kaufleute betheiligten sich trotz des Verbotes der Regierung an der Ausfuhr der englischen Stapelartikel, und sie erlangten zuletzt die Erlaubniß zur Gründung einer Gesellschaft, welche sich hauptsächlich damit befaßte. In der Mitte des 14. Jahrhunderts entstand eine zweite Handelsgesellschaft, die des Thomas von Becket, später Adventurers oder „wagende Kaufleute“ genannt. Diese führte Anfangs nur verarbeitete Stoffe, namentlich Tücher, aus. Im Laufe der Zeit erweiterte sie aber ihren Wirkungskreis und wurde die gefährlichste Nebenbuhlerin der Hansa. 14. Jahrh.

Die Fortschritte, welche die englische Tuchfabrikation machte, thaten dem Handel der Deutschen wenig Abbruch, da sie nun neben der Wolle, welche trotzdem der wichtigste Ausfuhrartikel blieb, auch rohe Tücher nach den Niederlanden und nach Deutschland ausführten, wo sie gefärbt und appretirt wurden. Die Anstrengungen der genannten Gesellschaften, auch den Zwischenhandel an sich zu ziehen, trafen dagegen ins Herz, und um diese Gefahr abzuwenden, namentlich um ihre von der Zeit an immer mehr gefährdeten Vorrechte in England zu behaupten, schritt die Hansa zu den äußersten Mitteln. Mehr als einmal verordnete sie die Ausschließung der englischen Kaufleute von allen Märkten, welche diese bis dahin besucht hatten, und da das Wort der Hansa damals für alle Städte von der Mündung der Schelde bis zur Mündung der

Newa Befehl war, so erzwang sie dadurch stets die Aufrechterhaltung und Wiederbestätigung ihrer Privilegien. Gegen die Störung und Beunruhigung der Seefahrt und des Handels an den englischen Küsten durch die von den Adventurers und den englischen Städten unterstützten Seeräuber halfen zwar selbst diese Maßregeln nichts. Statt dessen griff auch sie zum Schwert, rüstete Flotten aus, vertilgte die Piraten und verheerte die englischen Küsten, wie vordem die norwegischen und dänischen, bis ihr Genugthuung geleistet ward. So mußten ihr die Engländer noch am Ende dieses Zeitraums im Frieden von
1473. Utrecht 1473 alle früher erlangten Vorrechte und Freiheiten aufs Neue verbriefen; wol der beste Beweis, daß die Macht der Hansa bis zum Schluß des Mittelalters in der Nord- und Ostsee ungeschwächt blieb. —

Das letzte Glied in der großen Kette der Handelsverbindungen der norddeutschen Städte, und zugleich das wichtigste derselben, bildet der Verkehr mit den Niederlanden, d. h. mit **Flandern und Brabant**.

In Flandern und Brabant war die **Wollenweberei** seit Karl d. Gr. Zeit heimisch. Wir wissen, daß Wollenstoffe schon im Alterthum einen der wichtigsten Handelsartikel bildeten und daß ihre Fabrikation später auch in Italien eine Alles überragende Wichtigkeit erhielt, obgleich die Bewohner dieser südlicher gelegenen Länder den Schutz wärmerer Kleidung eher entbehren konnten. In den nördlicheren Ländern dagegen mußte der Bedarf unvergleichlich größer sein, sobald der einmal zunehmende Wohlstand den Gebrauch theuerer Kleider in weiteren Kreisen gestattete. Dies, sowie ein trefflicher Rohstoff, erst aus dem eigenen Lande, nachher, als dessen Erzeugung nicht genügte, von dem benachbarten England bezogen, ließ die Wollenweberei in Flandern rasch zu einer ungemeinen Ausdehnung gelangen. Die Zahl der Wollenweber wuchs von Jahr zu Jahr, und eben so große Fortschritte machte die Vervollkommnung der Fabrikation in den einzelnen Zweigen des Walkens, Webens, Färbens und der Appretur. Bald standen die flandrischen Tücher unerreichbar da und erzielten die höchsten Preise. Selbst die Italiener mußten sich dieser Ueberlegenheit der flandrischen Tuchmanufaktur fügen und für ihren Handel nach dem Süden und dem Orient bedeutende Quantitäten beziehen. Der älteste und lange Zeit der Hauptsitz dieser Industrie war Gent; doch fand dieselbe bald überall Eingang, und die Städte Brügge, Ypern, Dendermende, Oudenarde, Lille, Poperingen, Arras und andere eiferten ihm rüstig nach, ja überflügelten es theilweise. In und um Brügge namentlich, welches als Hauptausfuhrplatz der flandrischen Fabrikate bald eine überwiegende Bedeutung erhielt, sollen zur Zeit der höchsten Blüte gegen 80,000 Menschen mit diesem Gewerbe beschäftigt
14. Jahrh. gewesen sein. Infolge bürgerlicher Zwiste fanden im Laufe des 14. Jahrhunderts mehrfache Auswanderungen nach Brabant statt, dessen Herzöge die Abziehenden freundlich aufnahmen und ihnen große Freiheiten einräumten. So verpflanzte sich die Tuchfabrikation auch nach Löwen, Mecheln, Brüssel, Antwerpen und gedieh hier eben so fröhlich wie in Flandern. Die industrielle Thätigkeit dieser Provinzen beschränkte sich indessen keineswegs auf diesen Zweig.

Auch ihre Farbstoffe, Färberröthe (Krapp), Wau und Waid, mit denen während des ganzen Mittelalters fast ausschließlich gefärbt werden mußte, bezogen sie von den Deutschen.

12. Jahrh. Der Verkehr der Niederlande mit dem nördlichen Europa war ausschließlich in den Händen der deutschen Hansastädte. Diese brachten die nordischen

Produkte nach Flandern, als dessen wichtigste Märkte in der Mitte des 13. Jahrhunderts Brügge und Thournout genannt werden. Ein reger Zwischenhandel hatte sich hier unter dem Schutze und der Fürsorge der Landesherren, welche durch Vertreibung der Seeräuber von den benachbarten Küsten für die Sicherheit der Reisenden gesorgt, das Strandrecht aufgehoben, den Handel von einer Menge lästiger Beschränkungen befreit hatten, und Gut und Person der Fremden innerhalb ihres Gebietes Schutz verliehen. Gegenstand dieser Handelsthätigkeit bildeten flandrische Tuche, englische Wolle, Südfrüchte, Wein, die asiatischen Produkte, endlich die nordischen Erzeugnisse. Wie zahlreich die letzteren durch die „deutschen Kaufleute“ dahin gebracht wurden, ersehen wir aus mehreren Zollrollen aus den Jahren 1252 bis 1262, worin die Einfuhrzölle für dieselben festgesetzt sind. Wir finden darin aufgeführt von unzweifelhaft deutschem Ursprung: Wein, Weinstein, Hopfen, Färberröthe, Wau, Waid, Getreide, Samen, Obst, Gemüse, Nüsse, Schiffs- und Hausgeräthe, grobe Wollwaaren, Eisenwaaren, Holz, Potasche, Flachs, Hanf, Schinken, Fleisch, Leder, Mützen, Kalksteine und vieles Andere. Von nordischen Produkten werden angeführt: Fische, Thran, Theer, Pelzwerk, Felle, Tauwerk, Talg, Wachs, Honig, Osemund (schwedisches Holzkohleneisen von besonderer Güte, welches übrigens auch schon zu jener Zeit im Siegen'schen Lande verfertigt wurde), Kupfer u. s. w.

Einen ungemeinen Aufschwung nahm die Bedeutung dieses Verkehrs namentlich in Brügge, dem Mittelpunkte desselben, als die Venetianer direkte Fahrten nach Brügge und Antwerpen eröffneten und die bisher nur vereinzelt und auf Umwegen nach Flandern gelangten indischen, arabischen, ägyptischen und syrischen Waaren in ganzen Ladungen dahin gebracht wurden. Von da an wurde Brügge der erste Bezugsort von allen südeuropäischen und tropischen Erzeugnissen für den größten Theil Deutschlands und den ganzen Norden Europa's. In seinen Niederlagen häuften sich die Produkte und Fabrikate aller Zonen und Länder an, und der Kaufmann fand hier die vollständigste und reichste Auswahl, die noch je an einem Punkte vorhanden gewesen war.

Auf diesem Verkehrsgebiete in den Niederlanden waren die Hanseaten nichts weniger als Herren und konnten sich keiner Begünstigung, keiner Freiheit rühmen, welche nicht auch den übrigen fremden Kaufleuten gewährt worden wäre. 13. Jahrh

Wir besitzen allerdings eine große Anzahl von Urkunden, worin ihnen von den Grafen von Flandern und Holland, den Herzögen von Brabant ꝛc. gewisse Rechte und Freiheiten eingeräumt werden. Bei näherer Betrachtung finden wir aber, daß sie sämmtlich wenig mehr enthalten, als Zusicherung des Schutzes ihrer Person und ihres Eigenthums, Befreiung vom Strandrecht, Anerkennung der Gerichtsbarkeit ihres eigenen Vorstandes für gewöhnliche Vergehen und Privatstreitigkeiten u. dgl., also Freiheiten, welche in den Niederlanden schon zu jener Zeit das öffentliche Recht für alle Ausländer bildeten und eben die Grundlage der Blüte des niederländischen Handels geworden waren. Von einer Bevorzugung der Deutschen bei Erlegung der Zölle anderen Fremden oder gar den Inländern gegenüber, von einer Begünstigung bei der Einfuhr oder der Ausfuhr ist keine Rede. Hie und da werden ihnen wol besondere kleine Vortheile eingeräumt, z. B. ein Aufsichtsrecht beim Wiegen der zollpflichtigen Güter in Brügge, um nicht von den Zollpächtern übervortheilt zu werden; aber dies geschah nur in Anbetracht der großen Wichtigkeit der Hansastädte für den Verkehr in Brügge, und auch dann nur nach Anwendung des einzigen Zwangsmittels, welches den Hansen hier zu Gebote stand: Verlegung ihrer Niederlagen und ihres Stapels — nicht etwa aus den Niederlanden hinweg, das wäre ihr eigener Ruin gewesen — sondern nach einer anderen Stadt in Flandern oder Brabant. Mehrmals ist der Stapel der Hansa aus derartigen Gründen nach Ardenburg und nach Dortrecht gelegt werden, aber stets nur auf kurze Zeit, da Brügge die Hansen und die Hansen Brügge nicht entbehren konnten. Eine kleine Konzession genügte, um den entstandenen Streit zu schlichten und das gute Einvernehmen wieder herzustellen.

Die größten Begünstigungen wurden ihnen von den Herzögen von Brabant zugestanden, welche Alles aufboten, um den Handel von Brügge nach Antwerpen zu ziehen. Ein Freibrief vom Jahre 1315 z. B. ertheilt den Kaufleuten des alemannischen oder Deutschen Reichs und ihren Genossen Vorrechte, welcher sie sich sonst nirgends in den Niederlanden rühmen durften. Die Bürger mußten ihnen zu billigen Preisen ihre Häuser selbst gegen ihren Willen vermiethen, sobald Mangel an verfügbaren Wohnungen war, und diese Miethe durfte nachher nicht gesteigert werden. Bei bewiesenen Schuldforderungen an Unterthanen des Herzogs stand ihnen das Recht zu, diese verhaften zu lassen — eine in jener Zeit höchst seltene Erscheinung —, ja im Falle der Flucht des Schuldners blieb der Richter, in dessen Gewahrsam er sich befunden hatte, dem Gläubiger für die Schuld haftbar. Es war ihnen gestattet, Waffen zu führen, ihre Diener bei Vergehen selbst zu bestrafen und bei allen Rechtsstreitigkeiten mußten sie von den Richtern und Schöffen der Stadt zugezogen werden u. s. w. Trotzdem blieb Brügge bis zu Ende des Zeitraums der Hauptstapelplatz der Hansen wie der übrigen fremden Kaufleute, und erst zu Anfang des 16. Jahrhunderts wurde es von Antwerpen überflügelt.

13. Jahrh. Mit dem Süden Europa's standen die Hanseaten lange Zeit in geringem Verkehr. Am Ende des 13. Jahrhunderts besuchten sie den Markt zu Arcis sur Aube in Frankreich, wie wir aus einer urkundlichen Befreiung vom Waggeld ersehen. Ein Jahrhundert später erwarben sie Privilegien von Karl VI. Erst in der 2. Hälfte des 15. Jahrhunderts finden wir hanseatische Kaufleute zahlreich in Rochelle, Harfleur, Dieppe, Cherbourg, Bordeaux &c., hauptsächlich um daselbst französische Weine einzuladen.

Auch nach Portugal und Spanien fuhren sie im 15. Jahrhundert häufig. Bezugsartikel waren Salz, Oel und Südfrüchte.

Im Ganzen entwickelten sich in Deutschland Industrie und Handel später als in anderen Ländern, und es war ein großer Fehler der Hanseaten, daß sie sich einseitig auf den Handel warfen, der meist nur Tauschhandel nordischer Rohprodukte gegen niederländische Tuche und einige andere Fabrikate war, und die Industrie nicht unterstützten. Dies und die Entdeckung Amerika's bewirkten den Fall der Hansa. Von den 80 Städten des alten Bundes besuchten den letzten Hansatag 1669 nur 6, von diesen traten 2 aus, und so blieben nur Lübeck, Bremen, Hamburg und Danzig übrig. Nowgorod und Pleskow nahm Iwan Wasiljewitsch 1494, Engländer kamen 1553 nach Archangel, Wullenweber erlag 1534 gegen Dänemark, Gustav Wasa befreite Schweden, und in Bergen siedelten sich Schotten und Holländer an. Von Brügge, wo 300 hanseatische „Knappen“ (Faktoren) wohnten, zog sich der Großhandel nach Amsterdam, und die Holländer traten aus dem Hansabunde, weil er gegen sie eigennützig verfuhr. Die Tudors schlossen die Faktorei zu London, unterstützten Tuchweberei und eigene Schiffahrt, und so sank die Hansa. Sie beging den Fehler, daß sie sich nicht zu einer nationalen Macht vereinigte und erhob, sondern engherzig nur an Ausbeutung der abhängigen Länder dachte, mehr Tauschhandel als Eigenhandel trieb und an den Fortschritten der Handelsentwicklung wenig Antheil nahm. Doch versuchte sie ein internationales Seerecht herzustellen und die Freiheit des Handels der Neutralen in Kriegszeiten durchzusetzen. Der Dreißigjährige Krieg vollendete ihren Ruin, es blieben ihr nur Schiffbau und Heringsfang. Die Kaiser waren ohnmächtig, und die Fürsten strebten nach Absolutismus, wollten von Handelsrepubliken also nichts wissen. In neuester Zeit wurde Frankfurt a. M. aus deren Reihe gestrichen und Provinzialstadt.

Die Niederlande.

Ursprünglich gehörte der ganze Landstrich zwischen und an den Mündungen
des Rheins, der Maas und Schelde zum Deutschen Reiche, dessen Kaiser die
einzelnen Provinzen in Lehn gaben. So finden wir schon früh zwischen Nordsee und Schelde eine Grafschaft Flandern, zwischen Schelde und Maas ein
Herzogthum Brabant, die Grafschaften Seeland an der Rheinmündung, Holland zwischen dem Leck und der Yssel, Geldern ꝛc. Die Grafen von Flandern 1300.
und die Herzöge von Brabant rissen sich indeß frühzeitig vom Reiche los und
machten sich unabhängig, während die Grafen von Seeland und Holland, wenn
auch thatsächlich eben so unabhängig, noch die Oberhoheit der Kaiser anerkannten und ihre Besitzungen zu Deutschland gerechnet wurden. In der Mitte 1450.
des 15. Jahrhunderts gelangte das Haus Burgund durch Erbschaft in den
Besitz von Flandern und Brabant, und durch Verträge, Erbschaften und Eroberung riß es auch die nördlichen Grafschaften Holland und Seeland an sich.
Doch schon nach wenig Jahrzehnten kamen alle diese Provinzen durch die
Heirath der letzten Erbtochter an Maximilian von Oesterreich, den nachmaligen
deutschen Kaiser, während Frankreich das eigentliche Burgund an sich zog. Erst
von da an erhielten jene Provinzen den wechselnden Namen der „österreichischen“
oder „spanischen Niederlande“, je nachdem sie durch Erbschaft an den deutschen oder den spanischen Zweig des österreichischen Hauses fielen.

In diesen Staaten hatte die frühe Lostrennung vom Deutschen Reiche
das Feudalwesen nebst seinen hemmenden Einflüssen auf die materielle Entwicklung sehr abgeschwächt und unschädlich gemacht. Außerdem begünstigten
die Grafen von Flandern, wie durch ihr Beispiel angefeuert die Herzöge von
Brabant, die Entwicklung der bürgerlichen Freiheit, pflegten die Gewerbthätigkeit und wußten deren wohlthätige Einwirkung auf den Wohlstand der
Staaten zu schätzen. Schon in der Mitte des 10. Jahrhunderts ließ ein Graf 950.
Balduin von Flandern Wollenweber aus Deutschland kommen, um die Tuch-
bereitung in seinem Lande heimisch zu machen oder zu vervollkommnen. Wahrscheinlich kamen diese Weber aus Friesland, denn friesische Wollenstoffe waren
schon zu Karl's des Großen Zeit so geschätzt, daß er sie unter anderen Geschenken einer Gesandtschaft an den Khalifen Harun al Raschid mitgab.

Unter dem Schutze solcher Regenten, schlug der Gewerbfleiß tiefere Wurzeln und entwickelte sich namentlich die Wollenindustrie weit schneller als in
Deutschland, obgleich dieses anfänglich voraus gewesen. Schon vor den Kreuz- 1050.
zügen war hier der Grund zu der späteren Bedeutung der Wollen-, Leinen- und
metallurgischen Industrie gelegt worden und die Städte hatten ein gewisses

Ansehen erlangt. Um so rascher und mächtiger wirkten die neuen Kräfte, welche durch die Kreuzzüge in der ganzen germanischen Welt entfesselt wurden, auf
1200. dem so vorbereiteten Boden. Die schnellsten Fortschritte machte die Wollenweberei, namentlich die Tuchfabrikation. Wir wissen, daß Wollenstoffe schon im Alterthum einen der wichtigsten Handelsartikel bildeten und daß ihre Fabrikation später auch in Italien eine Alles überragende Wichtigkeit erhielt, obgleich die Bewohner dieser südlicher gelegenen Länder den Schutz wärmerer Kleidung eher entbehren konnten. In den nördlicheren Ländern dagegen mußte der Bedarf unvergleichlich größer sein, sobald einmal der zunehmende Wohlstand den Gebrauch theuerer Kleider in weiteren Kreisen verlangte, weil in feinerem Tuch der vorzüglichste Schmuck bestand, da andere Schmucksachen wenig gebraucht wurden. Dies, sowie der treffliche Rohstoff des eigenen Landes oder, als dessen Erzeugung nicht genügte, des benachbarten Englands, ließ die Wollenweberei in Flandern rasch zu einer ungemeinen Ausdehnung gelangen. Die Zahl der Wollenweber wuchs von Jahr zu Jahr, und eben so große Fortschritte machte die Vervollkommnung der Fabrikation in den einzelnen Zweigen
1300. des Walkens, Webens, Färbens und der Appretur. Bald standen die flandrischen Tücher unerreichbar da und erzielten überall die höchsten Preise. Selbst die Italiener mußten sich dieser Ueberlegenheit der flandrischen Tuchmanufaktur fügen und für ihren Handel nach dem Süden und dem Orient bedeutende Quantitäten beziehen. Der älteste und lange Zeit der Hauptsitz dieser Industrie war Gent; doch fand dieselbe bald überall Eingang, und die Städte Brügge, Ypern, Dendermonde, Oudenarde, Lille, Poperingen, Arras und andere eiferten ihm rüstig nach, ja überflügelten es theilweise. In kriegerischen Zeiten konnten die Tuchweber in Gent ein bewaffnetes Corps von 30,000 Mann ins Feld stellen, und mehr als einmal haben die flandrischen Tuchmacher das Land von fremder Herrschaft gerettet und französische Heere geschlagen. Der trotzige Sinn dieser ihrer Kraft bewußten Gewerke führte aber auch häufig zu blutigen Streitigkeiten sowol unter einander als gegen andere Städte, und selbst zu Auflehnungen gegen die Herrscher, und infolge dessen fanden im Laufe des 14. Jahrhunderts mehrfache Auswanderungen nach Brabant statt, dessen Herzöge die Abziehenden freudig aufnahmen und ihnen große Freiheiten ein-
1360. räumten. So verpflanzte sich die Tuchfabrikation auch nach Löwen, Mecheln, Brüssel, Antwerpen und gedieh hier eben so fröhlich wie in Flandern. Die alten Zerwürfnisse wiederholten sich allerdings auch hier und durch neuen, wiederkehrenden Zuzug siedelten sich auch in Holland und England flandrische und Brabanter Tuchweber an, doch behaupteten Flandern und Brabant in diesem und noch lange im nächsten Zeitraum ihre Ueberlegenheit in der Tuchfabrikation über alle anderen Völker. Die industrielle Thätigkeit dieser Provinzen beschränkte sich indessen keineswegs auf diesen Zweig. Eben so sehr zeichneten sich dieselben durch die Leinwandverfertigung aus, wofür ihnen im eigenen Lande ein Rohstoff von besonderer Güte zu Gebote stand. Dies ist ja noch heute daselbst der Fall. Obgleich Leinwand der gewöhnliche Kleidungsstoff der ärmeren Klassen war (Polröcke, heute Blouse genannt), brachte man es in
1200. deren Fabrikation zu solcher Vollkommenheit, daß auch dies ein im Ausland hochgeschätzter Artikel wurde, und der Ruf der Spitzen von Valenciennes datirt aus jener Zeit. Daneben wurden mit Baumwolle gemischte Zeuge, Baumwollenwaaren (Barchent), Lederarbeiten, später selbst Seiden- und Sammtstoffe

verfertigt. Das wichtigste Gewerbe aber war neben der Wollen- und Leinwandindustrie die Metallindustrie. Die reichen Eisen- und Kohlenlager des Landes wurden schon im 12. Jahrhundert ausgebeutet und riefen eine Gewerb- 1100
thätigkeit hervor, welche bald nicht mehr an den im Lande selbst gefundenen Rohstoff gebunden blieb, sondern das Fehlende vom Auslande — Zinn von England, Kupfer und Eisen von Schweden — bezog. Die Waffenfabrikation von Lüttich, die Harnische von Brüssel, die Schmiede- und Schlosserarbeiten von Mecheln, Namur &c. standen in gleichem Rufe, wie die Mailänder und Venetianer Metallwaaren. Auch im Färben waren die Niederländer Meister, besonders im Rothfärben, und sicherten sich dadurch den Markt im Orient, wo man helle, grelle Farben liebt. Deutschland lieferte Waid, Wau und Krapp, wozu noch einige levantische Farbstoffe kamen.

Den frühesten Verkehr unterhielten die Niederlande ohne Zweifel mit den Gegenden am Nieder- und Mittelrhein. Von daher erhielten sie die landwirthschaftlichen Erzeugnisse, welche ihr eigener, erst allmählig durch künstliche Eindeichungen entwässerter und geschützter Boden gar nicht oder doch nur von geringer Güte lieferte. Obst, Getreide und Wein sind ja noch jetzt wichtige Ausfuhrartikel der Rheinländer nach den Niederlanden. Manche Anzeichen deuten an, daß auf diesem Wege auch die Erzeugnisse des Morgenlandes zuerst nach den Niederlanden kamen, und das Projekt Karl's des Großen, Donau und Rhein durch einen Kanal zu verbinden, spricht entschieden für einen schon in jener Zeit vorhandenen Waarenzug zwischen Regensburg, dessen Verkehr mit Konstantinopel außer Zweifel steht, und dem Rhein.

Auch die nahegelegene englische Küste ist gewiß schon zeitig von den Niederländern besucht worden. Ja, es ist nicht unwahrscheinlich, daß die alten, schon 900
zu Karl's des Großen Zeit genannten Handelsplätze am Leck und der Waal (den beiden Rheinmündungen), Wyck te Durstede und Tiel, einerseits dem Verkehr mit England, andererseits mit den Rheinstädten Köln und Mainz ihre Wichtigkeit verdankten. In jedem Falle nöthigte die Ausdehnung der Wollenweberei noch vor den Kreuzzügen zum Bezug englischer Wolle, da die eigene Produktion nicht hinreichte den Bedarf zu decken. Die Friesen waren in alter Zeit schon verwegene Seefahrer, vor denen sich selbst die Normannen fürchteten, und Cäsar, Civilis, Karl d. Gr., Ethelred von England bedienten sich ihrer Flotten. Stavern galt schon in den frühesten Zeiten für eine reiche Handelsstadt.

Wir dürfen die Bedeutung dieser Handelsverbindungen freilich nicht überschätzen. Bis zum 12. Jahrhundert ließ der niedrige Kulturzustand der Länder rings umher den Handel nicht über die erste Stufe der Ausbildung hinauskommen. Wie überall, so erweiterten und vermehrten auch hier erst die Kreuzzüge die Beziehungen zu der übrigen Welt. Aber dies geschah hier rascher und leichter als anderwärts. Viel trug dazu die eifrige Theilnahme der flandrischen Grafen und Edlen an den Zügen nach dem Morgenlande bei. Wir finden sie auf dem Throne des neuen Königreichs Jerusalem, und selbst der erste lateinische Kaiser von Konstantinopel war ein Graf von Flandern. Wenn auch diese direkte Verbindung mit dem Orient bald unterbrochen wurde, so hatte sie doch lange genug gedauert, um das Bedürfniß nach den Produkten Asiens hervorzurufen, und die Niederländer hatten gleichzeitig die Wichtigkeit ihrer Industrieerzeugnisse als Tauschartikel im Verkehr mit dem Orient kennen gelernt. Sowol durch die Zwischenhand der Deutschen als der Franzosen verschafften sie sich nun die indischen Gewürze, die Seiden- und Goldstoffe des Orients nebst den Produkten des südlichen Europa von den neuen Stapelplätzen dieser Waaren in Italien; aber auch mit den Westküsten Europa's oder mit französischen und portugiesischen Häfen traten sie jetzt in unmittelbare Verbindung. Leider stehen uns keine Urkunden oder sonstigen Nachweise über die Einzelheiten dieses vielfach verzweigten Verkehrs zu Gebote.

Genauer sind wir über den Verkehr der Niederlande mit dem nördlichen Europa unterrichtet. Derselbe war ausschließlich in den Händen der deutschen Hansastädte.

Einen ungemeinen Aufschwung nahm die Bedeutung dieses Verkehrs namentlich in Brügge, dem Mittelpunkte desselben, als die Venetianer und Genuesen direkte Fahrten nach Brügge und Antwerpen eröffneten und die bisher nur vereinzelt und auf Umwegen nach Flandern gelangten indischen, arabischen, ägyptischen und syrischen Waaren in ganzen Ladungen dahin gebracht wurden. Von da an wurde Brügge der erste Bezugsort von allen südeuropäischen und tropischen Erzeugnissen für den größten Theil Deutschlands und den ganzen Norden Europa's. Es machte den Freihandel zur Handelspolitik, beschränkte den Stapelzwang, ordnete Geld- und Börsenordnung, stand durch Sluys mit der Hafenstadt Damme in Verkehr, besaß 16 fremde Faktoreien in der Stadt und seine Wechsel galten in der ganzen Welt. Man ordnete die Usancen, errichtete Assekuranzkammern und Banken, schützte die Fremden, ermäßigte die Zölle, sorgte durch eine Tuchordnung und Makler für Solidität der Tuchwaaren, und die reiche Stadt zählte 68 Innungen. In ihren Niederlagen häuften sich die Produkte und Fabrikate aller Zonen und Länder an, und der Kaufmann fand hier die vollständigste und reichste Auswahl, die noch je an einem Punkte vorhanden gewesen war. Außer den schon oben genannten deutschen und nordischen Artikeln lieferten Spanien und Portugal: Südfrüchte, Oel, Wein, Zucker, Seife, Wachs, Wolle, Karmesin, Seide; Frankreich: Salz, Wein, Oel, Papier, Tuche, Krapp und Karmesin; England hauptsächlich Wolle, ferner Zinn, Blei, Felle rc..

Daß Brügge und mit ihm ganz Flandern unter solchen Verhältnissen zu hohem Wohlstande gelangte, wird nicht befremden. An Größe war es die erste Stadt diesseit der Alpen. Sie zählte gegen 180,000 Einwohner. Ihre Bürger entfalteten bei festlichen Gelegenheiten einen Reichthum und eine Pracht, die selbst eine Königin von Frankreich (Gemahlin Philipp's IV.) betroffen machte und zu dem unmuthigen Ausruf veranlaßte: „Ich glaubte hier die einzige Königin zu sein, ich finde aber, daß es hier über 600 giebt.“ Dieser Wohlstand schränkte sich aber nicht auf eine einzelne Klasse, auf eine Anzahl mächtiger und vornehmer Geschlechter, wie etwa in den italienischen Republiken, sondern drang durch das ganze Volk, so daß Zeitgenossen, wie Comines, welche weite Reisen gemacht hatten, laut erklärten, kein anderes Land könne sich an Kultur, Fruchtbarkeit, Reichthum und Zufriedenheit der Bewohner mit Flandern vergleichen.

Wie aber alles Glück vergänglich ist, so auch das von Brügge. Die Unruhen zwischen den verschiedenen Zünften und Städten, zwischen den Zünften und Magistraten wie den Landesherren veranlaßten Auswanderungen flandrischer Weber. Dennoch blieb Brügge bis zum letzten Viertel des 15. Jahrhunderts die wichtigste Stadt der Niederlande und der Mittelpunkt des Weltverkehrs.

Erst die eigene Schuld der flandrischen Städte untergrub Flanderns Größe und Ansehen. Der Uebergang unter die Herrschaft des Hauses Oesterreich, infolge der Vermählung der Erbtochter Maria von Burgund mit Maximilian, schien ihnen der geeignete Zeitpunkt zur Wiedererlangung alter, schon seit lange verloren gegangener Freiheiten und Privilegien zu sein, Privilegien, die noch dazu nicht von besonderem Werth waren. Die Einwohner von Brügge be- 1400.
nutzten die Anwesenheit des Erzherzogs Maximilian, forderten tumultuarisch Gewährung ihres Verlangens und nahmen ihn endlich gefangen (1488). Der erbitterte Vater desselben, Kaiser Friedrich III., fiel hierauf mit einem zahlreichen Heere ein und schlug den Aufstand nieder. Die Einwohner Brügge's mußten große Summen als Entschädigungsgelder zahlen und wurden außerdem ihrer bisherigen Freiheiten beraubt. Während dieser Kämpfe und Unruhen hatte sich Antwerpen des größten Theiles des Handels von Brügge bemächtigt, die fremden Kaufleute verlegten ihre Niederlagen und Contore dahin, und da zum Unglück auch noch der schon an und für sich sehr unbedeutende Hafen von Brügge, „Sluys", versandete, war es um Brügge's Bedeutung als Handelsstadt geschehen. Trotz der späteren Bemühungen Maximilian's, dieser größten und reichsten Stadt seiner burgundischen Erbländer, welche, wie er nun wohl sah, nicht bestraft, sondern geopfert worden war, wieder zu der früheren Blüte zu verhelfen, ging sie von Jahr zu Jahr weiter zurück und war bald nur noch ein Schatten der ehemaligen Größe. Statt ihrer tritt nun Antwerpen in den Vordergrund. Dieser Uebergang fiel in eine bedeutsame Zeit.

Die Auffindung des Seewegs nach Ostindien, der Uebergang des indischen 1500.
Gewürzhandels von den Italienern auf die Portugiesen, die Entdeckung Amerika's und das Zuströmen großer Mengen von Gold und Silber nach Spanien — verlegten den Schwerpunkt des Welthandels nach dem Südwesten Europa's und riefen dort eine ungeheuer gesteigerte Handelsthätigkeit hervor. Die Früchte derselben erntete die neue Handelsmetropole an der Schelde, nämlich Antwerpen. Diese Stadt erfreute sich der besonderen Fürsorge der Fürsten von Brabant, gab freisinnige Handelsgesetze, übernahm den Kommissionshandel für ostindisch-portugiesische Artikel, so daß alle Staaten hier Faktoreien errichteten, der Geldhandel sich hier konzentrirte und die Stadt eine Flotte von 200 Schiffen unterhielt.

Die Portugiesen brachten gleich Anfangs die indischen Gewürze, Baumwollenstoffe, Perlen u. s. w. nach Antwerpen, denn sie wußten, daß hier die besten Absatzgelegenheiten zu finden waren. Ihre Verbindung mit Antwerpen war keine neue. Ihre westafrikanischen Niederlassungen sind von älterem Datum als ihre Eroberungen in Ostindien. Es galt zudem, die Konkurrenz der Italiener aus dem Felde zu schlagen, deren indischer Handel nicht etwa sofort aufhörte. Noch bis tief ins 16. Jahrhundert hinein erschienen diese mit 1500.
ihren in Alexandrien eingetauschten arabischen und indischen Produkten in Antwerpen und fanden selbst trotz hoher Preise noch Käufer dafür, da man in den Niederlanden und in Deutschland lange das Vorurtheil hegte, ihre Artikel seien besser als die der Portugiesen. Auch der größte Theil derjenigen indischen Waaren, welche später von den anderen Nationen in Lissabon geholt wurden, gelangte auf den Markt von Antwerpen. In immer größerer Menge strömten hier die Erzeugnisse und Fabrikate aller Länder zusammen. Der Aufschwung, welchen die materielle Entwicklung der Nachbarstaaten England und Frankreich

und der Niederlande selbst zu dieser Zeit nahm, und die Bereicherung Spaniens durch die Schätze von Peru und Mexiko vermehrte die Zahl der Konsumenten eben so sehr, als auf der anderen Seite die Masse der Tauschartikel zunahm. Auch das Aufhören des Waarenzuges zwischen Italien und Deutschland, welches sich jetzt billiger in den Niederlanden versorgen konnte, kam ausschließlich Antwerpen zu Gute. Diese verschiedenen Momente zusammengenommen, erklären das riesenhafte Anwachsen des Verkehrs an diesem Platze. Alle Völker kamen mit ihren Waaren dorthin, denn für alle wurde er Bezugsquelle. Die Zahl der Schiffe, welche ein- und ausliefen, betrug an manchen Tagen 2000 und mehr. Die Zahl der Frachtwagen, welche in einer Woche ankamen und abgingen, wurde auf 10,000 geschätzt. Zoll, Accisse und Marktabgaben brachten jährlich 1,727,000 Gulden ein. Der Werth der jährlich von Portugal eingeführten Gewürze wird von Zeitgenossen auf 1 Million Kronen, der aus England eingeführten Wollenwaaren auf 5 Millionen Dukaten, der der englischen Wolle auf 280,000 Dukaten berechnet. Der Gesammtumsatz zwischen England und den Niederlanden schlug man auf 12 Millionen an. Ueber den Werth der Waaren aus Italien, Deutschland und den Ostseeländern fehlen die Angaben. Doch liegen Schätzungen des jährlichen Gesammtumsatzes vor, welche allein den Umsatz im Waarenhandel zu 500 Millionen Silberkronen annehmen, und eine andere Behauptung, daß Antwerpen zur Zeit seiner Blüte in einem Monat mehr Geschäfte gemacht habe, als Venedig während seiner glänzendsten Periode im ganzen Jahre, stimmt darin überein.

Die Industrie in Antwerpen und den übrigen Städten Brabants und Flanderns, Mecheln, Courtray, Brüssel, Löwen, Gent, Ypern und Brügge, nahm Theil an diesem Aufstreben. Wurde auch die englische Wollenweberei eine schwer zu besiegende Mitbewerberin in den gewöhnlichen Qualitäten, welche jene massenhaft lieferte, so blühte doch die Fabrikation der feinen Tuche, der feinen Lederwaaren, von Tapeten, Waffen, Leinwand, Glas, Gold- und Silberstoffen um so mehr auf. Man fing schon an Rohzucker zu raffiniren, auch die Seidenweberei und Baumwollenfabrikation wurden eingeführt. Die Rohseide bezog man aus Italien, die Baumwolle aus Italien und Portugal, d. h. aus dessen afrikanischen Besitzungen, die Wolle aus England und Spanien.

Als natürliche Folge der ausgedehnten Verbindungen von Antwerpen und der ungeheueren Geschäfte, welche daselbst gemacht wurden, namentlich aber der Massen von Gold und Silber, welche als Tauschmittel von Spanien hinströmten, bildete sich ein großartiger Geldhandel aus. Antwerpen wurde der erste Wechselplatz Europa's. Die größten Bankierhäuser Deutschlands, Italiens und anderer Länder, die Fugger, Welser und Stetten von Augsburg, die Spinola von Genua, die Peruzzi von Florenz u. A. errichteten hier Filiale, und selbst die Monarchen von Oesterreich, England, Frankreich, Spanien ꝛc. hielten hier Agenten, deren sie sich zur Vermittelung beim Abschlusse von Anleihen bedienten.

Die Größe und der Wohlstand der Stadt stiegen dabei von Jahr zu Jahr. In der Mitte des 16. Jahrhunderts zählte sie über 200,000 Einwohner, und 13,500 Häuser, Paläste und prächtige Kirchen erfüllten sie. Die schönen Künste schlugen ihren Sitz hier auf, und die Werke der berühmten niederländischen Malerschulen werden unvergängliche Zeugen dieser Zeit des Glanzes und der Blüte von Antwerpen bleiben.

Leider war diese Zeit nur kurz. Kaum ein Jahrhundert dauerte Antwerpens Größe. Durch Erbschaft von Oesterreich an Spanien gekommen, fielen die Niederlande dem finsteren Geiste, der dieses Land beherrschte, als erstes Opfer. Wegen gewaltsamer Einführung der Inquisition und vielfacher Verletzungen der Verfassung brach gegen den spanischen König ein Aufstand auf, welcher zu einem langen verheerenden Kriege wurde. Ackerbau und Industrie verkamen, die Industrie stockte, und als die Spanier 1575 und 1585 Antwerpen eroberten, wanderte von den Bewohnern aus, wer nur konnte. Die südlichen Provinzen (Belgien) unterwarfen sich endlich, die nördlichen aber (Holland) machten sich frei, wurden Freistaat und Seemacht und führten einen Vernichtungskrieg gegen Spaniens Handel und Kolonien, wobei Spanien verarmte, Holland reich wurde, die ostindischen Kolonien Portugals eroberte und fast 1 Jahrh. lang als erste Seemacht Europa's gefürchtet ward. Die Holländer sind ein geborenes Seevolk. Schon 1234 brachte ein Graf von Holland eine Flotte von 300 Schiffen zusammen, im 15. Jahrhundert wurden die Hanseaten von den Holländern zur See besiegt, und seit der Befreiung verwandte man die ganze Volkskraft auf die Flotte, welcher man die Freiheit zu verdanken hatte. Man erweiterte den Schiffbau und stellte jährlich 2000 Schiffe her, betrieb den Schellfisch- und Kabeljaufang, Böckel verbesserte das Einsalzen der Heringe, und der Staat nahm dieses Geschäft unter seine Aufsicht, da es jährlich 8 Millionen Gulden einbrachte. Außerdem beförderte man Ackerbau und Viehzucht, zog Handelsgewächse in Gärten, verbesserte Tuch- und Leinwandweberei und verlegte endlich den Großhandel von Dortrecht nach Amsterdam, welches das London seiner Zeit wurde. So hatte sich der Welthandel von der phönizischen Küste nach Karthago und Alexandrien gezogen, dann nach Byzanz, Venedig und Genua, hierauf ans Atlantische Meer (Sevilla, Cadix, Lissabon), um sich dann der Nordsee (Brügge, Antwerpen, Amsterdam) zu nähern, später London, Bremen und Hamburg in seinen Kreis zu ziehen und zuletzt die Ostküste Nordamerika's zu umfassen, von wo er gegenwärtig auf die Westküste überzugehen beginnt. Amerika wird dadurch Vermittler zwischen den Völkern Europa's und des alten Asiens.

Die Industrie im Mittelalter.

Der Gang, welchen die gewerbliche Entwicklung des Mittelalters nahm, ist schon aus dem Vorhergehenden ersichtlich. Im Großen lassen sich zwei Kreise unterscheiden, von denen jeder auf besonderer Grundlage ruht. Der erste umfaßt Südeuropa oder die romanischen Völker, deren industrielle Ausbildung keine ursprüngliche genannt werden kann, sondern als eine Fortsetzung des Gewerbewesens des Alterthums betrachtet werden muß, einerlei ob der Anstoß und die Anfänge, wie bei Venedig unleugbar, aus Alexandrien und Konstantinopel kamen, oder aus Ueberresten griechischer und römischer Industriezweige entkeimten, wie in Unteritalien, im südlichen Frankreich (Provence und Languedoc) und Catalonien, oder ob sie durch die Araber nach Europa getragen wurden (Südspanien und Sizilien), denn auch die arabische Industrie muß als ein Wiederaufleben des regen gewerblichen Lebens von Syrien, Aegypten und Nordafrika während der letzten Jahrhunderte des Alterthums angesehen werden.

Durchaus unberührt von antiken Einflüssen entwickelte sich dagegen das Gewerbewesen der germanischen Völker in Deutschland, den Niederlanden, Nordfrankreich und England. Der Zeit nach ist letzteres deshalb auch das spätere und durchaus bodenständig, d. h. nur die Verarbeitung der eigenen Rohprodukte umfassend.

Wir können somit von einer speziellen Besprechung der südeuropäischen Industrie absehen, um so mehr, als wir bereits die gewerbliche Entwicklung Venedigs, des übrigen Italiens und Frankreichs mehrfach besprechen mußten. Es mag genügen, darauf hinzuweisen, daß die berühmte venetianische Glasindustrie eben so sicher alexandrinischen Ursprungs ist, wie die meisten der übrigen venetianischen Gewerbe aus Griechenland stammen. Außer Zweifel steht dagegen, daß Italien nach neuen Richtungen hin besondere Gewerbsarten entwickelt hat; namentlich sind die Bedürfnisse des Kultus der katholischen Kirche in dieser Beziehung förderlich gewesen. Gemalte und vergoldete
7. bis 9. Jahrh. Kirchenfenster werden schon im 7. und 8. Jahrhundert erwähnt. Im 9. Jahrhundert schenkte eine Doge von Venedig dem griechischen Kaiser ein Dutzend Glocken. Die Wachskerzenfabrikation, wenngleich schon den Alten bekannt, erlangte erst durch den häufigen Verbrauch in den Kirchen Bedeutung, ebenso hat die fast allgemeine Verwendung der Seide zu den geistlichen Gewändern und zu kirchlichem Schmuck die Seidenindustrie des Mittelalters wesentlich gefördert.

Die Färberei wurde ebenfalls nach orientalischen Mustern fabrikmäßig betrieben. Die Herstellung von gereinigtem Alaun, Borax und anderen Chemikalien in besonderen Etablissements spricht nicht minder dafür, wie die i. J. 1429 erschienene Anleitung zum Färben: Mariagola dell' arte dei tentori, der erste Leitfaden dieser Art.

Von neuen Industriezweigen gelangte nach Venedig am Anfang des
1300. 14. Jahrhunderts die Baumwollenweberei. Von da verpflanzte sich dieselbe nach Florenz und Mailand sowie nach Brabant, Flandern (Antwerpen, Brügge, Gent) und Süddeutschland (Augsburg 2c.).

In Spanien war die Baumwollenindustrie, die in Kleinasien, Mesopota-
800. mien und Aegypten nie ganz erlosch, durch die Araber schon im 8. und 9. Jahrhundert einheimisch gemacht worden und daselbst bis nach Taraco und Barcelona gedrungen.

Dagegen entstanden in Venedig die ersten Zuckerraffinerien und lange Zeit blieben die Venetianer darin ohne Nebenbuhler, obschon die Hohenstaufen sie mit Hülfe arabischer Einwohner in Sizilien einführten.

1300. Neue Verwendungen fand das Glas im 13. und 14. Jahrhundert. In dieser Zeit kommen die ersten mit Blei belegten Glasspiegel vor, welche bald die bisher benutzten Metallspiegel verdrängten. In dieselbe Periode fällt die Benutzung des Glases zu Fenstern in Privatwohnungen; doch blieb die Anwendung von Glasfenstern das ganze Mittelalter hindurch auf die Paläste der Fürsten und Vornehmen beschränkt.

Die Einführung des Baumwollenpapiers, an dessen Stelle seit dem 19. Jahrhundert das Leinenpapier trat, verdankt Europa den Arabern. Unaufgeklärt bleibt es, ob die Erfindung desselben den Alexandriner Papierfabrikanten oder den Arabern selbst gebührt. Größere Wahrscheinlichkeit hat
800. die Annahme für sich, daß die Araber, welche im 9. Jahrhundert häufig nach

Kansu in China kamen, dort die Bereitung des Papiers aus Baumwolle kennen
lernten, daß also die Chinesen auch darin, wie im Gebrauch des Kompasses,
unsere Lehrmeister gewesen sind. Von Spanien gelangte die Kunst der Papierfabrikation nach Frankreich wie nach Venedig, und infolge der Erfindung der
Buchdruckerkunst, welcher sich die Venetianer sofort bemächtigten, entstanden
in Friaul, Brescia und Bergamo zahlreiche Papierfabriken; Buchdruckereien von
Bedeutung bestanden namentlich in Bassano. Selbst Pulver und Geschütze 900 n. Chr.
lernten die Araber in China kennen, benutzten dieselben in ihren Kriegen und
brachten sie nach Spanien, von wo aus sie frühzeitig auch in Italien nachgeahmt wurden.

Ueber die Wollen- und Leinenindustrie, die Metallwaarenfabrikation der
Italiener 2c. ist betreffenden Orts bereits das Nöthige bemerkt werden. Was
die **Seidenindustrie** betrifft, so war diese, wie wir wissen, in Griechenland
längst einheimisch, bevor die Seidenzucht daselbst Eingang fand. Unter Justinian (Mitte des 6. Jahrhunderts) wiederholte sich nur, was im 2. Jahr- 550.
hundert unter Marc Aurel geschehen war. Die Beherrscher von Persien, diesmal die Sassaniden, lagen mit dem Griechischen Reiche in beständiger Fehde
und verhinderten den Transit der chinesischen und mittelasiatischen Cocons nach
dem Westen. Die griechische Seidenindustrie bot Alles auf, um in den Besitz
von Seidenwürmern zu gelangen, und die Verbindungen der christlichen Missionäre
mit christlichen Sekten im Inneren Asiens, wohin solche sich mehrmals aus Syrien
und Kleinasien geflüchtet hatten, mußten dazu helfen. Im Jahre 550 n. Chr.
gelang es zwei Mönchen, die ersten Eier von Seidenwürmern nach Konstantinopel zu bringen, schwerlich aus China selbst, wie man lange angenommen
hat, sondern wahrscheinlich aus Mittelasien. Nach den chinesischen Annalen ist
die Seidenzucht zu Anfang des 5. Jahrhunderts (etwa 415 n. Chr.) durch eine 400.
nach Khotan verheirathete chinesische Prinzessin dorthin verpflanzt worden, und
von da aus — Khotan liegt östlich vom Belur Tagh an der uralten Karawanenstraße nach Mittelasien — hat sich die Seidenzucht in den nächsten Jahrhunderten überraschend schnell nach Ferghana (Turan) und Persien resp. nach Samarkand, Buchara, Balkh, Merv, Chorasan, Herat und Ghilan verbreitet. In
der Mitte des 6. Jahrhunderts waren demnach schon Seidenwurmeier in
Mittelasien zu haben.

Nach Spanien wurde die Seidenzucht durch die Araber verpflanzt, doch ohne besonderen Erfolg, da sie die Blätter des schwarzen Maulbeerbaums zur Fütterung verwandten, statt der weißen.

Auch nach Sizilien und Calabrien kam der Seidenbau durch die Araber,
allein erst durch die Versetzung zahlreicher griechischer Seidenweber aus Korinth,
Athen und Theben nach Sizilien unter Roger II. (1146 n. Chr.) wurde der 1150.
Grund zu der blühenden Seidenzucht und Seidenindustrie Siziliens gelegt.
Im nächsten Jahrhundert führte Venedig ebenfalls griechische Weber nach Oberitalien und bereits zu Anfang des 14. Jahrhunderts finden wir Seidenmanu- 1300.
fakturen von Bedeutung in Venedig, Lucca, Modena, Bologna u. a. O.

Von Einfluß auf die Verbreitung der Seidenindustrie scheint die Auswanderung von 900 Familien aus Lucca (im J. 1310), wo die Seidenindustrie besonders blühte, gewesen zu sein. Veranlaßt wurde diese Auswanderung durch die ganz Italien erschütternden Fehden der Guelfen und Ghibellinen. Nach Venedig wandten sich von diesen 31 Familien, die übrigen zerstreuten sich in Oberitalien; ja selbst nach Avignon, damals Sitz der Päpste, scheint die Seidenindustrie durch lucchesische Flüchtlinge gekommen zu sein. Wenigstens finden sich daselbst in der Mitte des 14. Jahrhunderts Seidenmanufakturen. Französische Könige unterstützten dieselben, ließen in den Kirchen für das Gelingen einer guten Seidenernte beten und erhoben diejenigen in den Adelsstand, die viel Seide produzirten.

Die Industrie der germanischen Völker entwickelte sich aus dem Handwerksbetrieb der Leibeignen auf den Höfen der Großen. In Karl's des Großen capitulare de villis wird den Verwaltern der königl. Landgüter vorgeschrieben, folgende Handwerker zu halten: gute Eisen-, Gold- und Silberschmiede, Schuhmacher, Dreher, Zimmerleute, Schildmacher, Fischer, Seifensieder, Brauer, Bäcker, Netzmacher rc. In den Weiberhäusern soll versponnen und gewoben werden Flachs und Wolle, und zum Färben wie zur sonstigen Verarbeitung mußten zu bestimmten Zeiten Waid, Färberröthe, rothgefärbte Wolle, Karden, Disteln rc. abgeliefert werden. Als nach der Entstehung der geschlossenen Flecken oder Städte auch häufiger Handwerker als freie Bürger sich daselbst ansiedelten und auf eigene Rechnung arbeiteten, machte das Gewerbewesen schon durch die damit beginnende Arbeitstheilung einige Fortschritte. Die während der Kreuzzüge alle germanische Völker durchgehends erfassende Bewegung in Verbindung mit der allmähligen Lösung und Befreiung der Hörigen in den Städten durch kaiserliche und sonstige Gnadenbriefe bewirkte einen außerordentlichen Auf-
1300. schwung der Gewerbtreibenden, und im Laufe des 13. und 14. Jahrhunderts
kämpften sie in den meisten Städten als Zünfte und Innungen gemeinsam gegen das bevorrechtigte Patriziat oder den Stand der Großbürger (Fabrikanten, Kaufleute, Großgrundbesitzer), welche die Stadtverwaltung an sich gebracht hatten und sich nicht entreißen lassen wollten, Stadtjunker hießen, ritterliche Namen und Waffen trugen, bis die Innungen aller Orten bürgerliche Freiheit und Gleichberechtigung errungen hatten.

Hand in Hand mit diesem Aufschwunge ging die Vervollkommnung der Technik; die schon in Karl's des Großen Kapitulare genannten Gewerbe faßten ohne Unterschied an jedem größeren Orte Fuß. Doch schieden sich je nach zufälligen oder natürlichen Verhältnissen und Begünstigungen die eingebornen Industriezweige allmählig nach Provinzen ab, soweit darunter der große Betrieb für den auswärtigen Verkehr verstanden wird.

Die Wollenweberei muß schon zu Karl's des Großen Zeit in Friesland zu größerer Vollendung gediehen sein, da friesische Mäntel von ihm als Geschenke in das Ausland gesandt wurden. Durch den bequemen Bezug der Wolle aus England, wo der König und die Grundherren hauptsächlich Schafzucht trieben, begünstigt, erlangte die Wollenweberei und Tuchverfertigung in den Niederlanden eine außerordentliche Bedeutung und überflügelte selbst die italienische Industrie.

Die Niederlande nebst Westfalen versandten auch zuerst Leinen nach auswärts, und dieser Industriezweig ist ihnen bis zur Gegenwart geblieben. Außerdem werden hessische, thüringische, sächsische, böhmische Leinen namhaft gemacht. In Süddeutschland hatte das Kloster Raitenbuch schon im
1300. Jahre 1070 einen Ruf seiner schönen leinenen Gewebe halber, und mußte
deren jährlich nach Rom schicken. Im 13. und 14. Jahrhundert wirkte die innige Handelsverbindung Süddeutschlands mit Italien belebend auf das süd-

deutsche Leinengeschäft. Augsburg, Ulm und die meisten schwäbischen Städte
beschäftigten sich vorzugsweise damit. In der Mitte des 15. Jahrhunderts 1450
zählte man in Augsburg allein 700 Webermeister, darunter befanden sich
Häuser wie die Fugger u. A.

Neben der Wollen- und Leinenweberei bildete sich schon früh die
Färberei zu einem eigenen Gewerbe aus. In Friesland werden besonders die
Blau- und Grünfärber von Harderwyk erwähnt. In Wien nannte man die
Färber zu Anfang des 13. Jahrhunderts Fläminger. In Deutschland und den 1200.
Niederlanden färbte man hauptsächlich mit Waid, der meistentheils in Thüringen
gebaut wurde, mit Färberröthe, später auch mit spanischem Kermes, Orseille,
Wau, Gelbhoz rc. Vereinzelt kam auch indischer Indigo zur Anwendung. —
Eine andere eben so ursprüngliche und eben so bedeutende Branche des Gewerbe-
betriebs war die **Metallverarbeitung**. Die kampflustigen, fried- und
ruhelosen Zeiten des Mittelalters mußten die **Waffenschmiedekunst** früh zu
einem angesehenen Gewerbe erheben. **Schwertfeger** kamen 1104 in Magde- 1100.
burg, Straßburg, den Niederlanden und anderwärts vor. Daneben in allen
Städten Schmiede — die berühmtesten sind Solinger und Steiermärker, —
Schlosser, deren treffliche Arbeiten noch heute bewundert werden —, Messer-
schmiede, Gürtler, Kupferschmiede, Drahtschmiede, Messingschläger, Blech-
schmiede, Nadler, Glocken- und Stückgießer, Roth- und Gelbschmiede, Gold-
und Silberarbeiter. Augsburg, noch mehr aber Nürnberg besaßen berühmte
Meister in allen diesen Zweigen, ebenso Breslau.

In den meisten Städten Mittel- und Norddeutschlands sowie der Niederlande lieferte das **Bierbrauergewerbe** einen werthvollen Handelsartikel für
den Verkehr mit den nordischen Reichen. In Nürnberg, Augsburg, Dresden rc.
fanden sich treffliche Drechsler und Schreiner, Rad- und Stellmacher, Zimmerleute, Glaser und Spiegler werden in den Urkunden seit der Mitte des 14. Jahr- 1350.
hunderts als Innungen genannt.

Märkte und Messen. Der Zusammenfluß einer Anzahl von Menschen an
Punkten, wo von Zeit zu Zeit kirchliche Feierlichkeiten und Feste abgehalten
wurden, hat zu allen Zeiten und bei allen Völkern Veranlassung zu Kauf und
Verkauf und daraus entstehenden markt- und messenähnlichen Einrichtungen gegeben, weil die Wallfahrer auf diese Weise sich die Reisekosten verschafften und
Alle ein Andenken an den heiligen Ort heimbringen wollten. Auch im Abendlande sind die Märkte und Messen daher zu leiten. Sehr bald erkannten die
Herrn oder die Bewohner solcher Punkte die Vortheile, welche ein solcher Zusammenfluß von Menschen bot, sei es, daß sie Nutzen von den Abgaben zogen,
welche die Verkäufer entrichten mußten, sei es, daß sie durch den Verkauf von
Lebensmitteln, Getränken rc. zu gewinnen hofften. So bewarben sich die Einen,
die Anderen ertheilten sog. Jahrmarkt- und Meßrechte, welche Anfangs nur
für einzelne Tage, später auch für mehrere Wochen bewilligt wurden. Je zahlreicher Käufer und Verkäufer kamen, desto weniger konnte der ursprünglich zum
Aufschlagen der Verkaufsbuden benutzte Platz in der Umgegend der Kirche genügen, und man sah sich zur Errichtung öffentlicher Gebäulichkeiten veranlaßt,
welche als Niederlagen und Verkaufshallen dienten. Dies sind die Kauf-,
Gilden- und Leghäuser, die Gewandhäuser (für Tuchmacher), welche dem
Namen nach noch heute vielfach vorhanden sind.

Auch die Geldwechsler schlugen wie in Athen und Rom an solchen Orten öffentliche Stände oder Buden mit Wechslertischen (Banken) auf, weil es keine allgemeine giltige Münze gab, und man daher fast in jeder Stadt die mitgebrachte gegen die ortsgiltige umtauschen mußte. Konnte der Wechsler nicht zahlen, so zerbrach das Gericht seine Bank, und daher stammt der Ausdruck: Bankerutt oder Bankbruch.

Die größte Bedeutung von allen Markt- und Meßplätzen besaßen bis zum 15. Jahrhundert die Märkte der Champagne, vor Allem Troyes, Mittelpunkt des Verkehrs zwischen Italien, Deutschland, der Schweiz, den Niederlanden und England. Nach der Eröffnung der direkten Fahrten der Venetianer und Genuesen bis Flandern sank das Ansehen von Troyes, und im folgenden Jahrhundert trat das von Karl VII. mit Meßgerechtigkeit ausgestattete Lyon an seine Stelle. Im südlichen Frankreich ist Beaucaire zu nennen. In Deutschland erlangten die meisten Städte Marktgerechtigkeit. Hervorragende Wichtigkeit gewinnen einzelne derselben als Meßplätze erst im nächsten Zeitraum.

Das Geldwechsler- und Bankgeschäft. Die Verschiedenheit und der beständige Wechsel der Münzen und Münzfüße, die bald unabsichtlichen, bald betrüglichen Veränderungen des Münzgehalts, die Verfälschungen und Beschneidungen der einzelnen Stücke riefen eine unglaubliche Verwirrung im Münzwesen der europäischen Länder hervor, namentlich aber im Deutschen Reiche, dessen Kaiser das Münzregal geistlichen und weltlichen Fürsten, Günstlingen, Dienern und Städten verkauften oder verschenkten, die dann ihrerseits das ihnen verliehene Münzrecht nach Möglichkeit ausnutzten und ausbeuteten.

Für Kaufleute, welche die Märkte besuchten und dort gegen Landesgeld verkaufen mußten, welches ihnen weder daheim noch irgendwo anders als Zahlungsmittel diente, war die Umwechselung der Münzen gegen ungeprägtes Edelmetall oder eine Münzsorte von anerkanntem Werth eine Nothwendigkeit, und dort, wo der Verkehr einigermaßen lebhaft wurde, dies Bedürfniß also ebenfalls zuerst hervortreten mußte, finden wir die Wechsler zuerst als einen besonderen Stand, als eine Innung, nämlich in Italien. Den Niederlassungen italienischer Handelshäuser im Orient während der Kreuzzüge, in Frankreich, Flandern und Deutsch-
1300. land folgten auch die italienischen Wechsler, die sich im Laufe des 13. und 14. Jahrhunderts in Florenz, Genua u. a. O. zur Bedeutung von Bankhäusern aufgeschwungen und mit dem eigentlichen Geldwechsel auch das Darlehnsgeschäft verbunden hatten. Diese übernahmen die Regulirung der Geldgeschäfte der Waarenhändler und die Vermittelung von Geldsendungen von und nach Italien. Man bediente sich hierbei einer Art Anweisungen, die in Briefform abgefaßt wurden und daher den Namen Wechselbriefe erhielten. Dies ist der Ursprung unseres Wechsels. Seit dem 13. Jahrhundert finden sich Beispiele des Gebrauchs von Wechselbriefen in Barcelona, Troyes, Lyon, England, Flandern u. a. O. Doch waren diese Wechselbriefe sämmtlich Rektawechsel, denn das Indossament ist erst seit dem 17. Jahrhundert von Frankreich aus in Uebung gekommen.

1200. Seit dem 13. Jahrhundert siedelten sich italienische Wechsler auch in den süddeutschen Städten und selbst am Niederrhein an. Hier hießen sie Lombarden, Walen oder Cowertschen (coarcini) und wurden bald als Zinswucherer verrufen.

In den deutschen Städten war das Münzrecht vielfach als Lehen dienstmännischen oder patrizischen Geschlechtern übertragen worden, welche eine

eigne Zunft, „die Hausgenossen“, unter einem Münzmeister bildeten. Diese besaßen gleichzeitig das Privilegium des wyssel oder wessel, weshalb die Münzer auch „Wechsler“, (campsores) genannt wurden. Im Nordwesten Deutschlands und den angrenzenden slavischen Ländern wurde das Wechselgeschäft meist von Kaufleuten besorgt, welche sich hauptsächlich damit beschäftigten, die für den Papst als Abgaben, Geschenke u. s. w. eingehenden Gelder umzuwechseln und die Beträge direkt nach Italien oder nach Brügge zu senden, von wo sie durch die italienischen Bankfiliale nach Rom oder während der 1. Hälfte des 14. Jahrhunderts an den päpstlichen Hof nach Avignon übermittelt wurden. In den Hansastädten finden wir seit dem Ende des 13. Jahrhunderts neben 1300.
den Münzern besondere Wechsler, die von dem Rath dieser Städte gegen eine bestimmte Abgabe zum Wechselgeschäft privilegirt waren. In Lübeck gab es 1316 zwölf solcher Wechsler. In Hamburg besaßen diese Wechsler erbliche Stände oder Wechselbänke.

Auch diese deutschen Wechsler bedienten sich behufs des Verkehrs mit anderen Plätzen besonderer Anweisungen, die auf ihre auswärtigen Geschäftsfreunde gezogen wurden. Diese Anweisungen hießen „Ueberkauf“. Nachdem sich auch italienische und flandrische Wechsler durch den lebhaften Verkehr im Gebiete der Hansa zur Ansiedlung in einzelnen Hansastädten veranlaßt sahen — in Lübeck war der bedeutendste Wechsler zu Anfang des 15. Jahrhunderts „Gerardo der Wale“, welcher während der Dauer des Baseler Konzils in Basel eine Kommandite errichtete — nahm der „Ueberkauf“ allmählig die Form der italienischen Wechselbriefe an.

Außer diesen „Lombarden“ und „Wechslern“ befaßten sich mit der Auswechselung von Münzen auch die „Juden“, doch war der eigentliche Geschäftszweig der Judenwechsler nicht der „Wechsel“, sondern das Darlehn gegen Zins.

Bekanntlich hat die römische Kirche das ganze Mittelalter hindurch an dem Verbot, Geld gegen Zins auszuleihn, festgehalten. Da dieses Verbot für die Juden nicht verbindlich war, wurden diese die nothwendigen Vermittler aller Geld- und Darlehnsgeschäfte. Die Lombarden oder Cowertischen bemächtigten sich indessen trotz aller Verbote auch der Dahrlehnsgeschäfte, und obgleich sie ebenfalls Wucherer gescholten wurden, breitete sich mit steigendem Verkehr dieser Geschäftszweig doch so gewaltig aus, daß weder der Papst noch der Kaiser und die Fürsten das Verbot streng durchführen konnten. Waren doch häufig gerade sie gezwungen, sich an die großen Bankhäuser zu wenden, um Darlehn zu erhalten. Ja, wie der Vater desselben Demosthenes, der in einer seiner Reden so gewaltig über die Wucherzinsen der athenienſischen Wechsler klagt, einen großen Theil seines Vermögens gegen hohe Zinsen bei denselben Wechslern angelegt hatte, so liefert das Mittelalter Beispiele genug, daß Geistliche ihre Gelder bei den Bankiers deponirten, um an den hohen Zinsen — 20, 30, 40 bis 50% — Theil zu haben. Die Bardi in Florenz, welche 1339 mit 16 Millionen Florinen fallirten, besaßen allein über eine halbe Million solcher geistlichen Gelder.

Auch in Deutschland erwies sich das Bedürfniß, Anlehn von den Wechslern zu erhalten, als so dringend, daß das Darlehn gegen Zins nach und nach in den Städten nicht blos gesetzlich gestattet, sondern in einzelnen Fällen die Wechsler sogar genöthigt wurden, offene Darlehnsbänke zu halten. In einer Anzahl von Stadtrechten (Frankfurt a/M., Freiburg im Breisgau ꝛc.) ist dabei die Höhe des Zinses festgesetzt, und zwar verschieden für Einheimische und Fremde.

Aus diesen offenen Darlehnsbänken sind die deutschen Banken und Pfandhäuser entstanden, welche demnach eine eben so selbständige Grundlage haben, wie das deutsche Surrogat des Wechselbriefs, der „Ueberkauf". Die städtischen Behörden oder die Inhaber des Münzregals fingen nämlich seit dem Ende des 13. Jahrhunderts an, städtische Wechselbänke zu errichten, um die Städter gegen Wucher zu schützen. In den Niederlanden kamen solche schon

1300. 1297 vor. Der Rath der Stadt Frankfurt a/M., welcher 1346 das Regal des Handwechselns erwarb, „bestellte 1402 den Wessil", indem er mit eigenem Gelde — fl. 2400 — eine Handelsbank errichtete und die Verwaltung 14 Geschäftsleuten übertrug. Die Geschäfte bestanden in Handwechsel, Annahme von Geldern — Depositen — und Darlehn. Schon im nächsten Jahre errichtete der Rath statt dieser einen vier Bänke, von denen drei an Privatleute verliehen wurden, jedoch so, daß der Rath die Hälfte des Stammkapitals von 4000 Fl. einlegte und dafür die Hälfte des Gewinns als Antheil bezog. An anderen Orten, wie Nürnberg, wurden solche städtische Banken errichtet, um dem „Wucher" zu steuern. Dem vom Kaiser Maximilian I. 1498 dem Rath von Nürnberg ertheilten Privilegium zufolge sollte der Zinsertrag zum gemeinen Nutzen und Gut der Stadt angewandt werden.

Der Zinsfuß der Wechsler bewegte sich in Deutschland zwischen 20 und 40%, selbst gesetzlich stieg er indeß zuweilen auf 50% und höher. Verschieden

1300. davon gestaltete sich der Zinsfuß der Renten. Seit dem Anfang des 14. Jahrhunderts waren nämlich neben städtischen Leih- oder Pfandhäusern auch städtische Leibrentenbänke errichtet worden, welche von einem eingelegten Kapital eine bestimmte jährliche Rente für die Lebensdauer des Einlegers entrichteten; nach dem Tode fiel ihnen die Einlage als Eigenthum zu. Der Zinsfuß dieser Renten schwankte zwischen 12 und 10%, am Schluß des Mittelalters ging derselbe bis auf 6% herab.

In Italien waren ähnliche Einrichtungen, welche das kanonische Verbot umgingen, längst in Uebung. Die societas sacri officii, eigentlich eine Gesellschaft, welche sich bildete, damit Einer aus ihrer Mitte den nöthigen Fond erhielt, um irgend ein einträgliches Amt zu kaufen, an dessen Erträgnissen dann die Gesellschafter Antheil hatten, wurde bald zu einer Art Rentenkaufanstalt. Daneben entstanden aller Orten montes pietatis, Leihhäuser, um Aermere gegen Wucher zu sichern, und diese durch Beiträge verschiedener Kapitalisten gebildeten montes, das Vorbild der heutigen Aktiengesellschaften, wurden bald die allgemeine Form der Betheiligung an irgend welchen Unternehmungen. Namentlich wurden auch öffentliche Anleihen, einlösliche wie uneinlösliche, in dieser Weise vertheilt, oder umgekehrt aus irgend welchen festen Saatseinnahmen ein mons gebildet, d. h. eine Gesellschaft, welche diese Einnahmen gegen eine bestimmte, von ihren Mitgliedern zusammengebrachte Summe ankaufte. Dies ist der Ursprung der italienischen Girobanken. Ursprünglich waren dies solche montes, deren Mitglieder sich später vereinigten, um ihren Antheil an den übernommenen Staatsrenten in der Gesellschaftskasse zu belassen und ihre gegenseitigen kaufmännischen Abrechnungen und Ausgleichungen durch Zuschreiben oder Abschreiben zu erledigen.

Die Bank von Venedig entstand aus der Vereinigung der Renten für Zwangsanleihen aus den Jahren 1480 und 1510. Ihre definitive Organisation erhielt sie 1587. Die St. Georgsbank von Genua, welche sämmtliche Staatsgläubiger umfaßte, nahm mehr den Charakter einer großen Handelsgesellschaft an.

Neben diesen eigenthümlichen, den montes entsprungenen Instituten bestanden in Venedig, Genua, Florenz und anderwärts auch zahlreiche Privatbanken.

Das Werthverhältniß zwischen Gold und Silber schwankte zwar sehr häufig, doch entfernte es sich im Ganzen wenig von dem Verhältniß 1 : 10 bis 1 : 12.

Die Handelsgesellschaften, Gilden, Hansen. Das Mittelalter war die Zeit des Genossenschaftswesens. Der Mangel fester Ordnung im gesellschaftlichen und staatlichen Leben machte Selbstwehr und Selbstwache zur ersten Pflicht. Die Kraft des Einzelnen reichte aber namentlich in fremden Landen nicht aus, und so drängten die Verhältnisse nothwendig alle Diejenigen, welche gemeinsame oder ähnliche Wege zu gehen hatten, gleichen oder ähnlichen Zwecken nachstrebten, zur Genossenschaft, zur Hansa. Namentlich der deutsche Kaufmann hat diese Form der gemeinsamen Thätigkeit ausgebildet. Wo wir ihn finden, in Venedig oder in Rußland, in Brügge oder in Paris, in London oder in Norwegen, überall finden wir ihn in feste Genossenschaften vereinigt, die in den wichtigsten Plätzen ihre Niederlagen besaßen, für welche sie sich gewisse Rechte und Freiheiten auswirkten. So lange die öffentlichen Verhältnisse in diesen Orten der Art waren, daß es ausdrücklich erworbener und verbriefter Rechte bedurfte, um seine Person und sein Eigenthum geschützt, mindestens vor willkürlicher Brandschatzung gesichert zu sehen, waren diese an feste Normen und gewisse Orte gebundenen gemeinschaftlichen Niederlagen unbedingt wohlthätig. Sie dienten nicht blos zur Sicherstellung vor Verlusten, sondern ersetzten gewissermaßen den Mangel freier kommerzieller Formen. Der Kaufmann, welcher dazu gehörte, war nicht mehr gezwungen, jeden Waarentransport an Ort und Stelle zu begleiten und dort zu warten, bis das Gut verkauft oder anderes dagegen eingehandelt war. Er konnte einen Diener damit beauftragen und war doch sicher, daß ihm bei den genauen Vorschriften der Genossenschaft über den Verkauf und Einkauf, die Qualität, oft selbst über den Preis der Waaren an einem bestimmten Stapelplatz, und bei der scharfen Aufsicht der Vorstände über die Beobachtung dieser Vorschriften, kein Nachtheil daraus erwuchs. Zunächst waren diese Hansen gegen Straßen- und Seeräuber und gegen die willkürlichen Zölle gerichtet, welche einzelne Grundherren an ihrer Grenze erhoben. Später strebte man auch dahin, Privilegien zu erhalten, namentlich Befreiung oder Ermäßigung der Zölle, eigene Gerichtsbarkeit, Anlegung von Faktoreien, Befreiung vom Stapelzwang, d. h. daß man nicht in jeder Stadt die Waare einige Tage feil bieten mußte, ehe man nach dem beabsichtigten Kauforte weiter zog,
u. s. w. Da dieses Zusammenhalten Vortheil brachte, so schlossen sich endlich 1400
viele Städte und ganze Provinzen zusammen, und so entstand der Rheinische Städtebund (Mainz, Worms, Köln), der Oberdeutsche oder Schwäbische (Ulm, Augsburg, Nürnberg) und die nordische Hansa. Diese Bündnisse führten lange Kriege mit Fürsten und Kaiser, schwächten sich aber durch Uneinigkeit und erlagen
gegen Ende des 15. Jahrhunderts, mit ihnen das freie Bürgerthum, denn die 1500

Fürsten entrissen den vereinzelten Städten alle Rechte und machten die Bürger zu Unterthanen, theils gingen sie ein wegen gegenseitigen Handelsneids und ihres Strebens, sich Monopole zum Nachtheile der Landesbewohner in fremden Ländern zu sichern, deren Fürsten die Zölle der fremden Kaufleute als sichere Einnahme vorzogen. Aber als jene Länder allmählig geordnetere Zustände erhielten; als dieselben Rechte, welche eine Genossenschaft vor Jahrhunderten ausnahmsweise erworben hatte, nach und nach Allen ohne Unterschied gewährt wurden, als gleichzeitig durch den tausendfältig gesteigerten und verschlungenen Verkehr die gegenseitige Zuverlässigkeit und das gegenseitige Vertrauen wuchs, da waren diese Stapel kein Vorzug mehr, sie wurden ein Hinderniß, eine Last für Jeden, der sich freier bewegen wollte. Aus diesem Grunde hatten sich schon
1400. im 15. Jahrhundert, während der Hansastapel noch in Brügge war, viele Glieder des Bundes, namentlich die rheinischen, westfälischen und holländischen Städte, von dem Stapelzwang losgesagt, Verbindungen an anderen Orten angeknüpt und die Freimessen in Antwerpen und Mecheln besucht. Die holländischen Städte besonders fanden es vortheilhafter, auf eigene Hand nach den Ostseeküsten zu fahren und die dort eingehandelten Waaren an jedem ihnen gerade passenden niederländischen Markte zu verkaufen. Mit der Verlegung des Stapels der Hansa von Brügge nach Antwerpen, wo sich längst Alles zwanglos und frei bewegte, verlor derselbe auch den letzten Rest von Bedeutung, und das hanseatische Contor in Antwerpen bestand eigentlich nur noch dem Namen nach.

Eine mächtige politische Rolle versuchte die Hansa zur Zeit der Reformation zu spielen, als Jürgen Wullenweber Bürgermeister von Lübeck war und wohl begriffen hatte, daß sich die Hansa ihre Stellung und Zukunft nur dann sichere, wenn sie als politische Macht die Länder der Ost- und Nordsee beherrsche. Damals war in Lübeck die Herrschaft der Patrizier oder Großbürger gestürzt durch die demokratisch-gesinnten Zünfte, deren Führer eben Wullenweber war. Die Verhältnisse begünstigten Wullenweber's Plan, die Hansa zu einer demokratisch-politischen Seemacht zu erheben. Lübeck hatte den Gustav Wasa auf den schwedischen Thron gebracht, es hielt Friedrich von Holstein auf dem dänischen Throne, wofür Beide der Hansa große Privilegien bewilligten, namentlich die Ausschließung anderer Seefahrer von der Fahrt durch den Sund. Doch waren diese Bedingungen für Schweden und Dänemark so drückend, daß sie dieselben nicht aufrichtig erfüllen konnten. Außerdem behandelte Lübeck die niederländischen und livländischen Städte so selbstsüchtig, daß diese vom Bunde zurück und auf Seiten Dänemarks und Schwedens traten. Es begann ein Krieg auf Leben und Tod. Wullenweber verband sich mit dem Könige von England, söhnte sich mit den Niederländern aus und unterstützte die demokratische Partei des Königs Christian von Dänemark. Die Hansa errang überall Vortheile, Wullenweber schien Herr der beiden Nordischen Reiche zu werden, da stiftete die katholische Patrizierpartei in Lübeck einen Aufstand an, Wullenweber mußte flüchten, ward in fremdem Gebiete gefangen und widerrechtlich von einem seiner fürstlichen Feinde hingerichtet. Man schaffte nun in Lübeck das demokratische Regiment ab, stellte die alte Ordnung wieder her und hielt sich fern von allen Fortschritten der neuen Zeit. Die Hansa alterte, ward von strebsamen Nachbarn überholt und verlor namentlich im 30jährigen Kriege den Rest ihrer Bedeutung.

Dritter Theil.

Von der Auffindung des Seewegs nach Ostindien bis zu der Unabhängigkeitserklärung der nordamerikanischen Kolonien.

[1498 bis 1776.]

Einleitung.

Vor und kurz nach dem Jahre 1500 traten Ereignisse ein, welche die ganze Welt- und Kulturgeschichte umwandelten. Baukunst und Malerei erreichten ihre Glanzperiode, die Anwendung des Schießpulvers bei Geschützen veränderte das Kriegswesen. Der Adel zog sich zurück, die Könige warben aus Handwerkern und Bauern Landsknechte und erhoben das Fußvolk zur Hauptmacht, aus welcher sehr bald stehende Heere wurden. Das Studium der Schriften der Alten gab eine ganz neue Grundlage für wissenschaftliche Bildung, und die Buchdruckerkunst unterstützte dieselbe. Die Mathematik wandte sich der Astronomie zu und lieferte der Nautik neue Hülfsmittel (Oktanten, Sextanten, Quadranten, Chronometer, Teleskope u. s. w.), um sicher über das offene Meer zu leiten. Statt der Ruderschiffe bediente man sich der Segelschiffe, verbesserte kunstgerecht deren Bau und versah sie mit Geschützen. Der Land- und Küstenhandel ward unbedeutend gegen den Seehandel. Die Beschiffung der Weltmeere schuf den Welthandel; man verfertigte Seekarten (Mercator) und bereicherte die Naturwissenschaft, Medizin und Gewerbe mit vielen nutzreichen Rohstoffen (Droguen, Indigo, Farbehölzer, Bauhölzer), mit Nahrungspflanzen (Reis, Mais, Kartoffeln) und Genußpflanzen (Tabak, Kaffee, Thee, Zucker, Kakao u. s. w.), welche nach und nach allgemeines Bedürfniß wurden und das gesellschaftliche Leben umgestalteten. Man lernte neue Menschenrassen kennen und bevölkerte mit Auswanderern und Sklaven menschenarme Welttheile. Die Mittelmeerstaaten versanken durch Türken und despotische Herrscher in Barbarei, in Westeuropa aber bildeten sich Nationalstaaten, die den Handel zur Staatsangelegenheit machten, durch Flotten sich zu Weltmächten erhoben und durch Gesetze und nach Grundsätzen Handel und Industrie leiteten.

Die beiden großen Ereignisse, mit welchen der Historiker die Epoche des Mittelalters abschließt und die auch für die Handelsgeschichte Malsteine geworden sind, welche die Grenzen zweier Zeiträume bezeichnen, waren nicht Sache des Zufalls. Jahrhunderte, ja Jahrtausende zurück finden sich schon Spuren davon, daß die Ahnung von einer neuen, mitten im Ozean liegenden Welt (die Atlantis und Seligen Inseln) in den Gemüthern Einzelner lebte, und seit den Phöniziern stand es fest, daß um Afrika herum ein Seeweg in das Indische

und Rothe Meer führen müsse, aber man benutzte ihn nicht, weil Phönizien
zum Rothen Meere näher hatte.

Durch die Fortschritte der astronomischen Wissenschaften waren die älteren
Vorstellungen des Ptolemäos von der Beschaffenheit des Erdkörpers berichtigt
worden. Man wußte, daß die Erde Kugelgestalt habe. Galilei hatte siegreich
1250. den Satz verfochten, daß sich die Erde um die Sonne drehe. Ausgedehnte
Reisen einzelner muthiger Männer, welche, wie Marco Polo, schon im 13. Jahr=
hundert die Länder des inneren Asiens, China, Hindostan sammt den Inseln
des Indischen Archipels besuchten, zerstörten viele Vorurtheile und reizten zur
Wiederholung des Wagnisses an. Das Märchen von dem siedenden Meere,
mit welchem die Phönizier und Karthager, wol nicht ohne Absicht, die Schiffer
von der Fahrt nach dem Süden zurückgeschreckt hatten, fand nur noch Gläubige
unter dem großen Haufen, und seitdem das Atlantische Meer eine wichtige
Handelsstraße geworden war, hatten sich Genuesen, Portugiesen und die übrigen
seefahrenden Völker der Furcht vor dem großen Weltmeere ziemlich entschlagen.
Sie wagten es, weiter nach Süden vorzudringen, und die Genuesen sollen auf
diesen Fahrten schon zu Ende des 13. Jahrhunderts die seit dem Untergange
Karthago's verschollenen Kanarischen Inseln wieder entdeckt haben; gewiß ist
es, daß die Portugiesen 1341 dorthin gelangten.

1360. Vor der Mitte des 14. Jahrhunderts hatten italienische Seefahrer auch
die Madeiragruppe gefunden, ebenso waren auch die Azoren schon voll=
ständig entdeckt worden.

Größere, wenn auch weniger nachhaltige, Erfolge hatten die kühnen Nor=
mannenfahrten im Norden errungen. Die Faröer=Inseln, die Hebriden, Irland
860. und die Südspitze von Grönland wurden von ihnen schon vor dem 10. Jahr=
hundert entdeckt und mit Niederlassungen besetzt und letzteres daher Grünes
Land, genannt, um recht viele Kolonisten von Island (Eisland) herüber zu
locken. Auf einer Fahrt nach Grönland trieben Stürme den isländischen Schiffer
Björn weit nach Südwesten an die Küste Nordamerika's. Auf der Rückfahrt
berührte er Neuschottland, Neufundland und Labrador. Nach seiner Rückkehr
rüstete Leif, ein Sohn Erik's, ein Schiff aus, um genauere Kunde über das
fremde Land einzuziehen. Im Jahre 1001 landete er an der Küste Labrador,
gelangte nach Neuschottland, von ihm Markland getauft, und endlich weiter
1000. südlich in die Gegend von Boston und New=York. Der zahlreich im Inneren vor=
kommenden wilden Weinreben halber nannte er diese Gegend auf Veranlassung
eines süddeutschen Reisegefährten, den der Wein soll trunken gemacht haben,
Weinland. Mehrere Ansiedlungen wurden hier unternommen, zahlreiche
Fahrten dahin gemacht, doch geriethen die Ansiedler mit den Ureinwohnern in
Feindseligkeiten, die zu blutigen Kämpfen führten, und da ohnehin die grön=
ländischen Küsten eine reichere Beute an Walfischen und Robben lieferten,
wurden Markland und Weinland vernachlässigt. Doch fehlte es trotzdem nicht
an einzelnen Besuchern und noch im Jahre 1347 wird von einer Fahrt dorthin
berichtet. Seit der Zeit war Amerika wieder verschollen. Ein halbes Jahr=
hundert später beginnen die systematischen Entdeckungsreisen der Portugiesen.

1420. Zu Anfang des 15. Jahrhunderts unternahm es der portugiesische Prinz
Heinrich, welcher sich durch eifrige geographische Studien und später durch den
Planiglobus des Nürnberger Behaim's, welcher Versuchsfahrten mitmachte,
zu dem großen Werke vorbereitet hatte, Expeditionen nach der Westküste Afrika's

zu senden. Die Schätze des Christusordens, dessen Großmeister er war, lieferten die Mittel dazu. Die erste dieser Expeditionen wurde 1415 unternommen. Sie erreichte das Kap Bojador, wagte aber nicht weiter zu gehen. Vier Jahre später, 1419, wurden Porto Santo und 1420 auch Madeira von den Portugiesen entdeckt. Hier legten dieselben, nachdem man die Wälder niedergebrannt und die Eingebornen vertilgt hatte, eine Kolonie an, pflanzten Reben von Cypern und Zuckerrohr von Sizilien, und das schnelle Gedeihen dieser beiden Kulturpflanzen machte die Insel bald zu einer sehr werthvollen Besitzung. Auch die Azoren fanden die Portugiesen ein Jahrzehnt später. Im Jahre 1440 wurde der Wendekreis überschritten und das Kap Blanco erreicht, 1445 das Grüne Vorgebirge und einige Jahre später die Küste von Guinea gefunden. Jetzt war die Bahn geöffnet. Aus allen Ländern strömten waghalsige Abenteuerer und wißbe- 1450.
begierige, unternehmende Männer nach Portugal, um an den Expeditionen theilzunehmen, welche nicht blos Ruhm und Ehre, sondern auch reiche Beute versprachen. Die von den letzten Expeditionen nach Lissabon gebrachten Waaren: Sklaven, Baumwolle, Elfenbein, Goldstaub, Gummi rc., reizten den Kaufmann, sich bei den Wagnissen zu betheiligen, und verschiedene Handelsgesellschaften bildeten sich, um den Handel an den neuentdeckten afrikanischen Küsten, namentlich aber dem goldreichen Guinea, zu betreiben.

Der Tod des Infanten Heinrich unterbrach kurze Zeit den Fortgang neuer Unternehmungen. Diese fanden aber in den letzten Jahrzehnten des 15. Jahr- 1470.
hunderts in Johann II. einen eben so kräftigen Beschützer, und schon 1475 wurde der Aequator passirt. Immer näher kam man der Südspitze Afrika's. Benin und Congo wurden 1484 und 1485 besucht. Endlich fand Bartholomäus Diaz 1487 das äußerste Vorgebirge. Er war nämlich ins südliche Polarmeer verschlagen, von wo ihn Stürme nach Nordosten warfen, wo er ein Vorgebirge am Weihnachtstage entdeckte, und daher es Cap natal (Weihnachtskap) nannte. Da er Afrika jetzt zur linken, statt zur rechten Seite hatte, so schloß er daraus, daß er diesen Erdtheil umsegelt habe, fuhr deshalb zurück und ward von Stürmen in die Tafelbai getrieben, deren Kap er daher das Kap der Stürme benannte, bis der König diesen Namen abänderte, weil man nun mit Gewißheit Indien zu erreichen hoffen durfte, weshalb er das Kap zur „guten Hoffnung" nannte.

Um die indischen Verhältnisse kennen zu lernen, waren bereits zwei Männer über Aegypten nach Ostafrika und Indien gesandt, von denen der Letztere glücklich zurückkehrte und durch seine günstigen Berichte zur letzten großen Anstrengung ermuthigte, indem er berichtete, zwischen Ostafrika und Indien gebe es ein freies Meer. Emanuel, der Nachfolger Johann's II., ließ 1497 vier Schiffe ausrüsten, und am 8. Juli verließ Vasco da Gama mit seinem kleinen Geschwader Lissabon, umsegelte das Kap der guten Hoffnung, landete zu verschiedenen Malen an der Ostküste Afrika's, welche er wohl angebaut fand, und lief endlich, von einem arabischen Lootsen geführt, den ihm ein Fürst an der Somali-Küste mitgegeben hatte, am 20. Mai 1498 in dem Hafen von Calicut, der reichsten Handelsstadt auf der Küste Malabar, ein.

Vorderindien war damals in eine Anzahl kleiner Reiche getheilt, welche 1500.
fast sämmtlich unter muhamedanischen Fürsten standen. Seit dem Eroberungszuge der Ghaznaviden, um das Jahr 1000, hatte der Muhamedanismus große Fortschritte in Indien gemacht und war die herrschende Religion gewor-

den, wenngleich die übergroße Mehrzahl der alten Hindu ihrem angestammten Glauben treu blieb.

Der Beherrscher von Calicut nahm die Portugiesen nicht sehr freundlich auf, da er durch die arabischen Kaufleute, welche die Ankunft der Portugiesen ungern sahen, gegen Letztere aufgereizt wurde und sie für Seeräuber hielt. Doch gelang es, einige Gewürzladungen mitzunehmen, und damit kehrte die Flotte zurück. Am 19. Juli 1499 kam Vasco da Gama wieder in Lissabon an. Emanuel sandte schon im nächsten Jahre eine größere Flotte nach Indien, um dort festen Fuß zu fassen, und nun begann eine Reihe glänzender Thaten, Seeschlachten und Städteeroberungen, welche die Ausschließung der Araber vom indischen Handel und die Begründung der portugiesischen Herrschaft in Vorder- und Hinterindien zum Zweck hatten. Die beiden großen Männer, Franz von Almeida und Alphons von Abuquerque, welche nach einander als Vizekönige nach Indien gesandt wurden, verfolgten dieses Ziel mit eben so viel Muth und Ausdauer als Geschick, und schon bei dem Tode des Letzteren 1515 besaßen die Portugiesen die ganze Küste Malabar, einen Theil der Küste Koromandel, alle Häfen und Inseln von Bedeutung von dem Persischen Meerbusen bis zur Küste von Malabar und den größten Theil der hinterindischen Halbinsel Malakka; sie hatten sich Ceylon, die Sunda-Inseln und die Molukken unterworfen und be-
1520. herrschten durch ihre Flotten das Arabische und das Indische Meer. Wenig später wurde ihnen die Insel Macao von dem chinesischen Kaiser, dem sie gegen Seeräuber Beistand leisteten, eingeräumt (vor Canton), und von da aus knüpften sie Verbindungen mit Japan an. —

Noch bevor Vasco da Gama den Boden Indiens betrat, war, unabhängig von den portugiesischen Unternehmungen, im Westen eine noch größere und in ihren Folgen wichtigere Entdeckung gemacht worden.

Columbus, ein tüchtiger Seemann, Genuese von Geburt, hatte auf der Schule von Pavia eine für jene Zeiten treffliche geographische und nautische Bildung erhalten. Schon in reiferen Jahren stehend, siedelte er nach Portugal über, wurde hier mit allen Resultaten der bisherigen Entdeckungsreisen bekannt, und hatte Gelegenheit, auf der Insel Porto Santo und den Azoren die Erzählungen der Einwohner von fremdartigen Bäumen, geschnitzten Hölzern, menschlichen Leichnamen u. dgl. zu hören, die bei Westwinden herangetrieben worden sein sollten. Diese Wahrnehmungen und Beobachtungen, in Verbindung mit der bei ihm feststehenden Ansicht von der Kugelgestalt der Erde und den Beschreibungen Marco Polo's, nach welchen sich Asien weit nach Osten hinaus erstrecken sollte, führten ihn zu dem Schlusse, daß man bei einer Fahrt nach Westen Indien erreichen müsse.

Er schlug Johann II. vor, eine Expedition auszurüsten, um das Unternehmen zu wagen. Dieser sandte auch heimlich eine Expedition aus, die aber bald erfolglos zurückkehrte, und nun wies der König den Plan als abenteuerlich zurück. Nicht besser glückte es dem Columbus in seiner Vaterstadt, in Venedig und in Spanien, wohin er sich zuletzt wandte. Auch hier fand er wenig Gehör, denn der König führte Krieg mit dem maurischen Könige von Granada, und als ein Geistlicher des Columbus Plan am Hofe empfahl, verwarf denselben eine Kommission von Bischöfen als ketzerisch.

Endlich nach achtjährigen Mühen und Sorgen gelang es ihm, die Königin Isabella von Spanien zur Ausführung des Projektes und zur Annahme seiner

Bedingungen im Fall des Gelingens zu bewegen. Mit 3 kleinen Schiffen und einer Bemannung von 90 Mann ging er am 3. August 1492 von dem kleinen Hafen Palos aus unter Segel, bekam am 12. Oktober, also nach einer Fahrt von 70 Tagen, getrieben von der Aequatorialströmung und den Passatwinden, die kleine Insel Guanahani (Watlingsinsel der Bahamagruppe) in Sicht, fuhr nach kurzem Aufenthalt weiter und entdeckte am 27. Oktober Cuba, am 5. Dezember St. Domingo oder Haiti. Von da kehrte er zurück und lief am 14. März 1493 wieder im Hafen von Palos ein.

In der festen Ueberzeugung, die äußersten indischen Inseln gefunden zu haben — weshalb diese „Westindien" genannt wurden — trat Columbus in demselben Jahre die zweite Reise an, auf welcher er die Kleinen Antillen, Dominica, Guadeloupe, Antigua und Portorico fand und auf Haiti eine Kolonie anlegte als Ausgangspunkt für weitere Entdeckungen. Diese erhielt 3 Namen: Haiti, S. Domingo, Hispaniola. Seine dritte Reise endlich (1498—1500) führte zur Entdeckung von Trinidad und dem südamerikanischen Festlande, sowie von Nordamerika. Noch immer hegte man den Wahn, Indien erreicht zu c. 1500. haben, und die späteren Reisen hatten meist den Zweck, eine Durchfahrt zwischen den entdeckten Inseln nach dem eigentlichen Indien zu finden. Erst die ganze Reihe von weiteren Entdeckungen — von dem Auffinden des Festlands von Nordamerika durch den Engländer Cabot (1497), Brasiliens (1500) durch Cabral, der Entdeckung der Halbinseln Yucatan und Florida 2c. — ließ dies als einen Irrthum erkennen, und die Ueberschreitung der Landenge von Panama durch Bilbao 1513 und der Anblick des Stillen Meeres schlug jeden noch bestehenden Zweifel nieder, daß hier ein neuer großer Erdtheil erschlossen worden sei. Man nannte diesen Welttheil die Neue Welt.

Mit Ausnahme Brasiliens, welches die Portugiesen besetzt hatten, und des nordamerikanischen Festlandes, wo die Engländer Niederlassungen errichteten, c. 1620. wurde ganz Amerika von den Spaniern durch Cortez (Mejico und Yucatan) von Cuba aus, und von Pizarro mit Almagro (Peru, Quito, Chile) von Panama aus in Besitz genommen und als spanische Kolonie verwaltet, wenn man das Ausbeutungssystem, welches von der spanischen Krone eingeführt wurde, Verwaltung nennen will.

Die Bedeutung dieser beiden Ereignisse kann nicht hoch genug angeschlagen werden. In ihren Folgen haben sie nicht blos die Handelsverhältnisse und das Schiffahrtswesen, sondern auch die politische Stellung der europäischen Staaten gänzlich umgestaltet. Die Weltgeschichte kennt kaum eine zweite That, welche mehr epochemachend gewesen ist, da Spanien und Portugal Kolonialstaaten wurden, ersteres ungeheuere Gold- und Silberschätze fand, dieses in den Alleinbesitz der ostindischen Waaren kam.

Doch darf von unserem Gesichtspunkte aus nicht beiden von Anfang an derselbe Einfluß eingeräumt werden. Für die Handelsgeschichte ist die Auffindung des Seewegs nach Ostindien Anfangs entschieden folgenreicher gewesen als die Entdeckung Amerika's, deren tiefeingreifende Wirkungen erst Jahrhunderte nachher hervortraten und in Verbindung mit ganz anderen Verhältnissen standen. Das Streben, um Amerika herum einen Weg nach Ostindien zu finden, führte zu neuen Entdeckungen. Cabral gerieth durch Zufall nach Brasilien und verlor dort durch eine Windhose den Bartol. Diaz mit dessen Schiff. Andere Sucher fanden die Mississippiländer, Andere, das Eldorado suchend, von den

Anden aus den Marannon, noch Andere den Laplatastrom, Magelhaens endlich den Stillen Ozean und die Philippinen. Drake und Andere folgten und entdeckten Californien und das Oregonland, Raleigh Virginien (1584), Franzosen Canada (1534). Engländer kamen 1553 nach Nowaja Semlja und Archangel, Barentz nach Spitzbergen (1595), Forbisher (1577) nach Grönland, Davis und Hudson in die nach ihnen benannten Meere, Russen bereisten Sibiriens Nordküste, entdeckten Kamtschatka, Bering die nach ihm benannte Straße. Fand man auch keinen neuen Weg nach Indien, so doch neue Fischgründe der Wale und Kabeljaus, so daß der Fischfang in den Polarmeeren ein großartiger ward, dessenwegen man sogar Kriege führte. Holland und England trugen den meisten Nutzen davon, wie jetzt Nordamerika. Holländer endlich entdeckten Neuholland, und Cook vervollständigte diese Entdeckungen in der Südsee, wo man den fünften Welttheil auffand. Mit der Neuen Welt erhielt der Handel auch neue Elemente, das Kolonialsystem verbot den Kolonien den Eigenhandel, sogar manche Fabrikate, verpflanzte aber europäische Thiere, Pflanzen und Menschen dorthin und ebenso indische Kolonialpflanzen, die dadurch so billig wurden, daß man diese Produkte bald allgemein genoß. Es kam aber auch der gewinnreiche Negerhandel auf. Schon seit alten Zeiten verkaufte man Kriegsgefangene als Sklaven und Waare, im Mittelalter war Rom bis 1200 Sklavenmarkt, und 1440 brachten Portugiesen zuerst Neger als Waare in den Handel. Die Indianer wurden als Heiden ausgerottet, bis Karl V. sie für seine Unterthanen erklärte und auf des Las Casas Rath den Negerhandel gestattete. Die Portugiesen brachten ihn an sich, raubten und kauften Neger, veranstalteten Negerjagden und tauschten Schwarze gegen Glasperlen, Stückchen Tuch, schlechte Messer u. s. w. ein. Frankreich und England ahmten dies nach, setzten Prämien auf Negerhandel (Ludwig XVI. gab $2^1/_2$ Mill. Frks.), und Liverpool sandte 188 Sklavenschiffe aus, Havre und Nantes geringere Flotten. Holland versorgte sich in Afrika auch mit Negern, Dänemark und Schweden, selbst der Kurfürst von Brandenburg, haschten nach afrikanischen Besitzungen, um Sklavenhandel zu treiben, der reichen Gewinn brachte. England bot als Tauschmittel Rum und vergiftete damit die Neger. Es mögen 40 Mill. Neger ihrem Vaterlande entrissen sein, von denen etwa nur 24 Mill. lebendig in Amerika ankamen; dennoch brachte der Handel 60—70%.

Die Massen Gold und Silber, Perlen und Edelsteine, die aus Amerika kamen, bewirken eine große Steigerung aller Preise, besonders der Lebensmittel. Da aber der Bauer leibeigen und mit Steuern überbürdet war, da es an Wegen fehlte, Handelssperren den Absatz erschwerten, so trat oft Hungersnoth ein. Die stehenden Heere kosteten Geld, man legte neue Zölle auf, verkaufte Monopole, schuf Regale, griff durch Verbote eigenmächtig in den Handel ein, zwang den Bauer billig zu verkaufen, damit der Fabrikant billig produziren könne, um die Wollen-, Leinen- und Baumwollenindustrie zu heben, plünderte also das eigene Volk aus, da man in Asien baar mit Silber zahlen mußte. Erst als man Maschinen erfand, konnte man mit der dortigen Handindustrie konkurriren. Also auch die Zollgesetze, Industrie, Bedürfnisse und Regierungsmaximen veränderten sich.

Wenn wir den Verlauf der Entwicklung des Handels bis zum Schluß des 15. Jahrhunderts mit einem Blick überschauen, so läßt sich die Stetigkeit und das Gesetz derselben nicht verkennen. Es war der naturgemäße Austausch zwi-

schen den Erzeugnissen der tropischen Länder und den Produkten und Fabrikaten der gemäßigten und kälteren Klimaten, welcher die Grundlage des großen Waarenzugs von Süd und Ost nach Nord und West und umgekehrt bildete, und alle die Handelsvölker, welche wir kennen gelernt haben, und welche einen hervorragenden Antheil an diesem Verkehr nahmen, dankten dem Umstande ihre Bedeutung und ihre Größe, daß sie an der Haupthandelsstraße, dem Mittelmeere, lagen, auf deren Benutzung dieser Waarenzug im Alterthum und im Mittelalter angewiesen war. Ihre Aus- und Einmündungen sind je nach den Zeitverhältnissen im Süden und Osten, bald in Aegypten und dem Rothen Meer, bald in den syrischen und kleinasiatischen Hafenplätzen, bald am Schwarzen Meer — im Westen und Norden bald an den Alpen und dem Rhein, bald an der Rhone und Garonne, bald in der Straße von Gibraltar und dem Atlantischen Ozean sammt der Nord- und Ostsee zu suchen. In dem Maße, in welchem die Civilisation im mittleren und nördlichen Europa Fortschritte machte, rückten die abendländischen Grenzen dieses Verkehrs weiter und suchte der Handel die natürlichste und bequemste Fortsetzung der Mittelmeerstraße sowol im Morgenland als im Abendland auf: durch das Rothe Meer nach Alexandrien, durch die Straße von Gibraltar nach den Zwischenplätzen an der Westküste, bis nach den letzten Stationen in der Nord- und Ostsee. Von allen Seiten mündeten kleinere Verkehrskanäle in diesen Hauptstrom, führten ihm die Produkte und Fabrikate ihres Umkreises und dessen Verbindungen im Inneren zu und wurden ihrerseits mit den dorthin bestimmten Waarenmengen gespeist. Da endlich wurde dem Welthandel eine andere Straße, dem Güterumlauf zwischen dem Orient und Occident ein anderes Hauptorgan zugewiesen mit der Entdeckung des Seewegs nach Indien. Die nothwendige Folge dieses Umschwungs der Dinge mußte die sein, daß diejenigen Handelsvölker, welche bisher den Welthandel beherrschten, weil sie den Hauptkanal umgaben und die Aus- und Einmündungen desselben in Händen hatten, also die Araber und Italiener nebst den französischen Häfen und Barcelona, sich von den durch die neueröffnete Straße begünstigten Nationen, den Portugiesen, Holländern und Engländern, verdrängt sahen und sich fortan auf die bescheidene Rolle des Binnenhandels beschränken mußten. Hierdurch erfuhr der Handel manche Umgestaltung und eine neue Organisation. Man monopolisirte ihn auf verschiedene Weise, führte aber Theilung der Handelsarten ein, entwickelte den Geldhandel, wozu die Staatsschulden Veranlassung gaben, erfand Schutz- und Differentialzölle, untersuchte seine Gesetze wissenschaftlich, und es entstanden nach und nach das Handels-, Ackerbau- und Industriesystem. Um den Handel ergiebig zu machen, da er Steuern einbrachte, legte man Kanäle an, errichtete für den Landhandel Meßplätze, Posten, setzte Seerecht und Wechselordnung fest, gründete (Genua, Venedig, Amsterdam 1609, 1660.
Hamburg 1519), Giro- und Zettelbanken (Patterson 1694, Law), vermittelte den Geldhandel durch Börsen, kolonisirte Amerika's Plantagen, unterstützte aber auch aus Handelsneid in den Antillen die Seeräuber (Flibustier und Bucanier) und sicherte sich durch Assekuranzen gegen Schaden.

Eben so natürlich erscheint es, daß mit der Eröffnung einer direkten Fahrt von europäischen Häfen bis Indien die Erzeugnisse der Tropen in größeren Mengen nach Europa gelangten und billiger verkauft werden konnten, da nicht blos eine Reihe von Zwischenhändlern wegfiel, sondern auch die Transporte weniger kostspielig wurden. Aber um die Preise zu halten, brachte man nur eine gewisse Menge Waare und vernichtete lieber die Ueberfülle. Erst als die Konkurrenz es dahin brachte, die Nutzpflanzen in eigne Kolonie zu verpflanzen, wurden die Waaren billiger und der großen Menge zugänglich. Damals verkaufte man lieber wenig, aber theuer, jetzt dagegen billig und viel. Seitdem die Schiffahrt großartig ward, befaßte man sich auch mit Getreidehandel, den Amsterdam an sich brachte. Der Verbrauch der indischen Waaren erfuhr deshalb eine ziemlich bedeutende Steigerung, die auf der anderen Seite durch den gestiegenen Wohlstand der westlichen europäischen Völker von selbst hervorgerufen wurde.

Hierauf beschränkte sich die ganze Veränderung, welche wir im Gange und im Charakter des Handels während der letzten Jahrhunderte des Mittelalters und den zunächst darauf folgenden erblicken: es war ein Unterschied der Form und des Grades, jener in Bezug auf die vermittelnden und dienenden Glieder, dieser mit Rücksicht auf die beförderten Gütermengen. Das Wesentliche, also die hervorragenden Gegenstände des Austausches zwischen den Hauptproduktionsländern und die Verbindung dieser letzteren unter einander blieb. Nach wie vor handelte es sich um den Verkehr zwischen Morgenland und Abendland, nach wie vor um den Austausch der diesen Himmelsstrichen eigenthümlichen Erzeugnisse. Alterthum und Mittelalter beschäftigen sich im Ganzen mit denselben Waaren und derselben Industrie. Phönizien gründete friedliche Faktoreien, Karthago eroberte Kolonialländer, aber Hellenen und Griechen verachteten das Handelsgeschäft, beachteten dessen politische Bedeutung nicht, noch weniger faßten sie die Volkswirthschaft nach inneren systematischen Grundsätzen auf oder ordneten den Handel nach derselben. Dies geschah erst in Portugal und Spanien, wo sich das Kolonial- und Merkantilsystem in rohester Weise ausbildete. Der König war Herr aller Kolonien und ihres Handels, er übertrug sein Recht gegen Geld an einzelne Städte oder Kaufmannsgilden, monopolisirte also den Handel, den er unter seine strenge Aufsicht stellte. Das ganze Land hatte also wenig Nutzen davon, mußte zu gewissem Preise kaufen und verkaufen und verarmte bei diesem System. Spanien hielt Geld für Reichthum, beutete also nur die Gold- und Silberminen Amerika's aus, erzeugte dadurch eine Erhöhung aller Preise, vernachlässigte dabei die Industrie, kaufte die wenigen Austauschartikel im Auslande und verarmte. Frankreich sah ein, daß auch Fabriken Geld einbringen, schützte daher die Großindustrie auf Kosten des Ackerbauers und Kleinbürgers, und Holland wie England erst dachten an Verpflanzung indischer Handelspflanzen, um sie in ihren Kolonien zu erzeugen. Dadurch wurden diese „Kolonialwaaren" billig, nach und nach allgemeines Bedürfniß und bilden noch die Hauptmasse des Welthandels.

Aus der Entdeckung von Amerika zog der Welthandel daher in den ersten Jahrhunderten wenig Nutzen. Mit Ausnahme von Peru und Meriko standen die Bewohner desselben auf der niedrigsten Stufe der Kultur, und selbst Peru und Meriko hatten sich kaum einen Schritt darüber erhoben. Die Ureinwohner wurden zu rechtlosen Unterthanen, zum Theil ausgerottet, wie z. B. der Fanatismus der Priester und Eroberer die Bewohner der Antillen, binnen 50 Jahren vertilgte. Sie produzirten wenig mehr, als was sie selbst zum Leben brauchten, und waren also auch nicht im Stande, als Konsumenten für die Erzeugnisse und Fabrikate der Alten Welt aufzutreten. Europa mußte erst einen Theil der eigenen Bevölkerung hinübersenden, um dort Konsumenten zu finden, und erst in dem Maße, in welchem diese Kolonien erstarkten, die aus Afrika Sklaven für die Plantagen ankauften, dem Boden seine Erzeugnisse entlockten, konnte Amerika Theil an dem Welthandel nehmen. Dazu gehörten aber Jahrhunderte, besonders da diejenigen europäischen Staaten, welche den neuen Welttheil in Besitz genommen hatten, die Entwicklung der Kolonien aus selbstsüchtigen Gründen fast gewaltsam zurückhielten aus Furcht, dieselben ihrer ausschließlichen Nutznießung entschlüpfen zu sehen.

Als das lange Gefürchtete endlich eintrat, als die Gebundenen ihre Fesseln zerrissen und ihre Unabhängigkeit errangen, da erst trat Amerika bestimmend in den großen Völkerverkehr ein, da beginnt die Geschichte zugleich mit der französischen Revolution eine neue Periode. Zugleich entwickelte sich aber auch das Ackerbau- und Freihandelssystem, welches der Schotte Adam Smith bei Beginn der Revolution aufstellte, nachdem während derselben und unter Napoleon das Ackerbausystem (physiokratische) bevorzugt und besser für den Bauer gesorgt wurde, den man gegen Adel und Geistlichkeit schützte, die ihn ausbeuteten. Dies geschah bereits, wenn auch mit halben Mitteln und auf despotische Weise durch die Könige und Minister der „Aufklärung" (Friedrich II., Josef II., Katharina II., Choiseul, Pombal, Arranda, Struensee u. A.)

In den politischen und sozialen Verhältnissen der meisten europäischen Völker erfolgten theils gegen den Schluß des Mittelalters, theils kurz nachher bemerkenswerthe Umgestaltungen, deren Einfluß auf die materielle Entwicklung der betreffenden Länder in den folgenden Jahrhunderten sehr bedeutend war. Wir sind ihnen deshalb einige Beachtung schuldig.

Fast überall war es gelungen, der durch das Feudalwesen herbeigeführten Zersplitterung und Ohnmacht der Regierungsgewalt ein Ende zu machen und ein geordnetes selbständiges Staatswesen unter absoluten Fürsten zu organisiren. Die Landtage verschwanden, die Gesetzgebung fiel einseitig dem Staatsoberhaupte zu, welches dann dem Adel und der Geistlichkeit einige Vorrechte und Ehrenstellen sicherte, Bürger und Bauern zu rechtlosen Unterthanen machte. Meist gleichzeitig hatten diejenigen Länder, welche theilweise unter fremder Herrschaft standen, diese abgeschüttelt, so daß die nationale Einheit wieder hergestellt wurde. Dies war namentlich der Fall in Spanien, welches durch die Heirath zwischen Ferdinand von Aragonien und Isabella von Castilien die 1492.
Kraft gewann, das letzte noch auf spanischem Boden bestehende maurische Königreich — Granada — zu erobern; ferner in Frankreich, welches nach jahrhundertlangem blutigen Kriege die Engländer aus der Normandie, Bretagne, Guyenne und den übrigen westlichen Provinzen vertrieben hatte, und in Rußland, welches sich der Mongolenherrschaft entledigte und durch mehrere kräftige Monarchen endlich zu einem Reiche vereinigt wurde. Die Königin von England bahnte wenigstens das große Ziel ihrer Politik, Vereinigung der drei Reiche England, Schottland und Irland, erfolgreich an und erleichterte ihren Nachfolgern die Ausführung. Der Versuch, die drei nordischen Königreiche, Dänemark, Schweden und Norwegen, in gleicher Weise zusammenzufügen, scheiterte jedoch nach vorübergehendem Verband durch die Kalmarische Union. Nur Dänemark und Norwegen blieben vereinigt, sie und Schweden gewannen sogar deutsche Ostseeländer von Bremen bis Petersburg, und Schweden erhob sich dadurch auf ein Jahrhundert zur Großmacht. Am trübsten gestalteten sich die Verhältnisse in Italien und Deutschland. Jenes

1500. wurde wieder der Kampfplatz und gleichzeitig der Kampfpreis fremder Heere. Franzosen, Spanier, Deutsche und Schweizer führten langjährige Kriege auf seinem Boden, und der jeweilige Sieger warf sich zum Herrn daselbst auf. Die einheimischen Regierungen trugen durch ihre gegenseitige Eifersucht nicht wenig dazu bei. Sie verbündeten sich lieber mit den Fremden, um einen Fetzen Landes von dem Nachbar zu erobern, als mit diesem gemeinsame Sache gegen jene zu machen, und die Päpste trieben mehr Politik als Kirchenrecht, mischten sich in alle politischen Händel und führten Kriege. Die mächtigste der italienischen Republiken, Venedig, hatte kein Herz für die Leiden Italiens und dachte selbstsüchtig nur an eigenen Vortheil. Die Folgen dieser Isolirung fielen aber auf sie selbst zurück. Gezwungen, in den politischen Wirren zu Ende des 15. Jahrhunderts Partei zu ergreifen, wurde Venedig in Kriege verwickelt, welche meist unglücklich für dasselbe ausfielen, da die Republik zu Lande auf ihre Miethstruppen angewiesen und durch ihren grausamen Despotismus verhaßt war. Ihr politischer Einfluß und ihre staatliche Macht sanken. Die übrigen italienischen Freistaaten, welche früher in dem Genusse der vollsten bürgerlichen Freiheit zu hoher Blüte gelangt waren, hatten mit wenig Ausnahmen Herren erhalten. Durch innere Streitigkeiten zwischen den Geschlechtern und dem Volke, zwischen den Parteien der Welfen und Ghibellinen zerrüttet, wurde es einzelnen, durch Reichthum und Ansehen hervorragenden Familien leicht, die Herrschaft an sich zu reißen, und so entstanden eine Reihe kleiner Fürstenthümer, Herzogthümer u. s. w., welche, unfähig sich durch eigene Kraft gegenüber den Parteien und Nebenbuhlern im Inneren, wie den auf Vergrößerung bedachten äußeren Gegnern zu behaupten, an den Fremden eine Stütze suchten und somit deren Einmischung selbst hervorriefen.

Deutschland zeigt uns ähnliche Zustände. In den übrigen europäischen
1400 bis 1500. Staaten mußten sich im Laufe des 13., 14. und 15. Jahrhunderts die widerstrebenden feudalen Elemente der einheitlichen Regierungsgewalt unterordnen. In unserem Vaterlande geschah das Gegentheil. Die Kaiser vergeudeten ihre und des Reiches Kräfte in vergeblichen Anstrengungen, Italien dem Reiche einzuverleiben. Während sie dort einer Chimäre nachjagten, opferten sie daheim die Wirklichkeit. Die feudalen Elemente wuchsen ihnen über den Kopf und rissen ein Regierungsrecht nach dem anderen an sich. Am Schlusse des Mittelalters sehen wir Deutschland in eine Unzahl kleiner Territorien zerfallen, von denen einige im Laufe der nächsten Jahrhunderte zu Landesherrschaften erstarkten, während die Kaiser auf ihre Hausmacht beschränkt blieben und in Wahrheit von dem ehemaligen „Deutschen Kaiser" nur noch den Titel behielten und endlich die werthlose Krone niederlegten.

Dazu kamen noch Religionsstreitigkeiten zu Anfange des 16. Jahrhunderts, und der Dreißigjährige Krieg im folgenden vollendete die Zerrissenheit und das Elend des Vaterlandes. Die Städte und das Bürgerthum, die wahren Repräsentanten Deutschlands im Mittelalter, litten schwer unter diesem Wechsel, ja eine Menge von Städten und Dörfern verschwand, das Volk verwilderte, Pest und Hungersnoth wütheten wiederholt, daß man sogar Menschenfleisch aß, und entvölkerten ganze Provinzen, Handel und Wandel stockten. Befangen von Vorurtheilen gegen die Städtefreiheit, weil diese ihnen in Italien unbesiegbar entgegen gestanden hatte, halfen die Kaiser den Territorialherren die Städte ihrer Unabhängigkeit berauben. Dies bestrafte sich leider nicht blos an ihnen selbst, auch das deutsche Bürgerthum ging darüber zu Grunde; denn die Schwächung des Hansabundes und seine schließliche Ohnmacht, die Rückschritte, welche Deutschland in dieser Zeit in industrieller wie kommerzieller Beziehung machte, haben ihre Ursache wesentlich darin, daß die kleinen binnenländischen Gemeinwesen von den Territorialherren zu Landstädten gemacht wurden und die übrigen keinen Vereinigungspunkt besaßen, keinen Rückhalt, um den großen, unterdeß zur Einheit gelangten und dadurch gekräftigten Staaten gegenüber ebenbürtig in die Schranken treten und ihren Antheil am Welthandel erringen oder behaupten zu können.

Das dritte Element der Gesellschaft, der Bauernstand, blieb in den folgenden Jahrhunderten noch eben so unfrei und rechtlos, wie während des Mittelalters. Es regte sich zwar auch in ihm das Bewußtsein, daß ihm eine andere Stellung gebühre, und furchtbare Bauernaufstände in Frankreich und England in der letzten Hälfte des 14. Jahrhunderts, in Deutschland und
Ungarn zu Anfange des 16. Jahrhunderts, kündeten der Gesellschaft an, daß 1500.
eine folgenreiche Veränderung in den sozialen Einrichtungen bevorstehe; aber noch war seine Zeit nicht gekommen. Die Aufstände wurden unterdrückt, und es blieb einer späteren Zeit vorbehalten, der Leibeigenschaft und der Hörigkeit ein Ende zu machen. In wie genauem Zusammenhange diese Umgestaltung der sozialen Verhältnisse der europäischen Völker, welche in der letzten Hälfte des 18. und der ersten des 19. Jahrhunderts vor sich ging, mit den Veränderungen im Welthandel steht, werden wir später sehen.

Portugal.

Portugal theilte bis zum 12. Jahrhundert alle Schicksale der Pyrenäischen Halbinsel. Nach einander von den Phöniziern, den Karthagern, den Römern, den germanischen Völkerschaften und den Arabern besetzt und ausgebeutet, wurde
es im 11. Jahrhundert von den Königen Castiliens erobert und 1093 einem 1000.
Verwandten derselben unter dem Namen der Grafschaft Portugal in Lehen
gegeben. Schon der nächste Nachfolger entzog sich aber der Oberherrschaft 1100.
Castiliens und nahm den Namen eines Königs von Portugal an. Von dieser Zeit an ist Portugal mit kurzer Unterbrechung ein unabhängiges Reich geblieben. Ueber die Zustände desselben während des Mittelalters wissen wir wenig und dürfen daraus schließen, daß die materielle Entwicklung desselben nur langsame Fortschritte machte. Weinbau und Fischfang scheinen die einzigen Beschäftigungen gewesen zu sein, welche Ausfuhrgegenstände lieferten. Portugiesische Weine kamen schon 1374 nach England und wurden ihrer Stärke und ihres Feuers halber dort so beliebt, daß man sie allen anderen Weinen vorzog.
Aus derselben Zeit liegt ein Vertrag vor, in welchem Eduard III. den Portu- 1300.
giesen auf 50 Jahre gestattete, Fischfang an den englischen Küsten treiben zu dürfen. Daß die Fischerei ein Haupterwerbszweig der Bewohner dieses Landes war, ersehen wir auch daraus, daß sie schon im Mittelalter einen einträglichen Handel mit gesalzenen Fischen nach der Levante trieben. Hierauf beschränkte sich aber auch ihre Handelsthätigkeit; Ackerbau und Gewerbe standen auf einer sehr niederen Stufe, und die Bestrebungen einzelner Regenten, ihnen aufzuhelfen, hatten keinen Erfolg.

Anders gestaltete sich dies, als die Portugiesen in der letzten Hälfte des
15. Jahrhunderts an der Westküste Afrika's und auf den dazu gehörigen Inseln 1400.

Niederlassungen gründeten. Die afrikanischen Erzeugnisse, Elfenbein, Baumwolle, Gummi, Goldstaub, leider auch schon die schwarzen Eingeborenen, später Madeirawein und Zucker von den Canarischen Inseln, gelangten nach Lissabon, und diese Stadt trat schon jetzt in die Reihe der hervorragenden Handelsstädte.

Emanuel d. Gr. nannte sich fortan „Herr der Schiffahrt, der Eroberungen und des Handels von Afrika, Arabien, Persien und Indien", Adel und Geistlichkeit nahmen begeistert Theil an den Indienfahrten, das Volk unterstützte sie, aber blutiger Bekehrungseifer, der die Inquisition einführte, und ein herzloses Erpressungssystem der Beamten machten die gefürchteten Portugiesen verhaßt, so daß es den Holländern leicht ward, sie zu verdrängen und ihnen nur Goa, Diu und Macao zu lassen. Vasco da Gama kam mit 4 Schiffen und 160 Mann nach Indien, später brachten Almeida und Albuquerque größere Flotten, besiegten die Araber, legten an den Küsten Malabar und Coromandel, auf Ceylon, Ma-
1500. lacca und Ternat Befestigungen an, eroberten Hormus, besetzten die Bahreininseln und Afrika's Ostküste, welche viel Gold lieferte, das man in Indien, China und Japan als Tauschmittel verwendete, und legten in Maskate Faktoreien an wie in Siam, Pegu und den Sunda-Inseln. Auf der Heimkehr ward der mit Undank belohnte Almeida von Kaffern mit Stöcken erschlagen und Albuquerque starb vor Gram über den schnöden Undank seines Königs. Die Geschichte der Portugiesen in Indien besteht fortan nur in einer Reihe von Verbrechen, Grausamkeiten und schamlosen Erpressungen.

Mit dem Beginn der direkten Fahrten der Portugiesen nach Indien und der Ausdehnung ihrer Herrschaft über einen großen Theil Vorder- und Hinterindiens nebst den Inseln des Archipels, der Heimat der Gewürze, schwang sich
1520. Lissabon plötzlich zu einem Welthandelsplatz ersten Ranges auf, und Portugal wurde eine Zeit lang der Mittelpunkt des großen Völkerverkehrs. Die hochgeschätzten Reizmittel, Luxusartikel und Kostbarkeiten, die Gewürze, die Farbstoffe und Droguen, die Seiden- und Baumwollenstoffe u. s. w., welche bisher nur über Alexandrien und Syrien den Weg nach Europa gefunden hatten, häuften sich in den Niederlagen der Regierung und der Kaufleute Lissabons an und wurden von hier weiter nach Norden gesandt, namentlich nach Antwerpen, welches an Brügge's Stelle die Handelsmetropole der Niederlande und der Stapelplatz aller von England, den Hansastädten und den niederländischen Fabrikgegenden kommenden oder dahin bestimmten Waaren geworden war. Die Engländer, Niederländer, Deutschen und selbst Italiener kamen indeß bald auch regelmäßig nach Lissabon, um die indischen Erzeugnisse aus erster Hand zu holen.

Außer seinen indischen und afrikanischen Besitzungen besaß Portugal in Südamerika ausgedehnte Ländereien, nämlich das von Cabral zufällig entdeckte Brasilien. Doch zog es daraus nur einige Farbhölzer. Wichtiger war der Antheil an dem Fischfang bei Neufundland. Hier überflügelten die Portugiesen Holländer und Engländer; 1578 sandten sie 50 Schiffe dahin, während die letzteren nur 30 ausschickten.

Der Handel war noch damaliger Zeit zu Gunsten der Krone organisirt und auf Ausbeutung der Kolonien gerichtet. Jeder Portugiese durfte nach Indien handeln, aber unter zahlreichen Beschränkungen und mit Benutzung der königlichen Gallionen und Caravellen. Man fuhr im Februar oder März aus Lissabon ab und kam in 18 Monaten zurück. Pfeffer war Regal, und in den Verträgen mit den indischen Fürsten bedang man sich den Alleinhandel aus; Inländer durften nur gegen Pässe in ihre eigenen Häfen fahren, und alle Waaren mußten nach Goa gebracht werden. Den Zwischenhandel beanspruchte die Krone, und jedes Schiff führte 40—50000 Silberthaler als Tauschmittel bei sich, wogegen Mozambique für $1^1/_2$ Mill. Pfd. St. Gold lieferte. Doch ging Hormus 1621 an Persien mit englischer Hülfe verloren, Bender Abassi trat an die Stelle der verwüsteten Stadt, 1639 wurden die gewaltthätigen Portugiesen aus Japan ausgewiesen und alle Christen dabei hingerichtet.

Mitten in seiner Entwicklung trat 1580 ein Ereigniß ein, welches unter anderen Umständen zum Glück für die ganze Halbinsel hätte gereichen können, in der Wirklichkeit aber Portugal ruinirte.

Das portugiesische Regentenhaus starb aus und das Land fiel an die spanische Krone. Die indischen Statthalter, deren Verwaltung sich schon seit längerer Zeit durch Mißbräuche aller Art auszeichnete und in ein offenes Raub- und Plünderungssystem ausgeartet war, so daß überall Aufstände ausbrachen und nur die Tapferkeit des neuernannten Vizekönigs Almeida die drohende Gefahr beseitigte, überließen sich nach dem Tode des Letzteren und 1578.
dem Aufhören einer selbständigen Regierung im Mutterlande der größten Willkür. Die Bedrückungen der Eingeborenen begannen aufs Neue. Ein Theil der Beamten beachtete keine Befehle mehr, die ihnen von Europa zukamen, und geberdete sich unabhängig. Andere verließen ihr Amt und handelten oder raubten auf eigene Rechnung. Um so weniger Widerstand vermochten die Portugiesen in Indien den Angriffen der neuen Feinde entgegenzusetzen, welche die Unklugheit der Beherrscher Spaniens auf sie herabzog. Die Niederlande waren durch Erbschaft ebenfalls an Spanien gefallen. Die Härte, mit welcher diese an ein mildes Regiment und unabhängige Verwaltung gewöhnten Provinzen durch Philipp II. behandelt wurden, welcher die auch dorthin gedrungenen reformatorischen Bestrebungen mit Feuer und Schwert auszurotten suchte, führte zum Abfall der Niederlande, von welchen die sieben nördlichen Provinzen nach schweren Kämpfen ihre Unabhängigkeit behaupteten. Schon während dieser Kämpfe war Antwerpens Handel vernichtet worden und hatte sich größtentheils nach Amsterdam gezogen. Die Holländer holten nun die indischen und afri- 1600.
kanischen Waaren von Lissabon und führten sie von Amsterdam weiter nach allen Ländern. Diesen europäischen Handel gedachte Philipp II. zu hindern und die Holländer so für ihren Abfall zu strafen. Er verbot den Holländern den Hafen von Lissabon. Hierdurch in ihren wichtigsten Interessen bedroht, behandelten die Holländer, deren Seemacht der spanischen und portugiesischen weit überlegen war, auch die Portugiesen als Feinde, kaperten deren Schiffe und rüsteten endlich Flotten aus, um in Ostindien selbst Besitzungen zu erobern und sich dadurch von der portugiesischen Vermittelung im indischen Handel zu befreien. Bald stießen sie dort mit diesen zusammen, und im Laufe der nächsten 1620.
Jahrzehnte verloren die Portugiesen fast alle ihre indischen, einen großen Theil ihrer afrikanischen und selbst ihrer amerikanischen Besitzungen an die Holländer und an die Engländer, welche Philipp II. zu seinem Schaden ebenfalls angegriffen hatte. Zuletzt blieb ihnen in Asien nichts als Goa, Diu und einige andere unbedeutende Punkte. Auch nach ihrer Losreißung von Spanien, 1640, vermochten sie das Verlorene nicht wieder zu gewinnen. Ihr Handel hatte den

größten Theil seiner Bedeutung verloren und beschränkte sich auf die Ausfuhr von den wenigen indischen Plätzen, welche sie dort noch besaßen, und ihren afrikanischen Niederlassungen nach Lissabon. Denn die spanischen Könige hatten Portugal systematisch ausgeplündert, Schiffe und Gelder nach Spanien geführt, den Handel gröblich vernachlässigt, Patrioten mit Henkerschwert und Scheiterhaufen verfolgt. Da das Volk an sich träge war, Adel und Geistlichkeit den größten Theil des Landes besaßen und Aecker in Pacht gaben, ohne etwas für deren Verbesserung zu thun, da es an Wegen fehlte, so ward ein großer Theil des Landes Schafweide, man mußte vom Ausland Brot und Fabrikate beziehen und verarmte dabei gänzlich. Klöster und Bischofssitze so wie Hofadel sogen das Volk aus und überließen es der Dummheit und Trägheit, welche die Jesuiten ausbeuteten.

1650. Im Laufe des 17. Jahrhunderts gewann Brasilien eine etwas größere Bedeutung für Portugal. Dieses Land wußte man nicht zu benutzen. Man sandte Verbrecher, nach dort auch verfolgte Juden flohen dahin, pflanzten Zuckerrohr und schlugen Farbholzbäume, aber Europa wußte damals diese Produkte nicht zu würdigen. Der König verschenkte an den Hofadel ganze Provinzen, aber es fehlten Kolonisten. Holländer eroberten das Land, wurden aber wieder vertrieben, und nach und nach entstanden Bahia, Para am Amazonenstrom und jesuitische Missionsstationen den Strom aufwärts; Jesuiten kolonisirten Paraguay und Uruguay und legten Sacramento an, gegenüber dem spanischen Buenos-Ayres. Unterdessen hatte der Anbau des Zuckerrohrs große Fortschritte gemacht, und fast ganz Europa versorgte sich von da an mit diesem Artikel. Daneben lieferte das Land auch einige Farbhölzer, Häute, Chinarinde u. dgl. Immer aber besaßen die Portugiesen selbst nur geringen Antheil an den Vortheilen, welche dieser Handel bot, denn mit Ausnahme der Sklavenausfuhr nach Brasilien war fast der ganze Verkehr zwischen letzterem Lande und Europa, wie zwischen Portugal und den übrigen europäischen Ländern in den Händen der Holländer, Engländer und Deutschen. Diese fuhren nach Brasilien und holten dort den Zucker; brachten die Fabrikate und Kunsterzeugnisse ihrer Industrie wie die Produkte des Nordens, Wollenwaaren, Leinwand, Metallarbeiten, Glaswaaren u. s. w., nach Lissabon und Oporto und tauschten daselbst Wein, Salz und Südfrüchte nebst den indischen und afrikanischen Waaren ein. Ackerbau und Gewerbe verkümmerten. Trotz seiner überseeischen Besitzungen verarmte das Land. Da entdeckte man die großen Goldfelder und Diamantengruben, verließ Ackerbau und Plantagen, um jene Schätze zu gewinnen, wozu wieder die Krone das Beispiel gab und diese Produkte monopolisirte, wie sie früher schon den Handel an eine einzige Gesellschaft übergeben hatte. Im Jahre 1555 hatten Franzosen Rio de Janeiro gegründet, was sie mit Portugal in Streit verwickelte, doch behauptete sich letzteres, behandelte aber Brasilien stiefmütterlich, bis 1808 die Regentenfamilie hierher übersiedelte und Brasilien ein selbständiges Königreich wurde. Portugal hatte sich einseitig dem Seehandel zugewandt, die Industrie und den Ackerbau vernachlässigt und
1700. wurde nach dem Verluste seiner Kolonien vom Auslande abhängig. Wie wenig dabei die Regierung die Interessen ihres Landes zu beurtheilen verstand, lehrt der Abschluß des „Methuenvertrags" mit England 1703, wodurch Portugal, unter dem Scheine einer gegenseitigen Begünstigung in den Zollsätzen anderen Fremden gegenüber, an England die ausschließliche Versorgung des portugiesischen

Markts mit englischen Fabrikaten abtrat. Von dieser Zeit an gerieth der ganze portugiesische Handel in die vollkommenste Abhängigkeit von England. Englische Häuser bemächtigten sich des Imports aller Manufakturen, englische Häuser rissen die Ausfuhr der portugiesischen Weine und sonstigen Bodenerzeugnisse des Landes an sich, englische Häuser wußten endlich unter portugiesischer Firma auch den Handel des Landes mit seinen Kolonien an sich zu ziehen, kurz, Portugal wurde infolge dieses Vertrags eine englische Handelsfiliale und ist es zum Theil noch.

Deshalb blieb selbst der Aufschwung, welchen Brasilien im 18. Jahr- 1750.
hundert nahm, ohne Einfluß auf das Mutterland. Die Zuckerproduktion dieser
Kolonie wurde immer bedeutender, auch Tabak, Häute und Farbhölzer wurden
in größeren Mengen ausgeführt. Besonders wichtig aber war die Auffindung
reicher Gold- und Diamantminen, deren Ausbeute fortan die Hauptausfuhrartikel nach Portugal lieferte. Trotz alledem blieb das Land arm, da alle die
Reichthümer der brasilianischen Minen nur dazu dienten, dem Auslande Lebensmittel, Kleider, Geräthe und sonstige Gegenstände des täglichen Verbrauchs
oder des Luxus abzukaufen, also eben so schnell wieder abflossen, als sie ins
Land kamen. Von 2400 Millionen Fr. Gold, welche nach Portugal geflossen
waren, cirkulirten nur 15—20 Mill. als Münze, alles übrige Edelmetall ging
ins Ausland, und Portugal hatte noch 72 Mill. Fr. Schulden.

Unter der Verwaltung des Ministers Pombal (von 1750 an) besserte sich
der Zustand des Landes. Der Feldbau hob sich durch die Gestattung der freien
Kornausfuhr zwischen den verschiedenen Provinzen, die bisher verboten war.
Die Weinkultur machte in einigen Gegenden außerordentliche Fortschritte, be- 1760.
sonders durch die Bemühungen der 1756 gestifteten Gesellschaft des Ober-
Douro. Auch die Gewerbe suchte Pombal zu vervollkommnen. Er errichtete
Fabriken, beförderte den Bergbau und die Seidenzucht, sorgte für besseren
Unterricht und erreichte in der That so viel, daß die Ausfuhr Englands nach
Portugal, welche seit dem Abschluß des Methuenvertrags von 347,867 Lst.
(im Jahre 1700) auf 1,326,580 Lst. gestiegen war (1760), 1765 auf
723,265 Lst. fiel, und zu Anfang der Achtziger Jahre nur noch eine halbe
Million betrug. Umgekehrt hatte die Einfuhr portugiesischer Erzeugnisse in
England, welche 1700 nur 279,684 Lst. betrug, 1780 die Ziffer von 554,125
Lst. erreicht, war also eben so groß wie die Ausfuhr dahin. Zehn Jahre später
hatte sich das Verhältniß noch mehr zu Gunsten Portugals geändert. Portugal erhielt von England nur noch für 3/4 Millionen Lst., während es für
1 Million Waaren dahin sandte (1792). Darunter befanden sich 1790
23,000 Tonnen Portwein, das Vierfache dessen, was England von den übrigen
weinerzeugenden Ländern bezog.

Diese glänzenden Resultate der Wirksamkeit Pombal's waren aber nicht von Dauer. Die Reformen kamen von oben herab und wurden erzwungen. Pombal erlag den Hofintriguen und den von ihm ausgewiesenen Jesuiten, ward schimpflich verjagt, sein ganzes System der Aufklärung und Befreiung des Bürgers und Bauern gründlich beseitigt, so daß Adel und Geistlichkeit wieder unbeschränkt unter schwächlichen Königen herrschten. In der That war er aber gewaltsam verfahren und ließ sich die gröbsten Mißgriffe und Rücksichtslosigkeiten zu Schulden kommen, welche das Land herabbrachten, Aufstände verursachten und den despotischen, habsüchtigen Minister allgemein verhaßt machten. Sobald die treibende Gewalt aufgehört hatte, fiel das Volk in die alte Trägheit zurück. Selbst das Brot mußte vom Auslande bezogen werden. Die afrikanischen Besitzungen, daneben die Ostseeländer, Nordamerika und das südliche Rußland versorgten das Land mit Getreide. Die ehemals so beträchtliche Fischerei ging so sehr zurück, daß Portugal seinen Bedarf an gesalzenen und getrockneten Fischen jetzt durch die Holländer und Deutschen zugeführt erhielt. England lieferte noch immer den größten Theil der Manufakturen, und sein Antheil am portugiesischen Handel übertraf den der anderen Länder bedeutend. Der zunehmende Verbrauch von Leinwand, Holz, Flachs, Fischen und anderen nordischen Produkten begünstigte die Anknüpfung direkter Verbindungen mit dem Norden. Doch verhielten sich die Portugiesen auch dabei lange passiv, und ihre Flagge erschien nur selten in der Nordsee und Ostsee. Die Holländer und die Deutschen brachten die genannten Waaren nach Lissabon und Oporto und führten dagegen Wein, Salz und Südfrüchte nebst den Kolonialprodukten aus. Erst am Ende des Zeitraums passirten portugiesische Schiffe den Sund. Die portugiesische Marine wurde fast ausschließlich für den Handel mit den überseeischen Besitzungen verwandt.

Von diesen war Brasilien einer ungemeinen Entwicklung fähig. Die Produktion von Zucker, Tabak, Häuten und Farbhölzern konnte beliebig ausgedehnt werden. Der Druck einer nur auf möglichst große Ausbeutung des Landes bedachten Kolonialregierung und die starke Belastung aller Produktionszweige — von dem Minenertrage gehörte z. B. ein Fünftheil der Krone — waren aber mächtige Hindernisse. Dazu kam die Absperrung der Nachbarländer, Spanien, England und Frankreich, gegen die portugiesischen Kolonialerzeugnisse zu Gunsten der eigenen Kolonien. Es blieb also nur der Absatz nach den Niederlanden und Deutschland, und auch dieser wurde durch die Konkurrenz der genannten Länder geschmälert. Die gesammte Zuckerproduktion
1750. Brasiliens mag sich deshalb in der Mitte des 18. Jahrhunderts nicht über 150,000 Centner jährlich belaufen haben, und bis zum Schluß dieser Periode war die Zunahme nur unbedeutend.

Spanien.

Der Handel und die inneren Zustände Spaniens während der 3 Jahrhunderte unsers Zeitraums haben in vieler Beziehung eine große Aehnlichkeit mit denen Portugals. Nur bewegt sich Alles in größeren Verhältnissen, und sowol die guten als die schlimmen Seiten finden wir hier schärfer ausgeprägt.

Spanien war das Peru der Phönizier und Karthager, den Römern lieferte es treffliche Soldaten, wie den Puniern, aber im Handel hat es eine untergeordnete Rolle gespielt. Der Spanier war Krieger, stolz auf seine Nationalität, aber Handel und Industrie liebte er nicht. Was sich aus dem reich gesegneten Lande machen ließ, wenn man es fleißig bebaut, das zeigten die Mauren, indem sie es zum blühendsten Industrie- und Kulturlande Europa's erhoben. Sevilla zählte 16,000 Seidenweber, Segovia's 34,000 Tuchweber verbrauchten jährlich 4½ Mill. Pfd. Wolle, um daraus 25,000 Stücken Tuch zu machen. Cuença's blaue und grüne Tücher beherrschten den orientalischen Markt. Sevilla und Granada verfertigen gold- und silbergestickte Gewänder, Cordova feine Lederarbeiten, Toledo Waffen, Barcelona Glas und Korallen. Die Waffen zu Burgos und Medina del Campo setzten durch Wechsel und Edelmetallbarren nach der Berechnung eines Ministers 562½ Mill. Fr. in Umlauf. Der Seehandel beschäftigte 1000 Schiffe, Biscaya sandte davon 200 auf Walfischfang und Andalusien (Sevilla) besaß deren Hunderte, den Küstenhandel besorgten 1500 Fahrzeuge. Aber Alles ward anders, seit die Mauren 1490. vertrieben waren. Es entwickelte sich ein kriegerisches Ritterthum, Abenteurerlust, Verachtung der Gewerbe und der Arbeit, so daß der niedrigste Adelige nie arbeiten wollte, sondern lieber mit dem Degen an der Seite bettelte, oder als Bedienter dem reichen Adel bei Tische aufwartete, oder ins Kloster ging. Dazu kam endlich ein religiöser Fanatismus, der Ketzerverbrennungen als Volksfeste betrachtete, sich blindlings den Priestern hingab, von den Königen sich alle Rechte nehmen ließ, 800,000 Juden und 1 Mill. Mauren vertrieb und daher 1590. verarmte, da nun nur Wenige arbeiteten. Seit man die Silberminen von Zacatecas und Potosi entdeckt hatte, hielt man sich für reich, ging auf Eroberungen aus, kaufte die Bedürfnisse vom Auslande, hielt die Bekehrungen der Indianer für wichtiger als Kolonisation des Landes, ließ die Ernten im eigenen Lande von französischen Arbeitern schneiden und endete mit einem furchtbaren Bankerutt.

Das Mittelalter schloß vielversprechend für Spanien ab. Es war am Ende desselben gelungen, die lange getrennten Theile der Halbinsel — nur Portugal ausgenommen — wieder unter einem Scepter zu vereinigen. Die 1490. einzelnen Provinzen bargen alle Keime einer glücklichen Zukunft in sich. Catalonien nahm regen Antheil an dem Levantehandel und besaß eine treffliche Marine. In Barcelona, Valencia, Valladolid, Toledo, Segovia, Zaragoza und anderen Städten im Inneren hatten die Gewerbe eine ziemliche Bedeutung erlangt, wenn sie auch dem Auslande noch nicht ebenbürtig waren. Andalusien und der ganze von den Mauren bewohnte Süden stand auf der höchsten Stufe materieller Entwicklung. Ackerbau, Industrie und Kunst waren gleichmäßig ausgebildet und gepflegt. Selbst die Niederlande und Italien konnten sich keiner höheren Kultur rühmen. Was hätte aus diesem Lande, dem durch die große That des Columbus noch ein zweiter Welttheil geschenkt wurde, werden können!

Die erste Wirkung der spanischen Eroberungen in Amerika auf Spanien selbst war die massenhafte Einströmung von Edelmetall und eine ungeheuere Zunahme der Tauschmittel. In den Kassen der Regierung, welche Anfangs 50%, später 33⅓%, endlich 20% des Rohertrages sämmtlicher Gold- und Silberbergwerke für sich in Anspruch nahm, in den Händen glücklicher Abenteurer und Bergwerksbesitzer häuften sich große Reichthümer an und flossen von da aus theils in die gewöhnlichen Kanäle des Verkehrs über, theils als Geschenke den Günstlingen des Hofes, den Klöstern und Geistlichen zu. In demselben Maße wuchs die Prachtliebe, das Wohlleben und der Luxus derjenigen Klassen, welche Theil an den goldenen Früchten der überseeischen Eroberung hatten. Alles haschte nach Geld und Minister wie Könige waren durch Geld bestechlich.

Hierdurch nahm der Handel mit dem Auslande einen mächtigen Aufschwung. Mit dem gesteigerten Bedarf Spaniens an Waaren aller Art hielt die Zunahme der eigenen Produktion von Nahrungsstoffen und Fabrikaten nicht entfernt gleichen Schritt. Im Gegentheil fand eher eine Abnahme statt, da die Austreibung der Juden (1492) das Land eines großen Theiles seiner thätigsten

und geschicktesten Bewohner beraubte und die Lust an Abenteuern, welche alle
Volksklassen ergriffen, Viele zum Verlassen des Mutterlandes verleitete, weshalb
die Auswanderung verboten oder wenigstens sehr erschwert wurde. Aber
die „Eroberer" brauchten Söldlinge, der Hof Geld, und so traf das Verbot nur
die Kaufleute, die nicht gegen das Monopol von Sevilla, später von Cadix anstreben
sollten, denn jene Städte allein hatten den Handel und Schiffsverkehr
mit Amerika in den Händen. Das Ausland beeilte sich das Fehlende zu liefern.
Auf den niederländischen Märkten, namentlich in Antwerpen, tauschten die
Spanier gegen ihr Gold und Silber die Fabrikate Flanderns und Brabants,
Tuche, Leinwand und Metallwaaren, englische Wollenwaaren, die nordischen
Artikel, Schiffbauholz, Pech, Thran, Hanf, ferner Getreide, Fettwaaren u.
1520. dgl. m. ein. In Lissabon holten sie die indischen Gewürze und Kostbarkeiten
nebst den afrikanischen Erzeugnissen. Von Genua erhielten sie die levantiner
Waaren wie die Kunst- und Luxusgegenstände Italiens. Ihre eigene Rhederei
konnte diesen Verkehr nicht bewältigen. Niederländer, Deutsche, Engländer
und Italiener erschienen bald selbst in den spanischen Häfen und führten mit
ihren Schiffen die genannten Waaren ein. Die Rückfracht bestand hauptsächlich
in Gold und Silber; daneben in Südfrüchten, Wein, Wolle, einigen Fabrikaten,
namentlich Sammt- und Seidenstoffen von Toledo, endlich in Zucker
von den Canarischen Inseln. Die Hauptplätze für diesen Verkehr wurden
Sevilla, Cadix und St. Lucar.

Ein großer Theil der Schätze, welche Spanien aus Amerika erhielt, ge-
1550. langte auf diese Weise nach den übrigen europäischen Ländern und verursachte
hier die Erscheinungen, welche wir in der Einleitung näher besprochen haben.
Es war dies aber gleichzeitig ein Sporn für die industrielle Thätigkeit der betheiligten
Völker, welche einen so wichtigen Markt für ihre Erzeugnisse gewonnen
hatten.

Die Gewerbe im Lande selbst blieben natürlich nicht ohne Antheil an diesen Gewinnen. Der in den höheren Klassen herrschende Luxus eröffnete auch ihnen neue Absatzwege und feuerte sie zur Ausdehnung ihres Betriebes an. Die Wollenwebereien in Segovia, Herencia und anderen castilischen Städten, die Waffenfabrikation in Toledo und im nordwestlichen Spanien blühten rasch auf, die Damast- und Seidenmanufakturen, die feinen Leder- und Papierfabriken Andalusiens gediehen fröhlich fort. Um die Mitte des 16. Jahrhunderts waren allein in Segovia 13,000 Menschen in den Wollenwebereien beschäftigt.

Diese Glanzperiode Spaniens dauerte bis zum letzten Viertel des 16.
1570. Jahrhunderts. Die mannichfachen inneren Schäden, zu welchen wir die aufs
Höchste gesteigerte religiöse Unduldsamkeit, die Vernichtung jeder Selbständigkeit
der Gemeinwesen, Städte und Provinzen in Bezug auf die innere Verwaltung,
die Vernachlässigung des Ackerbaus u. A. rechnen, wurden während
derselben durch eine blendende Außenseite verdeckt, auch durch den zunehmenden
Reichthum des Landes weniger fühlbar.

In Spanien entwickelten sich als Staatsmaxime das Merkantilsystem, Monopol und Absolutismus bis zu seinen sinnlosesten Folgerungen. Nie ist ein Land thörichter und verderblicher regiert als Spanien unter seinen glaubenseifrigen Habsburgern. Das produktenreiche Amerika mit seinen bedürfnißlosen Indianern bedurfte der Kolonisten, aber man legte nur einige Häfen an, verbot den Anbau gewisser europäischer Gewächse und den Betrieb der Gewerbe, damit die Kolonie vom Mutterlande kaufen müsse, wußte die Philippinen gar nicht zu benutzen und wollte sie weggeben, gab Sevilla, dann Cadix und endlich nur den Castilianern das Recht, nach Amerika zu vorgeschriebenen Zeiten zu fahren auf königlichen Schiffen, und ließ durch den Rath von Indien die Kolonien absolutistisch verwalten. Zweimal im Jahre gingen Flotten nach Amerika, Anfangs waren es 100 Schiffe, später sanken sie auf 10 und 4 und kamen zuletzt nur alle 6—8 Jahre. Menge und Preis der Waaren wurden vorgeschrieben, mußten in Portobello und Veracruz verkauft werden und die Flotte über Havanna zurückkehren, die Indianer angebotene, für sie unbrauchbare Artikel kaufen zu festen Preisen, z. B. Seidenstoffe, Spiegel, Rasirmesser, Bücher, Tabaksdosen u. s. w., und dann erst erhielten sie andere nützliche Waaren und Branntwein. Die Verkäufer erlaubten sich schamlosen Betrug, und ein großartiger Schmuggel entstand. Die Beamten wechselten alle 5 Jahre, beeilten sich daher, Vermögen zu sammeln, da man alle Stellen kaufen mußte. Durch Bestechung der Beamten gelang es den Fremden, in Spanien, dann in Amerika selbst einen großartigen Schmuggel zu organisiren, den selbst Minister und Könige schützten, da sie dabei verdienten, der die Jesuiten in Paraguay reich machte. Dann aber setzten sich Engländer, Holländer, Franzosen und Dänen auf den Antillen fest, betrieben von dort Schmuggel und Seeraub, und die Seestaaten unterstützten ihn aus Feindschaft gegen Spanien, welches oft in 6—8 Jahren kein Schiff abzusenden wagte und dadurch die Kolonisten zum Verkauf an Fremde zwang. Karl II. hatte in Amerika nur 3 Kriegsschiffe, die sich verborgen hielten, Philipp IV. sandte nur alle 3 Jahre einige Schiffe und auf den Philippinen kauften Chinesen Handelsscheine und verschickten nach Acapulco für 10—12 Mill. Fr. Waaren statt der angeblichen 2½ Mill. Fr. Von der Einfuhr von 54 Mill. Dukaten kamen an Fremde 50 Mill., von den 85 Mill. Ausfuhr gar 77 Mill., so wenig Antheil hatte Spanien am Ertrag seiner Kolonien. Karl V. und seinen Nachfolgern kosteten die Religionskriege so viel, daß sie borgen, Monopole verleihen, Einnahmen versetzen mußten, und Philipp II. hatte 1598 bereits 140 Mill. Dukaten Schulden, Philipp IV. 4 Mill. Unterthanen weniger.

Schon mit dem Beginne der Unruhen in den Niederlanden und der Be- 1570.
freiung Hollands trat der Wendepunkt in Spaniens Schicksal ein. Die mit ungeheueren Opfern geschaffenen Kriegsflotten — die berühmte Armada — wurden von den Holländern und Engländern vollständig vernichtet, Spaniens Handelsfahrzeuge auf allen Meeren verfolgt und weggenommen, die mit den Schätzen Peru's und Mexiko's beladenen Silberflotten gekapert. Was den Feinden entging, mußte zur Unterhaltung der Heere und zum Ankauf von Getreide dienen. Dabei dauerte die Verschwendung des Hofs und der höheren Klassen fort. Die Kolonien, welche bisher von Spanien aus mit den nöthigsten
Bedürfnissen, Getreide, Mehl, Vieh und Manufakturen, versorgt worden 1600.
waren, sahen sich durch die holländischen und englischen Flotten von jeder Verbindung mit dem Mutterlande abgeschnitten und mußten sich diese Gegenstände auf dem Wege des Schleichhandels von den Feinden verschaffen. So entging auch dieser Gewinn den Spaniern. Zu Alledem gesellte sich eine fanatische Verfolgungswuth im Lande selbst. Die Schrecken der Inquisition raubten dem Volke die Ruhe und das Vertrauen. Tausende wanderten aus, die Anderen

wagten nicht ihren Geschäften nachzugehen. Endlich trieb Philipp III. 1610 noch 1 Million Mauren, den ruhigsten, fleißigsten und kunstfertigsten Theil des spanischen Volks, zum Lande hinaus. Wir dürfen uns also nicht wundern, daß gleichzeitig mit der Zerstörung des äußeren Handels auch der innere Verkehr aufhörte, Gewerbe und Landwirthschaft verkümmerten. Die öffentlichen Kassen waren leer, die Kriegführung erforderte ungeheuere Summen. Das Land sollte sie liefern, man erhöhte Steuern und Abgaben verstärkten den Druck, der schon auf der arbeitenden Bevölkerung lastete. Sie erlag ihm. Die Dörfer und Städte wurden menschenleer, das Land verödete. Ganze Städte verschwanden, ⁸/₄ der Dörfer Cataloniens standen leer, in Estremadura wohnten auf 1 □ Meile 184 Menschen, in Andalusien fand man erst alle 6—8 Stunden ein Dorf, Altcastilien ward Weideland, und bei Segovia lagen Strecken von 24 Stunden menschenleer. Dennoch baute man für 6 Millionen Dukaten das Kloster Escorial und forderte den Adel zu geistlichen Stiftungen auf und zum Sammeln von Reliquien. Es gab 10,000 Klöster und 350,000 Geistliche, aber keine Arbeiter, man mußte Getreide und Fleisch vom Auslande beziehen. Madrid zählte am Anfang des 17. Jahrhunderts 400,000 Einwohner, am Ende des Jahrhunderts 200,000. Die Zahl der Bevölkerung nahm von 1600 bis 1619 im Bisthum Salamanca um die Hälfte ab! Ebenso in allen Provinzen. In Navarra und Aragonien wurden Feld- und andere Arbeiten durch Franzosen verrichtet, welche im Frühjahr über die Grenze kamen und im Herbst in ihre Heimat zurückkehrten. Armuth und Elend schlugen ihren Wohnsitz da auf, wo vorher Wohlstand herrschte. Der hohe Rath von Castilien sprach es 1618 laut vor dem Könige selbst aus: „So sei Spanien noch nie entvölkert gewesen; wenn Gott nicht helfe, sei das Reich verloren."

Dazu kamen noch andere Uebelstände. Es gehörte ¹/₅ Land den Geistlichen, die nichts für Ackerbau thaten und das Land verpachteten; dem Adel war aus Standesehre Handel und Ackerbau verboten und Luxus seine Leidenschaft; auch hatte er das Recht, für seine zahlreichen Schafherden große Strecken freigelassen zu verlangen, die sie bei ihren Wanderungen als Weide gebrauchten. Die Könige befanden sich in steter Geldnoth und vermehrten die Steuern, die natürlich stets auf Handel, Gewerbe und Ackerbau fielen und deren Betrieb fast unmöglich machten. Für Straßenbau geschah nichts, man transportirte Waaren auf Saumthieren, die Seefahrt hörte fast ganz auf, Ein- und Ausfuhrverbote hemmten den Verkehr, da man Rohwaaren und Fabrikate weder kaufen noch verkaufen konnte, selbst Edelmetalle, Schmucksachen und Rohprodukte wurden verboten, um sie (Gold, Getreide, Seide, Wolle) im Lande zu verarbeiten, aber die Arbeiter mußte man für theueres Geld aus dem Auslande holen. Es verdienten 60,000 Franzosen z. B. allein 20 Millionen Francs. Selbst Bücher bezog man aus der Fremde, von dort jährlich für 11 Millionen Francs Fische, und trotzdem war der König so dünkelhaft, den Kaufleuten als unehrenvollen Menschen in Madrid ein besonderes Quartier anzuweisen. Zwar zog der König mit Hülfe der Inquisition viele Güter ein, aber das reichte nicht. Die zahlreichen Zölle machten das Volk arm, dann schrieb er Zwangsanleihen aus, die er nicht bezahlte, plünderte die eigenen Unterthanen und machte endlich schmachvoll Bankerutt. Da ihm Niemand mehr borgte, so sammelten Mönche von Haus zu Haus Almosen für ihn. Dahin führte das unsinnige System der Ausbeutung des Volks, um Geld zu haben.

Bei solchen Zuständen mußte die Abhängigkeit vom Auslande noch größer werden, als sie schon vorher war. Früher hatte man hauptsächlich feinere Fabrikate und Luxusgegenstände oder solche Rohprodukte, welche Spanien nicht selbst erzeugen konnte, von außen bezogen. Jetzt war man mit dem Bedarf der unentbehrlichsten Dinge auf das Ausland angewiesen. Regelmäßige Getreidezufuhren waren erforderlich. Die Ostseeländer und Frankreich zogen jährlich bedeutende Summen dafür aus Spanien. Manufakturwaaren, Geräthschaften, die Schiffbaubedürfnisse, kurz Alles, was das verarmte Land für sich und für seine Kolonien noch brauchte, kamen von außen. So tief war Spanien gesunken, daß es selbst während des Krieges der Vermittlung der Kauffahrer der Feinde nicht entbehren konnte. Die Holländer, Engländer und Deutschen bemächtigten sich des spanischen Handels, sowol im Inneren des Reichs, als zwischen ihm und seinen überseeischen Besitzungen. Daß letztere durch die Einverleibung Portugals 1580 keinen Zuwachs erhalten hatten, sahen wir schon früher. Spanien war nicht im Stande, die asiatischen Eroberungen der Portugiesen zu behaupten. Es mußte sie wehrlos ihrem Schicksal überlassen. Die einzige Vergrößerung seines Kolonialbesitzes war die Erwerbung der Philippinen in der Mitte des 16. Jahrhunderts. Statt aber Nutzen daraus zu ziehen, mußte es noch Opfer bringen, und ein Theil der mexikanischen Silberausbeute ging jährlich von Acapulco durch die Südsee dorthin, um die Verwaltungskosten zu bestreiten. Die Kolonisten mußten ihre Waaren zu vorgeschriebenem Preise verkaufen, fremde ebenso ankaufen, und entnahmen diese daher lieber den Schmugglern, welche zahlreich erschienen und auch geradezu Seeraub trieben. Die Statthalter und Beamten verfuhren willkürlich, denn Beschwerden und Klagen gegen sie blieben erfolglos. Damit sie aber nicht an Gründung einer eigenen Macht denken sollten, behielten sie ihr Amt nur 3—5 Jahre, mußten also diese Zeit benutzen, um sich zu bereichern. Daher brachten die Kolonien wenig ein, ja verursachten sogar nicht geringe Kosten, da man Besatzungen, Kriegsschiffe und Festungen unterhalten mußte. 1620.

Die Beendigung der Kriege mit Holland und England 1648 brachte keine Erleichterung. Neue Kriege mit Frankreich erschöpften das Land vollends, zehrten seine Einkünfte wie die amerikanischen Zuflüsse auf und vollendeten seine Ohnmacht. Das ehemals weltgebietende Reich mußte den räuberischen Barbareskenstaaten einen schmachvollen Tribut bewilligen, um seine Schiffe vor Plünderung und Wegnahme sicher zu stellen. Im Innern dauerte der Verfall fort. Weite Strecken Landes lagen unbebaut; die Wege befanden sich im elendesten Zustande; die reichen Quecksilber-, Kupfer- und Bleiminen waren verlassen, die gewerbliche Thätigkeit hörte auf. Die Seidenfabrikation hatte früher über 40,000 Menschen beschäftigt, jetzt standen die Stühle still. In Sevilla hatte man im 16. Jahrhundert 16,000 Webstühle für Wolle und Seide gezählt, am Anfang des 18. Jahrhunderts besaß es kaum noch 300. In Toledo gab es in der Mitte des 16. Jahrhunderts über 50 Wollenfabriken für Mützen u. s. w., im Jahre 1665 befanden sich nur noch 13 daselbst, denn die Moriskos hatten die Mützenfabrikation nach Tunis verpflanzt. Die sonst blühende Handschuhfabrikation war in ganz Spanien verschwunden. Segovia besaß 1650 keine einzige Fabrik von Bedeutung mehr, ebenso Burgos u. A. Die Ausfuhr von Landesprodukten beschränkte sich wie in alten Zeiten auf etwas Wein, Südfrüchte, Salz, Oel, Seife und Wolle. Nur bei dem letzten 1650.

Artikel fand eine Zunahme statt, aber diese bezeichnet am besten die in den Zuständen des Landes eingetretene Veränderung. Wo sonst Menschen gewohnt hatten, weideten jetzt Schafe. Die Wolle ging meist nach England und den Niederlanden, von wo sie dann verarbeitet als Tuch zurückkam, und als ob die Regierung jedes Wiederaufleben der Gewerbthätigkeit unmöglich machen wollte, legte sie hohe Zölle auf die Ausfuhr einheimischer Fabrikate. Ueberhaupt ergriff sie die verkehrtesten Maßregeln, um ihre Einkünfte zu vergrößern. So mußte bei jedem Verkaufe eine Abgabe vom Verkäufer gezahlt werden, welche dem fünften Theile des Werthes der Waare gleich kam. Statt dem hinsiechenden Verkehre jede mögliche Erleichterung zu gewähren, schnürte man ihm die Kehle zu.

Die amerikanischen Kolonien hatten während dieser Zeit einige Fortschritte
gemacht. Die zunehmende Bevölkerung derselben widmete dem Anbau werth-
1700. voller Handelsartikel, wie Kakao, Indigo, Zucker u. s. w., mehr Aufmerksamkeit, und diese Gegenstände, denen noch rohe Häute zuzuzählen sind, kamen in
größerer Menge zur Ausfuhr. Der Hauptgewinn davon fiel aber wieder
Fremden zu, da diese im Besitz des gesammten spanischen Handels waren.

Zu Anfange des 18. Jahrhunderts trat endlich ein erfreulicher Wechsel
ein. Der durch das Aussterben erledigte Thron fiel nach einem langen leidens-
vollen Kriege — dem Spanischen Successionskriege — dem Enkel Ludwig's XIV.
zu (1713), und die neue Dynastie der Bourbonen bemühte sich, dem Lande
aufzuhelfen. Alberoni sorgte mit Umsicht und Energie für Ackerbau, Gewerbe
1720. und Handel, dem auswärtigen Handel und den Kolonien wurde die erste Fürsorge zu Theil. Bisher hatte ein einziger Hafenplatz — zuerst Sevilla, nach
Versandung der Guadalquivirmündung Cadix — das Monopol des direkten
Verkehrs mit Amerika gehabt. Von da aus gingen die Galleonenflotten einmal jährlich nach Südamerika, alle 3 Jahre nach Mexiko. 1740 erlangten
auch 12 andere Häfen die Erlaubniß, Schiffe zur Fahrt nach den spanischen
Kolonien ausrüsten zu dürfen. Etwas später wurde ein Packetbootdienst zwischen
Corunna und dem spanischen Amerika organisirt. Endlich ward allen Haupthäfen Spaniens freier Verkehr mit dem spanischen Westindien zugestanden
(1765), und diese Freiheit nach und nach auf sämmtliche Kolonien ausgedehnt.
Von den, den inneren Verkehr belästigenden Hindernissen wurden die augen-
fälligsten weggeräumt, der Getreidehandel zwischen den einzelnen Provinzen
gestattet, der Handel mit Baumwolle erlaubt u. dgl. m., alle Zölle an die
Grenze verlegt, der Binnenhandel also freigegeben. Die Ausfuhrzölle erfuhren
theilweise eine Ermäßigung. Einer Anzahl Städte wurde die zollfreie Einfuhr
der westindischen Kolonialerzeugnisse bewilligt. Diese Maßregeln brachten
neues Leben in Spaniens Schiffahrt und Handel. Dies ist deutlich aus der
Hafenbewegung von Cadix, dem wichtigsten Handelsplatze des Reichs, zu ersehen. Im Jahre 1734 liefen daselbst 1004 Schiffe ein; davon fuhren 596
unter englischer, 228 unter französischer und 147 unter holländischer Flagge.
Die spanische hatte also so gut wie keinen Antheil daran. Nach 25 Jahren
(1759) war jedoch die Zahl der in Cadix eingelaufenen Schiffe auf 602 gesunken, eine Folge der Aufhebung seines Handelsmonopols nach Amerika; unter
diesen 602 Schiffen befanden sich aber schon 195 spanische.

Auch auf das Gewerbewesen richtete die Regierung, namentlich unter
1740. Ferdinand IV. und Karl III., ihre Aufmerksamkeit. Es war hohe Zeit. Man

rechnete, daß der ganze Bedarf der überseeischen Besitzungen nur zu $^1/_{20}$ von der spanischen, zu $^{19}/_{20}$ von der ausländischen Industrie gedeckt wurde. Die noch vorhandenen Gewerbe suchte man zu heben, theils durch Herbeiziehung ausländischer Arbeiter, theils durch die Erschwerung der Einfuhr fremder Fabrikate, theils durch gesetzliche Bestimmungen, wie z. B. die, daß jeder Handwerker bei Verlust des Bürgerrechts sein Handwerk durch wenigstens einen seiner Söhne fortsetzen lassen müsse. Eine Anzahl neuer gewerblicher Etablissements wurde durch die Regierung angelegt, namentlich Seiden-, Wollen-,
Baumwollen-, Hut-, Tapeten-, Glas-, Papier-, Porzellanfabriken, Eisenwerke, 1750.
dem Adel Theilnahme an der Industrie gestattet und für Landwirthe eine Bank angelegt u. dgl.

Den Ackerbau suchte man durch Begünstigung der Einwanderung fremder Landwirthe zu befördern. Deutsche Kolonisten wurden ins Land gezogen und in der Sierra Morena angesiedelt. Der Hanf- und Krappbau, der Weinbau, die Seidenzucht ꝛc. erfuhren vielfache Unterstützung; doch blieb Cubatabak Regal.

Endlich sorgte die Regierung für bessere Kommunikationsmittel. Sie legte Wege, Straßen und Kanäle an, führte Postkutschen ein, gründete eine Bank, kurz sie that, was in ihren Kräften stand, um die materielle Entwicklung des Landes zu befördern.

Diese Bemühungen blieben nicht ganz ohne Erfolg. Trotz mehrfacher 1760.
Kriege mit England, welche die Seemacht Spaniens und seine Finanzen schwächten, seinen Handel störten und den Schleichhandel zwischen den Kolonien und den Engländern, Franzosen und Holländern begünstigten, erholte sich das Land in der letzten Hälfte des 18. Jahrhunderts und machte nach allen Seiten hin Fortschritte. Die spanische Industrie eroberte wieder einen größeren Antheil an der Versorgung der amerikanischen Märkte. Die Ausfuhr der bedeutendsten Hafenstädte nach Südamerika betrug 1785 gegen 767 Millionen Realen. Davon kamen auf die Waaren nationalen Ursprungs $337^1/_2$ Millionen. In gleichem Verhältniß nahm die Einfuhr fremder Artikel ab und hob sich die Ausfuhr der einheimischen Erzeugnisse. England sandte 1750 bis 1784 durchschnittlich jährlich für $1^1/_4$ Million Lst. nach Spanien und empfing von da für $^1/_2$ Million Lst. Von 1785 bis 1795 hatten sich diese Ziffern wie folgt verändert: die durchschnittliche Einfuhr englischer Waaren in Spanien betrug ca. $^2/_3$ Millionen Lst., die Ausfuhr nach England dagegen $^3/_4$ Millionen. In manchen Jahren hob sie sich auf 1 Million Lst. Das letzte Ergebniß war vorzüglich der Hebung der Bodenkultur, namentlich dem verbesserten und vermehrten Weinbau zu danken. Auch die Wollenausfuhr nahm zu, ebenso der Versandt von Oel, Seife, Soda, Eisen, Früchten u. s. w. Bilbao und St. Sebastian am Biscayischen Meerbusen vermittelten hauptsächlich den Wollen- und Eisenexport, die Mittelmeerhäfen, Malaga, Alicante, Barcelona u. s. w., den Handel mit Wein, Südfrüchten, Seide und Spirituosen. Cadix war im Besitz des größten Theils der überseeischen Geschäfte; aber unter 1000 Schiffen befanden sich nur 60 spanische.

Die Kolonien entwickelten sich gleichfalls mehr und mehr, und ihre steigen- 1750.
den Erträge wirkten günstig auf die Ausdehnung des spanischen Handels ein. Die Ausbeute der mexikanischen Bergwerke und der übrigen Minen stieg von Jahr zu Jahr. Die Edelmetalleinfuhr wurde vor 1750 auf $22^1/_2$ Millionen

Piaster jährlich berechnet, hob sich aber in der 2. Hälfte des 18. Jahrhunderts auf 30 Millionen Piaster. Noch erfreulicher war die Zunahme der Bodenkultur und ihrer Erträge. Hierin zeichnete sich besonders Cuba aus. Auf dieser Insel hatte der Bau von Zuckerrohr Eingang gefunden, und die Produktion, wenngleich noch weit hinter der der englischen und französischen Besitzungen zurückstehend, lieferte doch schon 1753 ca. 173,800 Ctr., 1790 283,258 Ctr. jährlich zur Ausfuhr. Selbstverständlich wuchs in demselben Maße der Konsum europäischer Waaren.

Ueber diese Lichtseiten der spanischen Zustände in der letzten Hälfte des 18. Jahrhunderts dürfen wir aber ihre Schattenseiten nicht vergessen. Was geschah, erfolgte, wie in Portugal unter Pombal's Verwaltung, durch die Regierung oder auf ihre Veranlassung, vielfach durch Fremde. Das freiwillige, selbständige Handeln des Volks, die einzige Bürgschaft eines dauernden Erfolgs, fehlte gänzlich, und deshalb blieb der Fortschritt auf die Punkte beschränkt, wo jene selbst Hand anlegte und half. Wie wenig dies bei allem guten Willen der Regierungen genügt, dafür ist das Spanien dieser Zeit der sprechendste Beweis. Die freisinnigen Minister der Aufklärung wurden von der Hofcamarilla gestürzt und der alte Zustand wieder hergestellt.

Ungeachtet aller Anstrengungen, den Ackerbau zu heben, blieb das Land
1770. unfähig, den eigenen Getreidebedarf zu erzeugen, und mußte jährlich große Quantitäten vom Auslande beziehen. Franzosen, Holländer, Engländer, Deutsche und in der letzten Zeit auch die Nordamerikaner führten ihm Brotfrüchte, Mehl, Fleisch, Fische und andere landwirthschaftliche Erzeugnisse zu. Eben so wenig genügte die industrielle Thätigkeit des Landes dem Bedürfniß nach Kleidungsstoffen, Metallwaaren, Geräthschaften u. dgl. Fabrikaten. Von einer Ausgleichung der dem Auslande schuldigen Summen für Rohprodukte durch sie war gar keine Rede. Der Werth der ausgeführten einheimischen Produkte und Kolonialwaaren war im Verhältniß zur Gesammteinfuhr viel zu unbedeutend, so daß die Bilanz fortwährend gegen Spanien stand und das Defizit durch Gold und Silber gedeckt werden mußte. Der Ertrag der amerikanischen Bergwerke strömte deshalb fortwährend aus dem Lande. Das Volk als Ganzes blieb arm. Nur die Bewohner weniger Städte erfreuten sich einigen Wohlstandes, und selbst dort nur diejenigen Klassen, welche Antheil an dem auswärtigen Handel hatten.

1790. So waren die Zustände in Spanien am Schlusse des 18. Jahrhunderts beschaffen. Nach außen unleugbar eine geachtetere Stellung einnehmend und in vielen Beziehungen weiter fortgeschritten als beim Beginn desselben, litt das Land dessenungeachtet noch an den alten Uebeln. Der auswärtige Handel hatte zugenommen, manche Industriezweige zeigten ein gedeihliches Wachsthum, aber Alles war mehr künstlich geschaffen als von innen heraus entstanden. Die Nation und das Land als Ganzes blieben von dem Fortschritte fast unberührt. Auf dem jährlichen Zufluß der amerikanischen Schätze, auf der steten Sorgfalt der Regierung beruhten die neuen Schöpfungen. Wurden ihnen jene Grundlagen entzogen, so mußten sie zusammenbrechen.

Holland.

Holland verdankt, wie bereits früher erzählt wurde, sein Entstehen und seine Macht der tapferen Vertheidigung der Gewissensfreiheit und der Landesrechte. Als der fanatische König von Spanien seine raubgierigen Söldnerscharen und den blutdürstigen Alba nach den Niederlanden sandte, floh, wer fliehen konnte. Alba ließ 18,000 Menschen hinrichten, legte neue Abgaben auf, verheerte Städte u. s. w., denn Philipp II. sagte ja, „er wolle lieber Bettler als Ketzer in seinem Lande haben." Es wurden für mehr als 20 Millionen Fl. Güter konfiszirt, Antwerpen 1576 drei Tage lang geplündert und 4 Millionen Gulden erbeutet, die Hansa mußte sich mit 20,000 Fl. loskaufen, doch 14,000 Menschen sind dabei ermordet, 500 Häuser, und darunter das Stadthaus, zerstört. Daher wanderten im Jahre 1585 aus Flandern 200,000 Menschen aus, diese Provinz und Brabant verödeten, Hungersnoth und Pest vermehrten die allgemeine Noth, und die Wassergeusen vergalten den Spaniern Gleiches mit Gleichem. Holland trat in die Reihe der See- und Handelsstaaten ein, wozu es die Natur seiner Bewohner und die geographische Lage befähigten. 1550.

Die Bewohner dieser Theile der Niederlande, meist Marschländer und nur durch künstliche Eindeichungen vor den Meeresfluten geschützt, hatten sich bis dahin hauptsächlich mit Viehzucht, Fischerei und Schiffahrt beschäftigt. Das feuchte Klima, die niedere Lage, die Nähe der See bedingten diese Richtung ihrer Thätigkeit. Die Ausfuhr von Fleisch, Butter und Käse war sehr erheblich, sie ging vorzüglich nach Spanien und Portugal und hatte schon in der Mitte des 16. Jahrhunderts einen Werth von 1 Million Kronen. Noch bedeutender war der Ertrag der Fischerei, die theils an den eigenen, theils an den englischen, schottischen, norwegischen und schwedischen Küsten betrieben wurde. Von Amsterdam, Schiedam, Delft, Briel, Enkhuisen, Hoorn und anderen Orten liefen jährlich viele Hunderte von Fischerbarken (Buisen, sprich Beusen) und größeren Fahrzeugen zum Kabeljau- und Heringsfang aus. In der Mitte des 16. Jahrhunderts wurde der jährliche Fang auf 40,000 Last im Werthe von 8 Millionen Gulden angeschlagen. Mehr und mehr entwanden die Holländer diesen einträglichen Geschäftszweig den Hansen, welche ihn vormals beherrscht hatten, und diese Rivalität wurde die Quelle vieler Zerwürfnisse und Feindseligkeiten zwischen den genannten holländischen Städten, welche lange für Glieder des Bundes galten, und diesem selbst. Deutschland und das östliche Europa wurden in dieser Zeit größtentheils von ihnen mit getrockneten und gesalzenen Fischen versorgt.

Auf Grundlage dieser Fischerei bildete sich ihre Schiffahrt bald in hohem Grade aus. Schon 1234 konnte ein Graf von Holland eine Flotte von 300 Segeln ausrüsten. Ihre Schiffswerften wurden berühmt, und viele Ausländer ließen größere Schiffe vorzugsweise hier bauen. Abgesehen von dem Fischfange, beschäftigte die Zufuhr von Getreide, welches größtentheils von außen bezogen werden mußte, ferner von Schiffbaumaterialien, Holz, Pech, Theer, Hanf, Tauwerk, Eisen ꝛc. eine große Anzahl von Schiffen. Die übrigen versahen den Frachtverkehr zwischen Flandern und Brabant, welche wenig eigene Schiffahrt besaßen, und den übrigen Ländern. Die Wollzufuhr von England wurde hauptsächlich durch hanseatische und holländische Schiffe vermittelt. Man baute jährlich an 2000 Fahrzeuge und erlangte in diesem Fache so viel Geschicklichkeit, daß die runden, weniger tiefgehenden und schnell segelnden Schiffe der Holländer für die besten ihrer Zeit galten. Da man an 70,000 solcher Fahrzeuge besaß, konnte man nicht nur großartige Fischerei treiben, sondern brachte auch die Rhederei im Norden und in Asien an sich. Holländische Rheder wurden die Frachtfuhrleute der Ost- und Nordsee, wo man sie aus Haß gegen die Hanseaten bevorzugte, bis die einzelnen Staaten sich nach und nach eigene Kauffahrteiflotten schufen, die Engländer das Uebergewicht errangen, Cromwell durch die Navigationsakte und siegreiche Seeschlachten die Frachtfahrten der Holländer sehr einschränkte, ihnen den portugiesischen und spanischen Zwischenhandel entriß, die Könige sie aus Indien und Westindien verdrängten, und Portugal sie aus Brasilien trieb.

Auch der Gewerbebetrieb war nicht unbedeutend. In Friesland hatte die Wollenweberei, welche ja die Mutter der flandrischen gewesen ist, nie ganz aufgehört. In Dortrecht, Leyden, Amsterdam und Rotterdam wurden ebenfalls Wollenstoffe und Linnen verfertigt. Freilich konnten sich die Fabrikate nicht mit denen der flandrischen und brabanter Industrie messen, schon aus dem Grunde, weil den nördlichen Provinzen das Rohmaterial vollständig abging. Die inländische Wolle taugte nur für die gröbsten Gewebe. Flachs wurde gar nicht erbaut. Jene mußte von England bezogen werden, und lange Zeit war Middelburg der Stapelplatz dafür; Flachs dagegen lieferte Flandern.

Die Verwüstung der südlichen Provinzen durch die Spanier verhalf nun den nördlichen Theilen der Niederlande zu außerordentlicher Blüte. Viele Tausende gewerbfleißiger Menschen kamen ins Land und verpflanzten ihre
1570. Kunstfertigkeit dorthin. Manufakturisten aller Art, Wollen-, Leinen- und Seidenweber, Papier- und Hutfabrikanten ließen sich in den Städten nieder. Leyden, Haarlem, Amsterdam, Dortrecht u. A. wurden Hauptsitze der Industrie. Holländer lieferten den Spaniern das Kriegsmaterial und die Flotten, um sie ihnen im Kriege wieder abzunehmen. Als Philipp II. in Lissabon 50 holländische Schiffe konfisziren ließ, nahmen die Generalstaaten Rache, indem sie Flotten nach Indien sandten. Barentz und Heemskerk suchten den Weg dorthin durchs Eismeer, bis Hutmann 1595 mit 4 Schiffen direkt nach Indien ging, in Java Verbindungen anknüpfte und 1598 eine Gesellschaft die Insel Mauritius (heute Isle de France) besetzte und nach dem Prinzen Moritz benannte.

Den größten Gewinn aus dem Verfalle der spanischen Niederlande zog der holländische Handel. Mit dem Falle von Antwerpen ging der ganze Verkehr dieses Platzes auf Amsterdam über und bald überstrahlte der Erbe seinen Vorgänger. Amsterdam wurde dabei von mehreren Umständen begünstigt. Von vorn herein besaß es vor Antwerpen den großen Vorzug seines bedeutenden Eigenhandels und seiner großartigen Rhederei. Antwerpen war selbst in seiner glänzendsten Periode nur der Versammlungsplatz fremder Kaufleute, welche den Ort seiner günstigen Lage halber zum Domizil erwählt hatten. Sein Handel war durchaus passiv. Amsterdam dagegen trat selbständig in den Weltverkehr ein. Es beherrschte die wichtigsten Zweige desselben und zwang dadurch die übrigen, sich dort niederzulassen. Außer dem Fischfang hatte Holland den Hansen auch einen Theil des Ostseehandels entrissen. Von den Beherrschern der Nordischen Reiche, welche das Uebergewicht der Hansa scheuten, vielfach begünstigt, stark genug, nöthigenfalls dem Widerstreben der innerlich geschwächten
1550. Rivalen mit Gewalt entgegenzutreten, und schon infolge ihres großartigen Schiffbaus die stärksten Verbraucher der nordischen Artikel, wie infolge ihres eigenen Kornbedarfs die besten Kunden der Getreide ausführenden Ostseeländer, hatten sie den Antheil der Hansen im Laufe des 16. Jahrhunderts immer mehr

beschränkt, und nur die am günstigsten gelegenen und bedeutendsten deutschen Seestädte, wie Hamburg, Bremen und Lübeck, vermochten sich ihnen gegenüber zu behaupten.

Die Bedeutung des Ostseehandels nahm dabei im 16. Jahrhundert ungemein zu. Die Eröffnung der direkten Fahrten nach Ostindien, die spanischen und portugiesischen Eroberungen in Amerika nöthigten zum Baue vieler neuen Fahrzeuge von größeren Dimensionen, als bisher gebräuchlich war. Dies erhöhte den Bedarf der Spanier und Portugiesen an allen zum Schiffbau dienenden Materialien, und sie bezogen von da an jährlich große Massen derselben vom Norden. Nicht weniger bedürftig waren sie der Getreidezufuhren, besonders als Spaniens innere Zustände die so eben geschilderte Wendung
nahmen. Dies Alles lieferte ihnen Holland, daneben Fleisch, Fische, Butter, 1560.
Käse, kurz Alles, was zum Lebensunterhalt erforderlich ist. Die spanische Regierung suchte zwar diesen Verkehr den Holländern zu entziehen, denn sie begünstigte die Hansen und verbot ihren Unterthanen mehrfach bei hoher Strafe, mit den Holländern zu handeln; die Verhältnisse waren aber auch hier stärker als der Befehl der Regierung, und durch Bestechung erreichte man in Spanien Alles.

Die Holländer blieben die Hauptvermittler des Verkehrs zwischen dem Nordosten und dem Südwesten Europa's. Mehr als 400 Schiffe waren in dem spanischen und portugiesischen Handel zu Zeiten thätig. Die afrikanischen und indischen Gewürze und Kostbarkeiten, die Schätze von Peru und Meriko
fanden jetzt ihren Weg nach Amsterdam, wie sie früher nach Antwerpen gelangt 1570.
waren. Auch die englischen Kaufleute verlegten ihre Wollenwaarenlager nach Amsterdam; Deutschland sandte seinen Wein und sein Getreide, Frankreich die Erzeugnisse seiner Fabrikation von Tours und Lyon: Sammt, Atlas, Seidenzeuge, Spitzen, Knöpfe, Hüte, Handschuhe, Papier, Leinwand u. s. w. dorthin. Hollands Handel und Schiffahrt machten dabei riesige Fortschritte. Schon 1580 sah man aus dem Terel 580, aus Briel und den Seeländer Häfen 800 Schiffe auslaufen. In Amsterdam kamen oft an einem Tage mehrere Hunderte an.

Und doch war dies erst der Anfang seiner Größe. Noch besaß Holland keine Kolonien. Im Jahre 1595 wurde der erste Versuch gemacht, einen direkten Verkehr mit Indien anzuknüpfen. Ein Verein von Kaufleuten (Maatschappy van Verre) sandte 4 Schiffe unter Hutmann dorthin mit dem Auftrage, die günstigsten Handelsgelegenheiten auszukundschaften, dabei aber die portugiesischen Besitzungen zu vermeiden. Der Befehlshaber, welcher ehemals in portugiesischen Diensten gestanden und den man aus dem Schuldgefängnisse zu Lissabon ausgelöst hatte, weil er Indien ganz genau kannte, landete auf der Insel Java, wurde aber von den Eingeborenen ziemlich schlecht aufgenommen. Trotzdem ging 1598 eine zweite stärkere Expedition dahin ab. Dieser wurde von dem Fürsten von Bantam gestattet, einen Tauschhandel zu eröffnen; eben so gelang es, mit den Bewohnern der Molukken in Verkehr zu treten, und 1600 kamen alle Schiffe, mit Pfeffer, Nelken und anderen Gewürzen beladen, wohlbehalten in Amsterdam wieder an. Dieser glückliche Erfolg ermuthigte zu größeren Unternehmungen.

Eine Menge kleiner Gesellschaften wurde gebildet, und auch sie waren 1600.
meist glücklich in ihren Spekulationen. Man kam ihnen in Indien überall willig entgegen, theilweise schon aus Haß gegen die Portugiesen. Doch schadeten

sie einander gegenseitig vielfach, und deshalb bewirkte die Regierung ihre Verschmelzung in eine einzige große Gesellschaft, die Holländisch-ostindische Compagnie, Vorläuferin der heutigen Maatschappy, welche am 20. März 1603 ihr Privilegium erhielt. Vom Anfang an war das Hauptaugenmerk derselben darauf gerichtet, feste Niederlassungen auf den Molukken und den übrigen Inseln des Archipels zu gründen, um in den Besitz des Gewürzhandels zu kommen. Es gelang. Die Portugiesen wurden von den Molukken vertrieben, Sumatra, Java und die Banda-Inseln besetzt, und auf Ceylon, den Küsten von Koromandel und Malabar in Vorderindien Faktoreien errichtet. In stetem Kampfe mit den Portugiesen und den Engländern, welche sich in Vorderindien niedergelassen hatten, breiteten die Holländer ihre Herrschaft aus, entrissen den Ersteren den größten Theil ihrer Besitzungen, darunter namentlich die wichtigen Inseln Ceylon und Celebes, die Halbinsel Malakka, in Afrika das Vorgebirge der guten Hoffnung u. s. w., und dehnten ihre Handelsverbindungen bis China und Japan aus. In weniger als einem halben Jahrhundert war alles Dies vollbracht. Zum Centralpunkt ihrer ostindischen Besitzungen wurde die Insel Java gewählt, und hier bauten sie 1621 an Stelle einer früher den Engländern gehörenden Faktorei eine neue Stadt, welche später den Namen Batavia erhielt. —

Man machte nach damaliger Weise den indischen Handel zum Monopol einer Aktiengesellschaft, welche zwar unter Aufsicht des Staats stand, aber in Indien souveräne Macht besaß. Denn sie unterhielt Kriegsflotten, Festungen, Soldaten, hatten ihre eigenen Beamten, durfte Kriege führen, Verträge schließen und die Preise für ihre Waaren beliebig festsetzen. Das Aktienkapital betrug 6½ Millionen Gulden, und die Aktien stiegen von 3000 Gulden nach und nach auf 18,000. Die Gesellschaft ward von 60 Kaufleuten verwaltet, die sich in 6 Kammern theilten, wegegen 17 Mitglieder die allgemeinen Angelegenheiten leiteten. Die Gewürzinseln eroberte man 1638 und vernichtete bald darauf viele Bäume, um die Preise nicht sinken zu lassen und den Schmuggel zu unterdrücken. Java ward 1618 von Koen erobert, die Engländer verjagt und Batavia Mittelpunkt des ganzen indischen Handels, durch seine Einwohnerzahl mit der Zeit auf 150,000 stieg. In China besetzte man Formosa, ward aber wieder vertrieben; in Japan durfte man unter erniedrigenden Bedingungen von der kleinen Faktorei-Insel Desima bei Nangasaki aus Handel treiben. Aber Grausamkeit, Betrügereien und Bestechungen machten die Holländer bald verhaßt und erleichterten den Franzosen und Engländern die Ansiedlungen in Indien. Die Eingeborenen wurden ausgebeutet, weshalb der Handel 200—400% einbrachte und man von 1602—1780 an 200 Millionen Gulden Dividenden zahlte. Aber seitdem hatte man jährlich ein Defizit, der Staat mußte zuschießen, konnte aber den Bankerutt der Gesellschaft nicht aufhalten und übernahm deren Besitzungen. Nur auf Amboina und Banda duldete man den Anbau der Gewürznelken und Muskatnüsse, warf bei reicher Ernte den Ueberfluß ins Meer, um die Preise nicht sinken zu lassen, die man beliebig festsetzte, und verkaufte die indischen Produkte zu Amsterdam auf Auktionen. Man wollte nur 350,000 Pfd. Muskatnüsse, 110,000 Pfd. Muskatblüten, ½ Mill. Pfd. Gewürznelken bauen, und nur Bäume dulden, welche 330,000 Pfd. Frucht brachten. Dagegen verpflanzten England und Frankreich diese Produkte in ihre Kolonien und drückten die Preise herab.

Die finanziellen Resultate dieser Unternehmungen waren also im Anfange glänzend. Die Gesellschaft zahlte ihren Aktionären schon in dem ersten Jahre ihres Bestehens 75%, später eine Zeit lang 50%. Der reine Gewinn ward jährlich auf 3 Millionen Dukaten angeschlagen. Die Abwesenheit jeder Konkurrenz im Gewürzhandel erlaubte, die Preise beliebig zu normiren. Im Jahre 1603 kehrten 5 Schiffe mit einer aus Pfeffer, Cubeben, Gewürznelken und Muskatblüten bestehenden Ladung zurück, welche im Ankauf 588,874 Gulden gekostet hatte. Die Gesellschaft löste dafür über 2 Millionen Gulden. Mit der Ausbreitung ihrer Herrschaft zog die Gesellschaft auch die übrigen indischen Produkte in den Bereich ihres Handels: Zimmt (von Ceylon), Sago (von den Sunda-Inseln), Indigo (aus Bengalen), Sandelholz und andere feine Hölzer (von den Inseln Timor, Ceylon, Sumatra u. s. w.), Thee (1610 zum ersten Male aus China nach Europa gebracht), ferner Rohr, Gummilack, Seidenzeuge, chinesisches und japanisches Porzellan ꝛc.

Die Erfolge der Ostindischen Compagnie führten 1621 zur Gründung einer zweiten Gesellschaft, der Westindischen Compagnie, welche den Handel mit Amerika und Afrika zu ihrer Hauptaufgabe machte. Auch sie trat bald erobernd auf, errichtete Niederlassungen in Nordamerika (unter anderen Neu-Niederland mit der Hauptstadt Neu-Amsterdam, jetzt New-York), besetzte mehrere westindische Inseln (Curaçao, St. Eustache ꝛc.), eroberte einen großen Theil Brasiliens 1630.
und entriß den Portugiesen endlich auch Angola und mehrere Besitzungen auf der Küste Guinea. Die Gesellschaft theilte sich in 5 Kammern und legte ein Kapital von $7^1/_2$ Millionen Gulden zusammen. Ihr Hauptgeschäft war der Sklavenhandel, und außerdem stellte sie gegen Spanien Kaperbriefe aus, welche von 1623—36 von 800 Schiffen benutzt wurden. Diese nahmen 455 spanische Schiffe und eine Silberflotte weg, kosteten 45 Millionen Gulden Ausrüstung, brachten aber 90 Millionen Gulden Gewinn. Die Gewinne dieser Gesellschaft, namentlich während der Kriege gegen Spanien und Portugal, wo sie Kaper ausrüstete, waren so bedeutend, daß sie zuweilen an 100% Dividende zahlen konnte. Doch war ihr Glück nicht von Bestand, der größere Theil ihrer Besitzungen in Amerika und Afrika ging wieder an die Engländer und Portugiesen verloren, so daß den Holländern schließlich nur die 1667 den Engländern abgenommene Kolonie Surinam nebst den genannten westindischen Inseln und einigen Besitzungen auf der afrikanischen Goldküste blieb.

Der Besitz dieser Kolonien trug wesentlich dazu bei, den Handel, die Schiffahrt und den Wohlstand Hollands in der ersten Hälfte des 17. Jahr- 1650.
hunderts in einem außerordentlichen Grade zu vergrößern. Der Handel mit Indien befand sich nun fast ausschließlich in ihren Händen, denn die Portugiesen besaßen nur noch Reste ihrer ehemaligen Besitzungen und der Stern der Engländer war erst im Aufgehen. In Afrika und in Amerika warfen zwei andere Geschäftszweige ungeheuere Gewinne ab, dort der Sklavenhandel nach Brasilien und Virginien, hier der Schleichhandel nach den spanischen Kolonien, welcher hauptsächlich von der Insel Eustache aus betrieben wurde. Gleichzeitig erlangte der Getreidehandel Amsterdams von Jahr zu Jahr größere Bedeutung. Alle südeuropäischen Länder, in erster Linie Portugal, Spanien und Italien, versorgten sich hier mit Brotstoffen, die Holland seinerseits von den Ostseeländern und vom Rhein bezog. Auch die anderen holländischen Städte, Rotterdam, Dortrecht, Middelburg, Vliessingen ꝛc., wuchsen rasch empor. In Dortrecht

und Middelburg hatte sich das Weingeschäft niedergelassen. Dort war der Sitz
des Handels mit Rheinwein, hier mit französischem Wein. Middelburg war
außerdem seit dem Falle Antwerpens Stapelplatz für die englischen Tücher.
Alle die genannten Städte nahmen Theil am Fischfang, der fortwährend eine
1620. der Hauptbeschäftigungen der Holländer blieb. Zu Anfang des 17. Jahrhunderts
sollen allein mit dem Heringsfang 3000 Fahrzeuge beschäftigt gewesen sein, mit
dem Walfischfang 300 Schiffe ꝛc., welche 1/2 Million Menschen beschäftigten und an
60 Millionen Gulden einbrachten. Aber es kam darüber auch zu Kriegen, in
denen Holland unterlag, so daß seine Fischerflotte auf 170 Fahrzeuge herabsank.
Vielleicht die wichtigste Erwerbsquelle der Holländer war indessen die Frachtschiffahrt. Durch ihr früh ausgebildetes Schiffbauwesen und die Beherrschung
des Handels mit dem die Schiffbaumaterialien liefernden Nordosten begünstigt,
hatte sich ihre Marine unglaublich vermehrt. Noch mehrere Jahrzehnte später,
als dieser Geschäftszweig bedeutend geschmälert worden war, sollen sie mehr
Schiffe besessen haben, als sämmtliche übrige Völker zusammen. Die friesische
Frachtschiffahrt allein zählte 2000 Fahrzeuge. Keine andere Nation konnte sich
mit den holländischen Schiffern in der Billigkeit der Frachten und in prompter
Beförderung der Güter messen. Hierdurch gelangte das ganze Frachtfuhrwesen
nicht blos zwischen Holland einerseits, Frankreich, England und den anderen
Ländern andererseits, sondern auch zwischen Frankreich und England, wie zwischen Frankreich, England und deren überseeischen Kolonien in ihre Hände.
Sie vermittelten die gesammte europäische Seefracht, und wurden deshalb nicht
mit Unrecht die „Fuhrleute Europa's" genannt. Zu alledem kam die unermeß-
lich reiche Beute, welche die holländischen Kaper in dem während der ganzen
1630. ersten Hälfte des 17. Jahrhunderts dauernden Kriege mit Spanien und Portugal machten. Die mit den Silberschätzen Peru's und Mexiko's beladenen
spanischen Galeonen wurden unermüdlich verfolgt, ebenso die portugiesischen In-
dienfahrer. Der Betrag der den Spaniern und Portugiesen im Verlauf von
13 Jahren (von 1623—1636) abgenommenen Beute wird auf nicht weniger
als 30 Millionen Gulden geschätzt.

Die holländische Industrie nahm Theil an diesem Aufschwunge. Hauptzweig derselben blieb die Tuchfabrikation. In Leyden, Haarlem und anderen Städten wurden jährlich an 2400 Stück verfertigt. Doch beschränkte man sich nicht darauf. Große Quantitäten roher Tuche kamen von England, um in den ausgezeichneten Färbereien Hollands gefärbt und appretirt zu werden. Die Holländer waren in dieser Beziehung an die Stelle der Florentiner getreten, und ihre feineren Tuche galten in allen Ländern für das Beste, was vorhanden war. Auch das Bleichen und Weben der Leinwand verstanden die Holländer ausgezeichnet, und ihre Industrie wuchs, als viele französische Hugenotten seit Aufhebung des Edikts von Nantes zu ihnen flohen. Käse und Butter waren gesuchte Artikel, in der Papierfabrikation standen sie obenan und wurden die Buchdrucker Europa's. Aber da der Staat 350 Millionen Gulden Schulden hatte, daher viele und hohe Steuern auferlegen mußte, sogar Almosenempfänger besteuerte, so vertheuerte dies die Waaren, und seit die anderen Nationen durch hohe Zölle, Aus- und Einfuhrverbote die eigene Industrie schützten und hoben, konnte das produktenarme Holland nicht konkurriren, eben so wie der menschenarme Staat seine weiten Kolonien nicht zu bevölkern vermochte, sie also bis auf einige an das menschenreiche Frankreich und England verlor.

Den Gipfelpunkt ihrer Größe und ihrer Macht hatte die Republik in der
Mitte des 17. Jahrhunderts erreicht. Von da an zeigt sich erst ein Stillstand, 1650.
dann ein Rückgang, sowol in ihren politischen wie in ihren kommerziellen Verhältnissen. Ihre Ueberlegenheit hatte sich, wie bei den Hansen, hauptsächlich
auf die Schwäche der Nachbarstaaten gegründet. Mit den Kulturfortschritten
der letzteren mußte die Bedeutung des an Größe und Bevölkerung so weit hinter
ihnen stehenden kleinen Landes von selbst abnehmen. Die Bemühungen der
Regierungen von England und Frankreich, die Industrie, den Handel und die
Schiffahrt ihrer Länder zu heben, und die zu diesem Behufe getroffenen strengen
Maßregeln beeinträchtigten den Handel Hollands in hohem Grade. Frankreich
erhöhte die Eingangszölle auf die holländischen Fabrikate und beschränkte den
Antheil der Holländer am französischen Handel durch eine auf alle fremden
Schiffe gelegte Abgabe, das Tonnengeld. Cromwell traf die holländische Fracht-
schiffahrt und den holländischen Zwischenhandel noch härter. Die 1651 erlassene
Navigationsakte verordnete, daß künftig 1. die Einfuhr von Gütern in die
britischen Kolonien nur britischen Schiffen gestattet sein sollte, und daß auch die
Mannschaft dieser Schiffe zu drei Viertheilen aus Engländern bestehen müsse;
2. daß nicht europäische Waaren nur in englischen Schiffen nach England gebracht
werden dürfen; 3. daß eine große Anzahl voluminöser Artikel, darunter fast
sämmtliche nordische, nur in englischen Schiffen oder in den Schiffen des Er-
zeugungslandes in England eingeführt werden sollten; 4. daß selbst englische
Schiffe diese letzteren Waaren nur aus dem Erzeugungslande holen durften;
5. daß eingesalzene Fische, welche nicht von Engländern gefangen und nicht in
englischen Schiffen eingeführt werden, doppelten Zoll bezahlen; 6. daß die Erzeugnisse der englischen Kolonien nur nach England ausgeführt werden dürfen ꝛc.
Gleichzeitig wurden die Ausländer von dem Fischfang an den englischen Küsten
ausgeschlossen. Aus der bisherigen Darstellung der holländischen Handels- und
und Schiffahrtsverhältnisse erhellt, daß die meisten dieser Bestimmungen ganz
ausdrücklich gegen die Holländer gerichtet waren und ihnen höchst nachtheilig
sein mußten.

Sie versuchten allerdings Widerstand zu leisten. Sie wollten als ein Recht
behaupten, was ihnen früher die Gunst der Umstände verliehen hatte, und ein
hartnäckiger Kampf entbrannte zwischen Holland und England, in dem von
beiden Seiten mit großem Muthe gefochten wurde. Grade dieser Kampf aber
zeigte, daß die Seeherrschaft der Holländer zu Ende sei. In mehreren blutigen
Treffen zogen sie den Kürzeren. Die englischen Kaper nahmen ihnen gegen
80 Schiffe weg, und wenngleich keiner von beiden Theilen sich den Sieg end-
giltig zuschreiben konnte und die Holländer bei dem Friedensschlusse 1654 keine
Einbuße erlitten, mußten sie sich doch damit begnügen, daß ihnen der Fischfang
erst 10 Meilen von den englischen Küsten gestattet wurde. Die Navigationsakte
blieb in Kraft, und sie wurden dadurch von dem Verkehr mit England und
dessen Kolonien fast ganz ausgeschlossen, während ihnen die Engländer ihrerseits in dem Ostseehandel bedeutende Konkurrenz machten. Namentlich erlangten
dieselben in Rußland eine bevorzugte Stellung. Nicht weniger fühlbar wurde
ihnen von jetzt an die Thätigkeit der Engländer, Franzosen und Norweger im
Fischfang. Erstere beherrschten die so wichtige Fischerei bei Neufundland, Letztere 1660.
befleißigten sich immer mehr der Heringsfischerei an ihren Küsten. Auch die
Hamburger, Bremer und Lübecker Kaufleute und Schiffer errangen immer

größern Antheil an dem Zwischenhandel mit dem Süden Europa's. Die Schweden und Norweger fingen an, ihre Landesprodukte selbst auszuführen, und der Levantehandel wurde den Holländern von den Engländern und Franzosen größtentheils entrissen. Anfangs wurden die Holländer in Petersburg bevorzugt, später von Engländern verdrängt, und ihr Geschäft sank von 8 Millionen Gulden auf 1/2 Million Gulden herab. Es blieb ihnen an der Ostsee nur Danzig, da Schweden und Dänemark auch Seestaaten wurden und die Südküste der Ostsee in Besitz nahmen. Noch in der letzten Hälfte
1670. des 17. Jahrhunderts unterhielten die Holländer mit Spanien einen sehr lebhaften und ausgedehnten Handelsverkehr. Sie führten besonders viele Wolle von dort ein, da ihre Tuchmanufaktur seit der Einwanderung französischer Emigranten in den feineren Qualitäten immer größeren Ruf erhielt. Der Fortschritt der Tuchfabrikation in England und der Dynastenwechsel in Spanien, wodurch die Franzosen die begünstigte Nation wurden, that ihnen nun großen Abbruch. Auch ihr Handel mit Portugal verringerte sich seit dem Abschlusse des Methuenvertrags außerordentlich. Nur das deutsche Rheinland blieb an Holland gefesselt und Köln Stapelplatz für Holz, Wein, Tabak, dagegen errichtete das österreichische Belgien 1714 in Ostende einen Seeplatz, der während des nordamerikanischen Freiheitskriegs als neutraler Hafen in die Höhe kam, als Holland mit England in Krieg verwickelt wurde, die nordischen Staaten und Belgien dagegen ihre Neutralität behaupteten und dabei den Handel an sich brachten.

Das Auftreten so vieler, zum Theil mächtiger Mitbewerber, deren Kolonialbesitz in Amerika durch den steigenden Verbrauch von Zucker und Kaffee in Europa immer wichtiger wurde, während Holland dort nur die kleine Kolonie Surinam besaß, mußte Hollands Größe, mußte die Bedeutung seines Handels schmälern. Dennoch behaupteten die Holländer noch die ganze erste Hälfte des
1700. 18. Jahrhunderts hindurch eine hervorragende Stellung und waren, wenn auch nicht mehr allen übrigen Völkern zusammen, doch jedem einzelnen überlegen. Ihre kolossale Marine, ihre großartige Fischerei, ihr ausgebildeter Handelsgeist, ihre alten Verbindungen, ihre ungeheuere Kapitalkraft, der Besitz der ostindischen Kolonien und mit ihnen das Monopol des Gewürzhandels, ihr ausgedehntes Getreidegeschäft, die Versorgung ihrer weiten Hinterlande, Westfalens, der Rheinlande und Süddeutschlands mit allen überseeischen Waaren, endlich die Ausfuhr der Produkte und Fabrikate dieser Gegenden (Wein, Holz, Getreide und Leinwand) — alles Das sicherte ihnen noch lange den ersten Rang unter den handeltreibenden Nationen.

Eine eigenthümliche Seite der holländischen Geschäftsthätigkeit prägte sich gegen Ende dieses Zeitraums aus: der Geldhandel. Die großen Reichthümer, welche sich während des 17. und 18. Jahrhunderts in den Händen einer verhältnißmäßig kleinen Anzahl von Personen aufgehäuft hatten, erlaubten ihnen schon 1625, dem Könige Karl I. von England eine Summe von 300,000 Lst. zu leihen. Von der Zeit an, wo der Handel und das Fabrikwesen Hollands an Ausdehnung verlor, also weniger Kapitalien beschäftigte, suchten die letzteren
1650. anderweite Verwendung. Ungeheuere Summen wurden an auswärtige Regierungen, namentlich an die englische und die französische, sowie an Plantagenbesitzer in den englischen, französischen und dänischen Kolonien verliehen. Man hat den Betrag der von den Holländern in dieser Weise im Auslande angelegten

Kapitalien im 18. Jahrhundert auf 300 Millionen L. Sterling geschätzt.
Dazu müssen die Staatsschulden der niederländischen Regierung selbst gerechnet 1700.
werden, welche infolge kostspieliger Kriege schnell anwuchsen. Sie beliefen sich
schon in der Mitte des 18. Jahrhunderts auf viele Millionen Gulden. Auch
diese Summe wurde von den holländischen Kapitalisten vorgestreckt.

Die Schuldscheine über diese, meist in kleinere Antheile zerlegten Anleihen
bildeten bald einen besonderen Gegenstand des Handels und der Spekulation,
ebenso die Aktien der verschiedenen holländischen Handelsgesellschaften. In der
Ausbildung dieses „Effektenhandels“ ging Holland allen anderen Ländern voran.
Nicht unerwähnt dürfen wir einen sonderbaren Auswuchs desselben lassen, den
Vorläufer alles späteren Börsenschwindels. In der ersten Hälfte des 17. Jahrhunderts hatte in Holland eine große Blumenliebhaberei Eingang gefunden.
Die Tulpenzucht namentlich wurde sehr leidenschaftlich betrieben und einzelne 1650.
prachtvolle Exemplare erzielten sehr hohe Preise. Die Neigung zum Hazardspiel,
ein Kind fast aller mühelos erworbenen Reichthümer, fand darin ein treffliches
Mittel zur Befriedigung ihres Gelüstes. Man kaufte und verkaufte auf Zeit bestimmte Tulpenzwiebeln, nicht um sie zu erhalten oder zu veräußern, sondern
um auf die Preisveränderung nach Ablauf einer gewissen Frist zu spekuliren.
Ungeheuere Summen gingen dabei verloren oder wurden gewonnen. Der Preis
berühmter Zwiebeln, die oft gar nicht vorhanden waren, stieg auf eine fabel-
hafte Höhe. Mehrmals wurden 5000 bis 6000 Gulden für eine Zwiebel gezahlt. In Wirthshäusern, welche Börsen vorstellten, schloß man die Kaufver-
träge vor Notar und Zeugen ab, und Personen aus allen Ständen betheiligten
sich bei diesem Treiben. In einer einzigen Stadt wurden binnen 3 Jahren
mehr als 10 Millionen Gulden in diesem Handel umgesetzt, der endlich durch
seine innere Haltlosigkeit, andere Liebhabereien und die Bemühungen der Magistrate und Regierungen erlosch, nachdem Tausende dadurch ruinirt worden
waren.

Des Zusammenhangs wegen müssen wir hier noch der südlichen Provinzen
der ehemaligen Niederlande gedenken, obgleich dieselben politisch von Holland
getrennt waren. Es dauerte lange, bis sich diese von den Verwüstungen erholten,
welche der Aufstand gegen die spanische Herrschaft und spätere Kriege über sie
gebracht hatten. Der Ackerbau erfreute sich zuerst wieder sorgsamerer Pflege, und 1600.
hierin machten Flandern und Brabant so rasche Fortschritte, daß schon gegen
Ende des 17. Jahrhunderts die Bodenkultur dieser Provinzen die der Nachbarländer übertraf. Besonders zeichnete sich der hier gewonnene Flachs durch vor- 1700.
zügliche Güte aus, und infolge dessen erlangte auch bald die Leinen- und Spitzenfabrikation ihren alten Ruf wieder. Spanien und England waren die Hauptabsatzländer für diese Waaren. Nachdem die genannten Provinzen 1713 an
das Haus Oesterreich gekommen waren, gestalteten sich die Verhältnisse derselben
noch günstiger. Die österreichische Regierung bemühte sich, die Industrie und
den Handel daselbst zu heben, und wenn auch die weitergehenden Pläne, z. B.
die Karl's IV., den österreichischen Niederlanden durch Errichtung einer Ostindi- 1720.
schen Compagnie Antheil an dem indischen Handel zu verschaffen, an der Eifersucht der Holländer und der Engländer scheiterten, so blieben diese Bemühungen
doch nicht ohne Einfluß auf den Aufschwung des Landes. Der Ackerbau vervollkommnete sich immer mehr und wandte sich hauptsächlich der Kultur von Garten-
und Handelsgewächsen zu. Getreide, Kartoffeln — deren Zucht hier zuerst in

größerem Maßstabe versucht wurde — Flachs und Hanf wurden wichtige Ausfuhrartikel. Die Gewerbthätigkeit warf sich, unterstützt durch den Reichthum des Landes an trefflichem Material von Steinkohlen und Metallen von Neuem
1690. auf die früher mit so großem Erfolg betriebenen Industriezweige. Am Schluß dieser Periode standen die Leinen-, Spitzen- und Tuchmanufakturen, die Metallfabriken, die Gerbereien und Lederfabriken des Landes achtunggebietend da, und ihre Erzeugnisse hatten die Märkte in Frankreich, in Deutschland und selbst in England wieder erobert. Gleichzeitig hatte sich Ostende zu einem ziemlich bedeutenden Handelsplatze emporgeschwungen.

England.

England stand während des Mittelalters in volkswirthschaftlicher Beziehung auf derselben Stufe, auf welcher wir heute etwa die Donaufürstenthümer finden, nur mit dem Unterschiede, daß das Hauptrohprodukt desselben nicht Getreide, sondern Wolle war. Gewerbthätigkeit und Handel schliefen noch. Ausländer vermittelten die Versorgung der Vornehmen mit Fabrikaten und Luxusgegenständen, und Ausländer führten die wenigen Erzeugnisse des Landes aus.

Unter der Regierung Eduard's III., also in der ersten Hälfte des 14. Jahrhunderts, wird zuerst eine größere Regsamkeit bemerkbar. Durch das Herbeiziehen niederländischer Wollenarbeiter machte die Verarbeitung der Wolle im
1350. Lande selbst Fortschritte. Die Leinenweberei wurde ein selbständiges Gewerbe. Es finden sich sogar Anfänge der Seidenfabrikation. Aus dem Verbot der Ausfuhr inländischer Eisenwaaren im Jahre 1354 erhellt, daß die englischen Metallarbeiten schon im Auslande Absatz fanden. Um dieselbe Zeit wird der Ausbeutung der Steinkohlenwerke bei Newcastle gedacht. Das sind die Keime, aus denen nach Jahrhunderten die erste Industriemacht der Welt erwuchs. Damals mochte wol Niemand ahnen, welch glänzende Rolle England von der Zukunft vorbehalten war. Die Gesammtausfuhr des Landes belief sich 1354 nur auf ca. 293,000 L. Sterling, wovon 277,000 L. Sterling auf den einen Artikel, Wolle, kamen.

Der auswärtige Handel lag ganz in den Händen der Fremden, welche theilweise in London feste Niederlassungen besaßen und Begünstigungen aller Art erlangt hatten. Hanseaten und Italiener, Niederländer, Spanier und Portugiesen, Franzosen, auch Norweger und Dänen brachten die Erzeugnisse aller Zonen und Länder nach London, um sie hier zu vertauschen. Wie lebhaft besonders der Verkehr der Hansen und der Italiener mit England war, haben wir schon früher gezeigt. Im Laufe des 15. Jahrhunderts fingen die englischen Kaufleute endlich an, Theil an dem Ausfuhr- und Einfuhrhandel zu nehmen.
1450. Die Handelsgesellschaften des „Thomas Becket", der „Stapler", später die „Adventurer", von welchen gleichfalls schon früher die Rede war, bemühten sich, den Export von Rohwolle und Wollenwaaren, namentlich von rohen Tuchen, an sich zu ziehen, und schon in den letzten Jahrzehnten des 15. Jahrhunderts hatten sie den Hansen einen großen Theil des Handels nach den Niederlanden entrissen. Die Könige hatten wenig Verständniß für den Handel, den die „wagenden Kaufleute" (adventurers) betrieben, namentlich die Tuche auf den Wollenmarkt brachten. Cabot mußte seine Entdeckungen auf eigene Rechnung machen, dem Könige aber $^1/_5$ des Gewinns versprechen. Heinrich VII. verbesserte zwar die Lage der Bauern und Bürger, Heinrich VIII. gestattete Theilung und Ver-

kauf der Adelsgüter und verkaufte Klöster und Kirchenbesitzungen, gründete eine Kriegsflotte, zu Woolwich Werften und Admiralitätskollegium für Bildung der Seeleute und Pflege der nautischen Wissenschaft, begünstigte Dover und begann die Feindseligkeiten gegen die Hansa, deren Zoll er von 1 % auf 20 % erhöhte und ihnen den Zwischenhandel ganz verbot. Maria dagegen gab ihr die Privilegien zurück, Elisabeth beschränkte sie und begann einen Zoll- und Ausfuhrverbotskrieg.

Schottlands und Irlands Handel blieb während dieser und noch der nächstfolgenden Jahrhunderte unbedeutend. Auch sie führten nur Rohprodukte: Wolle, Viehfelle und Häute aus, und zwar meist nach England. Doch besaß Schottland eine nicht unbedeutende Schiffahrt und Küstenfischerei, während die Fischerei an den englischen Küsten hauptsächlich durch die Deutschen, Holländer und Portugiesen betrieben wurde.

Zu Ende des 15. und in der ersten Hälfte des 16. Jahrhunderts traten einige Veränderungen in den inneren Verhältnissen Englands ein, welche zwar nicht sehr in die Augen fallen, aber von nachhaltigem Einfluß auf die materielle Entwicklung des Landes gewesen sind. Wir meinen die Aufhebung der Klöster durch Heinrich VII., das Gesetz, welches dem Adel unter gewissen Bedingungen 1540.
erlaubte, seine Güter zu veräußern, und die Beschränkung der Frohndienste. Die raschen Fortschritte, welche die englische Landwirthschaft von dieser Zeit an machte — am besten daraus ersichtlich, daß in den nächsten Jahrhunderten regelmäßig Getreide ausgeführt wurde — sind eine Folge dieser Maßregeln gewesen.

Auch zu der inländischen Industrie nahm die Regierung eine andere Stellung ein, indem sie nicht mehr danach trachtete, ihre Zollgefälle durch die Begünstigung der ausländischen Fabrikate zu vermehren, sondern umgekehrt, die Einfuhr vieler fremden Kunsterzeugnisse, der seidenen z. B., verbot, und in demselben Sinne die Ausfuhr unvollendeter Wollenwaaren zu verhindern suchte. Weniger erfolgreich waren die Bestrebungen, durch ähnliche Maßregeln der Schiffahrt zu Hülfe zu kommen. Man wagte zwar jetzt weitere Fahrten, fuhr nach Nordamerika, nach Brasilien und nach der Levante, doch blieben die Deutschen und Holländer, aus früher erörterten Gründen, zur See noch überlegen, und die englischen Kaufleute mußten sich größtentheils fremder Schiffe bedienen. Einen mächtigern Einfluß auf die Hebung des Handels und der Schiffahrt, 1550.
als die Maßregeln der Regierungen, übte die Anknüpfung eines direkten Verkehrs mit den russischen Küsten am Weißen Meere, wohin R. Chancelor 1553 zufällig gelangt war. Hierdurch war man der Vermittlung der Hansen und der Holländer beim Bezug der russischen Produkte enthoben und erlangte selbst einige Vortheile über sie, da der Czar Wassieliewitsch den englischen Kaufleuten nicht unwichtige Privilegien ertheilte.

Alle diese vielversprechenden Anfänge auf den verschiedenen Gebieten des volkswirthschaftlichen Lebens entwickelten sich und erstarkten während der für England so segensvollen Regierung der Königin Elisabeth im letzten Viertel des 1580
16. Jahrhunderts. Industrie und Handel erfreuten sich ihrer besonderen Für- bis
sorge, und wenn auch die Art und Weise der Beförderung oft hart und gewalt- 1600.
sam erscheint, so läßt sich nicht bestreiten, daß der Erfolg Elisabeth gerechtfertigt hat. Sie ließ in Lissabon 60 hanseatische Getreideschiffe wegnehmen, weil diese den Glaubens- und Nationalfeind unterstützten, sie aber für England eine na-

tionale Politik befolgte, die seither Sitte geblieben ist, so daß man des Handels
1600. wegen sogar Kriege nicht scheute. Die Privilegien, welche die fremden Kaufleute,
namentlich die Hansen, bis dahin noch mit Mühe behauptet hatten, wurden
aufgehoben, als man sich weigerte, den englischen Kaufleuten in Deutschland
gleiche Vorrechte zu ertheilen. Bald darauf folgte die Schließung des Stahlhofes,
der später (1666) beim großen Brande zu Grunde ging und nur unvollständig
von Privaten wieder aufgebaut wurde, und die Ausweisung aller
Deutschen aus England, weil die Hanseaten die Ausweisung der „Adventurer"
aus Deutschlands Hafenstädten durchgesetzt hatten. Doch 1611 durften Engländer
in Hamburg wieder eine Faktorei errichten, nachdem sie vorher verwiesen
waren als Vergeltung für die Schließung des Stahlhofes. Vielen ausländischen
Fabrikaten verschloß Elisabeth die englischen Märkte, um die einheimische
Industrie zu schützen. Die englischen Kaufleute wurden aufgemuntert,
in entfernten Ländern Handelsverbindungen anzuknüpfen, und dabei nöthigenfalls
von der Regierung unterstützt, namentlich durch Ertheilung von Monopolen
an neugebildete Gesellschaften, welche denn auch bald in übergroßer Zahl
entstanden, weil jeder Geschäftszweig ein solches erhielt und jede Handelsgesellschaft
Monopol zum Schaden des Landes wurde.

Hierdurch belebte sich der Handel der Engländer außerordentlich. In
Rußland vermochten weder die Hansen noch die Holländer mit ihnen zu konkur-
1600. riren. Ueber Rußland traten sie in Verbindung mit Persien und holten dort
Rohseide für ihre Fabriken. Aus Kleinasien wurde ebenfalls Seide bezogen,
ebendaher Baumwolle und Droguen. Candia und Chios lieferten Wein, die
Guineaküste Goldstaub und Elfenbein. An dem Stockfischfang bei Neufundland
erlangten sie bald eben so großen Antheil wie die Franzosen und Spanier.
Auch mit Nordamerika und Ostindien verkehrten sie, doch war ihr Handel dorthin
noch ohne Bedeutung. Die wichtigste Verbindung war jedoch die mit Antwerpen
und nach dessen Falle mit Middelburg und Amsterdam, den Hauptstapelplätzen
für die englischen Tücher und die englische Wolle. Ueber den Werth
des Handels zwischen England und Antwerpen besitzen wir eine Angabe aus dem
Jahre 1560. Danach wären jährlich für 5 Millionen Scudi Wollenwaaren
und für 1/4 Million Wolle nach Antwerpen ausgeführt worden. Der Gesammtumsatz
zwischen England und den Niederlanden wird auf 12 Millionen
geschätzt.

Wenn diese Zahlen auch nur annähernd richtig sein mögen, so ergiebt sich
daraus doch als unumstößlich, daß die industrielle Entwicklung Englands binnen
2 Jahrhunderten ungeheuere Fortschritte gemacht hatte. Während 1354 bei der
Ausfuhr das Verhältniß des Werths der Rohwolle zu den übrigen Waaren
wie 11 : 1 stand, hat es sich jetzt umgekehrt: der Betrag der ausgeführten Wollenfabrikate
übertrifft den der ausgeführten Rohwolle um das Zwanzigfache. Noch
beschränkte sich indeß die englische Wollenmanufaktur auf die Verfertigung ordinärer
Tücher. Die feinen Wollenzeuge mußten von den Niederlanden, feine
Leinwand aus Frankreich, Seidenstoffe wie die mit Gold und Silber durchwirkten
Zeuge aus Italien bezogen werden.

Das folgende Jahrhundert war der Entwicklung Englands um so ungünstiger.
Jakob I. befaßte sich lieber mit theologischen Grübeleien als mit den
Interessen seines Reichs. Während in Holland Industrie, Handel und
1650. Schiffahrt gewaltige Fortschritte machten und die junge Republik sich rasch zur

ersten Handelsmacht aufschwang, ging England kaum merkbar vorwärts. Noch 1630 bis
schlimmer gestalteten sich die Verhältnisse unter den folgenden Regierungen. 1688.
Von dem Regierungsantritte Karl's I. an bis zur Thronbesteigung Wilhelm's von Oranien (1688) wurde das Land von Unruhen und Bürgerkriegen heimgesucht, und nur das kurze Regiment Cromwell's bildet einen lichten Punkt in dem düsteren Gemälde, indem dieser wenigstens dem Seewesen größere Aufmerksamkeit schenkte und durch seine Navigationsakte (1651) die Schiffahrt der Holländer beschränkte. Die Industrie blieb stehen, da viele protestantische Handwerker auswanderten, um Verfolgungen zu entgehen. Um so leichter wurde es den holländischen Fabrikanten, die Engländer auf den auswärtigen Märkten zurückzudrängen. Nur die Fabrikation roher Tuche, welche dann im Auslande gefärbt und appretirt wurden, wie die Verfertigung baumwollener Zeuge, die namentlich in Manchester von früheren Leinwebern betrieben wurde, verdient Erwähnung. Die übrigen Gewerbzweige machten eher Rückschritte.

Viel trug dazu unter Karl II. die Vorliebe desselben für französische Moden und Fabrikate bei. Frankreichs Industrie sah unter Colbert ihr goldenes 1660.
Zeitalter und erreichte in allen Zweigen einen so hohen Grad von Vollkommenheit, daß sich die englischen Fabrikanten auf ihren eigenen Märkten von den Franzosen geschlagen sahen. Sie konnten weder mit den feinen Seiden- und Leinenstoffen, den Glas-, Papier- und Galanteriewaaren Frankreichs, noch selbst mit dessen feinen Tuchen konkurriren. Englische Schriftsteller geben den Werth der aus Frankreich eingeführten Waaren unter Karl II. auf 2 Millionen Lst. jährlich an. Etwas später wurden für 700,000 Lst. Leinen, für 712,500 Lst. Seidenzeuge und für 50,000 Lst. Papier aus Frankreich eingeführt. Gleichzeitig beschränkte Colbert durch hohe Einfuhrzölle den Absatz englischer Tuche und Wollenwaaren in Frankreich, so daß 1677 England für 1 Million Lst. mehr Waaren von Frankreich bezogen, als dorthin ausgeführt haben soll.

Die Klagen der englischen Fabrikanten zwangen endlich den König 1678, die Einfuhr französischer Waaren zu verbieten, doch hob dessen Nachfolger Jakob II. das Gesetz wieder auf. Trotzdem entwickelten sich Handel und Industrie auch unter den Schwankungen der Regierungsgrundsätze. Tuch-, Eisen- und Lederwaaren lieferten nur Mittelsorten, deutsche Bergleute sollten den Bergbau verbessern, Lee erfand den Strumpfwirkerstuhl, erlangte aber nur in Frankreich dessen Einführung. Im Jahre 1576 gründete Grasham die erste Börse, und da die Landwirthschaft sich hob, Woll- und Getreidepreise hoch standen, so gewann der Adel hohe Rente und begünstigte den Wollhandel, verfiel aber auch nach dem Beispiele des Hofes in Luxus. Endlich gab man auch den Geldhandel frei gegen 16 % Zinsen, die aber auf 6 % fielen. Drake und Cavendish feuerten durch ihre Weltumsegelungen zu seemännischen Unternehmungen an; es entstanden Handelsgesellschaften für Rußland, Kopenhagen, Aleppo, für Afrika, 1600 für Ostindien, indem man in Achem auf Sumatra die erste Faktorei anlegte. Zu derselben Zeit entstand die erste Seeassekuranz, und Raleigh versuchte Neu-England zu kolonisiren. Die Stuarts wollten die Tuchmacherei unterstützen, verboten die Wollausfuhr, geboten dagegen den Gebrauch wollener Kleider auch für Todte, hoben das Verbot des Brasilienholzes zum Färben auf, um den Waid nicht verdrängen zu lassen. Die Steinkohle ward seit 1615 Handelsartikel.

Einen erfreulicheren Anblick gewährt in dieser Zeit das Heranwachsen der

1660 bis 1670 englischen Kolonien in Nordamerika. Von 1585 an, wo Walter Raleigh eine kleine Insel in Besitz nahm und sie zu Ehren der Königin Elisabeth Virginia nannte, waren eine Reihe von Niederlassungen an den nordamerikanischen Küsten gegründet worden, welche während der Bürgerkriege sich rasch mit Flüchtlingen und Mißvergnügten bevölkerten. Gosnold war quer durch den Ozean gefahren und in Boston gelandet, wo man 1606 eine Kolonie anlegte und Jamestown baute. Im Jahre 1619 siedelten sich Verfolgte in Virginien an, erbauten 1626 Boston, gründeten bis 1640 die 4 Kolonien „Neuenglands", zu denen Baltimore noch Maryland fügte (1632), ferner York und Jersey kamen (1660) nebst Carolina (1663), Connecticut (1662), Pennsylvanien (1682), Georgien (1735), und alle Auswandrer behielten das Recht freier Engländer und den freien Verkehr mit allen Ländern. Zu gleicher Zeit drangen Abenteurer nach Westindien, besetzten, 30 Mann stark, Barbados und mit Hülfe der Flibustiers andere kleine Inseln, von wo aus sie Schmuggel und Seeraub trieben, aber auch Tabak, Zucker und Baumwolle dorthin verpflanzten. Cromwell besetzte Jamaika (1655), Kolonisten (1662) die Campechebai. Karl II. bedrohte Alles, denn er führte das alte Kolonialsystem ein, demgemäß die Kolonisten nur nach England Handel treiben durften, von dort kaufen und dorthin verkaufen sollten. Nun waren aber nur einige Kolonien königliche Gründungen, andere freie demokratische Ansiedlungen und eine dritte Art von hohen Adeligen unter Verleihung freier Rechte gestiftet. Der Streit über Karl's Gesetz, welches auch unter den Ministern Vertheidiger fand, führte später zum Abfall der Kolonien. Durch Hindernisse aller Art mußten sich also die Kolonisten durcharbeiten, und lieferten dem Mutterlande zunächst Tabak und Pelzwerk. Um den Tabaksbau dort zu befördern, verbot Jakob I. den Anbau des Tabaks in England selbst. Unter Karl II. kam durch die Vertreibung der Holländer aus Neu-Niederland (dem heutigen New-York und Neu-Jersey) die ganze Küste von Canada, welches den Franzosen gehörte, bis Florida unter englische Herrschaft.

An Wichtigkeit für den englischen Handel standen diese nordamerikanischen Kolonien Englands freilich weit gegen seine ostindischen Besitzungen zurück. Im Jahre 1600 hatte eine Gesellschaft ein 15jähriges Privilegium zur Betreibung des Handels nach Ostindien erhalten. Ihre Versuche, sich auf den Molukken und auf Java festzusetzen, mißlangen. Dagegen glückte es ihr, in Vorderindien, an den Küsten Malabar und Koromandel, Niederlassungen und Handelscompagnien anzulegen und diese gegen die Portugiesen zu behaupten, wozu Karl II. später die ererbte Insel Bombay als Geschenk fügte (1668), wofür man ihm einige Pfund Thee schenkte, den ersten, der nach Europa kam. In den Streitigkeiten der einheimischen Fürsten und der Perser mit den Portugiesen unterstützte sie die ersteren und erwarb dadurch deren Wohlwollen. Sie durfte in Bender Abassi am Persischen Meerbusen eine Niederlassung gründen (1672) und handelte von hier aus über Ispahan bis Mittelasien hinein, und Schritt für Schritt drang sie in das Innere Vorderindiens, hier ein Contor, dort ein Fort anlegend, wobei sie geschickt die einzelnen Fürsten zu ihren Zwecken zu benutzen wußte. Im Uebermuth mißbrauchte sie aber ihr Glück. Plünderungen und Erpressungen erbitterten die Indier eben so gegen die Engländer wie vorher gegen die Portugiesen, und ein muthwillig mit dem tüchtigsten Fürsten, welcher auf dem Throne des Mogul gesessen hat, mit Aurengzeb, angezettelter Kampf kostete der Compagnie so große Opfer, daß sie sich zuletzt zur größten

Demüthigung, einer fußfälligen Abbitte durch ihren Gesandten, bequemen 1670 bis 1740.
mußte, um Frieden zu erhalten und Kalkutta (1669) zu bauen. Nach 10 Jahren erlaubte endlich das Parlament den Handel nach Ostindien jedem Engländer, denn schon lange waren vielfache Klagen über die Monopole, die Bestechlichkeiten und Uebervortheilungen der Gesellschaft laut geworden. Auch war die Schiffahrt damals gefährlich, denn bis 1620 kamen von 79 Ostindienfahrern nur 43 zurück, so daß die Gesellschaft viele Unkosten hatte neben den verlustreichen Kriegen in Indien.

Auch an der Guineaküste in Afrika faßte eine Gesellschaft, die Senegalcompagnie, Fuß, um den Handel mit Goldstaub und Negern zu betreiben. Mehrere Forts wurden dort gebaut und trotz steter Anfeindungen der Portugiesen und Holländer behauptet, bis der Friede von Breda 1667 den Streitigkeiten ein Ende machte und die Engländer in dem Besitz bestätigte.

Mit dem Regierungsantritte Wilhelm's III. (1688) beginnt die Glanzperiode Englands. Die neue Verfassung beendete die inneren Unruhen und stellte das richtige Gleichgewicht zwischen Krone, Parlament und Volk wieder her. Von der Sorge um die Erhaltung des Friedens im Inneren befreit, konnten sich jetzt Regierung und Parlament mit ungetheilter Aufmerksamkeit dem materiellen Wohlergehen des Landes widmen, und eine Reihe von handelspolitischen Maßregeln, alle von einem Gedanken ausgehend, alle nach einem Ziele strebend, verkündigten, daß Elisabeth's Geist wieder auferstanden war, und der Seesieg bei la Hogue über Frankreichs Flotte entschied Englands Uebergewicht zur See.

Die erste Regierungshandlung Wilhelm's III. war die Erneuerung der Einfuhrverbote auf französische Fabrikate, welche von Jakob II. aufgehoben
worden waren. Daran schlossen sich Verbote aller derjenigen ausländischen 1700.
Fabrikate, welche auch in England verfertigt wurden, mindestens legte man so hohe Zölle auf, daß sie einem Verbote gleichkamen. Man beschränkte sich nicht darauf. Auch der Gebrauch der indischen Seidenzeuge wurde verboten (1700), später (1721) traf die indischen Baumwollenwaaren dasselbe Verbot. Gleichzeitig erfolgte die Aufhebung der früheren Einfuhrverbote auf ausländische Rohstoffe, während die Ausfuhr solcher Rohprodukte, die man in den englischen Fabriken verarbeitete, z. B. rohe Häute, Wolle, ungefärbte Tuche, Walkerde, Pfeifenthon u. dgl., untersagt wurde. Um der einheimischen Industrie noch kräftiger beizustehen, ermunterte die Regierung die Ausfuhr einzelner Fabrikate durch Prämien, namentlich solcher, welche von ausländischen Rohstoffen verfertigt wurden, die einem Eingangszoll unterlagen, z. B. des raffinirten Zuckers und der Seidenwaaren. Diese Prämien waren also eigentlich Rückzölle. Der innige Zusammenhang aller dieser Verfügungen springt in die Augen: sie bildeten in ihrer Gesammtheit das vollendetste Schutzzollsystem, welches bis dahin noch aufgestellt worden war. Dasselbe erstreckte sich sogar auf die Landwirthschaft, indem auch die Ausfuhr von Getreide durch Prämien belohnt wurde, wogegen man die Einfuhr des fremden Getreides verbot, wenn dessen Preis ein gewisses Maß nicht überschritten hatte. Im Jahre 1739 beschäftigte die Wollenfabrikation $1^1/_2$ Millionen Menschen und verbrauchte für 2 Millionen Lst. Wolle, um daraus für mehr als 3 Millionen Lst. Tuch zu machen. Irland und Schottland lieferten Hanf, Flachs und Leinwand, Dublin erhielt eine
Linnenhalle. Als Ausfluß desselben Systems ist der schon früher erwähnte, 1700.

von Methuen im Jahre 1703 mit Portugal geschlossene Vertrag zu betrachten, welcher den portugiesischen Weinen eine Zollermäßigung von 33¹/₃ %, den französischen Weinen gegenüber, gewährte, wogegen Portugal sich verpflichtete, die Einfuhr britischer Fabrikate in keiner Weise zu erschweren.

1660 bis 1700. Auch die Kolonien wurden diesen Beschränkungen unterworfen. An dem Verkehre mit anderen Nationen waren sie schon durch die Navigationsakte verhindert. Die britischen Fabrikanten hatten hier also keine Mitbewerber zu fürchten. Um aber in den Kolonien selbst keine Konkurrenz entstehen zu lassen, suchte man das Aufkommen von Fabriken daselbst auf alle Weise zu verhindern. Die Nordamerikaner mußten nach England ihre Rohprodukte verkaufen, auch wenn man sie dort nicht brauchte, durften keine Großgewerbe treiben, sondern sollten Fabrikate und Manufakturen aus England beziehen, auch wenn dieselben erst vom Auslande nach England gebracht wurden. Nur nach den westindischen Inseln durften sie einigen Handel treiben. Biber- und Hasenfelle, Pelze, Tabak, Reis, Baumwolle u. s. w. gingen nach England, da aber Amerika bedeutende Fischerei trieb, so warf es sich auf Schmuggelhandel, um seine Schiffe zu beschäftigen und Südamerika mit Fischen zu versorgen. Als Entschädigung versperrte man das Mutterland den Erzeugnissen fremder Kolonien. Auch wurden für mehrere Rohprodukte der amerikanischen Kolonien namhafte Prämien bei der Einfuhr bewilligt. Dies betraf besonders Schiffbaumaterialien, Mastbäume, Segelstangen, Hanf, Flachs, Theer u. s. w., also solche Artikel, welche bisher ausschließlich von Schweden, Norwegen und Rußland bezogen worden waren.

Unter so günstigen Verhältnissen erholte sich das Gewerbe- und Fabrikwesen Englands bald wieder, und eine erhöhte Thätigkeit belebte alle Zweige desselben. Kurz vorher hatte das Land eine große Anzahl französischer Arbeiter, welche infolge der Aufhebung des Religionsedikts von Nantes (1685) Frankreich verlassen hatten, gastfreundlich aufgenommen. Diese verpflanzten die verbesserten Methoden, welche Frankreichs Seiden-, Wolle-, Leinen-, Papier-, Glas-, Hut- und andere Fabriken ausgezeichnet hatten, in die neue Heimat, und nun gediehen diese Industriezweige in England ebenso wie jenseit des Kanals. Nur die Seidenweberei in Spitalsfield erhielt sich mühsam durch Schutzzölle, doch schmuggelte man für ¹/₂ Million Lst. französische Seidenwaare ein, und diese Industrie sank trotz des Schutzes der Regierung. In demselben Maße erweiterte sich der Betrieb der Metall-, Seiden-, Segeltuch- und Baumwollenfabriken. Namentlich zeichneten sich Sheffield und Birmingham durch feine Stahl-, Kupfer- und Messingarbeiten aus. Die Waffen von Birmingham und die Quincailleriewaaren derselben Stadt erlangten schnell großen Ruf. Wesentlich wurden die Fabrikationszweige durch die vermehrte Kupfergewinnung in Cornwall und die zunehmende Ausbeutung von Steinkohlen in Northumberland gefördert. (Die Eisenhochöfen bedienten sich zu jener Zeit noch der Holzkohlen.) Nicht unwichtig für den Ausfuhrhandel war ferner die Steinsalzförderung in der Grafschaft Chester, wie die Ausfuhr von Blei und Zinn. Auch die Zuckerraffinerien fingen an, ihre Erzeugnisse nach Deutschland und dem Nordosten zu versenden. Die Wedgewoodgeschirre fanden überall Absatz, der Steinkohlenverbrauch stieg und die Baumwollenfabriken kamen in Flor, seit der Zimmermann Hargraves das spinnende Hannchen und Arkwright die Spinnmaschine erfunden hatten. Stahl, Papier und Castorhüte wurden Artikel des Welthandels. Die Zölle stiegen daher von 1590—1763 von 50,000 Pfd. St. auf 2 Millionen, die Einfuhr bis 1792 von $5^1/_2$ Millionen Pfd. St. auf $17^1/_7$ Millionen, die Ausfuhr von $6^1/_2$ Millionen auf $18^1/_2$ Millionen. 1700 bis 1750.

Denn Schiffahrt und Handel empfanden bald den belebenden Einfluß einer blühenden Industrie. Die Zufuhr von Rohmaterialien, welche das Land selbst nicht erzeugte und welche doch in einer größeren Menge verbraucht wurden, als Schiffbauholz, Pech, Theer, Hanf und Flachs aus den Ostseeländern und den nordamerikanischen Kolonien, von feinem Eisen aus Schweden und Rußland, von Rohprodukten aus Ostindien und der Levante u. s. w., beschäftigte Hunderte von Schiffen. Die Erzeugung von Flachs namentlich hielt nicht entfernt Schritt mit dem Aufschwunge der Leinenweberei in Schottland und Irland, weshalb von Jahr zu Jahr größere Quantitäten desselben von Rußland bezogen werden mußten. Auch Leinsamen bildete von jetzt an einen stehenden Einfuhrartikel. In der Herstellung von Leinen- und Baumwollengarn stand England zur Zeit noch gegen Deutschland und Ostindien zurück, wo die Tagelöhne niedriger waren, weshalb sich die Fabrikanten genöthigt sahen, diese Halbfabrikate von daher kommen zu lassen. Bezahlt wurden diese Waaren theils durch britische Fabrikate, welche in Deutschland, dem Nordosten Europa's, in Portugal, Spanien und der Levante in demselben Maße mehr Eingang fanden, in welchem die holländische und französische Industrie gegen die englische zurückblieb, theils durch die Erzeugnisse der überseeischen Kolonien Englands. Unter diesen traten jetzt die sogenannten Kolonialwaaren, Thee, Zucker, Tabak und Reis hervor. Thee wurde fast ausschließlich nur für den eigenen Bedarf aus China bezogen, da die Völker des Kontinents den Kaffee vorzogen. 1730 soll die Einfuhr schon 7 Millionen Pfund betragen haben. Dagegen führte England nach Deutschland und den Ostseeländern, besonders zu Anfang des 18. Jahrhunderts, viel Zucker aus, dessen Anbau auf Jamaika eifrig betrieben wurde. Später verdrängte Frankreich, dessen westindische Besitzungen Martinique und Guadeloupe fast noch einmal so viel Zucker produzirten wie Jamaika, die Engländer aus dem Zuckerhandel. Dafür versorgten diese den größten Theil des Kontinents mit Tabak und Reis, deren Verbrauch immermehr zunahm. In der Mitte des 18. Jahrhunderts bezog England aus seinen nordamerikanischen Kolonien etwa 40 Millionen Pfund Tabak, wovon 33 Millionen Pfund wieder ausgeführt wurden. Von dem eingeführten Reis ging die Hälfte wieder ins Ausland. Um diesen sehr einträglichen und die Schiffahrt hebenden Zwischenhandel zu befördern, vergütete die Regierung bei der Ausfuhr mancher Kolonialprodukte, namentlich Tabak und Zucker, aus englischen Häfen den bei der Einfuhr gezahlten Zoll. Dasselbe war der Fall bei fremden Waaren, die nach den Kolonien ausgeführt wurden, z. B. Wein; die indischen Baumwollenwaaren, deren Gebrauch im Inlande verboten war, durften nichtsdestoweniger eingeführt werden, sobald sie für das Ausland bestimmt waren.

Der Aufschwung der Kolonien kam somit der Schiffahrt des Mutterlands zu Gute, welche auch den nicht unbedeutenden Verkehr zwischen Nordamerika und Westindien vermittelte. Westindien bedurfte regelmäßiger Zufuhren von Nahrungsmitteln, wie Fische, Fleisch und Mehl, und bezog diese von den nordamerikanischen Kolonien. Auch Portugal und Spanien versorgten sich von dorther mit Getreide, Mehl und Reis, und zwar direkt, da den Kolonien ausnahmsweise der Verkehr mit einigen Ländern des südlichen Europa verstattet war, von deren Konkurrenz die englischen Fabrikanten nichts zu fürchten hatten. Eine

Aufstellung aus dem Jahre 1769 zeigt uns, wie bedeutend der Verkehr mit den nordamerikanischen Kolonien, namentlich den Tabak und Reis produzirenden, geworden war. Der Handel mit Maryland und Virginien beschäftigte 330 englische Schiffe, mit Südcarolina 140, mit Nordcarolina 34, mit Pennsylvanien 35, mit New-York 30, mit Neu-England 49.

1750 bis 1770. Die glücklichen Kriege, welche England in dieser Periode mit Spanien und Frankreich führte, zuerst der Spanische Erbfolgekrieg, dann der 9jährige Krieg von 1739 bis 1748, endlich der 7jährige Krieg, welchen England als Alliirter Friedrich's des Großen zur See auskämpfte, brachten ihm neuen Zuwachs an überseeischen Besitzungen. Canada, Neufundland, einige westindische Inseln und die Niederlassungen am Senegal wurden den Franzosen, Florida und das wichtige Gibraltar an der spanischen Küste den Spaniern entrissen. Die Kaper erbeuteten ganze Silberflotten. In einem einzigen Jahre (1757) betrug der Werth der Prisen 1 Million Pfund Sterling. Unterdessen hatte auch die Ostindische Gesellschaft in Indien festen Fuß gefaßt unter wechselvollen Kriegen mit Frankreich und indischen Fürsten. Denn seit die Großmoguls von Delhi in orientalische Schlaffheit verfielen, schlossen sich die Nabobs (Statthalter) an die Fremden an, um mit deren Hülfe sich unabhängig zu machen. Die Engländer waren dazu bereit, denn sie gewannen dabei so viel Einfluß über die kleinen Fürsten, daß diese bald zu Erbstatthaltern der Gesellschaft herabsanken. Diese besaß bereits 1765 ganz Bengalen, setzte sich auch in Kanton fest, erhielt aber in dem aufblühenden arabischen Maskat einen gefährlichen Nebenbuhler für Bender Abassi.

Diese Siege erhöhten nicht blos die politische Machtstellung Englands, welches jetzt unbestritten die Seeherrschaft besaß, auch sein Handel dehnte sich entsprechend aus. Da England an den Kriegen durch Subsidien, die es oft in Fabrikaten zahlte, und Flotten Theil nahm, so sicherte es sich selbst gegen Einfälle und bemächtigte sich des Alleinhandels zur See. Alle Kriege wurden also Handelskriege und in die Friedensschlüsse nahm man stets Handelsverträge auf. Von seinen westindischen Besitzungen aus entwickelte sich ein lebhafter Schleichhandel nach dem spanischen Amerika; das Nämliche geschah in Gibraltar mit Spanien. Außerdem erlangte es im Frieden von Utrecht durch den sogenannten Assientovertrag (1748 wieder aufgehoben) das Recht, das spanische Amerika jährlich mit 4800 Negern zu versorgen, was natürlich gleichfalls dazu benutzt wurde, um eine Menge Contrebande mit einzuführen. Vor dem 7jährigen Kriege war von einem Handel mit dem französischen und spanischen Westindien kaum die Rede gewesen. Die zeitweilige Eroberung von Cuba, Guadeloupe und Martinique führte aber zu einem so lebhaften Verkehre, daß man in England die Einfuhr von daher auf 800,000 Lst., die Ausfuhr auf 460,000 Lst. schätzte. Die große Steigerung des britischen Handels im Laufe des 18. Jahrhunderts erhellt am deutlichsten aus der Zunahme des Tonnengehalts der jährlich auslaufenden einheimischen und fremden Schiffe. 1700 betrug der Gesammtgehalt derselben 330,000 Tonnen, wovon 281,000 Tonnen auf englische Schiffe kamen; 1770 finden wir diese Zahl um mehr als das Doppelte gewachsen. Sie betrug 760,000 T., wovon 700,000 T. der inländischen Rhederei angehörten.

Hauptsitz des Handels blieb London, wo alle Handelsgesellschaften ihre Contore hatten, und der ostindische Handel wurde ausschließlich von hier aus betrieben, ebenso der Verkehr mit Afrika und der Levante. Neben ihm hatte früher Bristol einen großen Theil des südeuropäischen Handels im Besitz gehabt und auch Verbindungen mit den nordamerikanischen Kolonien angeknüpft. Doch wurde Bristol darin bald von Liverpool, einem noch zu Anfang dieses Zeitraums ganz unbedeutenden Städtchen mit 138 Einwohnern, überflügelt, welches aber durch Sklavenhandel reich wurde und zu einem der ersten Seeplätze heranwuchs. Mehrere Umstände kamen zusammen, um dieser Stadt zu so raschem Gedeihen zu verhelfen. Zu dem Verkehre mit Nordamerika gesellte sich der Handel mit Irland, dessen Ausfuhren, hauptsächlich aus Schlachtvieh und Leinen bestehend, ihren Weg über Liverpool nahmen. Das Aufblühen der Baumwollenfabrikation in Manchester trug ebenfalls nicht wenig bei, Liverpool zu heben, da dieser Ort sowol den Bezug des Rohstoffs als den Export der Fabrikate vermittelte. Im Inneren wuchsen Fabrikstädte, wie Leeds, Halifax, Birmingham, Sheffield und andere, immermehr empor, und in Schottland nahm Glasgow eine wichtige Stellung ein, welche das in Schottland entwickelte Bankwesen — es gab 14 Banken — sehr unterstützte. 1750 bis 1790.

Der Wohlstand der Bevölkerung hob sich infolge dieser Verhältnisse außerordentlich und verbreitete sich über das ganze Land. Die mittleren und selbst die niederen Klassen fingen an, sich fremder Getränke und Gewürze zu bedienen, wollene, baumwollene und seidene Stoffe zu tragen. Thee, Zucker und Rum hörten auf Luxusartikel zu sein, Weizenbrot und Fleisch bildeten die tägliche Nahrung. Doch gilt dies nur von dem eigentlichen England, denn Schottland, namentlich aber Irland, blieben darin weit zurück.

Als ein untrügliches Zeichen der Zunahme des Nationalreichthums muß das stetige Sinken des Zinsfußes im 18. Jahrhundert angesehen werden. Derselbe stand noch unter Karl II. 6—8%, am Ende dieses Zeitraums war er auf 4% gefallen; mit Ausnahme von Holland, wo der Zinsfuß zwischen 2 und 3% schwankte, konnte sich kein anderes Land so billigen Kapitals rühmen.

Und doch hatten die Kriege, welche England in diesem Zeitraume geführt, ungeheuere Summen verschlungen. Die Staatsschuld betrug 1697 nicht ganz 21 Millionen Lst. Der Utrechter Frieden (1713) fand sie auf 53 Millionen, der Aachener Frieden (1748) auf 78 Millionen und der Pariser Frieden (1763) auf 122 Millionen angewachsen. In demselben Verhältnisse hatten die Abgaben zugenommen. Im Jahre 1709 betrugen sie 5,691,000 Lst.; 1775 mußten über 10 Millionen Lst. aufgebracht werden. Nur der allseitig gestiegene Erwerb befähigte das Land, diese Last zu tragen.

Mit dem immer mehr in Aufnahme kommenden Systeme der Staatsanleihen entstand in England, wie schon früher in Holland, ein neuer Geschäftszweig, der Handel mit Staatspapieren. Besonders seit dem 7jährigen Kriege konzentrirte sich auf der Börse zu London ein ausgedehntes Geld-, Papier- und Spekulationsgeschäft, dessen schlimme Seiten auch hier nur zu bald hervortreten sollten. Der Leser erinnert sich des sogenannten Tulpenhandels in Holland. Aehnliches wiederholte sich, nur in anderer Form, in London. Eine Handelsgesellschaft, die Südseecompagnie, welche ursprünglich ein Privilegium für den Handel längs der Ostseeküste Südamerika's und der ganzen amerikanischen Westküste erlangt hatte, ihr großes Kapital aber dabei nur zum kleinsten Theile nutzbar machen konnte, übernahm von der Regierung unter gewissen Bedingungen

1770 bis 1800. einen Theil der Staatsschulden. Die auf diese Manipulation gegründeten Hoffnungen und Versprechungen waren so ausschweifend, der Glaube des Publikums an die Rentabilität des Geschäfts dabei stand so fest, daß die Aktien, welche mit 100 Lst. ausgegeben worden waren, bald mit 400 und zuletzt mit 900 Lst. bezahlt wurden. Hierdurch ermuthigt, projektirten die Leiter der Gesellschaft eine Anzahl anderer Aktienunternehmungen — mehr als 80 —, von denen kaum eins auf solider Grundlage beruhte; man nannte sie Bubbles (Seifenblasen). Trotzdem wurden von dem geblendeten Haufen alle Aktien zu immer höheren Kursen genommen. Der Nominalwerth derselben stieg von Tag zu Tage, bis endlich der Wendepunkt eintrat. Das ganze luftige Gebäude stürzte zusammen. Der Werth der Aktien zerrann, und Tausende von Familien sahen sich dem Elend preisgegeben. Die Gesellschaft machte mit 40 Millionen Pfd. St. Bankerutt.

Zum Schlusse müssen wir noch der Gründung der Nationalbank gedenken (1697), welche durch die Ausgabe von Papiergeld dem damals infolge der Kriege entstandenen Mangel an Baarmitteln abhelfen sollte.

Frankreich.

1580 bis 1620. Wir wiesen schon im vorigen Abschnitte darauf hin, daß die Entdeckung des Seewegs nach Ostindien sehr verschiedenartig auf die Handelsverhältnisse der einzelnen Theile Frankreichs wirkte. Während die Mittelmeerprovinzen mit Marseille sich von der Theilnahme an dem großen Weltverkehre ausgeschlossen sahen, genossen die westfranzösischen Provinzen die Früchte der Umwandlung, welche den Nachbarhafen Antwerpen zum Weltmarkt erhoben hatte. Ueberhaupt aber war Frankreich in kommerzieller Beziehung weit zurückgeblieben, denn hier entwickelte sich sehr spät ein freier Bürgerstand, der Bauer blieb Leibeigner, der Adel liebte Krieg und Abenteuer. Außerdem ließen die Kriege der Vasallen gegen die Könige, zwischen Engländern und Franzosen, Religionskriege wegen der Hugenotten und gegen deutsche und italienische Fürsten wegen Italiens Frankreich nicht zur Ruhe kommen. Pflegten einzelne Fürsten die Künste des Friedens, so zerstörten die Nachfolger das Gegründete wieder. Nur einige wenige Produkte (Wein) und Manufakturen Frankreichs kamen auf den Weltmarkt, indem sie von Ausländern auf den Messen zu Troyes, Rheims, Beaucaire, Lyon u. s. w. aufgekauft und nach Antwerpen geführt wurden. Sinn für edlere Bestrebungen, Geschmack für Kunst und Kunstgewerbe lernten die Franzosen den Italienern ab, namentlich als der Papst zu Avignon residirte. Zunächst beschränkte sich damals die Ausfuhr auf Boden- und Gewerbserzeugnisse: Wein, Früchte, Waid, Seesalz, auch Leinen aus der Normandie und aus der Bretagne rc., denn auch der Nordosten Europa's versorgte sich dort damit, so weit nicht die Hansastädte diesen Verkehr vermittelten, welche aus den französischen Häfen mit ihren eigenen Schiffen Wein und Salz holten, wogegen die Weinausfuhr nach England meist normännische Schiffe betrieben.

Die Franzosen bezogen ihrerseits wenig vom Auslande. Weder ihre Schiffahrt noch ihre Industrie waren bedeutend genug, um ansehnliche Quantitäten von Schiffbaumaterialien und anderen Rohstoffen zu verbrauchen, und so floß ihnen von Antwerpen hauptsächlich Edelmetall zu. Auch Spanien gab jährlich einen Theil des Ueberflusses an Gold und Silber an Frankreich ab, welches ihm dafür bedeutende Quantitäten Getreide zuführte. Nur die Bilanz mit Italien, welches hauptsächlich kostbare Luxusgegenstände, seidene und goldgestickte Zeuge ꝛc., einführte, mußte mit Edelmetall ausgeglichen werden. Infolge dessen vermehrte sich die Menge der Cirkulationsmittel bedeutend, und die Preise der Waaren stiegen in ähnlichem Verhältnisse wie in Spanien. 1500 bis 1640.

Unter Franz I. wurden Schritte gethan, um die Seidenweberei in Frankreich einheimisch zu machen. 1521 wanderten die ersten Seidenweber aus Italien ein, und bald hatte die Seidenmanufaktur in Lyon und anderen Städten des südlichen Frankreichs Wurzel gefaßt. Das Rohprodukt mußte zum größten Theile noch aus Italien und der Levante bezogen werden. Auch in manchen anderen Beziehungen war die Regierung Franz' I. der materiellen Entwicklung des Landes günstig, so große Opfer die unter ihm geführten Kriege dem Lande auch auferlegten. Ein Theil der aus Spanien 1492 vertriebenen Juden ließ sich in Frankreich nieder und die früheren Verbindungen derselben mit den Barbareskenstaaten wurden auch in ihrer neuen Heimat fortgesetzt. Auf Entdeckungsreisen ausgesandte Schiffe fanden Neuschottland, Neufundland, Canada und bahnten wenigstens den Weg zu der späteren Besitznahme dieser Gegenden, aber wie überall, so zeigten auch hier die Franzosen kein Talent zur Kolonisation. Mit Brasilien wurden Handelsverbindungen angeknüpft und ein einträglicher Zwischenhandel mit Farbhölzern, welche dort eingehandelt und nach den Niederlanden weiter verführt wurden, ins Leben gerufen.

Leider wurde Frankreich in der letzten Hälfte des 16. Jahrhunderts durch religiöse Unruhen und Bürgerkriege so verheert, daß die Bevölkerung eher ab- als zunahm und die Landwirthschaft auf die niedrigste Stufe zurücksank.

Mit dem Regierungsantritte Heinrich's IV., welcher den trefflichen Sully zum Minister ernannte, wandte es sich zum Bessern. Sully erkannte, daß Frankreich nur erstarken könne, wenn man Landwirthschaft, Bauern- und Bürgerthum unterstützte. Er folgte also dem Ackerbausystem, ordnete die Finanzen, regelte das wirre Steuerwesen, trug Schulden ab, hob Binnenzölle auf, ermahnte den Adel zum Landbau, legte Straßen und Kanäle an, begünstigte die Getreideausfuhr und verwendete große Sorgfalt auf die Ausdehnung der Seidenzucht, durch Anlegung von Maulbeerbaumpflanzungen u. dergl., denn sein Grundsatz lautete: Ackerbau und Viehzucht sind die Brüste des Staates.

Doch war die Besserung nur von kurzer Dauer. Die folgenden Regierungen erschwerten die Fortschritte des Ackerbaus und der Industrie wie des Handels durch unsinnige Bedrückungen, durch das Wiederaufrichten der Zollschranken zwischen den einzeln Provinzen, durch hohe Abgaben und eine erbärmliche Finanzverwaltung. Richelieu und Mazarin arbeiteten auf Unterdrückung des Adels, Knechtung der Bürger und unumschränkte königliche Gewalt hin. Bürger- und äußere Kriege, Rechtsverletzungen, willkürliche Steuern und Beamtenallmacht brachten Frankreich herab. Es war die Zeit, wo alle Einnahmequellen des Staates den Meistbietenden verpachtet wurden, welche dann ein eben so methodisches Aussaugungssystem einrichtete, wie früher die römischen Proconsuln. Machten die Hauptindustriezweige auch nicht gerade Rückschritte, so belebte sich der Verkehr Frankreichs mit dem Auslande doch lange nicht in dem Maße, in welchem sich die Handelsthätigkeit der übrigen Völker ausdehnte.

1600 bis 1640. Hauptmärkte für die französischen Manufakturwaaren blieben in der ersten Hälfte des 17. Jahrhunderts noch immer England und die Niederlande; nur war jetzt Amsterdam an die Stelle Antwerpens getreten. Der Verkehr mit Holland selbst, mit den Ostseeländern und der Levante wurde meist durch holländische Schiffe betrieben, ebenso der Handel mit dem französischen Westindien, d. h. den von französischen Freibeutern und Schleichhändlern bewohnten Inseln, da die Franzosen nicht Schiffe genug besaßen, um ihre überseeischen Besitzungen mit Fabrikaten und Lebensmitteln versehen zu können. Holland besaß 16,000 Fahrzeuge, Frankreich nur 600. Aus der Fahrt nach England waren die Franzosen allmählig von den Engländern verdrängt worden, denen schon 1485 die Einfuhr französischer Weine vorbehalten worden war. Den Handel zwischen Deutschland und Frankreich vermittelten hanseatische Schiffe.

1640. Eine Wendung zum Besseren trat erst mit Colbert ein, als dieser, der früher Kaufmann und dann Beamter unter Mazarin war, von dem sterbenden Minister dem Könige empfohlen wurde als der einzige Mann, der in Frankreich Wohlstand zu schaffen vermöge. Wirklich war Colbert einer jener seltenen Geister, welche nicht blos Scharfblick genug besitzen, um den Sitz der Uebel, an welchen ein Staat krankt, aufzufinden, sondern welche auch die rechten Mittel zu ergreifen wissen, um Besserung herbeizuführen. Er brachte zuerst Ordnung in den Staatshaushalt, regelte das Steuerwesen, machte den Mißbräuchen der Finanzpächterei ein Ende, indem er die Steuerpachtungen öffentlich versteigerte und Zolltarife festsetzte, sie aber nur in der Hälfte der Provinzen einführen durfte, und stellte das Gleichgewicht zwischen Einnahme und Ausgabe her. Dann wandte er seine Aufmerksamkeit den Hülfsquellen des Landes zu, entfesselte diese und unterstützte und förderte alle Zweige der bürgerlichen Thätigkeit. Als Anhänger des Merkantilsystems arbeitete er dahin, daß Frankreich viel und theuer verkaufe, wenig und billig einkaufe. Daher legte er hohe Schutzzölle auf englische und holländische Fabrikate, um die einheimische Manufaktur zu schützen, schrieb aber auch willkürlich Getreidepreise vor, um niedrige Arbeitslöhne möglich zu machen, und ruinirte die Landwirthschaft. Denn die Bauern bauten fortan wenig an, da sie nicht ausführen durften und nicht wußten, wie Colbert die Preise stellen werde. Auf den Wunsch des Königs unterstützte er mit Geld die Gründung von Fabriken für Gobelins, Krystallspiegel und anderen Luxus, beschränkte die Zahl der Feiertage, die in Spanien und Portugal nahe an 150 betrugen, regelte das Konsularwesen in der Levante und errichtete als Beirath für sich Handelskammern. Dem Ackerbau kam er durch Verminderung einiger besonders drückenden Abgaben zu Hülfe. Sein Hauptaugenmerk aber war auf die Hebung der Industrie, des Handels und der Schiffahrt, auf Herstellung von Straßen und Kanälen gerichtet, und die energischen Maßregeln, welche er zu deren Gunsten traf, verfehlten ihren Zweck nicht.

Durch Vortheile und Belohnungen aller Art zog er fremde Manufakturarbeiter ins Land und bewilligte freigebig Prämien und Vorschüsse. Für die Unterstützung der Wollenmanufaktur in Languedoc wurde jährlich 1 Million Livres ausgesetzt. Eine große Anzahl holländischer Fabrikanten ließ sich infolge dessen mit ihren Arbeitern in Frankreich nieder und verpflanzte die Verfertigung der feinen Tuche dahin. Nach Abbeville in der Picardie kamen z. B. nicht weniger als 500 holländische Wollenarbeiter. Die Hemmnisse, welche dem inneren Verkehre im Wege standen, wurden beseitigt und zur Erleichterung desselben großartige Werke ausgeführt. Das bedeutendste derselben ist wol der große Kanal von Languedoc, welcher den Atlantischen Ozean mit dem Mittelmeer verbindet und 17 Millionen Francs kostete. Die eigene Schiffahrt wurde unmittelbar durch Beförderung des Schiffbaues, mittelbar durch Ausschließung fremder Schiffe von dem Verkehr mit den französischen Antillen (Guadeloupe, Martinique und Domingo waren seit 1660 durch einen Vertrag mit England anerkannte französische Besitzungen), endlich durch Belastung der fremden Schiffe in französischen Häfen gehoben, die Kriegsmarine von 30 auf 170 Schiffe gebracht. Auch der Zwischenhandel wurde durch Errichtung von Entrepots zu beleben gesucht. Wenn auch manche dieser Maßregeln die selbständige Thätigkeit der Einzelnen zu sehr beschränkten und deshalb nicht die gehoffte Wirkung hatten — namentlich die willkürliche Regelung und Leitung der Zünfte durch unwissende Beamte und die Festsetzung der Getreidepreise durch Beamte, die Monopolisirung der Westindischen Compagnie, nachher einzelner Häfen für den Handel mit den Antillen — wenn es besonders nicht gelang, die Holländer von dem auswärtigen Handel Frankreichs auszuschließen, da eine ausgebildete Handelsmarine nicht das Werk von Jahren, sondern von Jahrhunderten ist, so trugen die Bestrebungen Colbert's im Ganzen doch reichliche Früchte und erhoben Frankreich wieder zu dem Range unter den handeltreibenden Nationen, welchen es seiner Größe und seinen Hülfsquellen zufolge einnehmen mußte. 1650 bis 1690.

Die Ausfuhr französischer Manufakturwaaren nach den europäischen Ländern, namentlich aber nach den westindischen Kolonien, stieg von Jahr zu Jahr. Schon oben sahen wir, daß jährlich für mehrere Millionen Lst. Seiden- und Leinenzeuge, Glas, Hüte, Papier und Eisenwaaren nach England ausgeführt wurden und die englischen Fabrikanten ihre Regierung um Erlassung von Eingangsverboten bestürmten. Ueber die Werthsumme der von Holland in dieser Zeit bezogenen Waaren liegen keine Zusammenstellungen vor. Wir wissen nur, daß man 1658 die Ausfuhr mittels holländischer Schiffe auf mehr als 43 Millionen Livres schätzte, woron natürlich der größte Theil auf den Zwischenhandel zu schlagen ist. Das von Ludwig XIV. zu Gunsten der französischen Schiffahrt eingeführte Tonnengeld verminderte den Betrag der Ausfuhr der Holländer bedeutend.

Colbert's Nachfolger zerstörten zum großen Schaden des Landes das Meiste von dem, was er geschaffen. Sie hoben die von ihm zu Gunsten des Zwischen- und Durchfuhrhandels getroffenen Einrichtungen auf und suchten das Heil Frankreichs nicht in der Kräftigung und Stärkung nach Innen, sondern in der räumlichen Ausdehnung der französischen Herrschaft. Ludwig XIV. griff mit der einen Hand nach dem Elsaß, der Grafschaft Burgund und den spanischen Niederlanden, mit der anderen stieß er Hunderttausende fleißiger Menschen, den Kern der industriellen Bevölkerung Frankreichs, durch die Aufhebung des Edikts von Nantes aus dem Lande (1685). Wenn in den letzten Jahrzehnten des 17. Jahrhunderts die Ausfuhr Frankreichs dennoch stieg, so ist dies nur der Erwerbung der neuen Provinzen, des Elsaß und eines Theils von Flandern, zuzuschreiben, in denen die Leinenindustrie in höchster Blüte stand. In Cambray z. B. wurden schon im Jahre 1588 an 60,000 Stück Leinwand im Werthe von 2²/₅ Millionen Gulden verfertigt. Lille, Valenciennes

1690 bis 1720. und mehrere andere Städte zeichneten sich durch die Feinheit ihrer Spitzenfabrikate aus, welche nun für französische Erzeugnisse galten.

Am meisten blieb der Ackerbau vernachlässigt. Die Zersplitterung des Bodens, die Armuth der Bauern, welche selten Eigenthümer des Guts, sondern nur Pächter waren, drückende Abgaben an den Staat, die Abneigung der Grundbesitzer, den Zustand ihrer Güter durch Verbesserungen zu heben, hatten schon zu Colbert's Zeiten die Theile des Landes, welche nicht der Weinkultur gewidmet waren, weit gegen die Nachbarländer zurückstehen lassen. Die unaufhörlichen Kriege Ludwig's XIV. verschlimmerten diese Zustände, indem besonders der Landwirthschaft die Arbeitskräfte entzogen und trotzdem immer höhere Abgaben auferlegt wurden. So lange Ludwig XIV. siegreich kämpfte, deckte der äußere Glanz das innere Elend zu. Als aber der 12 Jahre dauernde Spanische Successionskrieg (von 1701—1713) eine Niederlage nach der anderen brachte und dem Lande immer größere Lasten aufgewälzt werden mußten, um die ungeheueren Kosten der Kriegsführung zu decken, als zu der ohnehin aufs Höchste gestiegenen Noth des Volks Mißernten kamen und eine allgemeine Hungersnoth eintrat, weil das verarmte Volk das vom Auslande bezogene Korn nicht bezahlen konnte, da trat die gänzliche Erschöpfung Frankreichs offen hervor. „Die Lebensmittel," sagt Forbonnais, „waren theuer, weil es gewagt war, sie auf Kredit zu verkaufen. Das baare Geld fehlte, die Wohnungen auf dem Lande wurden ohne die allernöthigsten Ausbesserungen gelassen, die Felder blieben unbebaut, weil der Landmann weder Vieh, noch Dünger, noch Instrumente hatte." Unfähig, den Fortschritten Englands zu folgen, mußte es dem Inselreiche die erste Stelle in Industrie, Schiffahrt und Handel überlassen und gleichzeitig auf die politische Machtstellung, welche Ludwig XIV. erstrebt hatte, verzichten.

1714. Nach dem Spanischen Successionskriege erfreute sich Frankreich eines längeren Friedens, und unter besseren Regierungen, als die des Regenten Herzogs von Orleans und Ludwig's XV. waren, würden die Wunden, welche ihm jener geschlagen, schneller vernarbt sein. So dauerte die finanzielle Zerrüttung, das Erbtheil des „großen Königs", fort. Bei seinem Tode beliefen sich die jährlichen Ausgaben auf ca. 219 Millionen Livres, während das Einkommen nur 75 Millionen verfügbar ließ. Von 1708 bis 1714 war zu einer schwebenden Schuld von 686 Millionen ein Defizit von 1000 Millionen Livres gekommen. Papiergeld, Münzverschlechterungen, massenhafte Stellenverkäufe, Veräußerung der Krondomänen hatten das Uebel nur vergrößert, statt vermindert. Reduktion der Staatsschulden, also theilweiser Bankerutt, Brandschatzungen reicher Bürger, Konfiskation des Vermögens der „Geldmänner", Alles blieb ohne Erfolg. Da warf sich der Regent dem Schotten Law in die Arme, und der von diesem durch die Gründung einer Zettelbank (1716) und der Mississippi-Compagnie (1718) ins Leben gerufene Aktienhandel, das Seitenstück des fast gleichzeitig in England spielenden Südsee-Compagnieschwindels, welcher nach einem 4jährigen Rausche mit einem allgemeinen Zusammensturz und dem Ruine Tausender von Familien schloß, vollendete die finanzielle Ohnmacht Frankreichs und seine Kreditlosigkeit.

Was den auswärtigen Handel Frankreichs betrifft, so hatten die Ausfuhren durch die Eroberung des Elsaß und Süd-Flanderns eine nicht unbedeutende Zunahme erfahren. Der Werth der Einfuhr wird 1716 bis 1720 auf

92 Millionen, der der Ausfuhr auf 121 Millionen Fr. angegeben. Jene bestand hauptsächlich aus Vieh und Getreide, Rohseide, Wolle, Flachs, Garn, Eisen, Holz, Steinkohlen und Kolonialprodukten; diese aus Manufakturwaaren, Wein, Spirituosen, Putz- und Modewaaren und Kolonialprodukten. Das gegenseitige Verhältniß dieser Ausfuhrartikel ergiebt sich aus folgender summarischen Zusammenstellung aus dem Jahre 1716. Der Werth der ausgeführten Seiden-, Leinen- und Wollenstoffe wurde damals auf ca. 31½ Millionen Fr., von Wein, Branntwein und Essig auf 27 Millionen Fr., von Seifen, Putz- und Modeartikeln auf 6½ Millionen, und von Kaffee, Zucker, Tabak und Gewürzen auf 21 Millionen Fr. angeschlagen. Von letzteren Waaren kamen ungefähr für 15 Millionen Fr. aus den französischen Kolonien in Westindien. Wir ersehen daraus, daß die Produktion derselben schon damals nicht unbedeutend war, und ihre spätere Entwicklung ging so schnell, daß am Ende dieser Periode, also 6 bis 7 Decennien später, die Produkte der französischen Kolonien in Frankreichs Ausfuhr mit 150 Millionen Fr. figuriren, obgleich Frankreich mittlerweile infolge der Kriege mit England (1739 bis 1748 und 1756 bis 1763) mehrere seiner überseeischen Besitzungen verloren hatte. Das Hauptprodukt der Antillen war Zucker. Davon kamen nach Frankreich im letzten Viertel des 18. Jahrhunderts vom Domingo ca. 1½ Million Ctr., von Guadeloupe und Martinique ca. ½ Million Ctr., zusammen also ca. 2 Millionen Ctr. Das englische Westindien allein konnte sich einer gleich starken Ausfuhr rühmen, während sämmtliche übrigen zuckererzeugenden Länder, also das holländische Westindien (ca. 300,000 Ctr.), Cuba (ca. 300,000 Ctr.), Brasilien (ca. 190,000 Ctr.) und Ostindien zusammen nicht 1 Million Ctr. nach Europa sandten. Noch günstiger stellte sich das Verhältniß für die französischen Kolonien bei Kaffee. Davon gelangten in dem erwähnten Zeitabschnitte jährlich zwischen 1 und 1½ Million Ctr. nach Europa, und von diesem Quantum lieferte Domingo nicht weniger als 600,000 Ctr., das ganze französische Westindien ca. 800,000 Ctr., also weit über die Hälfte der Gesammteinfuhr. 1700 bis 1760.

Im Ganzen hatten jedoch Frankreichs Bemühungen, Kolonien zu erwerben, wenig Erfolg, denn es schlichen sich sofort Erpressungen, Bestechungen und Betrügereien ein, die verschiedenen Handelsgesellschaften besaßen kein Geschick und keine Kenntniß von den Bedürfnissen und Gewohnheiten ferner Länder und machten allesammt Bankerutt. Privatpersonen entdeckten 1604 Canada, Cartier befuhr den Lorenzo und später wurden Kolonien angelegt, Quebec und Montreal gegründet (1608), unter Colbert Neufundland benutzt, Verbrecher nach Kap Breton gesandt. Dreimal verlor Frankreich Canada, erhielt es stets wieder zurück, um es endlich an England für immer zu verlieren. Dasselbe Schicksal hatte Luisiana, wo Coligny durch Ribaud eine Kolonie gründete. Spanier überfielen sie und hängten die Franzosen als Ketzer auf, Gourgue übte Rache und verfuhr gerade so mit den Spaniern. Die Franzosen gründeten Neu-Orleans, wußten aber aus dem produktenreichen Lande nichts zu machen und traten es 1764 an Spanien ab. Cayenne, von Abenteurern besetzt, bestand kümmerlich, Ludwig sandte 12,000 Menschen hin, die ihm 25 Millionen Fr. kosteten, aber sie starben binnen 3 Jahren. Andere Franzosen setzten sich am Senegal fest (1664) und trieben Sklavenhandel, mußten aber die Gambiagegend an England überlassen. In Madagaskar gründete

1760 bis 1780. man gewaltsam Kolonien, aber die Eingeborenen erschlugen oder vertrieben die Fremdlinge. Ludwig wollte auch in Indien Besitzungen haben, aber seine Bekehrungen in Siam beantwortete man mit Mord und Vertreibung, Versuche in Ceylon und Surate mißlangen, besser glückten sie in Tranquebar, und Bourbonnais und Dupleix waren nahe daran, Indien zu gewinnen. Da entzweiten sie sich, Bourbonnais starb im Kerker, der mit Undank belohnte Dupleix vor Gram, und Frankreich rettete nur Tranquebar und 3 Faktoreien mit je 16 Mann Besatzung. Dagegen entwickelten sich Bourbon und Isle de France durch Anbau von Kolonialpflanzen und noch mehr die kleinen Antillen mit Hülfe der Flibustiers. Großartig wurde der Anbau von Zuckerrohr, Kaffee, Kakao u. s. w. auf Guadeloupe, Martinique und Domingo, der Umsatz stieg von 27½ Millionen Fr. auf 260 Millionen. Im Ganzen stieg unter Ludwig XIV. die Einfuhr von 71 Millionen Fr. auf 370 Millionen, die Ausfuhr von 105 Millionen auf 425 Millionen, aber die Staatsschulden auf 4000 Millionen, und als der König 2 Millionen Fr. borgte, mußte er sie als 32 Millionen verzinsen, also 400% zahlen.

Holland, Deutschland, der Nordosten Europa's, wie die Levante, wurden damals fast ausschließlich von Frankreich mit den genannten Kolonialwaaren versorgt. Eben dahin fanden seine eigenen Landesprodukte, Wein und Branntwein, wie seidene, leinene und wollene Stoffe, immer größeren Absatz, letztere namentlich nach der Levante, da es gelungen war, den Engländern eine besondere Art dort beliebter Tücher nachzumachen. Mit England bestand wenig Verkehr, indem beide Länder gegenseitig die Einfuhr ihrer Erzeugnisse verboten oder doch mit hohen Zöllen belegt hatten. Die Ausfuhr beschränkte sich französischerseits auf Wein und Spirituosen. Doch wurden regelmäßig Seidenwaaren nach England geschmuggelt, wie man umgekehrt englische Wolle und Wollenwaaren heimlich einführte. Der Handel mit Rußland blieb unbedeutend, weil man das Land zu wenig kannte; man tauschte russische Produkte gegen französische im Amsterdam aus. Desto lebhafter gestaltete sich der Verkehr in der letzten Hälfte des 18. Jahrhunderts mit den Antillen. Die französischen Weine, Manufakturwaaren, Putz- und Modesachen wurden von den wohlhabend gewordenen Pflanzern in steigender Menge verbraucht. Auch der Handel mit Afrika hob sich infolge davon, daß die zum Bau der westindischen Plantagen verwandten Neger dort geholt werden mußten. In Ostindien besaß Frankreich seit dem Ende des 17. Jahrhunderts Pondichery. Der Handel dorthin blieb aber stets unbedeutend. Trotz dieser bedeutenden Zunahme des Handels im Allgemeinen gebührte den französischen Industrie- und Bodenerzeugnissen doch nur ein verhältnißmäßig geringer Theil daran. Das rasche Aufblühen seiner Kolonien hatte das Wunder bewirkt. Eine einfache Vergleichung des Antheils, welchen die Kolonialprodukte an der Ausfuhr 1716 und 1776 hatten, beweist dies. Von 121 Millionen entfielen 1716 darauf 21 Millionen, für die eigenen französischen Erzeugnisse blieben also 100 Millionen, 60 Jahre später hatte sich zwar die Gesammtausfuhr auf 333 Millionen vergrößert, davon gehörten aber 150 Millionen den Kolonialprodukten an. Die Ausfuhr inländischer Gegenstände war also in diesen 60 Jahren von 100 Millionen nur auf 183 Millionen gestiegen.

Unter der verschwenderischen Regierung Ludwig's XV. trat große Noth ein. Der Hof verpraßte viel Geld und erpreßte Steuern, Anlehen u. s. w., ohne aus den Schulden zu kommen. Der Bauer wurde bettelarm, Bestechung und Stellenkauf sogen den Bürger aus, die Schulden wuchsen, und um sich zu retten, verringerte oder leugnete man sie und bestrafte die Gläubiger als Verbrecher. Da erschien der Schotte Law und gründete mit 6 Millionen Fr. eine Diskontobank. Sie ging gut, und nun wollte Law auch den Staat retten, verwandelte seine Anstalt in eine Zettelbank, wollte alles Edelmetall an sich bringen und durch Noten ersetzen, begann einen großartigen Aktienschwindel, bei welchem die Aktien von 500 Fr. auf 20,000 stiegen, bis sein Unternehmen mit einem Bankerott von 2000 Millionen Fr. endigte.

Rußland.

Wir sind den Russen bis jetzt schon zweimal als einem handeltreibenden
Volke begegnet. In den ersten Jahrhunderten des Mittelalters kamen die 1300
russischen Kaufleute mit den Erzeugnissen ihres Landes, unter denen schon da- bis
mals Pelzwerk und Wachs am häufigsten genannt werden, regelmäßig nach 1500.
Konstantinopel. Nachdem Venetianer und Genueser sich des Handels am Schwarzen Meere bemächtigt hatten, beschränkten sich Jene mehr auf den Binnenverkehr. Durch die Eroberung der Küstenländer des Schwarzen Meers durch Mongolen, Tataren und Türken wurden sie gänzlich von dem Küstenhandel abgeschnitten und seitdem verschwanden sie dort für uns.

Die zweite Region ihrer Handelsthätigkeit sind die Ostseeländer, wo sie mit den Gothländern und später mit den Hanseaten verkehrten.

Der Hauptmittelpunkt dieses Verkehrs, Nowgorod, ward zu Ende des 15. Jahrhunderts von Iwan Wasiliewitsch zerstört und die Einwohner wurden ins Innere versetzt. Von dieser Zeit an ging der Waarenzug durch Livland, bis es den Bemühungen der Hanseaten gelang, in Narva eine neue Niederlassung zu gründen (1532). Hier besaßen sie aber nicht mehr das ausschließliche Vorrecht. Neben ihnen nahmen jetzt Holländer, Engländer und andere Nationen Theil an dem russischen Handel, welcher mit der Ausdehnung der Schiffahrt und des dadurch hervorgerufenen größeren Bedarfs an Schiffbaumaterialien immer größere Bedeutung gewann.

Hierdurch erklärt sich auch, wie es kam, daß die Deutschen immer mehr von den Holländern und Engländern im Ostseehandel verdrängt wurden.

Man muß sich unter dem damaligen Rußland nicht das heutige vorstellen, wenn man seine Geschichte richtig begreifen will. Das alte Rußland war Binnenland, bevölkert von rohen Stämmen, die wenig Bedürfnisse hatten und in Leibeigenschaft eines ungebildeten Adels lebten. Die alten Waräger (Normannen) gingen von Nowgorod nach Kiew und bedrohten Byzanz, worauf
Mongolen 200 Jahre über Rußland herrschten, bis Iwan Wasiliewitsch sein 1550
Land von den Tataren befreite, und Peter I. wie Katharina II. die Grenzen bis
des Reichs bis an die Ostsee und das Schwarze Meer ausdehnten, um Eigen- 1570.
handel zu treiben und mit Europa in Verbindung zu treten. In der Zeit, von welcher wir reden, besaß Rußland als einzigen Hafen nur die Dwinamündung am Weißen Meere, weshalb die Anknüpfung einer direkten Handelsverbindung mit den Häfen des Weißen Meers in der zweiten Hälfte des 16. Jahrhunderts durch Chancellor, der die Dwina entdeckte und nach Moskau zum Besuch eingeladen wurde, die Engländer auf einmal zu der begünstigsten Nation in Rußland erhob, wenngleich die Holländer noch lange mit ihnen wetteiferten. Jene

1500 bis 1700. besuchten auch die Hauptmärkte im Inneren, namentlich Moskau, und kauften dort die uns bekannten russischen Artikel, Häute, Leder, Hanf, Flachs, Tauwerk, Thran, Pech, Theer ꝛc., gegen Tücher, seidene und baumwollene Zeuge, Zucker, Papier, Kupfer, Zinn, Blei ꝛc. ein. Von der quantitativen Zunahme der Aus- und Einfuhren abgesehen, ist übrigens bis zum Beginn des 18. Jahrhunderts nichts Besonderes zu erwähnen. Die Gegenstände des Ausfuhrhandels sind genau dieselben, da Rußlands Kulturzustände auf demselben Punkte stehen geblieben waren. Das Land brachte Nichts hervor als die genannten landwirthschaftlichen Rohprodukte, die Gewerbethätigkeit stand auf der niedrigsten Stufe und von Kunstfleiß war gar keine Rede. Zwei Fürsten, Iwan II. und
1700. Alexei, suchten zwar ihr Reich durch Herbeiziehen deutscher Handwerker und Errichtung von Manufakturen etwas zu heben, sie erzielten aber nur geringe Erfolge. Es war Peter dem Großen vorbehalten, Rußland sowol nach außen zu vergrößern, als seine innere Entwicklung eine Stufe höher zu bringen. Er hatte erkannt, daß ein großes Reich, welchem der Zugang zum Meere verschlossen ist, einem Riesen gleicht, dessen Arme und Beine gefesselt sind. Deshalb setzte er seine ganze Kraft an die Eroberung der schwedischen Ostseeprovinzen und gründete hier in Ingermanland die neue Hauptstadt Petersburg (1703). Die beiden ersten Anlagen waren ein Bollwerk an der Stelle der schwedischen Nyenschanz und ein Kaufhaus. Adel und Geistliche mußten sich hier Paläste bauen, Städter und Bauern in die neue Stadt ziehen, über welche allein Hanf und Flachs durften ausgeführt werden. Wologda mußte einen Theil seiner Waaren über Petersburg senden, die Wolga ward durch einen Kanal mit der Newa verbunden, und das erste holländische Schiff holte Peter selbst als Lootse in die Newa herein. Peter ernannte in anderen Ländern Handelskonsuln, legte Kanäle und Schiffswerften an, förderte die Getreideausfuhr und Schafzucht, machte Branntwein zum Staatsmonopol, holte Bergleute aus Sachsen, Handwerker aus allen Ländern, gestattete handeltreibenden Bauern den Loskauf aus der Leibeigenschaft, suchte gewaltsam durch Schutzzölle eine Industrie zu schaffen, ordnete das Zollwesen, verschrieb Fabrikanten und Künstler aus Deutschland, Holland und England, siedelte die kriegsgefangenen Schweden in Tobolsk an, kurz entfaltete nach allen Seiten hin die rührigste Thätigkeit. Die Ausbeutung der Eisenerzlager in Sibirien und im Ural machte so rasche Fortschritte, daß schon im Jahre 1726 etwa 500,000 Ctr. Eisen ausgeführt werden konnten. Weniger glücklich war Peter der Große in seinem Bemühen, Rußland eine Flotte zu verschaffen, obgleich er gerade dies zu seiner Hauptaufgabe gemacht hatte. Er konnte wol Schiffe bauen lassen, aber die Russen in brauchbare Matrosen zu verwandeln, das vermochte er nicht. Rußlands Seewesen hat sich nie über die Küstenschiffahrt erhoben.

In den Handelsbeziehungen zum Auslande änderte sich in den ersten sieben Dezennien des 17. Jahrhunderts wenig. Die Ausfuhr der russischen Produkte, unter welchen jetzt auch Eisen, Leinsamen und Talg von Bedeutung wurden, ging noch immer durch die Hände der Fremden. Von diesen setzten sich die Engländer immer fester in Rußland. Eine große Anzahl englischer Kaufleute ließ sich in Petersburg und auf anderen Handelsplätzen nieder, und durch Thätigkeit, verbunden mit Solidität und Kapitalreichthum, hatten sie sich bald des besten Theils des Ausfuhr- wie des Einfuhrgeschäfts bemächtigt. Die Holländer mußten sich mit dem zweiten Range begnügen, und nach diesen

kamen erst die Lübecker und einige andere deutsche Städte, welche neben den 1750 bis 1800.
Holländern Theil an der Versorgung der französischen, spanischen und portugiesischen Märkte mit den russischen Produkten nahmen.

Katharina II. setzte Peter's Werk fort. Sie schloß Handelsverträge mit China, wo Pelze beliebte Tauschwaaren wurden, Kjachta zum Handelsplatz sich erhob, mit welchem Engländer (in Kanton) konkurrirten. Sie ordnete den Kaufmannsstand nach Graden, ließ über Orenburg nach Kaschgar und Taschkend, über Astrachan durch Vermittlung der Armenier nach Persien Handel treiben und entriß den Türken das Norduser des Schwarzen Meers, den Tataren die Krimm, wo nun Taganrog, Cherson, Kinburn, Sebastopol Handelsplätze, Odessa 1792 gegründet und die Türkei zur Erlaubniß der Durchfahrt durch die Meerenge gezwungen wurde durch siegreiche Feldzüge. Da aber fremde Seefahrer selten ins Schwarze Meer kamen, so gab sie den Handel dorthin allen Nationen frei, und die Nothjahre 1815 und 16, in denen Südrußland mit Getreide aushalf, machte Europa auf diesen Markt und seine Artikel aufmerksam.

Die Ausfuhr aus **Polen**, welche theils über Danzig und Elbing, theils auch über Riga ging, wurde dagegen fast ausschließlich durch die Holländer und die deutschen Ostseestädte vermittelt. Der Hauptexportartikel, Getreide, ging hauptsächlich nach Holland selbst, da England im vorigen Jahrhundert nur selten fremder Kornzufuhr bedurfte. Außerdem erhielten Spanien und Portugal regelmäßig polnischen Weizen. Sehr bedeutend war auch schon damals die Ausfuhr von Holz, Flachs und Hanf, welche theils nach denselben Bestimmungsorten, theils nach England gingen. Im Ganzen spielt Polen eine sehr untergeordnete Rolle in der Handelsgeschichte, da es keinen Bürgerstand besaß und der verschwenderische, gewaltthätige Adel das Königthum und das Volk mißachtete. Man hatte früher Juden und deutsche Bürger ins Land gerufen, welche Städte gründeten und Handel und Handwerk trieben, aber der unruhige Adel ließ sie nicht zu Kräften kommen. Hauptmärkte waren Breslau, Krakau und Lemberg, den Seehandel behauptete die Republik Danzig, und über die Zips bezog man ungarische Produkte. Polen selbst bot als Ausfuhr nur Rohprodukte des Ackerbaus und der Viehzucht, und die steten Wirren und Rebellionen bei den Königswahlen und auf den Reichstagen schreckten den Kaufmann ab, Polen in den Kreis seiner Spekulationen zu ziehen.

Dänemark, Schweden und Norwegen.

In diesen drei Ländern wiederholte sich im 16. Jahrhundert, was in 1500 bis 1600.
Rußland geschehen war. Holländer und Engländer verdrängten die Hanseaten, welche ihre Privilegien dabei größtentheils verloren. In Bergen bestand zwar noch ein Handelscontor, dasselbe trug aber nur noch den Namen eines solchen. Die Einheimischen betheiligten sich immer zahlreicher an dem auswärtigen Handel, und in allen drei Reichen machten namentlich der Schiffbau und die Rhederei während dieser Periode große Fortschritte.

Die glänzendste Rolle hat **Schweden** gespielt, obgleich es sich erst zu Anfange des 16. Jahrhunderts von der dänischen Herrschaft losriß. Denn Gustav Wasa, der Befreier des Landes, und Karl IX. thaten die ersten Schritte, um die eigene Gewerbthätigkeit des Volkes zu heben. Um sich der übermüthigen Hanseaten zu entledigen, bot Wasa England, Frankreich und Holland Handels-

1600 bis 1700. verträge an und kündigte dann den Hanseaten die alten Privilegien. Er und Karl IX. verboten die Ausfuhr von Eisenerz und Roheisen, förderten dagegen die von Stabeisen; außerdem beriefen sie fremde Kolonisten, namentlich deutsche Bergleute, ermunterten zum Schiffbau, förderten Gewerbe, legten Städte an, verliehen Marktrechte, unterstützten die Schafzucht, aber die armen Könige wollten sich selbst durch Handel bereichern, machten ihn daher zum Regal und verpachteten dieses an Gesellschaften, und Karl XI. gab eine Art Navigationsakte. Es waren jedoch die klimatischen Verhältnisse, die schwache Bevölkerung und vieles Andere dem Entstehen einer einigermaßen bedeutenden Industrie zu ungünstig; nur der Bergbau, namentlich die Eisengewinnung, machte Fortschritte. Dagegen gewann das Reich nach außen beträchtlich an Ausdehnung. Schon 1561 war die Provinz Esthland gewonnen worden, und im nächsten Jahrhundert unterwarf Gustav Adolf auch Livland. Im Westfälischen Frieden fiel noch Pommern an Schweden. Infolge dieser Ausdehnung der schwedischen Herrschaft über den größten Theil der Ostseeländer hoben sich die Schiffahrt und der Handel Schwedens ganz außerordentlich. Seine Flotten beherrschten das ganze Binnenmeer, und unter ihrem Schutze erstarkte die Handelsmarine der Schweden so sehr, daß sie den Holländern und Deutschen einen großen Theil des bisher von diesen betriebenen Frachtverkehr entriß. Selbst über das Weltmeer hinweg wagten sich jetzt schwedische Schiffe. Unter Karl XI. gelang es auch durch erneute Anstrengungen, mehrere Industriezweige, wie die Tuch- und Seidenmanufaktur, zu einiger Bedeutung zu erheben, besonders aber die Eisen- und Kupferverarbeitung zu steigern. Die Ausfuhr von Stabeisen wurde jetzt sehr beträchtlich und stieg auf 150,000 Schiffspfund.

1700 bis 1790. Der größte Theil dieser Errungenschaften des 17. Jahrhunderts ging aber in dem folgenden wieder verloren. Karl XII. verwickelte das Reich in unterbrochene Kriege, welche ungeheuere Opfer an Geld und Blut kosteten, das Land gänzlich erschöpften, dem Ackerbau die nöthigen Hände raubten, Gewerbe und Handel ruinirten und zuletzt mit dem Verluste der Ostseeprovinzen endigten. Die Handelsflotte sank bis auf 3 Schiffe herab. Während und nach dem Kriege mußten jährlich große Summen ins Ausland gesandt werden, um das fehlende Getreide einzukaufen. Die Ausfuhr deckte die Einfuhr nur zu etwa Dreiviertel, und infolge davon verschwand bald alles baare Geld aus dem Lande, so daß der Waarenaustausch im Inneren durch Papier- und Kupfergeld bewerkstelligt werden mußte. Die Regierung suchte dem Uebel durch Erschwerung der Einfuhr ausländischer Waaren, durch Luxusverbote (z. B. des Kaffees) u. dgl. entgegenzuwirken, doch hinderte der Mangel an Kapital wie an Arbeitskräften den beabsichtigten Aufschwung der eigenen Gewerbe. Selbst die Eisenindustrie litt darunter. Neue Kriege mit Rußland und Preußen verschlimmerten diese Zustände, so daß Schweden am Ende dieses Zeitraums sich in der traurigsten Lage befand.

Norwegen blieb zwar von ähnlichen Kalamitäten verschont, machte aber dennoch kaum nennenswerthe Fortschritte. Gezwungen, einen großen Theil der benöthigten Nahrungsmittel von außen zu beziehen, diente die indessen vergrößerte Ausfuhr von Fischen und Holz, namentlich von Sägewaaren, welche bei dem außerordentlichen Reichthume Norwegens an Wasserkräften und bei seinem Ueberflusse an Holz billiger als in irgend einem anderen Lande zu stehen kamen, kaum dazu, die Lebensweise des Volks im Allgemeinen zu verbessern.

Denn gleichzeitig riß der Branntweingenuß unter allen Klassen so ein, daß die Spiritusfabrikation jährlich einen bedeutenden Theil des eingeführten Roggens in Anspruch nahm.

Außer Fischen, Holz, Pelzwerk und Butter kamen noch etwas Kupfer und Silber zur Ausfuhr. Man rief deutsche Bergleute ins Land, als man die Metallvorräthe zu Kongsberg und Noräas (1623 und 1644) entdeckt hatte. Die Gewinnung dieser Metalle brachte jedoch bei der unvollkommenen Methode wenig Nutzen. Bergen's sonst so bedeutender Handel war seit der Vereinigung Norwegens mit dem Dänischen Reiche sehr gesunken, da Kopenhagen den gegewinnreichen Verkehr mit Island und Finnmarken an sich zog.

Dänemark hatte am Ende des 16. Jahrhunderts unter Christian IV. seinen Handel ziemlich erweitert. Seit Wullenweber erlegen war, schloß sich Dänemark an Holland an und unterstützte besonders Ackerbau und Viehzucht. Friedrich II. befreite die Bauern von vielen Lasten, und Christian VII. machte sie ganz frei. Kopenhagen erhob sich zum Mittelpunkt des Handels, eine Zeit lang suchten die Könige auch künstlich eine Industrie herzustellen, von welcher sich aber nur Handschuhe, grobe Spitzen und Strümpfe behaupteten, und legten eine Bank an. Mit dem ganz vergessenen Grönland und Island ward wieder Verkehr angeknüpft oder vielmehr der bisher von Norwegen aus betriebene Handel nach Dänemark gezogen worden. In Ostindien legte man Niederlassungen an, die aber unbedeutend blieben. Ein Holländer, in Amsterdam beleidigt, bot einen Vertrag mit dem Fürsten von Ceylon an. Man ging darauf ein, doch der Unternehmer starb unterwegs, in Ceylon ward man abgewiesen und legte dagegen die Faktorei Dansburg auf Tranquebar an, wo man geduldet wurde und nach Kanton und dem Ganges Handel trieb. Auch den Ostseehandel suchte Christian den Schweden zu entwinden. Dies rief aber Kriege hervor, welche jeden weiteren Aufschwung hemmten, zumal die Regierung fortwährend mit dem Adel und der Geistlichkeit in Fehde lag. Erst nach Befestigung der Regierungsgewalt durch Friedrich III. konnte sie sich der materiellen Entwicklung des Landes mit Nachdruck annehmen. In dem Bestreben, die Gewerbe zu größerer Bedeutung zu erheben, sah sich die Regierung durch die Einwanderung vieler französischer Arbeiter unterstützt, welche nach der Aufhebung des Edikts von Nantes ihr Vaterland verlassen hatten. Diese verpflanzten die Fabrikation von Spitzen, Handschuhen, Hüten, Strümpfen u. dgl. nach Dänemark, und wenn diese Gegenstände auch meist nur zum Putz dienten, so brachte doch die Ausfuhr mancher derselben, z. B. von Spitzen und Handschuhen, dem Lande Gewinn. Wichtiger war die Zunahme der dänischen Marine gegen Ende des 17. Jahrhunderts. Dänische Schiffe erschienen jetzt im Mittelmeer, in Ost- und Westindien in größerer Anzahl, besonders nachdem unter Christian V. in letzterem die Inseln St. Jean, St. Croix und St. Thomas erworben waren. Um dieselbe Zeit wurde Altona an der Mündung der Elbe angelegt. Auch Ackerbau und Viehzucht nahmen zu und die landwirthschaftlichen Produkte Dänemarks, Roggen, Rapssamen, vorzüglich aber Pferde, Ochsen, Butter und Käse, gingen in immer größeren Mengen nach den Ländern des westlichen Europa. So führte besonders Frankreich, welches während des Spanischen Successionskrieges von mehreren Mißernten betroffen wurde, viel dänisches Getreide ein. In der Mitte des 18. Jahrhunderts betrug der Werth der dänischen Ausfuhr über $2^1/_2$ Millionen Thlr., wovon ca.

1600 bis 1790.

1 Million auf Getreide, 512,000 auf Hornvieh, 240,000 auf Pferde, 80,000 auf Butter, 40,000 auf Fleisch kamen. Die Pferde gingen meist nach Deutschland, die Butter und die Ochsen nach den Niederlanden. Da Dänemark sich während der Kriege des 18. Jahrhunderts fast immer neutral verhielt, konnte seine Flagge unangefochten überall erscheinen und dieselbe beschränkte sich deshalb nicht blos auf den eigenen Handel, sondern nahm auch Theil an dem Frachtverkehr.

Unter so günstigen Verhältnissen gelangte Dänemark zu einem großen Wohlstande. Dieser trat namentlich in den Städten hervor, und Kopenhagen z. B. entfaltete einen Reichthum und einen Luxus, der bisher an der Ostsee noch nicht gesehen worden war. Derselbe steigerte sich noch mehr in den folgenden Jahrzehnten.

Deutschland.

Wir verließen unser Vaterland am Schlusse des Mittelalters auf dem Gipfel kommerzieller Größe. An den Gestaden der Ostsee, wie an denen der Nordsee, am Rhein wie an der Donau, in Bayern und Schwaben wie in Franken, Niedersachsen und Thüringen — überall blühten reiche, starkbevölkerte Städte, in welchen Industrie und Handel ihren Wohnsitz aufgeschlagen hatten. Die gewaltigste Vereinigung derselben, der Hansabund, beherrschte die Meere und schrieb den Königen des Nordens, wie denen der Britischen Inseln, Gesetze vor. Wir haben jetzt die traurige Aufgabe zu erfüllen, den Verfall dieser Herrlichkeit Schritt für Schritt nachzuweisen.

1490 bis 1550. Schon in den letzten Jahrzehnten des 15. Jahrhunderts zeigten sich die Symptome desselben. Die wichtigste Handelsniederlassung der Hansa, Nowgorod, wurde zerstört und der Handel mit Rußland mußte fortan durch Livland über Reval seinen Weg nehmen. In England errangen die „Adventurers" immer größeren Antheil an dem Ausfuhrhandel des Landes. Die holländischen Städte sagten sich vom Bunde los und fuhren für eigene Rechnung nach der Ostsee. Doch war ein so fest begründetes Uebergewicht, wie das der Hansen, nicht so schnell gebrochen. Noch bis über die Mitte des 16. Jahrhunderts galten sie in Antwerpen für die erste Handelsnation und die Produkte des Nordostens, Schiffbau- und anderes Holz, gesalzene und getrocknete Fische, Getreide, Pelzwerk und Bernstein, wurden hauptsächlich durch sie dorthin gebracht. Von den deutschen Erzeugnissen führten sie ein, Krapp, Waid, Bier, Rheinwein ꝛc. Während der ersten Hälfte des 16. Jahrhunderts waren aber ihre Macht und ihr Einfluß überall untergraben worden. Gleichzeitig hatte sich das Band, welches sie umschloß, gelockert, und die Folgen davon traten immer deutlicher hervor. In Livland suchten die Städte den russischen Handel ausschließlich in Besitz zu bekommen und die westlichen Glieder des Bundes davon auszuschließen. Dasselbe geschah von den preußischen Städten mit Rücksicht auf den polnischen Handel. Die deutschen Städte wandten sich hierauf nach Narwa, allein hier hatten sie die Mitbewerbung der Holländer und Engländer zu bekämpfen, befanden sich also in viel ungünstigerer Stellung. Wie sehr durch diese inneren Zerwürfnisse auch die kriegerische Macht des Bundes geschwächt worden war, lehrte eine Fehde zwischen den Hanseaten und Schweden in der Mitte des 16. Jahrhunderts, in welcher erstere selbst mit Unterstützung der Dänen keine besonderen Erfolge erringen konnten. Daß derartige Zeichen der Schwäche in den drei nordischen Königreichen sofort benutzt wurden, um die Handelsherrschaft der Deutschen zu beschränken, darf nicht Wunder nehmen, und zu Ende des 16. Jahrhunderts konnten diese sich dort keinerlei Vorrechte mehr rühmen.

Die Fahrten der Engländer nach dem Weißen Meere versetzten dem Handel der Hanseaten gewaltige Schläge. Alle die Artikel, welche Jene jetzt selbst dort holten, waren ihnen früher von den Deutschen zugeführt worden. Doch blieb es nicht dabei. Auch der Zwischenhandel der Hanseaten, einerseits mit England, andererseits mit den Niederlanden, wurde immer mehr durch die Konkurrenz der mächtig aufstrebenden „Adventurers" geschmälert, und als es den Hanseaten gelungen war, die Ausweisung der Adventurers wenigstens aus den deutschen Städten durchzusetzen (1597), verwies Elisabeth alle deutschen Kaufleute aus England. Der ehemals so wichtige englische Handel ging dergestalt ganz verloren. Nicht viel besser gestalteten sich die Verhältnisse für die Hanseaten in den Niederlanden. So lange dort Antwerpen Hauptverkehrsplatz blieb, behaupteten sie ihre frühere Ueberlegenheit über die handeltreibenden Nationen. Als aber Antwerpen fiel und Amsterdam an seine Stelle trat, schlossen die Holländer, welche schon vorher einen großen Theil des Ostseehandels nach Amsterdam geleitet hatten, die Deutschen fast ganz davon aus. 1550 bis 1590.

Nirgends zeigte sich dagegen ein Ersatz für diese Verluste. Während alle übrigen westeuropäischen Staaten überseeische Besitzungen erwarben, Kolonien gründeten, ihre Schiffahrt ausdehnten und ihren Handel erweiterten, empfand Deutschland keine andere Wirkung der großen Entdeckungen eines Vasco da Gama und eines Columbus, als daß seine oberdeutschen Städte durch das Aufhören des Waarenzuges von Venedig und Genua nach Deutschland den größten Theil ihrer ehemaligen Bedeutung verloren. Die Seestädte traten nach dem Falle von Antwerpen allerdings in einen lebhafteren unmittelbaren Verkehr mit Frankreich, namentlich aber mit Spanien und Portugal, wohin sie jetzt Korn, Bauholz, Flachs und Hanf und andere nordische Erzeugnisse führten. Die spanische Regierung begünstigte die Hansen aus Haß gegen die Holländer dabei ganz besonders, ja diese Macht schlug dem Hansabunde sogar ein enges Bündniß vor, um ein Gegengewicht gegen die Macht der Holländer und Engländer zu schaffen. Doch waren die Hansen nicht einmal im Stande, die Holländer von dem Handel mit Spanien auszuschließen, obgleich jene nur verstohlen in die dortigen Häfen einlaufen durften. Ein Bündniß gegen Holland und England würde noch weniger Erfolg gehabt haben. Dasselbe kam auch halb aus Zaghaftigkeit und Unentschlossenheit der Hansastädte, halb aus protestantischer Scheu nicht zu Stande.

Der Zwischenhandel der deutschen Städte, die Hauptquelle ihres Wohlstandes wie ihrer Macht im Mittelalter, war also bis auf kärgliche Ueberreste verloren gegangen. Ihr Eigenhandel hätte sie dafür entschädigen sollen, allein auch dieser siechte dahin, da gleichzeitig mit dem Handel der Seestädte Wohlstand und Industrie im Inneren zurückgingen.

Viele Ursachen wirkten dabei zusammen. Eine derselben, der Verlust der städtischen Freiheiten durch die um sich greifende Macht der Landesherren, ist schon in der Einleitung erwähnt worden. Religiöse Unruhen, der Bauernkrieg, der Schmalkaldische Krieg, der auch auf Deutschlands Boden übergreifende Spanisch-Niederländische Krieg, störten während des 16. Jahrhunderts Handel

1590 bis 1840. und Industrie der Städte. Als Karl V. den Bankierhaus Welser ganz Venezuela abtrat, gab es dieses Land bald zurück, da die Kolonisation mißglückte; die gesunkene Viehzucht lieferte schlechte Wolle, weshalb die Tuchmacherei abnahm. Doch Nürnbergs Kurzwaaren beherrschten noch die Welt, besonders seine Kaffeemühlen, aber sein Handel sank, die Kunstgewerbe Oberdeutschlands veralteten, wogegen Leipzig und Frankfurt sich zu europäischen Meßplätzen emporarbeiteten und 1571 eine Fahrpost zwischen sich herstellten. Der Bauer blieb unfrei und arm, Pächter verwalteten die Adelsgüter, der Bürger trieb nur Kleingewerbe oder Ackerbau, da es an Ausfuhr seiner Erzeugnisse fehlte. Viele wanderten nach Holland und England aus. Die wichtigsten Zweige der vaterländischen Industrie, die Wollenweberei und die Bierbrauerei, welche fast in jeder Stadt fabrikmäßig betrieben worden waren, litten schwer unter der Konkurrenz der Holländer und Engländer und unter dem Aufhören des Handels mit den Ostseereichen, den Hauptabsatzländern für Wollenwaaren und Bier. Außerdem beschränkte auch der zunehmende Genuß von Wein, Kaffee und Thee in Deutschland und dem Auslande den Verbrauch des Bieres. Den Färbereien in den niedersächsischen Städten, welche meist rohe englische Tücher gefärbt und appretirt hatten, wurde durch das Verbot der englischen Regierung, rohe ungefärbte Tücher auszuführen, großer Schaden zugefügt. Nürnbergs Fabrikate, ebenso andere Luxus- und Kunstgegenstände, verloren ihren auswärtigen Absatz größtentheils, da Niederländer, Franzosen und Engländer sich ebenfalls auf diese Industriezweige warfen. Die thüringischen Städte, Erfurt z. B., hatten einen sehr lebhaften Handel mit Farbstoffen, namentlich mit Waid, getrieben. Auch dieser kam infolge der Einführung des Indigo in Abnahme. Kurz, die meisten deutschen Gewerbe machten außerordentliche Rückschritte, und damit mußte natürlich auch der Handel der Binnenstädte an Bedeutung verlieren. Das einzige Gewerbe, welches mitten unter dem Verfalle der übrigen an Bedeutung gewann, war die Leinenweberei. Obgleich auch darin Holländer und Engländer konkurrirten, blieb Deutschland durch seinen ausgedehnten Flachsbau und seine billigen Arbeitskräfte — theilweise daher rührend, daß verhältnißmäßig wenig amerikanisches Gold und Silber nach Deutschland gekommen war — seinen Mitbewerbern überlegen. Diese mußten einen großen Theil ihres eigenen Bedarfs von hier beziehen, und dieser Bedarf wuchs infolge vermehrter Nachfrage in den Kolonien von Jahr zu Jahr. Westfalen, das Bergische, Schlesien, die Lausitz, Hessen u. s. w. führten regelmäßig Waaren nach den Niederlanden und anderen Häfen aus. Auch Italien bezog noch bedeutende Quantitäten westfälischer Leinen für die Levante, wenigstens mußte zu Anfang des 30jährigen Kriegs ein bedeutender, über Nürnberg nach Italien gehender Leinentransport, der Unruhen halber, in Kassel liegen bleiben. Neben der Leinwandfabrikation hatte nur noch die Verfertigung von Waffen und anderen Metallwaaren in Westfalen, im Siegen'schen und in Thüringen (bei Suhl) Fortschritte gemacht und den Absatz ins Ausland behauptet. Doch ging der Bergbau im Ganzen zurück, da nach der Auffindung der reichen Gold- und Silberminen in Amerika das Graben nach Edelmetallen in Deutschland nicht mehr lohnend war.

Der 30jährige Krieg vollendete den Ruin unseres Vaterlands. Scharen wilder Kriegsvölker durchzogen dasselbe unaufhörlich und verwüsteten Stadt und Land. Die Dorfschaften verschwanden, die Städte fielen in Trümmer,

an Pest und Hungersnoth starben Diejenigen, welche das Schwert verschonte. 1640
Ungeheuere Kontributionen entzogen dem Lande die Kapitalien, die Industrie bis 1700.
hörte auf, der Verkehr stockte. Kein Wunder, daß unter solchen Verhältnissen der Handel und der Wohlstand der deutschen Städte, welche schon genug durch den Verfall der Hansa gelitten hatten, gänzlich schwand. Alle Binnenstädte, selbst der größte Theil der Seestädte, verloren ihre ehemalige Bedeutung, viele sanken zu Marktflecken, ja zu Dörfern herab. Zwar zahlte Frankreich später an deutsche Fürsten an 300 Mill. Francs Subsidien, von 1750—72 wieder 137 Millionen, aber dafür führten die Fürsten französischen Luxus ein, ward französische Waare und Sprache Mode, Deutschland vom Auslande abhängig und ausgebeutet, wie es von 1760—1815 in englischem Solde stand und dessen Kolonialkriege auf deutschem Boden ausfechten mußte.

Nur drei der alten Hansastädte, Hamburg, Bremen und Lübeck, bewahrten zum Theil ihre Unabhängigkeit und einigen Glanz. Glücklicher als ihre übrigen Schwesterstädte, hatten sie nur wenig von der Kriegsfurie zu leiden, und wenn auch ihre alten Handelsverbindungen nicht unangetastet blieben, so befanden sich doch besonders die beiden ersteren in der glücklichen Lage, dafür neue, in manchen Beziehungen noch werthvollere, anzuknüpfen. Hamburg und Bremen hatten sich schon seit längerer Zeit wenig an die Beschlüsse und Vorschriften des Hansabundes gekehrt und nur ihr eigenes Interesse verfolgt. In England und den Niederlanden wußten sie sich zu behaupten, während der Hansabund als solcher dort fast ganz von dem Verkehr ausgeschlossen wurde, und sie eigneten sich wahrscheinlich einen großen Theil des früher von diesem dort betriebenen Handels zu. Auch mit den übrigen westeuropäischen Ländern, mit Frankreich, Spanien und Portugal, unterhielten sie einen lebhaften, in dem Grade, in welchem der Verbrauch ausländischer Waaren in Deutschland Eingang fand, wachsenden Verkehr. Die Versorgung Norddeutschlands mit Kolonialwaaren fiel ihnen fast ausschließlich zu. Doch blieb der Handel nur Passivhandel, Hamburg versandte nach Frankreich für 32 Mill. Francs Waaren und bezog von dort für 80 Millionen.

Die Verbindung Hamburgs mit England wurde besonders eng, seitdem die englische Gesellschaft, die „Adventurers", ihren beständigen Sitz dort aufgeschlagen hatte (1611) und den Handel mit englischen Wollenwaaren von hier aus nach Deutschland, wie nach dem Nordosten Europa's, betrieb. Um dieselbe Zeit ließen sich viele niederländische Flüchtlinge in Hamburg nieder, welche Manufakturen in Leinen und Seide u. s. w. anlegten. Diesen wird auch die Begründung der Hamburger Bank zugeschrieben, welche 1619 ins Leben trat. Bremen blieb in diesen Beziehungen hinter Hamburg zurück, noch mehr aber Lübeck, welches schon durch seine Lage abgehalten war, sich an dem westeuropäischen Handel lebhaft zu betheiligen, und sich damit begnügen mußte, von dem Ostseehandel so viel als möglich zu retten.

Die bisherigen Haupthandelsplätze im Inneren, Köln, Nürnberg, Augsburg, Braunschweig, Erfurt, Göttingen, Soest, Dortmund, Osnabrück u. s. w., konnten sich auch nach Beendigung des 30jährigen Krieges nicht von den Schlägen erholen, welche ihnen der Krieg selbst, wie die Umgestaltung der früheren Handels- und Gewerbsverhältnisse, beigebracht hatten. Ihre Blüte hatte theils auf den zwei schon erwähnten Erwerbszweigen, der Wollenfabrikation und der Bierbrauerei, theils darauf beruht, daß sie entweder, wie alle

1640 bis 1700. niedersächsischen und preußischen Städte, zur Hansa gehörten und an dem ausgedehnten Handel derselben Theil nahmen oder den Waarenzug vermitteln halfen, welcher sich zwischen Italien, Süd- und Norddeutschland durch Bayern, Franken und Thüringen, wie zwischen Italien, der Schweiz und den Niederlanden den Rhein hinunter gebildet hatte. Was sich davon noch bis zum 17. Jahrhundert erhielt, wurde in dem folgenden zerstört. In Bezug auf die Tuchfabrikation läßt sich dies durch einige Beispiele belegen. In Osnabrück zählte man noch in der Mitte des 17. Jahrhunderts 189 Tuchwebermeister, welche jährlich 3156 Stück Tücher verfertigten. Fünfzig Jahre später war die Zahl der Meister auf 50 zusammengeschmolzen, welche im Ganzen nur noch 544 Stück Tücher fabrizirten. Eine im letzten Viertel des 17. Jahrhunderts aufgestellte Uebersicht der Tuchmachermeister und Gesellen ergab für ganz Bayern 399 Meister mit 740 Gesellen. 1782 waren davon noch vorhanden 99 Meister mit 85 Gesellen. In manchen Städten war das Gewerbe so gut wie eingegangen. München und Ingolstadt z. B. hatten bei der früheren Zählung noch je 72 Meister mit 180 und 112 Gesellen besessen, 1782 befanden sich in München 5 Meister mit 9 Gesellen. Dasselbe Verhältniß darf für die meisten anderen deutschen Länder angenommen werden.

1700 bis 1760. Das 18. Jahrhundert läßt allerdings in manchen Beziehungen ein Wiederaufleben der Gewerbthätigkeit erkennen, doch hinderten auch in diesem langdauernde Kriege, namentlich der Siebenjährige, ein schnelleres Fortschreiten. Außerdem tritt noch ein bemerkenswerther Unterschied hervor. Die deutsche Industrie hatte sich im Mittelalter hauptsächlich in den Städten entwickelt und war insofern eine naturwüchsige oder bodenständige, als sie sich mit wenig Ausnahmen mit Verarbeitung der im Lande selbst erzeugten Rohstoffe beschäftigte. Ihre Erzeugnisse wurden von allen Klassen des Volks verbraucht. Dies sicherte einen gewissen, stets wachsenden Absatz. Die neuen Industriezweige, welche vorzüglich der Einwanderung zahlreicher französischer Flüchtlinge (nach 1685) ihre Entstehung verdankten, trugen einen anderen Charakter. Im Brandenburgischen, in Baireuth, in Schwabach, in Hessen, im Bergischen u. s. w., wo sich jene Flüchtlinge hauptsächlich niederließen, wurden Seidenmanufakturen, Hut-, Handschuh-, Glas- und Porzellanfabriken u. dgl. gegründet und nach dem Prinzip der Arbeitstheilung betrieben und vom Staate, namentlich in Brandenburg, durch Geld, Privilegien und Steuerfreiheit unterstützt. Abgesehen davon, daß diese mehr fabrikmäßig und theilweise auf dem Lande betrieben wurden, also wenig zum Aufblühen der Städte beitrugen, dienten sie nur dem Luxus der Reicheren und vermochten um so weniger einen Ersatz für die zu Grunde gegangenen städtischen Gewerbe zu liefern, als sie ihr Rohmaterial meist vom Auslande beziehen mußten und deshalb mit den englischen und französischen Fabrikanten, welche das Rohmaterial viel billiger beschaffen konnten, kaum zu konkurriren vermochten. Sie bedurften aus diesem Grunde in der Regel der Unterstützung der Landesherren, so lange sie nicht durch Grenzzölle geschützt waren. Diese aber kamen erst am Ende dieses Zeitraums vereinzelt in Uebung. Selbst die Fabrikation feiner Tücher wurde durch den Mangel des geeigneten Rohstoffs erschwert, da die deutschen Schafherden namentlich im 30jährigen Kriege fast ganz ausgerottet worden waren und der Bezug englischer Wolle durch ein Ausfuhrverbot der englischen Regierung, der von spanischer Wolle durch die große Entfernung, wol auch durch den Mangel geeigneter Handelsverbindungen, gehindert wurde. 1700 bis 1760.

Das einzige Gewerbe, welches unter keinem dieser Uebelstände litt, war die Leinenweberei. Diese erlangte immer größere Bedeutung, namentlich in Westfalen, Schlesien, der Lausitz und Schwaben, und lieferte jährlich große Mengen von Leinwand und Garn zur Ausfuhr. Auch die Fabrikation von Eisen-, Stahl- und Messingwaaren am Niederrhein, in Westfalen und Thüringen machte solche Fortschritte, daß deutsche Metallwaaren wieder einen wichtigen Exportartikel bildeten.

Von der ehemals so blühenden Tuchweberei hatte sich nur in Kursachsen ein Rest von einiger Bedeutung erhalten, was hauptsächlich dem Umstande zugeschrieben werden muß, daß dieses Land im 30jährigen Kriege verhältnißmäßig weniger litt und seine Schafzucht nicht in dem Maße abnahm wie anderwärts. Daneben hatte sich im Voigtlande durch die Einwanderung schweizerischer Fabrikanten die Baumwollenspinnerei und Weberei eingebürgert, und auch dieser Erwerbszweig entwickelte sich ziemlich schnell, so daß Kursachsen am Schluß dieser Periode in industrieller Beziehung fast unerreicht dastand, obgleich der Siebenjährige Krieg kurz vorher dem Lande ungeheuere Opfer gekostet und seinen Wohlstand zerrüttet hatte. Einen neuen Artikel erhielt Sachsen an dem in Meißen durch Böttischer erfundenen Porzellan und durch die Chemnitzer Baumwollenindustrie; aber der Luxus der Könige schädigte das Land und der Siebenjährige Krieg brachte es herab.

Große Anstrengungen wurden im 18. Jahrhundert von der Regierung in Preußen gemacht, um die Wunden zu heilen, welche der 30jährige Krieg geschlagen hatte. In keinem Lande wurde die Einwanderung mehr befördert als hier. Französische Refugiés, Pfälzer, Salzburger und Böhmen kamen ins Land und ließen sich theils als Fabrikanten und Gewerbetreibende, theils als Landwirthe nieder. Meilenlange verödete Landstrecken wurden entsumpft, kolonisirt und manche neue Kulturen, von den Pfälzern namentlich die des Tabaks, im Brandenburgischen eingeführt. In Berlin und in anderen brandenburgischen Städten, in den Grafschaften Mark und Mörs entstanden Fabriken aller Art. Von denselben gediehen besonders die Fabriken von Eisen-, Stahl- und Messingwaaren in Iserlohn, Altena und den benachbarten Gegenden, die Seiden- und Sammtmanufaktur in Krefeld; die Leinenindustrie in Westfalen und im Ravensbergischen wurden durch die Einrichtung von Schauanstalten (Leggen), wie durch verbesserte Methoden der Bielefelder Bleichen gefördert, und Barmen und Elberfeld versandten bunte Leinen ins Ausland. Endlich schritt Friedrich II. zur Errichtung von Grenzzöllen, zu Ausfuhrverboten von Wolle und Leinengarn &c. Wenn auch diese letzteren zum Schutz der inländischen Industrie getroffenen Maßregeln sich vielfach durch Härte und übertriebene Einschränkungen des Verkehrs auszeichneten, so daß sofort ein namentlich in moralischer Beziehung höchst verderblicher Schleichhandel an den Grenzen entstand, so läßt sich doch die eine Folge nicht wegleugnen, daß das preußische Gewerbewesen der kräftigen Unterstützung der Regierung in der letzten Häfte des 18. Jahrhunderts seine nachmalige Bedeutung verdankt. Im Bergischen und Jülich'schen, in Aachen, Eupen, Montjoie u. s. w. hatten sich Tuch- und Metallfabriken von einigem Umfange erhalten. Besonders nahm sich Friedrich II. seines Lands an und folgte dabei einestheils dem Merkantilsystem, indem er die Industrie unter-

1740 bis 90. stützte, als Aufklärer, aber auch dem Ackerbausystem, indem er die Bauern begünstigte. Er legte also Kanäle an, gründete ländliche Kreditanstalten, schenkte verarmten Gegenden Getreide und Pferde, führte den Kartoffelanbau ein, errichtete in Berlin eine Bank- und Seehandelsgesellschaft, in Emden eine asiatische Compagnie, ließ Spinner aus dem Auslande kommen, drang auf Verbesserung der Gewerbe, holte Einwanderer ins Land, führte aber auch Monopole und das unpassende französische Zollsystem ein und machte Tabak und Kaffee zu Regalen zur Unzufriedenheit seines Volks.

Bei der innigen Wechselwirkung, welche zwischen dem Handel und der Industrie eines Landes besteht, mußte der Verfall der wichtigsten deutschen Gewerbzweige in diesem Zeitraume auch den des Ausfuhrhandels nach sich ziehen, und derselbe ist denn auch im Ganzen höchst unbedeutend.

Von Fabrikaten sind nur Leinwand, Leinengarn, einige Metallwaaren und Nürnberger Kurzwaaren zu erwähnen, welche theils über Hamburg, Bremen, Emden und die holländischen Häfen nach England, Holland, Frankreich, Spanien und Portugal gingen, theils über Augsburg nach Italien, über Lindau, Konstanz und Basel nach der Schweiz gesandt wurden. Die übrigen Gegenstände der Ausfuhr waren Rohprodukte.

Mecklenburg und Pommern, Anhalt, Franken und die Pfalz lieferten jährlich etwas Getreide zur Ausfuhr; Mecklenburg und Pommern Rohwolle; die Gegenden am Mittel- und Oberrhein Schiffbauholz, Wein, Potasche, Obst, Tabak, Hanf u. s. w. Diese rheinischen Produkte bildeten vielleicht den wichtigsten Theil der Gesammtausfuhr Deutschlands im 18. Jahrhundert, wenn wir die Leinwand ausnehmen. Außerdem exportirten Franken und der Schwarzwald ziemlich viel Hornvieh nach Frankreich; Mecklenburg, Holstein und Oldenburg Butter, Ochsen und Pferde, Käse u. dgl. nach England und dem Süden.

Die Einfuhr ausländischer Fabrikate und Erzeugnisse hatte umgekehrt in hohem Grade zugenommen. Trotz der allgemeinen Verarmung war der Verbrauch fremder Luxusgegenstände an den Höfen und in den vornehmeren Kreisen immer allgemeiner geworden. Besonders wirkte die Einführung französischer Moden und französischer Sitten in den Residenzen darauf hin, und das Beispiel der Vornehmen steckte auch die mittleren Klassen an. Kaffee, Thee, Zucker, Reis, Gewürze, Tabak, französischer Wein wurden in steigender Menge verbraucht. Französische Putz- und Modewaaren, Seidenzeuge und Sammt, englische Tücher und Wollenstoffe und andere Manufakturwaaren verdrängten die deutschen Fabrikerzeugnisse von den Märkten. Der Hauptgewinnantheil des deutschen Einfuhrhandels fiel auf Hamburg, dessen Verbindungen mit England, Frankreich, Spanien und Portugal immer ausgebreiteter wurden. Selbst im Nordosten errang Hamburg wieder größeren Antheil am Zwischenhandel, und zwar hauptsächlich auf Kosten der Holländer. Ganz Norddeutschland war von Hamburg abhängig geworden. Englische Wollen- und Stahlwaaren, französische Weine, Zucker und Kaffee von den Antillen, französische Galanteriewaaren, Alles mußte von dort bezogen werden. Die eigenen Fabriken Hamburgs waren nicht von großer Bedeutung, besonders nachdem ihnen der Absatz nach Preußen durch dessen Zollgesetzgebung verschlossen worden war. Am wichtigsten wurden die Zuckerraffinerien, mit welchen das Inland der hohen Frachten halber nicht konkurriren konnte.

An den meisten dieser Handels- und Fabrikzweige nahm auch Bremen Theil, doch in weit beschränkterem Umfange. Nur mit Rußland unterhielt

diese Stadt einen lebhafteren Verkehr, von wo hauptsächlich Getreide und Lein- 1740
samen, letzterer zur Aussaat für Westfalen und Niedersachsen bestimmt, bezogen bis 90.
wurden. Im Jahre 1772 passirten z. B. den Sund 170 Schiffe unter Bremer Flagge, unter Hamburger dagegen nur 32. Eine Hauptbranche des Bremer Geschäfts war der Weinhandel. Dagegen vermittelte Lübeck den Verkehr zwischen Frankreich, Spanien, Portugal und den Ostseeländern. Letztere bezogen die französischen Weine nur von diesem Platze.

Süddeutschland bezog seinen Bedarf an ausländischen Waaren über Holland. Der Rheinhandel verdankte diesem Waarenzuge seine Wiederbelebung und die am Rhein gelegenen Städte, namentlich Mainz, wurden Stapelplätze theils für die nach Süddeutschland und dem Oberrhein bestimmten Kolonialwaaren, theils für die nach Holland gehenden süddeutschen Bodenerzeugnisse. Köln war in dieser Periode weniger bedeutend und beschäftigte sich besonders mit dem Rheinweinhandel. Dagegen trieb Würzburg lebhaften Handel nach Holland, ward Frankfurt Stapel zwischen Süddeutschland und Holland und entwickelte sich in der Schweiz vielseitige Industrie, wie Uhrmacherei in Genf, Seidenweberei in Basel, Leinwandweberei in St. Gallen, Baumwollenindustrie in Zürich.

Neben den genannten Handelsplätzen, die einst in direkter Verbindung mit dem Auslande standen und entweder selbst am Meere lagen oder doch zu Wasser mit den Häfen verkehren konnten, schwangen sich in der letzten Hälfte dieses Zeitraums, also nach dem 30jährigen Kriege, mehrere Städte im Inneren, welche dieses Vortheils gar nicht oder doch nur in sehr geringem Maße theilhaftig waren, zu Mittelpunkten des Binnenhandels auf. Es waren dies hauptsächlich vier: Frankfurt a. M., Leipzig, Braunschweig und Frankfurt a. O., also die sogenannten Meßplätze. Ursprünglich hatten diese Orte keine anderen Vorzüge gehabt als die einer Unzahl anderer Städte neben ihnen; sie besaßen die sogenannte Marktgerechtigkeit, d. h. das Recht, ein oder mehrere Male im Jahre einen Markt halten zu dürfen, wo die fremden Kaufleute und Gewerbetreibenden ihre Waaren feil hielten. Danzig, Breslau, Kassel, Mainz, Erfurt, Nürnberg, Naumburg, Bamberg, Prag, München, Bautzen und viele andere Städte standen darin den obigen vier vollkommen gleich. Allerdings hatten sich Frankfurt a. M. und Leipzig schon während des Mittelalters außerordentliche Privilegien zu verschaffen gewußt. Frankfurt a. M. z. B. erlangte 1336 die Zusage vom Kaiser Ludwig, daß fünf Meilen umher kein neuer Zoll errichtet werden solle, und im folgenden Jahre befahl derselbe Kaiser, daß weder Mainz noch einer anderen Stadt Messen und Märkte bewilligt werden sollten, welche denen Frankfurts nachtheilig wären. Ein ähnliches Vorrecht ertheilten Friedrich III. und Maximilian I. der Stadt Leipzig, indem sie alle Märkte in den Bisthümern Magdeburg, Halberstadt, Meißen, Erfurt und Naumburg, welche den Leipziger nachtheilig wären, untersagten. Das letzte Privilegium wurde nach vielen Streitigkeiten mit den dadurch betroffenen anderen Orten im Jahre 1514 von Leo X. dahin bestätigt, daß 15 Meilen um Leipzig herum kein Markt und keine Waarenniederlage bestehen solle bei Strafe des geistlichen Bannes. Trotz dieser außerordentlichen, für die Umgegend höchst drückenden Begünstigungen erhob sich nur Frankfurt a. M., welches oft Sitz der kaiserlichen Hofhaltung, ringsum von kurfürstlichen und geistlichen Residenzen umgeben war und zudem an der Straße lag, die von den Niederlanden nach Nürnberg,

1740 bis 60. Augsburg und Italien führte, zu hervorragender Bedeutung schon im Mittelalter. Frankfurt a. O., Leipzig und Braunschweig standen dagegen weit gegen andere Binnenstädte zurück, obschon diese keine derartigen Meßprivilegien erlangt hatten, z. B. gegen Augsburg, Nürnberg, Köln u. s. w. Erst nach dem Verfalle der übrigen Märkte infolge des 30jährigen Kriegs, erst nach der Ablenkung des Handels von den bisherigen Straßen, theilweise infolge des Verfalls der einheimischen Gewerbe, wurden diese Meßplätze Handelsstädte ersten Rangs. In Frankfurt a. M. bildete sich besonders das Geschäft in französischen Manufakturwaaren und Seidenzeugen in erster Linie aus, während Leipzig den Handel mit Polen und Galizien an sich zog. Am Ende des 18. Jahrhunderts kam das Aufblühen der sächsischen Tuch-, Leinen- und Baumwollenindustrie den Leipziger Messen sehr zu Statten, da diese der natürliche Markt für die genannten Fabrikate waren. Frankfurt a. O. verlor infolge der preußischen Zollgesetzgebung und anderer Beschränkungen einen großen Theil seiner polnischen Kunden an Leipzig, während umgekehrt Braunschweigs Messen besonders wichtig für den binnenländischen Absatz von Tuchen wurden und darin mit Leipzig konkurrirten. Einer der wichtigsten Handelsartikel auf den Frankfurter und Leipziger Messen, dessen bis jetzt noch nicht gedacht worden ist, waren Bücher.

Der Absatz der ersten Drucksachen konnte bei den höchst unvollkommenen Verkehrsmitteln nicht anders bewerkstelligt werden, als daß die Buchhändler mit ihren Verlagsartikeln die Messen bezogen. Da die Frankfurter Messen im 15. und 16. Jahrhundert die bedeutendsten waren, wurde Frankfurt a. M. bald der Sammelplatz aller deutschen, holländischen, belgischen und französischen Buchhändler, deren mit Büchern gefüllte Läden ganze Straßen einnahmen. Seit 1560 erschien daselbst auch ein Bücherkatalog. Das Erscheinen neuer Werke richtete sich in der Regel nach den Frankfurter Messen, da sie nicht früher in den Verkehr kommen konnten. Um die Mitte des 17. Jahrhunderts fing man an, in verschiedenen größeren Städten Sortimentsbuchhandlungen anzulegen, wodurch die Frankfurter Buchhändlermesse benachtheiligt wurde. Hauptsächlich aber schadete dem Bücherverkehr in Frankfurt a. M. die vom Kaiser eingeführte Censur, sowie das steigende Bedürfniß nach Büchern im protestantischen Norden, was zur Gründung von großen Verlagshandlungen und Druckereien in Leipzig führte. Die Fortschritte des Leipziger Buchhandels, welcher von der sächsischen Regierung durch Zollbefreiungen u. dgl. unterstützt wurde, waren der Art, daß Leipzig schon im 17. Jahrhundert erfolgreich mit Frankfurt konkurrirte und vom 18. Jahrhundert an entschieden als wichtigster Meßplatz für den Buchhandel dastand.

Oesterreich hatte während des 30jährigen Krieges nicht weniger gelitten als die anderen deutschen Länder. Die Verfolgungen der Protestanten raubten ihm seine gewerbfleißigsten Bewohner. Unter der Regierung Leopold's I. und Karl's IV. geschahen die ersten Schritte, um das Gewerbewesen und den Handel wieder auf eine höhere Stufe zu heben. Privatpersonen wurden durch Ertheilung von Privilegien zur Anlage von Fabriken ermuntert, ausländische Fabrikate mit hohen Zöllen belegt oder ganz verboten, die Schiffahrt auf dem Adriatischen Meere freigegeben, Triest und Fiume zu Freihäfen erklärt (1719). In Ostende entstand eine vielversprechende Ostindische Handelsgesellschaft, aber die Kriegsdrohungen Englands und Hollands zwangen, dieselbe aufzugeben,

die sich nun nach Schweden wandte und in der That gute Geschäfte in Indien 1740 bis 80.
machte. Im Laufe des 18. Jahrhunderts bildete sich das Prohibitivsystem vollständig aus, namentlich unter Josef II. Zwischen den einzelnen Provinzen dauerte die Absperrung lange fort. Erst 1775 erhielten sämmtliche deutsch-slavische Provinzen eine gemeinsame Zollgrenze. Ungarn dagegen schloß sich durch einen Zoll von Anfangs $3^1/_2$%, dann 5%, endlich (unter Maria Theresia) von 10% gänzlich ab.

Der Haupterwerbszweig der österreichischen Länder war Landwirthschaft und Viehzucht. In Ungarn lieferte die Schafzucht, Rinder- und Pferdezucht werthvolle Ausfuhrartikel. Die italienischen Provinzen erzeugten vor Allem Seide.

Die Industrie hatte ihren Hauptsitz in Böhmen und Mähren. Die nördlichen Bezirke Böhmens besaßen vortreffliche Leinwandmanufakturen und ihr Garn wie ihre Leinen waren im Auslande gesucht. Gleich guten Rufs erfreuten sich die Glasfabriken, Stein- und Glasschleifereien. Mähren betrieb vorzüglich die Verfertigung von Tuchen, daneben waren auch die Leinwandfabrikation und Gerberei nicht ohne Bedeutung. Schlesien und das Erzherzogthum Oesterreich besaßen namhafte Spinnereien. In Steiermark und Kärnthen herrschte das Metallgewerbe vor. Namentlich zeichneten sich die Sensenhämmer zu Himmelberg und Feldkirchen durch vortreffliche Arbeit aus und ihre Fabrikate erlangten in allen Theilen Europa's Absatz.

Die Venetianer.

Die Nachricht, daß Vasco da Gama das Kap der guten Hoffnung glücklich umschifft, Indien erreicht und reiche Ladung heimgebracht habe, drang bald nach Venedig. Von seinem Gesandten am spanischen Hofe und von geheimen Agenten in Lissabon liefen beunruhigende Meldungen ein. Doch konnte sich der Senat nicht dazu entschließen, eine alte, bekannte und sichere Handelsstraße zu verlassen und einen neuen unbekannten und gefahrvollen Weg einzuschlagen. Er versuchte statt dessen, die Beherrscher Aegyptens zum Widerstand gegen die Unternehmungen der Portugiesen in den Indischen Gewässern aufzumuntern, und unterstützte sie bei der Ausrüstung von bewaffneten Fahrzeugen im Rothen Meere durch Uebersendung fertiger Schiffstheile. Gleichzeitig wußten die Venetianer niedrigere Zölle (9% statt 10%) zu erlangen.

Die Nutzlosigkeit dieser Bemühungen zeigte sich indessen bald. Die Araber wurden von den Portugiesen nach und nach gänzlich aus dem indischen Handel gedrängt, und damit verloren auch das Rothe Meer wie Alexandrien ihre bisherige Bedeutung.

Nur ein Weg nach Indien blieb noch offen, freilich auch der längere und auch unbequemere. Es war der von Syrien durch Mesopotamien über den Persischen Meerbusen. Auf dieser Route bezogen denn auch die Venetianer im Laufe des 16. Jahrhunderts ihre indischen wie andere asiatische Waaren. Mittelpunkt dieses Verkehrs war schon länger Aleppo. Die Bedeutung dieses Platzes stieg ungemein, so daß sich die im Jahre 1607 gegründete Behörde der fünf Handelskundigen (magistrato dei cinque Savj alla mercanzia), welcher die Konsuln und alle Handelsverhältnisse untergeordnet waren, veranlaßt sah, die Verlegung des venetianischen Generalkonsulats in Asien nach Aleppo zu beantragen. Antheil an diesem Schritte hatte die Wichtigkeit des Rohseidebezugs aus Persien, für welchen ebenfalls Aleppo die Hauptstation war.

1600 bis 1780. Das 17. Jahrhundert erfüllte indessen die darauf gesetzten Hoffnungen nicht. Im Gegentheil schwand der Handel Venedigs im Orient immer mehr. Vieles wirkte dazu mit. In erster Linie die politischen Unglücksfälle Venedigs, der Verlust seiner werthvollsten Besitzungen im Orient, von Cypern, Candia und Morea in den Türkenkriegen, sowie die Störungen, welche der innere asiatische Verkehr durch unaufhörliche Unruhen in Vorderasien und Mittelasien erlitt, endlich die Belästigungen und die hohen Abgaben, welchen europäische Kaufleute von Seiten der türkischen Beamten unterworfen wurden. Hierzu kamen Veränderungen in der persischen Kleidertracht, indem die Perser seit Anfang des 17. Jahrhunderts mehr Baumwolle statt des Tuchs verwandten. In Aleppo und Damaskus fand gleichzeitig die Seidenweberei Eingang, so daß die zwei bedeutendsten Industriezweige Venedigs, die Tuchmanufaktur und Seidenweberei, ihre wichtigsten Absatzgebiete verloren.

Aus dem noch verbleibenden Rest des Levantiner Handels sahen sich die Venetianer mehr und mehr durch die Franzosen, Holländer und Engländer verdrängt, welche in den türkischen Häfen größere Vergünstigungen genossen als die Venetianer, viel baares Geld nach der Levante brachten, während die Venetianer so viel als möglich mit Waaren zahlten. Auch die niederländischen Tücher wurden den venetianischen vorgezogen, weil sie eleganter und geschmackvoller gearbeitet und trotzdem billiger waren.

Die venetianische Regierung unterließ nichts, um den einschlafenden Verkehr mit der Levante wieder zu beleben. Sie reformirte die bisherige Zollgesetzgebung, unterstützte die Schiffbauer durch Vorrechte und Vorschüsse, verbot den Transport venetianischer oder nach Venedig bestimmter Waaren auf ausländischen Fahrzeugen, ermäßigte die Taxen der Konsuln und gründete eine Anstalt zum Studium der orientalischen Sprachen behufs Heranbildung tüchtiger Konsuln.

Auch der persische Hof bemühte sich, den besten Abnehmer für persische Rohseide zu unterstützen. Schah Abbas sandte Abgeordnete nach Venedig und lud den Senat ein, Gesandte an seinen Hof zu schicken, damit er mit denselben Maßregeln zur Hebung des Seidenhandels berathen könne.

Doch war Alles vergeblich. Von Jahr zu Jahr verringerte sich der Werth der Ausfuhren und Einfuhren und damit die Zahl der im Levantiner Handel beschäftigten Häuser. Im Jahre 1596 gab es in Aleppo noch 16 bedeutende venetianische Firmen. Drei Jahrzehnte später waren sie auf 5 zusammengeschmolzen. Der Krieg mit den Türken über den Besitz von Candia, welcher bald darauf ausbrach, hob die Verbindung mit dem Orient längere Zeit ganz auf, und als die Venetianer nach geschlossenem Frieden ihre Verbindungen mit Aleppo wieder anzuknüpfen versuchten, waren sie daselbst Fremdlinge geworden. Das Generalkonsulat sah sich ohne jede Thätigkeit, und so entschloß sich der **magistrato dei cinque Savj alla mercanzia** durch Dekret vom Jahr 1675, das Generalkonsulat in Aleppo aufzuheben und den Schutz der wenigen daselbst noch weilenden venetianischen Unterthanen einem untergeordneten Konsularagenten zu übertragen. Dies Dekret ist der Todtenschein, welchen die Republik Venedig dem venetianischen Handel im Orient ausgestellt hat. Im Laufe des 18. Jahrhunderts schien die Möglichkeit einer Wiederbelebung desselben aufzutauchen. Die Bemühungen Peter's d. Großen, den Verkehr Rußlands mit Persien und dem inneren Asien zu heben, erschienen den Venetianern so vielversprechend, daß das Konsulat in Aleppo erneuert wurde. Doch trat es kaum ins Leben. Die gehegten Erwartungen erwiesen sich als trügerisch und damit schwand die letzte Hoffnung Venedigs auf die Wiederkehr der Zeiten des Glanzes und der Größe. 1700.

Rückblick
auf die
Industrie- und Handelsbewegung der dritten Periode.

Das Gewerbewesen machte im Laufe des 16., 17. und der ersten Hälfte des 18. Jahrhunderts verhältnißmäßig geringe Fortschritte. In den meisten Ländern hemmten Zunftzwang, Privilegien und Monopole die freie Entwicklung. Mit Ausnahme der Erfindung der Taschenuhren durch Hele in Nürnberg, des Spinnrads durch Jürgen in Wolfenbüttel, der Spinnmaschinen Arkwright's, des Spitzenklöppelns durch Babara Uttmann, der Strumpfwirkerei und Strickerei, sowie einiger Verbesserungen in der Färberei, traten wenig neue Seiten hervor. Dafür wurde der Verkehr durch eine Anzahl neuer Artikel bereichert, welche dem Mittelalter entweder ganz unbekannt waren oder doch nur vereinzelt vorkamen. Es sind dies die sogenannten Kolonialwaaren, namentlich Kaffee, Zucker, Thee, Mais, Kartoffeln, Reis, Farb- und Medizinalpflanzen, Kakao und Tabak, sowie zwei Farbstoffe, Indigo und Cochenille. 1500 bis 1700.

Das Vaterland des Kaffeebaumes sind die Gallasländer (Habesch) in Ostafrika. Von dort wurde derselbe durch die Araber nach Jemen verpflanzt, und da der Genuß dieses Getränks den Muhamedanern ein willkommener Ersatz für die ihnen untersagten Spirituosen war, verbreitete sich das Kaffeetrinken schnell in alle Theile der muhamedanischen Welt. Im 16. Jahrhundert finden wir Kaffeehäuser in Kairo und Konstantinopel. Durch Kaufleute aus England, Holland und Frankreich, welche den Kaffee in der Levante kennen lernten, kam derselbe nach Westeuropa, wo im Laufe des 17. Jahrhunderts ebenfalls öffentliche Kaffeehäuser entstanden, so in London, Paris, Nürnberg, Hamburg u. s. w. Die wachsende Nachfrage und der hohe Preis veranlaßten die Holländer auf Java, Versuche mit Kaffeeanpflanzungen zu machen, und da dieselben ein günstiges Resultat lieferten, führten sie die Kaffeekultur auf den meisten ihrer überseeischen Besitzungen ein, auf Sumatra, den Sunda-Inseln, Ceylon, Surinam 2c. Gleich guten Erfolg hatten die Kaffeepflanzungen der Franzosen auf Martinique, Guadeloupe, St. Domingo, sowie der Portugiesen in Brasilien, der Spanier auf Cuba, in Mexiko und anderwärts, so daß der Bedarf Europa's und der Levante schon in dieser Periode hauptsächlich durch die Kolonien der genannten Staaten gedeckt wurde.

Fast gleichzeitig kam auch der Zucker in allgemeinen Gebrauch, dessen Stelle früher durch den Honig eingenommen wurde. Das indische Zuckerrohr war zwar schon längst durch die Araber in den Mittelmeerländern, auf Rhodus, Cypern, Candia, Malta, Sizilien, in Spanien 2c. angebaut worden, doch blieb

1600 bis 1700. der Verbrauch gering und wurde in Apotheken verkauft und nahm erst größere Verhältnisse an, als das Kaffeetrinken allgemeiner und Zucker als Gewürz an Höfen verwendet wurde. Im Laufe des 16. Jahrhunderts verpflanzten die Spanier Zuckerrohr von den Kanarischen Inseln nach Domingo und Cuba, und von da verbreitete sich der Anbau desselben über alle Theile des tropischen Amerika, nach Meriko, Venezula, Brasilien 2c. Auch in der eigentlichen Heimat des Zuckers, in Indien, hob sich die Produktion durch Einführung der Plantagenwirthschaft bedeutend.

Der Thee wurde durch die Portugiesen und Holländer, welche im 16. und 17. Jahrhundert mit China Handelsverbindungen anknüpften, nach Europa gebracht. Anfangs fand das Getränk wenig Liebhaber. Seit der Mitte des 18. Jahrhunderts aber verdrängte dasselbe in England den Kaffee, und die Vorliebe dafür wanderte mit den englischen Kolonisten auch nach Nordamerika. Mühselig ward der Anbau der Kartoffeln verbreitet, welche Raleigh zuerst in Irland kultivirte als Delikatesse. Anfangs genoß man sie an fürstlichen Höfen als kostbare Leckerei und aß sie zu Brot, aber wiederholte Hungersnoth brachte die Regierungen auf den Gedanken, die Kartoffel als Ersatz für Getreide anbauen zu lassen, was Ludwig XIV. durch List, Friedrich II. durch Gewalt durchsetzten. Prediger mußten den Anbau von der Kanzel herab empfehlen, Gensdarmen ihn überwachen. Später ward die Kartoffel die Hauptnahrung der Fabrikarbeiter und wohlfeiles Futter zur Viehmast.

Neben Kaffee und Thee ist auch der Kakao zu nennen. Die Bereitung des Kakaopulvers mit Vanille und etwas Mehl zu einem Getränk, der „Chokolade", lernten die Spanier in Meriko kennen. Sie gewöhnten sich bald an den Genuß dieses eben so angenehmen als der Gesundheit zuträglichen Tranks und verpflanzten diese Gewohnheit nach ihrer Rückkehr auch nach dem Mutterlande. Infolge der steigenden Nachfrage hat sich die Kultur des Kakaobaums auch nach Südamerika verbreitet.

Die erste Bekanntschaft mit dem Tabak machte Europa durch Samen, welchen die Portugiesen aus ihren amerikanischen Besitzungen mitbrachten. Man bediente sich des Krauts Anfangs als Zierpflanze in botanischen Gärten, hierauf als Universalheilmittel und nannte den Heilstoff (Gift) Nikotin nach dem französischen Gesandten in Lissabon, Nikot, der ihn in Frankreich bekannt machte. Erst durch englische Kolonisten, welche in Nordamerika das Rauchen kennen gelernt hatten, wurde diese Eigenschaft des Tabaks bekannt. Matrosen und Soldaten fröhnten dem Genusse des Rauchens und Schnupfens lange allein, allmählig drang jedoch die Gewohnheit auch in die höheren Stände und wurde zu einem Bedürfniß. Man rauchte in der Kirche und im Theater oder in besonderen Rauchzimmern, welche daher den Namen Tabagien bekamen. Bald darauf verbot man in allen Staaten das Rauchen als Sünde und Teufelswerk, bestrafte es mit dem Staupbesen, Pranger, Güterkonfiskation, Ohren- und Nasenabschneiden u. s. w., der Papst sprach zweimal einen Bannfluch gegen das Schnupfen aus, ließ dawider handelnde Mönche lebendig einmauern; aber trotzdem verbreitete sich die Gewohnheit des Rauchens, und nun befahlen die Regierungen den Anbau des Tabaks, den sie zum Staatsmonopol machten, und der Papst errichtete Schnupftabaksfabriken, weil sie viel Geld einbrachten, dessen er sehr bedurfte. Der Anbau des Tabaks nahm infolge dessen auch in den nordamerikanischen Kolonien Englands, wo der Tabak Anfangs die Stelle des Geldes vertrat, außerordentlich zu, so daß die Ausfuhr zu Anfang des 18. Jahrhunderts sich schon auf 290,000—300,000 Centner belief. Auch die muhamedanische Welt lernte bald den Tabak als den unentbehrlichen Begleiter des Kaffees schätzen, und die Kultur des Gewächses verbreitete sich über Kleinasien, Syrien und Persien bis nach Indien.

Die Anwendung des Indigo zum Färben war schon den Römern bekannt. Als die Italiener die lange unterbrochene Handelsverbindung mit dem Orient wieder anknüpften, fanden sie die griechischen Färber, welche überhaupt die Lehrmeister der italienischen Färber gewesen sind, auch mit der Verwendung desselben vertraut und führten nun diesen Farbestoff über Alexandrien ein. Anfangs setzte man nur geringe Quantitäten dem bis dahin allein benutzten Waid zu, um die Lebhaftigkeit der Farbe zu erhöhen. Nach und nach verdrängte aber der Indigo den Waid gänzlich, trotz des heftigen Widerstandes der Waidbauer, welche sowol in Deutschland als in Frankreich die Regierungen zu Verboten gegen die neue Farbe — „Teufelsauge" genannt — zu bewegen wußten. Schon im 18. Jahrhundert war der Sieg des Indigo entschieden. Indien ist das wichtigste Produktionsland geblieben, obgleich Indigoarten in allen Tropenländern wild vorkommen. Außerdem wurde der Anbau des Indigo vorzüglich von den Spaniern in Mexiko, Guatemala und Südamerika, sowie von den Holländern auf Java mit Erfolg betrieben.

Als die Spanier nach Mexiko kamen, bewunderten sie das herrliche Roth, welches die Mexikaner aus der amerikanischen Schildlaus, der Cochenille, zu bereiten verstanden. Sie führten die Farbe in Europa ein und dieselbe siegte eben so bald über die europäische Kermes, wie der Indigo über den Waid gesiegt hatte. Das sogenannte Scharlach, eine Verbindung des Cochenilleextrakts mit Salpeter, Salzsäure und Zinn, wurde durch die Holländer im Jahre 1650 erfunden. Auch der Mais ward von Amerika nach Europa verpflanzt, wohin man auch den Truthahn brachte, den Reis aber aus Asien nach Amerika verpflanzte, da er, wie Baumwolle und Zuckerrohr, in den Niederungen des unteren Mississippi und an der flachen Ostküste vortrefflich gedieh und ein Hauptausfuhrartikel jener Gegenden wurde, welche auch die gesuchteste Baumwolle lieferten.

Die Wirkungen der Edelmetall-Zuflüsse auf die Preise. Die nächste Wirkung, welche die Besitznahme des neuen Kontinents auf die europäischen Verkehrsverhältnisse ausübte, war eine totale Preisrevolution.

Was von Gold in Westindien und Centralamerika wie in Peru erbeutet wurde, wäre allerdings nicht bedeutend genug gewesen. Die reichen Silberminen von Potosi (in Peru) und Guanaxuato (in Mexiko) aber, welche 1545 und 1558 gefunden wurden, nebst anderen Gold- und Silberbergwerken, lieferten jährlich solche Massen Silber und Gold, daß das Einströmen derselben in den europäischen Verkehr nach wenig Jahrzehnten eine für die damalige Zeit unbegreifliche, für uns freilich sehr erklärliche Veränderung in den Waarenpreisen zur Folge hatte. A. v. Humboldt berechnete die jährliche Gold- und Silberausfuhr Amerika's nach Europa von 1500 bis 1545 auf 3 Millionen Piaster oder Dollars, von 1545 bis 1600 auf 11 Millionen, im 17. Jahrhundert auf 6 Millionen, in der ersten Hälfte des 18. Jahrhunderts (Zunahme der Goldproduktion Brasiliens) auf 22½ Millionen, in der zweiten Hälfte auf 35½ Millionen und zu Anfang des 19. Jahrhunderts auf 45 Millionen.

Am Schluß des Mittelalters cirkulirten nach seiner Schätzung für 170 Millionen Piaster Metallgeld in Europa, 1600 schon für 600 Millionen, 1700 für 1400 Millionen, 1809 für 1824 Millionen. Bekanntlich ist das Edelmetall kein feststehender Werthmaßstab. Der Preis desselben hängt ab, wie der jeder anderen Waare, hauptsächlich von dem Verhältniß zwischen dem cirkulirenden Quantum und der Menge der Güter, deren Austausch durch dasselbe vermittelt wird. Wächst die umlaufende Gütermasse plötzlich auf das Doppelte, ohne daß sich die Menge der Cirkulationsmittel, d. h. des Geldes, in demselben Verhältniß vergrößert, so muß dasselbe Geldstück, welches früher den Tausch eines Pfundes einer gewissen Waare vermittelte, jetzt den Tausch von 2 Pfunden ermöglichen. Wir sagen dann, die Waare ist um die Hälfte billiger geworden. Umgekehrt wird bei dem plötzlichen Anwachsen der cirkulirenden Geldmenge auf das Doppelte dasselbe Pfund, statt wie vorher durch 1 Geldstück von bestimmter Größe, nun durch 2 derselben eingetauscht. Es heißt dann: die Waare ist noch einmal so theuer geworden. Nach der Entdeckung von Amerika trug sich nun das Letztere in viel grellerer Weise zu. Die einströmende Geldmenge stand so sehr außer Verhältniß zu der Größe des Waarenverkehrs, welcher sich desselben als Umlaufsmittel bediente, und der Zunahme dieses Verkehrs in den folgenden Jahrhunderten, daß die Preise rasch und in ungeheueren Sprüngen stiegen. In Spanien konnte man nach S. Moncada vor der Entdeckung Amerika's für 100 Realen kaufen, was 1619 gegen 600 Realen kostete. Die Pariser Weizenpreise stiegen von 1490 bis 1535 um 160, bis 1546 um 219 Prozent. St. Maur zufolge war der Durchschnittspreis von 1577 bis 1588 fünfmal so hoch wie derjenige von 1492 bis 1501. In Deutschland stiegen die ausländischen Gewürze theilweise auf 400 Prozent; die niedersächsischen Roggenpreise waren 1525 bis 1550 doppelt so hoch, als die von 1475 bis 1500. Dieselbe Erscheinung zeigte sich in allen europäischen Ländern. Anfangs suchte man die Ursache dieser Preisrevolution in der Böswilligkeit der Kaufleute, welche die Preise künstlich in die Höhe trieben u. dgl., und die Regierungen glaubten, wie früher immer, wenn ihnen ein neues Verkehrswunder entgegentrat, durch Verordnungen einschreiten zu müssen. Spanien erließ Ausfuhrverbote, um der „Waarentheuerung" entgegenzuwirken. Der deutsche Reichstag verbot das Zusammentreten größerer Handelsgesellschaften. Alles das schadete natürlich viel mehr, als es nützte, und es dauerte lange, bis man über die Ursache der Preissteigerung klar geworden war. —

Das Werthverhältniß zwischen Gold und Silber erlitt ebenfalls große Schwankungen. Im Ganzen machte sich jedoch infolge der massenhaften Silberausbeute ein stetiges Fallen des Silberwerthes geltend. Gegen das Ende des Mittelalters stand das Werthverhältniß beider Metalle wie 1 : 10 bis 11. Im 17. Jahrhundert stellte es sich auf 1 : 13 bis 14 und zu Anfang des 18. Jahrhunderts auf 1 : 15. Auf dieser Höhe behauptete sich das Verhältniß bis zum Schluß unserer Periode.

1600. **Das Bank- und Geldgeschäft.** Mit dem wachsenden Verkehr entwickelte sich auch das Bankwesen und zwar in zwei verschiedenen Richtungen. Nach dem Muster der italienischen Girobanken wurden ähnliche Anstalten gegründet in Amsterdam (1609), in Hamburg (1619), in Nürnberg (1621), in Rotterdam (1635), in Berlin (1765) u. s. w.

Dagegen entstand in England die erste Zettelbank. Das Geld- und Depositengeschäft lag dort in den Händen der Goldschmiede, welche über-

empfangene Summen Scheine ausstellten, die dann häufig die Besitzer wechselten. Dies führte auf die Idee eines Bankinstituts mit Zettelemissions-Privilegium. Der Schotte Paterson entwarf den Plan zu einer solchen auf Aktien gegründeten Bank, welche der augenblicklich in Geldverlegenheit befindlichen Regierung $1\frac{1}{2}$ Million Lst. vorstrecken und dafür das Privilegium erhalten sollte, Wechsel diskontiren und Noten von 20 Lst. und mehr ausgeben zu dürfen. Nach mehrjährigen heftigen Debatten genehmigte endlich das Parlament im Jahre 1694 den Plan. Das Institut — die heutige Bank von England — trat ins Leben. Ein Jahr später wurde in Schottland ebenfalls eine Zettelbank gegründet, welcher nach Zurücknahme des ihr ursprünglich ertheilten Privilegiums bald andere folgten.

Auf dem Kontinent eröffnete den Reigen die Zettelbank Jean Law's in Paris, gegründet 1716, welche indeß schon nach 4 Jahren ihr Dasein schloß, beladen mit dem Fluche von Tausenden, welche durch sie an den Bettelstab gebracht worden waren.

Das Bankiergeschäft bildete sich in dieser Periode immer mehr zum 1700. eigentlichen Geldhandel aus, wozu sich im Laufe des 18. Jahrhunderts infolge der Staatsanleihen Englands, Frankreichs und Hollands der Handel mit Staatspapieren als Effektengeschäft gesellte. Hauptsitz dieses Geschäftszweigs wurde Amsterdam, da sich die reichen holländischen Kaufleute, welche für ihre Gelder nicht hinreichende Verwendung fanden, hauptsächlich bei diesen Staatsanleihen betheiligten, später trat London als ebenbürtiger Nebenbuhler auf.

Wichtige Geldmärkte waren außerdem Antwerpen, Augsburg (Fugger), Nürnberg, Lyon u. s. w. In Lyon konzentrirte sich während des 15. Jahrhunderts das Wechselgeschäft, wandte sich aber von 1537 an, wo die Lyoner Messen nach Besançon verlegt wurden, ebenfalls dahin. Am Ende desselben Jahrhunderts verlegten die italienischen Bankiers, welche das Wechselgeschäft noch immer beherrschten, die Wechselmessen nach Piacenza, später nach Novi. Im Laufe des 17. Jahrhunderts verloren diese Wechselmessen allmählig ihre frühere Bedeutung, hauptsächlich weil der Meßwechsel aus dem Verkehr verschwand. In Frankreich bildete sich nämlich im 17. Jahrhundert das Indossament aus, und obgleich sich der Handelsstand in Deutschland und Italien lange gegen die neue Einrichtung sträubte, drang dieselbe doch durch, da sie den Verkehr unendlich erleichterte, vor Allem die persönliche Anwesenheit der Kaufleute und Wechsler auf den Abrechnungs- oder Zahlungsorten entbehrlich machte.

In Antwerpen, Besançon und auf den italienischen Plätzen entstanden in dieser Periode die Gebräuche, Vorschriften und Bestimmungen, welche zusammengefaßt die Wechselordnung oder das Wechselrecht ausmachen. Die erste uns bekannte Wechselordnung ist um das Jahr 1569 in Bologna abgefaßt worden.

Der Getreidehandel. Das Getreidegeschäft erlangte schon in dieser Periode an einzelnen Punkten die Bedeutung eines selbständigen Geschäftszweigs und zwar hauptsächlich in Holland. Der eigene Bedarf dieses Landes nöthigte zu regelmäßigen, bedeutenden Getreidebezügen aus den norddeutschen und polnischen Ostseeprovinzen. Die Ueberlegenheit der holländischen Rhederei wies den holländischen Plätzen von selbst die Vermittlerrolle zwischen diesen Getreide ausführenden Provinzen und dem südlichen Europa, Spanien, Portugal und Italien zu. Hauptexporthafen an der Ostsee, dem natürlichen Endpunkt der großen polnischen Wasserstraße, der Weichsel, war Danzig. Erst später versenden Südrußland und die unteren Donauländer über das Schwarze Meer ihre Getreidevorräthe.

Außer diesen Märkten fand sich das Getreidegeschäft fast überall durch staatliche Bevormundungen und Beschränkungen gefesselt. Erst gegen das Ende dieses Zeitraums gewinnt dasselbe noch an einigen anderen Plätzen Bedeutung, so in Hamburg, in Stettin und Königsberg, in Genua ꝛc. Außer den norddeutschen und polnischen Ostseeprovinzen traten im Laufe des 18. Jahrhunderts auch Rußland und die nordamerikanischen Kolonien Englands als Getreide und Mehl ausführende Länder auf.

Besondere Umstände veranlaßten diese großartige Entwicklung des Getreidehandels. Denn schon im Alterthume war derselbe wichtig, da große Städte, wie Rom, Athen, Byzanz u. a. mit Getreide zu versorgen waren, Kaiser und hohe Staatsbeamte dasselbe an die ärmeren Volksklassen verschenken mußten, um sich beliebt zu machen und den Pöbel ruhig zu halten. Im Mittelalter litten einzelne Länder nicht selten durch Hungersnoth, weil es an Transport- und Austauschmitteln fehlte, um aus Nachbarländern Getreide herbeizuschaffen. Nun wurden im 18. Jahrhundert in Europa lange, verheerende Kriege geführt, unter denen der Ackerbau litt und wiederholt Hungersnoth ausbrach. Um den Mißernten vorzubeugen, suchten verschiedene Regierungen den Anbau der Kartoffeln einzuführen, welchem sich aber das Volk lange hartnäckig widersetzte, da es diese Knollenpflanze nur zum Viehfutter verwenden wollte. Es lagen aber in den großen holländischen Handelsplätzen nach dem Verluste der ostindischen Besitzungen große Kapitalien müßig, welche man verwenden wollte. Da brachten denn die häufigen Mißernten wie der Umstand, daß die südeuropäischen Staaten jährlich einer namhaften Zufuhr von Weizen bedurften, auf den Gedanken, den Getreideumsatz zu einem Spekulationsunternehmen zu machen und das Getreide selbst zu einem Artikel des Welthandels zu erheben. Rußland und Polen erzeugten regelmäßigen Ueberfluß an Getreide, welches man auf den großen Flüssen leicht und billig nach den Seeplätzen des Baltischen Meeres schaffen konnte, von wo es die Holländer abholten. Zwar blieb dieses Geschäft großem Wechsel unterworfen, weil die Preise plötzlich stiegen oder fielen, aber schließlich glich sich dies aus, sobald ausreichende Kapitalien vorhanden waren, welche es auch gestatteten, die Waare bei niedrigen Preisen so lange liegen zu lassen, bis diese stiegen. Außerdem besaß Holland so viel Schiffe, daß es an ausreichenden Transportmitteln zur rechten Zeit nicht fehlte. Sehr bald erwarben sich die Holländer die nothwendigen Kenntnisse dieses Artikels, brachten die Vorräthe der Ausfuhrplätze an sich, da sie baar und im Voraus zahlen konnten, und erlangten dadurch gewissermaßen den Alleinhandel. Diesen verloren sie jedoch nach und nach in unserem Jahrhundert an England, welches jährlich regelmäßig für etwa 70—80 Mill. Pfd. St. Getreide einkauft.

Vierter Theil.

Von der Unabhängigkeitserklärung der nordamerikanischen Kolonien bis zur Gegenwart.

Einleitung.

So bedeutend auch die Fortschritte gewesen sind, welche in der materiellen Entwicklung der Völker, in der Vervollkommnung der Gewerbe, in der Ausdehnung des Handels im Laufe der Jahrtausende, die wir vor unserem Auge vorüberziehen ließen, gemacht wurden, sie verschwinden gegenüber dem riesenhaften Anwachsen aller Zweige menschlicher Thätigkeit, gegenüber der ungeheueren Zunahme des Weltverkehrs in den wenigen Jahrzehnten, welche wir die „neueste Zeit" nennen. Es ist deshalb vollkommen gerechtfertigt, wenn wir dieser letzteren einen eigenen Abschnitt der Handelsgeschichte widmen, gerechtfertigt, wenn wir den Ursachen, welche diesen Aufschwung veranlaßten, gleiche Wichtigkeit zuerkennen wie den Ereignissen, welche als die Marksteine der früheren Perioden der Geschichte dastehen.

Von diesen äußeren Veranlassungen zieht die Losreißung der englischen Kolonien in Nordamerika von dem Mutterlande zuerst unsere Aufmerksamkeit auf sich. Nun erst tritt Amerika selbständig in den Welthandel ein, gewinnt die Kraft zur inneren Entfaltung und schwingt sich in kurzer Zeit zu einem der wichtigsten Faktoren des Welthandels auf. 1783.

Die weiten Ebenen des Neuen Kontinents, von fast unerschöpflicher Fruchtbarkeit, öffnen sich der europäischen Einwanderung. In ununterbrochenem Strome fließt diese dorthin, bringt die fehlenden Arbeitskräfte und Kapitalien mit, kultivirt das Land und wird infolge steigenden Wohlstands bald der stärkste Verbraucher europäischer Fabrikate. Ihre eigenen Rohprodukte finden dagegen einen immer größeren Markt in Europa, und so entsteht ein Austausch von solcher Großartigkeit zwischen den beiden Kontinenten, daß der bisherige Verkehr zwischen dem Abendlande und dem Orient in der Alten Welt dagegen in den Schatten tritt.

Allerdings würde dies kaum so schnell bewirkt worden sein, wenn nicht in Europa selbst innere Veränderungen von großer Bedeutung vor sich gegangen wären. Während in Amerika neue Nationen entstanden, frei von der Last gesellschaftlicher Hindernisse und Vorurtheile, welche die Völker der Alten Welt erdrückt hatten, lösten auch diese einen Theil ihrer Fesseln. Die Aufhebung der Leibeigenschaft wies dem Bauernstande seine Stellung als gleichberechtigtes Glied der Gesellschaft an und machte dadurch nicht blos einer sozialen Ungerechtigkeit, sondern auch einer volkswirthschaftlichen Sünde ein Ende.

So lange der Bauer für den Herrn arbeitete, that er nur das Unerläßlichste. Sobald er sicher war, die Früchte seines Fleißes selbst genießen zu können, wurde die Arbeit nicht mehr zum Fluch für ihn, sondern zum Segen. Die Produktion verdoppelte sich und das Mehr bot die Mittel, das bisher Unerschwingliche zu kaufen. Die Emanzipation des Bauernstandes, welche in fast allen Ländern Europa's am Schlusse des 18. und am Anfang des 19. Jahrhunderts vor sich ging, gewann der europäischen Industrie und dem Welthandel über 50 Millionen neuer Konsumenten. Schon dadurch mußte der Verkehr eine früher ungeahnte Ausdehnung gewinnen. Die französische Revolution als das epochemachende Ereigniß brach alle Bevorrechtungen der einzelnen Stände nieder, stellte diese einander gleich und schuf den modernen Staat der
1790. bürgerlichen Gesellschaft. Der Königsberger Philosoph Kant verlangte theoretisch die Freiheit als Grundlage des sittlichen und staatlichen Lebens, der Schotte Smith begründete das Recht der Freiheit der Arbeit, d. h. der Handels- und Gewerbefreiheit, des freien Gebrauchs der Talente und Kräfte, und seitdem fiel eine Zoll- und Zunftschranke nach der anderen, und die Völker lernten sich als Mitglieder einer großen Familie betrachten. Der schmachvolle Sklavenhandel ward verboten, der freie Arbeiter trat in seine vollen Rechte ein, und fortan galten Handels- und Gewerbeangelegenheiten für die wichtigsten Staatsinteressen.

Die Grundsätze der Revolution, welche Gleichheit, d. h. gleiche Berechtigung der Staatsbürger forderte, führte zur Aufhebung der Privilegien, Standes- und Besitzvorrechte. Smith erklärte die Arbeit als die alleinige Gründerin des Reichthums und bewies, daß Landbau, Gewerbe und Handel in lebendigster Wechselwirkung stehen, und man die Hindernisse der freien Arbeit, d. h. der Verwendung der Talente und Geschicklichkeiten, beseitigen müsse. Endlich nahmen die Parlamente Partei für solche Ansichten, Cobden bereiste Europa, um es für den Freihandel zu gewinnen, welchen England 1846 einführte.

1770. Hierzu kam die Revolution, welche in den letzten Jahrzehnten des 18. Jahrhunderts in der Technik und in den Methoden der Gewerbthätigkeit eintrat. Das Wunder, welches Aristoteles' Aeußerung: „So lange die Weberschiffchen nicht von Männern von Eisen bewegt werden können, ist die Sklaverei eine Nothwendigkeit", schon Jahrtausende vorher andeutete, ereignete sich. Denn es traten nun auch Kunst und Wissenschaft in den Dienst des praktischen Lebens, die Maschine an die Stelle der rein physischen Menschenkraft. Indem sie den Arbeiter von diesem niedrigen Dienste befreite, verlangte aber auch die Leitung und Anfertigung der Maschinen mehr Intelligenz. Erfindung folgte auf Erfindung: James Watt († 1785) entdeckt die Kraft des Dampfes und dessen Beherrschung, Arkwright konstruirte die Baumwollenspinnmaschine (1769), Cartwright den mechanischen Webstuhl (1786), Jacquard den Webeapparat für gemusterte und broschirte Seidenstoffe (1810), Fulton befuhr (1807) den Hudson von New-York bis Albany mit einem Dampfschiff, Stephenson die Eisenbahn von New-Castles mit der Lokomotive (1814), und England erbaute 1825 die erste Eisenbahn, Deutschland 1835, Indien 1853, Australien 1854. Man führte Gasbeleuchtung ein, chemische Schnellbleichen, erfand neue Chemikalien, verbesserte den Zeugdruck und die Färberei, lernte Bauholz durch Tränken mit Salzauflösungen konserviren, Runkelrüben besser auspressen, erfand Lithographie, Galvanoplastik, Photographie, Preß-, Bohr- und Druckmaschinen, Schnellpressen, Ketten- und Drahtbrücken, eiserne Schiffe und Häuser, Telegraphen, bessere optische Apparate u. s. w. Mit der Vermehrung der Maschinen trat ein Mehrverbrauch der Rohstoffe und Billigkeit der Fabrikate ein, die Posten nahmen an Zahl zu, vereinfachten ihre Manipulationen, ermäßigten die Porti. Postvereine regelten die Gleichmäßigkeit mit Nachbarländern, Banken, Sparkassen, Assekuranzen sammelten Kapitalien und erleichterten den Kredit, Aktiengesellschaften führten große Unternehmungen aus, das Handelsrecht und die Gesetzgebung im Allgemeinen wurden zeitgemäß umgestaltet, Handelsgerichte und Handelskammern errichtet, das „allgemeine deutsche Wechselrecht" 1849 eingeführt, das Handelsgesetzbuch 1861 und die Regelung eines internationalen Seerechts seit 1856 von den Staaten in Angriff genommen, Industrie- und Gewerbeausstellungen von Zeit zu Zeit veranstaltet. Das ist die rastlos schaffende Gegenwart. Kunstausstellungen, Zeitschriften, populäre Vorlesungen demokratisirten die Wissenschaft, Nationalanleihen die Staatsschulden. Selbst die Kriegführung ward durch Eisenbahnen, Telegraphen, neue Waffen u. s. w. eine andere, kürzere, die Medizin entdeckte schmerzstillende Mittel und die Gesundheitspflege ward Staatsinteresse und Sorge der Staatsgesellschaft.

Immer entbehrlicher wurde die rein mechanische Handarbeit, immer vollkommener, zuverlässiger und wirksamer der Ersatz, welchen die Maschine und der chemische Prozeß boten. Freilich waren die neuentdeckten Mächte nicht zu Jedermanns Verfügung. Nur der große Betrieb vermochte sie anzuwenden, da ihre Anschaffung und ihre Verwendung bedeutende Kapitalien und Intelligenz erheischten. Deshalb sehen wir von nun an an die Stelle kleiner Geschäfte große Etablissements, an die Stelle der Handarbeit die Maschinenarbeit, an die Stelle des handwerksartigen Betriebs den fabrikmäßigen Betrieb treten. Das Wesentliche dieser Umgestaltung des Gewerbewesens ist die ungeheuer gesteigerte Produktivität bei gleichen Herstellungskosten und die von selbst daraus entspringende Wohlfeilheit aller mit Hülfe von Maschinenarbeit und fabrikmäßig gefertigter Fabrikate. War die Zahl der Konsumenten schon durch die beiden vorher berührten Momente mächtig angewachsen, so erhöhte sich dieselbe noch mehr durch das rasche Sinken der Preise aller Manufakturwaaren 2c., wodurch es auch dem Aermsten möglich wurde, als Käufer aufzutreten und Theilnehmer am Weltverkehr zu werden. Der Handel mit Rohmaterialien und Fabrikaten erhob sich hierdurch rasch zu staunenswerther Höhe, besonders da die Einführung des Maschinenwesens in Europa eine weitere bemerkenswerthe Folge hatte.

Die Verarbeitung der Rohprodukte geschah bisher naturgemäß in dem Erzeugungslande. Die Frachten waren viel zu hoch und der Unterschied der Herstellungskosten, Arbeitslöhne u. s. w. viel zu gering, als daß ein Land, welches den Rohstoff von einem anderen kaufen mußte, mit diesem bei dem Verkauf der Fabrikate hätte konkurriren können. Nur in einzelnen Fällen, wo entweder der Rohstoff so kostbar war, daß die Transportkosten dabei wenig ausmachten, wie bei Seide, bei Gold und Silber u. s. w., oder wo ein Volk in einem bestimmten Industriezweige einen so hohen Grad von Kunstfertigkeit erlangt hatte, daß Niemand Gleiches zu leisten vermochte, wie bei künstlichen Schnitzereien, kostbaren gefärbten oder gestickten Gewändern u. s. w. im Alterthum, feinen Tuchen im Mittelalter u. dgl., nur da kam es vor, daß die Rohstoffe des einen Landes nach einem anderen geschafft und dort verarbeitet wurden, ja daß ein Volk alsdann von dem anderen den ihm früher verkauften Stoff in

Gestalt von Fabrikaten zurückerhielt. Doch handelte es sich selbst in diesen Fällen nur um die feinsten und theuersten Gegenstände, um die sogenannten Luxusartikel. Die Niederländer z. B. bezogen zwar von England Wolle und sandten die daraus gefertigten feinen Tücher nach England zurück; in der Fabrikation der gewöhnlichen Wollenstoffe konnten sie aber trotz der hohen Ausbildung dieses Gewerbszweigs in ihrem Lande nicht mit den englischen Wollenwebern konkurriren, welche den Rohstoff daheim so viel billiger einkauften.

Die Maschine überwand alle die Hindernisse. Was früher Ausnahme gewesen war, wurde jetzt Regel. So groß war die Ersparniß an Arbeitskräften und Arbeitslöhnen, daß die Transportkosten des Rohmaterials sammt der Rückfracht für die Fabrikate nicht mehr in die Wagschale fielen, und daß diejenigen Länder, welche das Maschinenwesen jetzt einführten und ausbildeten, gewissermaßen große Fabrik- oder Industriestädte wurden, welche aus allen Weltgegenden Rohmaterial bezogen und die daraus erzeugten Waaren wieder nach allen Himmelsstrichen versandten. Das sprechendste Zeugniß für den ungeheueren Umschwung der Dinge ist wol die Thatsache, daß heute ostindische Baumwolle die Reise um die halbe Welt bis England macht, hier versponnen und verwebt als Fabrikat wieder nach Ostindien zurückgesandt und dort, in der Heimät des Baumwollenbaues und der Baumwollenweberei, billiger verkauft wird, als die indischen Weber trotz der denkbar niedrigsten Arbeitslöhne ihr Fabrikat herstellen können! Dasselbe ist heute, wenn auch nicht so grell, der Fall mit Wolle, mit Leinen, mit Seide, mit Eisen, mit Häuten, wie mit den unzähligen Farb- und Hülfsstoffen, welche die europäische Industrie verwendet, mit Talg, Harz, Palmen- und Kokosöl, mit Indigo, Cochenille und den verschiedenartigen Farbhölzern, Sumach, Dividivi, Valonen und anderen Gerbstoffen, mit Salpeter, Natron u. s. w. Alle diese Rohstoffe durchkreuzen heute die Meere, um in fremden Ländern ausgenutzt zu werden. Dann machen sie als Fabrikate nochmals weite Reisen und gehen durch unzählige Hände, ehe sie zu dem eigentlichen Konsumenten gelangen. Welch großartige, welch tausendfach gesteigerte Handelsthätigkeit setzt allein diese Gestaltung des heutigen Industrielebens voraus! Und doch ruht der Welthandel in der Neuzeit nur zur Häfte darauf. Eben so umfangreich und ausgedehnt sind die Geschäfte und Umsätze in den ersten Bedürfnissen des Lebens, den Nahrungsmitteln, wie in den verschiedenartigen Genußgegenständen geworden. Zucker, Kaffee, Reis und Tabak, vier Artikel, welche dem Alterthum und Mittelalter entweder gar nicht bekannt waren, oder doch, wie der Zucker, nur in sehr kleinen Quantitäten in den Verkehr kamen, werden jährlich in vielen Millionen Centnern von den Erzeugungsländern geholt und verbraucht. Ehemals Luxusgegenstände, deren Preis nur von den Reichen und Vornehmen gezahlt werden konnte, sind sie heute in der Hütte des ärmsten Tagelöhners zu finden und gehören zu den unentbehrlichsten Bedürfnissen des täglichen Lebens. Welche Rolle spielt heute das Getreide im Welthandel! England allein führte im letzten Dezennium jährlich ca. 20 Millionen Centner Getreide und Mehl ein. Vor weniger als 100 Jahren hätte der Tonnengehalt sämmtlicher während eines Jahres in seinen Häfen einlaufenden Schiffe nicht hingereicht, dieses Quantum zu fassen! Ungarns Wohlhabenheit und Geldumlauf liegt in seinen Getreideernten.

Einen mächtigen Einfluß auf das gesammte Handels- und Industrieleben gewann die Ueberfülle des Goldes, welches man in neuester Zeit fand. Man gewinnt jährlich im Durchschnitt an Gold und Silber 700 Mill. G. Von 1500—1848 mögen 7000 Mill. G. Gold nach Europa gekommen sein, von 1848—63 aber 5000 Mill. G. In Nordamerika stiegen die Golddollars von 9 Mill. auf 80 Mill., in Frankreich von 85 Mill. Fr. auf ca. 600 Mill. Dieser Zuwachs hatte eine Steigerung der Preise und namentlich auch der Arbeitslöhne zur Folge, die sich in England um 20—60% hoben. Dagegen nahm die Geldmasse der Börsen zu. In Paris wurden von 1855—66 9 Milliarden 930 Mill. Fr. Anleihen gemacht, da Italien 2520 Mill., Oesterreich nahe an 2000, Rußland über 1000, die Türkei an 500 Mill. erhielten. Um die Geldmasse zu placiren, entstanden alle möglichen Unternehmungen, von denen das Mobiliar-Kredit-Institut der Brüder Pereire den Schwindel ins Kolossale trieb. Dagegen bemühen sich die Staaten, ein allgemeingiltiges Maß (Meter), Gewicht (Kilo), Maß (Liter) und Münzfuß (Goldstück zu 5 Fr. und Goldwährung) einzuführen, und sprechen sich die meisten gewichtigen Stimmen gegen die Patentgesetze aus.

Am wichtigsten werden für unser gesammtes Kulturleben die Genossenschaften, welche an die Stelle der mittelalterlichen Zünfte und Innungen treten. „Die große Masse kommt zum Bewußtsein ihrer Macht, für sie ist beim Festessen des Lebens kein Gedeck aufgelegt, aber sie nimmt eigenmächtig Platz am Banket. Die Physiognomie der Gesellschaft verändert und verjüngt sich zusehends. Das Genossenschaftswesen ist einer der wirksamsten Hebel, die alten Wurzeln auszutilgen, welche vom Stamme der verrotteten, monopolistischen Rechtsidee noch übrig geblieben sind und dem sozialen Boden gesunde Kräfte entziehen. Sie müssen die polizeiliche und staatliche Bevormundung als überflüssig und schädlich überwinden und die Selbstregierung des Volks ausbilden und fest begründen helfen" (Büchele). Es giebt in Deutschland an 700 Vereine mit nahe an ½ Mill. Mitgliedern und einem Geschäftsumsatz an fast 100 Mill. Thlr., wobei man nur 50,000 Thlr. Verluste und über ½ Mill. Thlr. Gewinn hatte. Neben ihnen oder ihnen gegenüber stehen die Arbeiterunionen, welche eine gänzliche Umgestaltung des sozialen und politischen Lebens beabsichtigen, sich der Arbeitseinstellungen in Masse (Strikes) bedienen und den bestehenden Staaten gefährlich zu werden drohen. Das ist die viel besprochene, noch ungelöste soziale Frage.

Schließlich fügen wir Büchele's Schlußwort an: „Der Kaufmann der jetzigen Tage reicht mit Rechnen, Buchhalten und Waarenkenntniß nicht aus, vielmehr muß er neben einer Kenntniß der Zollgesetze der meisten Länder und ihrer Motive, der Münzen, Maße, Gewichte und Wechselgesetze auch die physische und politische Geographie aller Theile des Erdbodens, deren Erzeugnisse, Verkehrsanstalten, das Wesen ihrer Fabriken, kurz die Theorie und Praxis des Handels im weitesten Sinne studirt haben."

Die Fortschritte der Naturwissenschaften kamen der Industrie und dem Handel auch indirekt zu Hülfe. Man fand sichere und kürzere Seewege, studirte Meeres- und Windströmungen, lernte sich vor Stürmen sichern, wußte Gebirge mit Eisenbahnen zu überklimmen, Berge zu durchbohren, Landengen zu durchstechen, Seen trocken zu legen, Molos ins Meer hineinzubauen, die Schädlichkeit gewisser verarbeiteter Stoffe zu entfernen, für gesunde Nahrung zu sorgen, sicherte Besitz und Leben gegen Unglücksfälle durch Assekuranzen, legte

Armen-, Kranken- und Findelhäuser, Fachschulen aller Art an u. s. w., kurz das ganze Leben gestaltete sich menschlicher und menschenwürdiger.

Mit solchen Hülfsmitteln ausgerüstet, vermochte es der Welthandel, seine große Aufgabe zu erfüllen, d. h. nicht blos die Bedürfnisse und Wünsche weniger vom Glück Bevorzugten zu befriedigen, wie im Alterthum und im Mittelalter, sondern den Anforderungen der hundert Millionen von Menschen zu genügen, welche heute von ihm nicht allein Reizmittel, Schmuck und prächtige Gewänder, sondern Alles, was zur menschlichen Existenz erforderlich ist, verlangen.

England.

1770 bis 1783. Die Unabhängigkeitserklärung der nordamerikanischen Kolonien Englands gab das Zeichen zu einem siebenjährigen Kampfe, welcher nicht blos auf die beiden Gegner beschränkt blieb, sondern auch Frankreich und Spanien in den Krieg verwickelte, und da England den Holländern nicht recht traute, welche unter dem Schutze der Neutralität den Handel mit Amerika an sich bringen wollten, so erklärte es auch an diesen Staat den Krieg. Diese Mächte erkannten die rebellischen Kolonien als selbständigen Staat an, und der Krieg vermehrte Englands Schulden um 240 Millionen Pfd. St. Frankreich, Spanien, sowie Holland halfen den Rebellen nicht aus Sympathie, sondern aus Haß gegen Englands Macht, welche sie Alle überflügelt hatte. Man führte den Krieg zur See auf allen Meeren, namentlich aber im Antillenmeere, und die Kaperschiffe der Verbündeten beunruhigten den Handel Englands während dieses Kriegs so sehr, daß Kauffahrteischiffe größere Reisen nur unter dem Schutze von Kriegsfahrzeugen machen konnten. Dies kam der Schiffahrt der Neutralen, den Dänen, Russen, Schweden, Preußen, Hamburgern u. s. w., sehr zu Statten, denn Katharina hatte durch ihre Drohung die Anerkennung der bewaffneten Neutralität erzwungen. Sie rissen einen großen Theil des Handels zwischen dem Nordosten und Südwesten Europa's an sich. Erstere erweiterten auch ihren Verkehr in Ostindien und Westindien bedeutend und versorgten jetzt Deutschland zum Theil mit den dortigen Produkten. England sah sich während des Kriegs genöthigt, alle die Schiffbaumaterialien, welche es bisher größtentheils aus seinen nordamerikanischen Kolonien bezogen hatte, wieder ausschließlich von den Ostseeländern zu holen, und da auch seit 1770 eine bedeutende Korneinfuhr erforderlich wurde, belebte sich der Verkehr zwischen England und dem Nordosten Europa's außerordentlich. Doch war dies kein hinreichender Ersatz für die erlittenen Verluste, und als 1783 trotz aller Anstrengungen und Opfer — die Staatsschuld hatte sich fast verdoppelt, denn vor dem Kriege betrug sie 129 Mill. Lst., nach demselben 239$^3/_5$ Mill. Lst. — die Unabhängigkeit der nordamerikanischen Kolonien anerkannt werden mußte, hielten Viele das Inselreich für verloren. In Deutschland und Frankreich setzte man große Hoffnungen auf den Verkehr mit Nordamerika, welches für immer mit England zerfallen schien. Bald indeß zeigte es sich, daß man die Festigkeit der Bande, welche gleiche Nationalität, gleiche Sprache, gleiche Sitten, Jahrhunderte lange Handelsverbindungen und noch manches Andere beide Länder an einander knüpften, unterschätzt hatte. Der Verkehr zwischen England und Nordamerika wurde nach dem Friedensschlusse lebhafter als er je gewesen war, und auch im Uebrigen bewiesen sich die Befürchtungen wegen der Zukunft Englands ungegründet.

Während sich die Regierung vergeblich abmühte, die Losreißung der Kolonien zu verhindern, erwuchsen dem Lande im Inneren Hülfsquellen, welche den drohenden Verlust tausendfach aufwogen. Die Erfindung der Baumwollenspinnmaschine durch Arkwright 1770 und des mechanischen Webstuhls durch Cartwright 1787, in Verbindung mit der Erfindung des ersten praktischen Dampfmaschinensystems durch J. Watt 1763, welches nach vielen Verbesserungen 1785 patentirt wurde, bewirkten die totale Umwälzung in fast allen Zweigen der Industrie. Gleichzeitig erfand Wedgewood das berühmte, seinen Namen tragende Steingut, die Papiertapeten kamen in Gebrauch, die Schnellgerberei, die Darstellung der englischen Schwefelsäure in Bleikammern, der Kattundruck mittels Walzen, die Steinkohlengasbeleuchtung — kurz eine ganze Reihe anderer Erfindungen und Verbesserungen von größerer oder geringerer Tragweite schlossen sich jenen großartigen Erfindungen und Fortschritten an und hoben die englische Industrie in wenig Jahrzehnten über alle Mitbewerber empor. Die raschesten Fortschritte machte die Baumwollenfabrikation. Man hatte bei der bisherigen Darstellungsweise weder mit den indischen Baumwollgeweben zu konkurriren, noch die leichten leinenen und wollenen Zeuge zu verdrängen vermocht. Nun aber arbeitete die Spinnmaschine so billig, daß Baumwollenzeuge bald von den Aermsten getragen werden konnten und außerordentlichen Absatz fanden. Denn je mehr Baumwolle man verarbeitete, um so billiger ward der Rohstoff, aber auch das Fabrikat. Der Preis eines Pfundes fiel von 1787—1830 z. B. von 38 Schillinge auf 2; doch erhielt der Stoff als Garn doppelten, als Gewebe dreifachen Werth. Manchester, Glasgow und andere Städte, welche sich zu Hauptsitzen dieser Industrie empor arbeiteten, daneben Liverpool und Hull, die Häfen, über welche die Rohbaumwolle der Levante, Aegyptens und Persiens sowie Brasiliens und Westindiens bezogen und über welche auch die Fabrikate expedirt wurden, wuchsen in kurzer Zeit zu Städten ersten Ranges heran. Auch in der Wollen- und Leinenwaarenfabrikation fand das Maschinenwesen Eingang. Diesem dankten Leeds, Leicester, Halifax, Nottingham und Dundee ihre zunehmende Größe. Die Kammwollenspinnerei und die Worstedfabrikation gediehen besonders in Bradford. Den Rohstoff lieferte Spanien, später Deutschland, in neuerer Zeit Australien und das Kapland; auch verarbeitet man viel Alpaka- und Angorawolle. Als es gelungen war, die Maschinen auch für Flachs und Hanf einzurichten, konnte man auch feine, schöne Leinwandgespinnste erzeugen, so daß England, welches bisher Garn und Leinwand kaufte, massenhaft verkaufen konnte, namentlich in Amerika und Spanien, und dagegen Rohstoff bezog, aus Rußland allein für etwa 5 Mill. Pfd. St. Hauptsitze dieser Industrie wurden Manchester, Leeds, Bradford, Dundee, Belfast u. a. Eine andere, nicht weniger wichtige Industriereihe, der Eisen-, Kupfer- und Kohlenbergbau, die Eisenwerke und Metallfabriken, machten gewaltige Fortschritte, und in Birmingham und Sheffield konzentrirte sich diese Metall- und Stahlwaarenfabrikation. Chemie und Mechanik bewährten hierbei ihre hülfreiche Macht am glänzendsten, indem sie bessere Methoden lehrten und neue Arten der Verwendung zeigten. Die Zunahme aller Gewerbe, namentlich des Steinkohlenbaues, veranlaßte ihrerseits großartige Kanalbauten, welche in den letzten Jahrzehnten des 18. Jahrhunderts in England unternommen wurden, um den Verkehr im Inneren des Landes zu ermöglichen. Der Bridgewaterkanal (1772 durch Brindley ausgeführt)

1783 bis 1814. verband Manchester mit Kohlenwerken und Liverpool, der Greattrunkkanal diese letzteren Stadt mit London, Hull und Bristol, der kaledonische Durchschnitt Schottland u. s. w. Der schon an und für sich mächtig erstarkten Industrie kamen zum Ueberfluß noch höhere Einfuhrzölle auf manche ausländische Fabrikate zu Hülfe, namentlich auf Leinwand, ferner Prämien bei der Ausfuhr englischer Leinen-, Seiden- und Baumwollenwaaren, endlich Ausfuhrverbote gegen die meisten in den genannten Manufakturzweigen angewandten Maschinen. Die Ausfuhr britischer Erzeugnisse erweiterte sich infolge dieser Verhältnisse nach dem Friedensschlusse sehr beträchtlich. Auch der 1783 mit Frankreich abgeschlossene Handelsvertrag trug dazu bei. Zwischen 1760 und 1787 hatte die Ausfuhr durchschnittlich 16 Mill. Lst. betragen, in den nächsten 5 Jahren dagegen stieg sie auf ca. 25 Mill., wuchs also um mehr als 50%. Selbst während des 1793 von Neuem ausgebrochenen Krieges mit Frankreich, welcher mit geringen Pausen bis zum Jahre 1814 dauerte und in anderen Beziehungen ungeheuere Opfer erheischte — bis 1800 hatte sich die Staatsschuld abermals verdoppelt (ca. 474 Mill. Lst.), bis 1814 vervierfacht (ca. 861 Mill. Lst.) — ja während der Kontinentalsperre und des letzten Krieges mit den Vereinigten Staaten in den Jahren 1812 bis 1814 ließ das Anwachsen der Ausfuhr nicht nach und die an einem Punkte verschlossenen Absatzkanäle öffneten sich stets wieder an einem anderen. Im Jahre 1805 war der Export auf 44 Mill. Lst. gestiegen, 1810 belief er sich auf 45⁴/₅ Mill. Lst. und erreichte in den nächsten Jahren 50 Mill. Von den europäischen Ländern stand Deutschland unter den Abnehmern britischer Fabrikate oben an, wenigstens seitdem Holland durch die französische Besetzung seinen auswärtigen Handel größtentheils eingebüßt hatte. Fast während des ganzen 18. Jahrhunderts bewegte sich die Ausfuhr nach Deutschland um 2 Mill. Lst. an Werth, 1793 stieg sie plötzlich auf $2^{1}/_{2}$ Mill., 1794 auf 6 Mill., 1800 auf 10 Mill. Im folgenden Jahrzehnt wurde sie nur durch die auf deutschem Boden ausgefochtenen Kriege verringert. Der Haupteinfuhrhafen Deutschlands blieb Hamburg. Von 1804 an ging jedoch der deutsche Handel über Dänemark, z. B. über die Stadt Tönningen, ferner über Lübeck, Emden und Ostpreußen, da die Elbe- und Wesergegenden von den Franzosen besetzt waren. Für den Ausfall im deutschen Handel fand England Ersatz in dem vergrößerten Absatze nach Spanien, welches seit 1808 mit englischer Hülfe gegen die Franzosen kämpfte, hauptsächlich aber in der Ausdehnung seines Handels mit Amerika. Die Vereinigten Staaten erhielten 1783 für 1 Mill. Lst., 1787 für 2 Mill. Lst., 1791 für 4 Mill. Lst., 1800 für ca. 8 Mill. Lst., und von da bis zum Ausbruche des Krieges 1812 bewegte sich die Ausfuhr durchschnittlich zwischen 5 und 8 Mill. Lst. Eine gleiche Zunahme erfuhr die Ausfuhr nach Westindien, sowol nach den dortigen britischen als den nichtbritischen Besitzungen. Die Ausfuhr nach jenen hob sich im 1. Dezennium des 19. Jahrhunderts von $1^{1}/_{2}$ Mill. im Jahre 1786 auf 5 bis 6 Mill.; nach letzteren schwankte sie von 1808 bis 1814 zwischen 4 und 6 Mill. Lst., während sie 1796 kaum 1 Mill. Lst. erreicht hatte.

In dem Verhältnisse der einzelnen Ausfuhrartikel gegen einander war natürlich eine große Veränderung eingetreten. Wir wissen, daß ehemals Zinn, dann Wolle und Zinn, später Wollenwaaren an Bedeutung obenan standen. Die Umgestaltung der industriellen Verhältnisse durch Einführung des Maschinenwesens, der Aufschwung der metallurgischen Gewerbe und des Bergbaues verrückte diese Rangordnung. Schon von 1797 bis 1798 betrug der Werth der ausgeführten Baumwollenwaaren über die Hälfte des Werthes des Wollenwaarenexports. Letzterer bezifferte sich auf ca. 7⁸/₁₀ Mill., ersterer auf ca. 4¹/₁₀ Mill. Vier Jahre später, 1802, hatte die Baumwolle die Wolle überflügelt. Die ausgeführten Fabrikate der ersteren repräsentirten einen Werth von ca. 7⁹/₁₀ Mill., die der letzteren von ca. 6¹/₂ Mill. Die Ausfuhr von Eisen und Stahl, von Kupfer und Kupferwaaren belief sich ebenfalls auf je 1 bis 1¹/₂ Mill., von Glas und Steingut auf ¹/₂ Mill., von Steinkohlen ebenfalls auf ¹/₂ Mill., während Zinn nur mit ¹/₄ Mill. in den Exportlisten verzeichnet ist. In den folgenden 10 Jahren erhöhte sich der Betrag aller dieser Ausfuhren, nur Kupfer-, Eisen- und Stahlwaaren ausgenommen, welche etwas zurückgingen. Kein Artikel aber stieg in dem Maße wie Baumwollenwaaren, welche schon 1814 im Werthe von 20 Mill. Lst. ausgeführt wurden, also fast die Hälfte der ganzen Ausfuhr inländischer Erzeugnisse ausmachten, welche 47⁴/₅ Mill. Lst. betrug. 1793 bis 1814.

Von den ausländischen Rohstoffen, die in Englands Fabriken verarbeitet wurden, erlangte jetzt Rohbaumwolle eine alle anderen überwiegende Bedeutung. In Liverpool, dem Haupteinfuhrplatz derselben, kamen 1701 an 68,404 Ballen, 1810 dagegen 182,000 Ballen. Bemerkenswerth ist der Wechsel, welcher in den Bezugsquellen dieses Stoffs eintrat. 1791 lieferte Brasilien 34,500 Ballen über Portugal, Westindien 25,777 Ballen, die Levante 2242 Ballen und die Vereinigten Staaten, welche um diese Zeit versuchten, ob die Baumwollenkultur lohnend sei, 91 Ballen. 1810 hatte sich das Verhältniß folgendermaßen gestellt: Vereinigte Staaten 199,000 Ballen, Westindien mit Demerary 40,000 Ballen, Brasilien mit Portugal 17,000 Ballen. Dies erklärt, wie sich die Einfuhr aus den Vereinigten Staaten bis 1810 wieder auf 2³/₅ Mill. Lst. heben konnte, obgleich die früheren Hauptartikel, Tabak und Reis, jetzt mit Umgehung von England direkt nach dem Kontinente gingen. Neben der Baumwolle bildeten Getreide und Mehl die wichtigsten Einfuhrgegenstände von dorther.

Außer der Baumwolle müssen wir noch der Rohwolle gedenken, wovon im ersten Jahrzehnt des 19. Jahrhunderts durchschnittlich 8 Mill. Pfund eingeführt wurden. Dieselbe kam zum größten Theil aus Spanien. Deutschland lieferte nur ein unbedeutendes Quantum, 4- bis 600,000 Pfund jährlich. Im Zusammenhange mit dem Aufschwunge der Industrie Englands stand die Zunahme des asiatischen Handels, namentlich mit Ostindien und China. Rohe Seide, Indigo und Salpeter wurden in immer größeren Mengen verbraucht. Daneben hob sich durch die steigende Theekonsumtion besonders die Einfuhr von chinesischem Thee. Auch Gewürze bildeten jetzt einen wichtigen Theil dieses Handels, da die Engländer während der Kriege den holländischen und französischen Gewürzhandel in Ostindien größtentheils an sich zogen. Weniger stieg die Ausfuhr dorthin, wenngleich die englischen Wollen-, Metall- und selbst Baumwollenwaaren in Asien mehr Eingang fanden. Deshalb erreichte die Ausfuhr während dieser Zeit nur selten den Werth von 2¹/₂ Mill. Lst., während die Einfuhr von daher durchschnittlich das Doppelte betrug.

Außerordentlich bedeutend war in diesen Jahren — den letzten Dezennien des 18. und den ersten des 19. Jahrhunderts — der Verkehr mit Westindien

1783 bis 1814. und Südamerika. Wie sehr sich der Absatz britischer Fabrikate dorthin steigerte, haben wir schon gesehen. Noch wichtiger wurde der Bezug der westindischen Produkte. Unter diesen stand Zucker in erster Linie, dessen Verbrauch in England — neben dem Thee — wie auf dem Kontinent — neben dem Kaffee — von Jahr zu Jahr zunahm. Jamaica, Dominica und die übrigen englischen Besitzungen in Westindien lieferten schon 1788 fast die Hälfte des gesammten europäischen Zuckerbedarfs, nämlich 2 Mill. Centner. Im Jahre 1805 hatte sich die Produktion beinahe verdoppelt. Die Ausfuhr betrug über 3½ Mill. Centner, während Domingo's früher so bedeutende Ausfuhr (1787 fast 1½ Mill. Centner) infolge des Negeraufstandes auf ein Minimum sank und die Produktion der übrigen Länder nur geringe Fortschritte machte. Der Betrag der Einfuhr aus den westindischen Kolonien erhob sich deshalb im ersten Jahrzehnt des 19. Jahrhunderts auf 8 Mill. Lst., wovon ca. 7 Mill. auf den einen Artikel Zucker fielen. Seitdem Brasilien als selbständiges Reich dastand (seit 1809), kamen auch von da so bedeutende Quantitäten von Zucker, Kaffee, Baumwolle und Häuten, wie von edlen Metallen, daß die Einfuhr des nichtbritischen Westindiens nebst Südamerika auf 5, 6 und 7 Mill. Lst. jährlich stieg. Nicht viel geringer war der Werth der dorthin gesandten Fabrikate ꝛc. Der Handel mit Afrika wurde seit Aufhebung des Sklavenhandels 1807 viel geringer, und die Ausfuhr dorthin sank von 1 bis 1½ Mill. Lst. am Schlusse des 18. Jahrhunderts auf ca. 400,000 Lst. im ersten Dezennium des 19. Jahrhunderts. Der Verkehr mit Canada und den übrigen unter britischer Herrschaft gebliebenen Kolonien in Nordamerika blieb ziemlich unverändert. Von größerer Bedeutung wurde deren Ausfuhr, als der Bezug von nordeuropäischem Schiffbauholze durch die Kontinentalsperre sehr erschwert wurde. Seitdem stieg die Einfuhr von Holz aus Canada u. s. w. so sehr, daß sich der Betrag der Gesammtimporte verdoppelte und auf 800,000 Lst. stieg.

Was die Schiffahrtsverhältnisse Englands betrifft, so wurde schon früher erwähnt, daß während des Krieges mit den nordamerikanischen Kolonien die Schiffahrt der Neutralen bedeutend zugenommen habe, und zwar auf Kosten der kriegführenden Parteien, namentlich der Engländer und Holländer. Nach dem Frieden traten neue Mitbewerber auf. Die Nordamerikaner, welche den Vortheil wohlfeiler Schiffbaumaterialien für sich hatten, fuhren nicht blos nach Westindien und Ostindien und holten dort Waaren für den eigenen Bedarf, sondern führten auch die Produkte dieser Länder nach Europa. In den bald darauf beginnenden Kriegen zwischen England und Frankreich versahen sie sogar einen Theil des Frachtverkehrs zwischen mehreren europäischen Ländern. Anfangs begünstigte England im Interesse seiner Industrie und seines Handels die neutralen Flaggen durch Milderung einiger Bestimmungen der Navigationsakte. Als aber 1806 von Napoleon eine allgemeine Handelssperre gegen England dekretirt wurde, erklärte dasselbe seinerseits 1807 alle seinem Handel verschlossenen Länder in Blokadezustand und bestimmte, daß fortan jedes neutrale Schiff, bevor es in einen den Briten verschlossenen Hafen einlaufe, einen englischen Hafen berühren und dort einen Erlaubnißschein (license) holen müsse. Napoleon beantwortete diesen Beschluß im Dezember 1807 mit einem Dekrete, welches über jedes Schiff, das sich der Visitation in einem englischen Hafen unterworfen habe, die Konfiskation verhängte. Hierdurch war die Schiffahrt der Nordamerikaner, welche um diese Zeit fast die einzig Neutralen waren, so gut wie vernichtet, und um ihre Schiffe nicht der in jedem Falle drohenden Konfiskation auszusetzen, entsagten sie lieber dem Handel mit Europa vollständig und legten auf ihre eigenen Schiffe ein Embargo, d. h. verboten deren Auslaufen aus den heimischen Häfen nach einem fremden. England modifizirte zwar später seine Verordnung etwas, da sein Handel mit dem Kontinente der Unterstützung der neutralen Flagge nicht entbehren konnte, und die Nordamerikaner hoben darauf das Embargo auf. Die Reibereien zwischen der englischen und der amerikanischen Flagge, welche letztere sich der englischen Vorschrift nur in seltenen Fällen fügte, nahmen aber kein Ende und führten endlich zu dem Kriege von 1812 bis 1814, in welchem die Nordamerikaner sich auch in der Seeschlacht als würdige Söhne Alt-Englands bewährten. Im Ganzen machte der Handel Englands von 1776 bis 1814 viel größere Fortschritte als seine Schiffahrt, denn während jener sich, wie wir gesehen, vervierfachte, nahm der Tonnengehalt der aus britischen Häfen ausgelaufenen Schiffe nur um das Doppelte zu, von 700,000 Tonnen stieg er auf 1,400,000 Tonnen (1812). In größerem Maßstabe nahm die Fischerei zu. Der Tonnengehalt der bei Neufundland beschäftigten Fahrzeuge stieg von 1784 bis 1792 von 23,000 auf 460,000 Tonnen; noch stärker war die Zunahme der beim Walfischfange thätigen Schiffe. Die Zahl der Kriegsschiffe stieg von 1790 bis 1810 um mehr als das Doppelte, von 478 auf 1048. 1800 bis 1810.

In den inneren Verhältnissen des Landes traten wichtige Veränderungen ein, hauptsächlich bewirkt durch den industriellen Aufschwung. Gegen Ende des 18. Jahrhunderts hatte vielleicht der dritte Theil der Gesammtbevölkerung Englands in den Städten gewohnt und die ackerbauende Klasse machte die Hälfte der ganzen Volksmenge aus, 1810 zählten umgekehrt die Städte die Hälfte der ganzen Einwohnerschaft und nur der dritte Theil des Volks beschäftigte sich mit dem Ackerbau. Die Nachfrage nach den landwirthschaftlichen Erzeugnissen mußte in gleichem Verhältnisse wachsen und zu einer bedeutenden Preissteigerung führen, da das Fehlende vom Auslande herbeigeschafft werden mußte. Der Preis des Weizens stieg z. B. von 1784 bis 1793 auf 50, von 1794 bis 1803 auf 69, und von da bis 1813 auf 90 Sh. und darüber, doch beschränkte sich diese Erhöhung der Preise nicht auf die nothwendigsten Lebensmittel, sondern erstreckte sich über alle Waaren, da deren Herbeischaffung während der Kriege mit ungewöhnlichen Kosten und großem Risiko verbunden war.

Hungernde Proletarier rotteten sich oft zusammen, da neben dem Reichthum Einzelner die Massenverarmung in erschreckender Weise zunahm. Canning suchte dem Uebel durch Herabsetzung der Steuer und Aufhebung des Sklavenhandels abzuhelfen (1822), Peel setzte die Emanzipation der Katholiken (1828) und Parlamentsreform (1832) durch und brachte die Korngesetze (1842) zum Siege im Parlamente. Die indirekten Steuern wurden herabgesetzt, der Zolltarif reformirt, wogegen man der Ausgabe von Papiergeld Schranken setzte. Er setzte 1846 die freie Einfuhr von Lebensmitteln, Aufhebung des Schutzzolls auf Baumwolle, Wolle und Flachs durch, Russel setzte 1847 die Zuckerzölle herab, Cobden agitirte gegen die Schiffahrtsakte, welche die Regierung auch 1848 abschaffte, dagegen eröffnete man auf Prinz Albert's Anregung (1851) die Industrieausstellung, für welche Paxton den Glaspalast baute. Gladstone reformirte (1853) das Steuerwesen, reduzirte die steuerbaren Gegenstände auf die Zahl von 360, und trotz der Herabsetzung und dem

1810 bis 1817. Wegfall vieler Zölle brachte die Zollsteuer so viel ein als früher, nämlich gegen 24 Mill. Pf. St. Das englische Zollsystem war ein sehr verwickeltes und dadurch hemmendes, obschon Georg III. (1787) und Pitt (1803) es vereinfacht, die Eingangszölle auf 27¹/₄%, Ausgangszölle auf 25% festgesetzt hatten, bis man seit 1840 ab die unproduktiven Zölle abschaffte, namentlich die für vielverbrauchte Rohstoffe der Industrie, und als man im Vertrag mit Frankreich (1860) alle hemmenden Zölle beseitigte, stieg die Ausfuhr nach Frankreich von 5 Mill. Pfd. St. auf 9 Mill.

Der Friede von 1815 machte den außerordentlichen Verhältnissen, welche Handel und Verkehr seit mehreren Jahrzehnten beherrscht hatten, ein Ende. Die Absperrung der einzelnen Länder, wodurch die Verbindung mit ihnen entweder ganz unterbrochen worden war, oder doch nur heimlich auf Schleichwegen unterhalten werden konnte, hörte auf. Die ungeheueren Ausgaben für die Unterhaltung der Kriegsflotten und Heere, wie die Unterstützung der verbündeten Mächte, fielen weg. Mit ungetheilter Kraft konnte sich nun die Nation den friedlichen Beschäftigungen zuwenden, ihre ganze Energie auf die Ausdehnung der Industrie und des Handels richten. Und sie that es. Eine ungeheuere Thätigkeit entfaltete sich jetzt in allen Zweigen des wirthschaftlichen Lebens. Trotz der beispiellosen Schuldenlast, welche auf dem Lande lag, trotz mancher Unfälle und Störungen, welche die nachfolgenden Jahrzehnte brachten, machten die Gewerbe, machten Handel und Schiffahrt riesige Fortschritte, wuchs die Bevölkerung, hob sich der Wohlstand in solchem Maße, daß sich England bis heute auf einer Höhe erhalten hat, welche noch immer ohne Gleichen dasteht, obgleich auch die übrigen Nationen nicht müßig blieben und ihm rüstig nacheiferten.

Gleich die ersten Jahre nach der Beendigung der Kriege waren reich an Unfällen der verschiedensten Art. In der letzten Zeit des Kriegs hatten sich in den Lagern der Fabrikanten und Kaufleute große Vorräthe aller Arten von Waaren angehäuft. Mit der Eröffnung der bis dahin verschlossenen Märkte im Auslande strömten diese dorthin und überfüllten sie. Dasselbe geschah mit den Produkten der überseeischen Besitzungen Englands. 1810 hatte die Ausfuhr 45⁴/₅ Lst. betragen; 1815 betrug sie beinahe 61 Mill. Lst.; darunter befanden sich für 16 Millionen Lst. Kolonialwaaren. In sanguinischer Erwartung eines unbegrenzten Absatzes strengten die Industriellen gleichzeitig alle ihre Kräfte an. Der Dampfwebstuhl war bis 1815 kaum in Anwendung gekommen, 1818 besaß Manchester allein 2000 solcher Stühle. Die Einfuhr von Baumwolle, welche von 1805 bis 1814 nur zweimal ausnahmsweise über 200,000 Ballen gestiegen war, hob sich 1818 auf 314,000 Ballen; die von Rohwolle, bis 1812 nur einmal mehr als 10 Millionen Lst. erreichend, stieg bis 24 Millionen Lst.

Aber der gehoffte Absatz blieb aus. Die Länder, welche vorher durch den Zufluß britischer Subsidien und die Anwesenheit britischer Heere in den Stand gesetzt worden waren, große Massen englischer Fabrikate zu konsumiren, wie Deutschland und Spanien, blieben zurück, als diese Hülfsquellen versiegten. Außerdem hatten die eigenen Fabriken vieler europäischer Länder während der Kontinentalsperre einige Fortschritte gemacht, und in den meisten derselben schritt man zur Erschwerung der Einfuhr fremder Fabrikate, um der eigenen Industrie aufzuhelfen. In England selbst hörte die durch den Krieg erzeugte

Nachfrage auf. Wurden schon hierdurch die Preise aller Waaren gedrückt, so bewirkten die Mißernten von 1816 und 1817, welche zur Einfuhr ungeheurer Massen fremden Getreides zwangen ($3^1/_2$ Millionen Quarter 1818) und die Preise der nothwendigsten Lebensmittel aufs Höchste steigerten (Weizen stieg von 53 Schillingen im Jahre 1815 auf 90 bis 100 Schill. während 1817 und 1818), ein fast gänzliches Stocken der industriellen Thätigkeit. Ueberall waren die Magazine gefüllt, nirgends fanden sich Käufer. Eine Handelskrisis brach aus, welche in England allein 3552 Bankerutte im Jahre 1819 zur Folge hatte. Die Ausfuhr ging von 51 auf 33 Millionen Lst., die Einfuhr von 36 auf 29 Millionen Lst. zurück. In den Manufakturdistrikten stieg die Noth aufs Höchste; zum ersten Male zeigten sich drohende Bewegungen unter den hungernden Arbeitern. Aber es bedurfte nur weniger Jahre, um die Spuren dieser Kalamität zu verwischen. Mit verdoppelter Energie warf sich England auf die Ausbildung seines Fabrik- und Maschinenwesens; 1824 hatte sich die Zahl der Dampfwebstühle in Manchester und Umgegend verzehnfacht, statt 2000 zählte man 20,000. Eben so große Fortschritte machte die Leinenfabrikation, in welcher jetzt auch die Spinn- und Webmaschine Eingang fand, nicht minder die Kohlen- und Eisenproduktion. Letztere stieg von 18,000 auf 600,000 Tons. Die Geldreservoirs, die Banken, flossen von Kapitalien über. Die Suspension der Baarzahlungen war nämlich schon 1822 aufgehoben worden, wodurch die Geldcirkulation des Landes wieder auf die Basis des Metallgeldes zurückgeführt wurde. Die Kapitalien waren in solchem Ueberflusse vorhanden, daß die Regierung die Zinsen der Staatsschuld herabsetzen konnte. Der Kontinent und die südamerikanischen Freistaaten machten Anlehen im Betrage von 48 Mill. Lst. Außerdem wurden große Kapitalien in amerikanischen Bergwerken und anderen Unternehmungen angelegt. 1819 bis 1825.

Die Regierung setzte den Zinsfuß auf $3^1/_2$% herab, und doch konnte man kaum das Geld unterbringen. Man legte von 1821—24 allein 600 Mill. G. in auswärtigen Anlehen an, unternahm eine Unmasse von Aktiengeschäften, trieb Luxus und steigerte die Preise um 30%, kaufte übermäßige Vorräthe ein, bis eine Stockung eintrat, mit ihr allgemeine Geldnoth, die 130 Mill. G. der Bank auf 12 zusammen schwanden, man Waaren 30—40% unter dem Preis verkaufen mußte, Werthpapiere werthlos waren, Bankiers und Fabrikanten, einer nach dem anderen, fallirten. Die Fabriken standen still, die Arbeiter mußten feiern und blutige Tumulte wie Hausverwüstungen blieben nicht aus. Da schoß Rothschild der Bank $3^1/_2$ Mill. G. in Geld vor, auch Frankreich und Holland halfen, die Bank konnte wieder Kredit geben, und 1826 gingen die Geschäfte wieder den regelmäßigen Gang.

Solche Krisen, wie die von 1825, wiederholten sich 1847 und 1857, von denen die letztere den gesammten Großhandel aller Erdtheile ergriff. Kurz vor Ausbruch dieser Krise produzirte England für 7 Milliarden Frcs., Geld trug 2% oder lag todt; ähnlich war es in Frankreich, Amerika, das allein für 90 Mill. Frcs. Damentoiletten kaufte, selbst in Deutschland. Man überstürzte sich in Unternehmungen und im Kreditgeben. Da fehlte für Amerika die erwartete Getreideausfuhr. Die 1400 Banken fielen, mit ihnen 5000 Unternehmer, 700 Mill. G. waren verloren. England hatte 700 Mill. in Amerika angelegt, in China und Indien Krieg, mußte dorthin 200 Mill. Silber schicken und so brach auch hier ein Sturm aus. Ueber 200 große Firmen machten mit 700 Mill. G. Bankerutt.

1825 bis 1847. Hamburg, bei 1200 Mill. M.-B. Umsatz, ward auch ergriffen, ein Haus nach dem anderen fiel, da half Oesterreich mit 10 Mill. G. aus, die Kaufleute gewonnen einen Halt und zahlten redlich ihre Schulden. In der Krisis von 1866 endlich, wo 10—12 Mill. Pfd. St. in London fehlten und man das Aergste befürchtete, half die Bank, so daß die Kaufleute Zeit gewannen, ihre Rechnungen zu ordnen.

Trotz so harter Schläge erholte sich das Land nach 1825 rasch wieder. Handel und Industrie bewegten sich in gewohnter Weise und am Schluß des Jahres 1826 war kaum noch eine Spur der Anfälle wahrnehmbar.

Im Laufe des folgenden Jahrzehnts traten keine Störungen ein. Bemerkenswerth sind indeß die Jahre 1836 und 1837 durch das Entstehen einer großen Anzahl von Aktienbanken und anderen Gesellschaften, welche zu ausschweifenden Spekulationen in Aktien führten. Namentlich tauchten zahlreiche Unternehmungen von Eisenbahnlinien auf. Infolge waghalsiger Spekulationen, namentlich in Getreide und Thee, kehrten im Jahre 1839 ähnliche Erschütterungen wieder, doch reichten sie nicht entfernt an das furchtbare Jahr 1826.

Im Ganzen schritt England vorwärts und die vierziger Jahre sahen einen Aufschwung, der an die glänzenden Zeiten von 1824—25 erinnerte. Die Kapitalien häuften sich so an, daß der Diskonto auf 2%, ja auf 1½% fiel. Aber auch die Unternehmungslust wurde dadurch angestachelt, und sie warf sich diesmal, verführt durch die günstigen Erfolge der Eisenbahnen, vorzugsweise auf dieses Feld. Die Regierung wurde mit Konzessionsgesuchen bestürmt und genehmigte im Jahre 1844 von 678 Eingaben 136, im Jahre 1846 noch 260 und 1847 abermals 148. Die Aktien waren eifrig gesucht, die Agiogewinne blendeten, und bald gab es auf dem englischen Geldmarkt keine größere Lockung, als Eisenbahnunternehmungen. In Frankreich und Belgien subskribirten englische Kapitalisten bei allen Projekten. Die Verbindlichkeiten fingen schon an, den Geldmarkt zu beengen, als die Wirkung der Kartoffelkrankheit und die Mißernten von 1846 zu kolossalen Bezügen von auswärtigem Getreide und von anderen Nahrungsmitteln zwang, deren Werth auf 40 Mill. Lst. angeschlagen wurde. Die Ausfuhr hatte nicht in dem Maße zugenommen, folglich mußte das Ausland mit Metall bezahlt werden. Drei Jahre früher hätte das keine Schwierigkeiten gehabt. Jetzt aber hatten die Eisenbahnbauten und die Spekulationen in fremden Eisenbahnaktien die überschüssigen Kapitalien absorbirt, und da der Herbst 1847 England eine unerwartet gute Ernte brachte, so daß die hohen Getreidepreise plötzlich fielen — Weizen von 102 Sh. im Mai auf 49½ Sh. im September — sahen sich viele Getreidehändler genöthigt, ihre Zahlungen einzustellen. Mit ihnen fiel eine Anzahl Banken. Alle Werthpapiere und Titel wurden unverkäuflich. Die Bank von England erhöhte den Diskont auf 8%, wer auf offenem Markte Geld suchte, mußte 12—13% bewilligen. Die Fabriken fanden für ihre Waarenvorräthe keine Käufer. Der Preis von Rohbaumwolle stieg infolge einer geringen Ernte. Daher mußten sie ihre Thätigkeit einstellen. Im ganzen Lande sah man bettelnde Haufen von entlassenen Fabrik- und Eisenbahnarbeitern.

Abermals verfloß hierauf ein Jahrzehnt ohne Unfälle. In den Fünfziger Jahren herrschte eine außerordentliche Rührigkeit in allen Zweigen der Industrie und des Handels. Den Impuls dazu gab die Entdeckung und Ausbeutung der reichen Goldlager in Californien und Australien. Bis 1856 be-

ließen sich die Goldexporte beider Fundländer auf 160 Mill. Lst. Im Jahre 1847
1856 erhielt England allein über 25 Mill. Lst. Gold. In demselben Verhält- bis 1857.
niß erweiterte sich sein Export, da es den Gegenwerth in Waaren sandte. Dieser Goldstrom, in Verbindung mit den jährlichen Ueberschüssen der englischen Industrie- und Handelswelt — gegenwärtig auf ca. 125 Mill. Lst. berechnet — bewirkte eine außerordentliche Niedrigkeit des Zinsfußes, die 3% Konsols stiegen auf Pari, der Diskont sank auf 2% und 1½%.

Und wieder verlockte der Ueberfluß an Kapitalien zu Unternehmungen aller Art. In Zeit von 5 Monaten bildeten sich 153 Aktiengesellschaften, die nicht weniger als 1000 Mill. Lst. Nominalkapital besaßen. Für Eisenbahnbauten waren von 1852—1857 ungeheuere Summen verwandt worden. Und doch konnte England die Kosten des orientalischen Krieges tragen.

Da brach in Nordamerika eine ungeheuere Handelskrisis aus, welche auch Englands Handel stark schädigte. Die Union hatte nämlich unter dem Einflusse der californischen Goldsendungen Eisenbahnen, Kanäle, Telegraphenlinien in allen Staaten gebaut, freilich zum Theil mit fremdem Gelde. Englische Kapitalisten besaßen für nicht weniger als 60 Mill. Lst. amerikanische Eisenbahn- und andere Papiere. Die Krisis, welche im August 1857 durch das leichtsinnige Gebahren der Depositenbanken heraufbeschworen wurde und zu einem gänzlichen Ruin der Handels- und Kreditverhältnisse führte, traf daher in ihren Rückwirkungen auf Europa zunächst England. Die englischen Kapitalisten sahen ihre in amerikanischen Werthpapieren angelegten Summen in Rauch aufgehen. Die Exporteure empfingen statt der gehofften Rimessen mit jedem Dampfer neue Bankeruttnachrichten. Bei der Größe des Verkehrs zwischen England und der Union mußten zahlreiche Zahlungseinstellungen englischer Exporthäuser erfolgen. Indessen nahmen die Verhältnisse bald eine noch schlimmere Wendung. Auch die Banken, deren Kreditgewährungen in der Zeit allgemeiner Prosperität oft über alles Maß hinausgegangen waren, sahen sich Rückforderungen von Seiten ihrer Gläubiger ausgesetzt, denen sie nicht entsprechen konnten, und so suspendirte am 27. Oktober die Bank von Liverpool und mit ihr eine bedeutende Anzahl Liverpooler Häuser. Die Bank von England, von allen Seiten um Darlehne bestürmt, sah ihre Reserve schwinden, erhöhte den Diskont nach und nach bis auf 10% und machte selbst zu diesem Satz den besten Papieren noch Schwierigkeiten. Schon vorher waren die Preise der Waaren sprungweise gefallen. Gußeisen sank von 83 Sh. auf 48 Sh., Garne, Gewebe u. a. verloren 25% bis 30%. Ohne Abnehmer für die Vorräthe, ohne Zahlung für die abgesetzten Waaren, ohne Kredit für neue Einkäufe von Rohstoff war die fernere Produktion unmöglich. Die Fabriken schlossen, 120 Hochöfen wurden ausgeblasen und Hunderttausende von Arbeitern hungerten. Vom September 1857 bis zum Februar 1858 zählte man in England 207 größere Fallimente mit 60 Mill. Lst. Passiva.

Sehen wir indessen von diesen periodischen Erschütterungen ab und fassen dagegen die Lage des Landes und seine materiellen Verhältnisse im Ganzen ins Auge, so ergiebt sich nichtsdestoweniger namentlich in den letzten Jahrzehnten eine vorher ungeahnte Ausdehnung und Erweiterung aller Zweige der Industrie wie des Handels.

Am Ende der Kriegsperiode, also im Jahre 1815, hatte die Ausfuhr über 50 Mill. Lst. betragen. Bis zum Jahre 1825 schwankte sie zwischen 50 und

1840 bis 1868. 60 Mill. Lst. Auch die folgende Periode bis 1842, dem Jahre der Peel'schen Zollreform, zeigt keinen größeren Aufschwung. Aber von da an wächst der Export britischer Erzeugnisse mächtig und erreicht bereits 1854 die Höhe von 97 Mill. Lst., 1857 von 122 Lst., 1860 von 156 Lst., 1863 von nahezu 147 Millionen Lst. deklarirtem Werth.

Was die volkswirthschaftlichen Verhältnisse Englands anlangt, so beschäftigen sich von der Bevölkerung 25½% mit Landwirthschaft, 43% mit Handel und Gewerbe. Den Ackerbau treibt man sorgfältig, braucht aber trotzdem im Durchschnitt 15 Mill. Quarter Einfuhr von Getreide und Mehl. Die Viehzucht unterstützt man durch Anbau von Futterkräutern und der Wohlstand erlaubt, daß auf jede Person jährlich 140 Pfd. Fleisch kommen. Der Steinkohlengruben giebt es über 3000, welche nach allen Welttheilen Kohlen senden, New-Castle allein auf 400 Schiffen. Eben so massenhaft ist die Gewinnung der Eisenerze, doch erzeugt Deutschland bei Holzkohlen besseres Stahl; trotzdem stieg der Export von Eisenwaaren von 3 auf 14 Mill. Pfd. St., wogegen der Ertrag der 230 Kupferminen abnimmt, weshalb man viel Rohstoff von auswärts bezieht. Den Gesammtwerth aller Mineralien schätzt man auf etwa 50 Mill. Pfd. St.

Die Industrie vertheilt sich nach Provinzen; im kanal- und hafenreichen Norden herrschen Spinnerei und Weberei vor, in der mineralreichen Mitte Metallindustrie und Töpferei, im Süden Buch- und Kunsthandel. In Glasgow verfertigt man Alles, in Irland pflegt man nur einzelne Industriezweige. Für Weberei arbeiteten 1866 in mehr als 6400 Fabriken an 37 Mill. Spindeln, ½ Mill. Webstühle, an 800,000 Menschen. Auf die Baumwollenindustrie allein kommen 33 Mill. Spindeln, ein Kapital von 150 Mill. Pfd. St., eine Jahresproduktion von 52 Mill. Pfd. St. und ein Arbeitslohn von 13 Mill. Pfd. St. Aus 1 Pfd. spinnt man einen Faden von 90 Stunden Länge. Die Maschinen leisten so viel als 92 Mill. Menschen. In der Spinnerei ist England unübertroffen und exportirt an Baumwollenwaaren für 45—50 Mill. Pfd. St., an Wollenwaaren für 15—20 Mill. Pfd. St. Die Leinenindustrie gedeiht in Irland, Schottland und Nordengland, beschäftigt 2 Mill. Spindeln und bezieht aus Irland für 48 Mill. G. Flachs, vom Ausland für 5 Mill. Pfd. St. und verkauft für 8—10 Mill. Pfd. St. Leinwand. Die Löhne verdreifachten sich. Im Jahre 1862 verfertigten England, Frankreich und Belgien für 3800 Mill. Fr. Gewebewaaren und davon kamen auf England an 2000 Mill. Bei Baumwollenwaaren lieferte es 93%, Frankreich 4%, Belgien 1%, wogegen Frankreich mehr Seide und Tuch, Belgien viel Tuch und Leinwand fabriziren. Doch versendet England noch für 3 Mill. Pfd. St. Töpfergeschirr (Wedgewood), wozu Strafferdshire ¾ % liefert. England arbeitet für Massenbedarf, welcher der Mode nicht unterworfen ist.

Der Verbrauch von Thee stieg, der von Kaffee nahm ab, der von Zucker erlangte 10 Mill. Ctnr. Aus Ostinden bezieht man Indigo, Rohseide, Salpeter u. s. w., aus Westindien und Südamerika Kolonialwaaren und Droguen u. s. w., und 1864 betrugen Aus- und Einfuhr gegen 490 Mill. Pfd. St., d. h. 275 Mill. Einfuhr und 212 Mill. Ausfuhr. Im Jahre 1865 versandten die 12 Haupthäfen für 144 Mill. Pfd. St., davon kamen auf Liverpool 73 Mill., auf London 37 Mill.

England behauptet sich in seiner Stellung, obschon die Ausfuhr nach

Europa abnimmt, durch die Masse seines Kapitals, seiner Verkehrsmittel, durch 1846
geschulte Arbeiterbevölkerung, Arbeitstheilung, zweckmäßige Handels- und bis
Steuergesetze, lokale Konzentration der Fabrikzweige, Entwicklung des Bank- 1863.
wesens und Handelsverträge mit fast allen Völkern. Großartig ist die 1694 gegründete Bank, der Regulator des Welthandels, mit ihrer Menge von Zweigbanken. Ihr Gebäude steht in der City, gegenüber dem Palaste des Lordmajors und nahe bei der Börse. Ihre unschönen Gebäude nehmen ein ganzes Stadtviertel ein. Sie giebt Noten aus, verwaltet die Staatsschuld und versorgt Staats- und Privatkassen. Sie braucht über 2000 Beamte, welche 240,000 Pfd. St. Gehalt und 20,000 Pfd. St. Pension kosten.

Der Eisenbahnen und Kanäle wird weiter unten gedacht. Sie bringen im Durchschnitt 4²/₃ % Reinertrag und einen Werth von etwa 600 Mill. Pfd. St. haben. Nordamerika besitzt 2¹/₂ mehr Eisenbahnen als England und 4 mal so viel als Frankreich. Die Handelsmarine endlich besitzt über 37,000 große Schiffe und über 300,000 Küstenfahrer.

Wenn wir den Gang, welchen die Ausfuhren wie die Einfuhren Englands seit den letzten 50 Jahren genommen haben, etwas näher betrachten, so stoßen wir auf manche bemerkenswerthe Veränderungen, die einestheils mit der Gestaltung der industriellen Verhältnisse in England, anderntheils mit den veränderten Zuständen der übrigen europäischen und außereuropäischen Länder zusammenhängen.

Die Hauptzunahme hatte im Anfange dieser Periode der Artikel Baum- 1820
wollenwaaren erfahren. Er drängte nicht blos die vorher so bedeutenden bis
Industriezweige, die Wollenwaaren- und Leinenwaarenfabrikation, in den Hinter- 1860.
grund, sondern beherrschte auch die gesammte englische Industrie so vollständig, daß dieser eine Artikel in den Jahren 1823 bis 1825 z. B. weit über die Hälfte der Gesammtausfuhr englischer Erzeugnisse ausmachte. Während dieser in den genannten Jahren zwischen 43 und 46¹/₂ Millionen Lst. schwankte, betrug die Ausfuhr von Baumwollenwaaren 26¹/₂, 30 und 29¹/₂ Millionen Lst. jährlich. Hierin ist ein außerordentlicher Wechsel bemerkbar. In den letzten 6 Jahren von 1857—1863 repräsentirt zwar der Artikel Baumwollenwaaren eine absolut größere Ziffer — die Ausfuhr davon belief sich nämlich auf 39 Millionen Lst. (1857) bis 37¹/₂ Mill. Lst. (1863) — im Verhältnisse zu dem Gesammtexport hat aber ein entschiedener Rückgang stattgefunden, denn derselbe erhob sich in den genannten 6 Jahren auf 122,₁ Mill. bis 147 Mill. Lst., betrug also das Dreifache bis Vierfache des Werthes der Ausfuhr von Baumwollenwaaren. Diese Erscheinung erklärt sich nur durch die großen Fortschritte, welche die Baumwolleninduſtrie auf dem Kontinent von Europa wie in den Vereinigten Staaten gemacht hat. Nur in einem Zweige ist England infolge seines aufs Höchste ausgebildeten Maschinenwesens noch übermächtig, das ist die Spinnerei. Aber schon daraus, daß es sich jetzt begnügen muß, anderen Ländern das Halbfabrikat zu liefern — unter obigen 37¹/₂ Mill. (1863) figurirte Baumwollengarn oder Twist mit 8 Mill. Lst. —, geht unzweifelhaft hervor, daß die Baumwollenfabrikation in England nicht mehr die frühere Bedeutung besitzt. Wir haben hierbei von der Einwirkung des amerikanischen Bürgerkrieges abgesehen. In welchem Grade dieser auf die englische Baumwolleninduſtrie drückte, zeigt der Rückgang der Ausfuhr von Baumwollenwaaren seit 1860, wo der Werth 52 Mill. Lst. betrug.

1850 bis 1863. Das Entgegengesetzte gilt von der Wollenwaarenindustrie. Ehemals dieselbe hervorragende Stellung unter den Gewerben einnehmend, wie später die Baumwollenfabrikation, verlor sie dieser gegenüber nicht blos im Verhältnisse an Terrain, sondern ging thatsächlich zurück. Während die Ausfuhr von Wollenwaaren am Schlusse des vorigen Jahrhunderts noch $7^1/_2$ bis 8 Mill. Lst. betrug, sank sie im Laufe des nächsten Vierteljahrhunderts auf $5^1/_2$ bis 6 Mill. Lst. Gegenwärtig schreitet sie mächtig vorwärts und ist in den letzten Jahren auf das Doppelte — $13^1/_2$ Mill. Lst. bis $13^3/_4$ Mill. Lst. (1857 bis 1863) — gestiegen. Ohne Zweifel ist der neue Aufschwung dieser Industrie der außerordentlich raschen Zunahme der Wollproduktion in den überseeischen Besitzungen Englands zuzuschreiben, die wir später ins Auge fassen werden. Garn bildet auch hierbei einen wichtigen Theil der Ausfuhr — 3 bis 4 Mill. Lst. in den letzten Jahren.

Eine noch größere Steigerung ist bei den Artikeln Eisen, Stahl und Eisenwaaren bemerkbar. Dank der unerschöpflichen Eisenerz- und Steinkohlenlager Englands, welche meist so nahe beisammen gefunden werden, daß die Transportkosten unerheblich sind, hat diese Industrie eine so riesige Ausdehnung gewonnen, daß sämmtliche übrige Produktionsländer zusammen nur die Hälfte des in England erzeugten Eisens liefern. Demgemäß hat sich auch die Ausfuhr von Roheisen und Eisenfabrikaten so vergrößert, daß sie nur dem Artikel Baumwollenwaaren nachsteht. Von 1823 bis 25 belief sie sich jährlich auf $1^3/_4$ Mill. Lst., 1863 betrug sie über 13 Mill. Lst. Auch die übrigen Bergwerksprodukte und Metallfabrikate, Kupfer, Messing und Zinn nebst den daraus gefertigten Waaren, liefern einen weit größern Betrag zur Ausfuhr als noch vor einem Vierteljahrhundert. Kupfer und Kupferwaaren, die übrigens noch zu Anfange dieses Jahrhunderts mit 1 Mill. Lst. in den Exportlisten stehen, sind seit 1820 bis 1825 von 400,000 bis 550,000 Lst. auf 3 bis 4 Mill. Lst. (1857—63) gestiegen, Zinn und Zinnwaaren von ca. 300,000 Lst. auf $1^1/_2$ bis $1^4/_5$ Mill. Lst. (1857—63). Beide aber sind noch von den Steinkohlen überflügelt worden, deren Ausfuhrwerth sich in derselben Zeit von $^1/_4$ Mill. auf $3^1/_6$ bis $3^1/_2$ Mill. Lst. (1857—63) gehoben hat.

Von den Hauptexportartikeln der Jahre 1822 bis 1825 bleiben nur noch Leinwand und raffinirter Zucker zu vergleichen. Von ersterer ging damals für $2^3/_4$ bis 3 Mill. Lst. ins Ausland, von letzterem für ca. 1 Mill. Lst. Auch bei jener hat eine bedeutende Zunahme stattgefunden. Die Ausfuhr belief sich 1863 auf 9 Mill. Lst., wovon über $2^1/_2$ Mill. auf Leinengarn kam. Dagegen haben die englischen Zuckerraffinerien der Konkurrenz der festländischen Fabrikate, besonders seit dem Auftreten des Rübenzuckers, nicht widerstehen können und die gesammte Ausfuhr von Raffinade beziffert sich gegenwärtig auf wenig über 50,000 Lst.

Unter den Einfuhrartikeln überwiegen natürlich die von der englischen Industrie verarbeiteten Rohstoffe, vor allen die Baumwolle, wenngleich infolge der außerordentlichen Verhältnisse seit 1860 eine bedeutende Minderproduktion eingetreten ist. Während die Einfuhr im Jahre 1861 über 11 Mill. Ctnr. betrug, fiel sie 1862 auf $4^2/_3$ Mill. Ctnr., stieg aber 1863 wieder auf 6 Mill. Cntr., Dank der Zunahme der Baumwollenkultur in Indien, Aegypten, Kleinasien, Brasilien 2c., obschon die Vereinigten Staaten, welche 1861 allein 7 Millionen Ctnr. lieferten, 1863 direkt nur 57,000 Ctnr. auf den Markt brachten. 1830 bis 1863.

Von Rohseide führte England 1862 10 Millionen Pfund, 1863 nur 9¹/₈ Mill. Pfund ein.

Die Einfuhr von Wolle stieg dagegen von 168⁴/₈ Mill. Pfund i. J. 1862 auf 174 Mill. Pfund i. J. 1863. Bis 1810 bezog England dieses Rohprodukt fast ausschließlich aus Spanien. Im Jahre 1810 trat Deutschland mit einem Import von 3 Mill. Pfund hinzu, und derselbe stieg bis zum Jahre 1825 auf 15 Mill. Pfund, während die spanische Zufuhr auf 5 Mill. Pfund zurückging. Mit der Einführung der Schafzucht und der Erweiterung derselben in Australien, in Buenos-Ayres, am Kap und in Ostindien hat die Produktion von Wolle Riesenfortschritte gemacht und Australien liefert jetzt 40% der Gesammteinfuhr.

Von Flachs wurden im Jahre 1862 an 1,798,000 Ctnr., i. J. 1863 an 1,459,000 Ctnr. eingeführt und zwar zum größten Theil aus Rußland.

Eine zweite, sehr wichtige Art von gangbaren Waaren bilden die sogenannten Konsumtionsgegenstände, welche bei dem hohen, stetig steigenden Wohlstande des englischen Volks in viel größerer Menge per Kopf verbraucht werden, als in anderen Ländern.

Seit dem Ende des vorigen Jahrhunderts bedarf es jährlicher Zufuhren von fremdem Getreide. Von ¹/₂ bis ³/₄ Million Quarter in den ersten drei Jahrzehnten dieses Jahrhunderts ist die Zufuhr seit den vorigen Jahren, in welchen die Korngesetzgebung reformirt wurde, auf durchschnittlich 8 Millionen Quarter in den Fünfziger Jahren und auf 15 Mill. Quarter in den Sechziger Jahren gestiegen. Im Jahre 1863 stellte sich der Import von Weizen und Mehl auf 13,857,000 Qu. W. und 5,233,000 Ctnr. M. gegen 16,375,000 Qu. W. und 7,225,000 Ctnr. M. i. J. 1862.

Eine ähnliche Zunahme weist der Verbrauch von Thee auf. Im Durchschnitt der Jahre 1800—1810 belief sich derselbe auf 25¹/₂ Mill. Pfund per Jahr. Das Jahr 1843 sah einen Konsum von 40¹/₄ Mill. Pfund. Seitdem hat sich der Verbrauch abermals mehr als verdoppelt. Im Jahre 1862 wurden 114³/₄ Mill. Pfund eingeführt, wovon ca. 106 Mill. Pfund konsumirt wurden. Das nächste Jahr ist für den Theehandel Englands durch die Herabsetzung der Eingangszölle von 1 Sh. 5 Pence auf 1 Sh. per Pfund wichtig geworden. Die Einfuhr erreichte infolge dessen 1863 die Höhe von 136⁴/₈ Mill. Pfund, wovon etwa 113 Mill. Pfund zum Verbrauch genommen worden sind.

Im Vergleich damit ist der Kaffeekonsum Englands auf ein Minimum herabgesunken. Während die Einfuhr von Kaffee i. J. 1863 über 117 Mill. Pfund betrug (ca. 98 Mill. Pfund aus Ceylon und anderen englischen Kolonien), wurden für den inneren Verbrauch nur 4,106,000 Pfund klarirt. Der Verbrauch von Zucker belief sich auf 10 Mill. Ctnr. bei einer Einfuhr von 10,724,000 Ctnr. Rohzucker und ca. 300,000 Ctnr. Raffinade.

Von großem Interesse ist die Untersuchung, wie sich der Absatz der britischen Erzeugnisse nach den verschiedenen Märkten gestaltete. Hier tritt uns sofort der schlagende Beweis dafür entgegen, daß der Handel eigentlich erst im 19. Jahrhundert zum Welthandel geworden ist. Was vorher davon vorhanden

1860 bis 1863. war, sind blos Anfänge gewesen. Die mächtige Entwicklung der Vereinigten Staaten, die Erhebung Brasiliens zu einem selbständigen Reiche, die Befreiung der spanischen Kolonien in Amerika, die Ausdehnung der britischen Herrschaft über ganz Ostindien und die Eröffnung der den Europäern Jahrhunderte lang verschlossenen Märkte in China, die rasche Bevölkerung des neu entdeckten fünften Welttheils Australien durch englische Kolonisten, das Aufblühen der Kolonie am Kap der guten Hoffnung, endlich die Auffindung der unerschöpflichen Goldlager in Californien und Australien, wodurch diese Länder wie durch Zauber in Jahrzehnten zu einem Aufschwung gelangten, wozu sonst viele Jahrhunderte gehört hatten — das sind die Hebel gewesen, welche den Handel im Allgemeinen, ganz besonders aber den der Engländer, im Laufe des letzten Vierteljahrhunderts zu solcher Höhe erhoben haben und hundertfachen Ersatz dafür leisteten, daß in Europa selbst dem britischen Unternehmungsgeist immer weniger Feld übrig bleibt.

Der Handel mit Europa hat lange Zeit gleichen Schritt mit der Ausdehnung des englischen Handels überhaupt gehalten. Während und kurz nach dem Mittelalter von untergeordneter Bedeutung, stellte sich die direkte Ausfuhr nach den überseeischen Ländern seit 1760 ins Gleichgewicht mit der nach dem europäischen Festlande. Jene betrug $7\frac{3}{4}$ Mill. Lst., diese 8 Mill. Lst. Bis zu Ende des ersten Viertels dieses Jahrhunderts blieb dieses Verhältniß bestehen und Europa erhielt von England eben so viel, wie die anderen Erdtheile zusammengenommen. Während die Gesammtausfuhr (von 1825) zwischen 50 und 60 Mill. Lst. schwankte, bewegte sich der Export nach dem Kontinent zwischen 29 und 30 Mill. Lst.

Nach Verlauf von 4 Jahrzehnten hat sich nun zwar die Gesammtausfuhr englischer Erzeugnisse, wie wir sahen, auf 147 bis 150 (1864) Mill. Lst. gehoben. Davon entfällt aber heute nur noch ungefähr ein Drittheil, nämlich 48 und $55\frac{1}{2}$ Mill. (in den Jahren 1862 und 1863) auf Europa, während die übrigen zwei Drittel fast zu gleichen Theilen auf die außereuropäischen Besitzungen Englands und die sonstigen überseeischen Länder kommen.

Die Hauptabsatzländer waren 1863:

In Europa: Hansastädte mit $10\frac{2}{3}$ Mill. Lst., Frankreich mit $8\frac{2}{3}$ Mill. Lst., Türkei mit $6\frac{9}{10}$ Millionen Lst., Holland $6\frac{3}{10}$ Mill. Lst., Spanien mit $13\frac{2}{3}$ Mill. Lst., Italien mit $5\frac{9}{10}$ Mill. Lst., Preußen, Hannover, Mecklenburg, Oldenburg, zusammen $2\frac{2}{3}$ Mill. Lst., Belgien $2\frac{1}{10}$ Mill. Lst.

Außer Europa: Vereinigte Staaten $15\frac{1}{3}$ Mill. Lst. (infolge des Krieges beträchtlich gefallen), Aegypten 4,416,000 Lst., Brasilien 3,964,000 Lst., Westindien 2,958,000 Lst., China 2,413,000 Lst. 2c.

Britische Besitzungen: Ostindien nahezu 20 Mill. Lst., Australien $2\frac{1}{2}$ Mill. Lst., Canada 2c. $4\frac{4}{5}$ Mill. Lst., Westindien und Guyana $2\frac{2}{3}$ Mill. Lst., Singapore ca. $1\frac{1}{2}$ Mill. Lst. 2c.

1790 bis 1816. Die Schiffahrt Englands hatte sich seit der Mitte des 17. Jahrhunderts unter dem Schutze der Navigationsakte meist auf Kosten der Holländer außerordentlich erweitert. Bis zur Losreißung der nordamerikanischen Kolonien wurden die Bestimmungen dieses Gesetzes im Wesentlichen aufrecht erhalten. Dann aber durchbrach man dieselben, indem man aus einem nicht europäischen Lande Waaren auf fremden Schiffen einzuführen gestattete. Diese den Vereinigten

Staaten gewährte Begünstigung trug viel dazu bei, den Handel und die Schiff- 1790 bis 1863.
fahrt der letzteren zu heben. Dieselbe erweiterte sich namentlich, als ihnen England während des ersten Krieges gegen Frankreich (1794) auch die Häfen seiner Westindischen Inseln öffnete, um dieselben mit den nöthigsten Lebensmitteln zu versehen, und gleichzeitig den Handel mit Ostindien gestattete. Trotzdem wuchs die Schiffahrt der Engländer fort und fort, besonders als ihre Flotten zu Anfang dieses Jahrhunderts alle Meere beherrschten und der Handel der übrigen europäischen Nationen, welche der Kontinentalsperre unterworfen waren, auf ein Minimum zusammenschmolz.

Nach dem Friedensschlusse traten diese aber von Neuem als Mitbewerber auf und durch mehrere Umstände, wie die Eröffnung der Häfen von Cuba, die Zunahme der Produktion von Kaffee, Zucker u. s. w. in Brasilien, ferner die Erhebung von Mexiko und der anderen spanischen Kolonien zu selbständigen Staaten, begünstigt, erweiterte sich deren Verkehr mit Westindien und Südamerika in demselben Maße, in welchem die frühere Bedeutung der britischen Besitzungen in Westindien abnahm.

Hierdurch war die bisherige Schiffahrtsgesetzgebung in vielen Beziehungen zwecklos geworden und die englische Regierung hob deshalb eine Beschränkung nach der anderen auf, vorzüglich diejenigen, welche der Ausdehnung des Zwischenhandels im Wege standen. Mit vielen Staaten wurden Verträge geschlossen, welche auf dem Prinzip der Gegenseitigkeit begründet waren. Gleichzeitig wurden die Zölle mancher Waaren herabgesetzt, um den Zwischenhandel zu erleichtern, und selbst mehreren amerikanischen Kolonien der direkte Verkehr mit dem europäischen Festlande zugestanden. Nur den Handel zwischen dem Mutterlande und den Kolonien wie den Küstenhandel und die Fischerei erhielt man der eigenen Schiffahrt, doch brachten auch hierin die folgenden Jahre Erleichterungen, namentlich in Bezug auf die Küstenschiffahrt; allerdings weniger, um die fremden Nationen zu begünstigen, als um der eigenen unterdeß immer bedeutender gewordenen Schiffahrt bei Verträgen mit anderen Staaten die gleichen Rechte im Auslande zu verschaffen.

Am Ende der fünfziger Jahre sind auch die letzten Reste der englischen Navigationsgesetze aufgehoben worden.

In welchen Verhältnissen die Zunahme des Handels auf die Entwicklung der Schiffahrt eingewirkt hat, lehrt eine Gegenüberstellung der betreffenden Zahlen von 1816 und 1863. Im Jahre 1816 liefen aus britischen Häfen Schiffe mit einem Gesammtgehalt von 2,300,000 Tonnen aus, im Jahre 1863 dagegen 48,397 Schiffe mit 11,886,347 Tonnen, wozu noch 153,591 Schiffe mit 17,526,000 Tonnen im Küstenhandel kommen!

Wir haben bis jetzt der Veränderungen im Zollwesen nur gelegentlich gedacht, und doch haben dieselben eine so bedeutende Rolle in der Entwicklung Englands gespielt, sie waren das Resultat so heftiger Partei- und Klassenkämpfe, daß eine genauere Darstellung derselben unerläßlich ist. Die Leser wissen, daß England bis zum letzten Viertel des 18. Jahrhunderts selten Korn einführte, häufig aber von seinem Ueberflusse dem Auslande abgab. Die Fortschritte der Industrie und des Handels, welche einen großen Theil der Bevölkerung vom Ackerbau abzogen, nöthigten aber bald zum regelmäßigen Bezug von ausländischem Getreide, und besonders während der Kriegsjahre von 1790 bis 1810 sank die Korneinfuhr jährlich selten unter 1 Million Quarter. Oft

1815 bis 1826. stieg sie auf 2 Mill. Die hohen Getreidepreise reizten indeß zu stärkerer Produktion in Großbritannien und Irland, und so genügte dieselbe in den letzten Jahren vor dem Frieden dem heimischen Bedarf fast ganz. Um so stärker drückten die nach dem Kriege von den Hauptkornländern wieder eintreffenden Getreidezufuhren auf die Preise. Diese fielen 1815 auf die Hälfte des drei Jahre vorher behaupteten Standes (53 Sh.), und die dadurch entstehende Noth der Ackerbauer, welche noch schwer an den Lasten des Krieges zu tragen hatten, führte nach heftigen Debatten im Parlamente zu dem Korngesetze von 1815, welches bestimmte, daß fremder Weizen nur dann eingeführt werden dürfe, wenn der Marktpreis in England 80 Sh. per Quarter übersteige. Hierzu kam 1819 ein hoher Zoll auf Wolle, um die Pächter und Gutsbesitzer, welche Schafherden hielten, zu schützen. Die Wollpreise waren nämlich theils infolge starker Zufuhren vom Auslande in den Jahren 1817—1819, hauptsächlich aber infolge der Mißernten in den genannten Jahren, welche die Fabrikthätigkeit lähmten, beträchtlich gesunken. Jetzt aber erhoben die dadurch bedrohten Industriellen ihre Stimme, und die Regierung sah sich endlich veranlaßt, im Interesse der Wollenmanufaktur den Zoll wieder aufzuheben. Von da an hat die englische Landwirthschaft die Wollenproduktion der Fleischproduktion untergeordnet.

Etwas später entsagte die Regierung dem kostspieligen und lästigen Systeme der Ausfuhrprämien und Rückzölle und belegte statt dessen die betreffenden Artikel, wie Rohseide, mit einem geringen Zoll. Auch andere Rohprodukte, wie Talg, Oelsamen und Zink, Konsumtionsgegenstände, wie Kaffee, Kakao, Tabak, Salz, Butter, französischer Wein und Branntwein, erfuhren in den Jahren 1823, 1824 und 1825 eine Zollermäßigung, wahrscheinlich in der Hoffnung, daß andere Länder, namentlich Frankreich, darin nachfolgen würden. Dies traf aber nicht ein, und die Regierung erfuhr harten Tadel wegen dieser Ermäßigungen und anderer, z. B. der Schiffahrt, gewährten Erleichterungen, denen man nun die Schuld der Krisis von 1825 beimaß.

Diese Krisis fachte den Kampf zwischen den Interessen der Landwirthschaft und denen der Industrie, welcher schon 1819 begonnen hatte, aufs Neue an und zwar heftiger als zuvor. In den Fabrikdistrikten war die Noth der ganz oder nur theilweise beschäftigten Arbeiter außerordentlich groß. Sie riefen nach billigerem Brot, und die Fabrikanten und Kaufleute stimmten in diesen Ruf ein. Sie sagten, um die Ueberlegenheit Englands in den verschiedenen Zweigen der Industrie, in welchen jetzt die kontinentalen Staaten, unterstützt durch niedrige Arbeitslöhne und Schutzzölle, mit England wetteiferten, wiederherzustellen und zu behaupten, müßten im Lande die Lebensmittelpreise niedriger werden, damit auch die englischen Arbeiter bei geringeren Lohnsätzen bestehen könnten. Dann werde nicht nur die große Masse der Bevölkerung weniger Noth leiden, es würden die Gewerbe und Manufakturen wieder aufblühen, sondern auch die Ackerbauer selbst müßten dabei gewinnen, da ja ihre Produkte nur dann Absatz fänden, wenn Gewerbe und Handel blühten. Gerade durch das Stocken der industriellen Thätigkeit sei die Nachfrage nach den landwirthschaftlichen Erzeugnissen vermindert und die Lage der Landwirthe so ungünstig geworden. Die Grundeigenthümer entgegneten darauf, daß sie eben so viel Recht auf Schutz hätten wie die Fabrikanten, denen der Kapitalreichthum Englands und die Vervollkommnung des Maschinenwesens überdies von vornherein die Ueberlegenheit über ihre Mitbewerber auf dem Kontinente sicherten. Auf dem Ackerbau ruhe die Last der Armentaren. Die Landwirthe seien verhältnißmäßig zurückgegangen, während Kaufleute und Fabrikanten reich geworden seien. Von dem Wohlbefinden der landwirthschaftlichen Bevölkerung hänge zudem das Gedeihen der Industrie ab, da deren Erzeugnisse weitaus zum größten Theile im Inlande verbraucht würden. Mit Wort und Schrift, in Journalen und Büchern, in Versammlungen und im Parlamente wurden die beiderseitigen Argumente verfochten. Das ganze Land war in zwei Parteien getheilt, die einander mit der größten Heftigkeit angriffen und von der Regierung ungestüm Berücksichtigung ihrer Interessen, als der einzig wahren des Landes, forderten. Endlich, nach vielen Untersuchungen und langen Debatten, kam es 1828 zum Erlaß eines neuen Korngesetzes, welches die sogenannte gleitende Skala einführte. Ein Normalpreis von 62 bis 63 Sh. wurde festgesetzt, bei welchem ein Einfuhrzoll von $24^{2}/_{3}$ Sh. pro Quarter Weizen erhoben werden sollte. Stiege der Preis des Weizens, so sollte der Einfuhrzoll sich so weit vermindern, daß derselbe bei 73 Sh. und darüber nur noch 1 Sh. betrage; umgekehrt solle der Einfuhrzoll mit jedem Schilling, um welchen der Weizenpreis fiele, um 1 Sh. erhöht werden. Dieses Gesetz war bis 1842 in Kraft, wo Sir Robert Peel die Reihe seiner Finanzreformen mit Herabsetzung der Getreidezölle eröffnete. Das bisherige System wurde zwar beibehalten, es trat aber insofern eine Modifikation ein, als der höchste Zollsatz künftig nur 20 Sh. betragen, bei einem Preis von 51 Sh. per Quarter Weizen auf 19 Sh., bei 55 Sh. auf 17 Sh., bei 66 Sh. auf 6 Sh. und bei 69 Sh. auf 5 Sh. ermäßigt werden sollte. 1825 bis 1853.

Diese Maßregel befriedigte Niemand. Richard Cobden, unterstützt von seinem Freunde Bright, rief eine neue, bald das ganze Land ergreifende Agitation gegen die Korngesetze hervor, welche zur Bildung der sogenannten Anti-corn-law-league — eines Vereins für Aufhebung derselben — führte. Dem unermüdlichen Eifer dieses Vereins und seiner Führer gelang es endlich 1846, die Abschaffung der Korngesetze durchzuführen. An die Stelle der gleitenden Skala trat eine stufenweise Ermäßigung (bis auf 4 Sh. bei 53 Sh. Weizenpreis). Vom 1. Februar 1849 aber sollte ein allgemeiner Einfuhrzoll von 1 Sh. pro Qu. für alle Getreidesorten erhoben werden, welcher noch heute besteht. Auch die Zölle auf Seidenwaaren, Butter, Käse, Kleesaaten, Talg, Spirituosen und andere Artikel wurden theils bedeutend reduzirt, theils ganz aufgehoben. Namentlich fielen die Differenzialzölle zu Gunsten des kanadischen Holzes und einige Jahre später die Differenzialzölle zu Gunsten des westindischen Zuckers. Im Ganzen wurde die Zahl der zollpflichtigen Artikel durch die Reform von 1845 von 1000 auf 590 erniedrigt. Unter dem auf Peel im Jahre 1846 folgenden Ministerium Russel wie unter dem von 1852 bis 1853 regierenden Ministerium Derby-Disraeli geschah nichts Neues im Zollwesen. Mit dem Eintritt Gladstone's als Finanzminister in das Kabinet Lord Aberdeen's im Jahre 1853 beginnt aber eine neue Aera des englischen Finanzwesens, indem derselbe sowol für das innere Steuerwesen wie für die Zolltarifrevision mit einem systematischen Plane hervortrat. Die von ihm selbst für diese Revision aufgestellten Regeln waren folgende:

1. Alle diejenigen Abgaben aufzuheben, welche nicht einträglich sind, soweit nicht ein besonderer Grund zu ihrer Beibehaltung vorhanden ist.
2. Soweit möglich statt der Werthzölle feste Zölle einzuführen.

1853 bis 1863. 3. Die noch zu Gunsten der britischen Besitzungen bestehenden Differenzialzölle zu beseitigen.

4. Die Einfuhrzölle auf diejenigen Produkte zu ermäßigen, welche, wie Thee, Käse, Kakao, Eier, Butter, Südfrüchte ꝛc., in großem Maße zu den Lebensgenüssen des Volkes und zu seiner Behaglichkeit beitragen.

Außer der Zollermäßigung von 13 derartigen Nahrungsgegenständen beantragte er, 120 Artikel ganz frei zu geben und bei 133 anderen ebenfalls eine Ermäßigung eintreten zu lassen.

Durch diese Vereinfachung des englischen Tarifs von 1853 wurde die Zahl der zollpflichtigen Artikel auf 360 reduzirt, wozu neuerdings weitere Reduktionen gekommen sind. So hat die englische Regierung im Jahre 1863 Ermäßigungen eintreten lassen, deren Betrag auf 1,708,785 Lst. geschätzt worden ist.

Trotz aller dieser Reduktionen sind die englischen Zolleinnahmen nicht vermindert worden, die Bruttoeinnahme betrug 1815 23,488,000 Lst. und 1863 23,589,000 Lst. mit einem Reinertrag von 23,217,637 Lst.

Die englischen Besitzungen.

I. Kolonien in Asien.

1790 bis 1858. In der zweiten Hälfte des 18. Jahrhunderts eroberten und erwarben die Generalgouverneure, der Englisch-ostindischen Gesellschaft, Lord Clive und Warren Hastings, einen großen Theil der vorderindischen Halbinsel, der Mahrattenfürst Tippo wurde durch Wellington besiegt (1799), womit die Eroberung der Halbinsel vollendet war. Im Jahre 1843 kam das Gebiet von Sindh dazu. Durch die Besiegung der Sikhs 1846 wurden die Nordgrenzen des ostindischen Strichs bis zum Himalaja und Afghanistan ausgedehnt. Aber die Gesellschaft machte schlechte Geschäfte, es fehlte auch nicht an Konflikten zwischen ihr als einer weithin herrschenden Macht und der Regierung, in England erhob man Klagen über Klagen wegen der Monopole und schlechten Wirthschaft in Indien, und als gar 1857 dort ein furchtbarer Aufstand ausbrach, schritt das Parlament ein und erklärte im August 1858 durch die Indiabill die Besitzungen der Gesellschaft für Staatseigenthum.

Erst seitdem ist der materielle Aufschwung Indiens den reichen Hülfsquellen desselben entsprechend. Englische Kapitalien strömten dahin, um Eisenbahnen und Telegraphen zu errichten und den Bau der wichtigsten Kulturpflanzen in großartiger Weise zu fördern.

1857 bis 1863. Doch verlor Indien seine ehemalige Bedeutung für den Gewürzhandel, seine Baumwollenfabrikate und Seidengewebe wurden von den europäischen Märkten verdrängt, und statt ihrer trat eine Reihe anderer Produkte in den Vordergrund, meist Rohstoffe, welche von der europäischen Industrie verbraucht wurden, z. B. Kautschuk, Guttapercha, Farbehölzer, Sago, Gerbstoffe u. s. w. Man bezieht vorzugsweise Wolle und Baumwolle aus den westlichen Indusländern und Beludschistan, aus Bengalen Indigo, Opium (Mirzipur), Zucker u. s. w., aus Ceylon Kaffee und Reis, Zimmt und Kokosöl u. s. w. Den Binnenhandel betreiben Banianen, den Seehandel Engländer und Perser über Kalkutta, Madras, Bombay, in Singapur Chinesen. Es cirkuliren in Indien 80 Mill. Pfund St. Silber, es bedarf aber noch 400—500 Mill. Die

Eisenbahnen kosten weit über 60 Mill. Pfund St., bringen aber geringe Interessen, weil der Personenverkehr ein schwacher ist.

Vor 100 Jahren betrug die Gesammteinfuhr aus Asien nach England durchschnittlich 1 Mill. Lst., 50 Jahre später war dieselbe auf durchschnittlich 5 Mill. Lst., gewachsen und abermals 50 Jahre später (1850) bezog England aus Indien für 12²/₅ Mill. Lst. Im Durchschnitt von 1854—57 stieg der Werth der Ausfuhr auf 16⁴/₅ Mill. Lst. In den letzten Jahren hat sich der Betrag mehr als verdoppelt, doch ist es sehr fraglich, ob diese Höhe nach Beendigung des nordamerikanischen Krieges behauptet werden kann. Die wichtigsten Ausfuhrartikel Indiens sind gegenwärtig Baumwolle, Opium, Indigo, Reis, Zucker, Leinsamen, Jute, Wolle, Gummi, Salpeter, rohe Seide und rohe Häute, Safran, Senfsamen 2c. Von diesen weisen Baumwolle und Wolle die rascheste Steigerung auf. Die Baumwollenausfuhr nach England betrug 1847: 83,9 Mill. Pfund, 1857 hatte sie sich verdreifacht und erreichte das Quantum von 250¹/₈ Mill. Pfund. Im Jahre 1863 hatte der Baumwollenexport nach England die Höhe von 1,230,000 Ballen oder ca. 4 Mill. Ctnr. erreicht. Noch überraschender ist die Zunahme der Ausfuhr von Rohwolle; 1847 nur 3 Mill. Pfund, ist sie 1860 auf 20 Mill. Pfund gestiegen. Diese Wolle kommt übrigens nicht aus dem eigentlichen Indien, sondern von den am Indus und westlich desselben gelegenen Ländern, namentlich Beludschistan. Durch die Errichtung einer jährlichen Messe in Kuratschi an der Mündung des Indus hat sich der dortige Handel beträchtlich gehoben. Die Hauptartikel des Austausches seitens der dortigen Bewohner sind Wolle und Oelsaaten.

Die Insel Ceylon ist unter der englischen Herrschaft eines der ersten Er-
zeugungsländer von Kaffee geworden. Besonders die vortreffliche Qualität der 1815
unter dem Namen Plantation Ceylon (zum Unterschiede von Native-Ceylon) bis 1868.
in den Handel kommenden Waare hat den Ceylonkaffee zum einzigen Rivalen des Java gemacht und nach diesem erzielt er die höchsten Preise, den echten Mokka natürlich ausgenommen. Außer Kaffee produzirt die Insel den echten Zimmt, dessen Kultur lange Zeit monopolisirt war, seit 1833 aber freigegeben worden ist, ferner Kokosnußöl und Tauwerk von vorzüglicher Güte aus den Fasern der Kokosnuß.

Auch in Hinterindien haben die Engländer in den letzten Jahrzehnten festen Fuß gefaßt, und die Nordwestküste desselben spielt seitdem eine wichtige Rolle im Handel. Reis ist das Hauptprodukt und dieser, unter dem Namen Arracan bekannt, wird gegenwärtig in ungeheueren Quantitäten nach Europa wie nach China ausgeführt. Im Jahre 1861 betrug die Ausfuhr 227,000 Tons, im Jahre 1862 216,000 Tons. Die Ausfuhrhäfen sind Akyab, Rangoon und Bassein, mit deren Namen die einzelnen Sorten auch bezeichnet zu werden pflegen.

Auf der Südspitze der Halbinsel Malakka ist im Zeitraume von kaum 40 Jahren ein Handelsplatz ersten Ranges entstanden. Singapur, im Jahre 1819, als die Engländer hier ihre Flagge aufpflanzten, ein kleines Fischerdorf, zählt heute etwa 85,000 Einwohner, darunter 50,000 Chinesen, und vermittelt den gesammten ostasiatischen Handel. Das Hauptgeschäft wird mit den chinesischen Kaufleuten gemacht, welche die europäischen Artikel gegen alle möglichen Produkte und Waaren aus China, Cochinchina, Siam, Malakka 2c. vertauschen. Die wichtigsten Ausfuhren Singapurs nach Europa bestehen in

Gambir, Zinn (unter dem Namen „Straits" in den Handel kommend), schwarzem Pfeffer, Cassia lignea Kampher, Perlsago, Guttapercha und Kaffee. Von Europa kommen hauptsächlich weiße und graue Shirtings, weiße und graue Twiste, Tuche u. s. w. Die Ladungen der Schiffe, welche nach China gehen, bestehen meist aus Reis von Siam, dessen aus Reis, Pfeffer, Zucker, Sapanholz und Tealholz bestehende Ausfuhr bedeutend zugenommen hat.

Der Gesammtwerth des Handels von Singapur stellte sich 1862 auf 10 Millionen Lst.

Nicht minder hat sich der Handel mit China und Japan erweitert. Anfangs auf die Faktoreistadt einer Insel Kantons beschränkt, erzwang England durch Kriege den Fortbetrieb des Opiumhandels, und später in Verbindung mit Frankreich setzte es im Frieden im eroberten Peking durch, daß den Europäern 12 Seehäfen eröffnet und mancherlei Handelsrechte zugestanden wurden. Auch Japan öffnete endlich seine Haupthäfen den Europäern, und beide ostasiatische Staaten suchen sich europäische Kultur, Industrie, Maschinenwesen und Wissenschaft anzueignen. Doch erlangt Nordamerika immer mehr Einfluß, besonders seit es mit der Pacificeisenbahn das Ufer des Stillen Meeres erreicht hat.

II. Kolonien in Australien.

1810 bis 1868. Die englischen Besitzungen in Australien haben in dem letzten Jahrzehnt eine große kommerzielle Bedeutung erlangt. Lange Zeit hielt man Australien nur für gut, als Aufenthaltsort für verbannte Verbrecher zu dienen. Endlich zog die zunehmende Wollproduktion jener Kolonien, wo man 1796 die ersten Schafe vom Kap einführte, die Aufmerksamkeit auf sich, welche 1843 an 17 Mill. Pfund betrug, gegenwärtig aber auf 56 Mill. gestiegen ist.

Seit 1843 lieferte auch der Bergbau auf Kupfer und Blei werthvolle Ausfuhrartikel und in neuester Zeit entdeckte man in New-Castle bei Sidney Steinkohlenlager. Eisen ist zwar in ungeheuerer Menge vorhanden, wird aber nicht bebaut, weil die Arbeitslöhne zu hoch stehen. Auch Edelsteine, namentlich Diamanten, werden häufig gefunden, Salz und Petroleum in einigen Theilen des Landes gewonnen. Die berühmten Kupferminen von Burra und andere Kupfergruben der Kolonie Adelaide haben bis 1860 Erze im Werthe von 4,270,000 Lst. gegeben.

Mit der wachsenden Produktivität Australiens stieg der Wohlstand der Bevölkerung und die Einfuhren von England wurden immer größer. 1848 betrugen dieselben nicht ganz $1^1/_2$ Mill. Lst., 1850 an $2^3/_5$ Mill., 1851 an $2^4/_5$ Mill., 1863 an $12^1/_2$ Mill. Lst. Im Jahre 1851 wurden von Hargraves die ersten australischen Goldfelder entdeckt, und nun wiederholte sich das Schauspiel, welches kurz vorher Californien geboten hatte. Aus allen Himmelsgegenden, ja aus Californien selbst, strömten die Goldsucher auf den bisher fast unbekannten Fleck Erde. In der Zeit vom 1. Oktober 1851 bis 12. Mai 1862 betrug die Goldausbeute der Kolonie Victoria ca. 110 Mill. Lst. oder durchschnittlich 10 Mill. Lst. per Jahr, wozu noch die Ausbeute der Kolonie Neu-Süd-Wales mit ca. 12 Mill. Lst. in 10 Jahren kam. Im Ganzen gewann man von 1851—1868 etwa 163 Mill. Lst. Gold.

Die bedeutendste Kolonie Australiens ist Victoria, mit der Hauptstadt Melbourne. Die Kolonie Neu-Süd-Wales mit Sydney hat nur eine geringe

Goldausbeute. Südaustralien mit Adelaide beschäftigt sich ausschließlich mit Ackerbau und Viehzucht. Doch gehören die oben erwähnten Kupfer- und Bleiminen zum Gebiet von Südaustralien.

Welcher Zukunft diese fast vor unseren Augen entstandenen Länder entgegengehen, läßt sich kaum ahnen. Das aber darf mit Sicherheit behauptet werden, daß in dem seit Kurzem begonnenen und mit überraschender Schnelligkeit vor sich gehenden Neugestaltungsprozesse der weiten Küstenländer des Stillen Ozeans Australien nebst dem von derselben rührigen angelsächsischen Rasse bevölkerten Californien die Hauptrolle spielen werden. In neuester Zeit ist auch die an Produkten und Naturschönheiten überreiche Doppelinsel Neuseeland kolonisirt, ebenso Tasmanien, denen wie Papusien und den Aucklandinseln jedenfalls noch eine große Zukunft beschieden ist, sobald die Südsee mit dem vollen Werthe ihrer Produkte und geographischen Lage in den Welthandel eintritt. Neu-Seelands Kauriwälder liefern ausgezeichnete Masten, Schiffsspieren, Bauholz und Harz. Dazu kommen reiche Kohlenflötze und ausgezeichneter Flachs.

Auch Neu-Süd-Wales besitzt unerschöpfliche Steinkohlenfelder bei Sydney (Ausbeute an 5 Mill. Tonnen), Südaustralien produzirt für 5 Mill. Pfund St. Kupfer und viel Getreide, Queensland ist reich an Vieh, Mineralien, Zucker und Baumwolle. Ganz Australien versendet für mehr als 20 Mill. Pfund St. Waaren, importirt für 35 Mill., ernährt 30 Mill. Schafe, 4 Mill. Rinder, 1/2 Mill. Pferde.

III. Kolonien in Nordamerika.

Fast der ganze Norden Amerika's vom 49.° n. Br. bis zum Polarmeer 1783
ist Besitzung der englischen Krone. Die eigentliche Stammkolonie, Canada, bis 1858.
wurde den Franzosen während des Siebenjährigen Krieges entrissen, und wenngleich noch auf Holzgewinnung, Fischfang und Ackerbau angewiesen, hat der Handel der Kolonie doch schon ziemliche Bedeutung erlangt. Man beschäftigt 25,000 Arbeiter mit Holzfällen und betreibt Fischfang mit 1200—1500 Fahrzeugen, die 1 Mill. Pfund St. einbringen, Bergbau, Eisenbahnen und Ackerbau nehmen mit jedem Jahre zu. Im Jahre 1863 erhielt Canada vom Mutterlande für 4,819,000 Lst. Waaren, wovon allerdings auch das eigentliche Britische Nordamerika, die sog. Hudsonsbailänder, versorgt wurden.

Bis 1858 besaß die sog. Hudsonsbaicompagnie das ausschließliche Privilegium des Handels und der Verwaltung der letzteren Gebiete, deren Reichthum an pelztragenden Thieren dieses Privilegium äußerst werthvoll machte. In nicht zu ferner Zeit dürfte sich Canada als eigener Staat konstituiren oder sich der Union anschließen.

Die Jäger und Agenten der Compagnie drangen in alle Wildnisse des ungeheueren Gebiets, bis an die Küsten des Stillen Ozeans und bis zum Eismeere. In den an geeigneten Punkten im Inneren angelegten Handelsposten sammelte man die theils durch die Jäger erbeuteten, theils durch die Agenten von den Indianern eingetauschten Pelze und schaffte sie von dort nach Montreal und Quebek.

Im Jahre 1858 wurde derjenige Theil des bisherigen Jagdgebietes der Hudsonsbaicompagnie, welcher westlich vom Felsengebirge liegt, das ehemalige Neu-Caledonien, unter dem Namen Britisch-Columbia zu einer besonderen

Kolonie erhoben, welcher infolge der Entdeckungen von Goldlagern bald darauf viele Einwanderer zuströmten. Der ausgezeichnete Hafen Vancouver ist der natürliche Hauptort dieser Besitzung.

An der Ostküste Nordamerika's ist die Provinz Neu-Fundland durch den Reichthum des Meeres an Fischen von großer Bedeutung. Die jährliche Ausbeute an Stockfischen beträgt etwa 4 Mill. Ctnr.

IV. Kolonien in Westindien und Südamerika.

1800 bis 1868. Im vorigen Jahrhundert gehörte die Insel Jamaika zu den werthvollsten Besitzungen der Engländer. Die Zuckerausfuhr betrug, wie wir gesehen haben, über 3 Mill. Ctnr., wenn der Export der anderen kleinen westindischen Inseln Demerara, Barbados ꝛc. mitgerechnet wird. Infolge der Aufhebung des Sklavenhandels 1807 sank die Produktion bedeutend und betrug 1833 nur noch 1½ Mill. Ctnr. Nach Aufhebung der Sklaverei selbst in dem genannten Jahre ist der Zuckerertrag von Jahrzehnt zu Jahrzehnt geringer geworden und beläuft sich im Durchschnitt der letzten Jahre nur noch auf 350,000 Ctnr. In demselben Verhältniß hat die Kaffeekultur abgenommen, welche am Anfang dieses Jahrhunderts 200,000 Ctnr. zum Export lieferte, während gegenwärtig kaum 30,000 Ctnr. jährlich ausgeführt werden. Piment und Ingwer nebst Rum (3 Mill. Gallonen) sind die übrigen Exportartikel Jamaika's. Die kleinen britischen Inseln in Westindien, Britisch-Guyana in Südamerika und Belize in Centralamerika sind für den Handel ohne besondere Bedeutung. Die frühere Plantagenkultur ist wie auf Jamaika seit der Aufhebung der Sklaverei verfallen und eine freigeborene, an das Klima gewöhnte, dabei arbeitsame Klasse fehlt noch gänzlich. Von Belize wird neben etwas Farbholz gegenwärtig hauptsächlich Mahagoniholz ausgeführt.

V. Kolonien in Afrika.

1806 bis 1868. Das Kapland ist seit 1806 britische Besitzung mit einer aus Engländern, Deutschen und Holländern bestehenden Bevölkerung. Der größte Theil der ehemaligen holländischen Bevölkerung, die sogenannten Boeren, haben sich zuerst nach Port Natal, dann, als auch dieses von den Engländern besetzt wurde, jenseit des Vaal in das Innere des Kaffernlandes zurückgezogen und dort die Trans-Vaal'sche Republik gegründet. Die eigentliche Kapkolonie produzirt vorzugsweise Wolle und Wein. Die Ausfuhr von Schafwolle hat sich seit 1835 von 216,000 Pfund auf 25 Mill. Pfund im Jahre 1861 gehoben. Der Export von Wein beläuft sich gegenwärtig auf 1 Million Gallonen. Von den afrikanischen Besitzungen Englands ist von größerer Bedeutung noch die sog. Goldküste, d. h. der Küstenstrich in der Nähe der Mündung des Niger im Meerbusen von Guinea mit dem Hafenplatze Lagos, da hier der größte Theil des in England eingeführten Palmenöls — 1862 an 866,000 Ctnr. — von den Negern eingehandelt wird. Die Rebublik Liberia liefert ebenfalls zwischen 40,000 und 50,000 Ctnr. Palmenöl.

Die Insel Mauritius, östlich von Madagaskar und seit 1810 im Besitze Englands, hat seit einigen Jahrzehnten große Fortschritte im Zuckerbau gemacht. Die Ausfuhr beläuft sich gegenwärtig auf 2½—3½ Mill. Ctnr.

Frankreich.

Von 1776 bis zum Ausbruch der Revolution änderte sich wenig in den 1790 bis 1808.
Handelsverhältnissen Frankreichs. Die Betheiligung am amerikanischen Kriege störte den Verkehr mit den Kolonien und beeinträchtigte die Ausfuhr französischer Boden- und Industrieerzeugnisse. Doch wurde dies weniger empfunden als die pekuniären Opfer, welche der Krieg erheischte, da zur Aufbringung der Kriegskosten immer drückendere Aufgaben auferlegt wurden. Mißernten in den Jahren 1788 und 1789 steigerten die Noth der Bevölkerung und trugen viel dazu bei, die entsetzlichen Ereignisse hervorzurufen, welche Frankreich in den folgenden Jahren zerrütteten. Denn der Adel hinderte durch künstlich hervorgerufene Aufstände die Durchführung der Gesetze, welche die Minister als Anhänger des Ackerbausystems im Interesse der Landbevölkerung gaben. Die Revolution endlich lähmte die Industrie wie den Handel. Tausende von Franzosen verließen ihr Vaterland, um der Guillotine zu entgehen. Der Verkehr im Inneren stockte, da das in ungeheuerer Menge geschaffene Papiergeld — die Assignaten — fast werthlos geworden war und Niemand seine Waaren dafür hergeben mochte. Die Assignaten betrugen Anfangs nur 3 Mill. Frcs., und waren 1795 nur 18% werth. Im Jahre 1796 kaufte man für 1 Louisd'or 7200 Frcs. Assignaten. Hunderttausende verarmten dabei. Da hob man die Assignaten auf, ersetzte sie durch ein anderes Zwangspapier und machte 1797 Bankerutt, indem man die Staatsschuld um ²/₃ herabsetzte. Jetzt stockte aller Handel, die Engländer nahmen französische Schiffe und Kolonien und hemmten alle Handelsverbindungen zur See zwischen Frankreich und dem Auslande. Die werthvollste Kolonie Frankreichs, St. Domingo, wurde von denselben Stürmen heimgesucht und durch darauf folgende Negeraufstände so verwüstet, daß sie als verloren betrachtet werden konnte. So vollständig war die Absperrung Frankreichs von den überseeischen Ländern, daß es sich die Produkte derselben aus dritter Hand, namentlich von Deutschland, verschaffen mußte. Die Unterbrechung der Verbindung mit den meisten europäischen Ländern, mit Rußland, mit Spanien, einem Theile Deutschlands wie mit der Levante, schnitt den Fabriken und Manufakturen jede Gelegenheit ab, ihre Erzeugnisse abzusetzen, oft sogar die nöthigen Rohstoffe zu erlangen. Die Folge davon war, daß die industrielle Thätigkeit auf ein Minimum zurücksank und viele Fabrikanten auswanderten. Wiederholt suchte Hungersnoth das Land heim, da dem Ackerbau durch den Krieg die Hände entzogen wurden und die wohlthätigen Folgen der Aufhebung der ehemals so drückenden gutsherrlichen Lasten, wie des Verkaufs der Nationalgüter an bemittelte Privatleute, erst viel später hervortraten.

Nach dem Frieden von Amiens (1802) wurden die so lange unterbrochenen Verbindungen mit den übrigen europäischen Ländern, mit der Levante, Ost- und Westindien wieder angeknüpft, doch nur um durch den schon im folgenden Jahre aufs Neue entbrennenden Krieg abermals, und zwar noch vollständiger als vorher, gestört zu werden. Die Kolonien wurden von den Engländern besetzt, — Domingo war schon vorher verloren — und als das Verbot der Einfuhr englischer Waaren in den Häfen des Festlands von England mit Blockirung derselben beantwortet wurde, stand der auswärtige Handel Frankreichs wie seine Schiffahrt gänzlich still. Was von englischen Erzeugnissen und von Kolonialwaaren noch in das Land kam, wurde hauptsächlich von der deutschen

1808 Grenze über den Rhein geschmuggelt. Dieser Zustand dauerte bis zum Frie-
bis 1815. den 1815 und während dieser Zeit ist von einem Handel zur See so gut wie keine Rede. Die Kontinentalsperre hatte indessen für Frankreich das Gute, daß sich seine Industrie erholte, daß man Ersatzmittel für die Kolonialwaaren erfand, das besiegte Europa zum Ankauf französischer Fabrikate zwang und durch die Bedürfnisse des Krieges viele Industriearten reichlich beschäftigte. Ganz besonders gewann die Landwirthschaft und Viehzucht, für die Industrie benutzte man Erfindungen der Chemie und Physik, und die Gewerbe unterstützte man durch Handwerkerschulen.

Auf den Verkehr mit den benachbarten Ländern des Kontinents waren allerdings die Fortschritte, welche die französische Herrschaft unter Napoleon machte, nicht ohne Einfluß. Die französischen Erzeugnisse und Fabrikate fanden dadurch vielfach Eingang in denselben, und die Fabriken und Manufakturen, welche ohnedies durch den ungeheueren Bedarf der Kriegsheere sehr beschäftigt wurden, erholten sich wieder. Ja, in gewisser Beziehung war die Absperrung Frankreichs und der benachbarten Länder von Vortheil für sie, indem ihre Erzeugnisse dadurch das Monopol auf einem weit ausgedehnten Markte erlangten. Die Wollen- und Leinenweberei und Spinnerei, die besonders in der Normandie (Rouen) in Aufnahme gekommene Baumwollenfabrikation, in welcher schon jetzt englische Spinnmaschinen angewandt wurden, die Metall- und Lederfabriken u. s. w. wurden mit Aufträgen überhäuft. Der Zwang der Umstände führte zu neuen Kulturen, um Ersatz für manche früher vom Auslande bezogene Stoffe zu liefern. Waid und Krapp traten wieder an die Stelle des Indigo. Der Tabaksbau, welcher vorher im Interesse der Kolonien verboten war, wurde bald in großer Ausdehnung betrieben und selbst das unentbehrlichste der Kolonialprodukte, der Zucker, durch den Saft der Rüben ersetzt. Große Dienste leistete in dieser Zeit die Chemie der Industrie, indem sie neue Prozesse und neue Methoden im Bleichen, Färben rc. lehrte. Ihr hat Frankreich unter Anderem auch die neue Weise der Sodagewinnung zu danken, wodurch die Potasche in vielen Gewerben entbehrlich gemacht wurde. Doch litten gerade die wichtigsten der französischen Industriezweige, die Seidenmanufaktur und Leinenweberei, in dieser Zeit, da sie hauptsächlich auf den Absatz nach Außen angewiesen waren, und ihnen außerdem in der Baumwollenindustrie, deren Erzeugnisse immer allgemeiner in Gebrauch kamen, ein gefährlicher Feind auch in Frankreich selbst erwuchs. Die Leinenfabrikanten in Französisch-Flandern, zu St. Quentin und anderen Orten, sahen sich infolge dessen gezwungen, die Leinenfabrikation mit der Baumwollenfabrikation zu vertauschen. Welch tiefe Wunden dem französischen Handel durch die Kriege geschlagen worden waren, beweist die Vergleichung des Betrags der Ausfuhren vor und nach denselben. Von 1763 bis 1776 exportirte Frankreich jährlich durchschnittlich für 391½ Mill. Frcs. Vierzig Jahre später, im Jahre 1815, betrug die Ausfuhr trotz aller Fortschritte, welche unterdessen in den einzelnen Industriezweigen gemacht worden waren, 397⁷⁄₁₀ Mill. Frcs., war also kaum vorwärts gegangen. In derselben Zeit hatte sich der Export Englands um das Vierfache erhöht.

1815 Um so gewaltiger ist der Aufschwung, welchen Frankreichs Handel und
bis 1830. Industrie in den folgenden vier Jahrzehnten genommen haben. Die ersten zehn Friedensjahre ließen davon freilich noch nichts bemerken. Die Folgen des Krieges, Entvölkerung des Landes und finanzielle Erschöpfung, wirkten lange nach.

Mißernten gesellten sich dazu und zwangen zur massenhaften Einfuhr fremden Getreides. Doch erholte sich das Land trotzdem außerordentlich schnell. Die Bodenkultur erweiterte und verbesserte sich. Nicht blos die Summe der bebauten Ländereien stieg, sondern auch der Ertrag derselben vergrößerte sich, wozu die Konfiskation geistlicher und adeliger Güter viel beitrug, welche nun fleißig bebaut wurden. Während Frankreich vordem in der Regel Korn einführen mußte, erntete es nun in Mitteljahren genug für den eigenen Bedarf, und in guten Jahren konnte es sogar beträchtliche Quantitäten ausführen, obwol gleichzeitig ein bedeutender Theil des besten Bodens der Kultur von Handelsgewächsen, wie Raps, Tabak, Zuckerrüben, Krapp &c., gewidmet wurde und der Weinbau ebenfalls zugenommen hatte.

Dagegen wirkte der hohe Tarif von 1822 sehr nachtheilig. Denn obschon 1830 bis 1870.
er die heimische Industrie gegen ausländische Konkurrenz schützte, so antworteten die anderen Staaten doch auch mit Zollerhöhung für französische Artikel. Die Weinausfuhr sank von 48 Mill. Frcs. auf 27, die Zahl der Seidenweberstühle in Lyon von 26,000 auf 15,000, und die verkehrte, wortbrüchige, pfäffisch-reaktionäre Regierungsweise verursachte die Vertreibung der unverbesserlichen Bourbonen. Ihnen folgten die Orleans, mit ihnen kam das Börsenspiel, Bestechlichkeit und Käuflichkeit in das Staatsleben. Man verjagte auch den Börsenkönig, machte Frankreich zur Republik, dann zum Kaiserthum, behielt aber die allgemeine Korruption bei, vergeudete ungeheuere Kapitalien in zwecklosen Kriegen, ließ durch Günstlinge das Land verwalten, bis das Gericht Gottes mit dem siegreichen Einmarsch der in ihrem Nationalgefühl schwer beleidigten Deutschen hereinbrach, und die tiefe moralische Versunkenheit Frankreichs bloslegte. Napoleon schloß vortheilhafte Handelsverträge mit verschiedenen Staaten, hätschelte den Arbeiterstand auf Kosten der Rentiers und Hausherren, gängelte den Bauernstand durch Geistliche, denen er dafür Dienste leistete, bis er 1870 Land und Krone verlor und mit Hohn seiner Würde entsetzt wurde. Der Börsenschwindel hatte in Paris seine Heimat gefunden und beutete das Volk schamlos und ungestraft aus. Ein Mires, Pereire u. A. wiederholten in großem Maßstabe die Schwindeleien eines Law.

Was die Industrie anlangt, so hat Frankreich zwar viel Eisenerze, aber nicht ausreichende Kohle (90 Mill. Ctnr.) und bezieht daher 60 Mill. Ctnr. vom Auslande. Seine Spiegel- und Luxusgläser sind wegen der Bronzemontirung beliebt. Dagegen steht die Landwirthschaft zurück, weil sie zu viel Getreide, zu wenig Handelsgewächse produzirt, die Viehzucht vernachlässigt und deren Produkte nicht ausbeutet, sondern solche aus dem Auslande bezieht. Tabak ist Regal, darf nur in 8 Departements gebaut werden, bringt gegen 190 Mill. Frcs. ein und beschäftigt an 100,000 Menschen. Der Weinbau leidet unter der städtischen Konsumtionssteuer (Octroi), die für den Landwein eben so hoch ist, wie für den feinen. Man erntet 50—70 Mill. Eimer, welche 150—170 Mill. Thlr. werth sind.

Dagegen hat sich die Industrie schnell entwickelt und beherrscht mit gewissen Artikeln den Weltmarkt, namentlich die der nördlichen Provinzen. Die Baumwollenspinnerei hat ihren Hauptsitz im Elsaß (Mühlhausen) und der Normandie (Rouen, Tarare, St. Quentin). Dasselbe gilt von der Wollenindustrie des Nordens (Sedan, Elbeuf, Louviers, Rheims, Lille, Paris) und von der flandrischen, normannischen und picardischen Leinenindustrie, welche über

1860 bis 1870. ½ Mill. Ctnr. Rohstoff verarbeitet, wogegen der Süden ausgezeichnete Seidenwaaren (230,000 Stühle) verfertigt. Eleganz der Form und Farbe, Feinheit des Geschmackes u. s. w. verschafften auch den Mode- und Kurzwaaren ihren Weltruf. Paris produzirte darin im Jahre 1860 durch seine Gewerbe an 3500 Mill. Frcs. und führte für 350 Mill. Frcs. aus. Binnen 4 Jahren stieg Frankreichs Ausfuhr von 750 Mill. Frcs. auf 1220 Mill., und eben so viel an Bodenerzeugnissen, die Einfuhr kam von 800 Mill. auf 1000 Mill. Von 1860 bis 1866 verdoppelte sich die Ausfuhr (2 Mill. Hektoliter Wein, für 25 Mill. Frcs. Eier nach England, für 700 Mill. Fr. Seidenwaaren u. s. w.). Kanäle und Eisenbahnen unterstützen den Verkehr, doch sind die letzteren zu sehr nach militärischen Rücksichten angelegt. Die Handelsmarine zählt ca. 20,000 Fahrzeuge, und die Schiffbewegung beträgt 40,000 Schiffe.

Bis 1823 hatte sich der Werth der Ausfuhr gegen 1776 nicht geändert. Er schwankte noch immer zwischen 390 und wenig über 400 Mill. Frcs. Gegenwärtig beläuft sich derselbe auf etwa 2250 Mill. Frcs., wovon zwei Drittel auf Fabrikate kommen. Die Einfuhr ist in derselben Zeit von 360 Mill. Frcs. auf 1450 Mill. Frcs. gestiegen.

Die wichtigsten Ausfuhrartikel sind: Seide und Seidenwaaren (im Werthe von 700 Mill. Frcs.), Baumwollenwaaren, Leinwand, Tuche und Wollengewebe, dann Modewaaren, Glas und Krystall, Porzellan, Seife, Maschinen ꝛc. Wein ist das wichtigste Bodenerzeugniß. Der Ertrag hängt natürlich von den Witterungsverhältnissen ab und wechselt deshalb ungemein, ebenso der Werth. In mittleren Jahren beträgt der Export ca. 2 Mill. Hektoliter. Der Bau von Rübenzucker wird in Frankreich in ausgedehntem Maße betrieben. Die Produktion betrug 1862—63 an 173 Mill. Kilo, 1863—64 an 108½ Mill. Kilo.

Der Ein- und Ausfuhrhandel Frankreichs wird hauptsächlich durch drei Häfen vermittelt, welche als Handelsstädte ersten Ranges bekannt sind, durch Havre, Marseille und Bordeaux.

Von diesen hat Havre, wenngleich die jüngste, ihre beiden älteren Schwestern weit überholt. Es besitzt 200 große Kauffahrer und wird von 2000 Schiffen besucht. Einestheils die Umgestaltung des Welthandels, dessen Schwerpunkt von dem Mittelmeere hinweg nach den Küsten des Atlantischen Ozeans verlegt worden ist, anderentheils die ungeheuere Vergrößerung von Paris, für welches Havre der eigentliche Hafen wurde, haben dies bewirkt. Die Anlage des französischen Eisenbahnnetzes, durch das Havre Anfangs- und Endpunkt für alle nach dem Nordosten, Osten und Südwesten laufenden Linien geworden ist, sichern ihm seine Ueberlegenheit auch für die Zukunft. Wie wichtig der letztere Umstand ist, springt in die Augen, sobald man sich nur die Gruppirung der wichtigsten Industriezweige Frankreichs vorführt. Dieselben vertheilen sich in folgender Weise. Sitz der Seidenindustrie ist das Rhonedepartement mit den Mittelpunkten Lyon und Etienne. Die Baumwollenindustrie hat sich in drei verschiedenen Kreisen entwickelt. Der erste ist das Elsaß mit Mühlhausen, der zweite Französisch-Flandern mit Lille und St. Quentin, der dritte die Normandie mit Rouen als Centren. Die Leinenindustrie hat ihren Sitz ebenfalls in Flandern und in der Normandie, die Wollenindustrie in allen drei Kreisen nebst der Picardie. Endlich kommt Paris und Umgegend als Sitz mannichfaltiger Gewerbthätigkeit hinzu, deren Erzeugnisse den spezifischen Namen „Pariser Fabrikate" tragen: der Tabletterie- oder

Kurzen Waaren-, der Bijouterie- und Orfevrerie-, der Uhren-, der Handschuh-, Hüte-, Putz- und Modewaaren-, Möbel-, musikalische Instrumentenfabrikation u. s. w. Alle diese Industriezweige fallen in das Rayon der drei großen Verkehrslinien, welche von Havre in fast gerader Richtung nach der Rhone, nach dem Elsaß und nach den Nord-Departements laufen. Und auch die übrigen, auf einzelnen Punkten außerhalb dieser Gruppen angesiedelten Gewerbe, namentlich die Glas-, Porzellan- und Maschinenindustrie, sind auf deren Benutzung angewiesen. Von vorn herein ist also Havre der natürliche Bezugsort für alle überseeischen Rohstoffe, welche in den genannten Fabrikationszweigen verbraucht werden, wie der Verschiffungsplatz aller Fabrikate, welche den Wasserweg benutzen müssen. Außerdem sind dieselben Gegenden, welche nahezu die Hälfte Frankreichs ausmachen, Paris mit seinem Konsum inbegriffen, von Havre in der Versorgung mit allen zur Verzehrung dienenden Kolonialprodukten, Zucker, Kaffee, Kakao, Reis, Tabak rc., abhängig. Durch so außerordentliche Vortheile begünstigt, hat sich Havre zu dem ersten Handelsplatz Frankreichs aufgeschwungen. Es war der Hauptmarkt für Baumwolle, so lange die nordamerikanische Union Hauptlieferant blieb — ferner für Wolle, für Indigo und Farbhölzer, für Gummi und Harze, für Talg, Rohhäute und Hörner, für Kolonialzucker, Kaffee, Reis und Kakao. Auch ein bedeutender Theil der Schweiz bezieht seinen Bedarf an überseeischen Rohstoffen und Verzehrungsgegenständen entweder direkt von Havre oder transito über diesen Platz. Selbst süddeutsche Baumwollenspinnereien erhalten Baumwolle von dort. 1860 bis 1870.

Marseille verkehrt fast ausschließlich mit der Levante und den Küstenländern des Mittelmeeres. Seine Hauptstapelartikel waren früher Oele und Seifen. Seit die südlichen Provinzen Rußlands am Schwarzen Meere aber eine so große Bedeutung als Getreideproduktionsländer erlangt haben, ist Marseille einer der wichtigsten Getreidemärkte Europa's geworden und versorgt nicht nur ganz Südfrankreich, sondern auch einen Theil Spaniens mit Weizen und Mehl. Die Einfuhr betrug im Durchschnitt der 3 Jahre 1861—63 4,650,000 Hektoliter. Durch die steigende Lebendigkeit des Handels im Mittelmeer in den letzten Jahrzehnten ist Marseille nach langer Ruhe wieder aufgeblüht und geht einer großen Zukunft entgegen, da das neunzehnte Jahrhundert berufen scheint, den Bann, der auf den südlichen und südöstlichen Küstenländern des Mittelmeeres seit dem Eindringen der Türken liegt, zu lösen und diese ehemals so hoch kultivirten Gegenden der christlichen Civilisation zu gewinnen.

In den letzten Jahren ist Marseille wieder ein bedeutender Baumwollenmarkt geworden. Die Einfuhr belief sich 1863 auf 19½ Mill. Kilo, zu sieben Achtel aus ägyptischer und türkischer Baumwolle bestehend. Von großer Bedeutung für Marseille ist das Rohrzuckergeschäft. Im Jahre 1852 wurden in Frankreich überhaupt 129 Mill. Kilo Rohrzucker eingeführt. Davon gelangten nach Marseille 71 Mill. Kilo. Von 77 Mill. aus Frankreich exportirter Raffinade verführte Marseille im Jahre 1862 14½ Mill. Kilo (Havre 35 Mill. Kilo), Kakao 402,000 Kilo, Pfeffer 650,000 Kilo, Oelsaaten 1,182,000 metrische Ctnr., Kokons (aus Syrien, Kleinasien, Türkei, Griechenland, Spanien und Italien) 728,900 Kilo, Wolle 13 Mill. Kilo (Türkei, Nordafrika, Algier, Rußland), Olivenöl 30 Mill. Kilo. Von Spirituosen wird

1860 bis 1970. vorzüglich Rum aus Melasse und Tafia eingeführt, dagegen Branntwein und Wein ausgeführt.

Bordeaux ist der Ausfuhrhafen für den größten Weinbaubezirk Frankreichs. Die südlichen Departements Gironde, Charente, Garonne, Herault ꝛc. besitzen fast die Hälfte des ganzen Weinbaues, nämlich von 2 Mill. Hektaren 800,000 Hektaren. Eine Reihe von Mißjahren, in denen namentlich die Traubenkrankheit verheerend auftrat, haben den Ertrag bedeutend vermindert. Während z. B. im Jahre 1848 über 50 Mill. Hektoliter in Frankreich gewonnen wurden, belief sich das Ernteresultat in den Fünfziger Jahren durchschnittlich nur auf 10 Mill. Hektoliter. In demselben Verhältniß mußte die Weinausfuhr von Bordeaux abnehmen und der Handel dieses Platzes überhaupt gelähmt werden. Seit dem Jahre 1858 ist indeß eine große Besserung eingetreten. Im Jahre 1863 versandte Bordeaux ca. 70½ Mill. Litres Wein und ca. 18³/₁₀ Mill. Litres Alkohol im Gesammtwerthe von 175 Mill. Frcs. Von Wichtigkeit ist außerdem der Handel mit getrockneten und eingemachten Früchten, namentlich mit Pflaumen (Ausfuhr 1863 an 5½ Mill. Kilo), mit Sardinen (Ausfuhr über 5 Mill. Kilo), sowie mit Harz, Terpentin und Terpentinöl. Letzteres wird auf den Abhängen der Pyrenäen in der Nachbarschaft von Dax gewonnen und meist über Bordeaux bezogen. Die Ausfuhr betrug von Harz, Terpentin und Terpentinöl ca. 8½ Mill. Kilo. Unter den Einfuhrartikeln von Bordeaux stehen obenan: Holz, wovon im Jahre 1863 für 13¼ Mill. Frcs. zugeführt ward, dann Rohzucker (21 Mill. Kilo), Kaffee (12 Mill. Kilo), Tabak (5 Mill. Kilo) ꝛc.

Was die Einwirkung des Staats auf die Industrie und den Handel Frankreichs betrifft, so ist auf der einen Seite das Schutz- und Prohibitivsystem, auf der anderen das Reglement- und Verordnungswesen von oben wol in keinem Lande so ausgebildet worden, wie in Frankreich. Letzteres hängt mit dem strengen Centralisationssysteme der Verwaltung zusammen. Ersteres schreibt sich vorzüglich aus der Zeit der Regierung Ludwig Philipp's her, unter welchem die Industriellen zu überwiegendem Einflusse gelangten.

Erst der Regierung Louis Napoleon's gelang es, nach langem und heftigem Widerstande der Industriellen, durch den Abschluß von Handelsverträgen mit England (1860), Belgien (1861), Italien, dem Zollverein und der Schweiz, Bresche in das frühere System zu legen und durchgreifende Tarifreduktionen bei den meisten Artikeln durchzusetzen. Mit Genugthuung durfte die Regierung im Jahre 1863, als die Ausfuhren schon in den ersten 8 Monaten des Jahres eine Zunahme von 110 Mill. Frcs. aufwiesen, darauf hinzeigen, daß, wenn auch der Vertrag mit England der englischen Industrie gestattet habe, Frankreich mit gewissen Erzeugnissen zu versehen, die früher durch Nichtzulassung oder durch Prohibitivzölle ausgeschlossen gewesen wären, eben dieser Vertrag doch der französischen Industrie in ihrer Gesammtheit eine Quelle von Vortheilen geboten habe. Sie durfte behaupten, daß der Vertrag mit England die Probe bestanden habe und der französischen Industrie günstig gewesen sei; sie durfte es aussprechen, daß der Tarif des Vertrags mit England bestimmt sei, in näherer oder entfernter Zeit das Zollgesetz des Landes zu werden. Doch scheint die Republik, überhäuft mit Kriegs- und anderen Schulden, nach dem Wunsche Thier's zum Differentialzoll zurückgreifen zu wollen, wie sich denn überhaupt noch nicht absehen läßt, welche Folgen der unglückliche Krieg von

1870 für Frankreichs Industrie und Finanzen haben wird, da es mit Elsaß und Lothringen zwei industrielle und produktenreiche Provinzen verlor, welche zugleich die besten Soldaten lieferten. In Paris vertheilt sich die Industrie theilweise nach den Stadtvierteln. Die 17,000 Arbeitgeber zahlen über 110 Mill. Frcs. Miethzins, und von den 400,000 Arbeitern verdienen die Hälfte jährlich 1200—1500 Frcs., manche haben aber auch einige Monate lang „todte Zeit". Die 500 Sparkassen Frankreichs besaßen 1865 über 13 Mill. Frcs.

Die französischen Besitzungen.

I. Kolonien in Afrika.

Die Besitznahme eines Theils der Nordküste Afrika's, der heutigen Pro- 1830 bis
vinz Algier, hat schon jetzt den bedeutendsten Einfluß auf den Hafenverkehr 1868.
in Marseille gehabt, wenngleich die militärische Verwaltung der Kolonie einer raschen Entwicklung derselben sehr hinderlich ist. Hauptprodukte Algiers sind Weizen, Gerste und Gemüse, welche letztere in bedeutender Menge nach Paris geführt werden. Anfangs bemühte sich die Verwaltung auch, den Baumwollenbau in Aufnahme zu bringen. Die Kolonisten zogen indeß den Bau von Tabak vor, und diese Kultur hat so große Fortschritte gemacht, daß sie gegenwärtig nach dem Getreide den größten Betrag zur Ausfuhr bietet. Im Ganzen kostet die Kolonie mehr als sie einbringt, weil der Franzose kein Kolonisationstalent besitzt und das Klima für den Europäer tödtlich wird, so daß viele Kolonisten sterben und stets neuer Zufluß nothwendig wird.

Im Jahre 1863 betrug die Ausfuhr von Weizen, Gerste und Mehl nahezu 20 Mill. Kilo, von Tabak 2⁴/₅ Mill. Kilo, Olivenöl 262,000 Kilo (1862 an 2,147,000 Kilo!), Wolle 2 Mill. Kilo ꝛc.

Der von den Franzosen in Besitz genommene Küstenstrich an der Mündung des Senegal verspricht für den Verkehr mit dem Inneren Afrika's von Bedeutung zu werden. Die Bemühungen der Verwaltung sind vorzugsweise darauf gerichtet, die Schiffahrt auf dem Senegal zu sichern und damit eine bequeme Handelsverbindung herzustellen. Die Exporte bestehen gegenwärtig aus Baumwolle, Gummi, Häuten und dergleichen Produkten. Der Betrag der Aus- und Einfuhren erhebt sich auf ca. 20 Mill. Franken. Gummi geht über St. Louis am Senegal, dagegen Goldstaub, Elfenbein, Wachs, Palmöl ꝛc. über den Gambia.

Auf der Insel Réunion in der Nähe von Mauritius wird vorzugsweise Zucker gebaut. Die Ausfuhr nach Frankreich betrug 1861 an 68,390,000 Kilo, 1862 an 50,563,000 Kilo. Werthvolle Exporte sind außerdem Kaffee, Indigo, Vanille u. s. w. Der Gesammtwerth der Aus- und Einfuhr wird auf 90 bis 100 Mill. Frcs. angeschlagen.

II. Kolonien in Amerika.

Von dem reichen Kolonialbesitz Frankreichs in Amerika ist ihm nichts geblieben als die Inseln Martinique und Guadeloupe, nebst einigen anderen unbedeutenden Inselchen, und Französisch-Guyana oder Cayenne. Am werthvollsten sind die beiden erstgenannten Inseln, welche 1863 an 60 Mill. Kilo Rohzucker, daneben Kaffee, Kakao, Baumwolle u. s. w. nach Frankreich exportirten. Den Gesammtwerth ihrer Aus- und Einfuhren schätzt man gegenwärtig auf 100 Mill. Frcs.

III. Kolonien in Asien.

In Vorderindien besitzen die Franzosen als Rest der Dupleix'schen Eroberungen noch Pondichery, Chandernajor und einige andere werthlose Punkte mit einer Bevölkerung von 220,000 Seelen. Die Aus- und Einfuhr wird auf 40 Mill. Frcs. berechnet. Der Versuch, an der Mündung des Kambodja in Hinterindien eine neue Kolonie zu gründen, hat bis jetzt noch zu keinen merkantilen Ergebnissen geführt. Ebenso ist der Handel mit Süd- und Ostasien von geringer Bedeutung.

Deutschland.

1780 bis 1806. Die materiellen Verhältnisse unseres Vaterlandes waren während der Napoleonischen Kriege von dem Gange der politischen Ereignisse abhängig. Die auswärtigen Handelsverbindungen konnten nur so weit unterhalten werden, als das Belieben der die See beherrschenden Mächte es zuließ. Im Ganzen haben die ersten 4 Jahrzehnte nach Losreißung der amerikanischen Kolonien die materielle Entwicklung Deutschlands wenig gefördert, wenngleich nicht geläugnet werden kann, daß gerade in dieser Periode manche Keime, welche eine bessere Zukunft verhießen, gelegt worden sind.

Dazu müssen vor Allem die Maßregeln gerechnet werden, welche in den einzelnen Ländern die Hörigkeitsverhältnisse der Bauern milderten. Mehrfach wurden statt der Hand- und Spannfrohnden und statt der Naturalabgaben Geldabgaben eingeführt, das Hutungsrecht der Domänen beschränkt u. s. w. Preußen hob 1807 die Leibeigenschaft ganz auf.

Nicht minder wichtig waren die Bestimmungen, welche den Ankauf von Rittergütern durch Bürgerliche gestatteten, die Abtrennung einzelner Bauergüter von den Rittergütern regelten, kurz, welche das Grundeigenthum von seinen bisherigen Fesseln befreiten. Erst jetzt war die deutsche Landwirthschaft im Stande, dem Fortschritte der belgischen und englischen zu folgen, und nach dem Frieden zeigte sich der Einfluß dieser Umgestaltung.

Während des Amerikanischen Krieges und der später zwischen Frankreich und England geführten erfreuten sich die deutschen Landwirthe sehr günstiger Verhältnisse. Die Getreideausfuhr nach England, nach Spanien und Portugal nahm in großem Maßstabe zu, und Oldenburg, Mecklenburg, Holstein, Pommern und Ostpreußen nebst den benachbarten Gegenden an der Oberelbe, der Oberweser, dem Braunschweigischen u. s. w. betheiligten sich lebhaft dabei. Der Wohlstand hob sich dadurch außerordentlich und die Kapitalien häuften sich namentlich in Norddeutschland so an, daß die Besitzer häufig in Verlegenheit waren, wie sie dieselben anlegen sollten. Im Inneren kam mit dem Beginne des Amerikanischen Krieges, welcher die Tabakszufuhren abschnitt, die schon vorher im kleinen Maßstabe betriebene Tabakskultur in Aufnahme. Dies geschah namentlich in der Pfalz, in Franken, in Mecklenburg, in Pommern, in Brandenburg, im Göttingen'schen ꝛc. Doch dauerte diese Konjunktur nur bis zum Jahre 1803. Mehrere Mißernten, welche von da auf einander folgen, das Vorrücken der Franzosen an die Elbe und Weser, der so unglücklich endende Krieg zwischen Preußen und Frankreich (1806), infolge dessen nicht blos Preußen, sondern auch ganz Norddeutschland von den Franzosen überschwemmt und verheert wurde, endlich auch die auf Deutschland ausgedehnte Sperre gegen England, machten der deutschen Getreideausfuhr ein Ende und zerstörten in vielen Gegenden den bisherigen Wohlstand wieder. Letzteres galt namentlich von den Nordsee- und Ostseeländern, welche sich ausschließlich mit dem Getreidebau beschäftigen. Diejenigen Theile Deutschlands, in welchen der Anbau von Handelsgewächsen Eingang gefunden hatte, litten, von den Verheerungen und Lasten der Kriegsjahre abgesehen, weniger, da die Kontinentalsperre den Eingang fremder Erzeugnisse unmöglich machte, und nun, wie wir es schon bei Frankreich gesehen, Ersatz dafür im Lande selbst gesucht werden mußte. Die Kultur des Tabaks in den vorhin erwähnten Gegenden, die von Farbekräutern, namentlich Waid und Krapp in Thüringen und Schlesien, von Runkelrüben zur Zuckergewinnung im Magdeburgischen, und von Cichorien als Surrogat für Kaffee, machte bald bedeutende Fortschritte und war meist sehr lohnend. Der Anbau von Rapssamen und anderen Oelgewächsen nahm ebenfalls zu.

1780 bis 1808.

Die gewerblichen Verhältnisse unseres Vaterlandes zeigen ein ähnliches Auf- und Absteigen. In den ersten 3 Jahrzehnten entwickelten sich die meisten der Industriezweige, welche wir im vorigen Abschnitte kennen gelernt haben, in sehr erfreulicher Weise. Das Hauptgewerbe, die Leinenweberei und Leinengarnspinnerei, empfand zwar den Druck des Amerikanischen Krieges, welcher die Verbindung mit Nordamerika unterbrach; nach Beendigung desselben nahm aber der Absatz von Leinwand, sowol nach den Vereinigten Staaten und Westindien wie nach England, Spanien und Portugal, außerordentlich zu, theilweise infolge der durch die französische Revolution und die Betheiligung des französischen Seehandels in den Kriegen gegen England bewirkten Schmälerung der Leinenausfuhr Frankreichs. Selbst die Fortschritte der Leinenindustrie in Schottland waren zu dieser Zeit kaum fühlbar und äußerten sich nur in einer Vergrößerung der Leinengarnausfuhr nach England.

Den Metallwaarenfabriken in der Grafschaft Mark und im Thüringischen kamen besonders die durch den Krieg veranlaßten Konjunkturen zu Statten. Auch Nordamerika bezog nach Wiederherstellung der Verbindung mit Europa deutsche Eisen- und Stahlwaaren in großer Menge. In Schlesien und Sachsen nahm der Bergbau einen mächtigen Aufschwung, dort durch Ausbeutung der reichen Kohlen-, Eisenerz- und Galmeilager, durch Anlegung neuer Hüttenwerke, hier durch Erweiterung des Baues auf Silber. Ueberhaupt entfalteten diese beiden Länder eine besonders rege industrielle Thätigkeit, wozu in Schlesien hauptsächlich die zahlreichen Einwanderungen von Industriellen in dem Jahrzehnt vor 1776 beigetragen haben. Neben der Leinenindustrie und dem Bergbau hoben sich die Tuchfabriken durch den wachsenden Absatz nach Rußland und Polen. Sachsen zeichnete sich in allen Manufakturarbeiten aus und seine Leinwand, seine Tücher, seine Spitzen und Baumwollenwaaren bildeten einen wichtigen Bestandtheil des überseeischen Handels. An der Nordseeküste, namentlich in Hamburg und Bremen, wurde die Raffinerie von Rohzucker in großer Ausdehnung betrieben, die Kattundruckereien in Hamburg erlangten europäischen Ruf, in Preußen blühten unter dem Schutze hoher Eingangszölle die Tabaks-, Steingut- und Cichorienfabriken auf und in Thüringen, sowie in den Harzgegenden, vorzüglich in den Städten Nordhausen, Quedlinburg und Wernigerode, wuchs die Branntweinbrennerei, deren Erzeugniß in Norddeutschland das Bier immer mehr verdrängte, zu einem wichtigen Gewerbe heran.

1806 bis 1814. Aber in einem wichtigen Punkte blieb die deutsche Industrie weit gegen die englische und selbst gegen die französische zurück, in der Anwendung von Maschinen. Die Baumwollenfabrikation vermochte deshalb die Konkurrenz gegen die viel billiger arbeitende englische Industrie nicht zu behaupten und machte selbst Rückschritte, während englische Baumwollengewebe alle Märkte eroberten. Auch in der Tuchfabrikation trat dieser Mangel hervor, und nur in denjenigen Fabrikgegenden, welche zu Frankreich geschlagen worden waren, in Aachen, im Bergischen, im Jülich'schen ꝛc., machte die Einführung des Maschinenbetriebes Fortschritte.

In dieser Lage befand sich die deutsche Industrie, als die Kontinentalsperre sie plötzlich von der gefährlichen Konkurrenz des Auslandes befreite. Ein rascher Aufschwung in den meisten Gewerbszweigen war die Folge davon. Die Wollmanufakturen in Sachsen, Schlesien, Brandenburg und Württemberg, die Metallfabriken, Eisen- und Messinghütten in der Grafschaft Mark, in Thüringen, Württemberg ꝛc., endlich die Baumwollenspinnereien und Webereien entstanden in Menge, außer in Sachsen besonders in und um Augsburg und anderen bayerischen Städten, und die Kapitalisten wandten sich jetzt mit Vorliebe der Anlage in diesen Industriezweigen zu. Nicht so glücklich waren die Leinwandfabrikanten. Hauptsächlich auf den auswärtigen Absatz angewiesen, mußten sie durch die Absperrung des Festlands von allem Verkehr mit den überseeischen Ländern außerordentlich leiden. Kaum daß noch zu Lande einiger Verkehr mit Spanien unterhalten werden konnte. Mit Westindien, Nordamerika und England, also den Hauptabnehmern, hörte jede Verbindung auf. Statt deutscher Leinen bezogen die erstgenannten jetzt ausschließlich schottische und irische. Die englische Leinenfabrikation machte unter solchen Umständen ungeheuere Fortschritte und führte jetzt mit großem Erfolge auch in der Flachsspinnerei Maschinen ein, da der Bezug von deutschem Garn abgeschnitten war. Diejenigen deutschen Leinenwebereidistrikte, welche ihre Fabrikate vorzugsweise nach Italien abgesetzt hatten, die württembergischen z. B., litten sehr unter den Folgen der Einverleibung Oberitaliens in das französische Reich. Kurz das ehemals so blühende Gewerbe ging in ganz Deutschland mit schnellen Schritten dem Verfalle entgegen, und die Noth der Hunderttausende, welche sich bisher hauptsächlich mit Spinnen und Weben beschäftigt hatten, stieg von Tag zu Tage, da die Preise sowol von Garn als von Leinwand immer tiefer sanken.

Auf den Handel der deutschen Seestädte dagegen wirkten sowol der Amerikanische Krieg als die ersten Kriege zwischen England und Frankreich außerordentlich förderlich. Die Ausfuhr von Holz und von Getreide nach Großbritannien beschäftigte besonders die Ostseestädte Königsberg, Elbing, Danzig, Stettin, Rostock, Wismar und Lübeck. An der Nordsee wurde Emden ein Hauptausfuhrplatz für landwirthschaftliche Produkte. Seitdem Holland in den Krieg gegen England verwickelt worden war, entrissen ihm die preußischen Schiffer auch einen Theil des zwischen dem Nordosten und Westen betriebenen Frachtgeschäfts, während Lübeck seinen Zwischenhandel zwischen Rußland, Frankreich und Spanien erweiterte. Den größten Gewinn zogen aber Hamburg und Bremen aus der Stockung des Handels und des Verkehrs während des Amerikanischen Krieges. Diese knüpften sofort nach der Losreißung der nordamerikanischen Kolonien einen direkten Verkehr mit denselben an, um die bisher über England bezogenen Produkte derselben, namentlich Tabak und

Reis, aus erster Hand zu holen. Damit ging die direkte Versendung deutscher Leinen nach Nordamerika Hand in Hand. Auch nach Westindien fuhren Hamburger Schiffer jetzt häufiger, da ihnen Frankreich und Spanien ihre dortigen Häfen geöffnet hatten. Französische und englische Kolonialprodukte und Fabrikate wurden hauptsächlich von Hamburg nach dem Inneren Deutschlands gesendet. Bremen hatte sich besonders des Handels mit amerikanischem Tabak und französischen Weinen bemächtigt. 1795 bis 1814.

In der Ausfuhr von Hamburg und Bremen spielten Leinen (aus Schlesien, Böhmen, der Lausitz, Westfalen, Hessen und Hannover), daneben Leinengarn (aus Böhmen, Niedersachsen und Westfalen), die wichtigste Rolle. Holz lieferten die Gegenden an der Oberelbe und Böhmen; Bergwerksprodukte, Eisen und Stahlwaaren der Harz, das Erzgebirge und Westfalen; Wollenwaaren und Tücher kamen aus Sachsen, dem Brandenburgischen, Schlesien, Aachen und dem Jülich'schen. Sachsen lieferte außerdem Baumwollenwaaren und Spitzen, Nürnberg und Bayern Spielwaaren, Böhmen Glas, die Rheinlande Wein.

So bedeutend auch schon zu dieser Zeit der Handel der Hansastädte geworden war, er stand doch erst am Anfang seiner Größe. Der Ausbruch des Krieges zwischen Frankreich und England, die Besitznahme Hollands (1795), die dadurch herbeigeführte gänzliche Vernichtung des Handels von Amsterdam, verdoppelten in kurzer Zeit die Geschäftsthätigkeit von Bremen und Hamburg. Der ganze Handel mit Süd- und Westdeutschland und der Schweiz, der vorher von Holland aus betrieben worden war, fiel ihnen zu, selbst Frankreichs östliche Departements bezogen von ihnen Kolonialwaaren, so daß der größte Theil des Festlands bei dem Bezuge von britischen Fabrikaten und Kolonialwaaren, die nordamerikanischen Produkte eingeschlossen, von Hamburg und Bremen abhängig wurde. Von 1795 bis 1798 führte Hamburg 166 Mill. Pfund Zucker ein, und im letzten Jahre erreichte die Zufuhr die Höhe von 98 Mill. Pfund Zucker und 46 Mill. Pfund Kaffee.

Neben diesem ausgedehnten Einfuhrhandel zogen Hamburg und Bremen das ganze Durchfuhrgeschäft nach Süddeutschland und der Schweiz an sich, welches vordem den Rhein benutzt hatte. Die Unsicherheit dieser von den kriegerischen Ereignissen berührten Straße und die Vernichtung des holländischen Handels lenkte das Transitgeschäft auf die Landstraßen im Inneren Deutschlands. Von den Hansastädten wurden die Güter per Achse über Harburg, Lüneburg, Braunschweig, Minden, Frankfurt a. M. weiter geschafft. Der innere Verkehr belebte sich dadurch ebenfalls und Frankfurt a. M., Leipzig und Braunschweig wurden immer bedeutender. Bis zum Jahre 1799 dauerte diese glückliche Zeit. Da brach in Hamburg eine Reihe von Bankerutten aus, als Folge übertriebener Handelsspekulationen und der durch die Erfolge der Franzosen in der Schweiz und am Rhein bewirkten Abnahme der Nachfrage. Von dieser Zeit an datirt der Rückgang der Handelsthätigkeit der deutschen Hansastädte, bis die Ausdehnung der Kontinentalsperre auf ganz Deutschland dieselbe mehrere Jahre gänzlich in Fesseln schlug.

Die Vertreibung der Franzosen aus Deutschland und der bald darauf folgende Frieden gaben Europa die so lange vermißte Ruhe wieder und Handel und Industrie athmeten neu auf. Die Ausnahmemaßregeln nahmen ein Ende. Die deutschen Häfen konnten ihre ehemaligen Märkte im Auslande wieder auf-

1806 bis 1814. suchen. Dennoch waren die Folgen der Aufhebung der Absperrung nicht überall erfreulich. Eine ungeheuere Menge englischer Fabrikate, welche dieses Augenblicks geharrt hatten, überschwemmten alle Häfen wie alle Binnenmärkte. Hamburg, Bremen, Frankfurt a. M., Leipzig und Braunschweig wurden damit überhäuft und diejenigen Gewerbe, welche erst unter dem Einfluß der Sperre zu einiger Blüte gelangt waren, namentlich die Baumwollenmanufaktur, die Fabrikation von Stahl- und Wollenwaaren rc., sahen sich dadurch in ihrer Existenz gefährdet. Die Fabriken des linken Rheinufers verloren den Absatz, den ihre Erzeugnisse bisher in Frankreich gefunden hatten. Der Durchfuhrhandel suchte seine alten Straßen wieder auf und die bisher damit beschäftigten Städte gingen dieses lohnenden Erwerbs verlustig. Nur die Leinenindustrie erlangte mit dem Beginne der Ausfuhr von Geweben nach Nordamerika und Westindien, sowie von Garn nach England, einen Theil ihrer früheren Bedeutung wieder. Auch die Tuchfabrikation vermochte sich der Konkurrenz der englischen Fabrikate gegenüber zu behaupten, hauptsächlich infolge der Ausdehnung, welche die Wollproduktion in Deutschland gewonnen hatte, und der Veredlung der Schafzucht, welche jetzt in mehreren Gegenden, vor Allem in Sachsen und Schlesien, eifrig betrieben wurde. Rohwolle bildete sofort einen wichtigen Ausfuhrartikel und die deutschen Landwirthe, außerdem in den Jahren 1817 und 1818 durch eine sehr gewinnreiche Kornausfuhr nach England und Frankreich begünstigt, erholten sich dadurch einigermaßen von den Verlusten während der Kriegsjahre.

Um so mehr litten aber, wie oben gezeigt, die Gewerbtreibenden, welche jetzt in den meisten Industriezweigen durch die Konkurrenz der Engländer erdrückt wurden. Ihre Klagen führten endlich 1818 in Preußen zum Erlaß eines neuen Zollgesetzes, welches die verschiedenen Landestheile mit einer einzigen Zollgrenze umgab und die meisten fremden Waaren erhöhten Eingangsabgaben unterwarf. Die Gewerbe in Preußen erhoben sich unter dem Schutze dieses Gesetzes schnell. Die Wollen-, Baumwollen- und Seidenfabriken und Färbereien in Aachen, Krefeld, Elberfeld, Berlin, die Eisenwerke in Westfalen und Schlesien, die Stahl- und Metallfabriken der Grafschaft Mark machten erfreuliche Fortschritte. Am Niederrhein und in Saarbrücken nahm die Gewinnung von Steinkohlen zu. Oel- und Papiermühlen, Zuckerraffinerien und Glashütten entstanden und gediehen. Nur die Baumwollenspinnereien waren nicht im Stande, mit den englischen Schritt zu halten, und mußten sich auf die Verfertigung der gröbsten Garnsorten beschränken.

In den übrigen deutschen Ländern, deren Gewerbe keines Zollschutzes genossen, geriethen die Gewerbtreibenden jetzt in eine doppelt ungünstige Lage. Sie waren nicht blos der englischen Konkurrenz preisgegeben, sondern sahen sich auch noch von dem Verkehr mit den preußischen Provinzen abgeschnitten. Dies empfand vorzüglich die sächsische Manufaktur- und Bergwerksindustrie, deren Erzeugnisse früher einen bedeutenden Absatz in Preußen gefunden hatten. Nur ihrer verhältnißmäßig hohen Ausbildung und den sehr niedrigen Arbeitslöhnen, bei welchen die Arbeiter, namentlich in der Periode des billigen Brotpreises von 1819 bis 1825, doch noch bestehen konnten, ist es zuzuschreiben, daß sie nicht erlagen, sondern in manchen Beziehungen sogar mehr Terrain gewannen. Dies gilt besonders von der Strumpffabrikation, der Fabrikation von Kattun und leichten Wollenzeugen. In Braunschweig, Hessen, Bayern, Würtemberg rc.

gingen dagegen fast alle Gewerbe zurück und selbst die Leinenindustrie litt immer mehr unter dem Drucke, welchen englische Leinenfabrikate auf den überseeischen Märkten ausübten, und unter den hohen Eingangszöllen, welche von den meisten europäischen, 1814 selbst in den Vereinigten Staaten von Nordamerika eingeführt wurden, um die eigene Industrie zu heben. 1814 bis 1829.

Es war natürlich, daß diese Verhältnisse auch den deutschen Handel beeinträchtigen mußten. Die Ausfuhr von Leinwand, Metallwaaren und anderen Fabrikaten nahm immer mehr ab. Der Verkehr mit Spanien, Portugal, Frankreich, Rußland, Italien, Dänemark und Schweden litt unter den Zollmaßregeln dieser Länder. Nur die Ausfuhr von Wolle und in günstigen Jahren von Getreide entschädigte in Etwas dafür. In der Zunahme begriffen war die Einfuhr von englischen und französischen Fabrikaten wie von Kolonialwaaren, deren Verbrauch immer stärker wurde. Hamburg und Bremen hatten hauptsächlich diesem Umstande die Erweiterung ihres Handels zu danken. Von günstigem Einflusse auf ihre Rhederei waren auch die in den staatlichen Verhältnissen Mittel- und Südamerika's eingetretenen Veränderungen. Die Lostrennung Brasiliens von Portugal, die Befreiung der spanischen Kolonien, die Unabhängigkeitserklärung von Domingo machten die Vermittlung von Spanien, Portugal und Frankreich bei dem Bezuge der Produkte jener Länder entbehrlich. Die Hansastädte, namentlich Hamburg, knüpften überall direkte Verbindungen an, welche einigen Ersatz für die Abnahme des Handels mit dem Südwesten Europa's gaben. Die Versorgung Deutschlands mit Kolonialwaaren mußten sie jetzt freilich wieder mit den Holländern und Belgiern theilen, da Amsterdam und Antwerpen den Verkehr mit ihren Hinterländern, der Rheingegend und Süddeutschland von Neuem angeknüpft hatten. Auch die Durchfuhr nach der Schweiz suchte ihren alten Weg, die Rheinstraße, wieder auf.

Wir stehen jetzt an der Schwelle des Ereignisses, mit welchem eine neue Aera in Deutschlands Gewerbsleben wie in seinen Handelsverhältnissen beginnt, wir meinen den Zollverein. Die Folgen, welche die Abschließung der großen Nachbarstaaten, Preußen, Oesterreich, Frankreich und Rußland, auf die gewerblichen Verhältnisse der kleinen deutschen Länder äußerten, machten sich überall fühlbar und immer dringender wurde durch die Presse wie in den Ständekammern, namentlich Bayerns, Hessens, Württembergs und Badens, auf die Nothwendigkeit hingewiesen, ähnliche Maßregeln zu ergreifen. Hatte doch jeder kleine Staat sein besonderes Münz-, Maß- und Zollsystem und sperrte seine Grenzen durch Mauthbeamte ab. Lange fanden diese Stimmen kein Gehör; man hielt die Handelsfreiheit zu hoch und fürchtete die Schwierigkeiten, welche mit der Bewachung so vieler Grenzen verbunden waren, wie den verderblichen Schmuggelhandel, der, wie die Erfahrung bei Preußen gelehrt hatte, sofort mit Aufrichtung einer Zollgrenze entstand. Endlich kam man zu der Ansicht, daß die Vereinigung mehrerer Länder zu einem Ganzen einen großen Theil dieser Schwierigkeiten hebe, und Bayern und Württemberg schlossen im Jahre 1828 einen Zollverband, welchem die beiden Hohenzollern beitraten. Baden verweigerte den Anschluß, Hessen-Darmstadt dagegen zog den Beitritt zum preußischen Zollsystem vor, dem schon vorher Anhalt-Bernburg, Dessau und Köthen beigetreten waren. Kurz darauf vereinigten sich Sachsen, Hannover, Kurhessen, Braunschweig, Nassau, Oldenburg und mehrere andere kleine Territorien zu einem mitteldeutschen Handelsbund, welcher indessen

1828 bis 1870. weniger die Bildung eines Zollsystems, als vielmehr die Aufrechthaltung der bestehenden Handels- und Durchgangszölle bezweckte, und neben diesem bestand noch ein süddeutscher Zollverein. Neue Verhandlungen zwischen dem preußisch-hessischen und bayerisch-württembergischen Verein führten 1829 zu einem vorbereitenden Handelsvertrage, endlich 1834 zur Gründung des großen deutschen Zollvereins, der zunächst auf 8 Jahre abgeschlossen und dann von 12 zu 12 Jahren erneuert wurde, welchem sich sofort Sachsen und der thüringische Zoll- und Handelsverein anschlossen. Im Jahre 1836 traten das Großherzogthum Baden, Nassau und die Stadt Frankfurt a. M., 1842 Braunschweig, Lippe und Luxemburg, 1854 Hannover und Oldenburg oder der 1834 gegründete freihändlerische ehemalige Steuerverein bei, so daß der Zollverein sämmtliche deutsche Staaten mit Ausnahme von Hamburg, Bremen, Lübeck und Mecklenburg umfaßte. Die Gesammtbevölkerung betrug über 34 1/2 Mill. Er schloß mit auswärtigen Staaten Verträge, in neuester Zeit mit China, Japan und Frankreich (1865).

Trotz mancher Mängel in der Organisation des Ganzen, in der Zollgesetzgebung und den Tarifen, Mängel, die bei einem so vielköpfigen Institute fast unvermeidlich waren, ist die deutsche Industrie in einem Vierteljahrhundert zu einer ungeahnten Bedeutung herangewachsen, und Deutschland steht heute den übrigen Industriemächten ebenbürtig zur Seite. Der Zollverein schloß 1853 mit Oesterreich einen Handelsvertrag, 1862 mit Frankreich, was Oesterreich durch offene Einsprache und Intriguiren in Süddeutschland vergeblich zu hindern und den Zollverein zu sprengen suchte. Preußen folgte immer entschiedener dem Freihandelssystem auch in den Verträgen mit England, Belgien, Oesterreich, Italien u. s. w. und dabei erstarkten Industrie und Handel. Man verfertigte solide Mittelstoffe massenhaft, gab ihnen elegante Form, suchte Arbeiter heranzubilden, das Bank- und Assekuranzwesen zu entwickeln, gab das allgemeine deutsche Handelsgesetzbuch mit öffentlichem mündlichen Verfahren. Der 1866 gegründete Norddeutsche Bund schien das begonnene Einigungswerk zu bedrohen, aber er bestand die Probe und der siegreiche Krieg gegen Frankreich (1870) schuf endlich das längst vom Volke begehrte einige Deutschland als deutsches Kaiserreich. Ein Zollparlament nahm die materiellen Interessen unter seine besondere Aufsicht und Gesetzgebung. Der Charakter des auswärtigen Handels von Deutschland hat sich also in den letzten 50 Jahren gänzlich verändert, da unser Vaterland vor fünf Jahrzehnten Rohstoffe nebst einigen Halbfabrikaten ausführte und dagegen Fabrikate bezog, heute aber hauptsächlich Rohstoffe und Halbfabrikate vom Auslande erhält und diese mit den Erzeugnissen seiner industriellen Thätigkeit bezahlt. Der Norddeutsche Bund widmete sich besonders der Förderung des Handels und der Industrie, schuf ein allgemeines Indigenatgesetz, Wechselrecht, Zoll- und Handelsgesetz, ordnete die Bestimmungen über Freizügigkeit, Heimats- und Niederlassungsrecht, Gewerbebetrieb, Kolonisation und Auswanderung, Münze, Maß und Gewicht, Papiergeld, Bankwesen, Erfindungspatente, Schutz des geistigen Eigenthums, des Eisenbahnwesens, der Schiffahrt unter gemeinsamer Flagge, Fluß- und Wasserzölle, Posten, Telegraphen, errichtete einen Zollbundesrath, ein Zollparlament, an dessen Stelle 1871 der Reichstag trat, und einen obersten Gerichtshof in Handelssachen. Mecklenburg trat 1868 bei, Hamburg und Bremen wurden

Freihäfen, Lauenburg Besitz der preußischen Krone, Schleswig-Holstein preußische Provinz, und endlich die Goldwährung eingeführt. 1830 bis 1870.

Die deutsche Wollenmanufaktur hat ihre seit Jahrhunderten verloren gegangene Bedeutung wieder erlangt und sich so erweitert, daß die inländische Produktion von Rohwolle nicht genügt, um den Bedarf zu decken. Ihre Fabrikate bilden heute den wichtigsten Theil der Zollvereinsausfuhr. Neben ihr hat die Baumwollenfabrikation riesige Fortschritte gemacht, ja in der Massenhaftigkeit der Produktion jene sogar überflügelt; doch steht sie an Vollkommenheit der Fabrikate in manchen Beziehungen noch gegen das Ausland zurück. Ebenso hat die Seidenmanufaktur, obgleich auch diese bei dem Bezug des Rohstoffes fast gänzlich vom Auslande abhängig ist, die Lehrjahre längst hinter sich und versieht bereits das Ausland mit ihren Erzeugnissen. Die wenigsten Fortschritte machte die Leinenindustrie, deren Antheil an der Ausfuhr, ordinäre Packleinen ausgenommen, bis zu Anfang der Vierziger Jahre stetig fiel, von da an allerdings wieder langsam stieg, aber erst 1856 das Jahr 1835 überholte. Die Hauptschuld daran trägt ohne Zweifel der zu langsame Uebergang von der Handspinnerei zur Maschinenspinnerei. Erst im letzten Jahrzehnt sind große Flachsspinnereien entstanden, deren Produktionsfähigkeit aber noch viel zu ungenügend ist. Ueberhaupt leidet die zollvereinsländische Manufakturwaarenindustrie im Allgemeinen noch an Vernachlässigung der Spinnerei und jährlich müssen für Leinengarn und Zwirn, für Baumwollen- und Wollengarn viele Millionen ausgegeben werden. Eben so wenig genügt die Roheisenproduktion dem Bedarf der Eisenfabrikation. In dieser Richtung hat der Zollverein noch viel zu leisten und wird es thun, seit die Vereinsstaaten nun auch ein politisch geeinigtes Reich bilden und der Schutz des Handels unter der mächtigen Reichsverwaltung steht. Alle übrigen Industriezweige, also die Stahl- und Eisenwaarenfabrikation, die Glas-, Papier- und Seidenindustrie, die Verfertigung von Kurzwaaren, Chemikalien, Töpferwaaren, Steingut, Porzellan, raffinirten Zucker, Bier ꝛc. haben bei ihrer Produktion die Grenzen des heimischen Bedarfs überschritten und nehmen Theil an der Versorgung der auswärtigen, namentlich der überseeischen Märkte.

Dieser Aufschwung ist genau genommen das Werk der letzten dreißig Jahre gewesen. Bis dahin war die deutsche Industrie ihren westeuropäischen Schwestern, zaghaft in bescheidener Ferne die alten Geleise nicht verlassend, gefolgt. Das Fremde wurde bewundert, aber nicht nachgeahmt. Die Inangriffnahme eines deutschen Eisenbahnnetzes brach den Bann. Friedrich List öffnete dem deutschen Handel und Gewerbstand die Augen über das, was ihm fehlte, und beide rafften sich endlich auf, verließen die althergebrachten Methoden und Vorurtheile, verbanden sich mit dem Kapital und der Intelligenz und ließen den großen konzentrirten Betrieb, der allein zum Wettstreit auf dem Weltmarkt befähigt, an die Stelle der Zersplitterung und des Kleingewerbes treten.

In große Bedrängniß kam die Landwirthschaft, da es ihr an Arbeitern fehlte (in Preußen beschäftigen sich 41% der Bevölkerung mit Ackerbau, in Bayern 65%, in Sachsen 32%), die Kreditanstalten nicht genügten, und Nordamerika, Südrußland und Ungarn mit ihren billigen Produkten Konkurrenz machen. Dagegen bildete sich die Industrie immer mehr aus, namentlich die Wollenmanufaktur, die in Mittel- und ordinären Sorten Tüchtiges leistet,

1848 bis 1870. ebenso die Baumwollenindustrie, seitdem sie die neuen Verbesserungen benutzen lernte, so daß man auch feinere Sorten erzeugen konnte. Strümpfe schickt man millionenweise nach Amerika. Die Ausfuhr von Baumwollenwaaren stieg von 1848—59 von 100,000 Ctnr. auf 196,000 Ctnr., die Einfuhr aber nahm um 33% ab. An mittleren und wohlfeilen Seidenwaaren produzirt der Zollverein für 30 Mill. Thlr. und davon liefert Krefeld allein für 10 Mill. Thlr. Die Leinenindustrie stieg, namentlich in Schlesien, Westfalen und Württemberg, seit man die Maschinen verbesserte, Flachsbereitungsanstalten, Spinn- und Webeschulen anlegte, dem Bleichen und der Appretur mehr Fleiß zuwandte. Nicht minder lebhaft wurde die Eisenindustrie, da man Kohlen oft neben Eisenerzen fand, den Bau der Hochöfen verbesserte und im Gußstahl Ausgezeichnetes leistet. Im Jahre 1865 waren 2344 Bergwerke in Betrieb, wodurch sich 400,000 Menschen ernährten, d. h. 150,000 Arbeiter, und an 520 Mill. Ctnr. Mineralien zu Tage förderten, im Werthe von nahe an 50 Mill. Thlr., und Steinkohlen allein 33 Mill. Thlr. Werth hatten. In Kohlenbergwerken arbeiten an 90,000 Menschen, in Saarbrücken allein 16,000, 360 Pferde und 80 Dampfmaschinen. Von 1864—65 nahm die Produktion der Eisenerze um 20% zu. Sie brachten 5 Mill. Thlr. ein, Zinkerze 2 Mill. Thlr., Bleierze 3 Mill. Thlr., Kupfererze 1 Mill. Thlr. Man entdeckte neue Steinsalzflötze, dehnte den Tabaksbau aus, ebenso den Zuckerrübenbau. Bier wird in ungeheuerer Menge produzirt, da jeder Deutsche im Durchschnitt 45 preuß. Quart Bier jährlich trinkt, jeder Bayer gar 132. Auch erzeugt man viel Sprit, Glas, Chemikalien, Porzellan, Leder, Maschinen, Instrumente aller Art u. s. w. Endlich stellte man ein sich immermehr abrundendes Eisenbahnsystem her, welches die Provinzen, Länder, Küsten- und Binnenland enger mit einander verband, durchzog das Land nach allen Richtungen mit Telegraphen und gründete Banken und Kreditanstalten aller Art.

In mancher Beziehung geschah freilich des Guten zu viel. Die anfänglichen Erfolge reizten zu kühneren Wagnissen und Unternehmungen, für welche die Verhältnisse noch nicht reif waren. Mit einem Worte, das Unternehmungs- und Spekulationsfieber, welches Amerika, England und Frankreich in der ersten Hälfte der Fünfziger Jahre durchzog, ergriff auch unser Vaterland.

Der erste internationale Sprößling des Pariser Kredit-Mobilier, die Darmstädter Kreditanstalt, sah sich bald von Eisenbahn-, Bergwerks- und Fabrikunternehmungen, dazu noch von einer Schar Bankinstitute umgeben, da selbst Städte wie Koburg, Meiningen, Gotha, Weimar, Dessau, Bückeburg und andere ihre besonderen Banken haben wollten.

Die Rückwirkung der amerikanischen Krisis von 1857 auf Europa ist schon unter England besprochen worden, auch Deutschland blieb nicht davon verschont. Die meisten Plätze erlitten Verluste, das Vertrauen zu Werthpapieren schwand, die meisten der jungen Kreditanstalten, Banken und Aktienunternehmungen schlossen ihre Kanzleien. Die schwersten Schläge erlitt Hamburg. Die enge Verkettung dieses Platzes mit London, Hull und Glasgow zog ihm große Verluste zu. Vor Allem aber hatten die enormen, die eigenen Kräfte weit übersteigenden Spekulationen in Kolonial- und anderen Waaren eine Unmasse von Verbindlichkeiten aufgeladen, welche zum erdrückenden Alp wurden, als mit dem Fallen der Waarenpreise die Waarenlager unrealisirbar wurden und neue Kredite nicht zu erlangen waren. Die besten Häuser fielen. Im Ganzen traten 145 Fallimente ein mit 500 Millionen Bco. Mk. Passiva. 1857 bis 1864.

Wir dürfen die während der folgenden Jahre herrschende Flauheit und Stille neben der natürlichen Zaghaftigkeit, welche auf so harte Lehren und Erfahrungen zu folgen pflegt.

Ueber die Fortschritte, welche in den letzten 40 Jahren gemacht worden sind, würde eine Vergleichung der Ein- und Ausfuhren der wichtigsten Rohstoffe, Halbfabrikate und Ganzfabrikate in den Jahren 1834 (dem ersten des Zollvereinsbestandes) und 1864 interessante Aufschlüsse liefern, da jedoch die Zollvereinsstatistik die Ausfuhren nicht anschreibt, so sind wir auf bloße Schätzungen angewiesen, die natürlich höchst unzuverlässig sein müssen.

Die wichtigsten Ausfuhrartikel der zollvereinsländischen Industrie sind Wollen-, Baumwollen-, Leinen-, Seiden-, Halbseiden-, Eisen- und Stahlwaaren, ferner folgende:

Kurzwaaren, chemische Fabrikate, Thonwaaren und Porzellan, Tabaksfabrikate, Bücher, Papier, Tapeten 2c., Spiritus, raffinirter Zucker, Glaswaaren, Kupfer-, Blei-, Zinn- und Zinkwaaren, Bürsten und Siebwaaren, Wachsleinwand, Lichte, Seife, Kleider 2c.

Dazu kommen die Erzeugnisse der Landwirthschaft: Weizen und Gerste, Wein, Bier, Hopfen 2c.

Mit dem Aufschwunge der zollvereinsländischen Industrie mußte der Bedarf an fremden Rohstoffen und Hülfsstoffen außerordentlich wachsen. Im Jahre 1864 gingen ein, um nur die wichtigsten anzuführen: von Krapp 21,707 Centner, von Aloe, Galläpfeln, Kreuzbeeren 2c. 181,821 Centner, Harzen 211,546 Centner, Salpeter 161,625 Centner, Schwefel 390,959 Centner, Alkanna, Alkermes 2c. 185,588 Centner, außereuropäischen Tischlerhölzern 108,558 Centner, Indigo 32,584 Centner, Farbhölzern in Blöcken und gemahlen 563,286 Centner, Soda 101,219 Centner, Häuten und Fellen 563,417 Centner, Fabrikolivenöl 134,434 Centner, anderen Oelen 729,439 Centner 2c.

Von Verzehrungsgegenständen gingen ein 1864: Kaffee 1,398,517 Centner, Rohrzucker 251,243 Centner, Pfeffer und Piment 53,936 Centner, Heringe 514,670 Tonnen 2c. Außerordentlich ist die Abnahme der Zuckereinfuhr seit 2 Jahrzehnten infolge der ungemeinen Erweiterung der zollvereinsländischen Rübenzuckerproduktion. Im Jahre 1847 wurden noch 1,410,701 Centner Rohzucker bezogen und dafür 7 Mill. Thaler Eingangszoll bezahlt. Gegenwärtig erhält der Zollverein etwa 30% der vor 18 Jahren bezogenen Quantität ausländischen Rohzuckers, dafür produzirt er heute ca. 3½ Millionen Centner Rübenzucker, da im Jahre 1864 an 41,970,000 Centner Rüben versteuert wurden. Die Steuer betrug (per Centner Rüben 7½ Sgr.) 10,492,596 Thaler.

Mit Ausnahme der preußischen Ostseehäfen besitzt der Zollverein keinen Seehafen von Bedeutung. Der auswärtige Handel desselben wird deshalb großentheils durch Vermittlung von Plätzen betrieben, welche nicht zu ihm gehören, und da auch die Zollvereinsstatistik in diesem Punkte noch sehr mangelhaft ist, sind wir außer Stande, über die Handelsverbindungen mit den verschiedenen Staaten des Auslandes genaue Angaben zu machen. Hamburg und Bremen dürfen zwar als die wichtigsten Ausfuhrhäfen des Zollvereins be-

1864. trachtet werden, aber auch Amsterdam, Rotterdam, Antwerpen und Havre sowie London werden von den deutschen Versendern benutzt. Bei der Einfuhr nimmt bekanntlich Holland, welches den ganzen Westen und Südwesten Deutschlands mit Kolonialprodukten versorgt, einen hervorragenden Platz ein.

Die Ein- und Ausfuhren des Zollvereins von und nach Hamburg lassen sich nicht genau nachweisen. Der preußische Generalkonsul in Hamburg berechnete die zollvereinsländischen Anfuhren im Jahre 1862 einschließlich 16 Mill. Bco. Mk. Kontanten auf 12,371,198 Ctnr. im Werthe von 187,217,000 Bco. Mk., darunter befanden sich für 28,243,490 Bco. Mk. Wollen- und Halbwollenwaaren, für 25,309,120 Bco. Mk. andere Manufakturwaaren, für 12,537,800 Bco. Mk. Wolle, für 13 Mill. Bco. Mk. Getreide und Mehl, für 6,379,000 Bco. Mk. Leinenwaaren, für 5½ Mill. Bco. Mk. Kurzwaaren, für 3 Mill. Bco. Mk. Glas, für 3⅔ Mill. Bco. Mk. Spiritus, für 2½ Mill. Bco. Mk. Zink und Zinkbleche, für 2⅙ Mill. Bco. Mk. Hopfen.

Der Werth der Ausfuhren nach dem Zollverein wurde für 1862 auf 200 Mill. Bco. Mk. geschätzt.

Der Totalwerth der Einfuhren Hamburgs in demselben Jahre stellte sich auf 640⅙ Mill. Bco. Mk., wovon seewärts und über Altona für 331⅙ Mill., fluß- und landwärts für 309 Mill. Bco. Mk.

Von überseeischen Ländern waren dabei betheiligt: Südamerika mit 27 Mill., Westindien mit 15³⁄₁₀ Mill., Nordamerika mit 15 Mill., Asien mit 5⅞ Mill., ferner Großbritannien mit 168½ Mill., Nordeuropa mit 24½ Mill. und Südeuropa nebst Levante mit 18 Mill. Bco. Mk.

Die Handelsbewegung Bremens, welche fast ausschließlich Waaren aus dem Zollverein oder für denselben umfaßt, betrug 1863 dem Werthe nach

Einfuhr seewärts	45,376,000	Goldthaler,
„ landwärts . . .	21,769,000	„
Total-Einfuhr	67,145,000	Goldthaler.
Ausfuhr seewärts	29,089,000	Goldthaler,
„ landwärts . . .	31,317,600	„
Total-Ausfuhr	60,406,600	Goldthaler.

Die Vereinigten Staaten Nordamerika's waren dabei betheiligt mit 10,989,710 Goldthalern Einfuhr und 8,683,000 Goldthalern Ausfuhr.

Die wichtigsten Ostseehäfen sind Stettin, Danzig, Königsberg und Memel. In Stettin gingen seewärts ein 1862 für 45 Mill. Thaler und ausgeführt wurden nach dem Auslande für 28½ Mill. Thaler. Die wichtigsten Artikel der Ausfuhr sind Getreide (108,905 Wispel Weizen, hauptsächlich nach England, 18,000 Wispel Roggen nach Norwegen, Holland ꝛc., 54,784 Wispel Gerste, hauptsächlich nach England, 7663 Wispel Hafer, fast ganz nach England, 5215 Wispel Erbsen nach England und Holland); Spiritus (1,787,414 Quart, hauptsächlich nach Italien, 883,233 Quart für Hansastädte und Holland); Rüböl (56,302 Centner, meist nach England) und Holz für 1,718,000 Thaler, hauptsächlich nach England und Frankreich bestimmt.

Von Importen traten hervor: Kaffee 161,060 Centner, Baumöl 50,732 Centner, Palmen- und Kokosöl 113,469 Centner, Talg 19,115 Centner, Thran 56,692 Centner, Potasche 55,480 Centner, Soda 63,750 Centner, Farbhölzer 110,438 Centner, Reis 90,481 Centner, Heringe 247,636½ Tonnen, Wein 65,806 Centner.

In demselben Jahre betrugen die Anfuhren in Danzig zur See 5,685,345 Thaler, vorzugsweise aus Eisen, Heringen, Kaffee, Steinkohlen, Wein, Zucker, Oel ꝛc. bestehend, wie bei Stettin.

Die Ausfuhren betrugen 28⅓ Mill. Thaler, darunter für 22 Mill. Thlr. Getreide und Saat und für 5,888,000 Thaler Holzwaaren.

Königsberg exportirte an Getreide 78,000 Lst. im Werthe von ca. 10 Mill. Thaler, an Flachs 63,000 Centner (meist nach England), Werth 650,000 Thaler, feinen Hanf, und für etwa ¼ Mill. Thaler Holz. Die Einfuhren zur See bestanden hauptsächlich aus Heringen und Thee (72,600 Centner), Kaffee (27,598 Centner), Reis, Pfeffer, Oelen, Chemikalien ꝛc.

Memel führt hauptsächlich Holz aus (für 3³/₁₀ Mill. Thaler), ferner Getreide (für 1 Mill. Thaler), Flachs (für 859,000 Thaler), Lumpen (für 532,000 Thaler), Felle (für 200,000 Thaler u. s. w.).

Der Betrag der Gesammteinfuhr des Zollvereins im Jahre 1862 war ca. 402 Mill. Thaler, der der Ausfuhr 364 Mill. Thaler. Das Zollerträgniß belief sich auf 25⁷/₁₀ Mill. Thaler.

Oesterreich.

Das überreich gesegnete Oesterreich gehört zu den geldarmen Staaten, 1790 bis 1870.
weil es noch nicht zu einer geordneten Finanzverwaltung und zu gesicherten Rechtszuständen gelangen konnte. Unter Maria Theresia entwickelten sich Handel und Gewerbe, aber seitdem stürzte sich Oesterreich in verlustreiche Kriege, um den Absolutismus und die katholische Kirche zu schützen, bedrückte seine eigenen Völker, verfolgte in Europa jede Regung freien Denkens, gerieth darüber in Schulden und machte sich überall verhaßt, verlor eine Provinz nach der anderen und ward (1866) aus Deutschland ausgeschlossen, nachdem es bereits die Lombardei (1859) und Venetien (1866) verloren hatte. Die Staatsschuld wuchs von 1797—1810 von 460 Mill. G. auf 658 Mill., das Papiergeld von 74 Mill. auf 995 Mill., so daß 1811 ein Silbergulden 18 Papiergulden kostete. Endlich erklärte sich der Staat für bankerutt, setzte Zinsen und Papier im Werthe herab, machte Tausende zu Bettlern und gab trotz seines Versprechens wieder über 200 Mill. Papiergeld aus. Im Jahre 1814 hatte Oesterreich über 700 Mill. Schulden, machte in den Friedensjahren bis 1847 neue Schulden, deren Höhe jetzt über 3000 Mill. G. beträgt, und noch immer schließt jedes Jahr mit einem Defizit. In neuester Zeit geschieht viel, um Handel und Industrie zu fördern und die Finanzen zu ordnen.

Im Jahre 1852 verwandelte man die herabgesetzten Prohibitivzölle in Schutzzölle, schloß mit dem Zollverein und anderen Staaten Handelsverträge, baute Eisenbahnen und Landstraßen, hob 1851 die Grenzzölle zwischen den eigenen Kronländern auf, fand daher im Auslande Kredit, konnte zwar die Zinsen nicht pünktlich zahlen, wagte aber die weltlichen Besitzungen der Kirche nicht anzutasten, die an 20 Mill. G. Zinsen einbringen, und noch lähmender wirkt der verderbliche Einfluß der Kirchenfürsten auf Volksbildung, Gesetzgebung und Sittlichkeit. Die zahlreichen Feiertage, Wallfahrten und Spenden für Rom entziehen dem Volke Hunderte von Millionen G. Doch hat der Staat in neuester Zeit, seit er das Konkordat aufhob, auswärts Kredit gefunden, sein Eisenbahnnetz erweitert, sich mit Ungarn ausgeglichen, leidet aber noch an steten Streitigkeiten und Hetzereien der verschiedenen Nationalitäten.

Ungarn allein rechnet seine Ernte jährlich auf 100 Mill. Metzen. Die Eisenindustrie hat sich verdoppelt, die Kohlenproduktion ist von 4 Mill. Centner auf 74 Mill. gestiegen; das Salz bringt über 30 Mill. G. ein, die Mineralien über 70 Mill.

Oesterreich ist vorzugsweise Ackerbauland, unterliegt daher auch den Launen der Witterung, und dabei leidet der Landwirth an Kreditlosigkeit. Industrie entwickelte sich nur in Wien, Böhmen und Mähren, einige Zweige derselben in den Alpenländern und Ungarn, doch herrscht in den meisten Kronländern das Handgewerbe vor, und der Handwerker treibt im Sommer Feldwirthschaft. Von den 5400 Dampfmaschinen (1863) waren 4000 im Inlande verfertigt. Die Weberei beschäftigt 400,000 Menschen, 2 Mill. Spindeln und setzt 400 Mill. G. in Umlauf. Die Flachsspinnerei ist Familienarbeit und verbraucht 3 Mill. Ctnr. Rohstoff. In der Tuchweberei und Glasbereitung leistet Oesterreich Tüchtiges (Böhmen, Mähren, Schlesien), und Wien liefert für 25—30 Mill. G. Seidenwaaren. Die Monarchie produzirt ferner für 70 Mill. G. treffliche Metall- und Stahlwaaren, für 50 Mill. G. Chemikalien, für 30 Mill. Thonwaaren (Böhmen) und für $2^1/_2$ Mill. G. Zündhölzchen wozu 15,000 Klafter Holz verbraucht werden. An Wein erzeugt man 40 Mill. Eimer, viel Bier, Branntwein, über 1 Mill. Ctnr. Runkelrübenzucker, 130,000 Ctnr. Kaffeesurrogat, für 22 Mill. G. Tabak u. s. w., so daß man das Gesammterträgniß der Industrie auf 1400 Mill. schätzt.

Doch blicken wir auf den Anfang unserer Periode zurück!

1790 bis 1809. Gleich dem übrigen Deutschland hatte Oesterreich, wie wir gesehen haben, im 17. und 18. Jahrhundert geringe Fortschritte in materieller Beziehung gemacht. Nur Böhmen und Mähren besaßen Industriezweige, welche mit ihren Erzeugnissen auf den ausländischen Märkten konkurriren konnten. Der Hauptabsatz für schlesische, böhmische und mährische Leinen, böhmisches Glas und einige andere minder wichtige Gegenstände wurde Hamburg.

Zu Anfange des 19. Jahrhunderts vergrößerte Triest am Adriatischen Meere seinen Handel auf Kosten Venedigs. Der Untergang der Republik zerstörte den geringen Verkehr, der sich noch in der Lagunenstadt erhalten hatte, und die meisten Kaufleute wandten sich der aufblühenden Größe zu. Ihre Uebersiedlung nach Triest trug viel dazu bei, die Verbindungen dieses Platzes mit Italien und der Levante zu erweitern. Die fast ununterbrochenen Kriege ließen indeß den auswärtigen Handel nicht zu Athem kommen, und durch die 1809 auch auf Oesterreich ausgedehnte Kontinentalsperre wurde derselbe fast gänzlich vernichtet. Vortheilhaften Einfluß übte die Sperre nur auf die einheimischen Gewerbe, unter welchen sich jetzt besonders die Baumwollenspinnereien, Webereien und Druckereien auszeichneten. Eben so große Fortschritte machten die Wollenmanufakturen und Metallfabriken, deren Erzeugnisse infolge der starken Rüstungen eine größere Nachfrage fanden. Von fremden Produkten wurden namentlich die Kolonialwaaren während der Sperre aus dem südlichen Rußland über Brody bezogen.

Für die einheimischen Gewerbe war die Aufhebung der Sperre in der ersten Zeit eben so wenig günstig, wie in Mittel- und Norddeutschland. Die englischen Baumwollengarne und Gewebe überschwemmten auch die österreichischen Märkte und erdrückten die Fabrikanten. Die Leinenindustrie hatte mit der Konkurrenz der näher an den Ostseehäfen gelegenen deutschen Länder zu kämpfen und die Woll- und Metallfabrikanten empfanden den Wegfall der Nachfrage für die Armeen. Dagegen nahm jetzt der Absatz von Rohwolle, von böhmischem Glas und von Getreide im Auslande zu. Die Verschärfung des seit langer Zeit befolgten Zollsystems, wodurch die Einfuhr ausländischer Fabrikate fast gänzlich abgeschnitten wurde, befreite die österreichischen Fabrikaten einige Jahre später (1817) von der Konkurrenz des Auslands. Von jetzt an erschienen die Baumwollengewebe von Böhmen und Mähren, die Eisen- und Stahlwaaren Steiermarks, böhmisches Glas ꝛc. wieder regelmäßig auf den Messen, namentlich Leipzigs. Nach Italien und der Levante vermittelte Triest die Ausfuhr derselben Waaren. Dort fanden auch die österreichischen Leinen noch einen besseren Markt, während ihr Absatz nach Hamburg sehr zurückgegangen war. Auch mit Amerika knüpfte Triest direkte Verbindungen an und zog einen Theil der Kolonialwaareneinfuhr an sich, welche bisher fast ausschließlich in den Händen Hamburgs gewesen war. Ausfuhrgegenstände nach Amerika wurden Eisen, Stahl und Quecksilber. Doch blieb der Handel mit Amerika ein untergeordneter Zweig der Triester Geschäftsthätigkeit, deren eigentliches Gebiet das Mittelmeer ist. 1810 bis 1866.

Im Laufe der nächsten Jahrzehnte änderte sich wenig in den Industrie- und Handelsverhältnissen Oesterreichs. Unter dem Schutze einer äußerst strengen Zollgesetzgebung, welche fast alle ausländischen Fabrikate mit Prohibitivzöllen belegt hatte, dehnten die Fabrikanten ihren Betrieb nach Maßgabe der steigenden Bevölkerung und des in so langer Friedenszeit wachsenden Wohlstands aus, ohne im Uebrigen besondere Fortschritte zu machen. Hauptindustriezweige blieben die Metallwaaren und Glasfabrikate in Steiermark und Böhmen, endlich seit Einverleibung des lombardisch-venetianischen Königreichs die Seidenweberei. In Wien bildete sich eine Reihe kleiner Gewerbe aus, welche den Luxusbedürfnissen einer großen Residenz dienten, so die Verfertigung von Meubeln, Wagen, musikalischen Instrumenten, Kleidern und Putzwaaren ꝛc.

Eine bedeutsame Aenderung ist seit dem Jahre 1852 eingetreten, in welchem die österreichische Zollgesetzgebung eine vollständige Umgestaltung erfuhr und in manchen Beziehungen der des Zollvereins voranschritt.

Gleichzeitig suchte die Regierung durch Vervielfältigung der Kommunikationsmittel zu Lande und zu Wasser, durch Anlagen von Eisenbahnlinien in den verschiedenen Provinzen des Reiches, Beförderung und Unterstützung der Dampfschiffahrtsgesellschaften auf der Donau und im Mittelmeer, durch Herbeiziehung fremder Kapitalien, Verkauf von Domänen ꝛc., die reichen Hülfsquellen des Landes zu entfesseln. Der Erfolg übertraf im ersten Augenblick alle Erwartungen; Oesterreich wurde das Land der Spekulation für deutsche, holländische, französische und englische Kapitalien — leider nur in zu hohem Grade.

Die Enttäuschung übertriebener Hoffnungen, die Folgen der Krisis von 1857, der bald darauf ausbrechende Krieg in Italien, welcher die kaum in etwas geordneten Finanzen des Kaiserstaates aufs Neue zerrüttete und schließlich zum Verluste der Lombardei führte (1859), dann bei fortgesetzter verderblicher Politik im Geiste des Konkordats die Niederlage bei Sadowa und der Verlust Venedigs (1866) sowie der Ausschluß aus Deutschland, — Alles dies zusammengenommen erklärte es, wie die Zollreformen von 1852 ihre volle Wirkung noch nicht üben konnten, abgesehen davon, daß sie in manchen Beziehungen noch einer Ergänzung bedürfen.

1840 bis 1866. Das größte Hinderniß für eine gesunde, kräftige Entwicklung der österreichischen Industrie- und Handelsverhältnisse ist die Einstellung der Baarzahlungen der Bank, der Zwangskurs ihrer Noten und die damit verknüpften steten Schwankungen des Gold- und Silberagio wie der Wechselkurse. Hierin hauptsächlich ist der Grund zu suchen, weshalb die Bemühungen der österreichischen Regierung, die Industrie und den Handel des Landes auf eine der Größe und den Mitteln des Reiches angemessene Stufe zu heben, im Wesentlichen fruchtlos geblieben sind. Eine Wendung zum Besseren trat 1866 ein, als Oesterreich aus Deutschland ausgeschlossen war, sich nur auf sich beschränken durfte und nun seine eigenen Interessen kräftiger verfolgen konnte. Man beseitigte die Einfuhrzölle oder setzte sie zu Finanzzöllen herab, ermäßigte das Brief- und Telegraphenporto, ließ ausländische Aktiengesellschaften zu, ging durch den englischen Handelsvertrag (1871) zum Freihandelssystem über, hob 1866—1877 mit dem Zollverein die gegenseitigen Durchfuhrverbote auf und ermäßigte auch hier die Zölle. Die Volksbildung suchte man durch Aufhebung des Konkordats zu heben, hat aber nicht den Muth, das Schulgesetz auszuführen.

Der Betrag der Ein- und Ausfuhren hat sich zwar seit 2 Jahrzehnten bedeutend gehoben:

1841: Ausfuhr $106\frac{4}{5}$ Mill. Fl. 1863: 303 Mill. Fl.
1841: Einfuhr $101\frac{9}{10}$ „ „ 1863: $262\frac{1}{5}$ Mill. Fl.

steht aber immer noch weit gegen den Zollvereinshandel zurück.

Die wichtigsten Rubriken der Ausfuhr sind:

Webe- und Wirkstoffe im Werthe von ca. $58\frac{1}{2}$ Mill. Fl. (Wolle 355,240 Centner, Flachs, Hanf 2c., 104,352 Centner, Seide, Seidengewebe und Seidenabfälle 23,400 Centner), — Webe- und Wirkwaaren im Werthe von 42 Mill. Fl. (Leinenwaaren 82,280 Centner, Seilerwaaren 26,187 Centner, Wollenwaaren 67,600 Centner, Seidenwaaren 7500 Centner, Baumwollenwaaren 20,858 Centner), — Instrumente, Maschinen und Kurzwaaren im Werthe von $34\frac{9}{10}$ Mill. Fl., — Brenn-, Bau- und Werkstoffe im Werthe von $29\frac{3}{5}$ Mill. Fl., — Garten- und Feldfrüchte im Werthe von $28\frac{3}{10}$ Mill. Fl. (Weizen und Spelz 1,863,000 Centner, Roggen, Heide, Hirse und Mais 1,288,000 Centner), — Metalle roh und als Halbfabrikat im Werthe von $26\frac{2}{5}$ Mill. Fl. (74,405 Centner Stahl, 67,206 Centner Frischeisen und Schienen, 51,757 Centner Eisen- und Stahlblech, 38,423 Centner Eisenguß) — Holz-, Glas- und Thonwaaren im Werthe von 17 Mill. Fl. (220,000 Centner Glas und Spiegel), — Thiere und thierische Produkte im Werthe von $14\frac{3}{5}$ Mill. Fl., Leder, — Leder zu Kürichnerwaaren im Werthe von $9\frac{1}{8}$ Mill. Fl., — Garn $7\frac{7}{10}$ Mill. Fl. (67,870 Centner Leinengarn, 12,260 Centner Wollengarn).

Bei der Einfuhr wiegen vor:

Webe- und Wirkstoffe im Werthe von $54\frac{7}{10}$ Mill. Fl. (Baumwolle 306,000 Centner, Wolle 212,584 Centner, Flachs, Hanf 2c. 274,000 Centner), — Metalle roh und als Halbfabrikat, im Werthe von 34 Mill. Fl. (Roheisen 312,000 Centner, Zink 45,000 Centner, Blei 13,575 Centner), — Garne im Werthe von $25\frac{1}{2}$ Mill. Fl. (Baumwollengarn ca. 160,000 Centner, Wollengarn 36,800 Centner), — Kolonialwaaren und Südfrüchte im Werthe von $20\frac{3}{5}$ Mill. Fl., — Fette und fette Oele im Werthe von 17 Mill. Fl.,

Webe- und Wirkwaaren im Werthe von 15²/₅ Mill. Fl. (Seidenwaaren: 3974 Centner), — Thiere im Werthe von 14¹/₂ Mill. Fl. (Stockfische, Heringe, Schweine, Schlachtvieh ꝛc.), — Farb-, Gerb- und chemische Hülfsstoffe im Werthe von 13¹/₂ Mill. Fl., — Garten- und Feldfrüchte im Werthe von 13¹/₅ Mill. Fl., — thierische Produkte 9³/₅ Mill. Fl. (Felle und Häute 136,000 Centner) u. s. w. 1842 bis 1864.

Oesterreichs bedeutendster Hafen, Triest, hat besonders seit einem Vierteljahrhundert, infolge der Gründung des österreichischen Lloyd, einer Seedampfschiffahrtsgesellschaft, welche regelmäßige Verbindungen mit den wichtigsten Häfen Griechenlands, Kleinasiens, Aegyptens und der europäischen Türkei unterhält, einen großen Aufschwung genommen und dehnt seinen Verkehr bis Brasilien, Mittel- und Nordamerika aus, wo ungarisches Weizenmehl und Weine nebst böhmischen Glaswaaren, mährischen Tüchern und Wienerischen Luxuswaaren u. s. w. Eingang fanden. Donauabwärts besorgt die Donau-Dampfschiffahrtsgesellschaft den Verkehr bis in die Walachei und die Uferländer des Schwarzen Meeres.

Im Jahre 1842 liefen ein 7717 Schiffe von 436,000 Tonnen Gehalt; 1863 war die Zahl der eingelaufenen Fahrzeuge auf 10,578, ihr Gehalt auf 725,584 Tonnen gestiegen. Der Werth der Einfuhr betrug 1842 an 78³/₁₀ Mill. Fl. (zur See 5¹/₂ Mill., zu Lande 20²/₅ Mill.), 1863 in Summa 144³/₄ Mill. (zur See 85³/₈ Mill., zu Lande 59³/₈ Mill.).

Die Ausfuhr ist in gleichem Maße gewachsen. Im Jahre 1842 belief sich dieselbe auf 60¹/₂ Mill. (41,₂₈ Mill. zur See, 19,₂₂ Mill. zu Lande), 1863 auf 117⁷/₈ Mill. (zur See 83¹/₄ Mill., zu Lande 34⁵/₈ Mill.).

Haupteinfuhrartikel Triests zur See sind: Kaffee (261,778 Centner), Zucker, raffinirter (272,000 Centner), Baumwolle (27,101 Centner), Gummi (23,500 Centner), Pfeffer (9408 Centner), Olivenöl (218,124 Centner), Schwefel (48,037 Centner), Reis (100,000 Centner), Rosinen (262,000 Centner), Feigen (95,000 Centner), Mandeln (47,900 Centner), Wachs (3000 Centner) ꝛc.

In den Freihafen Fiume liefen 1863 ein 3541 Schiffe von 82,887 Tonnen Gehalt mit Waaren im Werthe von 5,827,000 Fl. Die Ausfuhr betrug 5,802,000 Fl.

Die ehemalige Beherrscherin des Mittelmeerhandels, Venedig, nimmt heute eine sehr untergeordnete Stellung ein. Die Konsolidirung der italienischen Zustände, namentlich aber der Bau der Brennerbahn, werden ohne Zweifel von günstigem Einflusse für den Verkehr dieses Platzes sein. Im Jahre 1862 belief sich die Einfuhr seewärts auf 33¹/₂ Mill. Fl., die Ausfuhr seewärts auf nahe 13 Mill. Fl. Die wichtigsten Werthe bei der Ausfuhr bildeten roher Hanf (2 Mill.), Glas, Spiegel, Perlen (nahezu 2 Mill.), Getreide (nahezu 2 Mill.), Holz (1¹/₈ Mill.), Manufakturen (1¹/₄ Mill.). Die hervorragendsten Artikel des Imports waren: Kolonialwaaren (5⁷/₈ Mill.), Oliven- und andere Oele (5¹/₂ Mill.), Getreide (3²/₃ Mill.), Wein und Spirituosen (2⁵/₈ Mill.), Manufakturen (2³/₁₀ Mill.), Seide und Kakao (1¹/₂ Mill.), Brennstoffe (1¹/₂ Mill.) ꝛc. Gegenwärtig gehört die Stadt bekanntlich zu Italien, was ihr Schaden zu bringen scheint. Statt österreichischen Silbergeldes ist sie auf italienisches Papier angewiesen, für Italien von geringer Bedeutung, von dem aufstrebenden Triest überflügelt.

Im Handel leistet Oesterreich noch nicht, was es leisten könnte, denn es ist das Eisenbahnnetz noch ungenügend, die Flüsse nicht regulirt, nur wenige werden befahren, und dazu fehlt es in den meisten Zweigen der gewerblichen und kaufmännischen Thätigkeit an der erforderlichen Intelligenz, wogegen die Bestechlichkeit überall wuchert. Es betheiligte sich am Welthandel mit etwa 600 Mill. Gulden; Deutschland und Frankreich mit dem Doppelten, England mit dem Achtfachen. Auf 1 □Meile erntet man in Oesterreich 2000 Scheffel, in Preußen 5500, in Oesterreich kommt auf den Kopf 1 Pfd. Kaffee, 4 Pfd. Zucker, 25 Pfd. Eisen u. s. w., in Preußen 3²/₅ Pfd. Kaffee, 9¹/₂ Pfd. Zucker und 73 Pfd. Eisen, d. h. Deutschland produzirt 166% mehr und verzehrt 233% mehr. Dennoch besitzt Oesterreich wichtige Handelswege in der Brennerbahn, in der bis Odessa über Galizien und die Bukowina gehenden Bahn und in den im Bau begriffenen Bahnen nach der Türkei. Der Oesterreichische Lloyd bedarf nach der Staatshülfe, obschon (1864) seine 63 Dampfer 300,000 Personen, 108 Mill. Gulden Geld, 2 Mill. Gulden an Waaren und 40,000 Ctnr. Getreide beförderten. Auf der Donau verfuhr man 108 Mill. Ctnr. Waare; davon 16 Mill. auf der Theiß, 10 Mill. auf der Marosch u. s. w.; an Getreide verlud man 1865 an 31 Mill. Ctnr., und die privilegirte k. k. Donau-Dampfschiffahrtsgesellschaft besitzt 134 Dampfer, 523 eiserne Schlepp boote, befuhr 715 Meilen, hatte 142 Landungsplätze, davon an der Drau 9, an der Save 11, an der Theiß 13, an der Donau 109.

Seit 1867 wurden die Einfuhrzölle vom Zollverein ermäßigt, ebenso die französischen Waaren, und man neigt sich immer entschiedener dem Freihandelssystem zu.

Die Niederlande.

1795 bis 1806. Die letzten Jahrzehnte des vorigen Jahrhunderts haben die Bedeutung der Niederlande sehr geschwächt. Ihren vollständigen Ruin brachte der Anfang dieses Jahrhunderts. Sie wurden gezwungen, an dem amerikanischen Kriege Theil zu nehmen, und verloren dabei den größten Theil ihrer Flotte. Engländer und die Neutralen (Dänen, Schweden und Deutsche) entrissen ihnen den überseeischen Handel und behaupteten auch nach dem Friedensschlusse einen Theil des Errungenen.

Noch unglücklicher gestalteten sich die Verhältnisse, als die Franzosen in Holland eindrangen (1795) und die neugeschaffene Batavische Republik sich abermals an den Kriegen der Franzosen gegen England betheiligen mußte. Holland hatte 100 Mill. G. Kriegskosten zu zahlen, französische Besatzungstruppen zu unterhalten; sein Handel sank zur Küstenschiffahrt, denn seine Marine war zu ohnmächtig, um die eigene Flagge auf dem Meere zu schützen. Dieselbe verschwand. Die Kolonien (Ceylon 1802, bald auch das Kapland und Surinam) wurden von den Engländern weggenommen, die Küste blokirt, — da hörte der Handel auf. Die Ostindische Compagnie ging ein; die Bank von Amsterdam liquidirte; Kaufleute und Fabrikanten wanderten mit ihren Kapitalien aus. Die südlichen Niederlande, welche mit Frankreich vereinigt worden waren, litten weniger, da der Ackerbau durch Aufhebung der Zehnten und anderer Lasten erleichtert wurde und die Gewerbe und Fabriken, namentlich die Leder-, Tuch- und Waffenfabriken, durch die Equipirung der französischen Heere ausreichende Beschäftigung erhielten. Seit 1806 ward das Land ein napoleonisches Königreich, mußte an allen Kriegen Napoleons Theil nehmen, gerieth dabei immer tiefer in Schulden und sah sich nur auf Schleichhandel nach England beschränkt. Dazu kam die Kontinentalsperre, 1809 große Ueberschwemmungen, 1810 ward Holland eine französische Provinz und der Zins der öffentlichen Schuld auf ein Drittel herabgesetzt. 1806 bis 1830.

Der Pariser Frieden brachte Holland wieder in den Besitz seiner wichtigsten Kolonien (die Briten behielten nur Ceylon, das Kap der guten Hoffnung, Demerary, Essequibo und Berbice) und vereinigte die seit Jahrhunderten getrennten nördlichen und südlichen Provinzen (das heutige Belgien) zu einem Königreiche.

Der Handel der Niederländer lebte nun wieder auf, aber er blieb in bescheideneren Grenzen. Der wichtigste Theil ihres Zwischenhandels, der zwischen dem europäischen Nordosten und Südwesten, besaß nicht mehr seine ehemalige Wichtigkeit, seit Spanien und Portugal ihre überseeischen Kolonien eingebüßt hatten und mehrere der nordischen Artikel jetzt auch aus den Vereinigten Staaten dorthin gebracht wurden. Was von diesem Verkehr noch übrig geblieben war, mußten die Niederländer mit den Hansastädten, den Dänen, Schweden und Preußen theilen. Man trat mit Nordamerika nach dem Grundsatze der Gegenseitigkeit in Verkehr, ebenso mit Südamerika, um wenigstens in dem neuen Welttheile sich Absatz zu sichern. Die Versorgung Deutschlands mit Kolonialwaaren hatten die Hamburger größtentheils an sich gerissen, auch brachten die Kolonien der Niederländer gerade die Artikel, welche jetzt die Hauptrolle spielten, Kaffee und Zucker, nur in geringer Menge hervor, und selbst im Gewürzhandel hatten dieselben mit fremder Konkurrenz zu kämpfen, seit Ceylon den Engländern gehörte und mehrere Gewürze in Westindien mit Glück angebaut wurden. Außerordentlich ging der Fischfang und Fischhandel der Holländer zurück. Noch zu Ende des 17. Jahrhunderts waren 1600 Schiffe mit dem Heringsfange beschäftigt gewesen; 1826 liefen nur noch 131 Fahrzeuge auf den Fang aus und der Walfischfang ging fast ganz ein. Die Bedeutung von Amsterdam wurde noch überdies durch den Aufschwung, welchen Antwerpen seit der Oeffnung der Schelde nahm, geschwächt, da dieser Platz sich hauptsächlich auf den Handel mit der Rheingegend und Südwestdeutschland warf. Hollands Gewerbe, seine Tabaks-, Oel-, Farben-, Papierfabriken &c. sahen sich durch die Zollmaßregeln der meisten europäischen Staaten von den wichtigsten Märkten ausgeschlossen und gingen deshalb zurück. Aus diesem Grunde legten die holländischen Kapitalisten ihre Gelder, für welche sie im eigenen Lande keine Verwendung fanden, immer häufiger im Auslande, namentlich in fremden Staatspapieren an, für welche die Amsterdamer Börse jetzt einer der bedeutendsten Märkte wurde.

Auch auf die wichtigsten Industriezweige der südlichen Provinzen wirkte die Absperrung der Nachbarländer Anfangs nachtheilig. Doch hatte die Industrie hier zu tiefe Wurzeln gefaßt, und die Fabrikanten beeiferten sich so sehr, die technischen Bebesserungen der neuesten Zeit einzuführen, namentlich Maschinen anzuwenden, daß die Wollen-, Leinen- und Baumwollenindustrie, wie der Bergbau auf Eisen, Zink und Kohlen nebst den metallurgischen Gewerben, Eisengießereien, Waffen- und Maschinenfabriken, schon vor der Trennung von Holland wieder zu großer Blüte gelangt waren. Die politische Vereinigung mit Belgien brachte neue Verlegenheiten. Belgien war Ackerbauland, Holland Handelsstaat, die Interessen beider Länder also sehr getheilt. Dazu stieg die

1830 bis 1862. Staatsschuld von 1814—1829 um 173 Mill. G., in den Kammern brachen heftige Streitigkeiten zwischen Holländern und Belgiern aus, welche der König durch Errichtung von Landwirthschaftsvereinen, Trockenlegung von Mooren, Armenkolonien, Gewerbeausstellung zu Gent, durch eine Brüsseler Bank mit 50 Mill. G. und eine Allgemeine Gesellschaft zur Unterstützung der Nationalindustrie zu schlichten suchte. Auch nahm die Schiffahrt zu, man einigte sich 1824 mit England und erhielt die Sunda-Inseln, die wichtigsten Molukken und den dortigen Spezereihandel zurück. Dennoch blieb das katholische Belgien unzufrieden. Eine Revolution brach 1830 aus, England und Frankreich begünstigten dieselben und Belgien ward ein selbständiges Königreich unter einem koburger Fürsten. Das reformirte Holland wandte sich nun mit ganzer Energie dem Handel und der Ausbeute seines Kolonialbesitzes, Belgien der Pflege der Industrie zu; aber auch Holland entwickelte eine starke Industrie in Segeltuch, feinen Leinenwaaren, Tuch, Baumwollenmanufaktur (6 Mill. G.), Sohlleder, Fayence, Papier (130 Fabriken), Branntwein, Tabak u. s. w. Mit der Industrie nahm die Verwendung der Dampfmaschinen, die Zahl der Eisengießereien u. s. w. zu, und 1861 baute man 116 Segelschiffe, verbesserte Ackerbau und Viehzucht, verwandelte Polders in Schafweiden, verbesserte die Verwaltung und das Finanzwesen und schloß mit anderen Staaten Handelsverträge unter der Zusicherung der Gegenseitigkeit ab, wodurch der Binnenverkehr, noch mehr aber die Produktion der Kolonien gewannen. Wegen der zahlreichen Kanäle brauchte man weniger Eisenbahnen.

Schon in der Mitte des zweiten Dezenniums war eine neue Gesellschaft, die jetzige „Niederländische Handels-Maatschappy" gegründet worden, welche sich hauptsächlich den Handel nach Ostindien zur Aufgabe gemacht hatte und von der Regierung große Begünstigungen erlangte. Die rasch steigende Produktion der niederländischen Besitzungen, bewirkt durch sorgfältige, umsichtige Verwaltung, erhob den Handel Hollands bald wieder zu großer Bedeutung; namentlich ist der Zwischenhandel mit den Erzeugnissen seiner Kolonien außerordentlich lebhaft und gewinnreich. Amsterdam und Rotterdam sind Stapelplätze für Kaffee, Zucker, Indigo, Tabak, Zinn, Stuhlrohr, Gewürze, Reis, Droguen 2c. geworden und zählen zu den wichtigsten dominirenden Importplätzen Europa's.

Die Einfuhr im Jahre 1862 betrug 445½ Mill. Fl., davon für das Land selbst 329⅜ Mill. Fl. Die Gesammtausfuhr war 381⅜ Mill. Fl., nämlich aus dem freien Verkehre 254 Mill. Fl. und Transit 127⅝ Mill. Fl. Die Eingangszölle betragen 5%. Die Kolonien messen 52,000 □Meilen mit 17 Mill. Einwohnern und bestehen aus Java, den Molukken, Niederlassungen auf Celebes, Sumatra, Borneo, den Kleinen Sunda-Inseln, an der Ostküste Neuguinea's, an der Goldküste, auf einigen kleinen westindischen Inseln und Surinam. Java entwickelt sich zusehends, wird aber von der Regierung ausgebeutet, da die Einwohner nur die Tagelöhner derselben sind. Der Gouverneur Bosch milderte (1830) dieses System, zog chinesische und europäische Plantagenbesitzer heran, führte neue Handelsgewächse ein, bestimmte den fünften Theil des Grundeigenthums zur Anpflanzung gewisser Produkte und zwang die Dörfer, hierzu eine bestimmte Zahl von Arbeitern zu stellen, namentlich für Kaffee, Zucker, Indigo, Thee, Tabak 2c., und so stieg von 1830—1861 die Ausfuhr von 14½ Mill. G. auf 98 Mill., die Einfuhr auf 64 Mill.

Die übrigen Inseln versenden für 20 Mill. G. Java bringt 1 Mill. Pikuls à $1^1/_4$ Ctnr. Kaffee, $1^1/_2$ Mill. Zucker, $1^3/_4$ Mill. Pfd. Thee, 630,000 Pfd. Indigo u. s. w. in den Handel, das mit Plantagen überdeckte und gartenartig bebaute Surinam aber außer diesen Artikeln noch Kakao und Baumwolle. Die Handelsmarine Hollands zählt über 2200 Schiffe, und die Schiffsbewegung auf Flüssen und Kanälen belief sich (1862) auf etwa 33000 Fahrzeuge. 1864.

Von Kolonialerzeugnissen führten die Niederlande im genannten Jahre ein: Kaffee 759,947 Centner, Zucker 857,617 Centner, Reis 370,000 Centner, Tabak 140,000 Centner, Thee 13,810 Centner, Zinn 53,000 Centner, Stuhlrohr 24,500 Centner, Farbholz 101,688 Centner, Indigo 5233 Centner, Baumwolle 196,050 Centner, Palmenöl 4424 Centner, Droguen für 2,854,000 Fl., Häute und Felle für 3,388,000 Fl., Spezereien für 1 Mill. Fl. ꝛc.; außerdem für $10^1/_4$ Mill. Fl. Schiffbau- und Zimmerholz.

Die aus dem freien Verkehre ausgeführten Hauptartikel der Kolonien waren:

Kaffee 613,412 Centner, Zucker (Kandis und raffin.) 636,813 Centner, Reis 132,622 Centner, Tabak 89,806 Centner, Zinn 51,102 Centner, Indigo 4406 Centner.

Von Haupterzeugnissen des Ackerbaus und des Gewerbefleißes der Niederlande selbst kamen zur Ausfuhr: Butter 151,380 Centner, Käse 258,430 Centner, Flachs 146,850 Centner, Heringe und Flußfische im Werthe von 1,546,000 Fl., geräucherte und gesalzene Fische ꝛc. 24,900 Centner, gesalz. Kabeljau 3590 Tonnen, Krapp 22,370 Centner und Garancine im Werth von nahe 2 Mill. Fl.

Von besonderem Interesse für uns ist das Verhältniß der Ein- und Ausfuhren von und nach dem Zollverein resp. Preußen. Bei der allgemeinen Einfuhr betheiligte der Zollverein 1862 mit $107^3/_5$ Mill. (gegen 47 Mill. im Durchschnitt von 1846—1850), bei der Einfuhr zum Verbrauch (also ohne Transit) mit $67^1/_2$ Mill. (gegen $22^1/_5$ Mill. 1846—1850). Nach dem Zollverein gingen im Ganzen für $146^2/_3$ Mill. Fl. (gegen 83 Mill. 1846—1850), aus dem freien Verkehr für $79^4/_5$ Mill. Fl. (gegen 30 Mill. 1846—1850), Transitgüter für $66^7/_8$ Mill. Fl. (gegen 53 Mill. 1846—1850).

Niederländische Besitzungen.

I. Kolonien in Asien. Der werthvollste Besitz der niederländischen Krone ist Java, dessen Produktion seit einigen Jahrzehnten ungeheuer zugenommen hat.

Dies bewirkt zu haben ist das große Verdienst des General-Gouverneurs v. d. Bosch, welcher im Jahre 1830 eine neue Methode der Verwaltung und der Bodenkultur Java's in Anwendung brachte. Die Holländer hatten sich vorher damit begnügt, die Eingebornen zur Leistung von Frohndiensten anzuhalten, damit die Erträge der Produzenten, welche dann von der Regierung um einen bestimmten Preis angekauft wurden, sich vergrößerten. Bosch bestimmte den fünften Theil des Grundeigenthums zur Kultur gewisser Produkte und die Dorfbewohner mußten die nöthigen Arbeiter dazu stellen. Gleichzeitig munterte er Europäer und Chinesen, welche letztere sich in großer Anzahl auf Java befanden, zur Anlegung von Plantagen auf, führte die Kultur neuer Handels- 1830 bis 1864.

gewächse ein und sorgte für bessere Verarbeitung der Erzeugnisse. Zucker, Tabak, Indigo, Thee, Zimmt und andere Gewürze, welche entweder gar nicht oder doch nur in unbedeutender Menge produzirt wurden, bildeten von da an wichtige Ausfuhrartikel von Java. Und dabei wurde gleichzeitig die Kultur des Kaffeebaums im ausgedehntesten Maße erweitert. Der jetzige blühende Zustand von Java, seine ungeheuere Produktion ist der beste Beweis, daß die getroffenen Maßregeln zweckmäßig waren. Seine Ausfuhr, die 1830 nur 14½ Mill. Gulden betragen hatte, belief sich 1862 auf 98,280,000 Fl., die Einfuhr auf 64,805,000 Fl. Während 1829 im Ganzen 375,000 Centner Kaffee, 98,500 Centner Zucker und 463 Centner Indigo gewonnen wurden, produzirt Java gegenwärtig durchschnittlich Kaffee 990,000 bis 1 Million Pikuls (à 1¼ Centner), Zucker 1½ Mill. bis 1,650,000 Pikuls, Tabak 20—22,000 Pikuls, Thee 1¾ Mill. Pfund, Indigo 615,000—650,000 Pfund; Zimmt 240,000 Pfund, Cochenille 75,000—100,000 Pfund, ferner Pfeffer und Chinarinde. Die Pflanzungen der letzteren versprechen für die Zukunft gute Resultate. Die Bevölkerung von Java und der benachbarten Insel Madura beträgt zwischen 11 und 12 Millionen, worunter sich etwa 150,000 Chinesen, 25,000 Araber und 20,000 Europäer befinden.

Von den übrigen Besitzungen im ostindischen Archipel haben durch die Einführung der Kaffeekultur und die Gewürzpflanzungen besondere Wichtigkeit gewonnen:

Sumatra's Westküste, mit einer Kaffeeproduktion von durchschnittlich 200,000 Pikuls, daneben etwas Zucker, Pfeffer, Tabak, Kassia und Reis.

Süd-Celebes mit Makassar produzirt durchschnittlich 35—40,000 Pikuls Kaffee, Nord-Celebes mit Menado ca. 15,000 Pikuls, daneben Reis, Mais und Muskatnüsse.

Amboina baut hauptsächlich Gewürznelken, deren Ertrag zwischen 150,000 Pfund und 600,000 Pfund schwankt; daneben führt es etwas Kaffee und Kakao aus. Banda besitzt die ansehnlichsten Muskatbaumpflanzungen, die in guten Jahren bis 750,000 Pfund Nüsse und 175—190,000 Pfund Blumen geben.

Riouw baut vorzugsweise Gambier (Ausfuhr über 100,000 P.) und Pfeffer (Ausfuhr über 20,000 P.) Benkoelen Pfeffer, Muskatnüsse und Blumen, Lampong Pfeffer, Kaffee, Baumwolle, Gummi, Bambus, Palembang Baumwolle, Guttapercha, Benzin, Harz und Wachs, Ternate Sago, Timor und die Kleinen Sunda-Inseln exportiren etwas Sandelholz. Von größerer Bedeutung als die zuletzt aufgezählten Inseln sind Banka und Billiton, welche in guten Jahren bis 100,000 P. Zinn produziren.

Die Ausfuhr der sog. Buitenbejittnigen, d. h. der Inseln außer Java, beträgt einige 20 Millionen Gulden.

Die werthvollsten Ausfuhrartikel von Niederländisch-Indien sind heute Kaffee und Zucker, welche $^7/_{10}$ des Gesammtexports (oder 70 Mill. Fl.) ausmachen. Reis mit 10 Mill., Zinn mit 7 Mill. und Indigo mit 4 Mill. bilden die zweite Reihe. Erst in dritter Reihe stehen die in früherer Zeit an Wichtigkeit Alles überragenden Gewürze.

Belgien.

Belgiens Industrie und Handel lagen lange Zeit nach der Losreißung von Holland darnieder. Der Kampf hatte große Opfer gekostet. Antwerpen verlor durch das Bombardement von 1832, später durch die Versperrung der Schelde einen großen Theil seiner Handelsverbindungen und erst 1843 bewirkte man durch einen theuer erkauften Schiffahrtsvertrag die Aufhebung der Sperre der Schelde. Diejenigen Erwerbszweige, welche bisher für die holländischen Märkte thätig gewesen waren, wie die Leinen- und Wollenmanufaktur nebst dem Steinkohlenbau, verloren einen wichtigen Theil ihrer Absatzkanäle. 1830 bis 1864.

Erst in der Mitte der Dreißiger Jahre kam ein frisches Leben in die Industrie. Der Gründung der belgischen Bank folgte eine große Anzahl von Aktiengesellschaften, welche in allen Zweigen der Fabrikation großartige Etablissements errichteten und die vollkommensten englischen Methoden, Maschinen &c. dabei einführten. Eine Reihe neuer Eisen- und Steinkohlenwerke und Maschinenfabriken, von Glashütten und Spiegelglasgießereien, von Baumwollen- und Flachsspinnereien, Zuckerraffinerien &c. entstanden, und die Regierung förderte diese Bestrebungen durch Unterstützung oder eigene Ausführung neuer Verkehrsanstalten, namentlich von Kanälen und Eisenbahnen, sowie durch den Abschluß von Handelsverträgen mit Frankreich (1861), England und der Schweiz (1862), dem Zollverein (1865) u. s. w. Gegenwärtig gilt Belgien für eine industrielle Macht ersten Ranges. Seine Steinkohlenlager, die von Westen nach Osten das Land fast ganz durchziehen, liefern über 2 Mill. Centner Kohlen, 7 Mill. Centner Roheisen, $2^1/_2$ Mill. Centner Stabeisen und Gewinn durch die Metallindustrie 30 Mill. Thlr. Die gesammte Eisenproduktion schätzt man auf 82 Millionen Frcs., für Zinn $18^1/_2$ Millionen Frcs. Lüttich beschäftigt 12,000 Arbeiter, liefert für 1 Mill. Thlr. Kanonen und für 3 Mill. Thlr. Waffen. Die Baumwollenindustrie (nahe an 1 Mill. Spindeln) produzirt ordinäre sehr gangbare Stoffe, welche durch Zölle geschützt werden, und brachte 1858 schon 18 Mill. Frcs. ein. Auch die Tuchweberei trachtet nach massenhafter Erzeugung billiger Stoffe und verarbeitet für $8^1/_2$ Mill. Thlr. Wolle. Gesetze unterstützen die Leinenindustrie, man errichtete Musterwerkstätten und warf sich auch hier auf geringere Sorten. Auch belgisches Glas und Leder wurden gesuchte Artikel, die Rübenzuckererzeugung nahm zu, und mit der Industrie und dem vielseitig entwickelten Eisenbahnsystem auch der Handel; obschon der Seehandel beschränkt bleiben mußte wegen der kurzen, hafenarmen Küste. Die Eisenbahnen brachten über 18 Mill. Frcs. Reinertrag, so daß die Schulden können abgetragen werden. Auf die zu sehr überstürzte Unternehmungslust folgte zwar eine Reaktion in den Jahren 1837 und 1838, doch raffte sich das Land mit jugendlicher Kraft schnell wieder empor und steht heute als eine industrielle Macht ersten Ranges da. Der Gesammtwerth von Belgiens Einfuhren zum inneren Verbrauch war 1863 616,$_3$ Mill. Frcs., der Werth der ausgeführten belgischen Erzeugnisse 533,$_7$ Mill. Frcs. (gegen 219,$_3$ Mill. Einfuhr und 194,$_1$ Mill. Ausfuhr im Durchschnitt 1848—1852).

Die wichtigsten Einfuhrgegenstände waren 1863:

Getreide im Werth von 68,$_4$ Mill. Frcs., Wolle 14,$_3$ Mill. Kilo, vegetabilische Spinnstoffe und Baumwolle 33,$_9$ Mill. Kilo, Kaffee 17,$_8$ Mill. Kilo,

1830 bis 1864. Harze 41,8 Mill. Kilo, Häute 14,5 Mill. Kilo, Oelsaaten 47,83 Mill. Kilo, Seidengewebe für 16,6 Mill. Frcs., Rohzucker 19,6 Mill. Kilo.

Von den ausgeführten Waaren heben wir hervor:

Leinengewebe (Werth 33,1 Mill. Frcs.) und Leinengarn (Werth 19,6 Mill. Frcs.), zusammen Werth 52,7 Mill. Frcs.; Wollengewebe (41,46 Mill. Frcs.) und Wollengarn (13,54 Mill. Frcs.), zusammen Werth 55 Mill. Frcs., Baumwollengewebe (16 Mill. Fcs.), Baumwollengarne (3,8 Mill. Fcs.), zusammen 19,8 Mill. Frcs.; Glas- und Krystallwaaren für 12,5 Mill. Frcs., Papier und Tapeten 7,7 Mill. Frcs., Eisenbahnschienen 47,3 Mill. Kilo, Schmiede- und Walzeisen 38,8 Mill. Kilo, Bleche 11 Mill. Kilo, Maschinen 10,5 Mill. Kilo, Zink roh 13,37 Mill. Kilo, Zink gewalzt 10,6 Mill. Kilo, Metalle, Erze &c. 72 Mill. Kilo, Steinkohlen 2,891,000 Tonnen.

Belgiens Verkehr ist gerichtet in erster Linie nach Frankreich, welches an der Einfuhr mit 157,1 Mill. Frcs., an der Ausfuhr mit 187,6 Mill. Frcs. (oder 35%) betheiligt ist. Dann kommt England mit 108,3 Mill. Frcs. Einfuhr und 103,5 Mill. Frcs. Ausfuhr, die Niederlande mit 111,7 Mill. Frcs. Einfuhr und 74 Mill. Frcs. Ausfuhr, der Zollverein mit 65 Mill. Frcs. Einfuhr und 61,6 Mill. Frcs. Ausfuhr. Die Zollvereins-Einfuhr besteht hauptsächlich aus Wolle, Getreide, Blei, Vieh, Wein &c.

Der Durchgangsverkehr Belgiens hat sich in neuerer Zeit beträchtlich gehoben; er betrug 1863 437,7 Mill. und 1862 458 Mill. Frcs.

Die Schweiz.

1500 bis 1864. Tuchweberei und Leinenweberei wurden in den größeren schweizerischen Städten, namentlich Basel, Zürich und St. Gallen, schon während des Mittelalters getrieben. Später gesellten sich die Seidenweberei, welche in Basel schon im 16. Jahrhundert bestand, und die Baumwollenfabrikation dazu, welche hauptsächlich in Zürich und St. Gallen Wurzel faßte. Den Hauptanstoß zur späteren Ausdehnung dieser Industriezweige gab die Einwanderung einer großen Anzahl wohlhabender französischer Fabrikanten und Arbeiter nach Aufhebung des Edikts von Nantes. Vorzugsweise ließen sich dieselben in Basel nieder und ihnen ist die Vervollkommnung der Fabrikation von Seidenbändern zu danken, worin sich Basel noch heute auszeichnet. Dieselben Emigranten scheinen die Kattundruckerei nach Zürich und St. Gallen verpflanzt zu haben; wenigstens bildete dieselbe seit dieser Zeit eines der wichtigsten Gewerbe dieser Kantone. In Genf und Neufchatel entwickelte sich im Laufe des 18. Jahrhunderts die Uhrenfabrikation, welche gegen Ende des 16. Jahrhunderts hierher und in der Mitte des 17. Jahrhunderts von dem Autodidakten Richard in den Jura eingeführt war. Die Unterbrechung des Verkehrs mit England, von wo die Schweizer Fabrikanten und Drucker ihre Baumwollengarne und rohen Gewebe bezogen hatten, traf diese Erwerbszweige während des Kriegs zu Anfang dieses Jahrhunderts sehr hart. Als die Kontinentalsperre diesen Zustand wo möglich noch verschlimmerte, entstanden jedoch im Lande selbst Spinnereien und Webereien und dieselben behaupteten sich, Dank der Intelligenz und Thätigkeit der Unternehmer, bedeutender Kapitalskraft und billiger Arbeitslöhne, auch nach der Wiedereröffnung des Festlands für die englischen Waaren. Diese Eigenschaften und die sofort eingeführte Handelsfreiheit haben es auch allein ermöglicht, daß die Schweizer Industrie mitten unter den ungünstigsten Verhältnissen — gleich abgelegen für den Bezug der Rohstoffe wie für den Versandt der Fabrikate, rings umgeben von Ländern, welche ihre Grenzen durch Schutzzölle verschlossen — bennoch ihre heutige Bedeutung erlangen konnte. Seit 1850 wurden alle Binnenzölle, Brücken- und Chausseegelder beseitigt, Gleichheit der Münzen und Gewichte eingeführt, in großen Seestädten Contors errichtet und mit fremden Staaten Handelsverträge abgeschlossen.

Die Hauptzweige der Schweizer Industrie sind die Baumwollenwaarenfabrikation, die Seidenweberei und die Uhrenfabrikation. Sitz der ersten sind Zürich, St. Gallen, Glarus und Appenzell, Sitz der zweiten Basel und Zürich, Sitz der dritten Genf, Neufchatel und La Chaux de Fonds. Daneben ist noch die Holz- und Strohwaarenfabrikation, die Käsebereitung und Absinthdestillation von Wichtigkeit.

Die Baumwollenindustrie beschäftigt an 2 Mill. Spindeln, verbraucht für 30 Mill. Frcs. Rohmaterial, verkauft für 120 Mill. Waaren, verdient also 90 Mill. Frcs. Jeder Fabrikant sortirt in der Fabrik nach dem Geschmack seines Absatzgebietes. Die Spitzenklöppelei giebt in Appenzell und St. Gallen 50,000 Arbeiterinnen Arbeit; die Seidenindustrie liefert für nahe an 200 Mill. Frcs. Waare und dabei verdienen an 80,000 Arbeiter 25 Mill. Frcs., da man an 30,000 Centner Waare ausführt. Selbst die Leinwandindustrie nimmt wieder zu, denn man verfertigt für 2 Mill. Frcs. Waare, die in Italien beliebt ist. Dagegen kauft man für 32 Mill. Frcs. Wollstoffe, verfertigt aber 1 Mill. Uhren im Werthe von 50 Mill. Frcs. Hierbei befolgt man das Prinzip der Arbeitstheilung, da an einer Uhr 100—200 Arbeiter zu thun haben, und Musikdosen in Asien und Südamerika gern gekauft werden. Für Aarau sind Reißzeuge und Strohflechtwaaren (30,000 Arbeiter liefern für 5 Mill. Frcs. Waare) Ausfuhrartikel, andere Städte zeichnen sich durch Maschinenfabriken aus, und Eisenbahnen, gute Wege, Telegraphen u. s. w. unterstützen Gewerbe und Handel. Selbst die Zölle sind nur Finanzzölle und billig.

Die Schweizer Handelsstatistik ist noch wenig ausgebildet. Namentlich kennt dieselbe — gleich der Zollvereinsstatistik — keine Werthsangaben der Ein- und Ausfuhren. Eine Schätzung derselben nach dem Gewichte ist aber gerade hierbei höchst mißlich, da sich bei einem der wichtigsten Ausfuhrartikel, Seidenzeuge, der Werth je nach dem Verhältniß zwischen reinen und gemischten Zeugen ungeheuer ändert. Der Betrag der Einfuhr wurde für 1861 auf 300 Mill. Frcs., der der Ausfuhr auf 400 Mill. Frcs. geschätzt.

Dem Gewichte nach belief sich die Ausfuhr 1863 von Baumwollenstoffen auf 159,294 Centner, Baumwollengarn 53,836 Centner, Seidenstoffen und Bändern 40,854 Centner, roher und gezwirnter Seide 14,764 Centner, Uhren 2702 Centner, Holzwaaren 14,557 Centner, Strohwaaren 5131 Centner, Käse 167,217 Centner, Wermuthgeist und Kirschwasser 7763 Centner, Felle und Häute 40,827 Centner.

Die wichtigsten Einfuhrgegenstände sind: Rohbaumwolle 200,560 Centner, ferner Rohseide und Seidenabfälle 46,000 Centner, Wein, Eisen, Talg, Droguen, Leder, Tabak, vor Allem aber Getreide. Bayern und Württemberg, zu Zeiten aber auch Ungarn, sind die Bezugsländer für letzteres. Die durchschnittliche Einfuhr von Getreide und Hülsenfrüchten betrug von 1853 bis 1856 2,460,589 Centner, von Mehl 299,862 Centner. Im Jahr 1863

1500 bis 1864. gingen ein von Getreide und Hülsenfrüchten 2,916,000 Centner, von Mehl 312,300 Centner, Rohbaumwolle wird theils über Havre, theils über deutsche und holländische Häfen bezogen. Dasselbe gilt von den übrigen Artikeln, welche nicht von den Nachbarländern selbst herstammen. Je nach der Billigkeit der Frachten wird der Transit durch Deutschland oder durch Frankreich vorgezogen. Rohseide lieferte früher fast ausschließlich (neben einer kleinen eigenen Produktion) Italien; in den letzten Jahren zwangen jedoch die geringen Ernten in Oberitalien und Frankreich infolge der Krankheit des Seidenwurms zum Bezug von chinesischer und indischer Rohseide über England. Der Wein wird den westlichen Kantonen von Frankreich, den südlichen von Italien zugeführt. Uebrigens produzirt die Schweiz selbst in guten Jahren 1 Million Hektoliter Rebensaft.

Von den schweizerischen Industrieerzeugnissen finden die Baumwollenwaaren und Stickereien in allen Welttheilen Absatz, türkischroth gefärbte namentlich in Italien, dem Orient und Indien; Baumwollengarn geht in feinen Nummern nach Süddeutschland, türkischrothes hauptsächlich nach Indien. Für die Seidenzeuge und Seidenbänder, welche in den gewöhnlichen Qualitäten die französischen übertreffen, in den feineren ihnen sehr nahe stehen, sind die deutschen Meßplätze, Frankfurt a. M. und Leipzig, nebst Hamburg, Stapelorte für den weiteren Absatz. Von den übrigen Ländern sind die Vereinigten Staaten die bedeutendsten Kunden. Die Uhren werden nach allen Himmelsgegenden versandt; der größte Theil derselben geht jedoch nach Frankreich, um von dort als Pariser Fabrikate wieder exportirt zu werden.

Italien.

Seitdem das Mittelmeer seine frühere Bedeutung für den Welthandel verloren hatte, schwand die Handelsgröße von Venedig und Genua. Noch eine Zeit lang zehrten sie an den Ueberresten ehemaliger Größe. Ihr Kapitalreichthum, ihre industrielle Ausbildung, ihre kaufmännische Gewandtheit sicherten ihnen einige Theilnahme am Weltverkehre, namentlich fanden ihre Industrieerzeugnisse, Seidenstoffe, Sammt und andere Luxusartikel, venetianische Glaswaaren und genuesisches Papier, noch im 16. und 17. Jahrhundert in Frankreich, England und dem nördlichen Deutschland starken Absatz und genossen eines großen Rufes. Mit der Entwicklung der industriellen Fertigkeiten in England, Frankreich und den übrigen Staaten versiegte aber auch die letzte Quelle des Wohlstandes, und allmählig sah sich Italien aus der Rolle eines Aktivhandel treibenden, Rohstoffe und Fabrikate ausführenden Landes in die entgegengesetzte gedrängt. Seine Bodenerzeugnisse, Rosinen und Oel voran, wurden jetzt vom Auslande geholt und ihm dafür Manufakturerzeugnisse in Tausch gegeben. In dem Maße, in welchem sich diese Umwandlung vollzog, schwand der Rest von Handel, welchen Venedig bis dahin noch besessen hatte, da seine Lage viel zu ungünstig war, um an der Ausfuhr der Produkte Oberitaliens nach dem Westen Europa's Theil nehmen zu können. Günstiger war Genua gestellt und dasselbe wurde deshalb der Hauptausfuhrplatz Oberitaliens für die genannten Produkte. In Mittelitalien gewann Livorno durch die Verführung der Bodenerzeugnisse von Toskana einen beträchtlichen Handel.

Während der Kriege zu Ende des vorigen und zu Anfang dieses Jahrhunderts, in welche Italien großentheils verflochten wurde, ging der See-

handel der italienischen Städte fast ganz zu Grunde, da dieselben unter Napo- 1815
leon's Herrschaft der Sperre unterworfen wurden. Nach dem Frieden, welcher bis
die Besitzverhältnisse der einzelnen italienischen Staaten wesentlich veränderte 1864.
und eine ganz neue Ordnung der Dinge schuf, hob er sich nur langsam wieder. Auch die italienische Industrie erholte sich schwer von ihrem Verfall. Die Ausfuhren bestehen noch immer in den Bodenprodukten, außer den zwei Hauptartikeln, Rohseide und Oel, aus Südfrüchten, Fischen, Schwefel, Marmor, in guten Jahren aus Getreide, etwas Wolle u. s. w., die Einfuhren aus Fabrikaten, Kolonialwaaren und den wenigen Rohprodukten, welche die italienische Industrie verbraucht. In industrieller Beziehung haben Sardinien, Toskana und Neapel Fortschritte gemacht. Die Seidenindustrie in Sardinien, die Strohfabrikation und Seidenmanufaktur in Toskana und die Baumwollenmanufaktur in Sardinien sind nicht unbedeutend, bezeichnen aber doch erst Anfänge.

In Norditalien zeichnen sich einige Fabriken durch Tüchtigkeit aus, ebenso in einigen Orten Toskana's und der Marken, dagegen im römischen und Süditalien steht nur an vereinzelten Orten dieser oder jener Industriezweig in Blüte. Staatsschulden und die Schwierigkeit, die geistlichen Güter zu verkaufen, lähmen Handel und Industrie in dem „geeinigten Königreiche“, welchem der Papst und seine Kardinäle Verlegenheiten bereiten, wo sie nur können. Die Gebirge sollen reich an Mineralien sein, aber man vermag sie nicht auszunützen. Die Baumwolle Calabriens verarbeitet man im Lande; man gewinnt 45 Mill. Kilogramm Cocons ($3^1/_2$ Mill. Kilogramm Rohseide), erzeugt für 50 Mill. Frcs. Porzellan- und Glaswaaren, für 5 Mill. Ctnr. Schwefel, viel Oel und Südfrüchte, Chemikalien, Seidenwaaren, Stahlwaaren, Käse u. s. w. Doch fehlt es an ausreichenden Straßen und schiffbaren Flüssen für den Binnenverkehr. Den auswärtigen Handel beherrschen Engländer und Franzosen; er geht nach der Levante, Nordafrika, Deutschland, Frankreich und die Schweiz. Deutschland (Krefeld, Elberfeld, Barmen, Viersen) beziehen von Italien Seide über Chur und Mannheim, die Oele gehen über Triest, Marseille u. s. w. Schwefel über Rotterdam nach dem Rhein, ebenso die Borsäure, Früchte nach Bremen und Hamburg. Sumach und Kleesamen gehen nach dem Rhein, wogegen Süddeutschland Tabak, Hopfen, Malz, Glanzleder, Ziegel, Tapeten, Uhren, Ultramarin, Seidenbänder, Bürsten, Kautschuk, Kartonagewaaren 2c. sendet.

Seit der Vereinigung der früher unter Einzelregierungen stehenden Theile Italiens zu Einem Reiche sind die Bedingungen zu raschem Fortschritt vorhanden. Durch Abschluß von Handelsverträgen, durch Vervielfältigung der Kommunikationsmittel, durch Herstellung einer direkten Schienenverbindung über die Alpen mit der Schweiz und Süddeutschland bekundet die italienische Regierung das richtige Verständniß dessen, was dem Lande Noth thut, und ohne Zweifel steht Italien auch in materieller Beziehung an der Schwelle einer neuen Zeit.

Im Jahre 1862 belief sich der Generalhandel Italiens (Aus-, Ein- und Durchfuhr) auf 1568 Mill. Frcs., wovon 911 Mill. Frcs. auf die Einfuhr und 657 Mill. Frcs. auf die Ausfuhr kamen. Der Spezialhandel betrug: Einfuhr 830 Mill. Frcs., Ausfuhr 577 Mill. Frcs.

Am Spezialhandel waren betheiligt in erster Linie: Frankreich mit 189 Mill. Frcs. Einfuhr nach und 233 Mill. Frcs. Ausfuhr aus Italien;

ferner England mit 95 Mill. Frcs. Einfuhr und 192 Mill. Frcs. Ausfuhr; Schweiz mit 136 Mill. Frcs. Einfuhr und 87 Mill. Frcs. Ausfuhr; Oesterreich mit 56 Mill. Frcs. Einfuhr und 138 Mill. Frcs. Ausfuhr. Der Zollverein ist nur mit 689,000 Frcs. Einfuhr und 2,227,000 Frcs. Ausfuhr angeführt. Doch geht ein großer Theil der nach dem Zollverein bestimmten und daher kommenden Waaren über Marseille durch die Schweiz und über Triest, erscheint also unter Frankreichs, der Schweiz und Oesterreichs Namen. Die 3 Hauptbanken setzen ein Kapital von mehr als 200 Mill. Frcs. in Umlauf, und die Handelsflotte zählt 16,500 Schiffe und 50 Dampfer.

Der wichtigste Hafenplatz ist gegenwärtig Genua.

1863. Die Zahl der in Genua 1863 eingelaufenen Schiffe belief sich auf 6683 (darunter 2783 Dampfschiffe) mit einem Gehalte von 1,217,567 Tonnen. Von den Anfuhren traten hauptsächlich hervor: Getreide 199 Mill. Kilo; Kohlen, 254⅔ Mill. Kilo; Eisen, rohes, bearbeitetes und Guß, 34¾ Mill. Kilo; Baumwolle, 3,3 Mill. Kilo; Häute, 3,5 Mill. Kilo; Blei, 2,7 Mill. Kilo; Zucker, 5,0 Mill. Kilo; Kaffee, 4,8 Mill. Kilo; Baumöl, 3,7 Mill. Kilo. Ausgeführt wurden Reis, 35 Mill. Kilo; Seide, 50,643 Kilo; Baumöl, 551,000 Kilo; Früchte, 196,439 Kilo; Früchte, eingemachte, 107,756 Kilo; Mandeln, 101,141 Kilo; Käse, 391,000 Kilo; Seide, 47,792 Kilo.

Livorno war bis vor wenigen Jahrzehnten einer der wichtigsten Handelsplätze des Mittelmeeres, namentlich Stapelplatz für Getreide, auf welchen sich selbst die englischen Getreidespekulanten angewiesen sahen. Unkluge Besteuerung und Vertheuerung der Waaren durch eine Handelstaxe vernichteten den Zwischenhandel Livorno's vollständig, der früher auch die Versorgung von Tunis und Tripolis mit Manufakturwaaren besessen hatte. Heute ist der Handel Livorno's auf den Bedarf Toskana's und die Ausfuhr von dessen Boden- und Industrieerzeugnissen: Seide, Oel, Marmor, Borar, Eisen (von Elba), Strohfabrikate, Korallen und andere Schmucksachen angewiesen. Bedeutender ist Neapel, wo 1862 1308 Dampfschiffe mit 442,832 Tonnengehalt einliefen. Die wichtigsten Ausfuhrartikel des Platzes sind: Krapp, Rohseide, Oel, Lakritzen, Mandeln, Weinstein und Leinsamen. Der Werth der Ausfuhr von Krapp wurde für 1862 auf 8½ Mill. Frcs., der von Rohseide auf 7 Mill. Frcs. angeschlagen.

Hauptproduktionsbezirk für Oel ist die reiche apulische Ebene, deren Erzeugnisse über Gallipoli im Busen von Tarent und Bari am Jonischen Meere ausgeführt werden. Im Jahre 1862 wurden aus Gallipoli verschifft ca. 310,000 Centner im Werthe von ca. 50 Mill. Frcs. Aus dem Hafen von Bari gingen in demselben Jahre aus 185,000 Centner im Werthe von ca. 30 Mill. Frcs. Der letztere Platz exportirte außerdem ca. 32,600 Centner Mandeln, ferner Leinsaat, Senfsamen, Anis, Johannisbrot u. s. w.

In Unteritalien, namentlich in Calabrien, wird seit einigen Jahren ziemlich viel Baumwolle gebaut. Dieselbe ist von vorzüglicher Qualität und wird meist von den inländischen Spinnereien aufgekauft.

Sizilien führt außer Getreide, Südfrüchten, Wein (Marsala), Sumach und Fellen hauptsächlich Schwefel aus, wovon jährlich durchschnittlich 5 Mill. Centner gefördert werden.

Spanien.

Wir haben im vorigen Abschnitte Spanien auf dem Wege des Fortschrittes erblickt. Mehrere Industriezweige waren neu entstanden und wurden von der Regierung kräftig unterstützt. Die Ausfuhr der Bodenerzeugnisse mehrte sich, und auch die Schiffahrt des Landes nahm größeren Antheil an dem Handel zwischen Spanien und seinen Kolonien als an dem der anderen Staaten. Der Schluß des 18. Jahrhunderts brachte leider neue Drangsale über das Land. Es wurde durch die Unbesonnenheit seiner Regierungen, welche diesmal das Uebergewicht Englands brechen zu können vermeinten, in den amerikanischen Krieg verwickelt, 1793 in Krieg mit Frankreich und 1796 abermals in Krieg mit England gestürzt. Diese Kriege vernichteten seine Marine und seinen auswärtigen Handel gänzlich und vermehrten die Unordnung in den Finanzen. Nach kurzer Ruhe begann 1804 der Krieg aufs Neue. Das gelbe Fieber raffte in demselben Jahre einen großen Theil der Bevölkerung hinweg, und eine Mißernte nöthigte zu ungeheueren Kornbezügen vom Auslande. Und noch hatte Spanien das Schlimmste nicht erduldet. Dies brachten die Jahre 1807 bis 1813 über die Halbinsel, wo französische und englische Heere Spanien verwüsteten und durch die Bewaffnung des ganzen Volkes das Land in ein großes Heerlager verwandelt wurde. Ackerbau, Gewerbe und Handelsthätigkeit im Inneren verfielen vollständig, und die während und nach dieser Zeit ausbrechenden Aufstände in den spanischen Kolonien entzogen Spanien auch noch einen großen Theil der bisherigen Einkünfte, da die Erträge der Bergwerke des spanischen Amerika, welche in der letzten Zeit durchschnittlich 43 Mill. Piaster betrugen, von 1810 an auf durchschnittlich 24 Mill. Piaster jährlich sanken. Wenn je ein Land des äußeren und inneren Friedens bedurft hatte, so war es Spanien im Jahre 1814. Während aber die übrigen Staaten energisch Hand anlegten, um die ihnen durch die Kriege geschlagenen Wunden zu heilen, dauerten hier die Unruhen fort, da die Maßregeln der nach unumschränkter Gewalt strebenden Regierung das Volk fast in eine ununterbrochene Gährung versetzten. In Amerika wüthete zudem der Bürgerkrieg und verschlang die Summen, welche sonst dem Mutterlande zugeflossen waren. Ungeachtet aller Anstrengungen ging eine der amerikanischen Besitzungen nach der anderen verloren, und nur Cuba und Portorico nebst einigen kleinen Inseln blieben von dem ungeheueren Kolonialbesitze übrig. Nun hörte der Geldzufluß, welcher Spanien noch allein in den Stand gesetzt hatte, größere Ausgaben zu machen und seine Finanzen einigermaßen in Ordnung zu halten, gänzlich auf, und sein auswärtiger Handel, mit diesem die wenigen Industriezweige, welche dafür gearbeitet hatten, wurden auf ein Minimum reduzirt. Nur die Ausfuhr der eigenen Bodenerzeugnisse, Wein, Früchte, Wolle nebst Salz, unterhielt einigen Verkehr mit dem Auslande und lieferte die Mittel, die unbedeutende Einfuhr fremder Manufakturwaaren und anderer Fabrikate zu bezahlen. Der Absatz eines der wichtigsten Erzeugnisse, der Rohwolle, nahm ebenfalls ab, da Deutschland und Frankreich große Mengen veredelter Schafe besaßen und namentlich ersteres seit 1820 den englischen Markt beherrschte. 1790 bis 1830.

Der Bürgerkrieg, welcher Spanien in den Dreißiger Jahren verheerte, vollendete die Erschöpfung des Landes und die Zerrüttung der Finanzen, und bis heute hat es noch nicht gelingen wollen, der letzteren ein Ende zu machen.

1830 bis 1862. In neuester Zeit verjagte man die bigotte Isabella und berief den italienischen Prinzen Amadeo auf den Thron, aber trotzdem dauern die Intriguen der Generale und Parteien fort, und der Guerillakrieg scheint eine stehende Landplage zu werden.

Infolge solcher hemmenden Verhältnisse geschieht wenig, um Handel und Industrie zu fördern, weil die allgemeine Unsicherheit sie nicht recht aufkommen läßt und gute Straßen durch das schluchten- und defiléenreiche Land fehlen, Mangel an Bewässerung den Ackerbau niederhält. Silbergruben giebt es in Granada und Murcia, Almaden bringt ca. 20,000 Ctnr. Quecksilber, Riotinto 20,000 Ctnr. Kupfer, dazu kommen 40,000 Ctnr. Blei, viel Zink und Eisen (Biscaya 6 Mill. Ctnr.). Engländer betreiben diese Erzminen, aber nicht einmal die reichen Steinkohlenlager beutet man aus Mangel an Transportmitteln aus, ja man untersucht nicht einmal die ausgedehnten Kohlendistrikte. Steinsalz ist in ungeheuerer Menge vorhanden, und doch bringt der gesammte Bergbau nur 40 Mill. Thlr. ein, das Tabakregal 20 Mill. Thlr., dagegen beschränkt sich die Industrie auf einzelne Orte und Artikel.

Eisenbahnen und Straßen reichen nicht aus, viele Wege sind unsicher, nur einige Flüsse in dem unteren Laufe schiffbar, Zollgrenzen im Inneren und Schutzzölle befördern den Schmuggel, daher herrscht Küstenschiffahrt vor. Madrid ist durch Eisenbahnen mit den wichtigsten Seeplätzen und Lissabon verbunden, und Schienenwege reichen gegenwärtig von Cadix bis Petersburg. Die Handelsflotte zählt etwas über 5000 Fahrzeuge.

Im Ganzen haben sich allerdings die Zustände des Landes seit Beendigung des Bürgerkriegs wieder gebessert. Es sind namentlich in jüngster Zeit große Anstrengungen gemacht worden, um dem empfindlichen Mangel an brauchbaren Kommunikationsmitteln abzuhelfen, und durch die Betheiligung französischer Kapitalisten ist bereits eine Reihe wichtiger Eisenbahnlinien geschaffen worden. Auch die industrielle Thätigkeit hat hier und da, namentlich in Murcia, Valencia und Catalonien, Fortschritte gemacht. Erwähnung verdienen die Seidenwebereien in den erstgenannten Provinzen, wie die Baumwollenmanufakturen, Eisengießereien und Maschinenwerkstätten in und um Barcelona. Doch sind dies nur vereinzelte Erscheinungen. Noch immer liegt ein großer Theil des Landes unbebaut und das Wort eines Reisenden, welcher Spanien im Jahre 1826 besuchte: „Zwei Drittel der Einwohner sind ohne Hemden, Strümpfe, Schuhe und Kopfbedeckung, Lumpen sind ihre einzige Kleidung", ist mit geringer Modifikation noch heute auf die Bevölkerung im Inneren anwendbar. Auf welch niederer Stufe Spanien in kommerzieller Beziehung steht, erhellt daraus, daß dies von der Natur so reichgesegnete Land mit einer Bevölkerung von 14 Millionen Menschen auf 9000 Quadratmeilen, im Besitze so werthvoller und wichtiger Kolonien, wie Cuba, Portorico, den Philippinen und den Canarischen Inseln, i. J. 1862 für ca. 99 Mill. Thlr. einführte und für ca. 74 Mill. Thlr. ausführte.

Dasselbe steht also mit dieser Gesammtwaarenbewegung von 173 Mill. Thlrn. Werth gegen die kleine, von der Natur so vernachlässigte Schweiz zurück, deren Gesammtverkehr in demselben Jahre ca. 186 Mill. Thlr. (80 Mill. Thlr. Einfuhr und 106 Mill. Thlr. Ausfuhr) betrug.

Die wichtigsten Ausfuhrartikel Spaniens sind, wie schon in alten Zeiten: Wein, Südfrüchte, Seide, Oel und Salz, ferner Korkholz, Quecksilber rc. In neuester Zeit findet in guten Jahren eine nicht unbedeutende Getreide- und Mehlausfuhr aus Galizien und Asturien über den Hafen Santander statt, während dagegen die östlichen Provinzen regelmäßige Korn- und Mehlzufuhren von Marseille erhalten. Gegenstände der Einfuhr sind Tücher, Seiden- und Sammtfabrikate, Waffen, Eisenwaaren, Spiegel, Glas-, Leder-, Bronze-, Spiel- und Kurze Waaren, Leinwand, Baumwollenstoffe, getrocknete Fische und allerlei Lebensmittel.

Die spanischen Besitzungen.

I. Kolonien in Amerika.

Die wichtigste Kolonie Spaniens ist Cuba, welches heute fast die Hälfte des von Europa verbrauchten Rohrzuckers liefert. Von 300,000 Centnern am Schlusse des vorigen Jahrhunderts ist die Produktion so außerordentlich gestiegen, daß im Jahre 1862 über $6^1/_2$ Millionen Centner, im Jahre 1863 ca. $5^1/_4$ Mill. Centner exportirt werden konnten. Das Hauptquantum geht in der Regel nach England, dem ersten Zuckermarkt der Welt, so von 1,546,140 Kisten (à $4^1/_4$ Centner) im Jahre 1862 über 606,500 Kisten. Das Uebrige vertheilte sich zunächst unter Spanien (275,333 Kisten), Nordamerikanische Union (252,344 Kisten) und Frankreich (230,576 Kisten). Die Versendungen des Jahres 1863 wichen hierin bedeutend ab, indem die Union 482,604 Kisten, England nur 206,672 Kisten, Spanien 250,574 Kisten und Frankreich 171,243 Kisten erhielt, eine Folge der Zerstörungen der Zuckerpflanzungen in Louisiana, wodurch die Union gezwungen wurde, ihren ganzen Bedarf von Cuba zu beziehen. 1800 bis 1864.

Das zweitwichtigste Erzeugniß Cuba's ist der weltberühmte Tabak dieser Insel, welcher das Material zu den Havanna-Cigarren liefert. Im Ganzen scheint der Bau dieser Pflanze seit 30 Jahren etwas abgenommen zu haben. Humboldt schätzte wenigstens im Jahre 1827 eine Tabakernte auf 50,000 Arroba's oder 125,000 Centner, während eine reichliche Ernte gegenwärtig auf 100,000 Centner angeschlagen wird. Nach den jüngsten Berichten ist indeß die Tabakproduktion in steter Zunahme begriffen. Die Ausfuhr betrug 1862 53,850 Centner, 1863: 40,311 Centner, und von Cigarren 1862: 125,954 Mille, 1863: 111,905 Mille.

Außer Zucker und Tabak produzirt die Insel noch Kaffee von vortrefflicher Qualität (Ausfuhr 1863: 53,747 Arroben à $^1/_4$ Centner), Honig, Wachs (Ausfuhr 1863: 38,754 Arroben), Rum und Melasse.

Portorico, ihrer Lage, Fruchtbarkeit und Bevölkerung nach (die Weißen überwiegen auf derselben) eine der wichtigsten spanischen Provinzen, ist dessenungeachtet seit 1817 in ihrer Entwicklung fast stehen geblieben und seit 1840 sogar zurückgegangen. Während man die Gesammteinfuhr und Ausfuhr 1840 auf 14 Millionen Piaster (= 1 Thlr. 13 Sgr.) berechnete, beträgt der Umsatz heute nur Etwas über 10 Mill. P. Die wichtigsten Erzeugnisse sind Zucker (ca. 1 Mill. Centner jährlich), Kaffee (ca. 125,000 Centner), Tabak (ca. 60,000 Centner) und Rindvieh.

Außer diesen Inseln besitzt Spanien noch einen Theil von Domingo, welcher recht werthvolle Exportartikel liefert. Der Hafenplatz Porto Plata führte i. J. 1862 100,000 Centner Tabak, über 1 Mill. Kubikfuß Mahagoniholz, 12,600 Centner Gelbholz, ferner kleine Partien Kakao, Honig, Wachs und Häute aus.

II. Kolonien in Asien.

1860 bis 1864. Die Philippinen würden bei einer einsichtigen Verwaltung leicht eben so hohe Erträge liefern wie Java; in den Händen der Spanier bleibt aber die Produktion fast ganz auf die natürlichen Gaben des Bodens beschränkt. Das Hauptprodukt ist Zucker, wovon im Jahre 1862: 1,291,812 Pikuls (à 1$^{1}/_{5}$ Centner), i. J. 1863: 1,200,000 P. verschifft wurden. Etwa ein Drittel ging nach Australien, ein zweites Drittel nach Großbritannien, der Rest großentheils nach China. Manillahanf ist seiner Festigkeit halber in neuerer Zeit zu einem gesuchten Artikel geworden. Der Export betrug 1863 424,071 Pikuls, fast zu gleichen Theilen nach Nordamerika und England gehend. Rohtabak kam mit 82,408 Centnern zur Ausfuhr. Von 95,148 Mille Cigarren gingen 40,000 Mille nach Singapur, 22,000 Mille nach China, ca. 18,000 Mille nach England, 337,500 Pikuls Reis nach China, 23,958 Pikuls Kaffee fast zur Hälfte nach China; außerdem wurden kleine Partien Sapanholz, Indigo, Häute, Perlmutterschalen, Schildpatt ꝛc. verschifft, auch pflanzt man mit gutem Erfolg Kakao an.

Portugal.

1770 bis 1864. Portugals Handel hatte am Ende des vorigen Jahrhunderts einen unerwarteten Aufschwung genommen. Während der amerikanische Krieg und die darauf folgenden Kriege zwischen Spanien, Frankreich, Holland und England den Verkehr dieser Länder empfindlich schmälerten und theilweise ganz vernichteten, erfreute sich Portugal infolge seiner Neutralität des Friedens und konnte seine Handelsverbindungen auf Kosten der kriegführenden Nationen weithin ausdehnen. Hierbei kam ihm die wachsende Produktivität Brasiliens zu Statten. Lange Zeit versorgte Portugal den Hamburger Markt, welcher nach der Besetzung Hollands durch die Franzosen so wichtig wurde, fast ausschließlich mit Zucker (dessen Erzeugung in Brasilien besonders zugenommen hatte) und anderen Kolonialwaaren. Auch die inländischen Gewerbe hoben sich trotz des fortdauernden Uebergewichts der englischen Fabrikate auf den portugiesischen Märkten, und Alles schien eine glückliche Zukunft zu versprechen, als zwei Ereignisse das Land tiefer zurücksinken ließen, als es vor der kurzen Periode verhältnißmäßiger Blüte gestanden hatte. Die Einfälle der Franzosen 1807 vernichteten die kaum erstandene Industrie, verwüsteten das Land, versperrten seine Häfen und veranlaßten endlich die Auswanderung des Hofes nach Brasilien. Dasselbe blieb zwar noch eine Zeit lang dem Namen nach von Portugal abhängig, faktisch aber war die Trennung bereits vollzogen und wurde durch die spätere Umwandlung Brasiliens in ein Kaiserthum nun für ewige Zeiten ausgesprochen. Der Verlust dieser Besitzung traf das Land hart, denn sein auswärtiger Handel hatte nur noch auf der Versorgung Brasiliens mit Fabrikaten und afrikanischen Sklaven beruht.

Nach dem Frieden beschränkte sich der Verkehr Portugals mit dem Auslande deshalb auf die Ausfuhr der eigenen Erzeugnisse, wofür es seinerseits Industrieerzeugnisse, Lebensmittel und verschiedene Rohstoffe empfing. Die wenigen Kolonien, welche ihm geblieben waren, Madeira sowie einige Besitzungen auf der afrikanischen Ostküste und in Ostindien, Mozambique, Goa, im Jahre 263 Diu ꝛc., hatten keine besondere Bedeutung. Die wichtigste derselben, Madeira, lieferte hauptsächlich Wein. 1830 bis 1863.

In den letzten Jahrzehnten hat auch Portugal in manchen Beziehungen Fortschritte gemacht. Die Bodenkultur wird sorgfältiger betrieben, einzelne Industriezweige sind über die ersten Stufen der Entwicklung hinaus, namentlich die Fabrikation von baumwollenen, wollenen und gemischten Geweben (Wolle und Seide) hat sich unter dem Schutze hoher Zölle sehr gehoben. In Lissabon und an anderen Orten bestehen Eisengießereien, Dampfmühlen, Porzellan- und Papierfabriken.

Was die Handelsverhältnisse der jüngsten Zeit betrifft, so gilt von diesen fast dasselbe, was von Spanien gesagt wurde. Es fehlt an Landstraßen, also an Absatzmitteln und infolge davon an Arbeitslust. Der Bergbau bleibt vernachlässigt, Industrie unbedeutend. Man bringt nur das in den Handel, was die Natur ohne große Arbeit giebt, Wein vom unteren Duro, Seesalz, Früchte. Den Wein kauft England, bringt dafür 1 Mill. Pfd. St. Manufakturwaaren und besorgt den Seeverkehr. Die Ausfuhr besteht aus Wein, Spirituosen, Oel, Südfrüchten, Salz, in guten Jahren aus etwas Getreide; die Einfuhr aus Manufakturwaaren, Eisen-, Stahl- und anderen Metallfabrikaten, Holz, Porzellan, Glas, Fischen ꝛc. Die Einfuhr belief sich 1862 auf 34 Mill. Thlr., die Ausfuhr auf 27 Mill. Thlr. Das Haupterzeugniß des Landes ist Wein. Lissabon führte davon im Jahre 1862 an 12,490 Pipen (ca. 6½ Mill. Liters) aus und zwar fast ausschließlich nach Brasilien und den Kolonien. Die Weinausfuhr von Oporto, welche viel bedeutender ist, liegt meist in den Händen englischer Häuser und geht großentheils nach England. Lissabon exportirte außerdem 1863 an 1,390,000 Liters Essig, 1,893,000 Liters Olivenöl, sowie in 79 Schiffen 12,700 Tonnen (1000 Kilo) Seesalz und kleine Quantitäten überseeischer Artikel aus den portugiesischen Kolonien.

Die portugiesischen Besitzungen.

1. Kolonien in Afrika. Die Insel Madeira lieferte bekanntlich bis vor wenigen Jahrzehnten einen hochgeschätzten Wein. Infolge der daselbst alle Rebberge verheerenden Traubenkrankheit hat der Weinbau auf der Insel so gut wie aufgehört, und die Bewohner haben sich statt dessen der Kultur von Nahrungspflanzen, dem Bau von Zuckerrohr und der Zucht der Cochenille zugewandt.

Die Provinzen Angola und Benguela an der Südwestküste Afrika's dienen, wie auch die Provinz Mozambique auf der Südostküste, hauptsächlich dazu, den portugiesischen Sklavenhändlern sichere Niederlassungspunkte zu gewähren. Nach Livingstone's Zeugniß wird der Sklavenhandel unter den Augen der Gouverneure getrieben. Der Eintausch von Landesprodukten ist infolge dessen auf ein Minimum beschränkt.

Die Zufuhren in Lissabon von diesen Kolonien, sowie den Capverdischen Inseln und den Azoren, beliefen sich im Jahre 1862 auf 617 Säcke Orseille, 2931 Säcke Kopal, 789 Gamellen Wachs, 4800 Stück Elephantenzähne und etwas Pfeffer und Reis von Goa in Indien ꝛc.

Rußland.

1770 bis 1818. Der Absatz der russischen Produkte machte in den letzten Jahrzehnten des 18. Jahrhunderts außerordentliche Fortschritte. England sah sich während des amerikanischen Krieges gezwungen, alle Schiffbaumaterialien von Rußland zu beziehen, und die rasche Ausdehnung der meisten Industriezweige bewirkte besonders bei Talg und Flachs eine vielfach gesteigerte Mehreinfuhr. Auch nach Beendigung dieses Krieges stieg der Bedarf russischer Produkte im Westen Europa's fortwährend. England, Holland und die Hansastädte, welch' letztere jetzt namentlich Leinsamen bezogen, führten jährlich Massen von Holz, Pech, Theer, Talg, Flachs, Hanf, Borsten, Getreide, Leinsamen und Eisen aus, und auch die Vereinigten Staaten traten jetzt in die Reihe der Kunden Rußlands, indem sie einen Theil ihres Flachs=, Hanf= und Eisenbedarfs hier holten. Dieser Export wurde hauptsächlich von Petersburg, Riga und Archangel vermittelt, doch behauptete ersteres den Vorrang vor allen anderen Plätzen.

Gleichzeitig war im Süden des Reiches ein neuer wichtiger Handelsplatz entstanden. Odessa, seit Kurzem erst gegründet, zog bald die Ausfuhr von Getreide aus den südlichen Provinzen und einem Theile Polens an sich und würde ohne die Störungen, welche langdauernde Kriege dem Verkehr verursachten, noch rascher aufgeblüht sein.

Bekanntlich ward auch Rußland in die Kämpfe zu Anfang dieses Jahrhunderts verflochten und sah zuletzt die ganze Macht Napoleon's gegen sich gerichtet. Wenn es auch siegreich aus dem Kriege hervorging, so waren dem Lande doch tiefe Wunden geschlagen worden, und es dauerte lange, bis sich Ackerbau und Gewerbe von den Verwüstungen erholten, welche die feindlichen Heere über einen großen Theil Rußlands gebracht hatten. Besonders hatte die russische Seidenindustrie, deren Sitz in Moskau war, durch die Verbrennung dieser Stadt gelitten. Die dem Frieden folgenden Jahre, in denen eine massenhafte Getreideausfuhr aus dem Schwarzen Meere, wie den Ostseehäfen, fast nach allen europäischen Ländern stattfand, brachten einigen Ersatz für die erlittenen Verluste, und der Handel erweiterte sich sehr bedeutend. Im Jahre 1816 betrug der Gesammtwerth der Ausfuhr Odessa's über 54 Mill. Rubel. Der Verbrauch fremder Fabrikate und Luxusartikel stieg in gleichem Maße. Als aber von 1819 an die Getreideausfuhr wieder in engere Grenzen trat, als gleichzeitig der Absatz von Eisen, Holz u. s. w. abnahm, weil Englands und Frankreichs Eisenproduktion sich erweiterte, amerikanisches Holz nach England eingeführt wurde, da erschwerte die Regierung die Einfuhr fremder Fabrikate im Interesse der eigenen Gewerbthätigkeit durch den Tarif von 1821, welcher die meisten derselben mit förmlichen Prohibitivzöllen belegte. So, von jeder Konkurrenz befreit, wurde es den russischen Gewerbtreibenden und Fabrikanten leicht, ihren Betrieb auszudehnen, und eine Menge von Baumwollen=, Wollen=, Leinen=, Seiden=, Glas=, Leder= und Metallfabriken entstanden, theilweise mit Unterstützung von Seiten der Regierung. Das Rohmaterial bezog man theils von England und den Vereinigten Staaten, wie Baumwolle und Farbstoffe, theils, wie die Rohseide, aus Persien und den mittelasiatischen Ländern, mit welchen schon im vorigen Jahrhunderte ein lebhafter Handelsverkehr angeknüpft worden war. Die Wollenweberei sah sich durch die schnelle Zunahme der Wollenproduktion in den südlichen Provinzen unterstützt. Bald hatte letztere eine solche Ausdehnung erreicht, daß Rohwolle einer der bedeutendsten Ausfuhrartikel wurde. 1849 bis 1870.

Seit 1848 ist der Handel Rußlands in einer steten Steigerung begriffen und bei den großen Hülfsquellen des ungeheueren Reiches ist ein Ende dieser Steigerung nicht abzusehen. Von großem Einflusse auf die Entwicklung desselben muß die von der Regierung mit Ernst betriebene Emanzipation der Leibeigenen und ihre Umwandlung in erbzinspflichtige oder gänzlich freie Bauern werden. Durch diese, allerdings erst nach Jahrzehnten zur vollen Ausführung zu bringende Maßregel steht Rußland eine ähnliche Umwandlung bevor, wie sie ein Theil Europa's am Schlusse des vorigen Jahrhunderts erlitten hat. Seine Produktionskräfte müssen dadurch verzehnfacht werden und sein Handel wird sich in demselben Grade erweitern. Eben so großartig ist die Zukunft, welche seinem asiatischen Handel durch die zunehmende Bedeutung Sibiriens und die Erweiterung des russischen Gebietes nach Mittelasien zu und zwar auf dem Wege nach dem Kabul- und Industhale bevorsteht. Die Besitzergreifung des Amurgebiets hat Rußland plötzlich zu einem Haupttheilnehmer an dem Handel im Stillen Ozean berufen. Es dürfte deshalb leicht an einem Wendepunkte stehen und seine künftige Handelsgeschichte in zwei Perioden zerfallen, deren zweite jetzt beginnt.

Es hat vor den europäischen Handelsvölkern den Vortheil voraus, daß es der Kultur und Denkungsweise der Asiaten näher steht, deren Geschmack, Farbensinn und Bedürfnisse genauer kennt, also um so leichter für seine Waaren Abnehmer findet.

Bekanntlich wurden 1861 die leibeigenen Bauern frei gegeben, für Straßen und Volksunterricht gesorgt, 1864 Provinzialverfassungen eingeführt, 1866 Polen zur Provinz und der Kaiser Oberherr der katholischen Kirche, aber auch 450 polnische Städte von Servituten befreit. Der Ackerbau steht noch tief, die Industrie ist zum Theil eine künstliche; doch ist das straßenarme Land produktenreich (Getreide, Hanf, Flachs, für 1½ Mill. Rubel Sonnenblumenöl, Tabak in der Ukraine, Eichenholz im Gouvernement Woronesch, 1 Mill. Pud Rübenzucker), aber es mangelt an Arbeitern, weshalb große Strecken nur als Viehweide dienen und sich Geldnoth überall einstellt, weil dem Adel die Einnahmen fehlen. Doch bringt es als besondere kleinere Artikel auf den Weltmarkt ½ Mill. Pud Honig, Seide aus Süden, Wein aus der Krim, Fische aus den Strömen, Gold- und Platin, Malachit, 8 Mill. Ctnr. Eisen, 250,000 Ctnr. Kupfer, hat ungeheuere Steinkohlenlager in Mittelrußland, im Ural und Altai und Sachalin. Der größte Theil der Manufaktur fällt der ländlichen Bevölkerung zu, was die Entwicklung jener hindert und nur Waaren von gröberer und mittlerer Art hervorbringen läßt, besonders in Baumwolle und Seide. Leder wird fast überall verfertigt und die Metallindustrie vervollkommnet sich bedeutend. Kanäle, Messen und Märkte erleichtern den Binnenverkehr, und das Eisenbahnsystem wird Ostsee und Schwarzes Meer verbinden. Nishnij-Nowgorod hat eine Weltmesse für die Produkte Asiens und Europa's, wobei für 60 Mill. Thlr. Waaren umgesetzt werden.

Gegenwärtig ist der Antheil der asiatischen Länder an dem Gesammtverkehre Rußlands noch unbedeutend im Verhältnisse zu dem europäischen Handel. Letzterer hat sich von 1842 bis 46, wo die durchschnittliche Einfuhr 66½ Mill. Rubel betrug, auf 145 Mill. Rubel im Jahre 1861 gehoben. Die Gesammteinfuhr betrug 1861 167,1 Mill. Rubel, die Ausfuhr 177,1 Mill. Rubel. Im Jahre 1853, dem letzten vor dem Orientalischen Kriege, standen die entsprechenden Ziffern $102^{1}/_{4}$ Mill. Rubel und $147^{2}/_{3}$ Mill. Rubel. Sowol bei der Einfuhr als bei der Ausfuhr ist also seit Wiederherstellung des Friedens eine bedeutende Zunahme bemerklich.

1864. Der wichtigste Ausfuhrartikel bleibt Getreide, welches dem Werthe nach fast den dritten Theil der Gesammtausfuhr ausmachte, nämlich 69,1 Mill. Rubel (1847 $70^{3}/_{4}$ Mill. Rubel). Darauf folgen: Flachs und Hanf 6,3 Mill. Pud ($^{1}/_{3}$ Ctnr.) mit einem Werthe von ungefähr 20 Mill. S.-Rubel, Lein- und Hanfsamen 1,237,458 Tschetwert, Werth ungefähr 16 Mill. S.-Rubel, Talg 2,546,325 Pud, Werth ungefähr 20 Mill. S.-Rubel, Holzwaaren für 5,947,000 S.-Rubel, Potasche 594,612 Pud, Borsten 85,481 Pud, Wolle 634,298 Pud, Häute für 2 Mill. Rubel, Kupfer 70,457 Pud, Wolle 1,045,664 Pud und Seide 73,896 Pud. Die Einfuhr bestand hauptsächlich aus Baumwolle 2,643,144 Pud, Rohzucker 1,095,297 Pud, Eisen (Roh- und Guß-) 829,916 Pud, Oel 843,270 Pud, Kaffee 358,594 Pud, Farbstoffe 1,037,000 Rubel, Wein und Getränke 9,722,940 Rubel, Maschinen &c. 8,624,000 Rubel, Baumwollenwaaren 7,614,537 Rubel, Seidenwaaren 5 Mill. Rubel, Früchte 5,732,000 Rubel, Wollengewebe 4,333,942 Rubel und Leinengewebe 2,629,990 Rubel.

Die Häfen des Baltischen Meeres waren bei der Ausfuhr mit 67,815,957 Rubel betheiligt, nämlich Getreide 13,777,900 Rubel, Lein 12 Mill. Rubel, Talg 11 Mill. Rubel, Hanf 7,70 Mill. Rubel, Leinsamen 5,8 Mill. Rubel, Holz 2,80 Mill. Rubel, Wolle 2,53 Mill. Rubel.

Aus den Häfen des Weißen Meeres wurde für 6,8 Mill. Rubel ausgeführt. Darunter befanden sich Getreide für 2,46 Mill. Rubel, Leim für 1,38 Mill. Rubel, ferner Heede, Leinsaat und Holz.

Der Verkehr in den Schwarzen Meerhäfen betrug: Ausfuhr 63 Mill. Rubel, namentlich Getreide 41,5 Mill. Rubel, Wolle 11,2 Mill. Rubel, Leinsaat 5,3 Mill. Rubel, Talg 1,5 Mill. Rubel, ferner Oelsaaten, Leder &c.

Der Landhandel an der Westgrenze führte aus für 22,1 Mill. Rubel; dabei Getreide für 10,4 Mill. Rubel, Wolle für 3,4 Mill. Rubel, Holz für 2,4 Mill. Rubel, Vieh 1,47 Mill. Rubel.

Der asiatische Handel Rußlands theilt sich in den Verkehr 1. mit Transkaukasien, 2. mit den Küsten des Kaspischen Meeres über Astrachan, 3. der orenburgischen und sibirischen Grenze, 4. mit China.

In Transkaukasien erreichten die Ausfuhren einen Werth von 2,5 Mill. Rubel. Dagegen gingen ein für 5,5 Mill. Rubel; hauptsächlich Seide für 795,792 Rubel, Getreide für 518,211 Rubel, Metalle, Hölzer und Wolle betreffend.

Der Handel Astrachans belief sich auf 263,417 Rubel Ausfuhr (meist Metallwaaren) gegen 798,517 Rubel Einfuhr, darunter befanden sich für 318,459 Rubel Seide, für 125,698 Rubel Früchte und für 109,206 Rubel Baumwolle.

Auf der orenburgischen und sibirischen Grenze stellen sich die Ausfuhren auf 5,8 Mill. Rubel (meist Baumwollengewebe und Garn) gegen 8,3 Mill. Rubel Einfuhr. Bei der Einfuhr traten ferner Vieh (von den Kirgisen eingetauscht) für 4 Mill. Rubel, rohe Baumwolle und Garn für 671,000 Rubel,

Häute für 684,926 Rubel, Pelze für 617,191 Rubel, Thee für 356,197 1866.
Rubel auf.

Der Handel mit China endlich über Kiächta gab folgende Resultate: Ausfuhr für 4,9 Mill. Rubel, hauptsächlich Wollen- und Baumwollengewebe, dazu 2,673,370 Rubel in Münze. Eingeführt wurden 162,518 Kolli Blätterthee und 60,074 Kolli Ziegelthee.

Die eingelaufenen Schiffe (10,634) besaßen einen Gehalt von 1 Million Tonnen; darunter befanden sich 1956 britische, 1834 russische und 1468 türkische.

Bedeutende Fortschritte hat die Dampfschiffahrt auf der Wolga gemacht. Gegenwärtig bestehen drei Gesellschaften; die Kama-Wolga-Gesellschaft mit 15 Dampfern, die Moskau-Gesellschaft mit 7 Dampfern und die Wolga-Gesellschaft mit 5 Dampfern.

Neuerdings hat sich der Handel Rußlands bis tief nach Mittelasien aus- 1866.
gedehnt, welchen die russischen Kaufleute 1. Klasse betreiben, und zwar durch ihre Faktoren, welche bis Kokand, Buchara und Chiwa gehen. Sie versenden dahin Metall- und Eisenfabrikate, Häute, Farben, Zucker, Tuche, Zitze, Baumwollen- und Seidenzeuge und beziehen außer Steppenvieh hauptsächlich Rohbaumwolle, Rohseide, Krapp, getrocknete Früchte und Thee. Von Orenburg und Troizk laufen Karawanenstraßen (etwa 1700 Werst lang) bis Buchara, ebenso von Petropaulowsk und Troizk nach Taschkend. Jährlich gehen von Orenburg, Troizk und Petropaulowsk 2—3 Karawanen nach Buchara und Taschkend, die 3—3½ Monate zur Reise brauchen. Telegraphen reichen bis zur Amurmündung und an das Beringsmeer, von wo sie nach Amerika leiten werden, wogegen Rußland von dem großen, noch menschenarmen Amurlande aus einen empfindbaren militärischen Druck auf China ausübt.

Centralpunkt des mittelasiatischen Handels ist heute Buchara. Hier treffen russische, englische und indische Erzeugnisse zusammen, außerdem versorgt Buchara Chiwa, Persien (Mesched), Afghanistan (Kabul und Herat) Badagschan und Kokand mit russischen Waaren, Lämmerfellen und Landeserzeugnissen und bezieht dagegen Sklaven (von Chiwa), englische Waaren (von Persien und Afghanistan), Kaschmirschals, indische und Goldstoffe. Aus Badagschan kommen Sklaven und Lasursteine, über Kokand chinesische Waaren. Mit allen diesen Plätzen, ja selbst mit Attok am Indus, steht Buchara in regelmäßiger Verbindung durch Karawanen.

In neuester Zeit ist Rußland am Jaxartes hinauf nach Innerasien vorgedrungen, hat Festungen gegründet, Städte besetzt, Chans sich unterworfen, indem seine Truppen Chiwa besiegten, unter großen Geld- und Menschenopfern durch Wüsten und Steppen marschirten, Nomadenhorden bändigten, Taschkend besetzten, am Ili festen Fuß faßten und der Kaiser im chinesischen Kaschgar ein Konsulat errichtete. Russen stehen 80 Meilen von der indischen Grenze und trachten nach dem Besitz von Buchara oder Bokhara und Afghanistan, um von da ab Indien zu bedrohen und zu beherrschen. Dort werden also England und Rußland auf einander stoßen, und Bochara steht bereits unter russischen Befehlen, ebenso Samarkand, und die schwachen, ehrgeizigen Chans suchen sich durch russische Hülfe und Oberherrschaft in ihrer Stellung zu behaupten gegen Intriguen der Haremsparteien.

Schweden und Norwegen.

1770 bis 1814. Schweden sah sich im letzten Viertel des vorigen Jahrhunderts durch verschiedene Umstände sehr begünstigt. Der amerikanische Krieg förderte seinen Fracht- und Handelsverkehr bedeutend, da die neutrale schwedische Flagge ein willkommener Vermittler der Handelsverbindungen zwischen dem Nordosten und Südwesten Europa's war, seitdem Holland durch seine Theilnahme am Kriege daran verhindert wurde. Auch nach demselben erweiterten sich seine auswärtigen Beziehungen. Die Vereinigten Staaten bezogen große Quantitäten schwedischen Eisens, und in England wuchs der Bedarf stetig mit Ausdehnung der Stahlfabrikation, wozu fast ausschließlich Dannemora und andere schwedische Eisenarten verwandt wurden. Gleichen Schritt hielt der Absatz von Holz, Pech, Theer u. s. w., so daß das Land in wenigen Jahrzehnten wieder einen ziemlichen Grad von Wohlstand erlangt hatte. Am besten ist dies aus der raschen Zunahme der Einfuhr fremder Fabrikate und Luxusartikel ersichtlich, welche hauptsächlich von England und den Hansastädten geliefert wurden. In den Jahren 1780 bis 1790 schwankte z. B. die Ausfuhr Englands nach Schweden zwischen 50,000 und 60,000 Lst. In den nächsten 10 Jahren hob sie sich auf 1 Mill. bis 1¹/₅ Mill. Lst.

Die Theilnahme an dem Kriege gegen Frankreich 1806 bis 1808, der Krieg gegen Rußland 1808 und die spätere Betheiligung an den Kriegen Napoleon's, bald für, bald wider ihn, zerrütteten jedoch den Wohlstand des Landes aufs Neue, und weder die Subsidien, welche England in manchen Jahren zahlte (zusammen 3 Mill. Lst.), noch die ungeheuere Zunahme des auswärtigen Handels während der Kontinentalsperre, wo Schweden von England für 3, 4, ja (1810) für 5 Mill. Lst. Waaren erhielt, welche dann weiter, meist nach Deutschland, gebracht wurden, gaben nur ungenügenden Ersatz für die großen Verluste, welche die Stockung des auswärtigen Absatzes und die kriegerischen Rüstungen brachten.

1815 bis 1864. Seit 1815 sind sehr beträchtliche Fortschritte gemacht worden, wenn auch nur in gewissen Richtungen. Die Bedeutung des Frachthandels nahm ab, da die übrigen Nationen ihren Handel und ihre Schiffahrt wieder ausdehnten. Auch der Verkehr mit Ostindien und Westindien, welcher während der vorhergegangenen Kriege manchen Gewinn gegeben hatte, ging zurück. Dagegen wurde die innere Entwicklung des Landes durch die Regierung kräftig gefördert, der Ackerbau und Bergbau verbessert und erweitert, die Gewerbthätigkeit unterstützt, freilich durch ein Zollsystem, welches einem Prohibitivsysteme gleichkam, die Kommunikation im Lande durch Anlage von Kanälen erleichtert u. s. w. Diese Bemühungen sind von vielem Erfolge begleitet gewesen, und die heutigen Zustände des Landes bieten im Ganzen einen erfreulichen Anblick. Karl XIV. und Oskar I. thaten viel für Handel und Industrie, ließen wüste Strecken anbauen, Straßen und Kanäle anlegen, Gewerbe- und Schiffsschulen errichten, die Staatsschulden tilgen, gaben Handels- und Gewerbefreiheit, ließen Eisenbahnen erbauen u. s. w. Trotzdem blieb die Industrie auf einige Städte, der Verkehr auf Kanäle und Eisenbahnen beschränkt. Fischfang, Waldwirthschaft, Bergbau blieben Hauptbeschäftigung neben der Schiffahrt, und das Regal der 600 Branntweinbrennereien brachte 9 Mill. Thlr. Einkünfte. Man erzeugte 1864 an 40,000 Cntr. Garkupfer, aber der Kupferberg bei Falun gab nur

12,000 Ctnr. (statt 80,000 früher), an Silber gewann man 3000 Mark, an Roheisen 5½ Mill. Ctnr., an Stabeisen 2½ Mill. Cntr., und doch giebt es ganze Berge von Eisenerz, z. B. in Smaland den Taberg (¾ Meile lang, ½ Meile breit und 410 Meter hoch), der aus reinem magnetischen Eisenstein besteht mit 60—75% Metallgehalt.

Die Handelsbewegung des Jahres 1862 zeigt im Vergleich zu der des Jahres 1854 ungemeine Fortschritte. Die Einfuhr betrug 1862 an 98½ Mill. Thaler gegen 14½ Mill. Thaler 1834; die Ausfuhr 86⅔ Mill. Thaler gegen 15⅘ Mill. Thaler 1834.

Hauptproduktions- und Exportartikel Schwedens sind Eisen (1862 Roheisen 373,346 Centner, Stabeisen 2 Mill. Centner, Stahl 152,892 Centner), Kupfer (143,542 Centner), Holz (1,6 Mill. Dutzend Breter und Planken nebst 874,466 Balken mit Sparren), Theer (304,851 Centner). Ausfuhrartikel von geringerer Bedeutung sind: Roggen, Hafer, grobes Papier (meist nach Norwegen), Alaun, Kalk und Knochen, die wichtigsten Einfuhrartikel dagegen Zucker, Gewebe, Kaffee, Spirituosen, Tabak, Wein, Salz ꝛc.

Bei der Einfuhr waren hauptsächlich betheiligt, Lübeck mit 26,3 Mill. Thalern, England mit 19,8 Mill. Thalern, Dänemark mit 8,2 Mill. Thalern, Brasilien mit 6,3 Mill. Thalern, Norwegen mit 5,7 Mill. Thalern, Preußen mit 4,6 Mill. Thalern, Bremen mit 4,2 Mill. Thalern, Hamburg mit 3,6 Mill. Thalern.

Die schwedische Handelsflotte bestand am Schluß des Jahres 1862 aus 3104 Fahrzeugen zu 148,837 schweren Lasten.

Norwegens materielle Verhältnisse haben sich wesentlich verbessert, seit das Land sich unter dem Schutze einer höchst liberalen Verfassung ungestört entwickeln kann, denn seine Vereinigung mit Schweden (1815) beruht bekanntlich blos auf der Gemeinsamkeit des Regenten. In der inneren Verwaltung ist Norwegen durchaus unabhängig geblieben, und der Landtag benutzt alle Hülfsmittel, das praktische Wissen der Bewohner und dadurch deren Erwerbsfähigkeit zu steigern, indem er z. B. billige Volksschriften über Obstbau, Fischzucht u. s. w. verbreiten läßt. Telegraphen gehen die Küste entlang, damit man überall die Ankunft der Heringe rechtzeitig erfährt.

Die Grundlagen der Gewerbe- und Handelsthätigkeit des Landes sind 1862
sein Holzreichthum, seine Fischerei und seine Frachtschiffahrt. In allen drei Zweigen herrscht eine rührige Thätigkeit, und der Wohlstand der Bevölkerung nimmt, wenn auch langsam, doch stetig zu. Die Industrie beschäftigt kaum 20,000 Menschen mit Schiff- und Bergbau, und der Ackerbau ist in dem wilden Gebirgslande unbedeutend. Im Süden des Landes, im Gebiete des Glommen, liegen die Bergwerksdistrikte, die geringe Mengen liefern, und hier errichtete die Holzwirthschaft ihre Sägemühlen (Drammen mit 4 Mill. Bretern); dagegen ziehen 16,000 Fischer auf 3000 Booten auf Fischfang aus, der 1½ Mill. Speziesthaler einbringt. Durch ausländisches Kapital ist in jüngster Zeit auch der Reichthum Norwegens an Eisen und Kupfererz aufgeschlossen worden, und namentlich das letztere bildet bereits einen nicht unwichtigen Gegenstand der Ausfuhr. Der Werth der Ausfuhr belief sich im Jahre 1862 auf 23 Mill. Vereinsthaler. Die Einfuhr betrug 16 Mill. Vereinsthaler.

Die Hauptausfuhrartikel waren Heringe (928,536 Tonnen), Klippfische (910,556 Waag à 60 Pfund), getrocknete und geräucherte Fische (740,842 Waag),

Thran (7,605,797 Pott à 0,966 Liter), Kupfererz 13,000 Centner, Garkupfer 9279 Centner, Chromerz 6462 Centner, Chromsalz 2295 Centner, Kobaltblau und Kobalt 623 Centner und Holz (348,777 Kommerzlast à 52 Centner), welches besonders von Drammen aus (bei Christiana), in dessen Nähe zahllose Sägewerke die im Frühjahr von dem Gebirge herabgeflößten Stämme in Millionen Breter zerschneiden, in den Handel kommt.

Die Einfuhr besteht hauptsächlich aus Kolonialwaaren, Südfrüchten, Wein und Branntwein, Flachs und Hanf, Geweben, Getreide, Mehl, Brot und Fleischwaaren, welche Hamburg zuführt.

Die wichtigste Handelsstadt des Landes ist noch immer Bergen. Von hier werden die mit Fischen und Thran beladenen Fahrzeuge nach allen Ländern Europa's expedirt.

Die norwegische Handelsmarine bestand im Jahre 1862 aus 5541 Fahrzeugen mit einer Gesammttragfähigkeit von 283,396 Kommerzlasten.

Dänemark.

1770 bis 1793. Gleich den übrigen europäischen Staaten gestalteten sich die Handelsver-
hältnisse des Dänischen Reiches zu Ende des vorigen und zu Anfange dieses Jahrhunderts günstiger oder ungünstiger, je nachdem derselbe die in dem Handel der kriegführenden Mächte entstandenen Störungen zur Ausdehnung des eigenen Verkehrs benutzen konnte oder selbst in die Kriege verflochten wurde. So erweiterte sich besonders die Schiffahrt und der Zwischenhandel der Dänen während des amerikanischen Krieges. Sie führten ostindische Produkte und Zeuge, chinesischen Thee, westindischen Zucker und andere Erzeugnisse in großer Menge nach Deutschland und anderen Ländern aus und rissen einen großen Theil des früher von den Holländern betriebenen Verkehrs mit dem spanischen Amerika an sich. Gleichzeitig fanden die Erzeugnisse der Dänischen Inseln und der deutschen Herzogthümer, Getreide, Pferde, Bauholz &c., in England und Frankreich zu hohen Preisen Käufer, wodurch der Wohlstand der Bevölkerung auf dem Lande, welche durch den König von der Leibeigenschaft befreit wurde, in den Handelsplätzen Kopenhagen, Altona, Flensburg &c. beträchtlich zunahm. Der 1793 ausgebrochene Krieg zwischen Frankreich und England, in welchen bald auch Holland verwickelt wurde, wirkte eben so vortheilhaft auf alle Erwerbs-
1793 bis 1803. zweige ein, und noch größere Bedeutung erlangte der dänische Handel, als die Sperrung der Elbe und Weser durch die Franzosen 1803 die englischen Fabrikate, welche nach Mittel- und Norddeutschland bestimmt waren, zwang, den Umweg über Dänemark, namentlich über die Städte Tönningen und Husum in den Herzogthümern, zu nehmen.

Aber alle diese Vortheile und Gewinne gingen verloren, als die Eroberung Kopenhagens 1807, wobei die Stadt durch die Engländer in Brand geschossen und 700 Schiffe weggenommen wurden, und der darauf folgende Krieg Dänemark in gleiche Lage brachten, in welcher sich die Nachbarländer befanden. Der Handel mit Ost- und Westindien wie mit dem westlichen Europa hörte auf, die Schiffahrt verfiel, der Ackerbau fand keinen Absatz für seine Produkte, die Staatseinnahmen verminderten sich, kurz das Land sah seinen kaum errungenen Wohlstand wieder schwinden.

Der Frieden brachte zwar nicht die früheren günstigen Konjunkturen für die Schiffahrt und den überseeischen Handel zurück, er eröffnete aber wenigstens der landwirthschaftlichen Produktion des Landes wieder den Abzug nach England, Frankreich, den Niederlanden und Hamburg, und deren Ausfuhr bildet von da den Haupttheil des dänischen Handels, der natürlich von allen Schwankungen, welche den Kornhandel überhaupt treffen, abhängig ist. Im Ganzen fand eine bedeutende Zunahme der Ausfuhr wie der Einfuhr von Jahrzehnt zu Jahrzehnt statt.

Nach dem Verluste der Herzogthümer und des 1857 abgelösten Sundzolles müssen sich natürlich die Handels- und Verkehrsverhältnisse Dänemarks ganz anders gestalten, da gerade die Erzeugnisse von Holstein und Schleswig bei der Ausfuhr bedeutend in die Wagschale fielen, sowie auch auf die Rhederei der Herzogthümer ein Haupttheil des dänischen Schiffahrtverkehrs traf.

Aus dem Jahre 1863 besitzen wir offizielle Mittheilungen über die Ausfuhr und Einfuhr des Königreichs Dänemark exklusive die Herzogthümer. Danach exportirte das Land in seinem heutigen Umfange Kornwaaren, unvermahlene, Gerste, Hafer, Weizen, Roggen ꝛc., 3,127,264 Tonnen (à 159 Liter); Kornwaaren, vermahlene, 114,969 Tonnen, ferner Brot 20,510 Centner, Speck 23,590 Centner, Fleisch 17,940 Centner, Butter 38,862 Tonnen, Käse 2234 Centner, Rapssaat 57,932 Tonnen, Wolle 51,570 Centner, Häute und Felle 31,403 Centner, ferner Oel und Oelkuchen, Vieh, Knochen ꝛc.

Die Einfuhr bestand hauptsächlich aus Kolonialwaaren (Zucker 317,514 Centner, Kaffee 94,766 Centner, Thee 4807 Centner, Reis und Tabak), Manufakturwaaren (von Leinen, Wolle, Baumwolle und Seide), Wein und Branntwein, Glaswaaren, Eisen und Eisenwaaren, Salz und Steinkohlen.

Dänische Besitzungen.

I. Kolonien in Europa.

Island führt Ergebnisse des Fischfangs und der Viehzucht aus. Im Jahre 1863 gelangten nach Kopenhagen 1780 Schiffspfund (à 320 Pfd.) Wolle, 1180 Tonnen gesalzenes Lammfleisch, 1450 Schiffspfund Talg, 6000 Tonnen Thran, 6200 Schiffspfund Klippfische und 500 Schiffspfund Flachfische.

II. Kolonien in Amerika.

Von Grönland trafen ein 1863 an 5750 Tonnen Thran, 34,000 Stück Seehundsfelle, ca. 600 Stück Fuchsbälge und ca. 890 Pfund Eiderdunen. Im Jahre vorher wurden von da auch Renthierfelle importirt.

St. Thomas und St. Croix ($4^1/_2$ □Meilen) sind an und für sich ziemlich unbedeutend. Die erstere Insel produzirt nichts, was als Ausfuhrartikel zu verwenden wäre oder den eigenen Bedarf überstiege. Als Hauptstation der Dampfschiffverbindung mit Europa — infolge seiner günstigen Lage als Freihafen und eines guten Hafens — gewährt sie indessen beträchtliche Vortheile und besitzt namentlich einen bedeutenden Antheil an dem Zwischenhandel von Cuba, Domingo, Portorico, Venezuela und Neu-Granada. St. Croix baut Zucker. Nach Kopenhagen trafen ein 1863 an 124,000 Centner und 2118 Fässer Zucker nebst 188 Tonnen Rum.

Griechenland und die Jonischen Inseln.

1820 bis 1863. Das jetzige Königreich Griechenland ist bekanntlich erst seit wenigen Jahrzehnten ein selbständiger Staat. Das Land war unter der türkischen Herrschaft im höchsten Grade verwildert, und wir dürfen uns deshalb nicht wundern, daß die materielle Entwicklung desselben nur langsam vorwärts schreitet und seine Hülfsquellen nur spärlich ausgenutzt werden. Die Bevölkerung ist wenig zahlreich, hat geringen Sinn für Ordnung und europäische Kultur, wenig Bedürfnisse, wohnt und kleidet sich erbärmlich, treibt wenig Ackerbau, hält nur Schafe und Ziegen, verwüstet die Wälder, und da es an Straßen fehlt, die Wege durch Räuber unsicher sind, so fehlt fast aller Binnenhandel. Gewerbe werden wenig betrieben, und man beschäftigt sich mehr mit Obstzucht. Von Patras bis Korinth bedecken Weinberge 160,000 Morgen, welche für 80 Mill. Drachmen Korinthen liefern. Auf den Inseln keltert man feurige Weine, die über ½ Mill. Drachmen einbringen, in anderen Gegenden erntet man treffliche Oliven (7 Millionen Bäume bringen ca. 190,000 Centner Früchte), in Messenien 100,000 Centner Feigen, gewinnt ausgezeichneten Honig, für 5½ Mill. Drachmen Seide u. s. w. Dennoch steht das Land noch tief, giebt es nur Küstenschiffahrt (an 4500 Schiffe), doch in den angrenzenden Ländern betreiben Griechen Großhandel und Rhederei, und Hermopolis auf Syra wurde Knotenpunkt einer großartigen Dampfschiffahrt. Um den Handel zu beleben, ward 1841 zu Athen eine Nationalbank gegründet. Die Grundlagen des auswärtigen Handels sind bis jetzt nur die wenigen Bodenerzeugnisse, unter denen die Korinthen alle anderen an Wichtigkeit überragen. Fortschritte in der Bodenkultur, in der Schiffahrt und im Handel sind nicht zu verkennen. So haben z. B. die Werthe der Ausfuhren seit 3 Jahrzehnten sich verfünffacht, die der Einfuhren vervierfacht.

Die Einfuhr betrug 1862 an 52 Mill. Drachmen (à 7¼ Sgr.), gegen 12¼ Mill. Drachmen 1833. Die Ausfuhr 26 Mill. Drachmen gegen 5½ Mill. Drachmen 1833.

Seitdem sind bekanntlich die bis dahin unter englischem Schutz stehenden Jonischen Inseln an Griechenland abgetreten worden, ein Zuwachs, der für den griechischen Handel von großer Wichtigkeit werden kann.

Der wichtigste Hafen Griechenlands ist **Patras**, Mittelpunkt des Korinthengeschäfts. Im Jahre 1863 gingen daselbst für 7,620,718 Frcs. Waaren ein, hauptsächlich Getreide, Baumwolle, Wollengewebe, Holz, Kolonialwaaren, Schwefel, Metalle, Häute, Papier, Hanf, Tauwerk 2c. Der Werth der Exporten belief sich auf 9,529,000 Frcs., nämlich Korinthen für 8,773,316 Frcs., Baumwolle für 143,634 Frcs., Vallonen für 126,150 Frcs., Spirituosen für 108,491 Frcs., Feigen, Tabak, Schwämme, Lakritz 2c.

Die Gesammtproduktion von Korinthen in Griechenland und auf den Inseln betrug in

Griechenland	882,215 Centner,
Ithaka und Kephalonia	180,000 „
Zante	142,000 „
zusammen	1,204,215 Centner,

gegen 142,320 Centner 1853 und 418,300 Centner 1843. In den Jahren 1853 bis 1855 war die Produktion infolge der Verheerungen der

Traubenkrankheit auf ein Minimum gesunken; seitdem hat sie sich, großentheils durch Hülfe des Schwefelns, auf eine höhere Stufe gehoben als je vorher.

An der Ostküste der Halbinsel Morea ist Nauplia der wichtigste Hafen. Die Ausfuhr ins Ausland beschränkt sich auf die Bodenprodukte, besonders Korinthen, Tabak, Olivenöl, Seide, Honig und Schwämme. Im Jahre 1862 erreichte dieselbe nur den Werth von 565,000 Drachmen.

An der Südküste führt Kalamata die Erzeugnisse Messeniens aus, die hauptsächlich aus Korinthen, dann aus Feigen (Ausfuhr an 1862 101,700 Centner), etwas Olivenöl und Seide bestehen.

Die Insel Korfu baut fast ausschließlich Oliven, während Kephalonia und Zante, wie oben ersichtlich, sich auf die Korinthenproduktion geworfen haben. Die Oelernte variirt sehr und ebenso der Export. Während z. B. 1858 an 175,000 Barils (à 16 Gallonen) ausgeführt werden konnten, schwankte die Ausfuhr der nächsten Jahre 1859—1863 zwischen 25,000 und 50,000 Barils.

Das Türkische Reich.

Ueber die Handelsverhältnisse der Türkei liegen uns nur unzusammen- 1490
hängende und unvollständige Daten nebst Schätzungen von Ausländern vor, bis 1860.
welche natürlich keine genaue Darstellung zulassen.

Das von der Natur so reich gesegnete Land ist unter der Herrschaft seiner barbarischen Eroberer seit Jahrhunderten keinen Schritt vorwärts gegangen. Das einst so blühende Reich ist im Verfall und verarmt mit jedem Jahre mehr. Es fehlt ja überall an Wegen und Sicherheit, die bestechlichen Beamten erpressen vom Landmann Reichthümer, betrügen den Staat, Gesetze gelten nicht, die Steuern sind ungleich vertheilt, Fabriken fehlen, und nur in einigen Städten leisten gewisse Handwerke Tüchtiges. Der Ackerbau liegt trotz des fruchtbaren Bodens darnieder, die Wälder werden verwüstet, leichtfertige Staatsverwaltung verschleudert das Staatsvermögen und muß gegen hohe Zinsen Anleihen aufnehmen, und der Bergbau bleibt ganz vernachlässigt. Den Welthandel brachten Franken (Europäer) an sich, den Geldhandel Armenier, die Rheberei und den Seehandel Griechen, den Kleinhandel Juden. Das Handelsministerium kostet daher nur etwa ½ Mill. Frcs., die Straßen 1 Mill., die Polizei 3 Mill. Diese Zahlen sagen Alles. Die Türkei hat sehr geringen Binnenhandel und Küstenhandel und versendet nur einige Landesprodukte, die vortrefflich gedeihen (Honig, Baumwolle, Seide, Südfrüchte, Indigo, Rosenöl, Opium, Tabak, Pferde, Rinder u. s. w.) In Konstantinopel landen jährlich 6700 große Schiffe und 15,000 Küstenfahrer, aber die allerwenigsten von dieser Zahl segeln unter türkischer Flagge.

Syrien und Kleinasien veröden immer mehr. Wo man vor 2000 Jahren die Hauptsitze der Kultur fand, da dehnen sich angerartige Steppen und Ruinenfelder aus. Nur wenige Städte behaupten noch Reste ihres früheren Glanzes. Von Damaskus gehen Karawanen nach Arabien, von Haleb nach Bagdad und zum Hafen Beirut, bis Basra Schiffe von 500 Tonnen, englische Dampfer bis Bagdad. An der Norstküste Kleinasiens gewinnen einige Seeplätze an Bedeutung, z. B. Sinope, Samsun,. Batum u. a., Engländer lassen die Kupfergruben von Tokat bearbeiten, Latakiah versendet seinen trefflichen Tabak über Smyrna. Doch bleibt die Ausfuhr weit hinter dem zurück, was sie leisten könnte. Selbst die syrischen Häfen versanden, da der Nilschlamm dorthin treibt und die Küste sich beständig hebt.

Was also zur Ausfuhr gelangt, sind einige Bodenprodukte und Erzeugnisse der Viehzucht, theilweise von vorzüglicher Qualität, aber im Verhältniß zu den unbenutzten, brach liegenden Strecken und der Fruchtbarkeit des Landes in sehr geringer Menge. Wenn der Gesammthandel des türkischen Reiches mit Inbegriff seiner Vasallenstaaten für die Jahre 1862 und 1863 trotzdem auf 2500 Mill. Frcs., oder jährlich 1250 Mill. Frcs., — wobei auf die Einfuhr 1300 Mill. Frcs. resp. 650 Mill. Frcs. und auf die Ausfuhr 1200 Mill. resp. 600 Mill. Frcs. gerechnet werden konnten, so liefern diese Summen den besten Beweis, wie groß die so grenzenlos vernachlässigten Hülfsquellen des Landes sein müssen.

I. Die europäische Türkei oder Rumelien.

1860 bis 1862. Unter dem Namen **Rumelien** versteht man im Lande selbst die gesammte europäische Türkei ohne die Donaufürstenthümer und Serbien, deren Zusammenhang mit der Pforte überhaupt nur noch dem Namen nach vorhanden ist. Obgleich in allen Theilen von Nebenketten und Ausläufern des Balkan wie der dalmatischen und albanesischen Kalkgebirge durchzogen, öffnen sich doch überall Flußthäler von mehr oder weniger Ausdehnung, und wo dieselben größere Ebenen bilden, sind alle Bedingungen der üppigsten Fruchtbarkeit vereint.

In den Thälern der Maritza, Bistritza und des Vardar wächst vortreffliches Getreide, welches über Salonik, Volo, Rodosto, Gallipoli und Enos exportirt wird.

Wichtiger für den Ausfuhrhandel Rumeliens ist Wolle. Man schätzt die Produktion gegenwärtig auf 5—6 Millionen Okka ($39^1/_4$ Okka = 1 Zollcentner, also 1 Okka = ca. $2^1/_2$ Pfund.)

Seide wird in Makedonien und Thessalien gezogen. Seit dem Ausbruch der Seidenraupenkrankheit in Frankreich und Italien versendet Thessalien auch Seidensamen. Für den Baumwollenbau, ehemals einer der wichtigsten Produktionszweige der Türkei, ist geeigneter Boden in Menge vorhanden, und die Regierung hat sich neuerdings auch bemüht, durch unentgeltliche Vertheilung von Samen die Kultur zu heben. Im Jahre 1863 wurden etwa 10,000 Ballen exportirt und die nächsten Jahre werden unter Voraussetzung lohnender Preise einen bedeutenden Zuwachs bringen. Von einiger Bedeutung ist die Tabaksproduktion der Türkei; namentlich sind die makedonischen Tabake sehr gesucht; die jährliche Ernte beträgt über 100,000 Ballen. Der Werth der Ausfuhr wird auf 12 Mill. Frcs. geschätzt, worin jedoch die Tabake von Samsun in Anatolien inbegriffen sind. Rosenöl wird hauptsächlich in dem Distrikt Kysanlik am Balkan gewonnen, in guten Jahren, wie 1862, bis 400,000 Metical (= 2820 Pfund), 1863 bloß 250,000 Metical (2400 Pfund). Hierzu kommen noch Galläpfel, etwas Gummi-Traganth, Opium, Häute, Hasenfelle u. s. w. Von Industrieartikeln kommt so viel wie nichts zur Ausfuhr. Die ehemals so berühmten thessalischen Türkischrothfärbereien und Webereien sind seit dem Aufhören des Absatzes der rothen Garne nach Deutschland und Westeuropa zu unbedeutenden Lokalgewerben herabgesunken. Bernstein- und Meerschaumarbeiten gehen nur nach Kleinasien, Aegypten und anderen Provinzen.

Haupthafen der Türkei ist Konstantinopel, dessen unvergleichliche Lage allen politischen Stürmen wie allen Verkehrtheiten der Regierungen getrotzt hat und magnetisch den Verkehr an sich zieht, von dem sich die türkische Welt sonst grundsätzlich abzuschließen sucht. Die Größe dieses Verkehrs ist freilich schwer zu bestimmen, amtliche Zollausweise und statistische Mittheilungen sind gar nicht vorhanden oder höchst unzuverlässig. Zudem läßt sich der Handel Konstantinopels nicht von dem der Provinzen trennen. Die Kaufleute, welche die Geschäfte mit dem Ausland abschließen, wohnen meist in Konstantinopel, aber sie dirigiren die auswärts gekauften Waaren gewöhnlich direkt nach den Absatzplätzen im Innern, wie umgekehrt die aus dem Innern kommenden türkischen Produkte direkt nach den fremden Häfen, ohne daß sie Konstantinopel berühren. 1863 bis 1866.

Für die Jahre 1862 und 1863 hat man den Werth der Einfuhren Konstantinopels auf jährlich 190 Mill. Frcs., den der Ausfuhren auf 45 Mill. Frcs. geschätzt.

Die Ausfuhren bestanden hauptsächlich in Wolle (14,25 Mill. Frcs.), Seide (9,1 Mill. Frcs.), Baumwolle (8,3 Mill. Frcs.), Getreide (2,5 Mill. Frcs.), Tabak (2 Mill. Frcs.), Rosenöl (1,75 Mill. Frcs.), Meerschaum (1,45 Mill. Frcs.), Opium (1 Mill. Frcs.), Buchsbaumholz (1 Mill. Frcs.), ferner Kreuzbeeren, Gummi-Traganth, Wachs, Galläpfel, Saflor, Salep, Mastix 2c.

Fast die Hälfte des Werthes der Einfuhren fiel auf Baumwollengewebe überwiegend englischen Ursprungs, nach dieser folgen Wollenzeuge, Seidenwaaren, Metalle und Metallwaaren, Kaffee und Zucker, Spirituosen 2c., und es waren betheiligt England mit 90 Mill. Frcs., Frankreich mit 44 Mill. Frcs., Zollverein, Hansastädte und Oesterreich mit 36 Mill. Frcs. Unter den Waaren deutschen Ursprungs standen voran Tuch- und Wollenwaaren mit ca. 20 Mill. Frcs., Baumwollengewebe mit 7,5 Mill. Frcs., Stahl- und Eisenwaaren mit 2,6 Mill. Frcs., Papeterie, Leder und Lederarbeiten mit 1,8 Mill. Frcs., Spiritus mit 1 Mill. Frcs., Porzellan und Glaswaaren mit 900,000 Frcs., Bernstein und Bernsteinkorallen mit 500,000 Frcs. 2c.

II. Die Donaufürstenthümer (Moldau und Walachei).

Die unteren Donauländer gehören zu den reichsten Getreideproduktionsgebieten, welche mit der berühmten schwarzen Erde Rußlands, dem Nilthal und den bevorzugtesten Distrikten Nordamerika's rivalisiren. Der Handel dieser Provinzen bewegt sich demgemäß um den Export der Bodenprodukte, in erster Linie des Getreides, wogegen die Einfuhr aus Fabrikaten, Kolonialwaaren und anderen Genußmitteln besteht. Der Wohlstand des Volkes wächst rasch und damit die Möglichkeit, an den Fortschritten der übrigen Länder theilzunehmen. Die Einführung von Ackerbaumaschinen, wie Dreschmaschinen, Mäh- und Mahlmaschinen, hat in den letzten Jahren bedeutend zugenommen und man berechnet den jährlichen Umsatz darin auf 120—150,000 Dukaten. Derselbe wird sich in Zukunft wahrscheinlich beträchtlich steigern, da seit dem August 1864 die Frohnden der Bauern aufgehoben worden sind, die großen Gutsbesitzer also nicht mehr über so viele Arbeitskräfte disponiren können, wie früher. 1860 bis 1866.

Die wichtigsten Häfen des Landes sind Galatz und Ibraila, welche von dem Gesammtexport der unteren Donau allein drei Viertheile besitzen. Haupt-

1862 bis 1866. ausfuhrartikel sind Weizen und Mais, dann Gerste und Roggen nebst Oelsaaten und Hülsenfrüchten. Im Jahre 1862 betrug die Ausfuhr aus beiden Häfen 512,600 pr. Wispel (à 24 Scheffel) im Werth von 14 Mill. Thaler. Wird der Export der übrigen Donauhäfen nach einem der Erfahrung entnommenen Satze auf 3 Mill. Thaler und der der übrigen zur Verschiffung kommenden Artikel: Wolle, Talg, Fleisch, Häute, Salz, Holz rc., ebenfalls mit 3 Mill. Thaler angeschlagen, so beläuft sich die Summe der Ausfuhr der unteren Donauländer auf 20 Mill. Thaler, eben so viel wie die Ausfuhr Odessa's in guten Jahren beträgt.

Im Jahre 1863 hatte sich die Ausfuhr infolge einer sehr guten Ernte noch gesteigert. Galatz und Ibraila verschifften allein 600,000 preuß. Wispel.

Die Produktion der Donaufürstenthümer weist in neuerer Zeit auch einige Handelsgewächse auf, wie Tabak und Senfsamen, ferner Seidencocons, Kanthariden rc., doch sind die Beträge der ausgeführten Mengen kleine, und Versuche, den Baumwollenbau einzuführen, mißglückten.

Größere Bedeutung könnte das Auffinden reicher Steinölbrunnen am Fuße der Karpathen und deren Ausläufern haben. In Ibraila besteht ein unterirdisches Depot, in welchem die gewonnenen Steinölquantitäten gelagert werden. Im letzten Jahre sind bereits mehrere Schiffsladungen nach England und Frankreich abgegangen.

III. Die türkischen Besitzungen in Asien.

1840 bis 1866. Was Asien anlangt, so suchen Rußland und England den Haupthandel an sich zu bringen und denselben durch Kolonien und Eroberungen zu sichern, wogegen aber auch der Einfluß Nordamerika's immer mächtiger wird. Der Karawanentheehandel verlor bereits seine Bedeutung, dagegen blieben Pelze, Gold und Graphit für Asien immer noch beliebte russische Artikel. Seit China im Opiumkriege (1840—1844) und im Französisch-Englischen Kriege (1860) nachgab und durch den Vertrag von Tientsin sein Reich dem französischen Handel öffnen mußte, suchte es auch europäische Kultur und Erfindungen sich anzueignen, ließ Gesandtschaften nach Europa gehen und gründete eine polytechnische Schule für europäische Wissenschaften. Preußen schloß mit ihm 1861 einen Handelsvertrag, Amerika erst 1868. Von solchen europäischen Einflüssen empfindet das wüsten- und steppenreiche, dagegen städtearme Kleinasien wenig, weil das Türkenthum keinen Sinn für Staatsordnung, Gewerbe und Handel hat, sondern nach alter orientalischer Weise wirthschaftet, und der Glaube an ein von Gott bereits festgesetztes Schicksal jeden weiteren Antrieb zur Selbsthülfe niederhält.

1862 bis 1864. Von den asiatischen Provinzen der Türkei ist Kleinasien weitaus die wichtigste und seine Produkte sind für den europäischen Handel schon jetzt von Bedeutung. Sie würden unter anderen Verhältnissen noch eine ungleich hervorragendere Stellung einnehmen; doch nur an den Punkten, welche mit Europa in näherer Verbindung stehen, zeigt sich ein allmähliger Fortschritt in der Bodenkultur und die Ausfuhr der landwirthschaftlichen Erzeugnisse nimmt zu. Dies gilt besonders von den Thälern der Westküste, deren Ernteüberschuß über Smyrna ausgeführt wird. Die Hauptausfuhrgegenstände dieses Platzes sind Opium (1862: 2000 Kisten à 150 Pfund), Droguen und Medikamente, Baumwolle (Ernte 1862 30—40,000 Ballen), Krapp, Valonen,

Rosinen, Feigen und Früchte, Seide und Cocons, Kreuzbeeren, Wolle und Ziegenhaare, Teppiche, gegerbte Lammfelle, Getreide, Wachs, Gummi und Galläpfel, Oelsaaten, Baumöl, Schwämme 2c. Der Werth seines Exports im Jahre 1862 betrug ca. 113 Millionen Fres. Die Einfuhr, wie im Orient überhaupt, überwiegend aus Manufakturwaaren von Baumwolle, Wolle und Seide, Eisenfabrikaten und Kurzwaaren, Kolonialwaaren und Spirituosen bestehend, belief sich auf 68 Mill. Fres. 1860. bis 1863.

Infolge der unter englischem Einfluß von der türkischen Regierung gewährten Aufmunterung (mehrjährige Grundsteuerfreiheit) zum Anbau von Baumwolle hat sich die Produktion so gehoben, daß 1863 über 300,000 Ctnr. geerntet wurden und eine Verdoppelung dieses Quantums für die nächsten Jahre in Aussicht steht. Von Rosinen wurden 1863 im Ganzen 140,000 Ctnr. (à 112 Pfund) erzeugt. Besonderen Einfluß auf die Hebung der Bodenkultur im Inneren würde die Anlegung von Straßen und Eisenbahnen üben. Gegenwärtig bildet das Kameel noch das Hauptbeförderungsmittel; in Anatolien zählte man in den letzten Jahren über 50,000 dieser nützlichen Thiere. Der Mangel einer billigen Transportgelegenheit macht die Zufuhr schwerer Artikel aus dem Innern geradezu unmöglich und ruft einen ungeheueren Unterschied in den Preisen an verschiedenen Orten hervor. Mehl kostet z. B. in Smyrna oft das Vierfache von dem, was in Uschak (7 Tagereisen davon) dafür bezahlt wird.

Mit den Ausfuhren Smyrna's ist jedoch der Bodenreichthum und die Produktion Westkleinasiens keineswegs erschöpft. Bedeutende Quantitäten, namentlich aus den nördlicher gelegenen Gegenden, gehen nach Konstantinopel und werden von dort versandt. Dies gilt namentlich von der vortrefflichen Seide aus der Provinz Brussa, wovon in Konstantinopel 1863 zur Verschiffung kamen: 200,000 Kilo Filandenseide, 60,000 Kilo Frissen (Abfall) und 40,000 Kilo Cocons, sodann vom Meerschaum des anatolischen Distrikts Eski-Schehir, wovon 1863 zwischen 5000 und 6000 Kisten (à 70—75 Pfd.) aus Konstantinopel exportirt wurden.

Auch die natürlichen Reichthümer der südlichen Küstenländer des Schwarzen Meeres sind groß genug, um bedeutende Ueberschüsse werthvoller Produkte an das Ausland abgeben zu können. Einige günstig gelegene Hafenplätze daselbst erfreuen sich infolge dessen auch eines ziemlich lebhaften Verkehrs, so namentlich Samsun und Sinope. Von besonderer Wichtigkeit für Samsun ist der Export des in seiner Umgegend gebauten vortrefflichen Tabaks, welcher großentheils nach Konstantinopel und von dort weiter geht. Die Produktion wird auf ca. 70,000 Centner, die der Umgegend von Sinope auf ca. 5000 Centner, angeschlagen. In jüngster Zeit sind auch direkte Bezüge von Triest und Bremen gemacht worden. Außerdem wurden Weizen (1863 360,000 Kilo) und Cocons (1863 600 Ballen), Ziegenfelle (170,000 Stück), ferner Bauholz, Krapp, Gummi, Kreuzbeeren, Salep, Leinsamen, Obst und Früchte 2c. exportirt. Der Werth der Ausfuhr 1863 war 63,8 Mill. Piaster, der der Einfuhr: 71,9 Mill. Piaster.

Weit bedeutender als Samsun ist jedoch Trapezunt. Dieser Ort war bekanntlich schon in früheren Jahrhunderten Ausgangspunkt einer Handelsstraße von Persien und den inneren asiatischen Ländern. Seit 25 Jahren hat dieser Weg seine ehemalige Bedeutung wieder erlangt. Der persische Transit-

1803 bis 1868. Handel benutzt diese Route von Neuem und Trapezunt, welches vor 50 Jahren ein nur wenig gekannter und selten besuchter Ort war, ist infolge dessen zu einer Stadt von bedeutender Größe erwachsen.

Der Handel Trapezunts zerfällt in zwei gesonderte Geschäftszweige: in den Transit nach und von Persien und in das Lokalgeschäft. Letzteres umfaßt außer der Versorgung des Paschaliks Trapezunt und von Lasistan, resp. der Ausfuhr der daselbst erzeugten Artikel, auch einen großen Theil des kaukasischen Handels. Die Gegenstände der Einfuhr werden meist aus Konstantinopel bezogen; direkte Bezüge von Europa kommen selten vor. Ebenso werden die Ausfuhrartikel nach Konstantinopel verschifft und gelangen erst von dort aus in den europäischen Handel, so weit sie dazu geeignet sind. Seide und Cocons resp. Seidensamen aus Georgien, Haselnüsse und Tabak, Kupfer, Buchsbaumholz, Häute, Felle und Galläpfel nebst Wolle sind die werthvollsten Exporten des Landes.

Der Transithandel mit Persien gewinnt trotz der höchst unbequemen Route über die zum Theil 2515 m. hohen Pässe des Koplar Dagh immer größere Bedeutung, da Persien nur auf diesem Wege mit einem Seehafen in direkter Verbindung steht und seinen ganzen Bedarf europäischer Waaren von und über denselben beziehen muß. Der Landtransport zwischen Täbris und Trapezunt geschieht durch Lastpferde, von denen durchschnittlich 12,000 in Gebrauch sind. Dieselben machen die 120 Postmeilen bis Täbris in 30 Tagen. In den Jahren 1860 bis 1862 gingen 30,000 bis 40,000 Lasten nach Persien, welche ein Gewicht von ca. 200,000 Centnern repräsentiren. Von Persien kamen 1862 an 45,000 Pferdelasten oder 222,500 Centner.

Der Gesammtumsatz von Trapezunt betrug 1847 ca. 17 Mill. Thlr., 1862 dagegen 27 Mill. Thlr.; davon kamen auf die Einfuhr 13½ Mill. Thlr. und auf die Ausfuhr 13½ Mill. Thlr.

Weniger genaue Nachrichten haben wir über die Handelsverhältnisse von Syrien und Arabien. Ersteres führt über Beirut europäische Manufaktur- und Kolonialwaaren ein und exportirt Seide und Seidenwaaren, etwas Getreide, Bohnen, Wolle, Rosinen, getrocknete Früchte ꝛc. Zwischen Damaskus und Baira am Persischen Meerbusen besteht noch immer, wie schon vor Jahrtausenden zwischen Babylon und Phönizien, ein Karawanenverkehr; freilich haben sich die Gegenstände desselben vielfach geändert. An den Ufern des Euphrat und Tigris ist das ehemals so blühende Leben erstorben. Handel und Industrie sind fast nur noch dem Namen nach vorhanden. Der einzige Gegenstand der Ausfuhr dieser Gegend nach Damaskus ist Wolle, welche von Damaskus nach Beirut und von da weiter nach Marseille und England gebracht wird. Die Retouren bestehen in europäischen Waaren und syrischen Produkten.

Arabien führt gegenwärtig nur Kaffee und einige Droguen aus. Haupthafen ist Dschedda. Der unter dem Namen Mokka in den Handel kommende Kaffee wird hauptsächlich von englischen und amerikanischen Schiffen verführt. Die Einfuhren bestehen in englischen und deutschen Manufakturwaaren, sowie in Spiegeln, Messern und diversen Quincaillerien.

Persien.

Persien ist erst etwa seit einem Vierteljahrhundert wieder in den europäischen Verkehr eingetreten, aber unter anderen Verhältnissen als im Alterthum und im Mittelalter. Ehemals war Europa von ihm abhängig. Persien vermittelte nicht blos einen Theil des indischen Handels, sondern lieferte viele Bodenprodukte und Industrieerzeugnisse von hohem Werthe. Die europäische Seidenindustrie erhielt den Rohstoff von Persien. Die unter dem Namen Levantiner Baumwolle in den Handel kommende Baumwolle war meist persischen Ursprungs. Persische Gewebe und Waffen übertrafen an Vollkommenheit Alles, was die europäische Industrie herzustellen vermochte. 1430 bis 1863.

Wie hatte sich dies verändert! Indien war eine europäische Besitzung geworden. Die Baumwolle wurde jetzt von Amerika geliefert, und während die persische Industrie infolge staatlicher Zerrüttungen immer weiter zurückgegangen war, hatte sich die Industrie Europa's zu einer weltbeherrschenden Stellung aufgeschwungen. In Persien waltet orientalischer Despotismus, und daher kann sich das von Bürgerkriegen oft heimgesuchte Land schwer erholen. Der Straßen giebt es wenige, und diese werden von Räubern unsicher gemacht; die Steuerlast nimmt zu, in der Verwaltung fehlt es an Ordnung, und so behaupten nur einige Orte und Landschaften Ueberreste des alten Glanzes. Im Ganzen sind die Perser gelehrig, wißbegierig, haben Lust zum Handel und zu Reisen, kaufen daher gern selbst in Leipzig ein und leisten in einigen Industriezweigen Ausgezeichnetes. Dennoch unterliegen sie der europäischen Maschinenindustrie und beschränken sich auf Versendung von Rohprodukten. Man sendet Karawanen von Tauris (Täbris) über Erzerum nach Sinope, über Eriwan nach Tiflis; nach Rescht und Asterabad; nach Hamadan und Bagdad; nach Teheran, Ispahan, Schiras und Abuschähr. Außerdem kommen Kaufleute aus Ostasien nach den persischen Handelsplätzen und wurden die Engländer von Russen, Deutschen und Schweizern zurückgedrängt. Namentlich sind in Persien beliebt: Solinger Stahl- und Bronzewaaren, hellfarbige und feine Tuche, Berliner wollene Shals und Rouleaux, Bijouteriewaaren, Nürnberger Papiersachen, Wiener Quincaillerien u. s. w.

Jetzt bedurfte Persien Europa's. Armenier, Georgier und Juden, welche die europäischen Märkte, namentlich die deutschen Messen besuchten, waren die ersten, welche ihm die europäischen Fabrikate zuführten. Die Russen, welche schon seit langer Zeit persische Produkte für ihre Grenzprovinzen bezogen, folgten nach, und in den Zwanziger Jahren dieses Jahrhunderts gab es in Täbris und Teheran bereits eine Reihe russischer Handlungshäuser, welche unter dem Schutze der russischen Regierung standen. Auch bildete sich ein bedeutender Transitverkehr aus, welcher die Straße durch die transkaukasischen Provinzen über Redut-Kale benutzte. Die russische Regierung bereitete demselben jedoch so große Schwierigkeiten, daß sich in den Dreißiger Jahren der Verkehr der Straße von Trapezunt nach Täbris zuwandte, obgleich dieselbe unbequemer ist als jene. Nun betheiligten sich auch europäische Häuser, namentlich solche, welche in Konstantinopel ansässig waren, an dem direkten Handel und gründeten Zweiggeschäfte in Täbris.

Täbris, der Mittelpunkt des gesammten Verkehrs zwischen Persien und Europa, ist nur zwei Tagereisen von der russischen, vier von der türkischen Grenze entfernt, Sitz bedeutender Industriezweige, wie Baumwollenweberei, Seidenwirkerei, Färberei und Druckerei, und an Einwohnerzahl wie an Wohlstand der Hauptstadt Teheran weit überlegen. Im eigentlichen Persien ist Ispahan Mittelpunkt des Verkehrs, sowol für die inneren Beziehungen als für die Verbindungen mit Bagdad und Schiras, Kerman und Abuschir.

Die natürlichen Hülfsmittel des Landes sind sehr groß und bei einer einigermaßen geordneten Staatsverwaltung würde dasselbe eine große Anzahl werthvoller Rohstoffe liefern können. Gegenwärtig sind Ausfuhrartikel von
1864 verhältnißmäßiger Bedeutung: Pferde (dieselben gehen in bedeutender Menge nach Rußland und der Türkei), Ochsen und Kuhhäute (gehen meist nach Rußland), Butter und Talg (werden von Trapezunt nach Konstantinopel exportirt), Schafe (wovon jährlich bis 3 Millionen nach der Türkei gehen, wo Schaffleisch bekanntlich das Hauptnahrungsmittel ist), Schaffelle, Lammfelle (letztere gehen hauptsächlich nach Rußland und werden von dort als „Astrachanfelle" nach Europa gesandt), Wolle von geringer Qualität, Ziegenhaare (kommen auch nach Frankreich und Deutschland), Seide (hauptsächlich in der Provinz Ghilan und am Urmiasee gewonnen), Wachs, Blutegel, Weizen (nach Rußland), Weizenstärke, Reis, Tabak (nach der Türkei und Indien), Baumwolle, Krapp (meist nach Rußland zur Vermischung mit russischem), Kreuzbeeren, Safran (nach Rußland, der Türkei, hauptsächlich aber nach Indien), Henna, Opium, Gummi-Traganth, Rosenöl, Galläpfel (meist nach Rußland), getrocknete Früchte und Trauben, Kupfer, Operment, Naphtha, Insektenpulver, Türkise, Teppiche und Shals ꝛc.

Von den genannten Waaren steht Seide an Wichtigkeit voran. Von der Raupenkrankheit ist Persien bis jetzt verschont geblieben, weshalb die persische Seide großen Einfluß auf den Seidenmarkt Europa's gewonnen hat. Die Ernte des Jahres 1863—64 wird auf 17,000 Ballen (Rouleaux) Rohseide berechnet, wovon der größte Theil über Trapezunt und Tiflis versendet wird.

Der nächstwichtigste Artikel der persischen Ausfuhr ist Tembeki, der persische Tabak, wovon im Jahre 1863 an 17,200 Kolli nach der Türkei gingen.

Seit der Steigerung der Baumwollenpreise durch den amerikanischen Krieg hat sich auch die Baumwollenproduktion Persiens wieder gehoben und betrug 1863 ca. 50,000 Ballen oder 75,000 Centner, die nach Abzug des eigenen Bedarfs theils über Trapezunt, theils über Tiflis in europäische Hände kamen, theils über Bombay nach England gingen.

Mittelpunkt des persischen Verkehrs mit Europa ist, wie schon erwähnt, Täbris. Die von persischen Kaufleuten bezogenen europäischen Waaren nehmen alle ihren Weg über Konstantinopel, Trapezunt, Erzerum und Täbris. Im Jahre 1862—63 wurden nach den Zollregistern von Täbris importirt: 14,000 Lasten Manufakturwaaren, 16,000 Lasten Zucker, 2000 Lasten Thee und Quincaillerien. Von deutschen Fabrikaten befanden sich dabei hauptsächlich preußische und österreichische Tuche, außerdem englische und schweizerische Baumwollengewebe und französischer Zucker.

China und Japan.

Das letzte Glied des ostasiatischen Handels ist China, das Vaterland der Seidenkultur und des Theebaues. China, mehr als zweimal so groß als Europa, reicht durch viele Zonen, umfaßt Tiefebenen und wilde Alpenländer, besitzt also große Mannichfaltigkeit der Produkte und uralte Kultur. Es mangelt nicht an Straßen, Kanälen und Brücken, so daß sich ein lebhafter

Binnenhandel entwickelt, und die großen Flüsse, von denen der Jang-tsy-kiang ein Gebiet von 60,000 □Meilen umfaßt, erleichtern den Handel. Viele Städte haben über 1 Mill. Einwohner, und an Gewerbefertigkeit leisten die Chinesen eben so Erstaunliches, wie im Acker- und Gartenbau. Dagegen vernachlässigen sie die Viehzucht, den Berg- und Schiffbau. An Seide erzeugt man etwa 75 Mill. Pfd. Im Winter trägt man 3—4 Seidenkleider übereinander und Tsche-kiang liefert Prachtgewänder, wie King-te-schin die besten Porzellanwaaren der Welt. Auch Salz wird in Menge gewonnen und bringt dem Staat 9—10 Mill. Thlr. Zoll, und die Salzhändler gelten für die reichsten Kaufleute. 1830 bis 1868.

Anfangs verschloß China seine Häfen, aber durch Kriege erzwang England 1840, 1858 und 1860 die Oeffnung derselben und des Landes, und Preußen erhielt 1861 durch Vertrag dieselben Rechte.

Auch Japan schloß sich lange gegen Europa ab. Im J. 1543 wurden Portugiesen an die Küste verschlagen und durften Handel treiben. Mönche begannen nun die Bekehrung, erregten Unfrieden im Lande, deshalb wurden die Europäer verjagt und 2 Mill. Christen getödtet. Da die Holländer den Japanesen beistanden, durften sie auf der Insel Desima bleiben und Handel treiben. Erst 1854 schloß Amerika einen Handelsvertrag, 1855 Rußland, 1866 England und darauf andere Staaten, denen Handelsverkehr gestattet wurde. Das Land hat fruchtbaren Boden, ist aber stark bevölkert, und daher wird der Ackerbau mit aller Kunst und allem Fleiß getrieben; dagegen ist die Viehzucht unbedeutend, weil man weder Fleisch noch Butter und Milch genießt. Bergbau wird stark betrieben, Gewerbeindustrie steht sehr hoch; Straßen, Posten, Herbergen 2c. erleichtern den Handel, selbst Messen und Handelszeitungen fehlen nicht, und europäische Erfindungen nimmt man gern an. China und Japan sind gegenwärtig von solcher Wichtigkeit für Europa, daß die europäischen Geldverhältnisse in den letzten Jahren empfindlich dadurch berührt wurden, indem die Deckung für die chinesischen Bezüge großentheils in Edelmetall geschehen mußte.

Der Handel China's bewegt sich in folgenden Richtungen: die Ausfuhrartikel Rohseide und Thee gehen ausschließlich nach Europa und den Vereinigten Staaten; seinerseits empfängt China von Europa Baumwollen-, Wollen-, Kurzwaaren u. dgl., welche aber kaum den dritten Theil des Werthes der Ausfuhren erreichen. Von Ostindien bezieht China außer Baumwolle und Opium etwas Zucker, von Hinterindien und Java Reis, Schwalbennester, Kardamomen, Sandelholz 2c., von den Philippinen Reis, Zucker und Tabak 2c. Man schätzt die Theeausfuhr auf 160—180 Mill. Pfund, von denen die Hälfte nach England geht, 30 Mill. Pfund nach Nordamerika und 8 Mill. nach Rußland. Seide versendet China 50,000—60,000 Ballen, und Amerika kauft noch für 4 Mill. Doll. Seidenzeuge, wogegen Rußland für 3—4 Mill. Thlr. Tuch, Ostindien für 35 Mill. Thlr. Opium und für 10 Mill. Thlr. Baumwolle einführen. Mit Amerika tauscht China aus für 12½ Mill. Doll., so daß dieses oft 3 Mill. Doll. in merikanischem Silber sendet, mit England etwa 11 Mill. Pfd. St., da dieses für 9 Mill. kauft nur für 2 Mill. verkauft. Den Gesammtumsatz China's berechnete man 1855 auf 100 Mill. Thlr. Ausfuhr und 75 Mill. Thlr. Einfuhr.

Die beiden Hauptausfuhrhäfen sind Shanghai am Gwangpu und Kan-

1860 bis 1868. ton resp. das englische Hongkong. Genaue Exportlisten sind nicht vorhanden; über die Bedeutung der Theeausfuhr giebt annähernd die Einfuhr Englands Auskunft, welches in den Jahren 1861: 96,5 Mill. Pfund, 1862: 114,7 Mill. Pfund und 1863: 136,8 Mill. Pfund chinesischen Thee einführte. Hierzu muß die Einfuhr Rußlands über Kiächta (s. Rußland) und der Vereinigten Staaten gerechnet werden. Ebenso stammt der größte Theil der 1862 und 1863 in England eingeführten 80,000—90,000 Ballen Rohseide aus China.

Da der Werth der Einfuhr den der Ausfuhr in der Regel kaum zum dritten Theile deckt, so muß der Rest theils durch Wechsel, welche Ostindien für gelieferte Baumwolle, Opium rc. auf China zieht, ausgeglichen, wofür dann seinerseits Ostindien Gläubiger wird, oder baar bezahlt werden. Die Folgen dieses eigenthümlichen Verhältnisses treten in dem Silberabfluß aus Europa nach Asien hervor, welcher unsere Münzverhältnisse in den letzten Jahren total umzugestalten drohte.

Japan ist dem europäischen Handel erst seit Kurzem geöffnet worden, und noch stellen sich einem geregelten Verkehr große Hindernisse entgegen. Es schloß 1834 mit Nordamerika, dann mit England und Frankreich, 1861 auch mit Preußen einen Handelsvertrag, suchte sich die Fortschritte der europäischen Industrie (Eisenbahnen, Dampfer) anzueignen, läßt junge Leute auf deutschen und französischen Universitäten studiren, reformirte die Staatsverfassung, indem es das Lehnsfürstenthum beseitigte, und benutzte sogar die Vervollkommnung der Waffen. Es versendet wie China besonders Seide und Thee. Trotzdem ist die Ausfuhr mancher Artikel schon ziemlich bedeutend, namentlich hat sich der Seidenhandel schnell der japanesischen Rohseide bemächtigt. Die Ausfuhr davon betrug im Jahre 1862/63 bereits 25,890 Ballen à 80 Pikul. Andere Artikel, welche für den europäischen Markt Bedeutung zu gewinnen versprechen, sind Thee, Kampher, Galläpfel, vegetabilisches Wachs, Fischthran rc. Die Einfuhr besteht in Reis, Zucker, roher Baumwolle, daneben auch in Manufakturwaaren aus England, Deutschland, Belgien und der Schweiz, in englischen und deutschen Waffen; doch legt man auch eigene Fabriken an, baut oder kauft sich Schiffe, um sich die Selbständigkeit im Handel und in der Industrie zu bewahren. Auch Siam, Cochinchina und Birma werden mehr und mehr in den europäischen Handel gezogen durch Verträge und das Bedürfniß nach englischen Waaren. Man schätzte 1862 die Ausfuhr auf 37 Mill. Frcs., die Einfuhr auf 13 Mill., und der Export der englischen Schiffe stieg 1865 von 4 Mill. Doll. auf 16 Mill. Bekanntlich besetzte England einen Theil der Westküste Hinterindiens und sucht von da einen Landweg nach Südchina, und Franzosen eroberten einen Theil von Cochinchina.

Aegypten.

1830 bis 1866. Gleich den übrigen unter türkischer Herrschaft stehenden Ländern sah auch Aegypten seine Kultur und seinen Wohlstand verkümmern. Jahrhunderte lang stand es außerhalb des Weltverkehrs, und erst in diesem Jahrhundert nahm das Land unter Mehemed Ali's Verwaltung einen neuen Aufschwung. Aber Mehemed wie seine Nachfolger trachten nur danach, das Land auszubeuten, indem sie sich zu dessen Alleinbesitzer und den Bauer (Fellah) zum willenlosen Arbeiter machten, der zu bestimmtem Preise an die Regierung verkaufen muß.

Durch Bewässerung brachte man den fruchtbaren Boden von $2^1/_2$ Mill. Morgen 1830 bis 1863 auf 6 Mill. und führte den Baumwollenbau ein, aber auch Fabriken und Handelsmonopole. Wein, Papyrus und Lotus verschwinden, Datteln mehren sich, Getreide reicht nicht aus, da man viel Tabak, Zucker, Indigo u. s. w. erbaut und nur $^1/_{10}$ des Landes benutzt. Die Schwefellager am Rothen Meere beuten Europäer aus. Eisen, Kohlen und Wald fehlen. Das gesegnete Nilthal trug auch jetzt bei der ersten sorgsamen Pflege wieder hundertfältige Früchte und belohnte die darauf verwandte Mühe. Das Monopolsystem jedoch, welches Mehemed Ali gleichzeitig einführte und so vollständig durchführte, daß er der einzige Getreidebauer, der einzige Fabrikant, also auch der einzige Großhändler war, lähmte in der Folge die Thätigkeit der Bewohner, und es trat ein Stillstand in der Entwicklung Aegyptens ein. Erst unter den Nachfolgern Mehemed Ali's, welche etwas weniger schroffe Verwaltungsgrundsätze befolgten, wich dieser einem erneuten Fortschritt. Die Produktion nimmt seitdem von Jahr zu Jahr zu und mit ihr der Umfang des auswärtigen Handels.

Wie schon vor Jahrtausenden, so theilt sich der Handel Aegyptens auch gegenwärtig in zwei verschiedene Zweige: in den Verkehr mit dem Inneren Afrika's, mit Darfur, Dongola, Abessinien und dem Sudan, welcher theils durch Karawanen geführt wird, theils das Rothe Meer benutzt und in den Seehandel mit den Mittelmeerküsten wie den übrigen europäischen Ländern. Der letztere ist weitaus der bedeutendste. Unter den Ausfuhren stehen die ägyptischen Erzeugnisse voran. Die wichtigsten derselben sind Baumwolle, Getreide nebst Hülsenfrüchten.

Von Baumwolle wurden im J. 1857 an 490,968 Ctr. im Werthe von $122^1/_2$ Mill. P., von Weizen 732,573 Arbeb (nur die Hälfte der durchschnittlichen Ausfuhr) im Werthe von $74^3/_4$ Mill. P., 277,089 A. Bohnen zu $23^3/_4$ Mill. P., 47,275 A. Reis zu $14^1/_4$ Mill. P. und 208,638 A. Gerste zu $13^1/_2$ Mill. P.; ferner 44,197 A. Leinsamen, 113,895 A. Baumwollensamen, 15,624 A. Sesam, 24,999 Ctr. Zucker, 30,921 Ctr. Flachs, 112,542 Ctr. Natron u. s. w. ausgeführt.

In diesen Verhältnissen ist in den letzten Jahren eine ungemeine Veränderung eingetreten. Durch die hohen Baumwollenpreise angespornt, wandte sich das ganze Land dem Baumwollenbau zu, und die Produktion stieg infolge dessen in raschen Sprüngen. Die Ausfuhr betrug 1861 596,200 Ctr. (Werth 97 Mill. Piaster [1 Thlr. = $14^2/_3$ P.]), 1862 709,504 Ctr. (Werth 390 Mill. P.), 1863 929,004 Ctr. (Werth 650 Mill. P.). Privatmittheilungen berechnen die Ausfuhr von 1863 sogar auf 1,300,000 Centner im Werthe von 935 Mill. P. Die Ernte beläuft sich gegenwärtig auf 2 Mill. Ctr.

Dagegen hat die Produktion der Cerealien, Hülsenfrüchte und anderer Artikel in demselben Maße abgenommen, da der baufähige Boden Aegyptens derselbe geblieben ist. Während z. B. die Ausfuhr von Weizen, Gerste, Bohnen und Linsen im Jahre 1862 noch 2,2 Mill. Arbeb im Werthe von 138,8 Mill. P. betrug, war sie 1863 auf 1,647 Mill. A. im Werthe von 110 Mill. P. gesunken. Dasselbe zeigt sich beim Reis. Von 1857 ist die Ausfuhr davon stetig gefallen und betrug 1863 nur noch 28,964 A. im Werthe von 8,1 Mill. P. Noch stärker ist der Rückgang beim Zucker. Seit 1857 ist die Ausfuhr von 25,000 Arbeb auf 7657 A. im Jahre 1863 gesunken, so daß die Pro-

duktion kaum noch den eigenen Bedarf deckt. Der Export von Flachs und Sesam hat fast ganz aufgehört. Die Folgen dieser Veränderung sind keineswegs
1864. erfreulich. Aegypten, Jahrtausende hindurch die Kornkammer des Mittelmeeres,
ist im Jahre 1864 dahin gekommen, daß Getreide und Mehl eingeführt, der
Export dieser Artikel aber verboten wurde.

Die Handelsbewegung Alexandriens weist freilich die glänzende Außenseite dieser Kulturrevolution auf. Während sich die Ausfuhr dieses Platzes im Jahre 1857 auf 353,7 Mill. P. belief, war sie 1863 auf 859,2 Mill. gestiegen. Die Einfuhren waren in derselben Zeit von 285 Mill. P. auf 399,6 Mill. P. angewachsen.

Außer den eigentlichen Landesprodukten, wozu 1863 auch 716,159 Ardeb Baumwollensamen im Werthe von 32,3 Mill. P. und Natron (55,834 Centner) zu rechnen sind, figuriren bei der Ausfuhr arabische, Sennaar- und Darfurprodukte, z. B. Mekkakaffee von Djedda (15,847 Ctr.), Gummi von Darfur u. a. O. (131,775 Ctr.), Elfenbein (1379 Ctr.) und Büffelhörner vom Weißen Nil, Straußenfedern (15,698 Rottoli [1,15=1 Zollpfd.]) von Sennaar, Perlen, Perlmutter und Schildpatt aus dem Rothen Meere, Weihrauch (4206 Centner) aus den Gallaländern und Arabien &c.

Einen Zuwachs dürfte der ägyptische Ausfuhrhandel in den nächsten Jahren durch Schwefel erhalten, da an mehreren Punkten der Küste des Rothen Meeres sehr reichhaltige Schwefellager vorhanden sind, deren Ausbeutung Europäern überlassen worden ist. Von den 3½ Mill. span. P. Einfuhr von Manufakturwaaren kommen 3 Mill. auf England.

Was die Betheiligung der einzelnen Länder an dem ägyptischen Handel betrifft, so hat England bei der Ausfuhr wie bei der Einfuhr den Löwenantheil. Von dem Exportwerth mit 859,2 Mill. P. fallen nämlich auf England 613,1 Mill. P. Dann kommt Frankreich mit 154 Mill. P., alle übrigen Staaten zusammen beziehen nicht für 100 Millionen P., Oesterreich ist mit 46,4 Mill. P. betheiligt.

An der Einfuhr von 399,6 Mill. P. partizipirt England mit 203,6 Millionen P., davon fallen allein auf Manufakturwaaren 146,4 Mill. P. Nach England folgt die Türkei nebst Levante mit 100 Mill. P. (Tabake, Liköre, Weine, Droguen, Früchte, Oel &c.), Frankreich mit 38,1 Mill. P., Oesterreich mit 28,6 Mill. P. &c.

Zanzibar und dessen Handelsgebiet an der afrikanischen Ostküste.

Afrika steht im Allgemeinen dem europäischen Handel noch so fern wie
1830 vor Jahrtausenden unter den Pharaonen; denn das mörderische Klima duldet
bis
1864. keine europäische Ansiedlung, außer im Süden und Norden, und die Flüsse
eignen sich mit wenigen Ausnahmen nicht zur Schiffahrt, hindern vielmehr das
Eindringen der Europäer ins Land und damit die nachhaltige Anregung zum
Verkehr. Die Hauptausfuhrartikel bleiben daher immer noch Gold, Elfenbein,
Palmöl, Droguen und Sklaven; denn der Handel mit diesen besteht im Inneren noch fort und wird in ausgedehntem Maße betrieben. Nur in der Kapkolonie faßt europäische Kultur festere Wurzel unter englischem Einfluß und reichlich zuströmender deutscher Einwanderung.

Der Handel mit Zanzibar datirt erst seit wenigen Jahrzehnten. Im Jahre 1834 beschränkte sich derselbe auf die Ausfuhr von etwas Gummi und

Elfenbein vom Festlande nach Bombay. Infolge der Errichtung mehrerer 1860.
Hamburger, französischer und amerikanischer Häuser ist die Insel der Mittelpunkt des ganzen ostafrikanischen Handels zwischen Kap Gardafui und Mozambique außerdem aber gleichzeitig die Produktion derselben durch ausgedehnte Anpflanzungen des Gewürznelkenbaumes unendlich gehoben worden. Gegenwärtig ist Zanzibar der Hauptmarkt für drei der werthvollsten Artikel als Elfenbein, Gummikopal und Gewürznelken. Alles Elfenbein wird aus dem Inneren Afrika's herbeigebracht zum Austausch gegen Baumwollenstoffe, Messingdraht und venetianische Glasperlen. Die Ausfuhr belief sich 1859 auf 488,600 Pfund. Gummikopal wird einige Meilen landeinwärts von der afrikanischen Küste gegraben, eine geringe Sorte findet sich auch auf der Insel selbst. Die Ausfuhr betrug in demselben Jahre 875,875 Pfund. Von Gewürznelken ernten Zanzibar und die benachbarte Insel Pemba durchschnittlich 7 Mill. Pfd. Ausfuhr: 4,8 Mill. Pfund. Außerdem wird verschifft Sesam (8,3 Millionen Pfund), rother Pfeffer, Kokosnüsse und Kokosöl.

Die Summe der Ausfuhren wurde geschätzt auf 755,686 Lst., die der Einfuhr auf 908,911 Lst. Bei der letzteren waren betheiligt Vereinigte Staaten mit 126,398 Lst., Frankreich mit 114,790 Lst. und Hamburg mit 101,296 Lst. Die eingeführten Artikel waren hauptsächlich Baumwollenzeuge, Messingdraht, venetianische Perlen, Flinten, Pulver &c.

Leider ist Zanzibar auch ein Mittelpunkt des Sklavenhandels. Im Jahre 1859 wurden von der afrikanischen Küste 19,000 Sklaven dahin gebracht. Die Araber verwenden sie zur Arbeit auf den Plantagen im Inneren der Insel.

Marokko und das Innere Afrika's oder Sudan.

Die Berberei oder Atlasländer rechnete man im Alterthume bis zur Tür- 1860
kenherrschaft zu den Kulturstaaten, da sie fruchtbaren Boden und günstig ge- bis 1868.
legene Seeplätze besitzen. Tripolis ist noch heute Hauptstapel des Verkehrs zwischen Binnenafrika und Europa, der Handel in den Händen der Juden. Der Hafenplatz Mesurata sendet Karawanen nach Fezzan und Sudan. Das fruchtbare und produktenreiche Tunis (Olive, Bleiminen, Baumwolle) wird wenig benutzt und setzt nur für 5—6 Mill. Frcs. um. Doch sind deutsche Waaren beliebt. Vom Hafen Kabes aus gehen Karawanen nach den Oasenmeßplätzen der Sahara.

Für den europäischen Handel sind diese Theile Afrika's noch ohne größeres Interesse. Marokko führt wol etwas Manufakturwaaren, Metallfabrikate, Quincaillerien u. dergl. ein und liefert dafür einige Landesprodukte. Von Bedeutung ist dieser Verkehr aber nicht. Das fruchtbare Land treibt mehr Binnen- als Seehandel und besonders Ackerbau und Viehzucht. Das Innere bleibt dem Fremden verschlossen, da die Einwohner fanatische Moslemin sind. Fast jede Stadt hat einen besonderen Industrieartikel (Fez, Saffian, Waffen, gemalte Töpferwaare, Regenmäntel u. s. w.), aber der Herrscher des Landes ist und bleibt dem Verkehr mit Fremden abgeneigt.

Der Hafenplatz Mogador an der Westküste ist ein Hauptpunkt für die Verbindung mit dem Inlande. Die Umgegend erzeugt etwas Gummi und Wachs. Von den Nomadenstämmen in der Wüste tauschen die Kaufleute Mogadors Gummi, Ziegenfelle, Kameel- und Schafwolle, Straußenfedern

u. dergl. m. Außerdem holen ihre Karawanen aus dem Sudan, namentlich von Timbuktu, Sklaven, Gold und etwa 2—300 Kameelladungen Elfenbein, Wachs und Gummi.

Im Sudan sind die Hauptverkehrspunkte Kuka und Mora (in Bornu), Kaschna und Kano (in Haussa), endlich Timbuktu am Niger. Die meisten Geschäfte werden auf den Märkten Timbuktu's gemacht. Dort fließen die Produkte des Sudan: Goldstaub, Elephantenzähne, Thierfelle, Straußenfedern, Leder, Leinsamen, Sennesblätter, Gummi, Weihrauch, Safran, Büffelhäute u. s. w. zusammen und gehen von hier und den anderen oben genannten Marktplätzen über Murzuk und Angola nach Aegypten, über Fezzan nach Tripolis, über Insalah nach Marokko. Der größte Theil dieser Waaren wird nach R'at gebracht, nahe den französischen Besitzungen, wo die Haupthandelsstraßen zusammentreffen, welche von Tripolis, Tunis u. s. w. nach dem Sudan führen. Hier findet im November ein von den Kaufleuten aller Theile Afrika's besuchter Markt statt. Die von Tripolis und Tunis bringen Seide, Kattun, Glaswaaren, Kurzwaaren, Papier, Bernstein und Korallen, Halsbänder, Teppiche, Kleider, Waffen, Messer u. s. w. Die ägyptischen Händler kommen mit Webereien, die Juden aus den Küstenstädten mit Kurzwaaren, Glaswaaren und Gewürzen dahin. Hauptkäufer der Sudanprodukte sind die Kaufleute von R'dames, welche mit den englischen Häusern in Tripolis und Tunis in Verbindung stehen und denselben Goldstaub, Elfenbein, Straußenfedern, Felle und Neger zuführen. Die direkteste Straße nach dem Sudan führt von Tripolis über Murzuk. Die Franzosen hoffen die Produkte des Sudan bald vorzugsweise auf die algierischen Märkte zu ziehen, da dieselben R'at näher liegen als Tripolis und die Straße dorthin außerdem sicherer, bequemer und reicher an Weiden und Wasser ist, als die von R'at nach Tripolis und Tunis.

Die Vereinigten Staaten Nordamerika's.

1770 bis 1790. Die Zustände und Handelsverhältnisse der nordamerikanischen Kolonien vor ihrer Losreißung von England sind schon in den früheren Abschnitten besprochen worden. Ackerbau, Schiffahrt, Fischerei und Handel bildeten die Haupterwerbszweige derselben. Das Fabrikwesen stand noch in seinen Anfängen. Von überwiegender Wichtigkeit waren die südlichen Kolonien: Maryland, Virginien und Carolina, deren Erzeugnisse, Tabak und Reis, die Hauptausfuhrgegenstände bildeten. Diese unterhielten deshalb auch den lebhaftesten Verkehr mit dem Mutterlande. Das britische Nordamerika führte nur Getreide, Mehl, Fische, Pelzwerk und Bauholz aus und zwar weniger nach England als nach Westindien.

Während des Krieges, welcher der Unabhängigkeitserklärung folgte, wurde der Handel der Kolonien sowol mit Europa als mit Westindien gänzlich vernichtet, und auch in den ersten Jahren nach dem Frieden machte derselbe wenig Fortschritte, obgleich mehrere neue Verbindungen, vorzüglich auf dem europäischen Festlande, angeknüpft wurden.

Erst nachdem die inneren Verhältnisse der verschiedenen Staaten durch den Unionsvertrag vom J. 1787 eine geordnetere Gestalt angenommen hatten, Sicherheit und Vertrauen zurückkehrten, besserten sich auch die Handelsverhältnisse. Wesentlich trug dazu der blühende Zustand Westindiens zu jener Zeit bei, sowie eine Reihe von Mißernten in Europa, wodurch amerikanisches Getreide und Mehl einen vermehrten Absatz fanden. Ebenso mehrte sich die Nachfrage nach Tabak und Reis auf dem europäischen Festlande. Zahlreiche Einwanderungen verstärkten die Bevölkerung, welche nun ihrerseits englische Fabrikate, französische Weine und Manufakturwaaren, deutsche Leinwand u. s. w. in größerer Menge bezog.

Einen außerordentlichen Aufschwung nahmen Schiffahrt und Handel der Vereinigten Staaten zur Zeit der französischen Revolution und des darauf folgenden Krieges zwischen Frankreich, England, Spanien und Holland. Die kriegführenden Staaten sahen sich gezwungen, den Verkehr unter einander und mit ihren Kolonien den neutralen Flaggen zu überlassen, und keine wußte sich desselben so zu bemächtigen, wie die nordamerikanische. Die Vereinigten Staaten betrieben den größten Theil des westindischen Ein- und Ausfuhrhandels nach Europa, zogen einen Theil des Verkehrs zwischen Asien und Europa an sich und gelangten so in den Besitz eines großartigen Zwischenhandels. Im Jahre 1796 führten sie z. B. nicht weniger als ca. 35 Mill. Pfund Zucker aus Westindien meist nach europäischen Häfen. Gleichzeitig nahm die Ausfuhr ihrer eigenen Erzeugnisse, als Getreide, Mehl, wovon der Export in manchen Jahren auf 1 Million Fässer stieg, Fleisch, Tabak und Reis in hohem Grade zu. Ein anderer Artikel, Baumwolle, dessen Anbau noch 1791 so unbedeutend war, daß man im Ganzen 64 Ballen nach Liverpool sandte, wurde in den südlichen Staaten, zu denen seit dem Jahre 1803 auch Louisiana gehörte, mit solchem Eifer kultivirt, daß schon 1807 der größte Theil der in England verbrauchten Baumwolle von Amerika kam. In Liverpool, dem Hauptmarkte für diesen Artikel, kamen in diesem Jahre nahe 200,000 Ballen an, wovon 144,000 Ballen amerikanischen Ursprungs waren. Der Werth der Ausfuhr belief sich infolge davon im J. 1807 auf mehr als 108 Mill. Dollars.

1790 bis 1814.

In diese Zeit der Handelsblüte fielen die Dekrete Napoleons von 1806, welche die Kontinentalsperre anbefohlen, sowie die Gegenverordnungen der englischen Regierung wie Donnerschläge. Um die amerikanische Handelsflotte nicht der sicheren Vernichtung preiszugeben, setzte Jefferson im Kongresse, wie schon früher erwähnt, durch, daß ein Embargo auf die eigenen Schiffe gelegt wurde, womit natürlich der auswärtige Handel von selbst aufhörte. Auch nach der Zurücknahme dieser Maßregel erholte sich derselbe nur wenig, denn der Verkehr mit den europäischen Ländern blieb fortwährend äußerst gehemmt. Der 1812 ausbrechende Krieg zwischen England und den Vereinigten Staaten unterbrach die kaum angeknüpften Verbindungen aufs Neue und selbst der Verkehr mit Westindien, dem spanischen Amerika und Brasilien, welcher vorher einigen Ersatz für die Unterbrechung der europäischen Handelsbeziehungen dargeboten, sah sich während desselben vielfach gestört.

Nur nach einer Richtung übte diese Störung der Schiffahrt und des Handels eine günstige Wirkung: auf die Entwicklung des Gewerbe- und Fabrikwesens im Inneren. Die Kapitalien, welche keine andere Verwendung mehr fanden, wurden jetzt in Fabriketablissements angelegt. Dieselben versprachen eine gute Verzinsung, da die Zufuhr fremder Fabrikate an und für sich schon durch die kriegerischen Verhältnisse abgenommen hatte, außerdem aber noch durch erhöhte Zölle erschwert wurde. Schon im Jahre 1790 waren auf einige ausländische Waaren Zölle gelegt worden, und von 1798 an erhöhte man dieselben mehrmals. So waren Wollenwaaren ursprünglich mit 5%

von ihrem Werthe belastet; im J. 1798 stieg die Abgabe auf 12½%, 1804 auf 15%, 1812 sogar auf 27%.

1814 bis 1860. Baumwollenfabriken, Wollenmanufakturen, Glashütten, Eisenwerke, Maschinenanstalten entstanden in großer Anzahl und machten in kurzer Zeit erhebliche Fortschritte.

Nach dem Frieden öffneten sich die europäischen Häfen den amerikanischen Erzeugnissen: Baumwolle, Mehl, Potasche, Tabak, Reis u. s. w., wieder, und die Ausfuhr derselben nahm jetzt stetig zu, sowol nach England und dem europäischen Festlande als nach Westindien, Brasilien und dem spanischen Amerika. Letztere bezogen fast ihren sämmtlichen Mehl- und Fleischbedarf von Nordamerika. Auch der Handel mit Indien und China hob sich, und bei der Ausfuhr des chinesischen Thees wetteiferten die Amerikaner schon jetzt mit den Engländern. Im Jahre 1823 betrug ihre Einfuhr aus China 7 Mill., aus Ostindien 3½ Mill. Dollars. Doch erreichte der auswärtige Handel im Ganzen seine frühere Ausdehnung nicht so bald wieder, und noch 1823 stand der Gesammtwerth der Ausfuhr gegen 1807 um mehr als 30 Millionen Dollars zurück.

Um so mächtiger schritten jetzt die Vereinigten Staaten im Inneren vorwärts. Die Bevölkerung, zu welcher noch fortwährend Ströme europäischer Einwanderer kamen, verbreitete sich immer weiter und kultivirte die ungeheueren Länderstrecken im Westen. Ackerbau, Gewerbe und Fabriken gingen voran, und der Binnenverkehr, unterstützt durch großartige Anlagen von Kanälen, Eisenbahn- und Dampfschifflinien, nahm immer gewaltigere Verhältnisse an.

Die Industriellen waren die Ersten, welche diesem Umschwunge der Dinge einen öffentlichen Ausdruck gaben. Sie leiteten eine Agitation gegen die Zulassung ausländischer Fabrikate zu den bisherigen Zollsätzen ein, und ihr Einfluß in der Union, welche noch vor wenig Jahrzehnten die Industrie kaum gekannt hatte, war bereits so groß, die industriellen Interessen erschienen der Mehrzahl des Kongresses so gewichtig, daß im J. 1824 ein neuer Tarif angenommen wurde, welcher die meisten fremden Waaren mit einem Zoll von 25% bis 50% ihres Werthes belegte. Im Jahre 1828 wurde dieser Tarif trotz der heftigen Opposition aller südlichen und der meisten südwestlichen Staaten abermals erhöht. Doch hatten diese hohen Zölle, welche einem Verbot fast gleichkamen, nicht die erwartete Wirkung, und es gelang deshalb schon 1833, eine Ermäßigung derselben im Kongresse durchzubringen. Im Jahre 1857 wurden die meisten Zölle abermals herabgesetzt, bis die jüngsten kriegerischen Ereignisse zur nochmaligen Erhöhung des Tarifes im Jahre 1861 und 1864 führten, welche endlich in dem Tarife vom 1. Juli 1864 mit fast durchgehends höheren Sätzen definitiv zur Regel und 1866 bis auf 66% gesteigert wurden. Dagegen verursachte (1836) die Aufhebung der privilegirten Bank, welche ihre Vortheile zu habgierig ausbeutete, eine Menge Bankerutte, der Verkehr stockte, denn das Ausland versagte den Kredit. Obschon sich das Land bald erholte, so wiederholten sich doch von Zeit zu Zeit Krisen, welche aber auch vorübergingen, weil infolge der Einwanderungen, Eisenbahnen, Kanäle u. s. w. die Hülfsmittel des Landes gewaltig zunahmen. Namentlich aber gewinnt das deutsche Element in der neuesten Zeit immer mehr Bedeutung als vermittelndes.

Die Produktions- und Handelsverhältnisse der Vereinigten Staaten hatten sich nach dem Frieden, wie wir sahen, nur langsam erweitert, wenigstens im

Verhältnisse zu dem raschen Aufschwunge zu Anfang des Jahrhunderts. Krisen, wie die von 1819 und 1825, wirkten störend ein und warfen das Land wieder zurück. Eine größere Thätigkeit trat in den Dreißiger Jahren ein. Mit Hülfe ausländischer, meist englischer Kapitalien wurde der Bau von Eisenbahnen und Kanälen, der Anbau von Ländereien und Plantagen in ausgedehntester Weise betrieben. Die Ausfuhr stieg bis 101 Mill. Dollars, die Einfuhr auf 153 Mill. Dollars im Jahre 1836. Aber auch diese übermäßige, durch ein regelloses Bankwesen geförderte Anspannung führte einen Rückschlag herbei, und die Handelskrisen von 1837 und 1839, welche des innigen Zusammenhangs mit dem englischen Handel halber schon früher berührt werden mußten, hatten unzählige Bankerutte und den Bruch fast sämmtlicher Banken zur Folge. 1830 bis 1866.

Die unerschöpflichen Hülfsquellen der Vereinigten Staaten ließen diese Verluste indeß bald verschmerzen, und alle Zweige der wirthschaftlichen Thätigkeit, Ackerbau, Industrie, Handel und Schiffahrt, machten, besonders seit 1840, wahrhaft riesige Fortschritte. Doch wurden dieselben von Zeit zu Zeit, wenn die Spekulation sich zu weit hinreißen ließ, durch Stockungen unterbrochen, wie 1847 und 1857.

Einen Wendepunkt in der Geschichte der Union bildet der Aufstand der Sklavenstaaten im Jahre 1861, welcher endlich nach vierjähriger Dauer und ungeheueren Opfern bewältigt worden ist. Nicht die mit jedem Kriege verbundenen Werthzerstörungen, nicht die Jahre lange Unterbrechung der landwirthschaftlichen und gewerblichen Thätigkeit in einem großen Theile des Landes, nicht das riesige Anwachsen der Staatsschuld — in 3 Jahren auf 3000 Mill. Dollars — noch das Sinken der Aus- und Einfuhrwerthe würde diesen Ausspruch rechtfertigen. Das Alles würde in wenigen Friedensjahren vergessen sein. Wol aber muß die mit Aufhebung der Sklaverei verbundene Umgestaltung aller Produktionsverhältnisse der sog. Südstaaten der materiellen Entwicklung derselben und damit der Union überhaupt einen ganz anderen Charakter aufdrücken, als sie bisher besaß. Von den drei bisher wichtigsten Ausfuhrartikeln der Union, **Baumwolle**, **Getreide** und **Tabak**, werden aller Wahrscheinlichkeit nach zwei derselben, Baumwolle und Tabak, künftig eine bescheidene Rolle spielen. Jedenfalls hat die Union ihre frühere, den ganzen Baumwollenhandel der Welt beherrschende, Stellung verloren. Die gewöhnliche Brotfrucht liefert der Mais, welcher prächtig in frisch gerodetem Boden gedeiht, in Stroh und Blättern Viehfutter und Material zu Papierbereitung giebt. Der Mais ist deshalb doppelt so viel werth als Heu, dreimal so viel als Weizen und viermal soviel als Baumwolle. Man erntet über 1 Mill. Bushels, führt jedoch mehr Weizen aus, von welchem man etwa 180 Mill. Bushels erntet und allein nach England und Kanada für mehr als 40 Mill. Doll. verkauft. Im Ganzen bringt dieser Artikel 55—60 Mill. Doll. ein, da man 24 Mill. Bush. Weizen und 4 Mill. Barrels Weizenmehl abgab, Europa nur 18 Mill. Bush. verkauft. Chicago allein hatte bereits 1862 über 48 Mill. Bush. Getreide und 2 Mill. Barrels Mehl auf Lager. Die Union erzeugt noch an 20—22 Mill. Bush. Roggen, 4 Mill. Gerste, 8 Mill. Buchweizen, Hafer u. s. w. und die Weinernte schätzt man auf mehr als 5 Mill. Gallonen ab.

Die Steigerung, welche die Baumwollenproduktion in den Südstaaten von 1820 bis 1860 erfahren hatte, war wahrhaft kolossal. Die Ausfuhr betrug 1821/22: 144,6 Mill. Pfund, 1841/42: 584,7 Mill. Pfund und 1859/60

1840 bis 1863. 1767 Mill. Pfund. Im ersten Kriegsjahre 1860/61 sank der Export auf 307,5 Mill. Pfund und im folgenden Jahre 1861/62 auf 26 Mill. Pfund. Wenn auch nach Wiederkehr der Ruhe eine bedeutende Steigerung über das letzte Quantum nicht ausbleiben wird, so ist mit freien Arbeitern eine Benutzung des Bodens in der früheren Weise geradezu unmöglich. Im Jahre 1856 brachte die Baumwolle 128 Mill. Doll. ein, 1860 über 262 Mill., sank aber 1864 auf 4 Mill., stieg dann bis 1864 auf 11 Mill., um 1865 wieder auf 9 Mill. herabzugehen. Infolge der Aufhebung der Sklaverei wird der Reisbau und der Zuckerrohranbau aufhören, da sie ungesund sind und wenig lohnen. Dagegen umfaßt das Gebiet mineralhaltiger Gesteine einen Raum von 1 Mill. engl. Q.=Meilen, brachte Gold von 1849—63 an 350 Mill. Pfund ein, Silber in Newada 5 Mill. Doll., die Minen Neu=Meriko's mehren sich, Petroleum ergab bereits 180 Mill. G. ein (2¼ Mill. Barrel), beschäftigte 360 Gesellschaften und ein Anlagekapital von 30 Mill. Pfd. St.

Großartig ist die Viehzucht. Cincinnati und Chicago verbrauchen Millionen von Schweinen zu Schinken u. s. w., manche Geschäfte schlachten täglich mehr als 12,000 solcher Thiere, und die Schafzucht (über 30 Mill.) wurde durch sächsische und schlesische Rasse veredelt. Lohnend sind Bienenzucht und Flußfischerei, noch mehr der Seefischfang, da der Stockfischfang 2000 Schooner, der Walfischfang 600 Schiffe beschäftigt, von denen die meisten aus New=Bedford und Nantucket sind.

Dasselbe gilt für Tabak, wenn es auch bei diesem Produkt eher möglich sein wird, die sehr dezimirte Negerarbeiterklasse durch eingewanderte freie Arbeiter zu ersetzen, da Maryland und Virginien besser zur Einwanderung für Europäer geeignet sind als die südlichen Staaten, die eigentlichen Cottonländer. Auch hat der hohe Preis bereits in den freien Staaten Ohio, Indiana und Illinois zur Tabakskultur aufgemuntert.

Weit ungünstiger dagegen steht es mit der Zuckerproduktion Louisiana's. Wenn dieselbe auch keine Exportartikel lieferte, so versorgte sie doch den größten Theil der Union mit Rohrzucker, und die Ernte belief sich in guten Jahren bis 450,000 Fässer. Die Umgestaltung des Arbeitssystems wie die Zerstörung vieler Pflanzungen hat dies Erträgniß so vermindert, daß die Ernte des Jahres 1863 auf nicht höher als auf 50—60,000 Fässer geschätzt wurde. Die nothwendige Folge davon war die Einfuhr eines großen Theiles der Zuckerernte Cuba's, und die Vereinigten Staaten werden künftig ohne Zweifel stets mit starker Nachfrage daselbst erscheinen.

Die Industrie gewinnt mit jedem Jahre an Umfang und Kraft, im Maschinen= und Straßenbau sind die Amerikaner Meister. Die Kapitalanlage der Fabriken stieg 1840—50 von 250 Mill. auf 550 Mill. Doll., ja 1860 erzeugte man für etwa 115 Mill. Doll. Baumwollenwaaren und bezog noch für 10 Mill. Doll. vom Auslande.

Im Jahre 1826 besaß man 3 Meilen Eisenbahn, 1866 schon 34,000 engl. Meilen, welche 1290 Mill. Doll. zu bauen kosteten, dazu kommen 90,000 engl. Meilen Telegraphen, 2 unterseeische Kabel, Eisenbahn bis Californien, über 38,000 Seeschiffe, und über 1000 Banken mit etwa 300 Mill. Doll. Kapital und 200 Mill. Noten.

Von den zahlreichen Handelsartikeln gewinnt der Eishandel Bostons stets mehr Bedeutung. In der Stadt selbst verbraucht man über 100,000

Tonnen, 500 Schiffe und 4000 Arbeiter besorgen die Ausfuhr nach Asien, 1864.
und 2 Mill. Doll. beträgt das Anlagekapital. Es beziehen Südasien an 18,000 Tonnen, Südamerika an 26,000 und Nordamerika 35,000 Tonnen. In New-York setzt die Knickerbocker-Compagnie an 113,000 Tonnen Eis um.

Die allgemeine Lage der Union wird durch diese Umgestaltungen natürlich nicht verschlimmert, im Gegentheil, sie wird von nun an auf gesunderen, dauerhafteren Grundlagen stehen als früher.

Im Norden hat die Thatkraft des öffentlichen Lebens selbst während des Krieges nicht gelitten, und wenn auch die Aus- und Einfuhrwerthe der letzten Jahre einen bedeutenden Rückgang gegen die vorhergegangenen bekunden, so stehen sie doch den entsprechenden Werthen von vor 10 Jahren ziemlich gleich.

Der Handel der Vereinigten Staaten bewegte im Durchschnitt der Jahre 1839 bis 1843 folgende Werthe: die Gesammtausfuhr belief sich auf $117^1/_2$ Mill. D., wovon $104^2/_3$ Mill. D. auf die europäischen Länder fielen. Die Einfuhr betrug $109^1/_2$ Mill. D., wovon für $88^3/_4$ Mill. D. aus Europa kam.

Die nächsten 15 Jahre zeigen folgende Steigerung:

	Ausfuhr.	Einfuhr.
1846 bis 1847	158,6 Mill. D.	146,5 Mill. D.
1851 bis 1852	209,6 „ „	212,9 „ „
1856 bis 1857	362,0 „ „	360,8 „ „

Seitdem hat eine Abnahme stattgefunden, die indessen nur als momentan betrachtet werden kann und deshalb kein besonderes Interesse erregt.

Die Einfuhren fielen beispielsweise auf 238,2 Mill. i. J. 1860, auf 162,7 i. J. 1861 und stiegen i. J. 1862 wieder auf 174,6 Mill. D. Der Gang mehrerer europäischer Industriezweige, welche vorzugsweise für die Union arbeiteten, wie namentlich die Seidenindustrie, ist dadurch nicht wenig beeinträchtigt worden. Fühlbar wurde der Krieg dem ganzen Gewerbsleben der Welt. Fast unberührt von den Krisen wie von dem Kriege ist die Entwicklung der westlichen Staaten der Union, der Korn- und Fleischkammer Amerika's, geblieben. Brotstoffe sind heute der wichtigste Exportartikel der Vereinigten Staaten und werden es wol noch lange bleiben. Großartig ist der Aufschwung des Mittelpunktes des Getreidegeschäftes im Westen, in Chicago. Im Jahre 1862 empfing dieser Platz nicht weniger als 48 Mill. Bushel Getreide (1 Bushel = $35^1/_4$ Liter), nämlich: 14 Mill. B. Weizen, 29 Mill. B. Mais und 6 Mill. B. Roggen, Gerste, Hafer 2c. Dazu kamen noch 1,927,371 Faß Mehl (1 Barrel ca. 2 Centner). Die Verschiffungen absorbirten nahezu das ganze Quantum. Nicht weniger großartig ist das Einpökeln von Schweinefleisch. Cincinnati, welches hierin lange den Vorrang behauptete, ist von Chicago überflügelt worden. Die Einfuhr von Schweinen betrug 1862: 1,348,890 Stück.

Der wichtigste Ausfuhrhafen der Union ist New-York, durch Flußdampfschiffahrt, Eisenbahnen und Kanäle mit dem Westen und Nordosten verbunden. Die Brotstoffe nehmen ihren Weg fast ausschließlich über diesen Platz ins Ausland, ebenso Fleisch, Potasche, Harz 2c. Für Tabak ist Baltimore noch ein wichtiger Exportplatz. Philadelphia war hauptsächlich auf die Ausfuhr der Landesprodukte Pennsylvaniens: Kohlen, Holz, Fleisch, Getreide, Butter, Speck, Schinken, Schmalz, Talg 2c. angewiesen. In der jüngsten Zeit hat sich

1864 bis 1866. dazu ein neuer Artikel gesellt, der an Bedeutung heute die erste Stelle einnimmt. Dies ist das Kohlenöl (Petroleum), dessen reichste Quellen in Pennsylvanien liegen. Im Jahre 1863 belief sich die Gesammtproduktion auf 2,286,000 Barrels (à 40 Gallons), die theils über Pittsburg nach dem Westen, theils über Philadelphia und New-York nach dem Osten und weiter nach Europa gingen. Philadelphia verschiffte in diesem Jahre ca. 5 Mill. Gallons im Werthe von 1,382,000 Dollars meist nach Großbritannien (ca. 3½ Mill. G.), Frankreich (975,384 G.), Bremen (201,316 G.) u. s. w.

Die Petroleumausfuhr hat überhaupt für die ganze Union eine hohe Bedeutung gewonnen. Der Gesammtexport des Jahres 1863 betrug ca. 17 Mill. Gallons im Werthe von 5¾ Mill. Dollars.

Die früher so lebendigen Häfen der Südstaaten, New-Orleans, Mobile, Savannah, Charlestown, welche die Baumwolle, den Tabak und den Reis ihrer Hinterländer exportirten, sind heute verödet und liegen theilweise in Trümmern. Von der langsameren oder schnelleren Wiederbelebung des Südens wird es abhängen, wie bald sie wieder als Glieder im Weltverkehre zählen werden und mit welchem Range.

Das große Emporium des Westens ist St. Louis, von wo auch der Landhandel mit Neu-Mexiko und Californien betrieben wird. Durch das beispiellose Heranwachsen des letzteren Staates muß St. Louis von Jahr zu Jahr größere Bedeutung gewinnen.

Californien verdankt bekanntlich seine wunderbare Entwicklung den Goldlagern, welche vor einem Jahrzehnt dort entdeckt wurden. Die Begierde, an der goldenen Ernte Theil zu haben, zog in wenig Jahren Hunderttausende aus allen Ländern der Erde dorthin. Nach Sättigung des ersten Durstes fanden Viele, daß der fruchtbare Boden und das herrliche Klima auch noch Anderes hervorbringen könnten als Metall, und die ungeheueren Preise, welche in den ersten Jahren für die Tausende von Meilen weit hergebrachten Lebensmittel ꝛc. gezahlt werden mußten, reizten zum Betrieb der Landwirthschaft und der Viehzucht. So ist es gekommen, daß ein Land, welches noch vor 20 Jahren wüste lag, heute schon für 4 Mill. D. Getreide, Mehl, Häute, Wolle, Holz, Quecksilber u. s. w. ausführen kann. Natürlich ist die Goldproduktion noch das Wichtigste. Aber bald wird diese, die schon jetzt bergwerkmäßig betrieben werden muß und in ihren Erträgen seit ca. einem Jahrzehnt stetig zurückgeht, gegen die übrigen Zweige menschlicher Thätigkeit zurückstehen, und die Zeit ist nicht ferne, in welcher wir Californien als Beherrscher des Handels im Stillen Ozean erblicken, Australien, China, Japan, die Amurländer durch Dampfschifflinien mit ihm verbunden und in St. Francisco ein zweites New-York sehen werden.

Die Goldproduktion Californiens betrug im Jahre 1852 an 65 Mill. D., 1863 dagegen nur 33 Mill. D. Im Ganzen hat Californien in den 16 Jahren, von 1848 bis 1863, für ca. 755 Mill. D. Gold produzirt, wozu seit 1853 eine Produktion von 18,8 Mill. Pfd. Quecksilber kommt.

Die amerikanische (germanische) Kultur verwächst immer mehr mit der europäischen, denn von England und Deutschland erhielt die Union nicht nur die Mehrzahl seiner Einwanderer, sondern auch geistige Anregungen aller Art und steht deshalb auch mit England und Deutschland im regsten Handelsverkehr. Daher kann es nicht Wunder nehmen, daß die Krisis von 1857 und der

Bürgerkrieg von 1861—65 gerade an den Börsen dieser beiden Länder schwer 1860.
empfunden wurde. In der Union geht Alles ins Kolossale; mehr als 1000 Dampfer befahren den Mississippi und seine Nebenflüsse, eine Eisenbahn reicht vom Ufer des Atlantischen Meeres quer durch die unwirthlichen Felseneinöden der Cordilleren bis zum Gestade des Stillen Meeres; Wasserleitungen rinnen unter dem Boden großer Seen hin, Eisenbrücken überspannen den Lorenzo am Niagarafalle, Schweine schlachtet man millionenweise, u. s. w. Die Aus- und Einfuhr schätzt man auf 500—600 Mill. Doll., die Spinnerei benutzt 12 Mill. Baumwollspindeln, in 600 Fabriken verfertigt man Tuch und an Roheisen produzirt man 1½ Mill. Tonnen, am Oberen See 12,000 Tonnen Kupfer, gewinnt 500 Mill. Liter Petroleum, 15 Mill. Tonnen Anthrazit, verbraucht 82,150,000 Pfd. Zucker und 8294 Tonnen Kaffee, pökelt 2 Mill. Schweine ein, erbaut 250 Mill. Pfd. Tabak, fand von 1848—62 an 575 Mill. Dollars Gold in Californien und bis 1866 25½ Mill.

Noch schneller entwickelt sich freilich Australien, wo 1788 die erste Verbrecherkolonie angelegt wurde, und welches gegenwärtig bereits 15,000 □ Meilen Kulturland umfaßt mit 2 Mill. europäischer Bevölkerung und der aufblühenden Doppelinsel Neu-Seeland, dem „Großbritannien der Südsee“. Es ernährt Australien 30 Mill. Schafe, 3 Mill. Rindvieh, 700,000 Pferde, führt für 10 Mill. Pfd. St. Wolle, für 1 Mill. Pfd. St. Korn aus, setzt 60—65 Mill. Pfd. St. im Handel um und gewann in den Goldfeldern von 1851—70 an 200 Mill. Pfd. St. Gold. Dabei verpflanzte man auswärtige nützliche Thiere (Kameele) und Pflanzen (Wein, Südfrüchte) in das Land, baut Eisenbahnen, giebt sich freisinnige Gesetze, und bald wird das Land sich unabhängig von England erklären können.

Mexiko und die Staaten Centralamerika's nebst Domingo.

Seit ihrer Losreißung vom Mutterlande sind alle diese Staaten eine 1820 bis
Beute der Anarchie. Von unaufhörlichen Bürger- und Parteikriegen zerrissen, 1864.
haben sich ihre materiellen Verhältnisse in jeder Beziehung verschlechtert, und die reichen Hülfsmittel des Bodens bleiben meist noch unbenutzt. Was Mexiko betrifft, so befindet sich dasselbe seit der französischen Okkupation und der Uebertragung des Thrones auf Maximilian in einer neuen Uebergangsperiode, deren Ausgang eben so unsicher ist, wie der aller früheren staatlichen Experimente war, die mit diesem Lande gemacht wurden.

Mit der Erschießung Maximilian's trat die alte Anarchie wieder ein. Hauptbeschäftigung bleibt Landwirthschaft auf Meiereien (Haciendas); die Industrie versorgt kaum mit gewöhnlichen Stoffen die Bevölkerung; Kolonialwaaren pflegt man nicht ausreichend anzubauen, ebenso vernachlässigt man Getreide- und Bergbau, so vortrefflich auch das Land sich dazu eignet. Zucker bringt 7—8 Mill. Thlr., doch der treffliche Tabak reicht nicht einmal für die Bevölkerung aus. Man gewinnt 4000 Mark Gold und 2 Mill. Mark Silber, auf einem Raume von 600 □ Meilen in Anahuac. Monopole erschweren den Handel und verleiten zu großartigem Schmuggel. An Landstraßen fehlt es, man transportirt die Waaren mittels Maulthierkarawanen. Der Großhandel befindet sich meist in deutschen Händen, und in Mexiko allein giebt es über 100 reiche deutsche Häuser. Die Hauptausfuhr besteht in Silberbarren, Cochenille

1850 bis 1866. (50,000 Pfd. St.), Vanille, Jalappe, Indigo u. s. w., die Einfuhr in Manufaktur- und Fabrikwaaren und setzt über 50 Mill. D. um.

Der Handel des Haupthafens von Mexiko, Vera-Cruz, ist gegenwärtig ohne größere Bedeutung. In ruhigen Zeiten führte derselbe ansehnliche Quantitäten von Kaffee, Cochenille, Jalappe u. s. w. aus. Die Erträgnisse der zwar vernachlässigten, aber immer noch ergiebigen Silberminen Mexiko's sind jedoch das wichtigste Tauschmittel, und die aus Fabrikaten, Luxusgegenständen, Kurzen Waaren u. dgl. bestehende Einfuhr, deren Betrag natürlich je nach den inneren Verhältnissen äußerst schwankend ist, wird großentheils damit bezahlt. Das Silber wird in Form von mexikanischen Piastern oder Dollars ausgeführt und der Kurs derselben in London regelmäßig neben dem des reinen Barrensilbers notirt. Die Silberverschiffungen von London nach dem Orient bestehen großentheils aus mexikanischen Dollars. In den Jahren 1856 bis 1860 betrug die durchschnittliche Ausfuhr 7 Mill. Pesos, die Einfuhr 13 Mill. Pesos, wovon etwa $6^3/_4$ Mill. auf Manufakturen und $1^2/_3$ Mill. Pesos auf Lebensmittel kamen.

Von den Ausfuhren sind hervorzuheben: Silber, gemünzt und in Barren, in dem genannten Zwischenraum zwischen 1,8 Mill. und 9,9 Mill. Pesos, Eisen sehr schwankend, Cochenille (zwischen 4396 und 6261 Centner), Jalappe (zwischen 670 und 1266 Centner), Kaffee (zwischen 142 und 4348 Centner), ferner kleine Partien Tabak, Sassaparilla, Indigo, zuweilen auch etwas Kakao und Tabascopfeffer.

Schon diese wechselnden Erträge oder Versendungen deuten die Unsicherheit der mexikanischen Zustände an. In welchem Grade dies von dem werthvollsten Artikel gilt, wollen wir durch ein Beispiel belegen. Die Produktion der Cochenille findet hauptsächlich in der Provinz Oaxaca statt. Während die Ernte daselbst 1852 an 943,600 Pfund betrug, fiel sie infolge der Unruhen in den nächsten Distrikten, im Jahre 1856 auf 395,200 Pfund. Am Stillen Ozean kann der Hafen Acapulco gegen die nordamerikanischen nicht aufkommen.

In Centralamerika haben für den europäischen Handel gegenwärtig nur Costa-Rica, Guatemala, San Salvador und Honduras einige Bedeutung, obschon auch hier Bürgerkriege und verheerende Erdbeben der Kultur des Bodens große Hindernisse in den Weg legen.

Central- wie Südamerika besteht aus Republiken, in denen häufig Bürgerkriege ausbrechen, wobei die Heere nur einige hundert oder tausend Mann zu zählen pflegen, die Staaten sich bald trennen, bald durch Bündnisse vereinigen. Diese Länder sind fruchtbar, gebirgig, reich an Vulkanen, aber dünn bevölkert. Die Nachkommen der ersten Ansiedler betrachten sich als die herrschende Klasse, neben welcher es verschiedene Mischklassen giebt. Diese Herren leben verschwenderisch, scheuen die Arbeit, und die Eingeborenen verkommen in Armuth und Unwissenheit. Der Wege giebt es wenige, der Binnenverkehr bleibt daher unbedeutend wie die Industrie; der Handel beschränkt sich auf Küstenhandel und Austausch europäischer Fabrikate gegen Kolonialwaaren. Mit den Finanzen aller dieser Republiken steht es schlecht, und die großen Flüsse werden zur Schiffahrt wenig benutzt, da sie weithin durch Urwälder oder baum-, städte- und menschenarme Savannen fließen. Der Handel befindet sich meist in englischen und deutschen Händen. Die Dampfschiffahrt brachte England an sich, die Panama-Eisenbahn befindet sich in den Händen der Nordamerikaner.

Costa-Rica baut einen Kaffee von sehr guter Qualität, welcher auf dem 1868.
Londoner Markt zu den besseren Sorten gezählt wird. Die Produktion beträgt gegenwärtig achtzig- bis hunderttausend Centner. Daneben wird Cedernholz ausgeführt, auch Häute. Letztere, wie etwa ein Viertel der Kaffeeernte, gehen nach Deutschland. S. Salvador führt jährlich für 1 bis 1½ Mill. Dollars Indigo aus, außerdem etwas Zucker, Reis und Rindshäute. In San Miguel am Stillen Meere wird alljährlich zweimal ein großer Produktenmarkt gehalten. Auf diesem und den Messen von Chinaltinango und S. Vincente wird der Indigo von den Produzenten ausgeboten und von den Exporthäusern in San Miguel, Sansonate und Guatemala rc. aufgekauft. Guatemala zieht viel Cochenille. Ausfuhr 1862 für 838,000 Dollars, Indigo für 218,750 Dollars, Kaffee für 119,000 Dollars, ferner Häute und Zucker für je 94,000 und 92,000 Dollars. Honduras und die Mosquitoküste exportirten Cochenille, Farb- und Nutzhölzer und Rohhäute.

Von den ehemaligen spanischen Besitzungen Mittelamerika's hat sich noch ein Theil der Insel Domingo oder Haiti unabhängig erhalten. Auch daselbst ist die Produktion gegen früher tief gesunken. Namentlich der Zuckerbau hat fast ganz aufgehört. Doch hat dafür die Kultur des Kaffeebaumes, welche die Schwarzen überall der des Zuckers vorziehen, bedeutend zugenommen, und die Produktion ist seit 1819 auf mehr als das Doppelte gestiegen. (Von ca. 20 Mill. Pfund im Jahre 1819 auf ca. 51 Mill. Pfund 1860.) Daneben werden Farb- und Nutzhölzer, Baumwolle, Kakao, Honig, Wachs rc. ausgeführt. Der Werth der Ausfuhren stellte sich 1862 auf 7,5 Mill. Pesos (à 1½ Thaler), der der Einfuhren auf 6,9 Mill. Pesos. Die Ausfuhr bestand aus 53,6 Mill. Pfund Kaffee, 166,8 Mill. Pfund Blauholz, 2,4 Mill. Kubikfuß Mahagoni, 1,7 Mill. Pfund Kakao, 1,4 Mill. Pfund Baumwolle, 410,133 Pfund Zucker (gegen 141 Mill. Pfund im Jahre 1789).

Brasilien.

Während die Staaten Europa's zu Anfange dieses Jahrhunderts durch 1808 bis 1830.
blutige Kämpfe zerrüttet wurden, entstand in Südamerika infolge der Auswanderung des portugiesischen Hofes ein neues selbständiges Reich, welches an Ausdehnung den Vereinigten Staaten Nordamerika's gleichsteht und einer großen Zukunft entgegengeht. Dasselbe ist infolge seiner geographischen Lage zur Kultur der Tropengewächse berufen, und schon von den ersten Kolonisten wurde neben der Ausbeutung der reichen Minen der Anbau von Zucker betrieben, zu welchem sich später der Bau von Kaffee und Baumwolle gesellte. Von Anfang an verwandten die Portugiesen Negersklaven zu den Plantagenarbeiten, und der Handel damit war für das Mutterland eine Quelle reichen Gewinnes.

Nach der Erhebung Brasiliens zu einem unabhängigen Reiche, noch eifriger aber nach Beendigung der französischen Kriege, wurde die Verbindung mit diesem Lande von Seiten aller handeltreibenden Nationen gesucht, da hier nicht blos die sogenannten Kolonialwaaren ohne Erschwerung von Jedermann ausgeführt werden durften, sondern auch ein wichtiger Markt für die europäischen Industrie-Erzeugnisse offen geworden war. Denn obschon die inneren Zustände keineswegs befriedigen können, namentlich zwischen Grundherren und Sklaven

1820 bis 1864. ein geheimer Vertilgungskrieg besteht, indem man sich gegenseitig erschießt oder vergiftet oder Sklaven sich selbst vergiften, damit der Herr ohne Arbeiter ist, so wurden doch alle großen Flüsse der Schiffahrt freigegeben und dem Handel erschlossen. Brasilien besitzt Ueberfülle an nutzbaren Pflanzen aller Art; an den Küsten treibt man lohnenden Plantagenbau, doch wird dieser nach Aufhebung des Sklavenhandels abnehmen, seit man denselben nur heimlich treiben darf. Selbst Cochenille und Seidenraupe leben einheimisch in dem gold- und diamantenreichen Lande, wo man sie so wenig benutzt, wie die massenhaft vorkommenden Eisenerze. Die träge Bevölkerung bebaut nur den zweihundertsten Theil des Bodens, daher fehlt Industrie und ausreichender Getreidebau. Deutsche Ansiedler leben zwar in Menge bereits im Lande, leiden aber unter Gesetzlosigkeit des Volkes und Rassenhaß. Landstraßen und Stapelplätze im Inneren fehlen, mit ihm der Binnenverkehr, da man zu einer Reise ins Innere 3—5 Monate gebraucht. Namentlich die Deutschen, die Hamburger und Bremer, benutzten dies und versahen sich hier mit Zucker und anderen Kolonialwaaren, wogegen sie Leinwand, Metallwaaren und Anderes einführten. Auch die Franzosen fanden willige Abnahme für ihre Mode- und Putzwaaren, ihre Weine und sonstigen Luxusartikel, während die Vereinigten Staaten vorzugsweise Getreide, Mehl, Fleisch und dergleichen absetzten. Das Mutterland Portugal erhielt sich trotz der Spannung, welche stets zwischen ihm und der abgefallenen Kolonie bestand, einen bedeutenden Handel mit Brasilien, dessen Bewohner ihrer Vorliebe für die schweren portugiesischen Weine bis heute nicht entsagt haben.

Die Produktion Brasiliens hat bis zur neuesten Zeit stetig zugenommen. Gegenwärtig scheint indeß der Punkt erreicht zu sein, bis zu welchem dieselbe mit den bisherigen Mitteln — dem Anbau durch Negersklaven — ausgedehnt werden kann. Um der Gefahr einer ins Unendliche wachsenden Sklavenbevölkerung vorzubeugen, ist nämlich die Einführung neuer Sklaven schon vor Jahren verboten worden. Die vorhandene Sklaven- und Negerbevölkerung wurde aber in der jüngsten Zeit durch die Cholera und andere Krankheiten so gelichtet, daß den Pflanzern die nöthigen Hände zum Fortbetrieb ihrer Zucker- und Kaffeeplantagen zu fehlen beginnen. Die Regierung hat große Anstrengungen gemacht, um sowol im allgemeinen Interesse des Landes, als in dem besonderen der Produktion von Handelsgewächsen und Nahrungsstoffen, die Einwanderung europäischer Kolonisten zu befördern, und diesem Zwecke namhafte Opfer gebracht. Auch besondere Kolonisationsgesellschaften haben sich gebildet, welchen bedeutende Geldmittel zu Gebote stehen. Bis jetzt hat der Erfolg den gehegten Erwartungen aber nicht entsprochen, da die Europäer die Einwanderung in Gegenden, welche für den Ackerbau geeignet sind, und den Aufenthalt in gemäßigten Klimaten vorziehen. Nur die südlichsten Provinzen Brasiliens, namentlich Rio grande do Sul und Parana, welche diesen Bedingungen entsprechen, scheinen für die Europäer, namentlich für die Deutschen, Anziehungskraft genug zu besitzen, denn dort bilden sie bereits einen Haupttheil der Bevölkerung. Die in wenigen Jahrzehnten ungemein gestiegene Produktion von Zucker, besonders aber von Kaffee, dürfte aus obigen Gründen von jetzt an nur noch langsame Fortschritte machen. Vor 25 Jahren — 1823 — erhielt Europa aus Brasilien ca. 184,000 Centner Kaffee. Zwanzig Jahre später — 1843 — betrug eine Jahresernte schon 1,600,000 Centner, und noch zehn Jahre später — 1853 — 2,480,000 Centner. Die Zuckererzeugung hob sich dagegen weniger schnell;

im Jahre 1863 nämlich wurden nach Europa 476,000 Centner ausgeführt, 1853 ungefähr 1½ Mill. Centner. 1864 bis 1866.

Die Gesammtausfuhr Brasiliens über Rio Janeiro hatte 1863 einen Werth von 52,8 Mill. Milreis (1 Milreis = 22 Sgr.). Der Hauptartikel war Kaffee, 1,374,300 Sack gegen 2,150,000 Sack i. J. 1860. Bahia exportirte 63,865 Sack Kaffee, 48,000 Tons Zucker, 162,707 Ballen Tabak. Fernere Ausfuhrartikel Brasiliens sind Häute, Baumwolle, Kakao, Rum, Hölzer 2c.

Die Einfuhr besteht hauptsächlich aus Baumwollen-, Wollen-, Leinen- und Seidenwaaren, Wein, Lebensmitteln, Eisenwaaren, Papier, Lederwaaren, Hüten, Möbeln 2c.

Bei dem Handel mit Brasilien sind hauptsächlich betheiligt England, Frankreich, Hansastädte (Hamburg), Portugal und die Vereinigten Staaten von Nordamerika.

Es gab eine Zeit, wo Gold und Edelsteine für die größten Schätze eines Landes gehalten wurden. Auch Brasilien ist lange wegen seines Diamantenreichthums beneidet worden. Im Lichte genauer Forschungen und Berechnungen erweist sich diese Hochschätzung als höchst unbegründet. Der Gesammtertrag der Diamantengräberei von 1727 bis 1849 in den 3 Provinzen Minas Geraes, Matto Grosso und Bahia belief sich auf 385 Millionen Francs, eine Summe, die von der Guanogräberei Peru's in wenigen Jahren bei weitem übertroffen worden ist.

Wichtiger als Diamanten ist die Ipecacuanha, welche in der Provinz Matto Grosso massenhaft wächst und bei größerer Thätigkeit der Bewohner zu einer Geldquelle für das Land werden könnte.

Die Häuteausfuhr der südlichen Provinz Rio grande do Sul betrug 1861—1862 über 816,000 Stück.

Die südamerikanischen Freistaaten.

Von den ehemaligen spanischen Kolonien auf dem Festlande Südamerika's hat in der letzten Zeit namentlich Venezuela eine höhere Stufe erreicht. 1820 bis 1864. Seine Produkte, Kaffee, Kakao, Baumwolle, Indigo, Häute 2c., zeichnen sich durch gute Qualität und sorgfältige Behandlung aus. Die wichtigsten Häfen sind La Guaira, Porto Cabello und Maracaibo. Der Export der eben genannten Waaren wird hauptsächlich durch Porto Cabello vermittelt. Im Jahre 1861—1862 wurden verschifft 19,1 Mill. Pfund Kaffee (davon 9,9 Mill. Pfund nach Hamburg und Bremen), 1 Mill. Pfund Kakao (meist nach Spanien und Frankreich), 398,270 Pfund Baumwolle (davon 106,884 Pfund nach Hamburg und Bremen), 87,556 Stück Häute (10,344 Stück nach Hamburg und Bremen). Von Tabak, Indigo und Zucker kam nichts zum Versandt; von Mahagoni, sodann von Gelb- und Pockholz sowie von Hörnern nur kleine Ladungen. Landwege führen von Quito über Popayan nach Bogota, ein anderer von Quito nach dem Hafen Esmeraldas und Dampfer von Angostura ab ins Atlantische Meer.

Maracaibo verschifft ebenfalls in erster Linie Kaffee, dann Kakao, Dividivi, Kopaivaöl, Gelbholz, Strohhüte (panamaähnliche), Ziegenfelle 2c. Den Magdalenenstrom befahren Dampfer.

1820 bis 1864. Auf der Westküste Südamerika's hat Peru durch die Auffindung der reichen Guanolager auf den Chincha-Inseln, welche dazu dienen müssen, den erschöpften europäischen Feldern neue Fruchtbarkeit zu verleihen, eine unerwartete Quelle beträchtlicher Einkünfte erlangt. Die Verschiffung dieses Produktes, wie des für unsere chemischen Fabriken eben so wichtigen — unrichtig „Chilisalpeter" genannten — salpetersauren Natrons, wovon sich 60 bis 90 cm. mächtige Lager auf mehr als 40 Meilen Ausdehnung in Peru und (zum kleinsten Theile) in Chili finden, hat einen beträchtlichen Verkehr zwischen Europa und der südamerikanischen Westküste hervorgerufen.

Im Jahre 1862 bestanden die Ausfuhren aus 1,629,000 Centnern Salpeter im Werthe von 3,258,000 Dollars, daneben aus Zucker, Branntwein, Wein, Baumwolle, Alpaca, Schafwolle und Borax 26,000 Centner, Cochenille, Getreide, Häuten, Strohhüten u. s. w., zusammen im Werthe von 2,587,000 Dollars, so daß die Gesammtausfuhr 5,795,000 Dollars betrug. Dabei ist natürlich die Ausfuhr des Guano (1862 304,662 Tons, fast zur Hälfte nach England) nicht inbegriffen, da dieser als Staatseigenthum monopolisirt ist und die Ausbeutung von der Regierung gegen bestimmte Summen an Privatgesellschaften überlassen wird. Der Gewinn des Staates aus dem Guanoverkauf betrug 1860 und 1861 zwischen 16 und 17 Mill. Dollars, im Jahre 1863 nur 11 Mill. Dollars, 1862 aber 20 Mill. Im Ganzen macht Bolivia für 5—6 Mill. Thlr. Umsatz.

Der Betrag der Einfuhr 1862 wurde auf 20 Mill. Dollars geschätzt. Die Straßen der alten Incas, 1100 Meilen lang, standen an Kunst und Fertigkeit den römischen nicht nach, obschon sie in einer Höhe von 3140—3770 m. auf dem Gebirgskamme hinliefen. Die Spanier ließen sie verfallen, so daß es jetzt in dem Incalande nur noch Pfade giebt, aber keine Landstraße. Einige Ordnung in die Verwaltung und Anfang zu Industrie schuf der Präsident Ramon Castilla (1845—1851). Bolivia hat keine Straße zum La Plata, und am Meere nur den kleinen Ort Cobija, wogegen Peru Häfen besitzt in Callao, Arica und Truxillo. Der ehemals so blühende Bergbau ist in steter Abnahme begriffen. — Die Bergwerke Peru's liegen um den Titicacasee herum, bei Cusco und Lauricocha im Serro de Pasco und sollen jährlich 3500 Mark Gold und über 20,000 Mark Silber liefern, wogegen Bolivia zu La Paz an Illimani 5000 Mark Gold, bei Potosi 200,000 Mark Silber und anderwärts 20,000 Ctnr. Quecksilber gewinnt.

Der kleine Freistaat Ecuador, nördlich von Peru, führt über Guayaquil hauptsächlich Kakao aus im Jahre 1862 an 154,511 Quintals im Werthe von 2,163,000 Piastern. Minder wichtig ist der Export von Chinarinde, Tabak, Baumwolle, gegerbten Fellen, Kautschuk, Strohhüten, Kaffee 2c.

Chili ist trotz seiner Kleinheit und eines kargen, häufig der Bewässerung ermangelnden Bodens durch geordnete politische Verhältnisse zu größerem Wohlstand und erfreulicheren Zuständen gelangt, als die meisten südamerikanischen Staaten. Die Hauptquelle seines Wohlstandes ist die Kupferindustrie. Die Provinzen Copiapo und Coquimbo sind voller Kupferminen und Kupferschmelzen. Die von 1858 bis 1863 ausgeführte Menge von Kupfer-Regulus und Erzbarren betrug 4,600,000 Ctnr., oder per Jahr durchschnittlich 766,000 Ctnr.; daneben sind Silber und Brotfrüchte, namentlich Weizen und Mehl, werthvolle Exporten. Europäer betreiben den Bergbau (300,000—400,000 Mark Silber und 180,000 Ctnr. Kupfer), welcher dem Staate über 35 Mill. Frcs. einbringt. Gold findet man in Flüssen. 1860 bis 1864.

Der Gesammtwerth der Ausfuhr von 1862 belief sich auf 22 Mill. Pesos, der Werth der Einfuhr auf 17,2 Mill. Pesos. Bei der Ausfuhr waren vertreten Kupfer- und Kupfererz mit 12,410,000 Dollars, Silber mit 2,425,000 Dollars, Weizenmehl und anderes Getreide nebst Bohnen mit 2,717,000 Dollars, ferner etwas Wolle und Häute. Die Gewerbeindustrie steht noch tief. Den Handel vermitteln 270 einheimische Schiffe, darunter Dampfer. Landstraßen, eine Eisenbahn und Telegraphen erleichtern denselben. Dampfer gehen von Valparaiso über Panama nach Francisco, Maulthierkarawanen von San Jajo über Mendoza nach den Laplatastaaten auf Gebirgspässen, wo man gegen Schneestürme Schutzhäuser findet. Den Gesammtwerth des Umsatzes schätzt man auf etwa 80 Mill. Dollars. —

Buenos-Ayres und **Uruguay** haben für den Handel eine große Wichtigkeit durch ihre ungeheuere Produktion von Rohhäuten, ohne welche die europäische Lederindustrie sehr in Verlegenheit kommen würde. Jährlich werden von Buenos-Ayres allein nahe an 2 Millionen Ochsen-, Rinder- und Roßhäute ausgeführt, welche nach England, Frankreich, Belgien, den Vereinigten Staaten, Italien und Deutschland gehen. Die Gesammtausfuhr belief sich 1862 auf 22,6 Mill. Vereinsthaler, die Einfuhren sind aus Mangel an genauen statistischen Angaben und Zollregistern nicht zu bestimmen.

Von den Exporten des Jahres 1862 sind hervorzuheben 1,778,000 Stück Ochsen-, Kuh-, und Pferdehäute im Werthe von ca. 10,7 Mill. Thaler, Talg und Pferdefett ca. 179,450 Centner im Werthe von ca. 2 Mill. Thaler, trocknes und gesalzenes Fleisch 370,000 Centner im Werthe von ca. 1,1 Mill. Thaler; ferner 604,500 Centner Wolle im Werthe von 6,7 Mill. Thaler. Paraguay führte aus Tabak im Werthe von 327,000 Thalern, Felle, Pferdehaare 136,000 Pfund, Straußenfedern u. s. w.

Die Republik **Uruguay** ist fast eben so reich an Herden, wie es die Argentinischen Staaten sind. Im Jahre 1861—1862 wurden aus dem Hafen Montevideo nicht weniger als 1,124,000 Stück trockne und gesalzene Häute ausgeführt. Im Allgemeinen erwarben diese weitausgedehnten, menschenarmen Republiken, in denen Bürgerkriege zwischen ehrgeizigen Generalen sehr häufig sind, ihre Entwicklung durch europäische Einwanderung, welche sich in Buenos Ayres bereits stark ansammelt, und dessen Handel zum Theil in den Händen der deutschen Hansastädte liegt. Paraguay ist ein Kommunistenstaat der Jesuiten, dessen Präsident als Stellvertreter Gottes unumschränkt herrscht, selbst die Heirathen anordnet, vom Alleinverkauf des Thees 8 Mill. Frcs. löst, Fremde ausschließt u. s. w. Die Savannenländer und angrenzenden Berglandschaften erzeugen Produkte aller Art, Edelmetalle, Früchte, Kolonialpflanzen, Erdölquellen, Cochenille, Honig u. s. w., aber ihr Reichthum besteht vorzugsweise in Thierherden, und die Schlachthäuser (Saladeros) liefern Millionen von Pfd. Fleisch, Häute und Hörner nach Europa. Die Flüsse werden von Dampfern befahren, und Eingangshäfen sind Montevideo und Buenos-Ayres, wo sehr viele Franzosen wohnen. Landhandelswege gehen über das Gebirge nach Chile und Bolivia. Manufakturwaaren senden England und die Hansastädte, Oele und Wein Frankreich, Kolonialwaaren Cuba und Brasilien, Baumwolle, Mehl, Reis, Steinkohlen und Stockfische Nordamerika.

Rückblick

auf die

Industrie- und Handelsbewegung der vierten Periode.

1500 bis 1810. **Die Baumwollenindustrie und der Baumwollenhandel.** Die Baumwollenweberei hatte, wie wir gesehen haben, gegen Anfang des 16. Jahrhunderts in Venedig Eingang gefunden. Von dort verbreitete sich dieselbe weiter nach Antwerpen und Augsburg, später finden wir sie auch in Frankreich und England, wo sie sich zur Weltmacht entwickelte. Denn von dem Stande des Baumwollenmarktes sind jetzt die Lebensinteressen von Millionen Menschen, vom Farmer bis zum Spinner, Weber, Färber, Drucker, Appreteur, Rheder, Bankier u. s. w., abhängig, weshalb auch Zeitungen und Zeitschriften ihre Aufmerksamkeit diesem Artikel besonders zuwenden.

In einem 1641 erschienenen englischen Werke wird die Gewerbthätigkeit der Stadt Manchester in Lancashire gerühmt und dabei bemerkt, daß sie nicht blos große Quantitäten Leinen ausführe, sondern auch Baumwolle kaufe — von Smyrna und Cypern eingeführt — und daraus Barchent wie auch andere Stoffe verfertige. Von Bedeutung war dieser Geschäftszweig indessen nicht, da die unvollkommenen Spinnapparate jener Zeit weiter nichts als nur grobe Garne herstellen ließen.

Der erste große Fortschritt darin wurde durch die Erfindung der „Spinning Jenny" 1764 des Zimmermanns J. Hargreaves zu Blackburn gemacht, einer Maschine, mittels welcher Anfangs 8 Fäden gesponnen, bald darauf aber 80, ja 120 Spindeln in Bewegung gesetzt werden konnten. Doch war diese Maschine nur zur Verfertigung von Einschlaggarnen geeignet. Dieser Unvollkommenheit wurde abgeholfen durch die Erfindung des Barbiers Arkwright von Preston, welcher mittels Anwendung von Walzen eine Maschine baute, den sogenannten Kettenstuhl, „Spinning Throstle", welche die Baumwolle lockert, dann zuerst in Bänder, hierauf in Fäden und endlich in die feinsten Garne verwandelt. Die Eigenthümlichkeiten und Vorzüge dieser beiden Maschinen vereinigte S. Crompton in seiner 1775 gebauten „Mule-Jenny", welche ihre letzte Vervollkommnung durch Robert von Manchester erhielt, der die „Selfacting Mule" herstellte.

Diesem Fortschritt in der Spinnerei entsprach der Umschwung, welchen die Erfindung des Powerlom, des mechanischen Webstuhls, durch Cartwright 1785 in der Weberei hervorbrachte, dem 1810 die wundervolle Jacquard-Maschine folgte, die vorzugsweise zur Verfertigung gemusterter Schals, Teppiche und façonnirter Bänder angewandt wird.

Im industriellen Leben Englands brachten die Erfindungen Arkwright's, Crompton's und Cartwright's eine wahre Revolution hervor. Die Baumwollenindustrie ward in wenigen Jahren das Alles beherrschende Gewerbe und verlieh vorzugsweise dem Lande die Kraft, den Verlust seiner amerikanischen Kolonien zu tragen, sowie gleichzeitig den Riesenkampf gegen Napoleon erfolgreich zu führen.

Die Entwicklung dieses Industriezweiges ergiebt sich am deutlichsten aus der Zahl der in Thätigkeit befindlichen Spindeln und der Menge verarbeiteter Baumwolle. Für England sind folgende Zahlen von Interesse. 1800 bis 1860.

Am Anfang des 18. Jahrhunderts betrug die Einfuhr von Baumwolle 1 Mill. Pfund, 1780 ca. 5 Mill. Pfund, 1800 an 56 Mill. Pfund.

Im Jahre 1817 berechnete man die Anzahl der vorhandenen Spindeln auf 6,645,833, welche jährlich 110 Mill. Pfund Baumwolle verarbeiteten.

Diese Zahl hatte sich bis 1834 auf 10 Mill. Spindeln mit einem Verbrauch von 250 Mill. Pfund gehoben, und im Jahre 1860 besaß Großbritannien ca. 31 Mill. Spindeln mit einem Verbrauch von 931 Mill. Pfund Baumwolle. Die Hauptdistrikte der englischen Baumwollenmanufaktur sind Lancashire und Carnokshire, ersterer mit den Städten Manchester, Preston, Blackburn 2c, letzterer mit Glasgow, Paisley 2c. Die Spitzenfabrikation wird hauptsächlich in Nottingham betrieben.

England zunächst stehen heute die Vereinigten Staaten Nordamerika's. Sitz der dortigen Baumwollenindustrie sind die sogenannten Neu-Englandstaaten, welche auch die erste größere Fabrik besaßen, 1791 zu Rhode-Island angelegt. Die Stadt Lovell ist der bedeutendste Fabrikort. Die Anzahl der gesammten Spindeln betrug 1834 ca. 1,4 Mill., seitdem hat eine rasche Steigerung stattgefunden und vor Ausbruch des Krieges 1860 berechnete man sie auf $11^1/_2$ Mill. mit einem Verbrauch von ca. 383,3 Mill. Pfund Baumwolle.

In Frankreich fand die Baumwollenweberei im Laufe des 17. Jahrhunderts Eingang, blieb aber ohne Bedeutung bis zur Einführung der Maschinenspinnerei 1803 im oberrheinischen Departement, welches auch der Hauptsitz der französischen Baumwollenindustrie geblieben ist. Mülhausen besitzt eben so bedeutende Spinnereien und Webereien und darf sich Manchester und Lovell zur Seite stellen. Die Spindelzahl Frankreichs wurde 1834 auf $2^1/_2$ Mill. geschätzt, im Jahre 1860 betrug sie $5^1/_2$ Mill. mit einem Verbrauch von 193,4 Mill. Pfund Baumwolle.

In Deutschland, sowol in denjenigen Staaten, welche den Zollverein bilden, als in Oesterreich, hat sich die Baumwollenindustrie sehr ungleichmäßig entwickelt. Obgleich die Baumwollenspinnerei wie die Weberei schon sehr früh Boden gewann, ist der erste dieser Zweige, die Spinnerei, weit hinter der Weberei zurückgeblieben, hauptsächlich durch das Zurückbleiben in Einführung der verbesserten Maschinen, dann auch infolge der Zersplitterung in eine Unzahl kleiner Etablissements. Seit 15 Jahren sind darin bemerkenswerthe Fortschrite gemacht worden. Im Zollverein wie in Oesterreich wurden von Aktiengesellschaften größere Spinnereien gegründet, welche sich nicht blos auf die Verfertigung der gröberen Nummern beschränken. Indessen genügt die Garnproduktion dem Bedarf der Weberei auch noch nicht annähernd, und noch immer müssen in beiden Gebieten jährlich Hunderttausende von Centnern Garne eingeführt werden. Der Zollverein besaß 1834 etwa eine halbe Million Spindeln. Die Zahl war zwar 1860 auf ca. 2 Millionen gestiegen mit einem Verbrauch von 67,89 Mill. Pfund Baumwolle, daneben mußten aber noch 476,000 Centner Garne vom Ausland (resp. England, Belgien und der Schweiz) bezogen werden.*)

*) Sachsen besaß 1861 an 707,387 Feinspindeln, Bayern (Augsburg 2c.) 536,825, Preußen 398,071, Württemberg 171,566 u. s. w.

1830 bis 1860. Die deutsche Baumwollenweberei hat sich namentlich in Sachsen und den Rheinlanden aus der Verfertigung gemischter Zeuge und Leinen mit Baumwolle entwickelt, indem man nach und nach zur Herstellung reiner Baumwollenartikel überging. Besondere Bedeutung hat die Strumpfwirkerei und Buntweberei Sachsens erlangt, wozu neuerdings in dem Rheinlande (Kreis Gladbach) die Fabrikation dickerer und wärmerer Bekleidungsstoffe, der sogenannten Biber, Kalmuck 2c., gekommen ist.

In Oesterreich wird die Baumwollenspinnerei am ausgedehntesten in Niederösterreich, Böhmen und Tirol sammt Vorarlberg betrieben, doch beschränkt man sich auch hier auf die gröberen Garnnummern. Die Spindelanzahl belief sich 1834 auf 800,000. Im Jahre 1860 war sie auf 1,700,000 gestiegen mit einem Verbrauch von 70 Mill. Pfund Baumwolle, wozu noch 113,000 Centner ausländischer Garne kommen.

Trotz ihrer geringen Einwohnerzahl und der Kleinheit ihres Territoriums steht die Schweiz in der ersten Reihe der Baumwolle verarbeitenden Länder und darf sich in Hinsicht der Vorzüglichkeit ihrer Fabrikate, erreicht ohne jeden Schutzzoll, jedem anderen an die Seite stellen. Im Jahre 1834 waren 580,000 Spindeln vorhanden, 1860 betrug die Anzahl 1,400,000 mit einem Verbrauch von ca. 27 Mill. Pfund Baumwolle. Mousseline, Stickereien und gedruckte Zeuge sind die Hauptartikel.

Belgiens Baumwollenindustrie stützt sich wie die der Schweizer auf eine hoch ausgebildete Spinnerei, deren Garne im Auslande eben so gesucht sind wie die belgischen Gewebe. Im Jahre 1834 waren erst ca. 200,000 Spindeln vorhanden, 1860 dagegen 612,000 mit einem Verbrauche von ca. 26 Mill. Pfund Baumwolle.

Die bisher aufgezählten Länder fabriziren sämmtlich mehr Baumwollenstoffe, als sie verbrauchen, wenn auch einige derselben, wie der Zollverein und Oesterreich, noch zum Bezug von Garn gezwungen sind.

In zweiter Reihe stehen diejenigen Länder, deren Produktion dem eigenen Bedarf nicht genügt, wenn sie gleich absolut größer ist als die Belgiens. Hierher gehören Rußland mit einer Spindelanzahl von ca. 1,980,000 im Jahre 1860 und einem Verbrauch von 72,8 Mill. Pfund, ferner Spanien mit ca. 900,000 Spindeln und 36,5 Mill. Pfund Verbrauch, Italien mit ca. 800,000 Spindeln und 32,3 Mill. Pfund Verbrauch. —

Fassen wir den Bedarf der hier aufgezählten Länder, die 1860 ca. $57^1/_2$ Mill. Spindeln besaßen, zusammen, so ergiebt sich die ungeheuere Menge von ca. 1850 Mill. Pfund Baumwolle, welche, wenn wir den Durchschnittspreis von 1860 für Mittelsorten mit 5 Pence zu Grunde legen — middling american $5^3/_4—^7/_8$ d., Surate 4 d. — einen Werth von 38,54 Mill. Lst. oder 256,93 Mill. Vereinsthaler hatte. — Hauptmarkt für Rohbaumwolle, Stapelplatz für alles in Europa versponnene Rohmaterial, ist bekanntlich England resp. Liverpool und London. Im Jahre 1859—1860 betrugen die britischen Einfuhren 1417,37 Mill. Pfund im Werthe von $35^3/_4$ Mill. Lst. Davon haben geliefert:

Nordamerikanische Staaten	2,580,843 Ballen,
Ostindien	562,852 „
Aegypten	109,985 „
Brasilien	103,050 „
Westindien	9,956 „
Summa durchschnittlich	3,366,686 Ballen,
oder à 421 Pfund im Durchschnitt	1417,57 Millionen Pfund.

Die Ueberlegenheit der nordamerikanischen Baumwollenpflanzer über alle übrigen Baumwollenproduzenten war eben so ungeheuer, als die der englischen Spinnerkönige zu Manchester über alle Spinner auf dem Festlande, und doch genügten wenige Kriegsjahre, um diese Ueberlegenheit zu brechen und wahrscheinlich für immer zu vernichten. Von welchem Einfluß der nordamerikanische Bürgerkrieg auf den Baumwollenhandel gewesen ist — die weiteren Folgen für die Baumwollenindustrie ergeben sich von selbst — zeigt folgende Aufstellung: 1860 bis 1866

Im Jahre 1863 gingen in Großbritannien ein: 682,81 Mill. Pfund, also nur 48% des Quantums von 1860. Davon hatten geliefert:

Ostindien	1,390,276 Ballen,
Aegypten	204,270 „
Brasilien	137,293 „
Vereinigte Staaten	131,865 „
Westindien	67,438 „
Summa	1,932,142 Ballen,
à durchschnittlich	353 Pfund.

Diese Umgestaltung der Produktionsverhältnisse war jedoch nicht die einzige Folge des nordamerikanischen Krieges. Eben so groß war die Revolution in den Preisen der Rohbaumwolle, welche die Notirungen in Liverpool im Jahre 1863 auf dieselbe Höhe brachten, welche sie vor einem halben Jahrhundert eingenommen hatten. Im Jahre 1814 wurde in Liverpool notirt: Middl. amer. 30 d., Surate $21^1/_2$ d.

Im Laufe der folgenden Jahrzehnte gingen die Preise stetig herunter, so daß im Durchschnitt die Jahre 1821—1840 notirt wurden: Middl. amer. $7^7/_8$ d., Surate $5^7/_8$ d.

Die außerordentliche Zunahme der Produktion in der Union drückte die Preise immer tiefer, so daß sie im Durchschnitt von 1841—1860 standen: Middl. amer. $5^3/_4$ d., Surate 4 d.

Im darauf folgenden Jahre, dem ersten des Krieges, stiegen die Notirungen auf:

	Middl. amer.	Surate.
	$8^1/_2$	$5^3/_4$
Ende 1862 auf	$23^1/_2$	$17^1/_2$
Oktober 1863 auf . . .	$29^1/_2$	$24^1/_2$.

Diese Preissteigerung erklärt es, wie die Einfuhr von 1863, obgleich quantitativ nur 48% des 1860er Imports betragend, doch einen viel höheren Werth besitzen konnte. Der Betrag derselben war nämlich 48,818 Mill. Sterling oder 325,73 Mill. Vereinsthaler.

Im Jahre 1864 hat die Produktion in allen Baumwolle bauenden Staaten bedeutend zugenommen, und außerdem ist die Kultur der Baumwolle in vielen Gegenden neu in Angriff genommen worden. Das Letztere ist großentheils das Verdienst der „Cotton supply association" in Manchester, einer Gesellschaft, welche, mit großartigen Mitteln ausgerüstet, durch ihre Agenten

1860 bis 1868. überall, wo die Verhältnisse günstig schienen, Baumwollenanpflanzungen bewirken ließ und dazu den Samen unentgeltlich vertheilte. Diese Bemühungen im Verein mit den hohen Preisen haben in der europäischen Türkei, in Kleinasien, Syrien, Cypern und Georgien, in Unteritalien, Sizilien und auf Malta, in Algier, Port Natal, an der afrikanischen Westküste, auf Ceylon, in Australien (Queensland), auf den meisten Westindischen Inseln, in Peru, Paraguay und am La Plata zur Anpflanzung von Baumwolle ermuntert, und der hierdurch erzielte Zuwachs wurde schon für 1864 auf 360,000 Ballen geschätzt, während die Zunahme der Produktion in Indien und Aegypten auf 450,000 Ballen berechnet wurde. —

Mögen auch an manchen Punkten die hochgespannten Erwartungen sich als illusorisch erweisen und mit den allmählig sinkenden Preisen auch der Eifer für neue Anpflanzungen sinken — jedenfalls hat die Baumwollenproduktion neue Wege eingeschlagen, oder richtiger, die uralten Produktionsländer, die Heimat des Baumwollenbaues, stehen im Begriff, ihren alten Rang wieder einzunehmen, aus dem sie durch die auf Sklavenarbeit sich stützenden amerikanischen Südstaaten eine Zeit lang verdrängt worden waren. Seit 1868 treten zwei Erscheinungen auffällig hervor; einestheils bezieht man den Rohstoff vorzugsweise aus dem Orient, anderntheils verliert England das Uebergewicht auf dem Gebiete der Spinnerei und Weberei, worin es namentlich an Nordamerika einen siegreichen Konkurrenten hat, und der Sueskanal öffnet den süd- und mitteleuropäischen Staaten einen näheren Weg nach den Baumwollenländern, als ihn England hat. Die Baumwollenernte sank in den Vereinigten Staaten auf die Hälfte, stieg in Ostindien auf das Vierfache, in Brasilien auf das Doppelte. England muß theuer kaufen und setzt weniger ab, so daß seine Fabriken nur $4^1/_2$ Tag in der Woche volle Arbeit haben. Die Einkaufspreise stiegen von 6 auf 9 Dollars und statt 57,000 Ballen konnte man wöchentlich nur 48,000 verarbeiten aus Mangel an Rohstoff. Dagegen verbraucht Nordamerika statt $^1/_2$ Mill. Ballen jetzt 1 Mill., und die Zahl der Spindeln stieg von 5 auf 6 Millionen. Europa bezog über Liverpool 600,000 Ballen, jetzt bezieht man viel direkt aus Indien. Den Werth des Gesammtertrags der Baumwolle schätzt man auf 920 Mill. G.; davon kauft England für 410 Mill., das übrige Europa für 290 Mill., die Union für 220 Mill. G. In England leben 4 Mill. Arbeiter von der Verarbeitung der Baumwolle, in Frankreich nur 280,000. Man schätzte 1868 die englische Baumwolleneinfuhr auf 3,660,000 Ballen, von denen Ostindien 1,450,000, Nordamerika 1,270,000, Brasilien 637,000, Aegypten 200,000, Westindien 100,000 Ballen liefern.

1800 bis 1830. **Die Wollenindustrie und der Wollenhandel.** Die Erfindung der Spinnmaschine rief auch in der Wollenweberei und Spinnerei eine bedeutende Umgestaltung hervor. Statt des Spinnrads bediente man sich schon am Ende des vorigen Jahrhunderts zum Spinnen der Kammwolle der Jenny, während Maschinen zum Waschen, Lockern, Reinigen und Kämmen der Wolle auch der Tuchmanufaktur zu Gute kamen. Dagegen nahm die Produktion der Wolle ab; denn es steht der Satz fest, daß das Schaf vor der Kultur zurückweicht. Je zweckmäßiger man den Boden anbaut, um so mehr Ertrag bringt er, wogegen er wenig lohnt, wenn er nur Schaffutter, erzeugt. Daher müssen Australien, das Kapland, die Laplataländer und Californien unsere Fabriken mit Wolle versorgen, denn England allein verbraucht 200 Mill. Pfund Wolle, um mittels

300,000 Arbeiter daraus für 20 Mill. Pfd. St. Tuch zu machen, und in neuester 1870.
Zeit bringt die Shoddy= und Mungofabrikation, d. h. die Erzeugung von Stoffen aus getragenen Wollenkleidern, viel ein und wird in England und Amerika schwungvoll betrieben. Hauptmarkt für europäische Wollenwaaren bleibt die Union, für gewisse gefärbte feine Sorten der Orient. Wie sehr übrigens die Schafzucht sich entwickeln kann, das lehrt Australien, welches 1785 nur 20 Stück Schafe besaß und deren jetzt 30 Mill. ernährt, welche 100 Mill. Pfd. Wolle bringen.

Die wichtigsten Wollenwaaren produzirenden Länder sind heute England, Frankreich, der Zollverein, Oesterreich und Belgien.

In England ist die Wollenindustrie vorzugsweise in Yorkshire, namentlich in den Städten Leeds, Huddersfield (Tuche), Bradford (Gewebe, rein und gemischt aus Kammgarn, Alpaca und Mohair, die sogenannten Worsted*) und Halifax (Flanelle) konzentrirt. Ausgeführt werden vorzugsweise Flanelle, Teppiche, Decken, Düffels, Kammwolle, Alpaca und Mohärgarne sowie Tuche, namentlich mittlere und geringe.

Frankreich zeichnet sich vor allen anderen Ländern in der Streichgarnspinnerei aus, und seine an Feinheit und Schönheit unübertrefflichen Garne gehen in bedeutenden Quantitäten nach dem Zollverein und Oesterreich wie nach England. Die Streichgarnspinnerei befindet sich meist in den nördlichen Departements. Amiens, Rheims, Lille, Roubaix und Tourcoing sind Hauptpunkte. Ebenso unerreicht steht Frankreich in der Fabrikation von Modestoffen aus Streichgarn da, unterstützt durch treffliche Musterzeichner und ausgezeichnete Färbereien. Hierfür sind Elboeuf (an der Seine) und Sedan (an der Maas) vor allen wichtig. In der Tuchfabrikation steht Frankreich dagegen zurück. Feine Tuche liefert nur Sedan; Louviers und andere Plätze beschränken sich auf mittlere und geringe Qualitäten. Rheims ist Hauptsitz der Merino=, Tibet=, Mousseline de laine= und Kaschmirfabrikation, ebenso von Flanellen. Für wollene Damenkleiderstoffe, die sogenannten Barèges, wobei es vorzugsweise auf geschmackvolle Muster, schönen Druck und brillante Farben ankommt, steht Paris ohne Nebenbuhler da, ebenso für hochfeine Schals.

In den meisten zum Zollverein gehörenden Theilen Deutschlands ist die Wollenmanufaktur seit den ältesten Zeiten heimisch. Wie die frühere Darstellung gezeigt hat, gerieth auch das Wollengewerbe im 17. und 18. Jahrhundert in Verfall. Doch sind in unserem Jahrhundert beträchtliche Fortschritte gemacht worden und in einzelnen Branchen, namentlich der Tuchfabrikation, hat Deutschland seinen alten Ruf wieder errungen. Die größten Schwierigkeiten verursachte der Uebergang von der Handspinnerei zur mechanischen. Lange war Deutschland eben so von dem englischem Wollengarn abhängig wie von seinem Baumwollengarn. Dieses hat sich seit zwei Jahrzehnten auch darin gebessert. Die Bahn brach Sachsen, wo 1860 die erste große Kammgarnspinnerei erstand; andere Plätze in Schlesien, der Rheinprovinz rc. folgten nach. Doch genügt die Garnfabrikation namentlich in der feineren Nummer dem Bedarf noch nicht, und die Einfuhr von französischen Kammgarnen wie von englischen ist noch immer beträchtlich.

*) Nach einer kleinen Stadt Worsted in Norfolk so genannt, weil man daselbst zuerst (unter Eduard III.) Wollenwaaren aus langer Kammwolle, rein wie gemischt, verfertigte.

1870. Die Wolleninduſtrie des Zollvereins iſt gegenwärtig in vier große Gebiete getheilt, von denen Sachſen wol das wichtigſte genannt werden muß. In erſter Linie ſteht die Weberei, auf Verfertigung von Möbelſtoffen, reinen und gemiſchten Merinos, Tibets ꝛc. gerichtet, mit den Fabrikorten Glauchau, Zeitz, Gera, Greiz ꝛc. Tuche werden vorzugsweiſe in Biſchofswerda, Großenhain, Döbeln, Roßwein und Leißnig verfertigt.

In der Fabrikation von feinen ſchwarzen Tuchen zeichnet ſich die Rheinprovinz (resp. Aachen, Eupen, Lennep ꝛc.) aus. Doch hat der Verbrauch von glatten Tuchen und Buckſkin in neuerer Zeit bedeutend abgenommen. Statt deſſen ſind façonnirte Stoffe, die ſogenannten Paletot- oder Doubleſtoffe, in Aufnahme gekommen und die Fabrikanten ſind großentheils dazu übergegangen. Daſſelbe gilt von den Tuchfabrikanten in Preußiſch-Sachſen und Brandenburg, mit den Orten Burg, Potsdam, Luckenwalde, Kottbus u. ſ. w., welche früher ausſchließlich glatte Tuche verfertigten, und ebenſo von den Tuchmachern Schleſiens in Neukirch, Schweidnitz, Görlitz ꝛc. Sie alle mußten in dem letzten Jahrzehnt die Fabrikation façonnirter Zeuge aufnehmen und haben darin meiſt Vorzügliches geleiſtet. Berlin beſchäftigt gegenwärtig etwa 2000 Stühle auf Schals und Damentücher, letztere aus Streichgarn gewirkt und veloursartig appretirt.

Die öſterreichiſche Wolleninduſtrie hat ihren Sitz in Brünn und Umgegend (Butſchowitz, Wiſchau, Raußnitz und Lomnitz). In Brünn ſelbſt werden hauptſächlich feine Tuchwaaren und Modeſtoffe aus Streichgarn ſowie die aus Abfällen, Kunſtwolle, Alpaca- und Angorahaaren und einer Miſchung von Baumwolle und Schafwolle hergeſtellten Chinchilla- und Vigogneſtoffe verfertigt. Iglau beſchäftigt ſich hauptſächlich mit der Verfertigung von Militärtuchen ſowie mit ſonſtigen mittelfeinen und geringen Tuchen und flanellartigen Artikeln. Zwittau und Trübau bringen auch noch geringe Waare auf den Markt. Außerordentlich bedeutend in Hinſicht auf techniſche Vollendung wie auf Ausdehnung des Betriebes iſt die Wiener Shalfabrikation, welche ſich auch im Auslande, ſelbſt in Frankreich, einen Markt erobert hat. Auch Möbelſtoffe, Teppiche und Damaſte werden von Wien in trefflicher Qualität geliefert.

Belgien produzirt hauptſächlich Mitteltuche und tuchartig appretirte Waaren aus Abfällen. Verviers und deſſen Umgebung iſt Mittelpunkt der belgiſchen Wollenwaarenerzeugung. —

Im Wollenhandel iſt ſeit einigen Jahrzehnten eine gewaltige Aenderung eingetreten. Schon im vorigen Jahrhundert war England gezwungen, den größten Theil ſeines Wollenbedarfs vom Auslande einzuführen, da die Produktion weder der Quantität noch der Qualität nach dem Bedarf genügte. Die ſpaniſche Wollenproduktion füllte die Lücke aus und von 9 Millionen Pfund, welche England im Jahre 1800 vom Auslande bezog, kam weitaus der größte Theil aus Spanien. Die Vervollkommnung der deutſchen Schafzucht durch ſorgfältige Züchtung der Merinoſchafe in Sachſen und Oeſterreich, ſpäter auch Schleſien, führte in den erſten 3 Jahrzehnten dieſes Jahrhunderts einen Wechſel herbei. Der Bezug deutſcher Wolle trat in einem ausgedehnteren Maße an die Stelle des Imports aus Spanien, ſo daß im Jahre 1825 28,9 Millionen Pfund aus Deutſchland eingeführt wurden.

Das Verhältniß der übrigen Wolle produzirenden Länder bei der Einfuhr

des betreffenden Jahres war folgendes: Spanien 8,3 Mill. Pfund, Rußland 1860 bis
und Skandinavien 2 Mill. Pfund, Niederlande 1 Mill. Pfund, Portugal 1870.
0,95 Mill. Pfund, Dänemark 0,55 Mill. Pfund, Türkei 0,51 Mill. Pfund, Frankreich 0,43 Mill. Pfund, La Platastaaten und Brasilien 0,33 Mill. Pfund, Australien 0,32 Mill. Pfund, Kap der guten Hoffnung 24,619 Pfund ꝛc.

Von da an sank die Einfuhr Deutschlands stetig, und in demselben Maße hob sich der Import der Kolonialwaaren aus Australien, dem Kapland und Indien, sowie aus den La Platastaaten, Rußland, Türkei ꝛc., während gleichzeitig die Gesammtzahl der eingeführten Wollen in wahrhaft riesigen Verhältnissen zunahm.

In Betreff der Wollenproduktion überflügeln nämlich die außereuropäischen Erdtheile unseren Kontinent, denn von 1863—1868 stieg die Ausfuhr von Australien nach England von 241,000 Ballen auf 490,000, vom Kap von 68,000 auf 140,000 und von den La Platastaaten nach Europa von 80,000 auf 234,000 Ballen. Australien versandte im Jahre 1810 zur Probe 140 Pfd., 1820 schon 100,000, 1868 aber 135,000 Mill. Pfund, da es 150,000 Mill. Pfund produzirt. Dadurch werden die Preise der europäischen Wolle herabgedrückt, und die Landwirthe wenden sich mehr der Fleischproduktion zu. Im Ganzen erzeugt Europa etwa 570 Mill. Pfund Wolle und verarbeitet 980 Mill. Pfund, kauft also 380 Mill. Pfund. Auch Nordamerika reicht mit seiner Produktion von 160 Mill. Pfund nicht aus, da sich die Maschinenzahl verdreifachte, (294 zu 995) das Kapital vervierfachte (1 Mill. zu 5 Mill. Doll.), weshalb man in Südamerika aufkauft.

Nach Mac Culloch betrug die Einfuhr von Wolle im Jahre 1825 ca. 43,8 Mill. Pfund, im Jahre 1862 belief sich dieselbe nach amtlichen Tabellen auf 168,8 Mill. Pfund (1863 auf 174 Mill. Pfund); davon kamen aus Australien über 68 Mill. Pfund, dem Kapland über 20 Mill. Pfund, aus Indien 15,7 Mill. Pfund, also aus englischen Kolonien allein über 100 Mill. Pfund. In diesen Zahlen haben wir zugleich den Gesammterport der betreffenden Kolonien. Zur Vergleichung fügen wir die Ausfuhrquantitäten der übrigen Staaten bei, so weit sich dieselben mit einiger Sicherheit ermitteln ließen: La Platastaaten (1862) 60,4 Mill. Pfund, Rußland 1863 aus den vier Häfen am Schwarzen Meere, Odessa, Taganrog und Rostow, Poti 548,304 Pud oder 17,96 Mill. Pfund, wozu noch die Ausfuhr zu Lande nach dem Zollverein, namentlich nach Berlin, Breslau und Brünn kommt. Dieselbe hatte nach offiziellen russischen Angaben einen Werth von 3,442,860 Rubeln; wenn wir für das Pud einen Werth von 10 Rubeln annehmen, so würde diese Summe ca. 115,000 Centner oder 11½ Mill. Pfund repräsentiren. Die Gesammtausfuhr Rußlands betrug demnach ca. 30 Mill. Pfund, was mit der offiziellen Ausfuhrziffer von 1 Million Pud für 1861 stimmt; die Türkei (Rumelien und Anatolien) wurde im Durchschnitt von 1861—62 auf 5—6 Mill. Okka oder 12½—15 Mill. Pfund geschätzt; Oesterreichs (1862) Mehrausfuhr betrug 1,6 Mill. Pfund, Peru's (1862) ca. 24,000 Quintals oder 2,8 Mill. Pfund, Dänemarks (1862) ca. 1 Mill. Pfund ꝛc.

Außer der gewöhnlichen Schafwolle kommt seit etwa 2 Jahrzehnten die peruanische Alpaca- (eine Lamaart) Wolle in größeren Quantitäten nach Europa resp. England, wo sie namentlich zu Schals und gemischten Geweben verwandt wird. Der Export Peru's von Alpacawolle beträgt gegenwärtig

1860. $2^1/_2$ bis 3 Mill. Pfund; England verarbeitet auch kleine asiatische Ziegenhaare (Angora) zu den sogenannten Mohärgarnen und Stoffen.

Die Leinenindustrie und der Flachshandel. In diesen Industriezweig drang die Maschine langsamer ein, als in die beiden vorhergehenden. Erst seit wenigen Jahrzehnten ist es den Bemühungen der Engländer gelungen, die Schwierigkeiten zu überwinden, welche die harte, spröde Flachsfaser der Anwendung mechanischer Hülfsmittel entgegenstellte, und Maschinen zu bauen, welche sowol bei der Spinnerei als bei der Weberei die Handarbeit nicht blos ersetzen, sondern in Bezug auf die Leistungen vielfach übertreffen.

Dadurch hat sich die Leinenmanufaktur in England, wo sie in früheren Zeiten ohne besondere Bedeutung war, in ausgedehntem Maße entwickelt und die alte Leinwand produzirenden Länder des Kontinents sind heute auch darin wie in den meisten übrigen Industriezweigen von dem Inselstaat überflügelt worden; die bedeutendsten englischen Spinnerei-Etablissements, in welchen Garnnummern bis 250 gesponnen werden, sind in England die von Manchester, Leeds, Bradford, Huddersfield, in Schottland die von Dundee, in Irland die von Belfast. Die Spindelzahl beläuft sich auf 2 Millionen, die Zahl der Spinnereien von ganz Großbritannien betrug 1861 399, wovon sich in England 136, in Schottland 163 und in Irland 100 befanden. Die obengenannten Plätze sind auch die Hauptplätze der mechanischen Leinenweberei.

Wenn auch nicht der Quantität (1860: 500,000 Spindeln), so doch der Qualität nach darf sich Frankreichs Spinnerei der englischen an die Seite stellen. Die in dem Departement du Nord, in Lille, Valenciennes 2c. gesponnenen Garne, die Grundlage der berühmten Spitzen- und Battistfabrikate von Lille, Valenciennes, St. Quentin, Cambrai, Arras 2c., erreichen die Feinheit von Nr. 270.

Außer dem Norddepartement ist die Leinenindustrie bedeutend in der Normandie, z. B. in Rennes, Maluir 2c. Geringere Qualitäten und Hanfleinen erzeugen auch die Departements Loire, Marne und die Dauphinée.

Die durch ihr ausgezeichnetes Rohmaterial und ihre vortreffliche Arbeit ehemals so berühmte niederländische Leinenindustrie, heute die belgische genannt, konnte sich nur schwer von den althergebrachten Methoden trennen und verfiel, während in England die Maschine einen übermächtigen Konkurrenten schuf. Erst seit etwa 20 Jahren ist darin durch die Thätigkeit von Privatgesellschaften wie durch Regierungsmaßregeln — namentlich durch die Errichtung von Lehrwerkstätten auf Staatskosten, eine Wendung eingetreten und heute steht die belgische Maschinenspinnerei, die etwa 200,000 Spindeln zählt, in Bezug auf Leistungen nicht gegen die englische zurück. Brüssel, Mecheln, Gent, Brügge, Courtrai 2c. sind die Hauptsitze der belgischen Leinenindustrie.

Deutschland hat in gewisser Beziehung das Loos Belgiens getheilt. Die Fabrikation wurde in der alten Weise fortgetrieben, nachdem die Maschinenspinnerei längst den Sieg erfochten hatte, und so mußte nothwendig die Lage der Leinenweber, wie die des ganzen Erwerbszweiges, eine immer traurigere werden. Selbst nachdem man in anderen Manufakturen zu vollkommneren Methoden übergegangen war, hielt man bei der Leinenverfertigung am alten Herkommen fest und wandte sich lieber ganz anderen Beschäftigungen zu, z. B. der Baumwollenindustrie, als daß man die Handspinnerei bei Leinen mit der

Maschinenspinnerei, die Handweberei mit der mechanischen Weberei und die Rasenbleiche mit der Schnellbleiche vertauscht hätte. 1860 bis 1870.

Damit soll natürlich nicht gesagt sein, daß in ganz Deutschland kein einziger Industrieller den Muth gehabt hätte, den Fortschritten des Auslandes zu folgen. In Schlesien und Westfalen sind während der letzten Jahrzehnte, neuerdings auch in Württemberg, Maschinenspinnereien angelegt worden. Die Bleiche und Appretur wird in besonderen, nach wissenschaftlichen Grundsätzen geleiteten Anstalten vollzogen, auf die Röstung des Flachses größere Sorgfalt verwandt, und so ist in den genannten Gegenden die Leinenindustrie auf dem Wege, ihre ehemalige Bedeutung wieder zu gewinnen. Im Großen und Ganzen aber fehlt noch viel, bis man sich in der Spinnerei wie in der Weberei dem Auslande ebenbürtig zur Seite stellen kann. Noch immer müssen bedeutende Quantitäten Maschinengarn und Zwirn eingeführt werden. Nur durch die billigen Arbeitslöhne und deshalb niedrige Verkaufspreise konnte sich das ordinäre deutsche Handleinen bisher einen Markt erhalten, beides weder zum Vortheil der Arbeiter und Fabrikanten noch des Leinwandhandels.

In Schlesien sind Hirschberg, Schönau, Lauban (hauptsächlich Taschentücher), Freiburg, Wüste-Waltersdorf, Friesland, Giersdorf und Landshut die Sitze der Leinenindustrie, wo außer gewöhnlichem Leinen und Drillich, Taschentüchern, gemusterten Tischzeugen und buntem Leinen für den überseeischen Markt auch die sogenannten Platillas, Creas, Rouanes fabrizirt werden. Das bedeutendste Haus ist wol Krampe Söhne in Freiburg, welches im Jahre 1862 über 183,000 Stück Leinen verfertigen ließ.

Mittelpunkt der Leinenindustrie Westfalens ist der Bezirk Bielefeld mit 3 Maschinenspinnereien und 5 mechanischen Webereien sowie einer Segeltuchweberei. Gefertigt werden hauptsächlich Damaste, Drelle und Taschentücher sowie fertige Wäsche mittels Anwendung von Nähmaschinen. Feine und superfeine Handgarnleinen, welche früher den Ruhm Bielefelds ausmachten, werden immer mehr vernachlässigt.

Die sächsische Leinenindustrie findet sich konzentrirt in der Lausitz, namentlich in den Orten Zittau und Großschönau. Es werden daselbst treffliche Damaste und Drelle gewebt, aber die Handarbeit überwiegt oder vielmehr herrscht fast ausschließlich. In Württemberg und Hannover wird ziemlich viel Leinen produzirt. Die Fabrikation hat aber nur in dem ersteren Staat Fortschritte gemacht; in Hannover wie in den übrigen deutschen Ländern ist die Leinenindustrie noch wesentlich Hausgewerbe.

Das von den Zollvereinsstaaten im Eingang Gesagte gilt im Allgemeinen auch von Oesterreich. In Böhmen ist die Leinwandfabrikation seit Jahrhunderten heimisch. Der Uebergang von der Handarbeit zur Maschinenarbeit hat aber auch dort nur an verhältnißmäßig wenigen Punkten stattgefunden (gegenwärtig sind 33 Spinnereien mit ca. 200,000 Spindeln vorhanden) und ein Fortschritt darin ist mit um so größeren Schwierigkeiten verknüpft, als in Oesterreich gute und feine Flachsgattungen fehlen, also schon bei der Erzeugung von Garnen mittlerer Feinheit belgisches oder holländisches Rohmaterial bezogen werden muß. Die Weberei ist hauptsächlich noch Hausgewerbe oder vielmehr Nebengewerbe der landwirthschaftlichen Bevölkerung.

Der Flachshandel hat seinen Centralpunkt heute in London, da England seinen ungeheueren Bedarf nur zum kleinsten Theile selbst decken kann, obgleich

1860 bis 1870. im Jahre 1862 nahezu 150,000 acres mit Flachs bebaut wurden. Die Einfuhr betrug von 1859—1862 durchschnittlich 1³/₄ Millionen Centner, 1862 genau 1,798,351 Centner. Der Werth derselben war 4,69 Millionen Lst., wovon 3,326 Millionen aus Rußland, für 0,49 aus Belgien, für 0,29 aus Holland gekommen war.

Frankreich führte 1860 414,000 Centner Flachs und 136,400 Centner Hanf ein. Die Zollvereinseinfuhr von Flachs und Hanf betrug in demselben Jahre 424,655 Centner, gegen 174,309 Centner Ausfuhr, die Mehreinfuhr stellte sich also auf 250,346 Centner. Die Mehreinfuhr Oesterreichs an Flachs, Hanf &c. belief sich 1862 auf ca. 60,000 Centner.

So weit die Menge in Anschlag kommt, überwiegt die russische Flachsausfuhr die jedes anderen Landes. Im Jahre 1861 betrug dieselbe 3,419,911 Pud oder 1,12 Millionen Centner Flachs und 2,977,659 Pud oder 975,183 Centner Hanf.

Holland baut ebenfalls mehr Flachs und Hanf, als es selbst verarbeitet. Die Ausfuhr betrug 1862 an 142,850 Centner. Ein anderes Verhältniß herrscht bei Belgien. Die belgische Leinenindustrie, namentlich die Maschinenspinnerei, hat sich einen so bedeutenden auswärtigen Absatz erobert (Ausfuhr 1862 von Geweben 88,000 Centner, von Garn 58,000 Centner), daß die eigene Produktion kaum hinreichen würde, den Bedarf zu decken. Es erscheint aber vortheilhafter, einen beträchtlichen Theil des selbst erzeugten ausgezeichneten Rohstoffes zu exportiren und dafür geringere Flachssorten, die für mittlere Garne genügen, vom Auslande zu beziehen. Infolge dessen überwiegt im Ganzen die Einfuhr nur um ein Geringes. Im Jahre 1862 gingen ein 408,000 Centner; die Ausfuhr betrug 392,000 Centner. Im folgenden Jahre überwog die Einfuhr noch in stärkerem Maße. Die Hauptproduktionsgegenden Belgiens, diejenigen, in welchen heute das feinste Rohmaterial gebaut wird, sind dem Range nach die Umgebungen von Courtray (feinste Sorte), Lokeren, St. Nicolas, Mecheln, Brügge und Gent.

In Aegypten wird der Flachsbau seit einigen Jahren sehr vernachlässigt, und es bleiben nur geringe Mengen zur Ausfuhr übrig. Der Export Alexandriens betrug 1862 an 25,450 Centner, 1863 an 22,732 Centner.

Für Flachs und Hanf ist Rußland das Hauptproduktionsland, da es jährlich für 68 Mill. Silberrubel versendet; außerdem liefern diesen Rohstoff Ostindien, Belgien, Holland, Aegypten und Manila von besonderer Güte, da England, Frankreich, der Zollverein und Oesterreich kaufen, um ihren Bedarf zu decken. Der Hauptabsatz der Leinwand geht nach Nordamerika (die Hälfte der englischen Ausfuhr), Südamerika, West-, Ost- und Hinterindien, Java, die Levante und Australien.

Die Seidenindustrie und der Seidenhandel. Die Seidenindustrie hatte sich schon im Laufe des 17. und 18. Jahrhunderts in Frankreich zu großer Bedeutung erhoben, als die Erfindung des Jacquard'schen Webstuhls derselben zu Anfang dieses Jahrhunderts einen neuen und außerordentlichen Aufschwung gab. In Lyon nahm die Zahl der Stühle von Jahrzehnt zu Jahrzehnt zu und auch an anderen Orten, namentlich zu St. Etienne, Valence, Avignon, Nismes &c., erlangte die Seidenfabrikation eine ungeahnte Ausdehnung. Dabei unterblieb nichts, was zur Vollendung der Erzeugnisse beitragen konnte. Die Arbeitstheilung wurde bis ins Kleinste durchgeführt, die Maschinen durch

stete Verbesserungen vervollkommnet, die Färberei auf die höchste Stufe ge- 1860 bis 1870.
bracht, das Musterzeichnen zu künstlerischer Bedeutung erhoben und eben so große Sorgfalt auf die Gewinnung eines vorzüglichen Rohstoffes im eigenen Lande gelegt. Diese Bemühungen hatten entsprechende Erfolge, und die französischen Seidenstoffe stehen in Hinsicht auf Farbenglanz und geschmackvolle Muster unerreicht da.

Die Ausfuhr von Seidenstoffen erreichte im Jahre 1860 den Werth von 454,8 Mill. Franken.

Die früher durch hohe Einfuhrzölle geschützte Seidenindustrie Englands (bis 1845 30%, dann 15%, seit 1860 beseitigt) hat in einzelnen Branchen, so namentlich in der Seidengarn-, Floretseidengarn- und Seidenzwirnspinnerei, in der Sammtfabrikation und der Verfertigung von soliden und billigen Zeugen, bedeutende Fortschritte gemacht, ohne indeß den einheimischen Bedarf ganz zu decken. Die Hauptsitze der englischen Seidenindustrie sind heute Manchester, Spitalfield, Macclefield ꝛc.

In Oesterreich ist Wien der Hauptfabrikationsort für Seidenwaaren, und die Ausfuhr von Möbelstoffen, Atlassen, Sammt, Plüsch und Seidenbändern bildet einen wichtigen Bestandtheil des österreichischen Ausfuhrhandels. Der Werth der österreichischen Seidenwaarenproduktion wird auf 25 Millionen Gulden geschätzt, doch überwiegen dabei die gröberen Waaren (Export von diesen 1862 über 5772 Centner), so daß der Bedarf an feineren Waaren vom Auslande bezogen werden muß. Der Import feiner Seidenwaaren betrug 1862 an 2547 Centner.

Die Zollvereinsstaaten, und in erster Linie Preußen, haben seit einigen Jahrzehnten außerordentliche Fortschritte in der Seidenmanufaktur gemacht. Die rheinpreußischen Städte Krefeld, Gladbach, Viersen, Dülken, Aachen, Köln, Rheydt, ferner Elberfeld, Barmen; in Brandenburg Berlin, Potsdam, Züllichau ꝛc. leisten gegenwärtig in der Erzeugung schwarzer und farbiger Kleider-, Regen- und Sonnenschirm-, Kravatten-, Westen- und Futterstoffe, von Seiden- und Sammtbändern, schwarzen und farbigen Taffetbändern u. s. w. ganz Vorzügliches, und die rheinischen Fabrikanten haben sich in Nordamerika, England, Belgien trotz der Konkurrenz von Manchester, Lyon, St. Etienne und Basel einen Markt zu erobern gewußt. Mittelpunkt der Seidenindustrie Rheinpreußens ist Stadt und Bezirk Krefeld, wo etwa 15,000 Webstühle gehen, die für ca. 200 Fabrikanten arbeiten. Der Gesammtumsatz wird jährlich auf ca. 10 Mill. Thaler geschätzt. Seidentrocknungs- oder Konditionsanstalten bestehen in Krefeld und Elberfeld. Die Ausfuhr des Zollvereins von reinen und gemischten Seidenwaaren hatte 1861 einen Werth von 27 Mill. Thalern gegen 10,6 Mill. Einfuhr.

In der Schweiz theilen sich Zürich und Basel in die Seidenmanufaktur. Jenes verfertigt vorzugsweise leichte Seidenstoffe, dieses ganz- und halbseidene Bänder. Daneben wird die Floretseide vielfach verarbeitet. Die Fabrikanten in Zürich und Basel lassen die ersten Stufen der Verarbeitung vielfach auf dem Lande vornehmen. Die landwirthschaftliche, hauptsächlich mit Viehzucht beschäftige Bevölkerung mancher tief in der inneren Schweiz liegenden Thäler arbeitet in den freien Stunden für die Baseler Etablissements. Zürich zählt gegenwärtig ca. 26,000, Basel ca. 10,000 Webstühle. Eine Konditionsanstalt befindet sich in Zürich. Vollkommenheit der Stühle, großes Betriebs-

1860 bis 1870. kapital und leichtes Anbequemen an die Wünsche der Konsumenten zeichnen die schweizerische Seidenindustrie aus.

Der Seidenhandel hat seit 10 Jahren eine vollkommene Umgestaltung erlitten. Bis zum Jahre 1854 lieferten Italien und Frankreich der europäischen Seidenindustrie den Rohstoff. Die asiatische Seide war schon bekannt, aber in größerer Quantität kam sie nur in England zur Verarbeitung und zwar nicht sowol wegen ihres niedrigen Preises, sondern weil sich daraus Fabrikate von besonderer Eigenthümlichkeit herstellen ließen. Die Einfuhr von asiatischer Seide war seit 1830 langsam gestiegen, von einigen 20,000 Ballen auf circa 40,000 Ballen zu Anfang der fünfziger Jahre. Den Wendepunkt bildete das Jahr 1854. In diesem erzielte Europa die letzte Normalernte, nämlich:

Italien	4,600,000 Kilo,
Frankreich	2,200,000 "
Europäische Türkei und Griechenland	300,000 "
Spanien	150,000 "
Summa	7,250,000 Kilo.

Die bis dahin nur vereinzelt aufgetretene Seidenwurmkrankheit richtete in den folgenden Jahren solche Verheerungen an, daß die europäische Seidenproduktion in 2 Jahren (1856) auf 3,350,000 Kilo fiel. Die Besorgniß der Fabrikanten wegen mangelnden Rohmaterials ließ die lange herrschende Scheu vor Verwendung asiatischer Seide rasch schwinden, und so sah das Jahr 1857/58 einen Import von 100,000 Ballen asiatischer Seide in London. Cocons, die im Jahre 1848 in Lyon mit 2 Fr. per Kilo bezahlt worden waren, galten 8 Fr. Diese enorme Preissteigerung mußte indeß den Konsum verringern, und obgleich die Produktion Europa's noch weiter fiel — auf 2,300,000 Kilo im Jahre 1859 — konnte sich die Einfuhr aus Asien nicht auf der Höhe von 1857/58 halten. Sie sank im nächsten Jahre auf 62,000 Ballen. Seitdem zeigt sich eine größere Regelmäßigkeit und mit einer Steigerung der europäischen Seidenproduktion, die im Jahre 1863 wieder 5,300,000 Kilo betrug, ging Hand in Hand das langsame Sinken der Coconspreise in Lyon von 8 Fr. auf 5 1/8 Fr. per Kilo. Die Einfuhr asiatischer Seide in London behauptet sich seit 5 Jahren auf einer gewissen Höhe: 80,000—90,000 Ballen pro Jahr, und dabei haben sich die Preise derselben im Ganzen gehoben, wahrscheinlich weil die Fabrikanten auf dem Kontinent die chinesische und japanesische Seide heute nicht mehr blos aus Mangel an besserer verbrauchen, sondern weil sie ihr früheres Vorurtheil dagegen überwunden haben. Tsatlee Nr. III wurde in London 1848/49 mit 13/3 notirt, 1857/58 mit 21/6 und dieser Preis hat sich in den letzten Jahren nahezu behauptet mit 21/3 im Durchschnitt von 1862—1864. Von den asiatischen Produktionsländern steht noch immer obenan China mit 88,754 Ballen 1860/61, 73,322 Ballen 1861/62 und 83,264 Ballen 1862/63. Das nächste Jahr zeigt einen bedeutenden Ausfall. Die Ausfuhr betrug nur 51,649 Ballen und zwar infolge der gerade die Hauptseidendistrikte verheerenden Rebellion. Ersatz dafür bot Japan, dessen Export sich von 6000 Ballen im Jahre 1861 auf 25,000 Ballen im Jahre 1863 gesteigert hat. Persien produzirt in guten Jahren ca. 17,000 Rouleaux (à 36 Kilo) Rohseide, wovon ca. 12,000 Ballen über Trapezunt und Tiflis in den europäischen Handel kamen, daneben noch ca. 5000 Ballen Frisons. Das russische Transkaukasien hat in jüngster Zeit ebenfalls einen Rang unter den Seide produzirenden Ländern erhalten. Im Jahre 1863 belief sich die Ausfuhr aus Nuka und Baku auf 2500 Ballen Rohseide à 7 Pud, 18,000 Pud Cocons, 1000 Pud Frisons und ca. 2500 Pud Seidenraupensamen. Von den kleinasiatischen Seidendistrikten exportirt Brussa nebst Umgegend über Konstantinopel. In den Jahren 1862/63 betrug der Export durchschnittlich ca. 200,000 Kilo Filandenseide, ca. 60,000 Kilo Frisons und ca. 40,000 Kilo Cocons. Die Produktion von Brussa und Umgegend wird auf 750,000 Pfund geschätzt. Ueber Smyrna wurden versandt 1863 an 1454 Colli Seide, Cocons und Samen im Werthe von 6 Mill. Frcs. Aus Syrien bezog Frankreich 1861 auf 104,800 Kilo, 1862 an 96,000 Kilo Cocons. Ostindien führt in guten Jahren bis 1³/₄ Mill. Pfd. Rohseide aus, so 1857 an 1,756,778 Pfd. 1860 bis 1870.

Die Krankheit der Seidenraupe verursachte nämlich eine Verminderung der Ernte um die Hälfte, und wenn man auch durch Einführung gesunder Eier (Grains) dem Uebel abhalf, so produzirte Europa 1868 doch nur 7—8 Mill. Pfd. China versandte daher 64,000 Pikuls (à 120 Zoll-Pfd.) für 25¹/₂ Mill. Taels (à 3 G.) und an 4000 Pikuls Schnittwaaren im Werthe von 6 Mill. G. Ja, im Jahre 1869 verschickte es 70,000 Ballen Shangai- und 10,000 Ballen Kantonseide, wozu noch japanesische Ausfuhr kam. Bengalen verkaufte für 12 Mill. G., Persien für 4 Mill. G. Denn es verbrauchen Frankreich, Deutschland, die Schweiz und Oesterreich 4 Mill. Pfd. Grège und 10 Mill. Pfd. gezwirnte Seide. Ganz China produzirt jährlich 150,000 Ballen Seide (à 53 Kilogramm) und führt im Durchschnitt 4 Mill. Kilogramm aus, wogegen Frankreich für 500 Mill. Fr. Seide und Seidenwaaren verkauft.

Man schätzt den Werth der Seide im Ganzen auf 1000 Mill. Fr., davon kommen auf Frankreich 110 Mill., auf Italien an 300, auf China 460, auf Indien 120 Mill. China's Ausfuhr stieg von 1848—56 von 17,000 Ballen auf 50,500, und von 1500—1848 bezog China von Europa 12,000 Mill. Fr. in Silber, von 1848—56 aber 40 Mill. Pfd. St.

Ueber die Verbrauchsverhältnisse der 3 wichtigsten Seidenfabrikationsländer auf dem Kontinent, Frankreich, Zollverein und Schweiz, giebt eine Vergleichung der daselbst konditionirten Seide genauen Aufschluß. Die betreffenden Konditionsanstalten befinden sich in Lyon, Krefeld, Elberfeld und Zürich. Von diesen wurde konditionirt in Zollpfunden:

	Lyon.	Krefeld und Elberfeld.	Zürich.
1848:	2,816,736.	619,698.	345,212.
1853:	5,678,998.	1,076,769.	764,083.
1858:	6,163,514.	1,111,809.	819,136.
1863:	5,647,750.	1,057,130.	975,991.

Englands Einfuhr von Rohseide belief sich 1862 auf 10,372,123 Pfund, 1864 auf 9,221,145 Pfund, wovon 1863 an 3,852,919 Pfund wieder ausgeführt worden sind.

Frankreichs Bezüge von levantinischen Cocons geschehen über Marseille. Die Anfuhren betrugen 1861 an 647,700 Kilo, 1862 über 728,900 Kilo.

Ueber die Betheiligung der Seidenproduktionsländer an der Versorgung der europäischen Seidenfabrikationsländer werden folgende tabellarische Aufstellungen den besten Aufschluß geben.

1862 bis 1875.

England empfing im Jahre 1862 an Rohseide:

Direkt aus China	3,190,189	Pfund,
indirekt (über Aegypten) aus China, Japan, Ostindien rc.	5,434,785	„
aus Ostindien	469,985	„
total	9,094,959	Pfund.

Marseille bezog im Jahre 1862 Cocons:

Von Brussa rc.	135,800	Kilo,
„ Adrianopel	111,700	„
„ Calamata und Griechenland	127,700	„
„ Salonichi und Nolo	111,300	„
„ Syrien	96,000	„
„ Spanien und Italien	49,700	„
„ Georgien	38,700	„
„ Smyrna, Candia und Mitylene	35,000	„
„ Frankreich	5,000	„
doppelte Cocons	18,000	„
total	728,900	Kilo.

Kohle und Eisen. Kohle und Eisen sind die mächtigsten Hebel der modernen Industrie. Ihr Verbrauch ist der sicherste Maßstab zur Beurtheilung der Stufe, auf welcher sich das Gewerbwesen eines Landes befindet; ihre Förderung gehört deshalb zu den wichtigsten Zweigen der volkswirthschaftlichen Thätigkeit. Selbst den Verkehr haben sie ganz umgestaltet, wie unsere Eisenbahnen und Dampfer beweisen. In 9 Wochen geht ein Dampfer von Sydney nach London, in 10 Tagen von New-York nach Liverpool, der Waggon in 7 Tagen von San Francisco nach New-York.

Werfen wir zuerst einen Blick auf die Produktionsverhältnisse von Steinkohlen, so springt sofort die ungeheuere Ueberlegenheit Großbritanniens in die Augen. Die Produktion betrug 1863 über 1725 Millionen Centner, nahezu das Doppelte der Gesammtproduktion aller übrigen Länder, da sich diese auf ca. 1087 Millionen Centner belief. Die Gesammtförderung beträgt im Jahre 1870 etwa 195 Millionen Tonnen à 20 Centner, die einen Werth von 370 Mill. Thaler haben, und daneben versandte man 1868 noch 94½ Mill. Gallonen Petroleum. Sie vertheilt sich in folgendem Zahlenverhältniß

Großbritannien (1868)	ca.	105	Mill.	Tonnen
Zollverein (1863)*)	„	30	„	„
Nordamerika**)	„	27	„	„
Belgien (1867)	über	13	„	„
Frankreich (1868)	ca.	13	„	„
Oesterreich-Ungarn (1868)	„	6	„	„
Australien (1862)	„	788,000		„
Spanien (1863)	„	316,000		„
Rußland (1863)	„	170,000		„
Italien (1864)	„	43,000		„
Schweden (1865)	„	40,000		„
Portugal (1865)	„	13,000		„
Indien (1868)	„	557,000		„
China (1866)	„	1000		„
Summa	ca.	195½	Mill.	Tonnen.

*) Davon Preußen allein 26½ Millionen Tonnen, Sachsen 2,800,000, Bayern 360,000, Thüringen 265,000, Braunschweig 190,000.

**) Die Union 26 Mill., die englischen Kolonien ½ Mill., Chile 140,000.

Die englische Kohlenausfuhr betrug 1863 über 150 Mill. Centner, die Belgiens 1862 an 57,8 Mill. Centner (meist nach Frankreich), die des Zollvereins resp. Preußens (nach Frankreich, Holland und der Schweiz) über 50 Mill. Centner. Dagegen führen ein Frankreich ca. 210 Mill. Centner, Zollverein resp. die Ostseeländer mit Berlin (1863) 18,377,000 Centner. Die Ausfuhren und Einfuhren Oesterreichs an Stein- und Braunkohlen heben einander ziemlich auf. Beide betrugen 1863 zwischen 6 und 7 Mill. Centner. — Der Werth der englischen Steinkohlengewinnung betrug über 258 Mill. Gulden, während Preußen nur $66^1/_2$ Mill. G. aus Kohlenverkauf löste, Frankreich 61 Mill., Belgien 60 Mill., Oesterreich 20 Mill., Sachsen 9 Mill., ganz Europa produzirt also im Ganzen jährlich für 480 Mill. G. Kohlen, die ganze Erde für 560 Mill. G. Der Betrieb der Kohlenbergwerke beschäftigt in England 300,000 Arbeiter, in Preußen 80,000, in Frankreich und Belgien 130,000, in Oesterreich 40,000, in ganz Europa 600,000, auf der ganzen Erde 700,000 und die Löhnungen betragen jährlich etwa 230 Mill. G. 1862 bis 1870.

Nach Simonin messen die Kohlenfelder Nordamerika's 180,000 englische □Meilen, die englischen 9000, die französischen 1800, die deutschen 3600, die belgischen 900, die spanischen 900, die der übrigen Länder an 29,000, im Ganzen also 225,000 englische □Meilen.

Die Eisenproduktion zeigt ein ähnliches Verhältniß zwischen Großbritannien und den übrigen Ländern, wie die Kohlenförderung. Auch darin steht der Inselstaat unerreicht da. Im Jahre 1863 wurden aus 9 Mill. Tons Eisenerz 90,3 Mill. Centner Roheisen geschmolzen, im Werthe von über $11^1/_4$ Mill. Lst. oder ca. 75 Mill. Thalern. Davon kamen auf Schottland 23 Mill. Centner, wovon 11,4 Mill. Centner verschifft worden sind. Außerdem versendet England jährlich über 20 Mill. Centner Stabeisen und Schienen, hauptsächlich Erzeugniß der Werke von Yorkshire, Stahl und Wagenfedern aus Stahl 2c. Der Gesammtwerth der Ausfuhr Englands 1863 an Gußeisen (3,88 Mill. Lst.), Schienen 2c. (3,29 Mill. Lst.), Walzeisen (2,17 Mill. Lst.), Stabeisen (1,68 Mill. Lst.), Stahl (935,906 Lst.) 2c. war 13,1 Mill. Lst. Eingeführt wird feines schwedisches und etwas österreichisches Holzkohleneisen, vorzugsweise zur Stahlerzeugung.

Frankreich ist reich an Eisen, namentlich an Roherzen, deren Gewinnung nur geringe Kosten verursacht, während es, wie wir gesehen haben, Kohlen vom Auslande beziehen muß. Die Produktion hat sich unter dem Schutze außerordentlich hoher Zölle sehr gehoben und noch größere Fortschritte hat die Eisenwaarenfabrikation gemacht. Die Roheisenerzeugung übertrifft bereits die des Zollvereins; sie belief sich 1861 auf $17^3/_4$ Mill. Centner. Von Stabeisen wurden $11^1/_2$ Mill. Centner produzirt.

Frankreich zunächst steht auf dem Kontinent der Zollverein und zwar wieder Preußen. Die Ruhrgegend, das Siegener Land und Schlesien sind die wichtigsten Bezirke. Da, wo das gemeinsame Vorkommen von Eisenerz und Steinkohlen die Transportkosten für eines von beiden erspart, wie im rheinisch-westfälischen Distrikt, hat sich die Eisenindustrie in ganz großartiger Weise entwickelt und wir finden daselbst Etablissements, die den Vergleich mit jedem englischen aushalten können, so die des Phönix, die der Hörder Aktiengesellschaft, die Haniel'schen Werke, Hochdahl, das Krupp'sche Gußstahletablissement 2c. Die Produktion von Roheisen belief sich im Jahre 1862 auf

1862. 12,682,410 Centner, wovon Preußen 9,836,496 Centner lieferte, von Stab- und Walzeisen auf 8,263,465 (Preußen 6,919,989 Centner), von Gußwaaren aus Erzen und aus Roheisen auf 3,651,705 Centner, von Eisenblech auf 1 Mill. Centner, von Stahl auf 818,327 Centner, von Eisendraht auf 560,084 Centner und von Rohstahleisen auf 231,454 Centner. Dabei genügt die eigene Roheisenerzeugung dem Bedarf der hoch entwickelten Metallwaaren-industrie des Zollvereins noch nicht, namentlich ist das weiche schottische Roheisen den Gießereien fast unentbehrlich. Im Jahre 1862 betrug die Einfuhr von Roheisen 3 Mill. Centner, 1863 3,1 Mill. Centner.*)

Belgiens Eisenindustrie basirt auf den reichen Erzlagern des Hennegau sowie der Distrikte Namur und Lüttich. Weltberühmt waren die großartigen Anlagen Cockerills zu Seraing, die heute freilich von noch großartigeren überflügelt worden sind. Die belgische Roheisenproduktion beträgt gegenwärtig ca. 7 Mill. Centner, von Stab- und Walzeisen nebst Schienen ca. 3½ Mill. Centner. Ausgeführt wurden 1863 Eisenbahnschienen, Schmiede- und Walzeisen 1¾ Mill. Centner, Maschinen und Geräthschaften 328,550 Centner, Nägel 252,000 Centner ꝛc.

Sehr zurückgeblieben ist die Eisenindustrie Oesterreichs, obgleich dasselbe einen außerordentlichen Reichthum an den feinsten Erzen besitzt; namentlich die steiermärkischen Erze sind den besten schwedischen Rohstahleisenerzen gleich. Die Produktion von Roheisen betrug 1862 an 5,56 Mill. Centner, von Gußeisen 652,987 Centner. Dazu kamen vom Auslande 312,303 Centner Roheisen und 78,583 Centner Frischeisen und Schienen, 35,932 Centner Eisen- und Stahlblech, 32,489 Centner Eisenguß ꝛc. Die Ausfuhr bestand im Wesentlichen aus 4000 Centner Eisenwaaren, wovon die landwirthschaftlichen Geräthe der steirischen Werke, Sensen u. dgl., einen Hauptbestandtheil bildeten.

Schwedisches Eisen ist seit den frühesten Zeiten gesucht und hat stets den Hauptausfuhrartikel des Landes gebildet. Die Produktion ist nicht genau zu ermitteln, die Angaben schwanken zwischen 5 und 6 Mill. Centner, die Ausfuhr betrug 1862 an 2,1 Mill. Centner Stabeisen und 373,346 Centner Roheisen. Außerdem kamen 143,542 Centner Eisenerze zur Verschiffung.

Rußlands Eisenproduktion wird der Schwedens ungefähr gleich geschätzt. Die Ausfuhr ist unbedeutend. Sie betrug 1861 an 118,557 Centner. Für die Vereinigten Staaten fehlen ebenfalls zuverlässige neuere Angaben. Englische Blätter schätzen die Roheisenerzeugung der Union auf 18 Mill. Centner, die Produktion von Stabeisen auf 8½ Mill. Centner.

*) Welche Ausdehnung die Metallwaarenindustrie im Zollverein gewonnen hat, zeigt folgende Zusammenstellung. 1863 wurden betrieben

1,044	Eisenhütten, Rohstahl- und Eisenwalzwerke	mit	48,408	Arbeitern,
503	Eisen- und Stahldraht-, Walz- und Hammerwerke .	"	6,716	"
962	Eisen- u. Blechwaaren-, Sensen-, Ketten-, Nägel- ꝛc. Fabr.	"	14,110	"
163	Kupfer-, Tombak- u. Messinghämmer u. Walzwerke .	"	3,538	"
187	Kupfer-, Bronze- und Messingwaarenfabriken . . .	"	5,647	"
45	Neugold-, Neusilber- und Platinewaarenfabriken . .	"	1,144	"
115	Nähnadel- und Stecknadelfabriken	"	4,513	"
198	Knopffabriken	"	3,990	"
3,217	Etablissements	mit	88,066	Arbeitern.

Zur Vergleichung der Roheisenproduktion in den verschiedenen Ländern mag nachstehende Tabelle dienen: 1868 bis 1870.

Großbritannien (1868)	5 Mill.	Tonnen
Frankreich (1868)	1,200,000	"
Zollverein ohne Preußen (1867) .	170,000	"
Belgien (1867)	480,000	"
Oesterreich-Ungarn (1868)	352,000	"
Schweden (1867)	292,000	"
Rußland (1865)	283,000	"
Vereinigte Staaten (1868)	1½ Mill.	"
Spanien (1863)	60,000	"
Italien (1866)	38,000	"
Preußen (1867)	1 Mill.	"
Norwegen (1865)	80,000	"
Schweiz (?)	15,000	"
Dänemark (?)	15,000	"
Summa ca.	10 Mill.	Tonnen oder 212 Mill. Ctnr.

Rechnet man die anderen Länder dazu, so wird sich die Gesammtsumme der Eisenproduktion der Erde auf 11½ Millionen Tonnen oder 230 Millionen Centner belaufen. Am schnellsten entwickelt sie sich in Nordamerika, wo Pennsylvanien allein jährlich 1 Million Tonnen Roheisen erzeugt. Seine Walzwerke stellten 600,000 Tonnen Schienen her, und dazu lieferte Europa binnen 10 Jahren dorthin noch 10 Millionen Tonnen. Auch in England dehnt sich das Hüttengewerbe noch aus, denn die Produktion stieg von 1862—1868 von 4 Millionen Tonnen auf 5 Millionen, und 500 Hochöfen verwandeln 12 Millionen Tonnen Erze in Roheisen, welches 12 Millionen Pfund Sterling werth ist, und wozu man 15 Millionen Tonnen Kohlen, bei weiterer Verarbeitung 30 Millionen Tonnen verbraucht. Preußen entwickelt eine großartige Stahlfabrikation; sein Roheisen stellt einen Werth von 12 Millionen Thaler dar, die Stahlwaaren aber verwerthen sich mit 116 Millionen Thaler.

Viehstand, Fleisch- und Getreidehandel. Die Ernährung der Bevölkerung ist für die Staaten eine Hauptsorge und beschäftigt den Groß- und Kleinhandel, den Landwirth und eine Menge von Fabriken und Maschinen. Namentlich steigt in den letzten Jahren der Fleischverbrauch. Nach Block genießt in Frankreich im Durchschnitt jährlich jede Person 25 Kilogramm Fleisch, in Preußen 18, in Sachsen 25, in Belgien 18, in Großbritannien 28, in der Schweiz 23, in Rußland und Schweden 20, in Holland 18, in Spanien und Italien 8, in Oesterreich 11—20 Pfund. Daher wendet man der Mast viel Sorgfalt zu; ein Rind wiegt in Frankreich 2, in England 5 Centner, ein Schaf dort 18½ Kilogr. hier 37 Kilogr. ein ungarischer Mastochse 850 ein normännischer 1320 Kilogramme. Außerdem erfand man Methoden, das Fleisch zu konserviren, und Buenos-Ayres versendet ½ Million Centner getrocknetes Fleisch, England bezog aus Nordamerika 250,000 Centner eingesalzenes Rindfleisch, aus Australien 1 Million Pfund à 4½—7 Pence das Pfund. Die Liebig-Fleischertraktgesellschaft produzirte 1 Million Pfund, und endlich lernte man lebendes Vieh auf Eisenbahnen und Dampfern weithin transportiren, selbst von Ungarn und Südamerika bis England, wo man es mästet.

In Uruguay hat mancher Grundeigenthümer 100,000 Stück Hornvieh; früher achtete man nur das Fell und brauchte den Kadaver als Brennmaterial. Südamerika besitzt 30 Millionen Schlachtvieh und 70 Millionen Schafe,

1760 bis 1860. Australien $3\frac{1}{2}$ Millionen Rindvieh, 30 Millionen Schafe und 24,000 Schweine, Neu-Seeland $\frac{1}{2}$ Million Rindvieh und 10 Millionen Schafe. Dagegen zählt Europa nur 86 Millionen Stück Rindvieh, 200 Millionen Schafe und 42 Millionen Schweine, Nordamerika $25\frac{1}{2}$ Millionen Rindvieh, 33 Millionen Schafe und 34 Millionen Schweine.

Diese Thierherden bieten an und für sich, abgesehen von Häuten, Hörnern, Knochen, Haaren, Butter, Milch u. s. w. ein ungeheueres Kapital und vertheilen sich auf folgende Weise:

	Rindvieh.	Schafe.	Schweine.
Rußland . .	21 Mill.	44 Mill.	9 Mill.
Oesterreich . .	$13\frac{1}{2}$ "	$16\frac{1}{2}$ "	8 "
Frankreich . .	$12\frac{2}{3}$ "	30 "	$5\frac{4}{5}$ "
Britannien . .	9 "	34 "	3 "
Preußen . .	$7\frac{4}{5}$ "	22 "	4 "
Italien . . .	$3\frac{2}{3}$ "	11 "	$3\frac{4}{5}$ "
Bayern . . .	3 "	2 "	920,000
Rumänien . .	$2\frac{2}{3}$ "	5 "	1 Mill.
Schweden . .	2 "	$1\frac{2}{3}$ "	380,000
Spanien . .	$1\frac{4}{5}$ "	22 "	1,600,000
Niederlande .	$1\frac{1}{3}$ "	880,000	278,000
Belgien . . .	$1\frac{1}{3}$ "	580,000	458,000
Dänemark . .	1 "	1,870,000	380,000
Schweiz . .	990,000	450,000	304,000
Württemberg .	970,000	650,000	260,000
Norwegen . .	952,000	1,700,000	96,000
Sachsen . .	660,000	300,000	330,000
Portugal . .	606,000	$2\frac{1}{2}$ Mill.	930,000
Baden . . .	580,000	177,000	307,000
Hessen . . .	288,000	197,000	192,000
Griechenland .	58,000	1,779,000	55,000

Dazu kommen noch Millionen Centner Fischfleich und Milliarden von Austern, die man in England und Nordamerika bereits als billige Volksnahrung zu Suppen benutzt.

Es ist gerade ein Jahrhundert verflossen, seit das europäische Getreidegeschäft den Charakter annahm, welchen es noch heute trägt und seinen Mittelpunkt in England fand. Bis zum Jahre 1764 hatte England regelmäßig Getreide exportirt. Die Ausfuhr belief sich noch 1763 auf 427,074 Quarter und 1764 auf 396,537 Quarter Weizen, ungerechnet 218,482 Quarter und 261,231 Quarter anderes Getreide.

Mit dem Jahre 1765 trat eine totale Umgestaltung ein. Die Weizenpreise stiegen von 33 Sh. $2\frac{1}{4}$ d. 1763 auf 58 Sh. 8 d. 1767 und damit ging Hand in Hand eine Weizeneinfuhr von 830,000 Quarter in den Jahren 1767 und 1768. Die nächste Ursache dazu lag in einer Reihe dürftiger Ernten in den Jahren 1765 bis 1774, doch hat jedenfalls hauptsächlich das Anwachsen des Nationalwohlstandes nach Beendigung des Krieges (1756—1763), die Entwicklung der Industrie, die Vermehrung des Kolonialbesitzes und die beginnende Einführung von Maschinen auf das überraschend schnelle Anwachsen der Bevölkerung in jener Zeit und dadurch auf den Begehr nach Brotfrucht gewirkt und so die von jener Zeit an regelmäßig erforderliche Getreideeinfuhr hervorgerufen. Der Betrag derselben ist seitdem von Jahrzehnt zu Jahrzehnt gestiegen.

Nach Rupples betrug 1868 die Getreideproduktion in 1868.

	Getreide.		Weizen.
Rußland	538 Mill. Hektoliter,	davon	166 Mill. Hektoliter.
Frankreich	200 " "		105 " "
Deutschland	241 " "		39 " "
Oesterreich	196 " "		51 " "
Großbritannien	140 " "		46 " "
Italien	57 " "		34 " "
Spanien	82 " "		39 " "
Europäische Türkei	47 " "		18 " "
Rumänien	49 " "		15 " "
Schweden u. Norwegen	27 " "		1 " "
Dänemark	20 " "		— — —
Belgien	23 " "		5 " "
Portugal	11 " "		1 " "
Niederlande	10 " "		1 " "
Schweiz	6 " "		— — —
Serbien	5 " "		1 " "
Griechenland	3 " "		1 " "
Vereinigte Staaten	510 " "		78 " "
	2225 Mill. Hektoliter.		601 Mill. Hektoliter.

Demnach entfallen auf jede Person in den Vereinigten Staaten 13 Hektoliter, in Dänemark 12, in Rumänien 9, in Rußland 7, in Frankreich 6,8, in Oesterreich 6,4, in Deutschland 6,2, in Spanien 5, in Schweden, Norwegen, Serbien und Belgien 4,7, in Britannien 4,6, in der Türkei 4,5, in den Niederlanden 3, in Griechenland 2,8, in der Schweiz 2,4, in Italien 2,2, woraus sich der Getreidehandel in seinen Zahlenverhältnissen ergiebt.

Ueberschuß erzeugen Rußland, Oesterreich, Rumänien, die Vereinigten Staaten, Dänemark, Chile, Canada; dagegen bedürfen regelmäßiger Zufuhr Großbritannien, die Schweiz, Belgien, Italien, Deutschland, die Niederlande und Frankreich.

In neuester Zeit hat sich gezeigt, daß der Ackerbau um so ausgiebiger betrieben wird, je mehr die gewerbliche Thätigkeit der Bevölkerung sich steigert, und daß der Handel eine Organisation erhalten hat, welche einer Hungersnoth sofort abzuhelfen vermag. Nach Block trägt 1 Hektare in England 40 Hektoliter Weizen, in Württemberg 31, in den Niederlanden 23, in Sachsen 20, in Preußen und Belgien 19, in Oesterreich-Ungarn 16, in Frankreich und Bayern 14, in der Schweiz 10 Hektoliter.

Am Deutlichsten läßt sich der Getreidehandel Englands überblicken. Dort betrug die durchschnittliche Einfuhr von Weizen und Mehl nach Tooke und Newmarch von

1828/30	1,2	Mill.	Quarter,
1831/35	0,68	"	"
1836/40	1,49	"	"
1841/45	1,67	"	"
1846/50	4,11	"	"
1851/55	4,7	"	"

In den Jahren 1862 und 1863 belief sich die Einfuhr von Weizen und Mehl auf:

1862: 9,4 Mill. Quarter Weizen und 7,2 Mill. Centner Mehl.
1863: 5,6 " " " " 5,2 " " "

wozu noch große Quantitäten Mais (1863 2,0 Mill. Quarter), Gerste

1862. (1863 an 2 Millionen Quarter) und Hafer (1863 an 2,9 Millionen Quarter) kommen.

Neben einem so kolossalen Jahresbedarf erscheinen die Bezüge der übrigen Brotfrucht einführenden Länder als unbedeutend, und es begreift sich, daß heute die Blicke aller Getreide ausführenden Länder nach England gerichtet sind und daß London der tonangebende Getreidemarkt für die Alte wie für die Neue Welt geworden ist.

Ueber die Herkunft der in England eingeführten Getreidequantitäten und damit gleichzeitig über die Produktionsverhältnisse der nach England exportirenden Länder unterrichtet uns die nachstehende Tabelle:

Die Einfuhr Englands von Weizen kam aus folgenden Ländern:

	1862.		1863.	
Vereinigte Staaten Nordamerika's . .	3,724,770	Quarter,	2,008,708	Quarter,
Britisch-Nordamerika	0,861,452	"	0,483,230	"
Nordamerika . . . . total .	4,586,222	Quarter,	2,491,938	Quarter,
Preußen	1,450,484	"	1,017,807	"
Rußland	1,327,158	"	1,046,378	"
Aegypten	0,759,036	"	0,535,290	"
Türkei	0,390,068	"	0,095,811	"
Frankreich	0,224,835	"	0,034,034	"
Hansastädte	0,156,701	"	0,073,013	"
Dänemark	0,145,338	"	0,128,155	"
Mecklenburg	0,093,161	"	0,088,800	"
Diverse	0,336,267	"	0,111,275	"
Europa und Levante . . . . total .	4,883,048	Quarter,	3,130,563	Quarter,

Dazu Mehl:

Vereinigte Staaten Nordamerika's . . .	4,499,534	Centner,	2,531,822	Centner,
Britisch-Nordamerika	1,108,591	"	0,883,352	"
Nordamerika . . . . total .	5,608,125	Centner,	3,415,174	Centner.
Frankreich	0,790,040	"	1,367,938	"
Hansastädte	0,256,973	"	0,306,216	"
Diverse	0,551,975	"	0,551,975	"
Europa und Levante . . . . total .	1,598,988	Centner,	1,803,803	Centner.

Wie sich aus dieser Zusammenstellung ergiebt, überwiegt die Weizen- und Mehleinfuhr Nordamerika's die von Europa und der Levante beträchtlich und namentlich sind die Vereinigten Staaten die Kornlieferanten Englands. Der wichtigste Ausfuhrhafen der Vereinigten Staaten ist New-York, von wo aus nicht blos England, sondern auch Westindien und Südamerika mit Getreide und Mehl versorgt werden. Daneben ist nicht unbedeutend der Export Philadelphia's (1862 ca. 2 Mill. Bushel Weizen und ca. 471,000 Barrel Mehl) und des Hafers des fruchtbaren Staates Pennsylvanien. Die eigentlichen Getreide-Exportstaaten im Inneren sind Ohio, Indiana, Illinois, Wisconsin, Iowa und Michigan, und das größte Getreideemporium der Gegenwart darf wol Chicago am Michigansee genannt werden, von wo 1861 an 15,8 Mill. Bushel (à 35,2 Liter) nebst 1,6 Mill. Barrel Mehl, und 1862 an 13,8 Mill. Bushel Weizen nebst 1,8 Mill. Barrel Mehl verschifft wurden. Für Britisch-Nordamerika sind Quebek und Montreal die Exportplätze.

In Europa und der Levante finden wir die uns schon aus der Geschichte 1862. der früheren Epochen bekannten Tiefländer an der Ostsee, am Schwarzen und Mittelmeere als Getreideproduktionsgegenden wieder.

Erstere zerfallen politisch in die russisch-polnischen Ostseeprovinzen, die deutschen Ostseeländer und die Dänischen Inseln, mit den Ausfuhrplätzen Petersburg und Riga, Königsberg, Danzig, Stettin, Kopenhagen 2c.

Rußland erntet etwa 460 Mill. Hektoliter, von denen es ca. 35 Mill. ablassen kann, gegen 30 Mill. verkauft, die ihm ca. 90 Mill. Rubel (360 Mill. Fr.) einbringen. Oesterreich erntet zwischen 160—200 Mill. Hektoliter, exportirt 416 Mill. Centner, dazu 2—3 Mill. Centner Mehl und löst dafür 76—80 Mill. G. (190 Mill. Fr.), Rumänien verkauft für 130—150 Mill. Fr., die Vereinigten Staaten 7—10 Mill. Hektoliter Getreide und 8 Mill. Mehl, Dänemark 5—6 Mill., Chile sendet mehr als 1 Mill. nach England, Aegypten 2—3½ Mill., Canada für 10—12 Mill. Dollars.

Daher kauft England je nach dem Ausfall der eigenen Ernte für 20—40 Mill. Pfund St., an Weizen allein bezieht es oft nahe an 40 Mill. Centner, und Nordamerika liefert dazu 30—35%. Auch die Schweiz braucht jährlich über 3 Mill. Centner Getreide und 300—500,000 Centner Mehl, Belgien 2—5 Mill. Hektoliter für 70—80 Mill. Frcs., Italien 4—5 Mill. Hektoliter, selbst der Zollverein für 60—70 Mill. Frcs. Getreidezufuhr, Holland für 33—57 Mill. Frcs., und Frankreich hat neben ca. 60—70 Mill. Frcs. Ausfuhr für etwa 300 Mill. Frcs. Einfuhr, da es jährlich wenigstens nahe an 1 Mill. Hektoliter Zufuhr bedarf.

Von hervorragender Bedeutung sind an der Ostsee die preußischen Häfen, namentlich Danzig, welches auf der Weichsel einen großen Theil des polnischen Getreides bezieht und dasselbe seewärts versendet. Der Weizenexport von Danzig belief sich 1862 auf 74,757 Lasten (à 60 Scheffel), der ganze Getreideexport auf 128,700 Lasten. Königsberg verschiffte in demselben Jahre 23,708 Lasten Weizen und 78,057 Lasten Roggen, Stettin 108,905 Wispel (à 24 Scheffel) Weizen oder, die übrigen Fruchtgattungen inbegriffen, 194,846 Wispel.

Die Exporte von Petersburg betrugen 1862 ca. 180,000 Tschetwert (à 210 Liter) Weizen und 144,000 Tschetwert Roggen, 1863 über 226,500 Tschetwert Weizen und 130,240 Tschetwert Roggen. Riga's Antheil an Rußlands Getreideausfuhr ist unbedeutend.

Dänemarks Getreideexport erreichte mit Einschluß der jetzt abgetrennten Herzogthümer 1862 die Höhe von 2,9 Mill. Tonnen (à 159 Liter)

Die fruchtbaren russischen Provinzen nördlich vom Schwarzen Meere mit der sogenannten Schwarzen Erde haben ihre Unerschöpflichkeit bis heute bewahrt. Wie sie vor 2300 Jahren Athens Bevölkerung mit Brot versorgten, so heute die Bewohner von Marseille, Barcelona und London.

Die drei Häfen Odessa, Taganrog und Berdiansk theilen sich in die Getreideausfuhr Südrußlands, welche an Weizen 1862 an 3 Mill. Tschetwert und 1863 an 3,27 Mill. Tschetwert betrug.

In verhältnißmäßig kurzer Zeit haben sich die Donaufürstenthümer Moldau und Walachei zu Getreideexportländern ersten Ranges aufgeschwungen, und die beiden benachbarten Häfen Galatz und Braila wetteifern mit Odessa

1862. und Taganrog. Die Verschiffungen beider Plätze betrugen 1862 über 242,321 pr. Wispel Weizen.

Das Nilthal zählte bis zum letzten Jahre ebenfalls zu den Kornkammern Englands, wie es im Alterthume die Kornkammer Roms war, und noch 1862 wurden über Alexandrien 1,328,851 Ardeb, 1863 über 779,320 Ardeb (à 279 Liter) Weizen verladen. Doch hat der massenhafte Anbau von Baumwolle den Getreidebau in der jüngsten Zeit so beschränkt, daß sich die Regierung genöthigt sah, die Ausfuhr von Getreide zu verbieten. Für die nächste Zeit wird also Aegypten nicht mehr als Getreide ausführendes Land zu betrachten sein.

Die französische Provinz Algier kann in guten Jahren namhafte Quantitäten Weizen entbehren. Sie versandte 1862 an 1,922,055 Kilo Weizen und 20,900 Kilo Mehl, 1863 an 6,168,292 Kilo Weizen und 155,802 Kilo Mehl.

Außer diesen Hauptbezugsquellen, welche regelmäßig Versendungen von Brotfrucht machen, finden wir im Innern Europa's noch einige Gegenden, welche in guten und mittleren Jahren ebenfalls exportiren. Dazu zählt vor Allem Ungarn mit dem Banat, dessen Ausfuhr in neuerer Zeit außerordentlich gewachsen ist und 1861 auf 10 Mill. Wiener Metzen (à 61½ Liter) geschätzt wurde. Pest und Raab sind die bedeutendsten Verladungsplätze. In Deutschland produziren das Donau- und Mainthal oder Niederbayern, Württemberg, Franken nebst der Wetterau vortrefflichen Weizen und Gerste, die für den englischen und schweizerischen Markt sehr gesucht sind und von Würzburg und Mainz über Köln nach Holland, oder über Lindau, Rorschach und Romanshorn nach der Schweiz verladen werden. Von den französischen Provinzen im Osten, namentlich Burgund und Champagne, bezieht die Schweiz regelmäßig Weizen und Mehl; je nach der Konjunktur werden auf den Märkten von Metz und Dijon auch Ladungen für den rheinischen Getreidehandel gekauft. Dagegen bezieht England regelmäßig bedeutende Quantitäten von französischem Weizen und Mehl aus den westlichen Departements, und in guten Erntejahren führt Nantes an der Loire über 200 Mill. Kilo Weizen und Mehl aus, so 1858 ca. 148,9 Mill. Kilo, 1859 an 203,4 Mill. Kilo, 1860 über 129 Mill. Kilo, 1861 ca. 18,8 Mill. Kilo.

Neben den durch ihre Lage zu natürlichen Ausfuhr- oder Einfuhrplätzen bestimmter Länder herangewachsenen Seehäfen oder Plätzen sind schon in den früheren Jahrhunderten einzelne Punkte wichtige Zwischenglieder im Getreidehandel geworden und dieselben haben sich theilweise ihre Bedeutung bis heute erhalten. Dies gilt vorzüglich von dem holländischen Hafen Amsterdam, dem sich in neuerer Zeit Rotterdam als Konkurrent zugesellt hat. Schon im 16. und 17. Jahrhundert entwickelte sich hier ein blühendes Getreidegeschäft, welches hauptsächlich auf die Versorgung von Spanien und Portugal mit Getreide aus Deutschland und den Ostseeprovinzen gerichtet war und seine wichtigste Stütze in der unbeschränkten Verkehrsfreiheit der niederländischen Provinzen fand, während rings herum Alles unter Beschränkungen, Hemmungen und Verboten litt. Amsterdam war lange Zeit der wichtigste Getreidemarkt Europa's und seine Notirungen regelten die Preise, wie heute die der Londoner Getreidebörse. Obgleich die holländischen Getreidemärkte in neuerer Zeit ihre frühere Bedeutung nicht zu behaupten vermochten, haben sie doch immer noch ein ziemlich umfangreiches Geschäft, namentlich üben sie auf ganz Südwestdeutschland einen entscheidenden Einfluß. Die Anfuhren in Amsterdam, Rotterdam, Zaardam, Dortrecht und Schiedam betrugen 1863 an 19,196 Last (à 30 Hektoliter) Weizen, 49,792 Last Roggen und 25,100 Tonnen Mehl. Von den übrigen Nordseehäfen nehmen Hamburg und Antwerpen größeren Antheil am Fruchthandel. Die Weizeneinfuhr Hamburgs beträgt ca. 1½—2 Mill. Centner, wovon 1861 ca. 1½ Mill. und 1862 an 1 Mill. Centner von der Oberelbe und den zollvereinsländischen Bahnen kamen. Antwerpens Einfuhr betrug 1861 ca. 4,1 Mill., 1862 an 2,79 Mill. und 1863 ca. 2,75 Mill. Centner Weizen, Roggen &c. 1862.

Im Mittelländischen Meere erfreute sich Toskana schon im vorigen Jahrhundert eines freien Grenzverkehrs mit Getreide, und diesem Umstande dankte Livorno seinen Aufschwung zum wichtigsten Stapelplatz für Getreide im Mittelmeer. Diesen Rang behauptete es bis zum Jahre 1849. Eine von der toskanischen Regierung auf die wichtigsten Verkehrsartikel gelegte Handelstaxe, womit die Kosten der österreichischen Besatzungstruppen gedeckt werden sollten, vernichtete in wenigen Jahren das rege Geschäftsleben dieses Platzes, welcher gegenwärtig auf die Versorgung seines Hinterlandes beschränkt ist. Die Getreideausfuhr beträgt gegenwärtig etwas über 1 Million Säcke (1862 an 1,1 Million). Für Oberitalien und die ligurische Küste vermittelt heute Genua den Getreidebezug, dessen Einfuhr 1862 über 321,9 Millionen Liter, 1863 an 199 Millionen Liter betrug.

Ungleich bedeutender ist das Getreidegeschäft von Marseille, welches die Stelle Livorno's eingenommen hat und heute als der wichtigste Fruchtmarkt im Mittelmeere dasteht. Die Einfuhr großentheils aus Südrußland und den Donauprovinzen nebst dem algierischen Getreide, belief sich 1861 auf 5,7 Millionen, 1862 auf 4,8 Millionen und 1863 auf 3,4 Millionen Hektoliter.

In einzelnen Jahren bezieht auch Bordeaux namhafte Quantitäten, z. B. 1862 über 10,1 Million Kilo, 1863 aber nur 1,1 Million Kilo.

Regelmäßiger Getreidezufuhren bedürfen in Europa hauptsächlich zwei Länder, die Schweiz und Norwegen, da in beiden der zum Ackerbau geeignete Boden nicht hinreicht, in Norwegen aber außerdem Massen von Korn zur Branntweinbrennerei verwandt werden. Der Import der Schweiz an Getreide und Hülsenfrüchten erreichte 1862 die Höhe von 2,6 Millionen und 1863 von 2,9 Millionen Centner.

An der Zufuhr betheiligten sich je nach der Lage der einzelnen Kantone Süddeutschland, Frankreich und Oberitalien. Der Bedarf Norwegens wechselt außerordentlich, da der Ernteausfall großentheils von dem Ausbleiben oder Eintreffen früher Fröste abhängt. So beschränkte sich der Gesammtimport von 1862 infolge der reichlichen Ernte von 1861 auf 123,582 Pfund Weizen- und anderes Brot, 1,249,600 Pfund Roggen und Gerste und ca. 950,000 Roggen- und Weizenmehl. Im Jahre 1863 dagegen empfing allein Bergen 463,000 Tonnen (à 159 Litre) Getreide und zwar 240,000 Tonnen Gerste aus Dänemark, Schweden und den deutschen Ostseehäfen, ca. 190,000 Tonnen Roggen ebendaher, aus Rußland 17,608 Tonnen Weizen &c. Stavanger führte in demselben Jahre ein 107,813 Tonnen Roggen, 312,966 Pfund Weizenmehl &c. Mit dem Getreidebau hängt die Viehzucht zusammen, welche viel Handelswaare liefert. Rußland verkauft für 1 Mill. Rubel Rohhäute, noch mehr die Pampasstaaten Südamerika's, denn Buenos-Aires allein versendet an

1862. $2^1/_2$ Mill. Ctnr., etwas weniger Montevideo und Rio Janeiro, Büffelhäute kommen in Menge aus Ostindien und Java, und Rinderhäute aus dem Kaplande und Australien. London allein kauft 600—700,000 ostindische Kips (Wildhäute) auf, und große Lager von Häuten findet man in Havre, Antwerpen, Rotterdam, Amsterdam, Hamburg, Köln u. s. w., wogegen die Union sich in Südamerika mit diesem Artikel versorgt. Denn Buenos-Aires verkauft jährlich über $^1/_2$ Mill. Ctnr. eingesalzenes Fleisch, und zu Fray Bentos am Uruguay schlachtet man täglich 150 Ochsen, um Liebig'schen Fleischextrakt zu verfertigen, von welchem 2000 Pfd. mit 7000 Thlr. bezahlt werden, so daß sich stets ein großer Vorrath von Häuten, Hörnern, Schweifbüscheln und Knochen ansammelt.

Kaffee und Zucker. Der Verbrauch von Kaffee und Zucker und damit der Verkehr in diesen beiden Artikeln hat im 19. Jahrhundert eine Ausdehnung erhalten, der nur die kolossale Entwicklung des Handels in Spinnstoffen, Metallen und Getreide verglichen werden kann.

Hauptproduktionsland von Kaffee ist gegenwärtig Brasilien, dessen Exporte je nach dem Ernteergebniß zwischen 4 und $4^1/_5$ Mill. Centner schwanken (70—80 Mill. G.). Weitaus der größte Theil wird über Rio-Janeiro verladen. Die Ausfuhren von Rio und Santos zusammen beliefen sich 1860/61 auf 2,8 Millionen Ballen, 1861/62 auf 1,9 Million Ballen und 1862/63 auf 1,7 Million Ballen. — An Quantität geringer, an Qualität aber weit überwiegend, ist die Produktion und der Export von Java mit den benachbarten holländischen Besitzungen auf Sumatra, Celebes 2c. Die Ernte Java's betrug 1868 über 2 Million Pikul (à $1^1/_4$ Centner), 1861 auf 985,353 Pikul, 1862 auf 740,908 Pikul.

Java zunächst und der Qualität nach ziemlich gleich steht die Kaffeeproduktion von Ceylon, welche in steter Zunahme begriffen ist. Der Export betrug 1861/62 an 585,122 Ctnr., 1862/63 an 783,393 Ctnr., wovon 579,758 Ctnr. sog. Plantagenkaffee waren, 1868 dagegen 1 Mill. Ctnr. Auf Guatemala nimmt der Kaffeeanbau mit jedem Jahre zu, und 1868 versandte es bereits 85,000 Ctnr., wogegen Cuba nicht einmal den eigenen Bedarf zu decken vermag.

Hierauf folgt Haiti mit einer Ausfuhr von 536,000 Centnern im Jahre 1862 und 681,000 Centnern im Jahre 1863 aus den Häfen Port au Prince, Jacmel, Kap Haiti, Aux-Cayes, Gonaives 2c. Ferner Venezuela mit La Guayra, Porto Cabello und Maracaibo, von denen Porto Cabello 1860/61 ca. 191,000 Centner und 1861/62 ca. 192,000 Centner verlud, endlich Costa-Rica mit einer Ausfuhr von ca. 120,000 Quintals 1861 und 80,000 Quintals 1862, und Manilla mit ca. 30,000 Centnern Export im Jahre 1863. Die außer diesen Ländern produzirten und in den Handel kommenden Mengen amerikanischen Kaffees von Cuba (1863 über 13,437 Ctnr.), Portorico und anderen Westindischen Inseln, Mexiko, Honduras, Peru, Westafrika 2c. sind unbedeutend und ohne Einfluß auf den Weltmarkt.

Nicht viel mehr Gewicht hat heute die Produktion von Arabien und Ostafrika (den Gallasländern), wenngleich diese Kaffees, die sog. Mokka, immer noch von unerreichtem Wohlgeschmack sind. Was davon über Djedda in Arabien, Kartum, am Zusammenfluß des Blauen und Weißen Nil und Massaua an der abessinischen Küste nach Alexandrien zur Ausfuhr nach Europa gelangt, belief sich 1862 auf 22,632 Centner und 1863 auf 15,847 Centner. Ueber die direkten

Ausfuhren Djedda's und Adens liegen keine neuen Angaben vor. Im 1863.
Jahre 1857/58 betrug der Umsatz in Aden 60,000 Centner, die nach Bombay, Frankreich und den Vereinigten Staaten gingen. Von dem echten Mokka kommen nur 7—8000 Centner im Werthe von 200,000 G. in den Handel; und zwar über Hodejda und Lohheia nach Dschedda und Suez. Die Länder um das Rothe Meer versenden etwa 117,000 Centner. Im Ganzen wird auf der Erde eine Ernte von mehr als 8,8 Mill. Centner Kaffee gewonnen. Von diesen bringen in den Handel:

Brasilien (1868)	4	Millionen Centner,
Java und Sumatra (1868)	1 1/3	" "
Ceylon (1868)	1	" "
Venezuela	160,000	Centner,
Costa-Rica	180,000	"
Arabien und Gallasländer	177,000	"
Manilla	0,03	Millionen Centner,
Cuba ꝛc.	0,02	" "
Madras (1868)	300,000	Centner,
Cuba (1868)	1300	"
Portorico (1867)	207,000	"
Guatemala (1868)	85,000	"
Pinang (1868)	63,000	"
Columbia (1867)	50,000	"
San Salvador (1868)	26,000	"
franz. Westindien (1866)	14000	"
franz. Afrika	8000	"
	total 8	Millionen Centner.

Das europäische Kaffee-Importgeschäft bewegt sich hauptsächlich in folgenden Häfen: London, Amsterdam und Rotterdam, Hamburg, Antwerpen, Havre, Marseille und Triest, von denen der Natur der Sache nach London Bezugsplatz für die Ceylon-, und Amsterdam nebst Rotterdam Bezugsplätze für die Javasorten sind. Hamburg bezieht infolge seines lebhaften Verkehrs mit Südamerika vorzugsweise Riokaffee und La Guyra resp. Venezuelasorten. Die Hälfte der Ausfuhr Porto Cabello's geht in der Regel nach den Hansastädten. Antwerpens Import besteht etwa zur Hälfte aus Rio, zu einem Drittel aus Hatti und dem Rest aus Java über Holland. Havre führt hauptsächlich Riokaffee ein, außerdem bedeutende Quantitäten Haiti, Marseille und Triest ebenfalls in erster Linie Rio.

Ueber die Größe der Bezüge dieser Importplätze werden folgende statistische Daten Aufschluß geben: Englands Kaffeeeinfuhr belief sich 1863 auf 117,8 Millionen Pfund, wovon 71,38 Millionen Pfund wieder ausgeführt wurden. Die Anfuhren in Holland bewegten sich 1861/63 zwischen 1 Million und 1,14 Million Ballen, wovon 55,800 Ballen westindische Sorten waren. Hamburgs Einfuhr betrug in den letzten Jahren zwischen 80 und 90 Millionen Pfund. Antwerpen importirte 1862 an 37 Millionen Pfund, 1863 an 28,6 Millionen Pfund, Havre 1861 auf 61,8 Millionen Pfund, 1862 an 70 Millionen Pfund, Marseille 1861 an 31,9 Millionen Pfund, 1862 an 29 Millionen Pfund, Triest 1862 an 17 Millionen Pfund, 1863 an 26,1 Millionen Pfund.

Außerdem beziehen theilweise direkt: Genua 1861 an 20,6 Millionen Pfund, 1862 an 19,4 Millionen Pfund, Bordeaux 1862 auf 18,5 Millionen Pfund, 1863 über 24,7 Millionen Pfund, Bremen 1862 an 10,1 Millionen Pfund,

1862 bis 1868. 1863 an 8,9 Millionen Pfund und Nantes 1861 an 3,3 Millionen Pfund, 1862 3,7 Millionen Pfund. Die Ernte schwankt zwischen 5—10 Millionen Centner; in Holland kommen auf jeden Bewohner 6 Kilogramm, in Deutschland 2, in England 1/2 als Jahresverbrauch.

Bis zu Anfang dieses Jahrhunderts kannte die Welt nur Rohrzucker und (in den Vereinigten Staaten) Ahornzucker. Die von Napoleon über fast ganz Europa verhängte Kontinentalsperre rief einen neuen Industriezweig hervor, die Rübenzuckerproduktion, welche im Zollverein, Frankreich, Oesterreich, Rußland und Belgien in bedeutendem Umfange betrieben wird und gegenwärtig nahezu halb so viel Zucker in den Handel bringt, als sämmtliche rohrzuckererzeugenden Länder exportiren. Im Jahre 1837 erzeugte man 38 Millionen Centner Rohrzucker und 13 Centner Rübenzucker, 4—5 Millionen Centner Ahorn- und Palmzucker; ganz Europa verbraucht 31 Millionen Centner, alle Völker 51 Millionen Centner, die etwa 2500—2800 Millionen Francs kostete.

Es liefern Westindien gegenwärtig ungefähr die Hälfte des in den Handel kommn den Rohrzuckers. Namentlich auf Cuba hat die Zuckerkultur außerordentlich zugenommen und diese Insel produzirt allein mehr als sämmtliche englische, französische, dänische ꝛc. Besitzungen in Westindien zusammen. Havanna hat sich deshalb zum wichtigsten Zuckerexportplatz der Welt emporgeschwungen.

In Brasilien betrieben besonders die Provinzen Bahia und Pernambuco den Zuckerbau. Exportplätze sind Bahia und Pernambuco. Vor dem Bürgerkriege in den Vereinigten Staaten versorgte Luisiana fast die ganze Union mit Rohrzucker und die Produktion erreichte in einzelnen Jahren die Höhe von 450,000 Fässern. Infolge der Umgestaltung der Arbeiterverhältnisse und der Verheerungen des Krieges ist die Produktion gegenwärtig auf 50—60,000 Fässer gesunken.

In Asien steht Niederländisch-Indien voran, dann folgen Vorderindien und die Philippinen. Die Ausfuhr der übrigen asiatischen Länder ist unbedeutend. Von den zu Afrika gehörigen Inseln zeichnen sich Mauritius und Reunion durch ausgedehnte Zuckerkultur und bedeutende Exporte aus. Man rechnet Ausfuhr von Cuba 9 Mill. Centner, von den britischen Kolonien 3½ Mill., von Mauritius nahe 2½ Mill., von Ostindien 3 Mill., von Java über 2 Mill., von den französischen Kolonien 3 Mill., von Brasilien 1½ Mill. In Nordamerika kommen auf jeden Bewohner 35 Pfund Zucker, in Rußland nur 1 Pfund, wonach man den Wohlstand der Völker zu berechnen pflegt.

Die Rohrzuckerexporte von 1868 und das Verhältniß der obengenannten Produktionsländer zu einander erhellen aus folgender, nach zuverlässigen Berichten zusammengestellter Tabelle:

Havanna u. Matanza (Export 1862: 6,2 Mill., 1863: 6 Mill. Centner)	747,000 Tonnen.
Britisch-Westindien (nach England 1863 3,5 Mill.)	250,000 Centner,
Guadeloupe und Martinique (nach Frankreich) 1861/62 . . .	120,000 „
Portorico, St. Croix ꝛc.	62,000 „
Westindien total	11,25 Mill. Ctnr.

China	122,000	Centner,	1862 bis 1863.
franz. Kolonien in Amerika und Afrika	120,000	"	
Merilo	35,000	"	
Sandwich-Inseln	10,000	"	
Siam	6000	"	
Natal	5700	"	
Pinang	3200	"	
San Salvador	3000	"	
Brasilien (Bahia und Pernambuco)	110,000	"	
Mittelamerika, Venezuela rc.	33,000	"	
Festland-Amerika	14 Mill.	Centner.	
Java rc.	144,000	Tonnen,	
Englisch-Nord- und Hinterindien (sehr wechselnd)	35,000	"	
Manilla	60,000	"	
Indien und Ind. Archipel	239,000	Tonnen.	
Mauritius (1862/63: 3,1 Mill. Ctr., 1863/64: 2,4 Mill. Ctr.)	99,000	Centner.	

Von den europäischen Zucker-Importhäfen ist weitaus der wichtigste London, da dieser fast die Hälfte der gesammten Ausfuhren von Rohrzucker empfängt: im Jahre 1862 an 9,9 Millionen Centner, 1863 an 10,6 Millionen Centner. Der Verbrauch Englands übertrifft ebenfalls den anderer Länder bedeutend.

Von den übrigen Häfen empfingen: Hamburg 1861/62 an 550,000 bis 630,000 Centner, Bremen 1863 an 244,870 Centner, Amsterdam und Rotterdam 1862 an 2,1, 1863 an 2,20 Millionen Centner; die französischen Plätze 1861 an 4,3 Millionen Centner, 1862 an 4,8 Millionen Centner (Marseille 1862 an 1,4 Million Centner, Bordeaux 1862 an 426,000 Centner, Nantes 1861 an 1,5 Million Centner); Antwerpen 1862 an 298,900 Centner, 1863 an 259,869 Centner, Genua 1862 an 1 Million Centner und Triest 1862 auf 150,746 Centner.

Die europäische Rübenzuckererzeugung hat sowol quantitativ als qualitativ bedeutende Fortschritte gemacht. Man gewinnt jetzt $7^1/_2$ bis $7^7/_{10}$ % Saft, mit anderen Worten: man stellt aus 13 Centner Rüben 1 Centner Zucker her.

Die Produktion des Zollvereins und die Frankreichs sind ziemlich gleich groß, durchschnittlich 3 Millionen Centner; Oesterreich und Rußland produziren jedes 1 bis 1,4 Million Centner, Belgien circa 350,000 Centner, Holland unbedeutend.

Danach beträgt die Rübenzuckerproduktion 1868 durchschnittlich im

Zollverein	4	Mill.	Ctr.
Frankreich	$4^1/_5$	"	"
Oesterreich	800,000		"
Rußland	700,000		"
Belgien	600,000		"
Polen	370,000		"
Holland und Schweden	190,000		"
Zusammen circa	13	Mill.	Ctr.

Zu den beliebten Genußmitteln gehört auch der Thee, der nach und nach in manchen Ländern zu einem unentbehrlichen Getränk wurde, namentlich in England und Nordamerika. China und Japan versenden etwa 206 Mill. Pfd. nach Europa, welches dafür 270 Mill. G. zahlt. Auf England kommen von diesem

1862. Thee 143 Mill. Pfund, auf Amerika 42, auf Australien 17 und auf das nicht-englische Europa 4 Mill. Pfund.

China erntet gegen 180 Mill. Pfund und versandte 1868

an Schwarzem Thee .	1,170,000	Pikuls im Werthe von .	29	Taels,
„ Grünem Thee . .	198,000	„ „ „ „ .	7	„
„ Theeziegeln . . .	53,000	„ „ „ „ .	1/2	„
„ Theestaub . . .	14,000	„ „ „ „ .	1/10	„
Fast	1 1/2 Mill. Pikuls oder 174 Mill. Pfd.		37 Mill. Taels oder 114 Mill. G.	

Japan verkaufte über Nangasaki 3—4 Mill. Pfund, über Yokohama 5—6 Mill. Pfund im Gesammtwerthe von 7 Mill. G. Außerdem versandten Java und der Indische Archipel über 2 Mill. Pfund, Assam 8 Mill. Pfund und verspricht für 1870 gar 100 Mill. Pfund. Neben den 100 Sorten chinesischen Thees verbraucht man noch 40 Mill. Pfund Maté- oder Paraguaythee und 24 Mill. Pfund Cocathee, da in England auf jede Person 3 1/2 Pfund Thee als Jahresportion kommen, aber nicht Jedermann sie kaufen kann, so werden in London allein jährlich 80,000 Pfund gebrauchte Blätter wieder zurecht gemacht und als geringere Sorten verkauft.

Gold und Silber. Die Edelmetallproduktion blieb im Laufe des 17. und 18. Jahrhunderts ziemlich regelmäßig.

Die Ausbeute an Silber überwog die des Goldes dem Werthe nach um mehr als das Doppelte, wie folgende Aufstellung M. Chevalier's für das Jahr 1800 zeigt. Die Jahresausbeute wurde von ihm angeschlagen in:

Gold Mill. Lst.		Silber Mill. Lst.
1,92	Nord- und Südamerika	7,
0,15	Europa, ohne Rußland	0,56
0,10	Rußland	0,20
0,28	Afrikanisches Festland	—
0,83	Asiat. Archipel und übrige Länder . . .	0,10
3,28	. total jährlich auf Millionen Lst. .	7,86

Im Laufe der folgenden 5 Jahrzehnte traten bedeutende Veränderungen ein. Die österreichische Goldproduktion mehrte sich, vor Allem aber erhielt die Goldproduktion Rußlands durch die Uralbergwerke und die sibirischen Goldwäschen einen außerordentlichen Anstoß, während die Silberproduktion kaum nennenswerth wuchs. Infolge dessen drehte sich das bisherige Verhältniß zwischen Silber und Gold um. Im Jahre 1848 übertraf die Goldausbeute die Silberausbeute um 28 1/2 %, die Jahresproduktion stellte sich folgendermaßen:

Gold Mill. Lst.		Silber Mill. Lst.
2,10	Nord- und Südamerika	6,20
3,26	Rußland	0,20
0,36	Europa, ohne Rußland	1,32
0,55	Afrikanisches Festland	—
3	Asiat. Archipel und übrige Länder . . .	1
9,27	. . total jährlich auf Millionen Lst. . .	8,72

Die gänzliche Umgestaltung der Edelmetallgewinnung, welche durch die Entdeckungen der californischen Goldlager (1848) und der australischen (1851)

bewirkt wurde, an die sich weitere Entdeckungen am Oregon und in Britisch- 1862.
Columbien, in Neu-Granada, Neuseeland u. s. w. reihten, ist eine der außerordentlichsten Erscheinungen, wenngleich die tief eingreifenden Wirkungen derselben auf die Entwicklung der materiellen Zustände der Gegenwart nur langsam erkannt werden.

Im Verlaufe von 16 Jahren — von 1848 bis 1863 — strömte für 235,2 Mill. Lst. (755 Mill. Dollars) Gold aus Californien, und in der Zeit von 1851 bis 1863 für 144 Mill. Lst. Gold aus Victoria und Südwales in die Edelmetallcirkulation, zusammen also in diesen 12 Jahren für nahe an 280 Mill. Lst. Da der gesammte Vorrath an Gold 1848 auf 560 Mill. Lst. geschätzt wurde (daneben für 800 Mill. Lst. an Silber), so wäre demnach der Goldvorrath seit 1848 um 50% gestiegen. Seit 1851 ließ die Ergiebigkeit der amerikanischen Goldminen nach, Australien dagegen gewann größere Mengen. Die von Californien sank von 57 Mill. Doll. auf 20, Victoria von 19 Mill. Pfund Sterling auf 6 Mill., stieg dann aber auf 8 Mill., wozu in neuester Zeit noch das Kapland und Neu-Seeland gekommen sind als Fundorte von Goldfeldern.

Die Silberminen von Nevada lieferten jährlich 16—17 Mill. Dollars, haben ihren Ertrag aber seitdem verdreifacht, und es sind auch anderwärts ergiebige Silberminen aufgefunden werden.

Die Silberproduktion hat durch die Auffindung bedeutender Quecksilber- 1863.
lager in Californien*), reicher Silbererzgänge daselbst, der Zunahme des Bergbaues auf Silber in Spanien 2c. ebenfalls etwas zugenommen, doch ist die Steigerung im Verhältniß zum Gold verschwindend klein.

Die gegenwärtige Produktion von Gold und Silber wird berechnet jährlich auf

Gold Mill. Lst.						Silber Mill. Lst.
12	Australien mit Neuseeland					
8,75	Nord- u. Südamerika	Californien	165	Mill.	Frcs.	
		Englisch-Columbia	16,6	"	"	
		Vereinigte Staaten	9	"	"	
		Mexiko	8,8	"	"	
		Brasilien	8	"	"	
		Chili	5	"	"	
		Bolivia	4,8	"	"	9,75
		Peru	1,7	"	"	
			218,9	Mill.	Frcs.	
2,60	Rußland					
2,08	Asien	Ostindischer Archipel	30	Mill.	Frcs.	
		China, Japan und Inneres	15	"	"	
		Britisch-Asien	7	"	"	
			52	Mill.	Frcs.	
0,64	Afrika					
0,23	Diverse					
26,50	total in Millionen Pfund Sterling					9,75

*) Ausbeute von 1853—1863 an 18,6 Mill. Pfund, also durchschnittlich 17,000 Centner jährlich, während die Ausbeute von Almaden in Spanien auf 14,700—15,000 Centner gesunken ist und die von Idria ca. 4700 Centner beträgt.

Da man nur nach Berechnungen die Menge der Edelmetalle feststellen kann, so sind die Abschätzungen unter sich abweichend. Soetbeer nimmt an, daß 1868 etwa 190½ Mill. Thaler in Gold und 93 Mill. in Silber gewonnen wurden, der „Economist" berechnet 200 Mill. Thaler in Gold und 130 Mill. in Silber. Der Amerikaner Wilson kommt Soetbeer's Angabe sehr nahe, welche die richtigere zu sein scheint.

Daß diese beträchtliche Vermehrung der Edelmetallcirkulation bereits einen Einfluß auf die Preise ausgeübt hat, ist, obwol hie und da bestritten, doch wol unzweifelhaft. Untersuchungen über die Höhe der Preissteigerung oder, was gleichbedeutend ist, über das Sinken des Edelmetallwerthes sind zwar mehrfach angestellt worden, sie haben aber noch nicht zu definitiven Resultaten geführt.

Eine Verrückung des Werthverhältnisses zwischen Gold und Silber hat nicht stattgefunden. Von 1830 bis 1850 stand dasselbe wie 1:15,29 von 1850—1862 wie 1:15,38. Diese Erscheinung war für die herkömmliche Anschauungsweise um so überraschender, als das an und für sich schon große Mißverhältniß der Gold- und Silberausbeute noch durch einen anderen Umstand erhöht wurde. Seit Anfang der Fünfziger Jahre, also fast gleichzeitig mit den Goldentdeckungen, nahmen die Bezüge von Thee und Seide aus China so große Dimensionen an, daß weder die europäischen Waarenausfuhren dahin — die eher geringer wurden — noch die Uebertragungen der Forderungen, welche Indien an China für Opium, Baumwolle ꝛc. besitzt, genügten, um die Bilanz herzustellen; es waren bedeutende, jährlich wachsende Edelmetallsendungen nach Ostasien nöthig, um die chinesische Mehrausfuhr zu zahlen, wozu außerdem beträchtliche Kapitalien kamen, die behufs Eisenbahn-, Telegraphenanlagen ꝛc. von England nach Indien flossen.

1864 bis 1868. Da nun in China das Werthverhältniß zwischen Gold und Silber bedeutend von dem europäischen abweicht — etwa 12 Pfund Silber = 1 Pfund Gold — bei Baarsendungen nach China also Silber Vortheil bringt, da ferner in Ostindien Silbermünzen die einzig gesetzliche Währung sind, so erfolgte der Abzug von Metall nach Ostasien hauptsächlich in Silber, und diese Silberausfuhr absorbirte während der letzten 12 Jahre nicht nur die jährlichen Zuflüsse dieses Metalls aus Amerika, sondern entzog auch der Geldcirkulation Westeuropa's einen großen Theil ihres Silberbestandes.

Der Gesammtbetrag des exportirten Silbers in den Jahren 1851—1864 belief sich auf ca. 139 Mill. Lst., oder durchschnittlich nahezu 10 Mill. Lst. In den beiden letzten Jahren mehrte sich diese Summe auf 12,8 resp. 12,7 Mill. Lst., ungerechnet 1863 für 6,8 Mill. und 1864 für 8,89 Mill. Lst. Gold.

Die Summe, welche Indien resp. Ostasien in diesem Jahrhundert an Edelmetall empfangen hat, berechnen englische Statistiker auf 256 Mill. Lst. Der „Economist" berechnet, daß von 1861—1869 jährlich nach Indien und China 4 Mill. Pfund Sterling in Gold und 9½ Mill. in Silber gingen, und in Indien sollen 1½ Milliarden Thaler von den Einwohnern vergraben sein, wogegen die europäische Industrie an Edelmetallen jährlich für 160—200 Mill. G. verbraucht.

Neben diesen Geldwerthen cirkuliren aber viele andere Werthzeichen. Nach den Berechnungen eines französischen Journals lagen 1869 in den Zettelbanken und anderen Kreditinstituten Europa's mehr als 4 Milliarden Francs baar da, außerdem 3900 Mill. Francs als Depots, und das Guthaben im Contocorrent betrug 1250 Mill., die Notencirkulation dagegen 8800 Mill., die Wechsel 3500 Mill.

Es ist hier nicht der Ort, die Frage eingehender zu besprechen, wie sich die Thatsachen, daß trotz einer förmlichen Revolution in den Produktionsverhältnissen der beiden Edelmetalle das Werthverhältniß derselben fast unverändert geblieben ist, mit den bisherigen Lehren über die Grundlagen des Werthes der Edelmetalle und über die Natur des Geldes vereinigen lasse. So viel scheint außer Zweifel zu stehen, daß in letzterer Beziehung noch manche Lücke ausgefüllt werden muß, bevor die Theorie Anspruch darauf erheben darf, der Praxis Vorschriften über die Wahl einer Währung zu machen oder ein entscheidendes Urtheil über einfache Währung, Doppelwährung u. s. w. abzugeben.

Der Welthandel und seine Mittel.

Jemehr die Handelswaaren an Menge zunahmen, um so mehr Transportmittel mußte man schaffen, weshalb die Zahl und der Tonnengehalt der Schiffe 1868. sich vergrößerten. Jedoch reichte dies nur für den Seeverkehr hin; den Landtransport konnten die Frachtwagen nicht mehr bewältigen, und da auch die Schnelligkeit der Versendung als Zeitersparniß zugleich ein Kapitalgewinn war und viele Waaren nur bei Schnelligkeit des Transports versendbar wurden, so entwickelte sich auch das Eisenbahnwesen in großartigem Maßstabe. Dieses wirkte wieder belebend zurück auf Industrie und Landwirthschaft, setzte aber auch in den Aktien eine Menge Kapitalien in Umlauf und regte zur Vermehrung der Genossenschaften an, die sich zu vielseitigen Aktienunternehmungen vereinigten. Auch der Geldumlauf wurde also durch Werthpapiere und die Ausdehnung des Wechselgebrauchs vermehrt, die Börsen, Banken, Kreditanstalten, Sparkassen, Versicherungsanstalten aller Art nahmen zu an Macht und Bedeutung, endlich erhob sich durch die Telegraphie der schriftliche Verkehr zu einem Weltverkehr, da man in kurzer Zeit selbst über Meere hin mit Handelsplätzen ferner Erdtheile korrespondiren kann, die kaufmännische Spekulation zu einer weltumfassenden sich erweitert. So gestaltete sich der Handel im vollen Sinne des Wortes zu einem Welthandel um, und selbst die Kapitalien cirkulirten als Staatsschulden, Wechsel und Aktien in allen Ländern; es war gewissermaßen alles Kapital flüssig und vertauschbar gemacht. Infolge davon machten sich die Forderungen der Handelsfreiheit, gleichmäßiger Handels- und Wechselgesetze, der Gleichartigkeit der Münzen, Maße und Gewichte immer mehr geltend und fiel eine hemmende Schranke nach der andern.

Von 1860—1868 stieg der **Werth des Welthandels** von 15,000 Mill. G. auf 22,000 Mill. Nach ihrem Antheile kann man die Staaten so ordnen:

England circa . . .	5000	Mill. G.	Dänemark	65	Mill.	G.
Frankreich	3000	„ „	Griechenland	50	„	„
Zollverein	1500	„ „	Rumänien	70	„	„
Belgien	1200	„ „	Serbien	14	„	„
Niederlande	900	„ „	Schweiz	—	—	—

Oesterreich	800	Mill. G.	Union	184	Mill. G.
Rußland	700	" "	Canada	330	" "
Italien	600	" "	Brasilien	320	" "
Spanien	320	" "	Cuba	240	" "
Türkei	180	" "	Chile	158	" "
Schweden	147	" "	Peru	140	" "
Portugal	58	" "	Argentinische Republiken	140	" "
Norwegen	57	" "	Englisch-Westindien	85	" "
			Die übrigen amerikanischen Staaten je	20—60	" "
Britisch-Indien	950	" "	Australien	638	" "
China	420	" "	Aegypten	230	" "
Java u. s. w.	200	" "	Algier	118	" "
Hinterindien	140	" "	Kapland	50	" "
Ceylon	80	" "	Mauritius	48	" "
Persien	67	" "	Reunion	24	" "
Japan	45	" "	Marokko	24	" "
Die übrigen Länder je	12—30	" "	Die übrigen afrikanischen Länder . . je	5—15	" "

Demnach betheiligt sich am Welthandel in runder Summe:

Europa mit	15,300	Mill. G.
Amerika	3,650	" "
Asien	1,960	" "
Australien	640	" "
Afrika	540	" "
in runder Summe	22,000	Mill. G.

Das **Eisenbahnwesen** entwickelte sich am gewaltigsten von 1868 und 1869 ab, seit man die Alpen durch Eisenbahnen und Tunnels übersteigen lernte und nach Asien hinein Eisenbahnen anlegte.

Als man den Semmering in einer Höhe von 875 m. mit einer Eisenbahn überklimmte, galt dieser Bau für ein Wunderwerk unserer Zeit, doch bald darauf überstieg die Brennerbahn in einer Höhe von 1357 m. die Alpen, um Inn- nnd Etschthal zu verbinden. Beide Bahnen wurden aber an Großartigkeit von der Mont-Cenisbahn übertroffen, welche von 1857—1871 vollendet und dabei ein Tunnel von 12,220 Meter mit Maschinen gebohrt wurde, welche zu diesem Zwecke besonders konstruirt waren. Bereits ist nun auch eine Gotthardtbahn in Angriff genommen, welche den Bodensee als Mittelpunkt des süddeutschen Verkehrs mit Genua verbinden soll, noch größere technische Schwierigkeiten bieten wird als die Cenisbahn und deren Kosten man vorläufig auf 185 Mill. Frcs. veranschlagt.

Endlich fängt auch die Türkei an, durch Eisenbahnen sich Westeuropa zu nähern, und russische wie österreichische Bahnen haben einige Seestädte des Schwarzen Meeres, namentlich Odessa, mit dem Binnenlande in Verbindung gebracht. Die türkische Bahn wird von Konstantinopel über Adrianopel durch Bosnien gehen und an der Save sich den österreichisch-ungarischen Bahnen anschließen. Weiter nach Asien hinein gedenkt man die kurze Smyrnaerbahn bis zum Euphrat und Persischen Meere zu verlängern, um sich dem Indischen Eisenbahnetze zu nähern, welches bereits Bombay und Calcutta verbindet, ganz Vorderindien durchzieht, also den gefährlichen, zeitraubenden Seeweg um Ceylon vermeiden läßt und sich im Gangesthale tief hinein nach Bengalen zieht. Denn 1869 betrug die Länge der Indischen Eisenbahnen bereits 911 geographische Meilen.

Der großartigste Eisenbahnbau ist aber die Central-Pacific-Eisenbahn, welche von Francisco bis New-York und von da bis zur Lorenzomündung geht. Bereits gab es eine Bahn von New-York bis Omaha, doch von da ab schieden die schwer zugänglichen Felsen- und Schneewildnisse der Sierra Nevada auf einer Strecke von 385 geogr. Meilen dieses Ende der Bahn und Francisco, den Ausgangshafen nach Ost- und Südasien. Von 1864—69 wurde durch diesen Raum eine Eisenbahn gelegt, welche ihre höchste Strecke (2210 m.) in einem 615 m. langen Tunnel übersteigt. Die Länge der ganzen Bahn mißt 713 geogr. Meilen, welche in 7¼ Tagen zurückgelegt werden. Da sie bis St. John soll fortgeführt werden und einen Seeweg von 232 geogr. Meilen spart, so kann man in 12 Tagen von Europa nach Californien gelangen. Bereits ist eine Konkurrenzbahn der Pacific von Canada aus projektirt, 300 neue Bahnen von 3255 geogr. Meilen Länge konzessionirt, und von 1855 bis 60 wurden 2457 Meilen gebaut. Die Union besitzt also über 10,000 geogr. Meilen Eisenbahn, die ein Kapital von 1870 Mill. Doll. repräsentiren und 400 Mill. Doll. Erträgniß einbrachten, wogegen die Banken nur 493 Mill. Doll. besitzen und 50—60 Mill. Doll. Gewinn davon ziehen. Auch in Centralamerika wird die kurze Panamabahn eine Konkurrentin erhalten, weil ein Schienenweg von Porto Caballo am Antillenmeere am Nicaraguasee entlang nach der Fonsecabai des Stillen Meeres angelegt und 50 geogr. Meilen lang sein wird.

Von 1869 bis 1870 wurden auf der Erde mehr als 6260 Meilen Eisenbahnen gebaut, so daß die in Europa gegenwärtig 13,000 Meilen Länge haben, in Amerika 11,800, in Asien 970, in Afrika 174 und in Australien 118, im Ganzen also 26,300 Meilen betragen. Da die amerikanischen Bahnen auf 5126 Mill. G. Kosten veranschlagt werden, die asiatischen auf 794 Mill., die afrikanischen auf 70 Mill., die australischen auf 185 Mill. G., so beläuft sich das ganze in Eisenbahnen angelegte Kapital auf 20,530 Mill. G., welche täglich ein Reinerträgniß von 2,252,000 G. einbringen. Man bedarf zu ihrem Betriebe 47,000 Lokomotiven, 1,400,000 Wagen, befördert täglich 3½ Mill. Menschen und 32 Mill. Centner Güter. Solche Zahlen beweisen die Großartigkeit unseres gegenwärtigen Verkehrs.

Nach ihrer Ausdehnung vertheilen sich die Eisenbahnen in nachstehender Reihenfolge:

Großbritannien . .	3130	geogr. Mln.	Vereinigte Staaten .	10850	geogr. Mln.
Deutschland . . .	2335	"	Engl. Kolonien in Nordamerika . .	525	"
Frankreich	2290	"	Argentin. Republik .	90	"
Rußland	1240	"	Cuba	86	"
Oesterreich	1148	"	Brasilien	80	"
Spanien	940	"	Chile	80	"
Italien	886	"	Mexiko	65	"
Belgien	368	"	Britisch Guyana . .	12	"
Schweden	257	"	Peru, Columbia, Paraguay je . . .	10—12	"
Schweiz	193	"	Jamaica, Venezuela je	2—3	"
Niederlande . . .	184	"	Victoria u. Australien	58	"
Portugal	108	"			
Dänemark	64	"			

Norwegen	50 geogr. Mln.	Neu-Südwales . .	31 geogr. Mln.
Europ. Türkei . .	38 "	Süd-Australien . .	15 "
Griechenland . . .	1 "	Queensland . . .	8 "
Aegypten	153 "	Neu-Seeland . . .	3 "
Kapland	15 "	Britisch Indien . .	910 "
Algier	6 "	Asiat. Türkei . . .	31 "
		Java	21 "
		Ceylon	8 "

Auch die Seeschiffahrt hat sich außerordentlich vervollkommnet, weil man mehr Dampfer und größere Schiffe anwendet und der Sueskanal den Verkehr mit Südasien bedeutend erleichtert und billiger macht. Dieser Kanal gehört zu den großartigsten Werken unserer und aller Zeiten. Aegyptische, persische und griechische Könige versuchten eine Verbindung zwischen Nil und Rothem Meere herzustellen, aber erst der Ausdauer und der Kühnheit des Franzosen Ferdinand v. Lesseps gelang es, die sand-, klippen- und morastreiche Landenge von Sues zu durchstechen und einen Kanal herzustellen, der zwar mehr als 400 Mill. Frcs. kostet, aber auch schweren See- und Kriegsschiffen die Durchfahrt ermöglicht, die Gründung zweier aufblühender Städte veranlaßte, Sümpfe und Wüsten in Gärten und Felder verwandelte, Sues umgestaltete und mit der Wohlthat frischen, trinkbaren Wassers beschenkte.

Schon General Bonaparte ließ durch Lepère die Landenge nivelliren, der St. Simonist Enfantin versuchte in Verbindung mit Stephenson u. A. die Durchstechung der Landenge, da Linant durch Vermessungen die Ausführbarkeit derselben nachwies. Doch kamen diese Pläne nicht zur Ausführung, bis endlich der französische Vizekonsul von Alexandrien, Lesseps, den Pascha für den Plan gewann, so daß man Geld schaffte, 20,000 Arbeiter im Jahre 1859 in Dienst nahm und die Ausgrabung begann, wobei man noch auf viele unerwartete Hindernisse stieß. Man mußte ganz besonders konstruirte Baggermaschinen erfinden, und das Unternehmen drohte wegen Mangel an Kapital zu stocken, aber Ausdauer siegte, und im November 1869 passirten 42 Kriegs- und Handelsschiffe den Kanal, an dessen weiterer Vollendung und Sicherung man noch arbeitet, damit Schiffe von 6½ m. Tiefgang und 2500 Tonnen Tragfähigkeit ihn passiren können. Derselbe durchschneidet in seiner ersten, 60½ Kilometer langen Sektion den Menzaleh- und Ballahsee, geht dann 15 Kilometer weiter nach dem Timsahsee, der in ein geräumiges Hafenbecken umgewandelt wurde, an welchem die französische Stadt Ismaïlia erbaut wurde. Von da ab geht der Kanal 18 Kilometer lang durch den 12 m. hohen Erd- und Felsrücken des Serapeum, welchen er durchbricht, und wo man durch kostspielige Bauten die Ufer gegen den Flugsand schützen mußte. Hierauf galt es, die 25 Stunden großen Bitterseen 40 Kilometer lang zu einem Kanal auszutiefen, wozu man 2 Milliarden Kubikmeter Wasser bedurfte, dann durchschnitt man die harte Sandsteinbank von Schaluf, so daß der Kanal endlich 20 Kilometer weit in der Ebene und Lagune von Sues sich fortsetzt bis ins Meer hinein, weil dieses einen seichten Strand hat.

Der Kanal beginnt am Mittelmeer bei der neugegründeten Stadt Port Saïd und hat bis Sues eine Länge von 162 Kilometern. In Port Saïd legte man zum Schutz gegen Versandung zwei Hafendämme an, von denen der westliche 2500 m. lang ist, der östliche 1900 m.; außerdem kosteten Leuchtthürme, Quaibauten hier und in Sues ungeheuere Summen, wurde ein Neu-

Sues angelegt draußen im Meere, bis wohin und zu dessen Rhede, Bassins ꝛc. für die größten Seeschiffe vom Lande her ein Eisenbahndamm geführt wurde. Man will es dahin bringen, daß der Kanal durchgängig 8 m. Tiefe hat, seine Breite über dem Wasserspiegel 58—100 m., an der Sohle 22 m. beträgt. Nach Zenker's Berechnung bringt der Kanal jährlich etwa 10 Mill. Fr. ein, doch kosten Zinsen und Verwaltung 26 Mill. Fr., so daß das Unternehmen trotz seiner Nützlichkeit nicht rentirt.

Englische Dampfer, welche von Southampton nach Südasien und Australien gehen wollen, sparen durch den Kanal 2000—4800 Seemeilen, d. h. 10—24 Tage, andere europäische Schiffe 5000—7800 Seemeilen oder 24—37 Tage, bei Segelschiffen dagegen steigt der Unterschied bis auf 30 und 80 Tage, so daß durch die Kanalfahrt viel an Fracht und Zeit erspart wird.

Was die Handelsmarine Europa's anlangt, so stieg von 1860—1869 die Tragfähigkeit der 95,200 Schiffe (darunter ca. 3000 Dampfer) mit 10,800,000 Tonnen auf 100,300 Schiffe (4290 Dampfer) und 12,762,000 Tonnen. Die Handelsflotte aller Völker schätzt man auf 170,000 Schiffe ab, welche 400 Mill. Centner Güter laden und im Durchschnitt jährlich 10 Fahrten machen, also nicht einmal die Hälfte der Güter fortschaffen, welche auf Eisenbahnen transportirt werden.

Es rangirten 1868 die europäischen Staaten etwa in folgender Weise:

	Schiffe.	Darunter Dampfer.	Tonnengehalt.
Großbritannien	28,400	3000	6,000,000
Deutschland	5,200	153	1,400,000
Frankreich	15,600	420	1,400,000
Norwegen	6,450	76	836,000
Italien	17,788	98	815,000
Niederlande	2,117	43	535,000
Spanien	4,840	101	368,000
Rußland	2,132	84	181,000
Schweden	2,300	213	408,000
Oesterreich	3,470	84	352,000
Griechenland	4,720	6	290,000
Türkei	2,200	4	182,000
Dänemark	3,130	80	175,000
Portugal	817	2	88,000
Belgien	95	9	34,500

Die Telegraphenlinien endlich sind nicht nur verlängert und ihre Drähte verdoppelt, sondern auch durch billigere Preise und zahlreiche Stationen dem Privatverkehre zugänglicher gemacht und versehen bereits die Stelle der Schnellkorrespondenz. In Europa stiegen von 1860—1869 die Linien von 17,000 Meilen auf 33,000 Meilen, die Drähte von 40,000 auf 90,000 Meilen Länge, die Zahl der Stationen von 3500 auf 11,000, die der Depeschen von 9 Mill. auf 31 Mill. In Betreff der Benutzung der Telegraphen rangiren die Europäer in folgender Weise: Schweiz (468 Depeschen auf je 1000 Menschen), Niederlande, Belgien, Württemberg, England, Italien, Deutsch-Oesterreich, Frankreich (110), Bayern, Spanien (45), in Betreff der Menge der Stationen folgen sie so: Belgien, Schweiz, Württemberg (auf je 1 Meile 1 Station) England, Niederlande, Bayern, Frankreich (auf 3 Meilen), Italien (auf 4 Meilen), Oesterreich und Norddeutschland (auf 7 Meilen), Ungarn (23 Meilen), Spanien (49 Meilen) und Rußland (256 Meilen).

Die Union besaß 1869 eine Telegraphenleitung von 15,850 geogr. Meilen Länge mit 28,000 Meilen Drähten und 5030 Stationen, und die West-Unions-Gesellschaft (14,300 Meilen) beförderte 10 Mill. Telegramme. Ganz Amerika mag 18,000 geogr. Meilen Telegraphen haben, Ostindien 3020 mit 33,000 Depeschen monatlich, ganz Asien etwa 5000 Meilen, Australien 1850 Meilen, Afrika 1500, submarine Kabel 3100, Europa 33,120 Meilen, die ganze Erde also 62,570 geogr. Meilen Telegraphen mit etwa 15,000 Stationen.

Telegraphen durchziehen die Länder am Kaukasus, Kurdistan, Irak Arabi, Sibirien, zwei Kabel von 436 und 454 geogr. Meilen verbinden Europa und Amerika, und der dritte (französische für 23 Mill. Fr.) geht von Brest bis St. Miquelon und von da bis Boston (zusammen 813 Meilen) und ein vierter soll von Lissabon über Westafrika, Madeira, die Canarischen Inseln, von da zum Senegal und über den Ozean nach St. Rochus in Brasilien gehen mit Abzweigungen nach Guyana, den Antillen, Mexiko und New-Orleans, und nach den Laplatastaaten.

Auch nach Asien führen drei Telegraphenlinien, nämlich von London über Warschau, Odessa, Kertsch, Tiflis, Täbris, Teheran bis Indien oder den Persischen Meerbusen (seit 1870), die andere Linie geht von Suez über Aden und Bombay nach Kalkutta, Ceylon u. s. w., die dritte über Sibirien.

Schließlich fügen wir folgende Uebersicht bei:

	Länge.	Drahtlänge.	Stationen.	Depeschen.
Frankreich	5700	15,600	2625	4,200,000
Rußland	5390	10,500	382	1,590,000
Großbritannien	4780	20,740	2432	6,100,000
Deutschland	3180	10,400	993	4,300,000
Oesterreich	2216	6,830	731	2,270,000
Italien	2153	6,355	1065	3,000,000
Türkei	1853	3,788	135	125,000
Spanien	1500	3,388	184	721,000
Ungarn	1300	2,660	222	700,000
Schweden	860	1,654	93	392,000
Schweiz	577	1,394	394	1,175,000
Belgien	550	1,694	410	1,823,000
Norwegen	524	677	84	620,000
Bayern	450	1,280	387	421,000
Rumänien	430	485	42	296,000
Portugal	416	658	119	175,000
Niederlande	342	1,148	198	1,506,000
Württemberg	277	552	198	582,000
Baden	220	574	218	500,000
Dänemark	208	469	48	437,000
Serbien	105	130	19	50,000
Griechenland	60	180	16	50,000

Diese Zahlen, zusammengestellt mit denen der Eisenbahnen und Schiffe geben ein genaues Bild von den kommerziellen und Kulturverhältnissen der einzelnen Länder und deuten zugleich an, welcher Zukunft diese Länder entgegen gehen.

Schluß.

Der Welthandel während der letzten Jahre.

Wir haben in den letzten Abschnitten gesehen, wie der Handel im vollen Sinne des Wortes Welthandel geworden ist, ja wie die Welttheile unter sich bereits eine Art Arbeitstheilung eingeführt haben. In gleicher Weise bestätigen die neuesten statistischen Ermittlungen, wie sie z. B. in Behm's geographischem Jahrbuche für 1873 mitgetheilt werden, daß Europa vornehmlich ein Industrieland geworden ist, welches von den übrigen Erdtheilen mit Nahrungsmitteln und Rohstoffen versorgt wird. Während zugleich der stetig zunehmende Verbrauch der Genußmittel dafür spricht, daß der Wohlstand fast aller Völker im Steigen begriffen ist, verringert sich im Verhältniß dazu das Metallgeld infolge des erweiterten Kreditsystems und läßt somit die Arbeit immer entschiedener als das wahre Kapital zur Geltung gelangen.

Ueberblicken wir zunächst den Getreideverbrauch, so finden wir, daß Osteuropa zwar noch immer einen jährlichen Ueberfluß an Getreide hat, durch welchen hauptsächlich der Süden versorgt wird; Westeuropa dagegen bedarf einer steten Nachhülfe durch die Einfuhr und zwar nicht in geringem Maße aus anderen Welttheilen. Rußland verkauft von seiner Ernte (560 Mill. Hektoliter), etwa 70 Mill. für 600—650 Mill. Francs (davon kommen 200 Mill. auf Odessa). In Oesterreich-Ungarn stieg die Getreideproduktion (1871—1872) bis auf 200 Mill. Hektoliter, wovon für 170 bis 180 Mill. Francs (d. h. etwa 17—18 Mill. Zollcentner) verkauft werden. Außerdem versandten Galacz und Braila durch die Sulinamündung für 117 Mill. Frcs. Getreide. Weiterhin gab Dänemark für 50—64 Mill. Frcs. ab, und der Zollverein konnte an 5½ Mill. Ctnr. Getreide und Mehl ausführen, während er bisher nur einführte.

Für die Vereinigten Staaten Nordamerika's berechnet man den Werth sämmtlicher Nahrungsstoffe auf 5670 Mill. Frcs., so daß man dort von auswärts nur Gerste, und zwar für die Brauereien, bezieht. Man exportirte für 430 Mill. Frcs., und Californien entwickelte sich zu einem reichen Weizenlande, da die Weizenproduktion von 1868 bis 1871 von 6 Mill. Hektoliter auf nahe an 20 Mill. gestiegen ist. Außerdem versendet Chile 5 Mill. Ctnr., Canada für 62 Mill. Frcs., Aegypten für 11½ Mill. Frcs.

Dagegen kann England nur zwei Drittel seines Bedarfs decken und bezieht vom Auslande gegen 80 Mill. Ctnr. im Werthe von 26 Mill. Pfd. St. meist von Nordamerika und Californien. Auch Frankreichs Produktion nimmt ab, so daß es für ca. 340 Mill. Frcs. Getreide aufkauft. Belgien bezieht für etwa 90 Mill. Frcs. Getreide und Mehl vom Auslande, die Schweiz ca. 4 Mill. Zollcentner. Die Niederlande führen für 83 Mill. Frcs. ein und für 26 Mill. Frcs. aus, Italien exportirt für 108 Mill. Frcs. und importirt für 162 Mill. Frcs., wogegen Norwegen, Schweden und Griechenland nur importiren. Man schätzt das Kapital des Getreidehandels für Europa auf 2230 Mill. Frcs., für den gesammten Welthandel auf 5 Milliarden.

Noch mehr tritt die Versorgung Europa's durch Amerika beim Fleischverbrauch hervor. Denn die Vereinigten Staaten ernähren 26 Mill. Rinder,

32 Mill. Schafe und 29½ Mill. Schweine. Aus Illinois und Iowa sandte man 1870 über 4½ Mill. Pfd. Schweinefleisch nach den Osthäfen, welche 27 Mill. Pfd. Rindfleisch und 24 Mill. Pfd. Schweinefleisch weiter verkauften. Die Argentinische Republik exportirte für 4½ Mill. Frcs. getrocknetes und geräuchertes Fleisch, daneben versandte man von Fray Bentos ½ Mill. Pfd. Fleischextrakt im Werthe von 4½ Mill. Frcs., und die 21 Saladeros in Uruguay bringen jährlich 650,000 Ctnr. getrocknetes Rindfleisch in den Handel. Auch in Australien steigt der Fleischexport, besonders in Victoria (über 3½ Mill. Frcs.) und Queensland (1½ Mill. Frcs.). Demnach erhält Europa für mehr als 30 Mill. Frcs. Fleisch aus Amerika und Australien.

Zugleich nimmt in Europa der Verbrauch der Kolonialwaaren zu, da auch Peru und Queensland Rohrzucker versenden und in anderen Ländern, namentlich in Centralamerika, Java, Sumatra und Portorico die Produktion steigt. Im Ganzen kommen jährlich 52—55 Mill. Zollcentner Rohrzucker in den Handel, und dazu noch 18½ Mill. Ctnr. Rübenzucker. (Frankreich 5½ Mill., Deutschland 5 Mill., Oesterreich-Ungarn 3½ Mill., Rußland 2⅔ Mill., Belgien 1 Mill. ꝛc.).

Was den Kaffee anlangt, so geht dessen Produktion in Brasilien zurück, wogegen die von Cuba zunimmt. Im Ganzen kommen 7—8 Mill. Ctnr. in den Handel, da sich in Frankreich dessen Verbrauch versechsfachte, in Oesterreich-Ungarn verfünffachte, in Deutschland verdoppelte und auch anderwärts stieg. In Betreff des Verbrauchs nimmt der Konsum in folgender Reihenfolge ab: Belgien (8⅔ Pfd. per Kopf jährlich), Holland, Schweiz, Vereinigte Staaten, Dänemark, Zollverein (4½ Pfd.), Schweden, Frankreich, Oesterreich-Ungarn (1½ Pfd.), wogegen in Italien und England etwa ¾ Pfd., in Rußland einige Loth auf den Kopf kommen.

Im Theehandel steht China obenan. Der schwarze Thee bildet die Hauptausfuhr und kommt aus dem Distrikt Kien-ning-fu der Provinz Faskien, wo er auf den Boheahügeln gedeiht. Der grüne Thee kommt aus Hwangho und San-to-tschu. Im Ganzen versendet China 180—190 Mill. Pfd. über Futschau, Canton, Amoy, Tientsin, Kiachta, Japan 14—15 Mill. Pfd. über Hiogo, Osaka, Yokohama. Daher beträgt die Theeausfuhr Ostasiens mehr als 200 Mill. Pfd. Britisch Indien fügt dazu 15 Mill. Pfd., Java über 2 Mill. Pfd., und Amerika versendet 40 Mill. Pfd. Paraguaythee und 20 Mill. Pfd. Cocathee. Was den Verbrauch anlangt, so kommen in England auf den Kopf 3 Pfd., in den Vereinigten Staaten 1 Pfd., in den andern Ländern noch nicht 1 Pfd. Die geringste Menge (ein paar Loth) verbraucht man in Oesterreich-Ungarn, Schweden, Belgien und Italien.

Unter den Rohprodukten und Halbfabrikaten stehen Kohle, Eisen und Gespinnststoffe obenan, weil sie die Großindustrie besonders beschäftigen. Noch immer geben die Kohlenflötze reiche Ausbeute, und werden neue Kohlenlager in Australien, Kapland, China und Japan entdeckt. Europa produzirt nahe an 180 Mill. Tonnen à 20 Ctnr. (England allein 110 Mill. Tons), Amerika 35 Mill., Australien nahe an 1 Mill., Asien über ½ Mill., im Ganzen etwa 215 Mill. Tons oder 4300 Mill. Ctnr. Europa löst aus dem Verkaufe über 500 Mill. Gulden, die übrigen Erdtheile produziren für 100 Mill. Gld., und die 800,000 Arbeiter erhalten 255 Mill. Gld. Arbeitslohn. Nach England produzirt Preußen (30 Mill. Ctnr.), Frankreich (13 Mill.),

Belgien (13 Mill.), Oesterreich-Ungarn (8 Mill.), Sachsen (2 Mill.), die meiste Steinkohle, die Vereinigten Staaten 34 Mill., Indien $^1/_2$ Mill., China noch nicht 2000 Tons, obschon es in der Provinz Schansi ein Kohlenbecken von 83,000 engl. □ Meilen besitzt.

Ebenso nehmen Eisenproduktion und Verbrauch zu, worin wiederum England vorangeht, nächst ihm Nordamerika. Man erzeugt mit Einschluß dieser beiden Länder jährlich 235 Mill. Ctnr. Roheisen (England $5^1/_2$ Mill., Nordamerika 2 Mill., Frankreich $1^1/_2$ Mill., Deutschland ebenso viel, Oesterreich-Ungarn nur über 300,000 Ctnr.), welche einen Werth von 350 Mill. Gld. haben. England verbraucht für 600 Hoch-, 6240 Puddelöfen und 59 Bessemer Converters 32 Mill. Tons Kohlen; doch versendet es auch 3 Mill. Tons Eisenwaaren im Werthe von 26 Mill. Pfd. St., verdoppelte also den Absatz. Nordamerika verbraucht seine Produktion von $3^1/_2$ Mill. Tons Roheisen selbst und kauft noch 6 Mill. Ctnr. Schienen und $1^1/_2$ Mill. Ctnr. Stabeisen für 15 Mill. Dollars. Auf dem Festlande steht Preußen in der Eisenindustrie obenan. Nach Tunner produzirt man jährlich auf der ganzen Erde 24,000 Mill. Zollpfund Eisen; von dieser Menge verbraucht im Durchschnitt der Engländer 200 Pfd., der Belgier und Nordamerikaner 100 Pfd., der Franzose 70 Pfd., der Deutsche 60 Pfd., der Schweizer 30, der Skandinavier 25, der Oesterreich-Ungar 20, der Italiener 15, der Russe 13, der Spanier 10, der Hindu 1 Pfd.

Unter den Webstoffen beherrscht noch immer die Baumwolle die Großindustrie; doch tritt Nordamerika wieder als Hauptproduktionsland hervor, wogegen Ostindien zurückgeht, obschon es Heimat dieser Gespinnstpflanze ist. Nordamerika erntete in den letzten Jahren bereits über 4 Mill. Ballen im Werthe von 236 Mill. Dollars, wogegen Ostindien nur $1^1/_2$ Mill. Ballen (à 400 Pfd.) erzeugte und der Baumwollenkultur über 1 Mill. Acres entzog. Eben so sank dieselbe in Brasilien und Aegypten. England verbrauchte 1871 an $4^1/_2$ Mill. Ballen (16 Mill. Ctnr.) Baumwolle und erhielt 9 Mill. Ctnr. von Amerika, 4 Mill. aus Ostindien, $1^3/_4$ Mill. aus Aegypten, bezahlte dafür 55 Mill. Pfd. St. und verarbeitete davon $3^1/_{10}$ Mill. Ballen. Zugleich verbreitet sich in Nordamerika die Baumwollenindustrie immer mehr, die Zahl der Spindeln mehrte sich um 5—7 Prozente, der Verbrauch stieg in 4 Jahren von 800,000 Ballen auf mehr als 1 Mill., die Produktion von Baumwollenwaaren von 340 Mill. Pfd. bis auf 412 Mill. Pfd. Dagegen bezieht England wöchentlich 60,000 Ballen, verarbeitet davon 57,000 Ballen und erzeugt für 15 Mill. Pfd. St. Garne und für $57^1/_2$ Mill. Pfd. St. Gewebe.

Da die übrigen Erdtheile die europäische Industrie mit billiger Wolle versorgen, so fanden Wollstoffe starken Verbrauch und wurden selbst den ärmeren Volksklassen Bedürfniß. Es sandte Australien nach England über $^1/_2$ Mill. Ballen, das Kapland an 130,000, die Laplatastaaten 240,000 Ballen, wogegen Europa 570 Mill. Pfund erzeugt. Im Ganzen berechnet man die Wollproduktion aller Länder auf 1250 Mill. Pfund, deren Werth etwa 750 Mill. G. betragen mag. Es produzirt England 145 Mill. Pfund, Frankreich 148 Mill., Rußland 130 Mill., Deutschland 80 Mill., Oesterreich-Ungarn 46 Mill., die Argentinische Republik 140 Mill., Uruguay 50 Mill., Californien 22 Mill., Victoria 64 Mill. Pfund ꝛc. Die Wolleinfuhr stieg in

England um 349 Prozent binnen 30 Jahren, Frankreich verarbeitet 300 Mill. Pfund, und Nordamerika bezieht vom Auslande 18—20 Mill. Pfund.

Was endlich die Seide anlangt, so hat sich Europa von den Nachtheilen der Raupenkrankheit erholt und Asien überholt, da sich die chinesische, japanische und ostindische Seide wegen mangelhafter Verspinnung für die europäische Industrie weniger eignet. Dennoch bedarf Europa der Zufuhr (aus China für 50—60 Mill. G., aus Bengalen für 13 Mill. G.). Im Ganzen produzirt man 21—22 Mill. Pfund, welche über 220 Mill. G. werth sind, doch braucht China für sich 10 Mill. Pfund, so daß 30 Mill. Pfund Seide jährlich dürften verarbeitet werden.

Auch in Betreff der Umlaufs- und Verkehrsmittel bereitet sich eine gewaltige Umgestaltung vor. Das Steigen aller Preise erklärt sich aus der Ueberfülle der Edelmetalle, welche daher im Werthe sinken. Deren Produktion blieb in den letzten zwei Jahren dieselbe, denn Californien und die angrenzenden Gebirgslandschaften brachten 90 Mill. Dollars auf den Markt, in Australien nahm der Ertrag alter Minen ab, wogegen man neue auffand, und Rußland gewann gegen 40 Mill. G. an Gold und 1½ Mill. G. an Silber, so daß man den Gesammtertrag aller Länder auf 440 Mill. G. abschätzt. Demnach mögen mit Einrechnung der Vorräthe früherer Jahre 8200 Mill. Thaler in Gold und 10,500 Mill. Thaler in Silber vorhanden sein. Doch wurden hiervon nach Ruggles nur über 4 Milliarden Thaler zu Münze ausgeprägt, dazu nimmt außerdem der Abfluß an Edelmetall nach dem Oriente ab, so daß für die Industrie große Massen Edelmetalls übrig bleiben. Die Baarfonds der Banken berechnet Wagner auf mehr als 1000 Mill. G., Wirth die der 12 größten Banken auf 2200 Mill. G. Vergleicht man hiermit den Werth der umgesetzten Waaren, so ergiebt sich, „daß in den letzten drei Jahren die Entwicklung des Kreditlebens raschere Fortschritte gemacht hat als der Umsatz des Außenhandels; denn es wurde durch Noten, Checks u. s. w. mehr Edelmetall verdrängt, als der Außenhandel zur Zahlung nothwenig machte, und die Baarbestände nahmen wenig zu. In den civilisirten Staaten wird das Geld also allmählig entbehrlicher, und die Industrie empfängt für 150—200 Mill. G. Edelmetalle." Es kann von den umlaufenden Noten auf jede Person in Nordamerika 43 Frcs., in Rußland 35, in Frankreich 31, in Oesterreich 24, in England 20, in Deutschland 17 Frcs. In England stiegen die Stempelgebühren für Wechsel des Innenhandels von 4½ Mill. auf 6½ Mill., die für Checks von 31 Mill. auf 52 Mill. Pfund Sterling. Dagegen strömen die Noten schneller zur Bankkasse zurück, denn während sie früher 105 Tage ausblieben, kommen sie jetzt im Durchschnitt nach 79 Tagen zurück.

In demselben Maße nahm der Welthandel zu, da sein Umsatz von 15,000 Mill. G. auf 23 Mill. stieg. Für England vervierfachte er sich, für Frankreich stieg er um 7⅓ %, für Belgien um 7⅓ %, für Holland um 4¾ %, für Rußland um 4 %, für Oesterreich um 6 % ꝛc., und dabei zeigt sich, daß in den meisten Staaten mehr eingeführt wird als ausgeführt. Angemessen der Zunahme der Handelsgüter wachsen auch die Verkehrsmittel. Zur See gewinnt der Transport durch Dampfschiffe entschieden das Uebergewicht über die Segelschiffe und zwar um 20 %, und da diese Schiffe schneller und öfter reisen, so bewältigen sie ungeheure Massen, obschon ihnen einige Welteisenbahnen Konkurrenz machen. Zwischen England und Nordamerika besorgen

13 Gesellschaften durch 121 Dampfer den Verkehr, und die Tragfähigkeit der europäischen Marine stieg von 10 Mill. auf 12 Mill. Tonnen.

Eisenbahnen vermag man jetzt auch über Gebirge zu legen, so daß bald der Mont-Cenisbahn eine Gotthardbahn mit einem Tunnel von 14,800 Meter Länge, eine Pontebbabahn und Arlbergbahn über den Splügen folgen wird, und in Nordamerika durchkreuzen bereits drei große Schienenwege die Felsengebirge, um das Atlantische Meer mit dem Großen Ozeane zu verbinden. Rußland und Oesterreich sind sehr thätig im Bau von Eisenbahnen, dieses, um über Ungarn nach der Türkei und Rumänien zu gelangen, jenes, um Schwarzes Meer und Ostsee zu verbinden. Während Türkei und China wenig Interesse für Eisenbahnen zeigen, wurden in Indien große Straßen vollendet, verbindet Japan seine Hauptstadt durch Schienenwege mit Hafenplätzen, entwickeln die südamerikanischen Republiken kühnen Unternehmungsgeist im Straßenbau, und Peru wird durch drei Schienenwege die Cordilleren überschreiten in einer Höhe von 14,000 Fuß mittels 27 Tunnels und 17 Brücken. Europa besitzt über 14,000 Meilen Eisenbahnen, Amerika über 14,850 Meilen, Asien an 1200, Afrika 180 Meilen, Australien 230 Meilen, so daß im Ganzen über 30,000 Meilen auf Eisenbahnen befahren werden. Die Kosten dieser Wege belaufen sich auf 24 Milliarden, die Zahl der Lokomotiven auf 53—54,000, die der Lastwagen auf 1½ Mill., welche täglich 40 Mill. Ctr. Waare fortschaffen können, wogegen die gesammte Handelsmarine nur 16—18 Mill. Tonnen (360—380 Mill. Ctr.) fassen kann, eine Masse, welche die Eisenbahnen in 9—10 Transporttagen bewältigen.

Der schnelle und großartige Waarenumsatz erfordert auch Beschleunigung und Vermehrung der Korrespondenzmittel, besonders der **Posten** und **Telegraphen**. Es wird der Briefverkehr auf jede mögliche Weise erleichtert, und die Telegraphendrähte spinnen ihr Netz immer weiter und dichter um den Erdball, indem namentlich die Zahl der Drähte vervielfacht wurde, um deren größere Benutzung zu ermöglichen. Es nahmen in den letzten 10 Jahren die Linien um 115% zu, die Drähte um 148%, die Stationen um 297% und die Depeschen um 332%. Nordamerika hat 33,000 Meilen Telegraphen und an 6000 Stationen, alle Länder zusammen 66,000 Meilen und 18,000 Stationen.

Von Europa gehen 3 Kabel nach Amerika, zu denen bald noch einige neue kommen werden; nach Asien führen 2 Linien, eine direkte über Malta, Sues, Aden u. s. w., und eine andere, die sich in eine türkische und eine persische spaltet. Zugleich dehnte Rußland seine Drahtlinien bis zur Amurmündung und Japan aus, so daß man von San Francisco um die Erde herum bis Jedo in Japan korrespondiren kann. Nach China soll diese russische Linie unterseeisch geleitet werden bis Shanghai, Futschau und Hongkong, wo bereits bis Tientsin Telegraphenverkehr besteht, wie auch Batavia, Singapur und Madras mit einander korrespondiren und ihre Kabel bis Australien ausdehnen werden, und das Kapland dagegen über Madagaskar mit Aden ꝛc., in Verkehr treten soll.

Diese vorgelegte Uebersicht des Welthandels der Gegenwart zeigt das Riesenhafte der Verhältnisse und der Unternehmungen. Intelligenz und Kapital reichen einander die Hand, um die Völker zu der großen Familie der Menschheit zu erheben, durch Arbeitstheilung die Wohlfahrt der einzelnen Völker zu sichern und durch die enge Verflechtung der verschiedenartigen Bedürfnisse verlustreiche Streitigkeiten ganz zu beseitigen oder bedeutend zu kürzen. Handel und Verkehr werden also Träger großer humaner Ideen, Verbreiter der Kultur, Förderer der Arbeit und durch dieselbe der Entwicklung der menschlichen Fähigkeit, mit einem Worte Lehrer und Wohlthäter der Menschheit.

Es würde uns zu weit führen, wollten wir tiefer auf die Wirkungen eingehn, welche die mächtig gesteigerten Handelsverhältnisse auf die Entwicklung des sozialen Lebens ausüben. Die Zunahme an Edelmetallen macht sich durch steigende Erhöhung aller Preise bemerklich, das Zuströmen der ländlichen Bevölkerung nach den größeren Städten erzeugt eine bedenkliche Wohnungsnoth, und die Auswanderer entziehen ihrem Vaterlande Millionen an Kapital und Arbeitskraft, um damit fremde Welttheile zu bereichern. Das hier und da in Schwindel ausartende Aktien-, Banken- und Gründungswesen macht selbst die Staatsmänner bedenklich, weil von der anderen Seite die Sozialdemokratie nicht bei Theorieen der Weltverbesserung stehen bleibt, sondern durch gemeinsame Arbeitseinstellungen und offene Auflehnung gegen die bestehende Ordnung der Staatsgesellschaft einen inneren Krieg zwischen Arbeit und Kapital unternommen hat, welcher, wenn er die unzufriedenen Massen zum Siege führte, eine gänzliche Umgestaltung der gesellschaftlichen Ordnung und der Rechtsbegriffe zur Folge haben würde.

Die volkswirthschaftliche Frage beginnt in eine soziale umzuschlagen, und noch läßt sich nicht absehen, welche Folgen der Zufluß der französischen Entschädigungsgelder nach Deuschland haben, und wie Frankreich die ungeheuren finanziellen Verluste ertragen wird, welche es in zwei Jahren erlitt. Es zeigt sich aber auch hier, wie die Wissenschaft immer mehr praktisch zu werden beginnt und in das Verkehrs- und Industrieleben maßgebend eingreift. Auch sie strebt dahin, Gemeingut zu werden, der Schulen werden mehr, ihr Unterricht vielseitiger, die Zahl der Zeitungen und belehrenden Zeitschriften nimmt mit jedem Jahre zu, und wir dürfen hoffen, daß die vermehrte Intelligenz Talent und Kenntnisse schneller zur Geltung bringen und dadurch einen Ausgleich der gegen einander gerichteten Bestrebungen ermöglichen wird. Obschon unsere Zeit ganz dem Materialismus verfallen scheint, so erkennt man doch bei schärferer Beobachtung, daß es sich im Grunde um große, erhebende Gedanken handelt, und es leuchtet die Thatsache hervor, daß die gegenwärtige Menschheit dahin arbeitet, jedem Einzelnen eine menschenwürdige Existenz zu sichern und ihn an den edleren Erzeugnissen der Kultur Theil nehmen zu lassen.

Sach- und Namenregister

zur

Geschichte des Handels und Weltverkehrs

von

J. Engelmann.

Dritte Auflage.

(Die Zahlen beziehen sich auf die Seiten.)

Aarau 255.
Abbeville 170.
Abuquerque 128, 136.
Abuschähr 279.
Acapulco 143, 145.
Achem 161.
Achen 185, 236, 306, 311.
Ackerbau 10.
Ackerbausystem 133.
Adelaide 222.
Aden 16, 30, 325.
Admiralitätskollegium 159.
Adulis 35.
Adventurers 105, 158, 181, 183.
Aegäisches Meer 29.
Aegina 30, 32, 47.
Aegypten 2, 3, 5, 10 ff., 12, 40, 41, 61, 69, 283, 284, 304, 310, 321.
  Baumwolle 293.
  Getreide 283.
  Landwirthschaft 283.
  Schwefel 283, 284.
Aeolische Kolonien 24.
Aethiopien 26.
Afghanistan 18.
Agades 68.
Ahornzucker 326.
Ajazzo 79.
Aigues mortes 88.
Akyab 221.
Alanen 69.
Alaun 46.
Alba 149.
Alberoni 146.
Alexander 5.
Alexandrien 10, 13, 34, 41, 46, 47, 48, 59, 64, 69, 70, 80, 81, 136, 284, 310, 321, 323.
Aleppo 63, 76 ff., 81, 189, 190, 191.
Alexei 176.
Algier 82, 231, 321, 384.
Alhambra 69.
Alicante 147.
Almaden 260.
Almeida 128, 136.
Almagro 129.
Alpacawolle 203, 307.
Altena 185.
Alt-Ladoga 99.
Altona 179, 180.
Amboina 152, 252.
Amalfi 71, 72.
Amasis 13.
Amiens 305.
Amsterdam 108, 115, 131, 132, 137, 149, 150, 151, 153, 160, 194, 195, 237, 249, 250, 321, 322, 323, 324, 325.
Amurgebiet 265.
Andalusien 141, 142, 144.
Angola 153, 263.
Angorawolle 203.
Angostura 297.
Anklam 96.
Anti-cornleague 219.
Antillen 143, 173.
Antiochien 71.
Antitaurus 7.
Antwerpen 79, 106, 107, 110, 112, 113 ff., 115, 116, 124. 136, 142, 149, 150, 160, 168, 237, 249, 253, 322, 323, 324, 325, 327.
Appenzell 255.
Apries 4.
Aquileja 73.
Arabien 7, 15, 40, 41, 65, 66, 68, 69, 117 ff., 278, 324.
Arabisches Reich 61.
Aradus 23.
Arbela 5.
Archangel 108, 175, 264.
Ardenburg 108.
Argentorius 53.
Argos 30.
Arica 298.
Arkwright 148, 184, 203, 300.
Armada 143.
Armenien 67.
Arracan-Reis 221.
Arras 106, 308.
Arrian 9.
Arsinoe 35.
As 52.
Assam 328.
Asserbeidschan 67.
Assientovertrag 166.
Assoziation der römischen Bankiers 53.
Assuan 68.
Assyrien 13.
Asterabad 279.
Astrachan 177, 266.
Astrachanfelle 280.
Astronomie 15.
Athen 31, 47, 49, 50, 52, 272.
Atlak 267.
Aucklandinseln 223.
Augila 26, 27, 68.
Augsburg 58, 83, 94, 114, 116, 119, 195.
Aurengzeb 162, 186.
Aureus 52.
Australien 222, 223, 293, 304, 306, 318, 329.
Australiens Handel und Produkte 222.
  Gold 222.
  Mineralien 222.
  Wolle 223.
Aux Cayes 324.
Avaren 62.
Avignon 89, 117, 168, 310.
Azoren 127, 263.

Babylon 13, 14, 15, 40, 43.
Badagschan 18, 267.
Bagdad 13, 63, 66, 77, 273, 279.
Bahia 138, 297, 326.
Bahreininseln 42, 136.
Baktrien 2, 19, 43.
Balearen 24, 25.
Balk 66, 67, 68, 77.
Balsam 12.
Baltimore 162, 291.
Bamianpaß 18.
Banda 152, 252.
Banka 252.
Banken 122, 119, 120.
Bankgründungen 194.
Bank von England 195.
  von Berlin 196.
  vom Homburg 183.
  von Brüssel 250.
  zu Athen 272.
Bankiers in Griechenland 51, 52.
Bankiers in Rom 53.
Bankiers in Barcelona 92.
Barbados 162.
Barbar 28.
Barcelona 61, 69, 72, 80, 81,

91 ff., 116, 140, 141, 147, 260, 321.
Barchent 300.
Bardewiek 95.
Bardi 121.
Barentz 130, 150.
Bari 70, 268.
Barmen 165, 311.
Barth 27.
Barygaza 17.
Basel 58, 94, 187, 254, 311.
Basra (Bassora) 13, 63, 66, 77, 273.
Bassano 117.
Bassein 221.
Batavia 152.
Batum 273.
Bazars 65, 66.
Bauernstand 135.
Baumgartner 94.
Baumwolle 12, 41—43, 59, 116, 229, 231, 274, 280, 281, 283, 287, 301—304, 339.
Baumwollhandel u. -industrie 41, 42, 43, 116, 117, 300—304.
in Belgien 302.
„ England 301.
„ Frankreich 301.
„ Italien 302.
„ Oesterreich 302.
„ Rußland 302.
„ Sachsen 302.
„ Schweiz 302.
„ Spanien 302.
„ Zollverein 301, 302.
Baumwollpapier 116.
Baumwollproduktion 303, 304.
Baumwollverbrauch 304.
Bayern 319.
Bayreuth 184.
Beaucaire 60, 89, 120, 168.
Becket, Thomas, 158.
Behaim 126.
Beirut 21, 67, 79, 80, 273.
Belfast 203, 308.
Belgien 253, 302, 306, 308, 310, 316, 319.
Industrie 253.
Umsatz 253 ff.
Belize 224.
Beludschistans Wollausfuhr 221.
Belurpässe 18.
Benares 43.
Bender Abassi 137, 162.
Bengalen 43.
Benguela 263.
Benim 127.
Benkulen 252.
Berberei 26.
Berdiansk 321.
Berenike 35.
Bergamo 117.
Bergbau der Deutschen in England 104.
Bergen 102, 108, 177, 270, 323.
Bering 130.
Berlin 185, 186, 194, 236, 306, 307, 311.
Bernstein 1, 25, 26, 62.
Besançon 195.
Bibilis 51.
Bibliopolae 51.
Bielefeld 185, 309.
Bier 48.
Bierbrauerei 119, 240.
Bilbao 129, 147.
Billiton 252.
Bilma 27.
Birma 292.
Birmingham 107, 169, 203.
Biscaya 141.
Bischofswerda 306.
Blanco, Kap, 127.
Boers 224.
Bogota 297.
Böhmen 189, 244, 302, 309.
Bojador 127.
Bökel 115.
Bolivia 298.
Bombay 162, 220, 326.
Bordeaux 90, 230, 325, 327.
Borsäure 257.
Börsen 131.
Börsenschwindel 157.
Borsippa 42.
Bosch 250, 251.
Boston 162, 290.
Eishandel das. 291.
Bourbon 174.
Bourbonnais 174.
Brabant 106, 107, 109, 149.
Bradford 203, 305, 308.
Braila 320, 321.
Brandenburg 185, 306.
Branntwein 233.
Brasilien 153, 138, 169, 262, 295, 297, 324, 326, 329.
Deutsche Ansiedler in, 296.
Braunschweig 187, 188, 235.
Bremen 59, 95, 151, 183, 186, 233, 234 ff., 236, 237, 242, 325, 327.
Brennerbahn 247, 332.
Brescia 117.
Breslau 58, 69, 119, 177, 307.
Bretagne 168.
Breton, Kap, 173.
Bridgewaterkanal 203.
Briel 149, 151.
Bright 219.
Bristol 167.
Britisch Columbien 223.
Britisch Westindien 224.
Brokatzeuge 63.
Brügge 79, 106, 107, 108, 112 ff., 116, 136, 308, 309.
Brünn 306, 307.
Brussa 277.
Brüssel 106, 110, 111, 114, 308.
Bubbles 168.
Buccaniers 131.
Buchara 67, 68, 77, 267.
Bucharei 7.
Buchdruckerkunst 117.
Buchhandel 50, 51, 188.
Buchläden in Rom 51.
Buchstaben, Herkunft der, 15.
Buenos Aires 297, 324.
Bulgar 67, 77.
Bulgaren 62.
Burg 306.
Bürgerthum 60, 61, 135.
Burgos 140, 146.
Burgund 109, 322.
Burnu 27, 68.
Burra 222.
Buschir 68.
Buschowitz 307.
Byzanz 10, 33, 39, 54.
Byssos 41.
Cabot 129, 158.
Cabral 129.
Cadix 142, 143, 146, 147.
Californien 292, 305, 329, 337.
Callao 298.
Calliene 17.
Cambrai 171, 308.
Campechebai 162.
Canada 130, 162, 166, 169, 173, 223, 337.
Holzhandel u. Fischerei in, 223.
Candia 160, 190.
Canna 16.
Canning 207.
Capua 50.
Capverdische Inseln 263.
Cardamomen 50.
Carolina 162.
Cartier 173.
Cartwright 198, 203, 300.
Catalonien 141.
Catania 20, 32.
Cavendish 161.
Cayenne 173, 230.
Celebes 152, 324.
Centralamerika 293, 294.
Ceylon 17, 68, 128, 152, 221, 304, 324, 325.
Chalkis 30.
Champagne 322.
Chancellor 159, 175.
Charlestown 292.
Chaux de Fonds 265.
Chavila 16.
Chazaren 76.
Cheaucsystem 52.
Cherson 177.
Chester 164.
Chicago 289, 290, 291, 320.
Chile 298, 299.
Chilisalpeter 298.
China 2, 15, 41, 42, 117, 152, 222, 267, 276, 280 ff., 327.
China's Baumwolle 281.
Handel 281.
Opium 281.
Seide 281.
Thee 281.
Chinakrinango 295.
Chincha-Inseln 298.
Chinesische Kaufleute in Singapur 221.
Chios 33, 47, 160.
Chiwa 67, 267.
Chowaresmien 67.
Christian VII. 179.
Chryse 17.
Chur 94.
Cilicien 23.
Cincinnati 290, 291.
Clapperton 27.
Clive 220.
Cobden 198, 219.
Cobeja 299.
Cocather 328.
Cochenille 193, 294.
Cochinchina 282.
Cockerill 316.
Colbert 161, 170 ff.
Colonien, s. Kolonien.
Columbien 329.
Columbus 128, 129.
Congo 127.
Connecticut 162.
Cook 130.

Coquimbo 298.
Coraipo 298.
Cordova 69, 140.
Cornwall 164.
Corsika 32.
Cortez 129.
Corunna 146.
Costarica 294, 295, 324.
Cotton supply Association 303, 304.
Courtray 114, 308, 310.
Cowerischen 120.
St. Croix 179, 271.
Crompton 300.
Cromwell 150.
Cuba 148, 166, 259, 261, 324, 326.
Kaffee 261.
Tabak 261.
Zucker 261.
Cumea 146.
Cusco 298.
Cypern 12, 19, 23, 304.

Darlehnsbänke 121.
Damaskus 4, 65, 66, 67, 81, 190, 273, 278.
Damiette 69.
Damm 112.
Dänemark 174, 270, 271, 319, 320, 321, 338.
Dannemora 268.
Danzig 58, 96, 150, 177, 196, 243, 320, 321.
Dareiken 51.
Darfur 69.
Darius 4, 12.
Davis 130.
Debil 67.
Delft 149.
Delhi 166.
Delos 29, 47.
Demmin 96.
Denar 52.
Dendermonde 106.
Denham 27.
Depeschenzahl 335.
Depositenbank in Delos 51.
Desima 152.
Deutsche in Barcelona 92.
Deutsches Kaufhaus in Venedig 83.
Deutschland 134, 204, 301, 302, 306, 308, 315, 319, 322, 323.
Ausfuhr 186.
Bergbau 233, 240.
Bierproduktion 240.
Einfuhr 186.
Eisenbahnen 239, 240.
Freihandelssystem 238.
Fremde Industrie 184.
Getreidehandel 232.
Goldwährung 239.
Handel 181 ff.
Handelskrisen 240.
Handelsverträge 238.
Industrie 182 ff., 184, 233, 339.
kursächsische 185.
preußische 185 ff.
Kontinentalsperre 234.
Landwirthschaftliche Reformen 232.
Leinwandindustrie 182, 185, 234, 235, 239.
Metallindustrie 182, 185.
Rohwolle 236.
Seestädte 234—36.
Tabakbau 232.
Tuchmacherei 184, 185.
Waarenumsatz 241.
Weberei 239, 240.
Zollparlament 238.
Zollsperre Preußens 236.
Zollverein 237, 238.
Diamanten 138, 297.
Diaz, Barth., 127.
Dijon 322.
Dikäarchia 35.
Dioskurias 30.
Diu 136, 263.
Dnjepr 76.
Döbeln 306.
Domingo 173, 225, 261, 295.
Don 77.
Donau, Geschichte, 69.
Dorier 28, 29.
Dorpat 96.
Dortrecht 108, 115, 150, 153, 323.
Dorus 51.
Dover 159.
Drachenblut 45.
Drachme 15, 51.
Drake 130, 161.
Drammen 270.
Dresden 119.
Dschedda 324, 325.
Dublin 163.
Dülken 131.
Dundee 203, 308.
Dupleix 174.
Durazzo 71.

Ecuador 298.
Edelmetalle 130, 131 ff., 193, 340.
Eduard I. 104.
Eduard III. 105, 158.
Effektenhandel u. -werth 330, 331. [341.
Eisen 268.
Eisenbahnen 195, 291, 332, 333,
Eisenproduktion 315—317, 339.
Belgien 316.
England 315.
Frankreich 315.
Nordamerika 316.
Oesterreich 316.
Rußland 316.
Schweden 316.
Zollverein 315.
Elath 21.
Elba 25.
Elberfeld 185, 236, 313.
Elbeuf 227, 305.
Elbrus 7.
Elektron 20.
Elfenbein 12, 284.
Elis 42.
Elisabeth 159 ff.
Elymäer 23.
Emanuel 136.
Emden 186, 234.
England 301, 305, 308, 309, 311, 315, 319 ff.
Ackerbau 207.
Admiralitätskollegium 159.
Adventurers 158, 181, 183.
Bank und Geldzufluß 210, 213.
Baumwollenindustrie 213, 215.
Effektenhandel 167, 195.
Eisenbahnunternehmungen 210.
Faktorei in Hamburg 160.
Fischerei 207.
Fremde Kaufleute in London 158.
Gebrauch von Genußmitteln 214, 216.
Getreideverbrauch 211.
Handelsgesellschaften 161, 162, 163, 167.
Handelskrisen 208, 209, 211.
Handelsrichtung 217.
Handelsverbindungen 160, 165, 206 ff.
Handelsumsatz 204.
Industrie 159, 164, 203 ff.
Kanäle 203, 204.
Kolonien und Kolonialsystem 162, 164.
Kriege 166, 202, 206, 207.
Leinenindustrie 214, 215.
Maschinenindustrie 200.
Metallindustrie 214.
Niederländische Weber in, 158.
Produktion und Industrie 212, 254, 260.
Rhederei 159, 206.
Schiffahrt 217, 218.
Seidenindustrie 215.
Staatsbank 168.
Staatsschulden 168.
Steinkohlen 158.
Stuarts, unter den, 160, 161.
Wollindustrie 214, 215. 218.
Zölle und Korngesetze 207, 217, 218, 219.
Enkhuizen 149.
Enos 274.
Eretria 30.
Erfurt 182.
Eriwan 279.
Erz 12.
Erzerum 63—78, 279.
Erzherzogthum Oesterreich 189.
Eßlingen 94.
Estland 178.
Estremadura 144.
St. Etienne 228, 310.
Etrurien 36.
Eupen 185, 306.
Euphrat 2.
Eustache 153.
Ezeon Geber 31.

Fabriken, ital., in Konstantinopel 63.
Fahrpost, erste, 182.
Falsterbo, Markt zu, 101.
Falun 268.
Färberei 119.
Farbstoffe 45, 116.
Feldkirchen 189.
Fez 68.
Fezzan 26.
Fischfang 291.
Fiume 188, 247.
Flachs 40, 223, 266, 308.
Flachshandel 309—310.
Flandern 106, 107, 108, 109, 110, 228.
Fleischverbrauch 317, 338.
Fleischproduktion Südamerika's 317, 318, 338.
Flibustiers 131.
Florenz 73, 114, 116.
Folgen der Entdeckung Amerika's 131 ff.

Florida 166.
Formosa 153.
Fostat 66.
S. Francisco 292.
Frankfurt a. M. 122, 182, 187, 188, 235, 256.
Frankfurt a. O. 187, 188.
Frankreich 88, 89, 301, 305, 308, 310, 311, 315, 319, 325.
Assignaten 226.
Börsenschwindel 227.
Colbert's System 170 ff.
Kontinentalsperre 225, 226, 229.
Gewerbe 226, 227, 228, 229, 234.
Handel 170, 171, 173, 174, 225, 227, 228.
Industrie unter Franz I. 168 ff., 201.
Juden in, 169.
Kanäle 171.
Länderentdeckungen 169.
Landwirthschaft 170, 227.
Marine 228, 229.
Napoleon's System 227, 229.
Seidenweberei 169.
Sinken unter Ludwig XIV. 171 ff.
Sully's System 169.
Tabakbau 226, 227, 231, 233.
Waarenumsatz 228.
Weinausfuhr 168.
Weinproduktion u. Modewaaren 227, 228, 230.
Wollenindustrie 171.
Fray Bentos 324.
Freiburg 308.
Frejus 89.
Friaul 117.
Friedland 309.
Friedrich II. 165.
Frobisher 130.
Fugger 94, 114.
Fulton 198.

Gades 20, 28.
Gaeta 71.
Galata 63.
Galatz 275, 320, 321, 337.
Galilei 126.
St. Gallen 187, 254.
Gallien 36.
Gallipoli 258, 274.
Gama, Vasco da, 127.
Gambia 26, 231.
Ganges 7.
Garbasui 9.
Gastfreundschaft 9.
Gat 28.
Gefäße 12.
Generalife 69.
Genf 187, 254.
Genossenschaften 201.
Gent 106, 110, 114, 116, 308.
Genua 58, 61, 63, 73, 75, 78, 79, 81, 86 ff., 114, 123, 131, 142, 198, 256, 258, 323, 325, 327.
Georgien 162, 304.
Gera 306.
Germa 27.
Germanen 54, 55.
Gerrha 15.
Gerste 13, 48.
Geschütze 117.
Getreide 10, 48, 49, 195, 229, 268, 284, 289, 318—320, 337.
Getreidehandel in Athen, Aegypten, Rom 48, 49.
Aegypten 322.
Algier 322.
Belgien 321.
Canada 321.
Chile 321.
Dänemark 321.
Danzig 320.
England 320.
Frankreich 321.
Holland 321, 323.
Italien 323.
Königsberg 321.
Nordamerika 321.
Norddeutschland 322.
Norwegen und Schweden 323.
Oesterreich 321.
Petersburg 321.
Riga 321.
Rumänien 321.
Rußland 321, 337.
Schweiz 321, 323.
Stettin 321.
Süddeutschland 322.
Südfrankreich 323.
Südrußland 322, 323, 337.
Ungarn 323, 337.
Gewandhäuser 119.
Gewerbe des 16. u. 17. Jahrh. 191.
Gewichte 15.
gemeingiltige 201.
Gewürze 12, 50, 205, 252, 284.
Gibraltar 20, 166.
Gibanie 95.
Gilden 60, 123.
Gildenhaus in London 95, 119.
Giersdorf 309.
Gioja 71.
Girobank 122, 131.
Gladbach 302, 311.
Gladstone 207, 219.
Glas 18, 47, 116, 227, 253.
-fenster und -spiegel 116.
Glaspalast 207.
Glasgow 167, 203.
Glauchau 306.
Glocken 116.
Goa 136, 262.
Gobi, Goldreichthum, 18.
Gold Brasiliens 138.
Goldküste 224.
Goldmünzen 51.
Goldproduktion 201, 328, 329, 330.
Goldproduktion in Australien 329.
Californien 329.
Columbien 329.
Kapland 329.
Oregon 329.
Neu-Seeland 329.
Newada 329.
Goldschmuck 59.
Goldstater 51.
Goldstaub 12.
Goldwährung 330.
Gonaives 324.
Görlitz 306.
Gosen 12.
Gosnold 162.
Gothland 95, 97, 99.
Gotthardsbahn 332.
Granada 69, 140, 280.
Granikos 5.
Grasham 161.
Graz 88.
Greattrunkkanal 204.
Greifswalde 96.
Greiz 306.
Griechen 23, 29, 35.
Griechenland 272, 319.
Grönland 179, 271.
Großenhain 306.
Großschönau 309.
Grünes Vorgebirge 127.
Guadalquivir 20.
Guadeloupe 165, 173, 231.
La Guaira 297, 324.
Guanaxuato 193.
Guano 298.
Guatemala 294, 295, 324.
Guayaquil 298.
Guinea 127, 153, 160.
Gummikopal 284.
Gustav Wasa 177.
Guten Hoffnung, Kap der, 127.

Haarlem 154.
Haiti 324, 325.
Halifax 167, 203, 305.
Hamadan 279.
Hamburg 58, 95, 131, 151, 183, 186, 194, 196, 204, 210, 233, 234 ff., 236, 237, 240, 242, 256, 323, 324, 325, 327.
Handel, athenischer, 33, 47, 49, 50, 52.
Barcelona's 92.
deutscher 181 ff.
Frankreichs im Mittelalter 88.
Hülfsmittel, neuere, 199 ff.
Indiens mit Griechen 17.
kulturgeschichtliche Bedeutung 1, 12, 67 ff.
Norwegens 178, 179.
Oesterreichs 188.
phönizischer 20 u. ff.
Polens 177.
Portugals 136, 137.
Rheinhandel 187.
Rhodiser 33.
römischer 36, 38, 49.
Rußlands 176.
Schwedens 178.
im Steinzeitalter 1.
Tuchhandel der Hansa in England 104.
Ursitze des, 2.
Venedigs 189, 190.
Handelsbank 122.
Handelskrisen 288, 289.
Handelsmarine aller Völker 335.
Handelswaaren, älteste, 1.
Aegyptens 12, 68, 69.
Babylons 14, 15, 40.
zu Homer's Zeiten 9.
Phöniziens 20, 21.
Handelswege der Araber 67 ff.
Babylonier 40.
Baktriens 18.
griechische 35.
Indiens 18, 35
Karthagos 25, 26, 27.
Venedigs 189.
Handwerker 11, 58, 60.
Hanf 41, 266.
-produktion 310.
Aegypten 310.

Belgien 310.
Holland 310.
Manila 310.
Ostindien 310.
Rußland 310.
Haniel 315.
Hanno 25.
Hannover 309.
Hansa 60, 95, 96—108.
in Brabant und Flandern 106 ff.
in Dänemark 101.
in England 103 ff.
in Frankreich 108.
in Norwegen 102, 103.
in Rußland 98 ff.
in Schweden 100 ff.
in Spanien u. Portugal 108.
Hansabund 95, 96 ff.
Hanseaten 180, 181.
Haran 16.
Harderwyk 119.
Harfleur 90.
Hargreaves 169, 300.
Haussa 27.
Hausthiere 11.
Havanna 143.
Havre 228 ff., 256, 324, 325.
Heilbronn 94.
Heinrich, Prinz, 126.
Heinrich VIII. 159.
Hele's Taschenuhren 191.
Hellenen 28, 29.
Hemskerk 150.
Hennegau 316.
Heraklea 20.
Herat 67, 68, 77.
Herencia 142.
Himmelberg 1.
Hindukusch 7.
Hinterindien 221.
Hippo 20.
Hiram 21.
Hirschberg 309.
Hoangho 2.
Hochdahl 315.
Hodeida 325.
Hogue, la, 163.
Holland 106, 107, 109, 115, 310, 322.
Anbau von Kolonialwaaren 152.
Effektenhandel 157.
Eroberung Ostindiens 137.
Fischerei 149, 154, 155.
französ. Provinz 250.
Geldhandel 156 ff.
Getreidehandel 195.
Handel 150 ff.
Hansa in, 149.
Industrie 150, 154.
Kaperbriefe 152, 154, 155.
Kolonien 151.
Kolonialprodukte 251.
Maatschappy 250.
Ostindische Compagnie 152 ff.
Rhederei 149, 154, 155.
Schiffsbau 149.
Streit mit Belgien 250.
Verfall 155.
Waarenumsatz 251.
Weinhandel 154.
Westindische Compagnie 152.
Holzschnitzerei 48.
Honduras 294, 295.
Hongkong 292.
Honig 50.
Hoorn 149.
Hörder Aktiengesellschaft 315.
Hormus 136, 137.
Huddersfield 308.
Hudson 130.
Hudsonsbaigesellschaft 223.
Hull 203.
Hutmann 150, 151.

Jacmel 324.
Jacquard 198.
-maschine 300.
Jamaica 162, 224.
Kaffee und Zucker 224.
Jamama 67.
Jamestown 162.
Jantsekiang 2.
Japan 136, 137, 152, 222, 242.
Java 151, 152, 250, 251, 252, 324, 325, 326, 328.
Jaxartes 2.
Iberien 25.
Ibraila 275.
St. Jean 179.
Jersey 162.
Jerusalem 4.
Iglau 306, 307.
Illinois 320.
Indiabill 220.
Indiana 320.
Indien 15, 16, 17, 18, 44, 304.
Indigo 45, 193, 205.
Indossament 195.
Industrie Altägyptens 11.
Antwerpens 136—142.
Arabiens 66, 69, 117.
arische 17.
Athens 33, 47, 49, 50, 52.
Augsburgs 119.
Babyloniens 13, 14, 15, 40.
Brügge's 136.
Englands 205.
Flanderns 110, 111.
Frankreichs 59.
germanische 116—118.
in Glas 47, 116.
italienische in Konstantinopel 63.
Languedocs 90.
in Metallwaaren 47, 48.
in Morea 117.
in österr. Niederlanden 157, 159.
der Pfahlbaubewohner 1.
Phöniziens 19, 40, 45, 46.
romanische 115, 117 ff.
in Töpferwaaren 47.
der Urstaaten 9.
Venedigs 123, 131.
in Wolle 40.
Industrieausstellungen 207.
Ingwer 50, 224.
Innerafrika 284.
Innungen 58.
Intaglien 48.
Jokohama 328.
Jonien 29.
Jonische Inseln 273.
Joppe 67.
Josef II. 180.
Iowa 320.
Ipecacuanha 297.
Iran 43.
Irland 159.
Iserlohn 185.
Island 179, 271.
Isle de France 174.
Ismaila 334.
Ispahan 66, 67, 68, 279, 290.
Issos 5.
Italien 302, 323.
Industrie 257.
Produkte 256.
Italiener, Entdeckungen der im Atl. Ozean 126, 134, 302, 319, 323.
Itil 67, 77.
Juda und Israel 4.
Juden 61, 121, 141, 169.
Julin 95.
Jupiter Ammon 27.
Jürgen's Spinnrad 191.
Justinian 62, 70.
Iwan II. 176.

Kabes 285.
Kabul 18, 68.
Kaffa 63, 78, 87.
Kaffee 191, 221, 252, 261, 262, 338.
Kaffeehäuser 191.
Kaffeeplantagen 191.
Kaffeeproduktion in Arabien 324.
Brasilien 324.
Ceylon 324.
Costa-Rica 324.
Cuba 324.
Guatemala 324.
Haiti 324.
Java 324.
Manila 324.
Mexiko 324.
Peru 324.
Venezuela 324.
Westafrika 324.
Westindien 324.
Kaffeeverbrauch i. Deutschland 326.
England 326.
Holland 326.
Kairo 68, 90, 91.
Kaiserthum, lateinisches, 63.
Kakao 192.
Kalamata 273.
Kaledonischer Kanal 204.
Kalkutta 163, 220.
Kambyses 4.
Kameen 48.
Kamel 11.
Kandia 63.
Kano 68, 286.
Kant 198.
Kanton 68, 222.
Kap Haiti 324.
Kapland 152, 224, 329.
Gold 329.
Kapland, Wein 324.
Wollausfuhr 224.
Kap Run 26.
Karawanen 7, 27.
Karl d. Gr. 56, 57.
Karl II. 162.
Karl IX. 178.
Karl XI. 178.
Karl XII. 178.
Kärnten 189.
Karthagena 20, 25, 40, 41.
Karthago 5, 22, 24, 25, 26, 27, 28, 29, 40.
Kolonien u. Seefahrten 24, 25.
Kartoffelanbau 186, 192, 196.
Kartum 324.
Kaschgar 68.
Kaschna 286.
Katharina II. 177.

El Katif 66.
Kattundruck 203, 233.
Kaufleute, Verein deutscher, in Gothland 96.
  wagende 105.
Kaufhäuser 119.
Kauriwälder 223.
Kempten 94.
Kermes 46.
Keybirpässe 18.
Khokand 267.
Khorassan 67.
Kiächta 177, 267, 282.
Kiew 58, 64, 76, 77.
Kinburn 177.
King-te-tsin 281.
Kips 324.
Kirchenfenster 116.
Kirwan 66, 68.
Kleinasien 59, 61, 273, 276 ff., 304.
Klein-Leptis 20.
Kolberg 96.
Kolchis 18.
Köln 58, 94, 111, 156, 187, 311, 322, 324.
Kolonien, äolische, 29.
  dänische 271.
  dorische 29.
  englische 162, 164, 220—21.
  französische 169, 173, 231, 232.
  griechische 23, 29, 35.
  holländische 251, 252.
  jonische 29.
  milesische 30.
  pelasgische 29.
  phönizische 20.
  portugiesische 263.
  spanische 261, 262.
Kolonialsystem 132.
Kongsberg 179.
Königsberg 96, 196, 234, 320, 321.
Konstantinopel 59, 62, 64, 70, 111, 273, 275, 277.
Konstanz 94.
Kopenhagen 179, 180, 270, 320.
Koptus 81.
Kordova 66.
Korinth 31, 37, 40, 47, 50, 272.
Korinthen 272.
Korkyra 31.
Koromandel 128, 152.
Kos 33, 44.
Kottbus 306.
Krakau 58, 64, 177.
Krämer 59.
Krampe 309.
Krapp 45.
Krefeld 185, 236, 311, 313.
Kreta 19.
Kreuzzüge, Folgen der, 59.
Kriegswagen 11.
Krimm 76, 87, 177.
Kroton 22.
Krupp 315.
Ktesiphon 13.
Kufa 68, 286.
Kultur, arabische, 65, 66, 68, 69.
  altägyptische 2, 3.
  altaiisch-mongolische 2, 3.
  arische 17.
  babylonisch-assyrische 2, 3.
  Babylons 14, 15.
  baktrisch-arische 2.
  germanische 6.
  griechische 29, 30 ff., 32.
  Ninive's 14.
  phönizische 21 ff.
  der Pfahlbaubewohner 1.
  römische 37.
  Urheimat der, 2, 3.
Kupfer 269.
Kuratschi, Wollmarkt zu, 220.
Kyme 31.
Kyrene 32, 50.
Kyros 4.
Kyzikus 30, 50.

Lack-Dye 45.
Lagos 224.
Lampong 252.
Landhandel 2.
Landshut 309.
Languedoc 88, 170, 171.
Lapiden 5.
Lapis lazuli 18.
Laplatastaaten 304, 305, 317, 324.
Latakieh 273.
Lauban 309.
Lauricocha 248.
Lausitz 309.
Law 131, 172, 175, 195.
Lebensweise im Mittelalter 58.
Leder 253.
Lee 161.
Leeds 167, 203, 305, 308.
Leghäuser 119.
Lehrbuch, erstes, der Handelswissenschaften, 86.
Leibeigenschaft der Bauern 197.
Leibrenten 122.
Leicester 203.
Leif's Entdeckungen 126.
Leinenindustrie und Handel 40, 41, 42, 116.
  alexandrinische 42.
  belgische 308.
  deutsche 308.
  englische 205, 308.
  französische 308.
  maltesische 42.
  mittelalterliche 118.
  der Niederlande 118.
  Raitenbuchs 118.
  Westfalens 118.
Leinwand 12, 40, 308.
Leipzig 182, 187, 188, 235.
Leisnig 306.
Lemberg 177.
Lennep 306.
Leptis 20.
Lesseps 324.
Leuccomo 16.
Leyden 150, 154.
Liberia 224.
Librarii 51.
Librarioli 51.
Liebig's Fleischextrakt 317, 324.
Lille 106, 171, 227, 305, 308.
Lindau 94, 322.
Liparen 25.
Lissabon 61, 113, 136, 142, 263.
List 239.
Liverpool 167, 203, 205, 302, 303.
Livland 178—180.
Livorno 73, 256, 258, 323.
Lloyd, österreichischer, 247.
Lohheia 325.
Lokeren 309.
Lokris 32.
Lombarden 61, 120.
Lomnitz 306.
London 104, 166, 167, 195, 302, 321, 324, 325, 327.
Longobarden 70.
Lorenzo 173.
St. Louis 231, 292.
Louisiana 173, 287, 328.
Louviers 227, 305.
Lovel 301.
Löwen 106, 110, 114.
Lübeck 58, 95, 97 ff., 161, 183, 186, 234.
S. Lucar 142.
Lucca 73, 117.
Luckenwalde 306.
Lüttich 111, 253, 316.
Lydien 4.
Lyon 89, 120, 168, 195, 228, 313.

Maatschappy van Verre 151.
Macao 129, 136.
Macclesfield 311.
Madagaskar 173.
Madeira 127, 262, 263.
Madrid 144, 260.
Magdeburg 119.
Magelhaens 130.
Maghreb 26.
Magyaren 57, 62.
Mailand 116.
Mainz 94, 111, 187.
Mahagoniholz 224.
Mähren 189, 244.
Mais 193.
Makedonien 5.
  Tabak 274.
Malabar 128, 152.
Malaga 147.
Malakka 128, 136, 152.
Malta 20, 25, 304.
Manchester 167, 203, 300, 301, 303, 308, 311.
Maracaibo 297, 324.
Marathon 5.
Mareotis 13.
Mark 10, 236.
Märkte 119.
Maria 159.
Marokko 26, 27, 285.
Marseille 61, 80, 81, 88, 229, 313, 321, 323, 325, 327.
Martinique 165, 173, 231.
Maryland 162.
Maschinenwesen 199 ff.
Maskate 15, 67, 136.
Massaua 324.
Massilia 25, 28, 32.
Matéther 328.
Matto Grosso 292.
Mauritius-Inseln 150, 224, 326.
Mavalipuram 17.
Mazarin 169.
Mecheln 110, 111, 114, 124, 166, 310.
Medien 4.
Medina del Campo 140.
Medische Kleider 42, 43.
Meerschaum 277.
Megara 30.
Mehemed Ali 282.
Mehlhandel 320.
Meilenzeiger 66.

Meißner Porzellan 185.
Mekka 65, 67.
Melbourne 222.
Melos 46.
Memel 243.
Memmingen 94.
Memphis 3, 10.
Merkantilsystem 132.
Meroe 10, 41.
Merw 67, 68.
Mesopotamien 2.
Messana 20.
Messen 119.
Meßplätze 60.
Mesurate 285.
Metallindustrie in England 205.
Metallwaaren 47, 48.
Methuenvertrag 138, 164.
Metz 322.
Mexiko 293, 294.
  Silber 294.
Michigan 320.
Middelburg 153, 160.
S. Miguel 295.
Milet 12, 29, 30, 41.
Minas geraes 297.
Mineralfarben 45.
Mississippigesellschaft 172.
Mobile 292.
Mobiliarkredit 201.
Mogador 62, 285.
Mohair 305.
Mokka 324.
Moldau 275.
Molukken 128, 151, 152.
Mont-Cenisbahn 332.
Montes pietatis 122.
Montevideo 299, 324.
Montjoie 185.
Montpellier 88, 89.
Montreal 173, 320.
Mora 286.
Morea 62.
Mörs 185.
Moskau 176, 264.
Moskitoküste 295.
Mosul 66, 67.
Motya 23.
Mozambique 137, 262.
Muhamedaner, Eroberungen der, 56.
Mule-Jenny 300.
Mülhausen 227, 301.
Mungo Park 27.
Münzen 10, 15, 51.
Münzmeister 121.
Murcia 69, 260.
Murrhingefäße 48.
Murzuk 26, 27, 286.
Muza 16.
Muziris 17.
Myos Hormos 35.
Mythen 2.

Namur 111, 315.
Nangasaki 328.
Nantes, Edikt von, 171, 322, 326, 327.
Narwa 175, 180.
Naukratis 12, 30.
Nauplia 273.
Navigationsakte 155.
Naxos 31.
Neapel 70, 71, 258.
Nebukadnezar 4.
Necho 4, 12.
Negerhandel 130.
Nelcynda 17.
Nesched 77.
Neu-Amsterdam 153.
Neu-England 162.
Neuchatel 254.
Neu-Fundland 136, 160, 166, 169, 173, 224.
Neu-Holland 130.
Neukirch 306.
Neupersisches Reich 6.
Neu-Schottland 169.
Neu-Seeland 223, 318, 320.
Neutralität, bewaffnete, 202.
Nevada 329.
Newcastle 158.
New-Orleans 292.
New-York 291, 320.
Niederbayern 322.
Niederlande 109, 118, 319.
  österreichische 157, 158.
Niederösterreich 302.
Niger 27.
Nigritien 26.
S. Nikolas 310.
Nil 2.
Nilkanal 3.
Nilpapier 46.
Ninive 4, 13, 14.
Nishnei-Nowgorod 77, 265.
Nisibis 42, 66, 77.
Nismes 310.
Nordamerika 197, 201, 204, 222, 301, 316, 319, 325.
Nordhausen 233.
Nördlingen 94.
Normandie 168, 228.
Normannen 55, 57, 126.
Norwegens Handel 178, 179, 269, 319, 323.
Nottingham 203, 301.
Nowaja-Semlja 130.
Nowgorod 58, 77, 93, 99, 108, 175.
Nürnberg 58, 83, 94, 119, 122, 182, 184, 195.

Oajaca 294.
Obole 51.
Obst 13.
Odessa 177, 264, 307, 320, 321, 337.
Oel 15, 258.
Oesterreichische Niederlande 157, 158.
Oesterreichs Handel 184.
  Industrie 189, 244, 245, 246, 247, 301, 302, 306, 311, 316, 319, 321, 327.
  Italien 189.
  Schiffahrt 248.
  wirthschaftliche Verhältnisse 243 ff.
  Waarenumsatz 247.
Olbia 30.
Oleicklin 76.
Ophir 21.
Opiumhandel 222, 281.
Oporto 203.
Oran 82.
Oregon 320.
Orenburg 177, 266, 267.
Orleans 173.
Ostende 158, 188.
Ostia 35, 71.
Ostindien 220.
Ostindiens Ausfuhr 221.
  Handelsvölker 220.
  Produkte 220.
Ostturkestan 43.
Oudenarde 106.
Overweg 27.
Oxus 2.
Ozene 17.

Pacificeisenbahn 333.
Paisley 301.
Palästina 12.
Palembang 262.
Palermo 71.
Palmöl 224.
Palmyra 15.
Palmzucker 326.
Panamaeisenbahn 294.
Panormus 20, 23.
Pantikapäon 30.
Papageien 10.
Papierfabriken 117.
Papiertapeten 203.
Papusien 223.
Papyrusfasern 41.
Para 138.
Paraguay 138, 299, 304.
Parana 296.
Paris 201, 227, 228, 231, 305.
Passau 62, 64.
Patala 17.
Patterson 131, 195.
Paträ 42.
Patres 272.
Paz, la, 298.
Peel 207.
Pegu 136.
Pelasger 28, 29.
Pennsylvanien 162, 317, 320.
Pera 63.
Pereire 201.
Pergament 46.
Periander 31.
Perlen 59.
Perm 77.
Pernambuk 326.
Perpignan 88.
Persien und Perser 4, 7, 160, 270, 280.
Peru 298, 304.
Peruzzi 114.
Peschawer 18.
Pest 321.
Peter d. Gr. 176.
Petersburg 156, 176 204, 320, 321.
Petra 15.
Peträisches Arabien 15.
Petropawlowsk 267.
Pfandhäuser 122.
Pfeffer 9, 50, 137, 222.
Pfeil 4.
Pferde 10, 12.
Pfund 10.
Pharus 12, 13.
Pheidon 30.
Philadelphia 291, 292, 320.
Philipp II., III., IV. 137, 138, 143, 144.
Philippinen 143, 145, 262, 326.
  Hanf 262.
  Kaffee 262.
  Reis 262.
  Tabak 262.
  Zucker 262.
Phokäa 30.

Phönizien 4, 12, 18, 19, 20, 21 ff., 24, 40.
Phöniziens Handelsartikel 20, 21.
Handelswege 20 ff., 24.
Industrie 19, 40.
Kolonien 20.
Kultur 21.
Lage 18, 24.
Name 19.
Purpur 19.
Seefahrten 20 ff.
Phönix 315.
Picardie 228.
Piment 224.
Pisa 72, 73, 75.
Pizarro 129.
Plantagen 131, 224.
für Kaffee 221, 224.
Platäa 5.
Pleskow 99, 108.
Pluthane 17.
Polen 177.
Polo, Marco, 126.
Pombal 139.
Pommern 178.
Pomponius Atticus 51.
Pondicherry 174, 231.
Popayan 297.
Poperingen 106.
Port au Prince 324.
Portobello 143.
Porto Cabello 297, 321.
Port Natal 304.
Portorico 259, 261.
Porto Santo 127.
Port Said 324.
Portugal 135, 136, 137, 140, 262, 263.
Potosi 193, 298.
Potsdam 306, 311.
Powerlom 300.
Pränestr. 50.
Preisanzeiger 10.
Preisveränderungen 131, 132, 194.
Preston 301.
Preußen 319.
Preußens Stahl 317.
Psammetich 12.
Ptolemäer 5.
Ptolemäos 15.
Pulver 117.
Purpurfarbe 19, 45, 40.
Puteoli 38.

Quebec 173, 320.
Quedlinburg 233.
Queensland 304, 337.
St. Quentin 227, 308.
Quinar 52.

Raab 321.
R'at 286.
Raffinerien 233.
Ragusa 74.
Raitenbuch 118.
Raleigh 130, 162.
Ramses 3.
Rangoon 221.
Räucherwerk 49.
Raußnitz 307.
Ravenna 62, 70.
R'damos 286.
Regensburg 62, 64, 83, 93, 111.
Reichspost 66.
Reis 193, 221, 252, 262.
Rennes 308.
Rescht 279.
Reunion 231, 326.
Reutlingen 94.
Reval 96.
Revolution, Folgen der französischen, 198.
Rhegion 32.
Rheims 168, 227, 305.
Rhein-Donaukanal 57.
Rheinhandel 187.
Rheinischer Städtebund 95.
Rheinprovinz 302, 306.
Rheydt 311.
Rhode-Island 301.
Rhodos 19, 30, 33, 63.
Ribaud 173.
Richelieu 169.
Riga 77, 96, 264, 320, 321.
Rio 324, 325.
Rio de Janeiro 139, 324.
Rio Grande do Sul 296, 297.
Rio tinto 260.
Riouw 252.
Robert 300.
Rochelle 90.
Rodosto 274.
Roger II, 117.
Roggen 48.
Rohrzucker 326.
Rom 6, 36, 37, 38, 39, 45, 49, 50, 51, 52, 53.
Romanische Völker 55, 56.
Romanshorn 322.
Roräas 179.
Rorschach 322.
Rosinen 277.
Rostock 96.
Rostow 307.
Roßwein 306.
Rotenburg 94.
Rothes Meer 80.
Roti 307.
Rotterdam 150, 153, 194, 250, 322, 324, 325, 327.
Roubaix 305.
Rouen 227.
Rübenzucker 326.
Ruhrgebiet 315.
Rum 224.
Rumänien 319, 320.
Rumelien 274.
Runkelrüben 233.
Russel 207.
Russen 76, 99.
Rußland 160.
Handel 176, 302, 310, 316, 319, 320, 323.
Asiatische Länder 265.
Flachs 266.
Getreide 266.
Häfen 266.
Handel 265.
Hanf 266.
Industrie 264.
Landhandel 266.
Steinkohlen 265.
Umsatz 266.
Wolle 266.
Zustände 265.

Saarbrücken 236.
Saba 9, 15, 16.
Sachsens Industrie 233, 302, 305, 306, 319.
Provinz 306.
Sacramento 138.
Safran 45.
Sahara 26.
Saida 67.
Salamis 5.
Salmanassar 4.
Salomo 21.
Salomon's Thron 18.
Saloniki 274.
Salpeter 205.
S. Salvador 294, 295.
Samarkand 67, 68, 77, 267.
Sammt 63.
Samos 30, 40, 47.
Samsun 273, 277.
Sana 16.
Sandelholz 45.
Sansonate 295.
Santander 261.
Santos 324.
Sapanholz 222.
Sarazenen in Unteritalien 71.
Sardinien 25.
Industrie 257.
Savannah 292.
Schiedam 119, 323.
Schiffahrt 8, 334, 340.
Schiras 67, 279.
Schlesien 189, 233, 236, 242, 306, 309, 315.
Schleswig 95.
Schminke 45.
Schmucksachen 48.
Schnellgerberei 203.
Schönau 309.
Schonen, Heringsfang bei, 101.
Schottland 159.
Schreibmaterialien 46.
Schwabach 184.
Schwarzfärberei 45.
Schweden, Handel und Industrie, 178, 268 ff., 316, 319.
Schwefel 46, 257, 258, 283, 284.
Schwefelsäure, englische, 203.
Schweizer Industrie 187, 255, 256, 302, 311, 319, 323.
Zollsystem 255.
Schwertfeger 110.
Scilly-Inseln 20.
Sebastian 147.
Sebastopol 177.
Sebid 67.
Sedan 227, 305.
Sedschelmessa 68.
Seeassekuranz 131.
Seehandlung in Berlin 186.
Seerecht 131.
Segovia 140, 141, 142, 144, 145.
Seide 42, 43, 44, 59, 61, 63, 116, 117, 205, 257, 274, 280, 281, 282, 310, 311, 312, 313, 314, 340.
Seide im Alterthum 42, 43, 116, 117.
in England 311.
„ Frankreich 310, 311.
indische 44.
koische 44.
in Morea 63, 117.
„ Oesterreich 311.
„ Preußen 311.
in der Schweiz 311.

Seide, seleukische, 44.
im Zollverein 311.
Seidenhandel 312, 313, 314.
Sekel 15, 51.
Seleucia 13, 40.
Seleukiden 5.
Selfacting-Jenny 300.
Selimus 20, 32.
Semmeringbahn 332.
Senegal 26, 168, 173, 231.
Senegalcompagnie 163.
Seraing 316.
Serbien 319.
serische Gewänder 42, 43.
Sesam 13.
Sesterzien 52.
Setabis 41.
Sevilla 69, 140, 141, 142, 143, 145.
Shangai 281.
Sheffield 164, 167, 203.
Siam 136, 174, 222, 282.
Sidon 20 ff., 23, 40.
Siegener Land 315.
Sierra Leone 26.
Sikis 220.
Silberproduktion 328, 329, 330.
in Californien 329.
Nevada 329.
Spanien 329.
Silberabfluß 330.
Silphium 50.
Sindgebiet 220.
Sindon 41.
Singapur 220, 221.
Sinigaglia 60.
Sinope 30, 78, 273, 277, 279.
Sirte 26.
Siwah 26, 68.
Sizilien 20, 23, 25, 31, 258, 304.
Skanoer Markt 101.
Sklavenhandel 9, 12, 153, 193, 284.
Sluys 112.
Smith, Freihandelssystem 133, 198.
Smolensk 99.
Smyrna 63, 273, 277 ff.
Societas sancti officii 122.
Socotora 9, 15.
Solna 26.
Soldadia 78.
Solidus 52.
Solinger Klingen 119.
Solonis 23.
Sortimentshändler 51.
Sosius 51.
Spanien 20, 25, 140, 141, 204, 302.
Edelmetalle, Einfluß der, 141.
Industrie 147, 259.
Juden vertrieben 141.
unter Karl II. 143.
„ Karl V. 143.
Mauren vertrieben 143.
Merkantilsystem 142 ff., 144, 145.
Niederlande 157.
unter Philipp II. 160.
„ Philipp III. 144.
„ Philipp IV. 143.
Produkte 259, 260.
Schmuggel 143, 153.
Sinken 144, 145, 146, 148.
Spartogras 41.
Speier 58, 94.
Spezereien 49.
Spinning-Jenny 300.
Trostle 300.
Spinola 114.
Spitalsfield 164, 311.
Staatszeitung, altrömische, 50.
Städtebündnisse 61, 71, 113.
Städtewesen 57, 60.
Stadtjunker 58.
Stahlhof 105, 108, 160.
Stapelzwang 123.
Stapler 158.
Stavanger 323.
Steiermark 189.
Stein 64, 93.
Steinkohlen 158, 227, 265, 314, 315, 338.
Steinkohlengas 203.
Steinöl 276, 292.
Steirische Klingen 119.
Stephenson 198.
Steppe 7.
Stettin 196, 242, 320, 321.
Stralsund 96.
Straßburg 58, 94, 119.
Streitwagen 12.
Strikes 201.
Suakim 68.
Südamerika 317.
Sudan 26, 286.
Süddeutschland 322.
Südfrankreich 323.
Südfrüchte 257.
Süditalien 32.
Südrußland 320.
Sues 325, 334.
Sueskanal 334.
Sueven 69.
Sully 169.
Sumach 45.
Sumatra 152, 252, 324.
Sunda-Inseln 128, 136.
Surinam 153, 156, 250.
Sybaris 32.
Sydney 223.
Syra 272.
Syrakus 20, 27, 31, 70.
Syrien 4, 7, 12, 23, 40, 41, 59, 61, 273, 278.

Tabagien 192.
Tabak 192, 261, 262, 274, 280, 297.
Tagara 17.
Taganrog 177, 307.
Talent 51.
Tana 63, 78, 79.
Tanger 82.
Tanis 4.
Taprobane 17.
Tarent 32, 40.
Tarragona 40, 41.
Tarsis 20, 32.
Tartesische Katzen 25.
Taschkend 267.
Tasmanien 223.
Taurus 7.
Teakholz 222.
Tebris 63, 67, 77, 78, 278, 279, 280.
Teheran 67, 279.
Telegraphen 335, 336, 341.
Benutzung der, 336.
Länge der, 336.
Linien der, 336.
Ternate 136, 252.
Texel 151.
Thales 20.
Theben 3, 10.
Thee 192, 205, 281, 327, 328, 338.
Theeproduktion in China und Japan 327, 338.
Theer 269.
Theeverbrauch in Australien 328.
in England 328.
„ Europa 328.
„ Nordamerika 328.
Theesendung aus Assam 328.
Ceylonthee 328.
Javathee 328.
Paraguaythee 328.
Theoderich 62, 70.
Thermopylen 5.
Thessalien 274.
St. Thomas 179, 271.
Thournout 107.
Thule 32.
Thur 67.
Thurm, der steinerne, 18.
Tibbas 27.
Tiel 111.
Tiflis 67, 279.
Tigris 2.
Timbuktu 27, 68, 286.
Timor 252.
Tippo 220.
Tirol 302.
Tobolsk 176.
Tokat 273.
Toledo 140, 141, 142, 145.
Toloja 31.
Tonnengeld 171.
Töpferarbeiten im Alterthum 47.
Toskana's Industrie 257, 323.
Toulouse 90.
Tourcoing 305.
Tranquebar 174, 179.
Transkaukasien 266.
Transvaalsche Republik 224.
Trapeziten 52.
Trapezunt 30, 63, 78, 277, 278.
Triest 188, 244, 247, 326, 327, 329.
Tripolis 26, 82, 285.
Troiz 267.
Troyes 60, 89, 120, 168.
Trübau 306.
Truthahn 193.
Truxillo 298.
Tryphon 51.
Tsche-kiang 281.
Tunis 26, 82, 285.
Tunsberg 102.
Türkei 273, 274, 319.
Tyrus 4, 20 ff., 22, 23, 24.

Ueberkauf 121.
Ulm 58, 83, 94, 119.
Ungarn 189, 244, 320, 321.
Ursitze griechischer Stämme 28.
Urstaaten 3 ff.
Uruguay 138, 297, 317.
Uttmann's Spitzenklöppelei 101.

Valence 310.
Valencia 141, 260.
Valenciennes 171, 308.
Valladolid 141.
Valparaiso 299.
Vancouver 224.

Vandalen 69.
Vegetabilische Farbemittel 45.
Venedig 58, 62, 63, 73 ff., 116, 117, 123, 131, 189, 190, 247, 256.
Venedigs Entstehen 73.
 Faktoreien in Aleppo 79 u. ff.
 in Alexandrien 80 u. ff.
 „ Konstantinopel 74, 75.
 „ Morea 75.
 „ Schwarzen Meere 76, 79.
 „ Syrien 75.
 Handel mit Deutschland 82 ff.
 nach Nordafrika 82.
 Industrie 82.
 Kriege 73, 87.
 Politik 85 ff.
 Verkehr mit England 83, 84.
 Flandern 83.
 im Ganzen 84.
 Sinken des, 86.
Venezuela 182, 297, 324, 325.
Veracruz 143, 294.
Vereinigte Staaten von Nordamerika 287.
 Baumwollausfuhr 287.
 Bürgerkrieg 289, 298.
 Eisenbahnen 291.
 Fischfang 291.
 Handel u. Handelskrisen 288, 289, 291, 293.
 Industrie 287, 288.
 Mineralien 290. [337.
 Viehzucht u. Getreide 289, 291,
 Zölle 288.
Verviers 306.
Viehhäute 323, 324.
 in Australien 324.
 „ Buenos-Ayres 323.
 „ Java 324.
 „ Kapland 324.
 „ Montevideo 324.
 „ Ostindien 324.
 in den Pampasstaaten 323.
 in Rio de Janeiro 324.
 „ Rußland 323.
Viehstand 308, 338.
Vienna 51.
Viersen 311.
S. Vincente 295.
Vineta 93, 95.
Virginien 162.
Vließingen 153.
Vogel 27.
Vogtland 185.
Volo 274.
Vorderindien 2, 326.

Wachskerzen 116.
Waid 45.
Waffen 12.
Waffenschmiede 60.
Waldemar III. 97.
Walen 120.
Warrens 220.
Wassiljewitsch 159.
Watt 198, 203.
Wau 45.
Wechsel 51, 52.
Wechselbriefe 120.
Wechselordnung 131.
Wechselrecht 195.
Wechslerbanken 119, 121, 212.
Wedgewood 164, 203.
Weihrauch 9, 12.
Wein 11.
Weizen 13, 48.
Wellington 220.
Welser 94, 182.
Welthandel, Werth des, 331.
Wernigerode 233.
Wessel 121.
Westfalen 118, 185, 236, 309.
Westindien 204, 326.
Westgothen 69.
Wetterau 322.
Wien 58, 62, 64, 244, 311.
Wilhelm III. 163.
Wisby 93, 95, 97.
Wischau 307.
Wisconsin 320.
Wismar 96.
Witebsk 99.
Wolga 77.
 Dampfschiffahrt 267.
Wolle 12, 40, 103, 106, 149, 266, 304, 307, 339.
Wollenindustrie u. -handel 4, 300—307.
 Arten: englische 103, 149, 205.
 flandrische 106.
 milesische 40.
 spanische 40.
 Industrie in Belgien 306.
 Brandenburg 306.
 England 205, 305.
 Frankreich 305.
 Friesland 118.
 Italien 118.
 Oesterreich 306.
 Rheinprovinz 306.
 Provinz Sachsen 306.
 Schlesien 306.
 Zollverein 306.
Wollenweberei 118, 305, 306.
Wollhandel 306, 307.
Wollproduktion in Australien 307.
 in Dänemark 307.
 „ Europa 307.
 „ Indien 307.
 im Kapland 307.
 in den Laplataländern 307.
 in Nordamerika 307.
 „ Oesterreich 307.
 „ Peru 307.
 „ Rußland 307.
 „ Türkei 307.
Wologda 176.
Woolwich 159.
Worms 94.
Worsted 305.
Wuchergeschäfte 53.
Wullenweber 108, 124.
Württemberg 309, 319, 322.
Würzburg 187, 322.
Wüsten 7.
Wüste-Waltersdorf 309.
Wyk te Durstede 111.

Xativa 69.

Yemen 15.
York 162.
Yorkshire 305.
Ypern 106, 114.

Zaardam 323.
Zankle 32.
Zanzibar 9, 284.
 Elfenbein 284.
 Gewürznelken 284.
 Gummikopal 284.
 Sklaven 284.
Zaragoza 141.
Zeila 68.
Zeitalter der Entdeckung Amerika's 125 ff.
Zeitz 306.
Zettelbank, erste, 194.
 von Law 195.
Zichorien 233.
Zimmt 50, 221.
Zinn 26, 103, 221.
Zinsfuß 51, 53.
Zips 177.
Zittau 309.
Zollverein 301, 302, 305, 311, 315.
Zollwesen 53.
Zucker 50, 59, 69, 116, 138, 140, 148, 191, 192, 206, 222, 224, 252, 261, 265, 326, 327, 338.
Zuckerproduktion Ahornzucker 326.
 Palmzucker 326.
 Rohrzucker 326.
 Rübenzucker 326.
 Brasilien 326.
 Cuba 326.
 Holländisch-Indien 326.
 Java 326.
 Louisiana 326.
 Mauritius 326.
 Philippinen 326.
 Reunion 326.
 Runkelrüben 327.
 in Belgien, Frankreich, Holland, Oesterreich, Rußland, Zollverein 326.
 Vorderindien 326.
 Westindien 326.
Zuckerverbrauch in Deutschland 326.
 in England 326.
 „ Holland 326.
Zuila 27, 68.
Züllichau 311.
Zünfte 60.
Zürich 187, 254, 311, 313.
Zwittau 306.

Ende des Buches.